LUOJIA
PHILOSOPHY
READER

吴根友◎编

珞珈哲学读本

中国社会科学出版社

图书在版编目（CIP）数据

珞珈哲学读本／吴根友编. —北京：中国社会科学出版社，2014.3
ISBN 978 - 7 - 5161 - 3987 - 5

Ⅰ.①珞…　Ⅱ.①吴…　Ⅲ.①哲学—文集　Ⅳ.①B—53

中国版本图书馆 CIP 数据核字（2014）第 036908 号

出 版 人	赵剑英
特约编辑	周晓慧
责任编辑	陈　彪
责任校对	周　昊
责任印制	王炳图

出　　版	中国社会科学出版社
社　　址	北京鼓楼西大街甲 158 号（邮编 100720）
网　　址	http://www.csspw.cn
	中文域名:中国社科网　　010 - 64070619
发 行 部	010 - 84083685
门 市 部	010 - 84029450
经　　销	新华书店及其他书店

印　　刷	北京金瀑印刷有限公司
装　　订	廊坊市广阳区广增装订厂
版　　次	2014 年 3 月第 1 版
印　　次	2014 年 3 月第 1 次印刷

开　　本	710 × 1000　1/16
印　　张	33
插　　页	2
字　　数	510 千字
定　　价	86.00 元

目　录

陈修斋

江天骥

萧萐父

杨祖陶

陶德麟

刘纲纪

陈修斋教授

陈修斋（1921—1993），我国著名哲学家、西方哲学史专家、杰出的哲学翻译家、新中国西方哲学史学科奠基人之一、我国欧洲理性主义和经验主义研究领域的学科带头人和汉语世界研究莱布尼茨哲学的权威学者。

1921年3月7日生于浙江省杭州市。1941年秋考入重庆中央政治学校外交系。1945年夏毕业，获法学学士学位，应贺麟先生聘请，赴昆明中国哲学会西洋哲学名著编译委员会工作。1946年，随编译会到北平工作。1949年，应聘到武汉大学哲学系任讲师。1952年10月，因"院系调整"到北京大学哲学系任讲师。1956年春，他与贺麟先生联名著文，批判"左"倾教条主义。1957年春，他与人合著的《哲学史简编》出版，该著是我国第一部用马克思主义观点撰写的哲学史著作和哲学史教材，实乃新中国中西方哲学史学科的奠基之作。

1957 年夏，应武汉大学校长李达的邀请，重返武汉大学，在新建的哲学系筹组外国哲学史教研室。1963 年，他被借调去北京，以《哲学研究》编辑部的名义，独立负责选编、组译和审校了一套近 300 万字的《资产阶级哲学资料选辑》，由上海人民出版社出版，内部发行。这是新中国成立后第一套大型当代西方哲学代表著作译丛。

1978 年 5 月，晋升副教授。1980 年 5 月，晋升为教授。1983 年 9 月，在中华全国外国哲学史学会第一届年会上被推选为该学会常务理事。1988 年 10 月，在中华全国外国哲学史学会第二届年会上被推选为该会第二届理事会理事长。

主要从事欧洲近代经验主义和理性主义、古希腊罗马哲学研究和哲学史方法论研究。其著作主要有：《哲学史简编》（与洪谦、任华、汪子嵩、张世英、朱伯崑合著）、《欧洲哲学史稿》（与杨祖陶合著）、《欧洲哲学史上的经验主义和理性主义》（主编）、《哲学史方法论研究》（与萧萐父共同主编）、《莱布尼茨》（与段德智合著）、《陈修斋论哲学与哲学史》（段德智编）等。发表论文 50 多篇，其中特别重要的有：《关于哲学本性问题的思考》、《为什么要有宣传唯心主义的自由？》（与贺麟合著）、《关于经验论与唯理论的对立的几个问题》以及《关于经验论与唯理论对立问题的再思考》等。其译著有 10 多部，其中最著名的有《人类理智新论》和《希腊思想和科学精神的起源》等。

1988 年，他与杨祖陶合编的《欧洲哲学史稿》获国家教育委员会高等学校优秀教材一等奖。1995 年，他主编的《欧洲哲学史上的经验主义和理性主义》获国家教育委员会首届人文社会科学优秀成果奖二等奖。1998 年，他与段德智合著的《莱布尼茨》获教育部普通高等学校第二届人文社会科学研究成果奖二等奖。

关于哲学本性问题的思考[*]

陈修斋

一

对于一门具体科学来说，只要它已达到相当成熟的程度，则熟悉这门科学的人，对于这门科学是什么，总可以有一个大家公认的看法或定义。可是作为人类一切学问中最古老的学问——哲学，迄今却没有一个人们普遍接受的定义；对于"哲学是什么"这个问题，人们至今仍争论不休，而且看来还会不断地争论下去。这究竟是为什么呢？作为至少已有两千几百年历史的一门学科，我们不能说其还不成熟；说这样一门学科至今尚未有公认的确切定义只是出于某种偶然的原因，也是令人难以置信的；应该说，这情况乃出于哲学的本性，是事理之必然。

首先，对于哲学是否有或应有一个为大家所接受的定义，其本身就可以有不同的看法。有些哲学教科书是会以断然的态度给哲学下一个定义的，并且会认为这定义就是唯一正确的，应该为人们所普遍接受；如果有谁不接受这种定义，那就是犯了错误。可事实上，即使在同是马克思主义的哲学文献中，对哲学的定义也不一致。例如，曾经是新中国成立后我国最通行的哲学教科书——艾思奇主编的《辩证唯物主义历史唯物主义》一书，就开宗明义地说"哲学就是关于世界观的学问"；^①而毛泽东在《整顿党的作风》一文中却说"哲学则是

* 原载《武汉大学学报》（哲学社会科学版）1988 年第 2 期。

① 艾思奇主编：《辩证唯物主义历史唯物主义》，人民出版社 1978 年版，第 2 页。

关于自然知识和社会知识的概括和总结"①。又据说毛泽东也曾对一位科学家说过"哲学就是认识论，别的没有"。这里至少已有三种即使并不互相矛盾但也是彼此不同的说法了。此外，如"哲学是一种意识形态""哲学是阶级斗争的思想武器"等的说法，也是常见于马克思主义文献或作品中的。这些虽不全是对哲学下的完整定义，但都是对"哲学是什么"这一问题的不同回答。至于其他哲学流派或非马克思主义的作品对"哲学是什么"这问题的答案或看法，就更是五花八门、莫衷一是了。这里没有必要列举形形色色的哲学定义，要指出的是：各派或每一位给哲学下定义的哲学家，大都认为自己的定义是唯一正确的，也都暗含或明示地认为对"哲学是什么"应该或可以有一个为大家所承认的答案；但千差万别的哲学定义的存在这一事实本身就证明了"哲学是什么"这一问题并没有为人们所普遍接受的答案。因此有些哲学家承认了这一事实而认为没有或不可能有人们所普遍接受的对哲学的定义。这就表明对哲学是否有或应有一个公认的定义这问题本身，就存在着不同的回答。

为简便起见，可以把这种状况称为"哲学无定论"。事实上不仅对于哲学的定义无定论，对于哲学是否应有或能有公认定义问题以及对于哲学所讨论的许多问题也都无定论。我认为，无定论正是哲学的本性，只有无定论的问题才是真正的哲学问题，而真正的哲学问题总是无定论的。如果一旦有了定论，则它就是科学问题，而原本并不是或不再是哲学问题了。人类在认识发展的早期，是把一切知识统统包含在哲学之内的，其实那时对这一切问题都还未有定论。后来其中的有些问题，逐渐为实践和理性所证实或证明而得到了被人们普遍接受的答案，即有了定论，这部分的知识就成为一门一门的科学而从哲学中独立出去了。这样，哲学的范围就逐步缩小，但总还留下一些无定论的问题为哲学家们所讨论。在这些问题中，有些只是暂时无定论，它们会随着人类认识的发展而最终达成定论；另有一些问题是原则上无法用实践来检验而达成最后的定论的。这后一类问题我称之为"真正的哲学问题"。据此，上述"哲学是什么"这一问题迄今既尚无定

———————————

① 《毛泽东选集》第3卷，人民出版社1991年版，第815—816页。

论，那它本身就是一个哲学问题。至于它是不是原则上就不能有定论的"真正哲学问题"，则还需要作出进一步的考察和论证。

也许有人立该就会提出问题：你说哲学无定论，是不是认为马克思主义哲学家的基本原理也都不是定论？是不是承认马克思主义的产生已使哲学从此成为科学？对此，我的答复是这样的：我承认马克思主义的基本原理是符合实际的客观真理；就"科学"或"科学的"是指符合实际的、正确的而言，在一定条件下我承认马克思主义的基本原理是符合实际的客观真理，也承认马克思主义的基本原理是"科学的"即正确的；在这意义下也可以说马克思主义的哲学已成为科学。但我这里所谓的"定论"，除了它是经受过或经得起实践和理性的检验而得到证实和证明的真理之外，还包括能为人们（当然是指其知识或智力足以了解此理论的人）所普遍接受的意义。正是在是否为人们所普遍接受这层意义下，必须承认马克思主义并非定论。因为正是马克思主义明确地揭示出哲学是一种有阶级性的意识形态，并公开声明自己秉持无产阶级的世界观。这也就是说，只有无产阶级或自愿站在无产阶级立场上的人，才会接受马克思主义哲学，而站在与无产阶级敌对立场上的人是不会接受马克思主义哲学的。这样，怎么能说马克思主义哲学是为人们所普遍接受的定论呢？如果说，马克思主义哲学是这样的定论，岂不是否认了哲学的阶级性？其本身不就是违背马克思主义的吗？至于说马克思主义已使哲学变成了"科学"，也只是就上述将"科学"理解为"正确的"而言的；如果认为马克思主义哲学已成为像其他科学如物理学、生物学等一样的科学，也是不对的。其理由至少有一个，就是马克思主义哲学也是"无定论"的，即并非为人们所普遍接受的。而科学（至少就没有阶级性的自然科学而言，社会科学的问题则另当别论）是人们普遍接受的"定论"（即使由于种种原因，有些科学理论一时未被人们所普遍接受，但只要它是正确的，最终总是能为人们所普遍接受的。还有某些科学问题可能也是难有定论的，我认为这些实质上是哲学问题在科学中的残留，有如科学这个婴儿虽已出生，但其脐带仍连着哲学这个母体一样）。我认为，将马克思主义与其他科学等量齐观，与其说是非尊崇马克思主义，毋宁说是贬低了马克思主义。

二

那么，究竟为什么哲学总是无定论呢？应该承认，有些问题之所以无定论，只是因为时代或其他条件的限制，人们的认识能力和认识手段还不足以揭示事物的全面客观情况，或证实和证明某种理论或假说。一旦条件成熟，这些问题是可以得出定论的。这类问题严格说来并非真正的哲学问题，例如旧的自然哲学中就有不少这类问题，只是在其尚未达成定论的范围内，才被人们看作哲学问题。这类问题我们可以撇开不谈。我们所要谈的是真正的哲学问题，即原则上无法达成定论的问题。我认为哲学中是有一些这样的问题的。这类问题，大体说来也就是恩格斯所指出的哲学基本问题及与之密切相关的若干问题，如康德在《纯粹理性批判》中所提出的"二律背反"问题之类。

为什么说这样一些问题是原则上无法达成定论的呢？我认为，其关键就在于这类真正的哲学问题是以宇宙全体为其认识对象的。而要以宇宙全体作为认识对象，这本身就必然会导致"悖论"，或陷入"自相矛盾"即所谓"二律背反"之中。因为一说把宇宙本身作为认识对象，就蕴含着必有一个与此对象相对立，即在此对象之外的认识主体。因为，按定义就应该认定没有无主体的对象，也如同没有无对象的主体一样。但作为宇宙全体，按定义就应该无所不包，当然也应包含那以宇宙全体为认识对象的认识主体。这样，作为认识对象的宇宙全体就应该既不包括认识主体又包括认识主体。这就是"悖论"，或"自相矛盾"即"二律背反"。

这一根本的"二律背反"就可导致一系列的"二律背反"。

首先，宇宙全体既然无所不包，则在它之外就不能再有什么与它相对，因此它是绝对的；同时，它既成为哲学的认识对象，就应有一认识主体与之相对——不论这主体是个人，是全人类，或是"上帝"——因此又是相对的。

其次，宇宙全体既无所不包，就不能有什么东西在它之外来限制它，因此它是无限的；同时，它既成为一个认识对象，则它无论如何广大或长久，也至少须受认识主体的限制，它不得超出认识主体所能触及的范围，因此它又是有限的。

如此等等，都可以说是"二律背反"或"自相矛盾"的问题。正如康德已表明的那样，凡是"二律背反"的问题，都是双方可以各持己见，双方都可以通过揭露对方立论的不合理来证明自己立论的合理，实际上这类问题也就必然是无定论的。

这类问题之所以无法从正面证明自己的正确，就是因为它们原则上无法用实践加以证实或验证。例如，要证明宇宙全体是有限还是无限，至少就得证明宇宙全体有无开端。但我们怎么能回到宇宙存在以前或证实宇宙是怎样开始的呢？这不是我们的能力手段尚有不足的问题，而是原则上是不可能的。因为你本身既是宇宙的一部分，你就压根儿无法超出宇宙来考察宇宙的产生。同样，原则上我们也无法用实践来检验宇宙全体的终极，不论是时间上的还是空间上的终极。说到这里，也许有人会提出关于宇宙爆炸和膨胀的理论，似乎可以断定科学已证明宇宙是由于一次大爆炸开始的，并且在不断膨胀；这似乎就已证明宇宙不是无限的了。且不说这在科学上还只是一种假说；即使它在科学上已得到公认，并成为定论了，也不能说它已解决了宇宙全体是有限还是无限的哲学问题。因为作为科学的天文学或宇宙学所讲的宇宙，即使不仅包括太阳系及其所在的银河系，而且还包括许许多多甚至不计其数的河外星系，因而是非常人所能想象的那样广大或长久，也总是有限的。哲学上所说的宇宙全体，却是可以超出这天文学或宇宙学所把握的宇宙的。因为即使作为科学的天文学已根据大量观察和实验所得的材料，运用严密的数学运算和逻辑推理，得出了我们这个由银河系和许多河外星系所构成的宇宙是在多少亿年前通过一次大爆炸而开始形成的结论，哲学还是要问在这次爆炸以前宇宙又是怎样的，这爆炸的材料又是怎么来的或怎么存在的，以及诸如此类的问题。以为仅凭科学知识就能最终解决宇宙有无开端或终结，以及宇宙是有限还是无限之类的哲学问题，实在是一种误解。其实不管科学怎样发达，也永远无法证明哲学上所讲的宇宙是有开端还是无开端，有终极还是无终极，或者是有限还是无限这类问题。利用一些天文材料来证明世界在时间、空间上的无限性，认为这就表明马克思主义哲学是建立在科学基础上的，是经科学证明了的客观真理，这实在是既不符合哲学，也不符合科学的做法。何况较新生的天文学如上述的关于宇宙爆炸和膨胀的理论恰恰说明科学并不证明宇宙的无限性，毋宁认为宇宙是有限的。但如果认为这种科学理论已可以驳倒肯定宇宙无限性的哲学观点，则如上面已说明的同样是误解，是不成立的。那么是否可以说，既然科学也无法驳倒肯定宇宙无限性的学说，则宇宙无限就是确定了的真理呢？在我看来这也不能成立。正如恩格斯在《反杜林论》中对杜林的观点所揭露的那样，这种观点只是基于如康德的"二律背反"学说所显示的一个方面的论据，而"二律背反"中另一对立的方面，也同样可以用这样的论证方式来为自己辩护的。例如可以说，如果认为世界是无限的，则就须肯定在特定的片刻，有一个无穷的系列已经过去了，而这等于要在有限的时刻数完无限的数，是不可能的，因此肯定世界的无限性是不合理的。或者有人还可以一般地说，任何一个具体的认识主体，都只能是一个有限的存在，而有限的存在根本不可能正面把握无限，因此也无权断定世界的无限性。其实，无限性本身就是一个无定论的概念，有人把"无限"作为描述宇宙大全、唯一实体，或"上帝"的正面的、积极的或肯定的概念；有人则认为"无限"只是一个反面的、消极的或否定的概念，例如伽桑狄就把无限性只当作一个"否定词"①，并认为"对于其智慧永远被限制在某些框子之内的人来说，是不能理解的"②。伽桑狄和笛卡尔之间关于无限性以及其他类似的一系列问题的争论上，是典型的哲学问题上的争论，他们的争论是得不到一致同意的结论的，他们谁也说服不了谁，而他们的后人尽管可以采取偏向一方的立场，但也都无法使人们普遍接受某一方的观点。这正是哲学无定论在哲学史上的一种生动表现。

　　哲学的无定论最重要的还是表现在关于哲学基本问题的争论上，即唯物主义与唯心主义的争论上。其实，对于哲学是否有或应有一个基本问题或最高问题，这本身就可以争论，事实上也存在着争论。非马

---

　　① 参阅［法］伽森狄《对笛卡尔〈沉思〉的诘难》，商务印书馆 1963 年版，第 32 页。伽森狄（Pierre Gassendi），法国 17 世纪哲学家，又译"伽桑狄"。笛卡尔（Descartes），法国哲学家，又译"笛卡尔"。——编者注

　　② 同上。

克思主义的哲学家显然并不主张或赞同有这样一个哲学基本问题。我们知道，近年来我国哲学界也有人——当然他们自称是马克思主义者，人们也承认他们是马克思主义者—— 认为哲学并没有或不需要有一个基本问题。我个人对这种观点并不赞成，但我认为在学术探讨范围内完全应该容许有提出这种观点的自由。即使承认有哲学基本问题，是否这基本问题一定就是物质第一性还是精神第一性，即唯物主义还是唯心主义的对立问题，当然也可以有不同意见。但我认为，接受或信奉马克思主义的人，至少绝大多数承认这是哲学的基本问题。而在非马克思主义者之中，也有许多是主张或接受这一哲学基本问题的，尽管可能站在对立的或不同的立场上。如 18 世纪法国唯物主义者是站在机械唯物主义立场上的，黑格尔主义者是站在唯心主义立场上的，但在一定意义上他们也都承认唯物主义和唯心主义的对立是哲学的基本问题。

我说，唯物主义还是唯心主义这一问题尽管被多数人接受为哲学的基本问题，它也还是无定论的，并且正是头一个无定论的问题。可以说，我主张马克思主义的哲学唯物主义也不是"定论"；也许有人认为我这主张就是否认它的"客观真理性"。这是误解。我上面已明确说过，我承认马克思主义是符合实际的客观真理，但我还是要理直气壮地说，马克思主义的哲学唯物主义也并非定论。因为如果说它是定论，则如我以上所说明的它就应该为一切人所接受，这不仅完全不符合马克思主义并未为一大部分人所接受并受到许多敌视无产阶级、敌视共产主义乃至人类进步事业的人的反对这一彰明较著的事实，也是公然否定哲学的阶级性因而正是违反马克思主义的一个基本观点的。是否"定论"和是否符合实际的"客观真理"是两回事。符合客观实际的真理不见得就能为一切人所接受而成为定论，因为正如列宁所指出的，要是违背了某些人的利益，连几何公理也会被否认其真理性的；反之，不是人人接受的"定论"也完全可以说是符合实际的客观真理。哥白尼的"地动说"，达尔文的"进化论"，都曾为天主教会当局和虔诚的天主教徒所拒绝承认，但这一点并不妨碍它们是符合实际的客观真理。哲学唯物主义和这种科学真理有所不同，它即使在不被人们普遍接受为定论而仍可以是客观真理这一点上则是相同的。我认为马克思主义的哲学唯物主义正是如此。但它和"地动说""进化论"等科学理论的一时不为人们所接受毕竟不同，因为这种科学理论的不为人们所普遍接受只是由于种种历史条件所限制而造成的暂时现象，只要它是正确的，就总会得到人们普遍接受而成为定论的。在经过三百多年之后天主教会终于不得不为因宣扬"地动说"而被宗教裁判所定罪的伽利略平反，就是生动的证明。但哲学上的唯物主义却会永远有它的对立面——唯心主义与之共生，或总会有一部分人由于这样或那样的原因而不接受唯物主义，从而使其不能成为人们所普遍接受的定论。这是为什么呢？如果你是马克思主义者，你首先就该承认哲学的阶级性；既然不同的阶级有不同的哲学，则只要阶级的区别还存在，就不可能有为各阶级所普遍接受的统一的哲学。按照马克思主义的矛盾普遍性学说来看，即使到阶级消灭了，人群中其他形式的区别和矛盾，如先进与落后的矛盾，认识能力高低的区别等，还会继续存在甚至永远存在，这就为哲学上唯物主义与唯心主义对立的继续存在提供了客观的社会历史条件。而唯物主义与唯心主义的对立，既然是哲学的基本问题，那么它就是哲学贯彻始终的基本矛盾，是决定哲学本质的东西，只要哲学存在一天，它也就存在；一旦唯物主义与唯心主义的对立和矛盾不复存在，哲学也就消失了。但我们上面已经论述过，总有一些问题是人们永远无法彻底解决的，它们不可能得到人们的普遍接受而成为定论的，因此哲学是不会消灭的。唯物主义与唯心主义的对立问题正是这样的问题，而且是第一个最基本的真正哲学问题。之所以如此，是因为除了上述的历史原因之外，在理论上其本身是以宇宙全体为对象来探索本原或本质的第一个大问题。我们上面已说明，凡是以宇宙全体为认识对象的问题，其本身在逻辑上必然会导致"二律背反"，而凡是"二律背反"的问题，双方总是可以各执一词，争论不休，各方都只能靠揭露对方的不合理来为自己作辩护，难以正面证实或证明自己观点的绝对正确，这就使其无法为人们所普遍接受而成为定论。马克思主义的经典作家曾一再表明："单靠论据和三段法是不足以驳倒唯心主义的。"[①] 同样，要证明

---

① 《列宁选集》第 2 卷，人民出版社 1995 年版，第 30—31 页。

唯物主义的正确性，也不能单靠论据和三段论，即不能单靠抽象的理论论证，而要依靠人类的全部科学和实践。即使迄今为止的科学和人类实践已证明唯物主义的正确性，那也不是全部。这就是说，单靠某一门或几门科学，一次或多少次的实践，或若干次不论怎样规模宏大、设计精巧的科学实验，也不能一劳永逸地完全证明唯物主义的绝对真理性。马克思主义历来否认有这种作为对世界的"最后一言"的"绝对真理"，也从没有认为自己的辩证唯物主义就是这样的"绝对真理"。它的真理性是体现在全人类的科学和实践的整个发展过程中的，而这个过程是一个不断发展、永不会完结的过程。这就意味着辩证唯物主义也不会有朝一日成为对世界的"最后一言"式的"绝对真理"，从而成为人人普遍接受的"定论"。

三

　　既然哲学不能成为人人接受的定论，马克思主义哲学也不能成为这样的定论，那么研究哲学又有什么意义？或有什么用呢？"学哲学有什么用？"这事实上是人们经常提出的一个问题。"哲学无用论"也是历来就有的。不仅哲学界之外的人向哲学提出这种挑战，而且在哲学界内部也有人，还有一些哲学派别，提出系统的理论来证明哲学的无意义和无用，主张对之加以排斥或消除。例如逻辑实证主义或逻辑经验主义，就是把关于世界或宇宙全体的根本实在之类的问题都看成"无意义"的"形而上学"的"假问题"而主张加以排斥的。诚然，他们可以说他们主张排斥的只是"形而上学"，而不是整个"哲学"。"哲学"如果作为对科学语言的逻辑分析，则他们并不否定，而且正是他们所从事的。既然认为对于"哲学是什么"的问题本来也无定论，有人主张哲学就是对科学语言的逻辑分析，他们当然有这样做的自由，我们无意加以否定或责难。但我们也认为其他人应该同样有把哲学看成别的东西的权利。而对我们——至少不只是我个人，而是有许多人——来说，逻辑实证主义所认为的"无意义的形而上学的假问题"，倒恰恰是一些"真正的哲学问题"。逻辑实证主义把这些问题当作"无意义的假问题"，其主要理由就在于对这些问题作出论断的命题都是不能用经验来"证实"的，也不能"证伪"的。这一点我们是可以同意的。我们说"真正的哲学问题都是'无定论'"的，这在一定意义上也与逻辑实证主义的这种观点相吻合。但逻辑实证主义因此主张把这些问题排除在"哲学"之外，而我们则认为这些问题正是哲学所要探讨的真正问题。我们也不赞成逻辑实证主义把哲学仅仅归结为对科学语言作逻辑分析的主张，尽管承认它有这样做的权利。

那么研究哲学，讨论这些无定论甚至永远也达不成定论的问题究竟有什么用处呢？我们认为，如果所谓有意义或有用处，就是指能给人带来直接的物质利益，或能直接创造物质财富，则哲学的确是无用的。它甚至不能像各门科学那样给予人们关于世界事物的具体知识。哲学虽然没有也不可能有这样的意义和用途，但不能因此就说它是无意义、无价值、无用处的。我想，学习和研究哲学至少有这几方面的意义和价值。

首先，可以锻炼理论思维能力。恩格斯早就说过："理论思维仅仅是一种天赋的能力。这种能力必须加以发展和锻炼，而为了进行这种锻炼，除了学习以往的哲学，直到现在还没有别的手段。"[1] 用个不很恰当的比喻：学习和研究哲学之于人的精神，就像体育运动之于人的身体。体育运动也不像生产劳动那样能直接生产物质财富，但能增强人的体力和机敏度从而使人能更好地从事生产劳动；哲学训练则能提高人的理论思维能力，从而使人能更好地从事其他的脑力劳动。这里的理论思维能力，也包括思想方法。良好的哲学训练能使人通过比较而掌握更正确、更好的思想方法，例如可以避免陷入有片面性、表面性等缺点的形而上学思想方法而更好地自觉掌握正确的唯物辩证法。这对于从事科学研究或其他精神生产，都可以收事半功倍之效。

其次，有助于使人树立正确的世界观和人生观，以作为立身处世之本。我们虽不认为"哲学是关于世界观的学问"是对哲学唯一正确的定义，但也绝不否认它说出了哲学的主要特征。我们虽认为哲学无定论，但也绝不是说各种哲学观点都是不分轩轾、无是非优劣可分

---

[1] 《马克思恩格斯全集》第20卷，人民出版社1971年版，第382页。

的。我们虽永远不可能获得对世界"最后一言"式的"绝对真理"，但这绝不是说我们就不能通过努力学习和实践，掌握一定的相对真理。要掌握关于宇宙人生的相对真理，树立比较正确的世界观和人生观，以作为指导我们思想行为的准则即立身处世之道，也只有通过学习哲学，通晓关于世界和人生的种种已有和可能有的学说和观点，然后通过自己深入思考和比较以及实践的检验，来判定其是非优劣，择其善者而从之。只有这样建立起来的世界观和人生观，才能植根于自己的心灵深处，或与自身融为一体，成为自我的主宰，指导自己的思想行为。

第三，有助于使人摆脱心灵的桎梏，解放思想，开阔心胸，提升精神境界。人生活在世界上，总会受到自然和社会环境种种因素的制约。如果人陷入盲目性而不自觉，则会处处感到受桎梏，受束缚。良好的哲学训练，使人能从宇宙全体的高度来看待一切事物，看到个人在宇宙中的地位，就会有如登高望远，心胸开阔，眼光远大，不至于为个人区区小事而烦恼，从而获得精神的自由。再者，熟悉了历史上和当代丰富多彩、千差万别的种种哲学思想，我们也就不会陷于一孔之见，或为某种偏执之论所囿。而哲学思想实为各个时代精神文明的精华，多受哲学熏陶，自能提高人的精神境界。这对于精神文明建设无疑是大有好处而绝不可或缺的。一个没有哲学的民族绝不可能是一个有高度文明的民族。

对哲学的意义和价值自然可以从各方面去考虑而列出很多，但就上述几方面来看，其意义和价值已非同小可，这说明哲学绝非可有可无的，绝不能取消，事实上也无人能够取消。当然上述几个方面也不是可以截然分开的，而是结合成一体的。

最后我想说的是：要想使哲学体现上述的意义和价值，发挥其应有的作用，只有正确地认识哲学无定论的本性才行。如果认为哲学有定论，只有唯一一种观点是绝对正确的，大家都该接受这种观点，那就真是所谓"舆论一律""思想一律"了，大家都照着一种现成的理论模式来思维，那还谈得上什么锻炼理论思维能力？如果认为哲学有定论，则人人都只能接受这种现成的定论作为世界观和人生观，即使它是完全正确的，这样不经过自己的独立思考和比较鉴别而直接凭学习或灌输所接受的世界观和人生观，也不可能植根于心灵中，融化在自己的血液里，真正成为自己的世界观和人生观，也就不能起指导自己思想行为的作用。如果哲学是有定论的，则每一个人都只能凭学习来接受这种作为定论的哲学理论，这样也就谈不上起解放思想、提高精神境界的作用了。认为哲学有定论，正是教条主义、僵化思想的根源，它和生动活泼、充满生命力，并且不断向前发展的马克思主义是背道而驰的。事实证明：要为改革提供一种哲学，哲学本身必须首先进行改革；而哲学要改革，就必须从认识和肯定哲学无定论开始。因为如果断定哲学有定论，而且已有定论，就无从谈哲学的改革。同时，如果要成为一个真正的马克思主义者，就必须承认马克思主义哲学也并未成为定论。因为，如果马克思主义哲学已成为人人接受的定论，则捍卫和发展马克思主义以及批判和反对一切反马克思主义或非马克思主义哲学的任务就都成为不必要和不可能的了。世上哪有不为捍卫和发展自己所信奉的哲学而斗争的马克思主义者呢？

莱布尼茨哲学体系初探[*]

陈修斋

莱布尼茨的哲学体系通常被称为"单子论",他自己常称之为"前定和谐系统"。这是一个客观唯心主义的形而上学体系,是在和当时西欧资本主义发展较先进国家新兴资产阶级的机械唯物主义作斗争中形成和发展起来的。在《新系统》一文中,他概述了自己思想发展的过程:他在少年时代曾接受过经院哲学中所讲的亚里士多德的观点。后来读了近代一些科学家和哲学家的著作,一度为他们那种"机械地解释自然的美妙方式"所吸引,于是他就摒弃了经院哲学用"形式"或"功能"等什么也不能说明的东西来解释自然的方法,而相信了"原子"和"虚空",也就是伽桑狄复活的伊壁鸠鲁的"原子论"观点。可是当他作出进一步思考之后,发现这种观点有许多缺点和困难,因此就又抛弃了这种观点而想要把当时评价甚低的"实体的形式"重新召回。这无异于表明他又放弃了唯物主义后回到了经院哲学的唯心主义路线,不过这不是简单地回复,而是对旧观点作某些改造以适应新的需要。

莱布尼茨之所以在抛弃唯物主义后仍转向唯心主义,诚然是由当时软弱的德国资产阶级向封建势力妥协投降的政治需要所决定的,但从理论上说,确实是因为他看到了唯物主义机械论的局限性,看到了机械论的自然观,特别是关于物质实体的观点陷入了矛盾困境和难以自圆其说的境地。

首先,在莱布尼茨看来,当时那种机械论的物质观,陷入了所谓

---

* 原载《哲学研究》1981 年第 1 期。

"连续性"与"不可分的点"的矛盾。他在《神正论》一书的序言中写道:"我们的理性常常陷入两个著名迷宫:一个是关于自由和必然的大问题,特别是关于恶的产生和起源的问题;另一个问题在于有关连续性和看来是它的要素的不可分的点的争论,而这问题牵涉到对于无限性的考虑。前一问题烦扰着几乎整个人类,而后一问题则只是得到哲学家们的注意。"① 前一问题是他在《神正论》中企图解决的,这里撇开不谈;后一问题则是他作为哲学家所面临的主要问题。莱布尼茨认为,在当时的哲学家和科学家中,如伽桑狄等原子论者和另一些科学家,肯定万物是由不可再分的原子或微粒构成的,只是肯定了万物都是一些"不可分的点"的堆集,而否定了真正的"连续性";反之如笛卡尔及其学派乃至斯宾诺莎,则只是肯定了"连续性"而否定了"不可分的点",因为如笛卡尔即肯定物质的唯一本质属性就是广延,有广延就有物质,从而否定了"虚空",也否定了"虚空"所隔开的"原子"即"不可分的点"。这样,这些哲学家们在"连续性"和"不可分的点"这个问题上就各执一个片面而形成了不可调和的对立。这个问题实质上和"全体"与"部分"或"一般"与"个别"的关系问题密切相关,甚至就是同一个问题。凡是肯定"连续性"而否定"不可分的点"的哲学家,也就肯定"全体"或"一般",而否定"部分"或"个别"的实在性;肯定"不可分的点"而否定"连续性"的哲学家则与此相反。可是,在莱布尼茨看来,"连续性"规律是宇宙间的一条基本规律,这是不能否定的;同时,万物既是复合的,就必须由一些真正的"单位"和"单元"所构成,否则也就不成其为复合物,因此也就不能否认作为真正的"单元"的"不可分的观点"。必须把两者结合起来。但是,当时的机械唯物主义者只是从广延性、从量的规定性来看物质的本性,这样就无法把两者真正结合起来,从而陷入不可解决的矛盾中。

其次,在莱布尼茨看来,唯物主义的原子论的观点,虽似乎肯定了"不可分的点",但原子既是物质的,就必须有广延,而凡是有广

---

① C. J. 格尔哈尔茨编:《莱布尼茨哲学论文集》第 6 卷,柏林,1875—1890 年,第 29 页。以下简称 G 本。

延的东西，总是无限不可分的；广延就意味着"重复"，"重复"的东西就不是"单纯"的，不是不可再分的，不是事物的最后的"单元"。或认为原子的不可分在于它的坚硬，但坚硬性也只能是相对的，不可能有绝对坚硬、永远不可分割的东西。因此，如果说"原子"按照希腊文的原意就是"不可分"的意思，则"物质的原子"在莱布尼茨看来就是一个自相矛盾的概念。这也就是他虽一度认为"原子"与"虚空"的学说最能满足想象而加以接受，但在经过深思熟虑后又觉得不能成立而加以抛弃的主要理由。

第三，莱布尼茨认为，当时的唯物主义物质观，不论是肯定"连续性"或肯定"不可分的观点"的，都只是从广延着眼，无法说明事物的运动变化。因为广延本身不能成为运动的原因，那种机械的物质观只能把物质本身看作不能自己运动的东西，运动是从外面加到物质中去的。而在莱布尼茨看来，完全被动而且不能自己运动的东西，是和"实体"的观念不合的。因为"实体"意味着自身独立存在而不受他物所决定，它的运动变化也应该出于自身的原因而不受他物的决定。物质既是完全被动的，也就是受他物决定的，因此在莱布尼茨看来它就不可能是真正的实体，"物质实体"这个概念也是自相矛盾而不能成立的。

针对机械唯物主义观点的这些缺陷和矛盾，莱布尼茨提出了自己的一系列观点，企图弥补这些缺陷，克服这些矛盾。

第一，针对"物质的原子"不可能是原则上不可分的这一缺陷，他提出了一种真正不可分的"单元"即"单子"的学说来与之对立。在他看来，既有复合物存在，就必须有组成复合物的"单纯"实体。所谓"单纯"，就是没有部分的意思。只有不包含部分的单纯实体，才能成为构成复合物的真正"单位"或"单元"。而物质的原子既具有广延性，就必然包含部分。因此这种真正的"单元"必须根本不具广延性。但不具有广延性的东西也就不可能是物质，因此构成事物的最后单位只能是精神性的东西，这就是他所说的"单子"。莱布尼茨认为，"数学的点"是真正不可分的，但这种点只是抽象思维的产物，并不是实在存在的东西；而物质的原子作为"物理学的点"虽是实在的，却不是真正不可分的；只有"单子"才是既真正不可分又是实在存在的，他称之为"形而上学的点"。因此，这种"单子"似乎既与数学上的点和物质的原子根本不同，同时又兼有两者的某些特性。莱布尼茨最初把他设想的这种"单纯"的实体叫作"实体的原子"，或者就用经院哲学的名词称之为"实体的形式"等，只是到后来才称之为"单子"。它在一定意义上也可以说就是精神化了的原子，这种"单子论"也可以说是一种唯心主义的原子论。唯物的原子论者认为，万物都是由物质的原子构成的，莱布尼茨的"单子论"则认为万物都是由精神性的单子构成的。单子既是精神的东西，莱布尼茨也就把它比之于一种"灵魂"。列宁指出："单子＝特种的灵魂。莱布尼茨＝唯心主义者。而物质是灵魂的异在或是一种用世俗的、肉体的联系把单子粘在一起的糨糊。"① 物质，在莱布尼茨那里，有"初级物质"和"次级物质"之分。所谓"初级物质"，是抽象地就赤裸裸的物质本身来看，就是具有某种广延性的东西，即占据一定空间，同时又具有某种抵抗他物进入其所占位置的不可入性的东西。在他看来，这是一种纯粹被动的东西，可以说是一种赤裸裸的被动性。而所谓"次级物质"，则是指由单子构成的事物对感觉或想象所呈现的某种现象，只是抽象地被看作一种暂时的堆集的某种单子之间的关系。总之，只有精神性的单子才是唯一真实存在的东西，是真正的"实体"，而"物质"则只是某种纯粹的被动性或某种对混乱知觉呈现的现象，而不是"实体"。虽然莱布尼茨有时也谈到"物质实体"，在他看来这好比哥白尼也可以谈到太阳的运转或日出日落一样，只是随俗的说法，不是在严格意义上说的。诚然，他也说到"次级物质"作为一种现象，同纯粹的幻觉或梦境之类不同，而是"有良好根据的现象"，但它终究只是"现象"而不是真正的"实体"。这样，莱布尼茨由于当时机械唯物主义的物质实体观念的某种局限性而把物质实体本身否定掉，并转向彻底唯心主义的实体观了。

从这种精神性的实体"单子"是真正不可分的，即没有部分这一点出发，莱布尼茨就演绎出单子的一系列特性：

1. 由于单子是没有部分的，它就不能以自然的方式通过各部分

---

① 《列宁全集》第38卷，人民出版社1959年版，第430页。

的合成而产生，也不能以自然方式通过各部分的分解而消灭，它的产生和消灭只能是上帝的创造和毁灭，即出于"奇迹"①。这实际上等于说自有世界以来，单子是不生不灭，永恒存在的。莱布尼茨从这里自然地引申出"灵魂不死"的教义，甚至肯定一切生物都没有真正的生死，而只有与灵魂相联系的机体的展开或缩小。②

2. 由于单子没有部分，也就不能设想有什么东西可以进入其内部来造成变化，"单子没有可供事物出入的窗子""不论实体或偶性，都不能从外面进入一个单子"③。这样，单子就是一个彻底孤立的东西，各单子之间不能有真正的相互作用或相互影响。

3. 由于单子没有部分，实际上不具有广延性，没有量的规定性，彼此之间就没有量的差别。这样，每个单子就必须各自具有不同的质，否则事物之间就不会有任何区别了。由此也就引申出：世间任何一种事物都是与其他事物有着某种不同的，甚至普天之下也找不出两片完全相同的叶子。莱布尼茨明确肯定世上没有两个不可识别的个体，他把这叫作"不可识别者的同一性"，这也是他的一个著名论点。④

4. 由于单子没有部分，"没有可供事物出入的窗子"，就不能由外来的原因造成其变化发展，而莱布尼茨肯定"一切创造物都是有变化的，因而创造出来的单子也是有变化的"，既然变化的原因不能来自单子之外，就只能来自单子内部，因此"单子的自然变化是从一个内在的原则而来"⑤。

第二，针对当时机械唯物主义者把物质实体的本性仅仅看作具有广延性，因而把物质与运动割裂开来，无法说明事物的自己运动，使

---

① 北京大学哲学系外国哲学史教研室编译：《十六—十八世纪西欧各国哲学》，商务印书馆1975年版，第483页。

② 参阅莱布尼茨《新系统》，G本第4卷第480页以下等处。

③ 北京大学哲学系外国哲学史教研室编译：《十六—十八世纪西欧各国哲学》，第484页。

④ 参阅北京大学哲学系外国哲学史教研室编译《十六—十八世纪西欧各国哲学》，第484页；并参阅莱布尼茨《人类理智新论》第2卷第27章第3节及"给克拉克的第四封信"，见G本第7卷，第372页。

⑤ 北京大学哲学系外国哲学史教研室编译：《十六—十八世纪西欧各国哲学》，第484页。

物质成了完全依赖外力推动而不成其为自身独立的实体这种缺点，莱布尼茨提出了实体本身具有能动的"力"，因而能够自己运动的观点来与之对立。在《新系统》一文中，他在讲述当时机械的物质实体观念的缺陷之后，接着就写道："因此，为了要找到这种实在的单元，我就不得不求援于一种可说是实在的及有生命的点，或求援于一种实体的原子，它当包含某种形式或能动的成分，以便成为一个完全的存在。……因此我发现这些形式的本性是在于力，由此跟着就有某种和知觉及欲望相类似的东西；因此我们应该拿它们和对于灵魂的概念相仿地来设想。"① 这就是说，莱布尼茨后来称之为"单子"的这种"实体的形式"，本身就具有一种"力"。在他看来，每一个单子也就是一个"力"的中心；同时它也是一种"有生命的点"，是和"灵魂"同类的东西。他把单子看作"特种的灵魂"，因此他认为每个单子也就像灵魂一样具有"知觉"和"欲望"，所谓单子的能动的"力"，在他看来归根到底无非是这种"欲望"的推动力。莱布尼茨把各个单子的特殊状态或性质的不同，归结为这种"知觉"的模糊或清晰的程度的不同；事物的发展变化，也被莱布尼茨看作是单子的这种"知觉"由模糊、混乱到明白、清楚或相反的变化发展；而推动这种变化发展的"内在原则"，也就是"欲望"或"欲求"。这样，我们又看到，由于机械唯物主义的物质实体观念有局限性莱布尼茨就根本否定了物质实体本身，把实体看成完全是精神性的东西了。

　　第三，针对当时机械唯物主义者由于单从量的方面着眼无法解决"不可分的点"和"连续性"的矛盾，莱布尼茨企图从质的方面着眼来解决"单子"作为"不可分的点"与"连续性"的关系问题，并提出所谓"前定和谐"的学说，作为解决这一问题的关键。

　　如上所说，在莱布尼茨看来，如果只从量的规定性着眼，把物质看成具有广延性的东西，是无法找到真正"不可分的点"的；而如果像原子论者那样武断地肯定有这种"不可分的原子"，则同时又必须承认有把这些原子彼此分开的"虚空"，从而否定了"连续性"。从广延或量的方面着眼既无法解决这个矛盾，莱布尼茨就企图另辟蹊

---

① G本第4卷，第478—479页。

径，根本撇开量而单从质的方面着眼来解决这个问题，把"不可分的点"和"连续性"结合起来。我们看到他的"单子"根本不具有广延性，也无法说它有形状或大小的量的差别，而只是各自具有不同的质的精神实体。在这个意义上它是真正"不可分的点"。这种"不可分的点"因为没有部分而没有"窗子"可供事物出入，是不能互相作用而彻底孤立的，那又如何构成一个连续体呢？

在莱布尼茨看来，每个单子既然都如灵魂一样具有知觉，凭它的知觉就能反映整个宇宙，这在一定意义上可以说宇宙间无限的单子全体就包含在每一个单子之中。而如以上所说，每个单子都在质的方面与其他任何单子不同，这种不同就意味着每个单子反映宇宙的"观点"或角度的不同。也就是说，全部单子都各自从每一可能的"观点"反映着宇宙。单子的数目是无限的，否则宇宙就不能从每一可能的观点被反映或表象，这样宇宙就会是不完全的了。而单子的数目既是无限的，并且每一单子在质上都与别的单子不同，那么就可以把全部单子设想成有如一个序列，其中每一项即每一单子都与其相邻的单子不同，在质上不同的程度又是无限地小，这样就使相邻的单子紧密相连，使全部单子形成一个无限的连续链条。他认为，这样就解决了"不可分的点"与"连续性"的矛盾了。在他看来，单子由于"知觉"的清晰程度不同，大体上可分为三类：其中如通常认为无生命的东西即无机物以至植物，也同样是由有知觉和欲望的单子构成的，不过这类单子仅仅具有极不清晰的"微知觉"，他借用亚里士多德的名词称之为原始的"隐德莱希"；比这高一级的单子则具有较清楚的知觉，也有了某种记忆，而且有了具有"自我意识"的"察觉"（或译"统觉"）和"理性"，这就是人类的灵魂，可称之为"心灵"，就是"天使"之类；直到最高的无所不知也无所不能的唯一创造其他单子的单子，这就是"上帝"。在这由上帝直到最低级的物质这一无穷序列中，虽大体上可分为"心灵""灵魂""隐德莱希"这样一些等级，或与之相应的人类、动物、植物和无机物等物种，但实际上这些类别之间并不能划出明显的界限，往往有许多东西介乎两者之间而难以归入哪一类，如"植虫"之类的生物就介乎植物与动物之间。因此，他认为人和动物连接着，动物和植物连接着，植物又和"化石"之类的东西连接着，依此类推，宇宙万物就构成了一个"连续体"，中间并无空隙。他一再明确地肯定"自然是不作飞跃的"。这样，他认为肯定了单子这种真正"不可分的点"，也就肯定了由无数的单子所构成的宇宙的"连续性"。

但是，如果仅仅停留在这一步，则充其量只是肯定了在抽象的静态条件下全部单子的连续性。而单子及其所构成的事物，是在欲望的推动下不断地变化发展的，莱布尼茨也明确肯定宇宙间没有什么绝对静止的事物，所谓静止，在他看来也只是运动速度无穷小而不为人所觉察的一种状态。既然如此，则在由无数单子构成的这个连续的序列中，一个单子有了某种变化，其余的单子不随之而作相应的变化，则整个序列的连续性就将被破坏。可是，每一个单子又是彻底孤立而不能与其他单子互相影响的，那么，又怎样来解释每个单子都在不断地变化发展而全部单子构成的序列又仍旧保持其连续性呢？莱布尼茨就用所谓"前定和谐"的学说来解决这个困难问题。在这种学说看来，当一个单子有了某种变化时，宇宙间的其他所有单子也就作相应的变化而保持了整个序列的连续性。但这种相应的变化并非由某个单子的变化直接影响其他单子的结果，而是由于上帝在创造每一单子时，就已预见到一切单子的全部变化发展的情况，预先就安排使每一个单子都各自独立地变化发展，同时又自然地与其余一切单子的变化发展过程和谐一致，因此就仍然保持其为一个连续的整体。用他自己的比喻来说，整个宇宙好比一个无比庞大的交响乐队，每一乐器的演奏者按照上帝事先谱就的乐曲演奏各自的旋律，而整个乐队奏出的自然会是一首完整、和谐的交响乐。

这个"前定和谐"的学说，本是莱布尼茨用来解决笛卡尔所遗留下来的身心关系问题的。笛卡尔的古典二元论既把物质与精神看作两种截然对立而不能互相作用的实体，就始终无法圆满地说明身体与心灵交互影响这种显著的现象。他的门徒中有一派如格林克斯（Geulinx）等人提出"偶因论"的学说企图解决这个问题。在"偶因论"者看来，是上帝在心灵有某种变化时使身体产生了相应的运动或变化，在身体有某种运动时使心灵产生了相应的变化；身心双方变化的直接原因都在上帝，而一方的变化只是另一方变化的"偶因"或

"机缘"。莱布尼茨把各个单子看作彼此孤立而不能互相作用的，也同样无法用交互影响来说明身心关系问题。他认为"偶因论"的解释无异于把上帝看作一个"很坏的钟表匠"，须随时守着并调整身心这两个"钟"使之走得彼此一致。针对"偶因论"的这种缺点，莱布尼茨提出一种看法，认为上帝既是万能的，当他创造身心这两个"钟"时就应当造得非常精密准确，使之各走各的而彼此又自然地达到一致。这也就是身心之间的"前定和谐"。但莱布尼茨把"前定和谐"的学说运用到一切单子、一切事物之间，身心之间的和谐一致只不过是这种普遍的"前定和谐"的一个特例罢了。

"前定和谐"学说，是莱布尼茨哲学的中心，也最能表现其哲学的特征。他不仅利用这个学说来证明上帝的存在，证明上帝的全智、全能、全善，并由此证明这个世界是"一切可能的世界中最好的世界"，从而导致他的所谓"乐观主义"。莱布尼茨主张应当用一切手段来证明上帝的存在，以往安瑟伦和笛卡尔用过的所谓"本体论的证明"，或托马斯·阿奎那等人用的"宇宙论的证明"之类，他认为都可以用，只是不够完善而须加以补充修正。[①]他认为"前定和谐"学说，正可以为上帝的存在提供一个新的证明。这无非是说宇宙千差万别的无数事物，既是独立发展的，又是这样显然地和谐一致的，若不是有一种万能的心智加以安排是不可设想的，这正好证明了万能上帝的存在。他自诩他的"前定和谐"假说远比"偶因论"优越，更能证明上帝的万能。其实，培根在当时就指出，他的假说倒正如他自己谴责"偶因论"那样，在无法自圆其说时就只好求援于上帝的奇迹，如同希腊戏剧舞台上当剧情陷入困境时就从机器里放出神（deus ex machina）来加以解围一样。[②]在我们看来，任何企图证明上帝存在的理论只能是唯心主义、僧侣主义的荒谬理论。莱布尼茨在自以为证明了上帝的存在以后，又认为上帝是最完满的存在，必定是全智、全能并且是全善的。因此他所创造的世界也必须是"一切可能的世界中最

---

① 参阅莱布尼茨《人类理智新论》下册，陈修斋译，商务印书馆1982年版，第512—515页。

② 参阅 G 本第 4 卷第 521 页等处。

好的世界"，否则上帝就不是全善的了。既然这世界是最好的世界，为什么又有这么多坏事或"恶"呢？莱布尼茨认为"恶"的存在正可以衬托出"善"，使善显得更善。说这个世界是一切可能的世界中最好的世界，并不表示这个世界没有恶，只是说这个世界善超过恶的程度比任何其他可能的世界都高。这套理论，即莱布尼茨的所谓"乐观主义"，典型地起到了为当时德国那种最落后、最反动的现实状况进行粉饰的反动作用，而这正是软弱的资产阶级向封建势力献媚讨好、奴颜婢膝的卑鄙行为的绝妙写照。连罗素也指出："这套理论明显中了普鲁士王后的心意。她的农奴继续忍着恶，而她继续享受善，有一个伟大的哲学家保证这件事公道合理，真令人快慰。"① 这相当机智地指出了莱布尼茨这套哲学当时的社会作用。

　　以上所述，特别是关于"单子"及其种种特性，以及"连续性"和"前定和谐"学说，是莱布尼茨哲学体系的一些主要原则。他运用这些原则所阐述的有关哲学中其他一些问题的见解，在这里不能一一详述。可以顺便指出的是：罗素在其《对莱布尼茨哲学的批评性解释》及《西方哲学史》的"莱布尼茨"一章中，认为通常人们讲的莱布尼茨这一套哲学，都是他用来"讨王公后妃们的嘉赏"以追求世俗的名利的东西，而他另一套"好"的哲学，是他秘而不宣，人们不注意的，仿佛是罗素独具慧眼而首先发现的。他的《对莱布尼茨哲学的批评性解释》着重阐述他那一套"好"的哲学。而它之所以"好"，是因为它从少数几条"前提"出发，经过严密的逻辑推理构成了一个演绎系统。不过，罗素同时也认为，莱布尼茨据以构成整个系统的几条"前提"或原则彼此之间并不一致，在其推理过程中还有许多漏洞。这样看来，似乎它并不怎么"好"。我们不否认罗素对莱布尼茨哲学的阐述和评论有某些可供借鉴之处，例如他对莱布尼茨所谓"乐观主义"的实际社会作用的见解就不无可取之处。我们也不否认莱布尼茨有一些未公开发表或虽已发表但未引起注意的有价值的思想，值得进一步发掘和探讨。但总的来说罗素对莱布尼茨哲学的评价只能是一种个人的偏见。马克思主义认为，一种哲学的"好"

① 罗素：《西方哲学史》下卷，商务印书馆1976年版，第117页。

或"坏"主要在于：它是否符合客观实际，能否正确或比较正确地说明世界以至改造世界，是否为社会历史上进步的阶级服务，从而推动历史的前进。这是评价一种哲学好坏的唯一科学标准。因此，即使如罗素自诩的新发现的莱布尼茨的另一套哲学那样，能从少数几条作为前提的原则出发经过严密的逻辑推理而构成一个演绎系统，如果这些原则及其结论并不符合客观实际，并不能正确说明世界，就完全说不上什么"好"。而莱布尼茨的哲学，不论是罗素所说的"流俗的"还是"秘而不宣的"，都是唯心主义的，因此总的说来都不能正确说明世界，也就说不上什么"好"；那套东西既是"秘而不宣的"，又无多大社会作用，那么，同他的公开的哲学比较，也就不值得对它更加重视。这就是我们不愿和罗素一起穷究莱布尼茨那一套"秘而不宣"的哲学，而仍着重阐述其为一般人所熟知，从而有较大社会影响、较大历史作用的哲学观点的主要理由。其实，照罗素所阐述的，莱布尼茨的所谓"秘而不宣的"哲学和"流俗的"哲学之间，并不存在一条鸿沟，其基本原则和基本结论也并没有什么本质的区别，至多在论证方式上有所不同而已。诚然，在他原先未公开发表的手稿中，有些论点，若加以逻辑的推演，则可以得出接近斯宾诺莎的唯物主义的结论，这就排除了上帝创世的作用。这一点是值得注意的。例如，在其有关逻辑的残篇中，有一条关于存在的定义的论述。他说道："存在就是能与最多的事物相容的，或最可能的有，因此一切存在的事物都是同等可能的。"罗素认为，照此推论下去，则这世界仅凭定义自身就可以存在而无须上帝的"天命"，这就落到斯宾诺莎主义中去了。[①] 其实，即使在未发表的手稿中，莱布尼茨也从未明确地作出过唯物主义的结论；而在公开发表的哲学文稿中，也未尝不包含某些论点，如果把它逻辑地贯彻到底，就可得出和他自己所宣扬的唯心主义相抵触的结论。因此，不能说他未公开发表的哲学和他公开发表的哲学有什么本质的不同。他的整个哲学本来就是包含着各种矛盾的因素，对其应该作一分为二的辩证分析。

---

① 参阅罗素《对莱布尼茨哲学的批评性解释》第 2 版序言，1958 年伦敦英文版，第 vi－vii 页。

　　我们看到，就莱布尼茨哲学思想的发展过程及其定型后的整个体系来说，他是在一度接受机械唯物主义观点之后又抛弃了唯物主义，转而在与唯物主义的斗争中发展形成一套唯心主义体系。他的唯心主义，如他自己所说的，是要把经院哲学讲的"实体的形式"之类的东西重新召回，并大力论证上帝的存在和万能，论证这个世界是上帝创造的"一切可能世界中最好的世界"，等等。这在一定意义上的确是经院哲学、僧侣主义的一种复辟，是软弱的资产阶级向封建势力献媚讨好的表现；在当时整个西欧哲学阵营中，他是站在和新兴资产阶级反封建的革命路线相对立的妥协投降路线一边，因而就其哲学的主导方面来说是保守乃至反动的，必须予以严肃的批判和否定。但同时也必须看到，莱布尼茨宣扬的唯心主义，毕竟不同于传统的经院哲学。它是处在萌芽状态的软弱的资产阶级的意识形态，并不是封建意识形态。他所论证的存在的上帝，并不是传统宗教中喜怒无常、能够给人以祸福的人格神，其实也是和其他事物的组成"单子"一样的一个"单子"，不过是最高的、创造其他"单子"的"单子"而已；而且上帝也必须按照理性行事，不能违背理性任意胡来。列宁在论述到亚里士多德的神的观念时曾指出："当然，这是唯心主义，但比起柏拉图的唯心主义来，它客观一些，离得远一些，一般化一些，因而在自然哲学中就比较经常地＝唯物主义。"[①] 莱布尼茨的唯心主义和上帝观念，与经院哲学相比，似乎也有类似的情况。再拿他的"前定和谐"和所谓"乐观主义"的观点来看，当然，这也是唯心主义、僧侣主义的荒谬理论，并且历来最为人所诟病。如伏尔泰在其小说《老实人》中曾对之作了极为辛辣的讽刺和嘲笑；早在莱布尼茨最初发表这一观点时，就受到过如培尔等许多人的批判和反驳。这种"前定和谐"当然只能是上帝的"奇迹"，而且是最大的"奇迹"，是为宗教迷信张目的。但同时也要看到，莱布尼茨其实是要用"前定和谐"这个最大的"奇迹"来排除其他一切奇迹。他说过："我不愿我们在自然的通常过程中也不得不求助于奇迹。"又说："上帝平常也

---

　　① 《列宁全集》第 38 卷，人民出版社 1959 年版，第 313 页。

老是施行奇迹，这本身也就是荒唐无稽的。"① 在一劳永逸地假定了"前定和谐"这一最大的"奇迹"之后，莱布尼茨主张对一切事物的自然过程必须就其本身来寻求合理的自然的解释，实质上是肯定每一事物都按照本身已"前定"的固有规律而自己变化发展，从而排除了上帝对事物变化发展过程的具体干预。这和"自然神论"肯定上帝作为世界的最初原因或"第一推动力"产生或推动世界万物之后，世界万物按其本身规律而运动变化，不再受上帝干预的主张，至少是相似的。我们知道，马克思和恩格斯一再指出"自然神论"是在当时条件下摆脱神学而宣扬唯物主义的方便途径，并把它看作唯物主义的一种形式。莱布尼茨的哲学体系当然是唯心主义的而不能说像"自然神论"一样也是一种形式的唯物主义。但就其"前定和谐"学说与"自然神论"有某种相似之处这一点来看，能否说也是唯心主义体系中隐藏着或包含着须按世界本来面目说明世界的唯物主义观点呢？甚至那种为现存的腐朽封建统治涂脂抹粉的"乐观主义"思想，我们也要看到它在另一种意义上也是新兴资产阶级的思想？封建统治阶级宣扬的宗教观念，毋宁是把尘世看得一片阴暗，宣扬禁欲主义来教人弃绝现世生活而把希望寄托于来世，并不把这世界看作什么"最好的世界"而抱"乐观主义"思想的。普鲁士王后似乎会因莱布尼茨的学说使她得到暂时的安慰而感到中意的。但她如果真有点哲学眼光，能看到她所属阶级前途和命运，那她也未必真会相信这个世界对她来说是什么"最好的世界"的。当然，我们说莱布尼茨的唯心主义哲学体系中包含了上述这些积极意义的因素，并不是要以此来否定或减弱他的哲学体系主导方面的保守性和反动性，只是要借此表明，他的哲学毕竟不同于完全反映封建统治阶级利益的经院哲学唯心主义，它还是属于新兴资产阶级思想范畴的。但它和当时已产生并已得到发展的西欧其他一些国家的资产阶级的唯物主义比较起来，则是站在资产阶级反封建革命路线的对立面的，代表着一条向封建势力妥协投降的路线，因此不仅是大大落后了，甚至是倒退了。

---

① 莱布尼茨：《人类理智新论》上册"序言"，陈修斋译，商务印书馆1982年版，第18—19页。

　　莱布尼茨的哲学体系不仅是唯心主义的，而且也是形而上学的。首先，他们为了找到一种构成事物的最后单位，企图撇开量而单从质着眼来寻求一种"不可分的点"的思想，就是把事物的质和量加以割裂的典型的形而上学思想。这也是其从唯物主义走向唯心主义在思想方法上的关键之点或失足之处。任何真实存在的具体事物总有质和量两个方面的规定性，把两者割裂开来就难免由这种形而上学思想方法而陷入唯心主义的虚构。莱布尼茨的"单子"正是这种情况的显著例证。其次，他的这种形而上学的思想方法使他把单子看成是彻底孤立的，从而也否定了事物的真正的普遍联系。他虽然提出"连续性"的观点来试图说明事物之间的联系并把"不可分的点"和"连续性"结合起来，但他的企图是不可能完成的，这种结合也只能是虚假的。因为已被人为地彻底孤立起来的单子就不能与其他单子有真实的联系或相互作用，他所设想的"连续"只能是他思想上的一种抽象的、武断的肯定，始终未能真正解决"连续性"和"不可分的点"的矛盾问题。再次，由于他片面强调"连续性"，就否定了自然的"飞跃"，这显然是只承认渐变而否认突变，即只承认量变而否认质变的形而上学思想。最后，他的"前定和谐"学说，尽管如我们以上所分析的那样，暗含着接近自然神论的思想而有某种积极意义，但就这种观点本身的主要方面来说，则是把世界上一切事物的发展变化都看作上帝预先决定的宿命论，不仅是唯心主义的，也是典型的形而上学思想。

　　可是，我们也应看到，莱布尼茨在与机械唯物主义作斗争时，的确抓住了机械唯物主义的一些形而上学的局限性并发挥了一些可贵的辩证法思想。

　　首先，他正确地看到，机械唯物主义把物质实体的本质仅仅归结为广延性，就无法说明事物的自己运动，就会把物质与运动割裂开来；因此，他提出构成事物的"单子"本身就具有"力"，是由于"内在的原则"自己运动变化的思想。正如列宁所指出的："莱布尼茨通过神学而接近了物质和运动的不可分割的（并且是普遍的、绝对的）联系的原则。"这显然包含着辩证法因素，因此列宁又说："大概马克思就是因为这一点而重视莱布尼茨。"①

其次，莱布尼茨也抓住了机械唯物主义由于把物质的本质归结为广延而把物质本身看作仅有量的规定性而无质的区别这种形而上学的片面性，并因此提出单子及其所构成的事物本身就各自具有不同的质的思想。虽然他也有妄图撇开量而单考虑质的另一种片面性，但肯定世界万物的质的多样性，并肯定每一单子由于其"内在原则"（即"欲望"的推动）而在质的方面有变化发展的思想，也还是有辩证法因素的。

最后，莱布尼茨明确提出了"连续性"与"不可分的点"的矛盾问题，并力图以自己的方式来解决，这在一定程度上也是抓住了机械唯物主义各执片面的形而上学局限性而企图予以克服的。虽然如上所说他也未能真正解决这个问题，但他因此提出的每一单子都由于其知觉而反映全宇宙，以及各自独立的单子又构成整个连续的序列等思想，实际上包含着关于个别与一般、部分与全体以及间断性与连续性的对立统一观点的。正是针对这一点，列宁指出："这里是特种的辩证法，而且是非常深刻的辩证法，尽管有唯心主义和僧侣主义。"①总之，莱布尼茨的哲学，虽然是唯心主义形而上学的体系，但它确实包含着较丰富的辩证法因素。这和18世纪末19世纪初从康德到黑格尔的德国古典唯心主义比较起来，显然在程度上有很大的不同，特别是和黑格尔相比，莱布尼茨的辩证法思想不是那么自觉和系统，但性质上还是一样的。这是因为从莱布尼茨时期到黑格尔时期，德国社会的基本性质和基本特征并没有发生根本变化，他们的哲学也都是德国软弱的资产阶级既要向封建势力妥协投降，又有求得自身发展的进步愿望这样一种矛盾心态的反映，只是在发展程度上有所不同而已。因此，莱布尼茨理应被看作18世纪末19世纪初德国古典哲学的先驱。

---

① 《列宁全集》第38卷，人民出版社1959年版，第431页。

对唯心主义哲学的估价问题[*]

陈修斋

我对贺麟先生的意见并不完全同意，但基本论点是一致的。这基本论点就是：唯心主义也有好的东西。过去我不同意这个意见，现在我觉得这种说法还是有道理的。

作为唯心主义的大哲学家，他的学说可能反映了一些现实的情况，有唯物论的因素，这是不必辩论的。另外，唯心论的个别观点也可能起过好作用。例如，中世纪的神秘主义者主张个人不经过教会就可直接和神交通，这种看法是反教会的，在当时有反封建的进步意义。有人以为这不过是例外，实际上类似的例外在哲学史上并不鲜见。上升时期的资产阶级社会政治观点，就整个体系而言是唯心的，但大都具有反封建的意义。社会契约论就是如此。这是事实，应该加以肯定。但要从理论上解释这一事实却令人感到困难。既是唯心的、非科学的，又何以能起进步作用？我考虑这是把唯心、唯物与错误、正确等同起来的缘故。这种分析问题的方法是不正确的。诚然唯心主义作为整个路线来说是错误的，唯物主义作为整个路线来说是正确的，但唯心与唯物、错误与正确毕竟是不同的概念，不能简单地加以等同。例如庸俗唯物主义，就绝不能说也是正确的。

唯心论作为人类认识发展的一个阶段、必要的环节，是有可以肯定的东西的，是有贡献的。如果以为唯心论完全只有消极的意义，那么思想史上如果不出现唯心论是否就更好呢？但这样一来唯物论的发

---

　　[*] 本文是 1957 年年初在北京大学哲学系举行的"中国哲学史问题讨论会"上的发言记录稿。原载《中国哲学史问题讨论专辑》，科学出版社 1957 年版。

展就会成为单纯的数量增长的过程。实际上，唯心论在历史上出现了，并且不是完全消极的，它促进了唯物论的发展，这是不容否认的事实。古代素朴的唯物论不经过以后的唯心论，就很难发展为科学的唯物论。素朴的唯物论强调物质的方面是对的；但以为精神也是一种物质则是错误的。唯心论强调了精神方面，虽则夸大了，但指出了精神方面的作用则是对的。没有德国古典的唯心论哲学，恐怕就没有辩证的唯物论。唯理论在哲学史上，依我看基本上是唯心论的，但它在从唯物论的机械的反映论进步到辩证的反映论当中起了作用。在强调理性的意义、作用上，它又有着正面的贡献。

　　唯心论作为人类认识发展的一个阶段、必要的环节是有贡献的，这可以肯定。但如果更进一步，认为整个唯心论体系，或整个唯心论路线是好的，这就要犯错误了。

　　最后，对哲学史上一些企图走第三条路线的哲学家应该做具体的分析、评价，不应简单地予以否定。例如休谟，他虽然终究是主观唯心论者，但他的主观唯心论还是与巴克莱的有所不同的。巴克莱的主观唯心论完全是为宗教作辩护，休谟则在反对物质实体的同时，也反对精神实体并且在许多方面表示反对传统宗教，或至少以为上帝是不可知的。关于这点，恩格斯也曾明确地提到过。因此，对于休谟的评价，就不宜不顾这些具体情况，仅仅从他的认识论上的不可知论，简单化地推论说他最终必然归结到宗教和僧侣主义。

关于经验论与唯理论
对立的几个问题[*]

陈修斋

认识论上经验论和唯理论的对立斗争，是西欧早期资产阶级革命时期哲学中的一个突出现象。为什么恰恰在这一时期突出地产生这样一场斗争？其产生和发展的历史根源和规律性是什么？这场斗争是围绕着哪些问题进行的？划分经验论和唯理论的主要根据或标准究竟是什么？划分经验论和唯理论内部的唯物主义和唯心主义的标准又是什么？对于这些问题，我国哲学史界或多或少都存在着一些不同看法。弄清楚这些问题，不仅对于掌握这一段哲学史，而且对于建立全部欧洲哲学史的科学体系，都是有意义的和必要的。本文试就这些问题谈点个人的浅见，以求教于哲学史界的同志们。

一　有关经验论与唯理论对立斗争的产生

经验论与唯理论的对立斗争，为什么恰恰在西欧早期资产阶级革命时期的哲学史上成为突出的现象？这是偶然的还是合乎规律的呢？以经验论和唯理论的对立斗争概括这一阶级的西欧哲学史，或把它作为这一阶段西欧哲学中的主要矛盾，是正确的吗？在教学中，有些同学常常会提出这一类的问题。还曾有人明确地提出意见，认为在讲这一阶段的哲学史时，突出经验论与唯理论的斗争，是以此掩盖、抹杀或代替了唯物主义与唯心主义的斗争，因此是错误的，乃至是"反马

* 原载《外国哲学史研究集刊》第 5 集，上海人民出版社 1982 年版。

克思主义"的。这种责难，显然是把哲学思想的发展及其规律极端简单化的一种恶果。经验论和唯理论的对立斗争是这一阶段哲学战线的突出现象，这是不容否认的客观历史事实，不能随意加以抹杀。也不能把经验论与唯理论的斗争和唯物主义与唯心主义的斗争绝对对立起来，认为强调前者就是否定后者。其实，唯物主义与唯心主义的斗争，从来就很少以这样赤裸裸的形式表现出来，而往往是通过各种具体问题的斗争来进行的。这一阶段，唯物主义与唯心主义的斗争，诚然主要表现为新兴资产阶级的机械唯物主义反对神学、经院哲学唯心主义的斗争，但在资产阶级哲学内部，恰恰就是通过经验论与唯理论的对立，以及两派内部的争论和分歧表现出来的。因此，以经验论和唯理论的对立和斗争，以及在斗争中互相转化、互相渗透，作为贯穿这一阶段资产阶级哲学发展史的主要线索，我认为是恰当的，既符合客观历史事实，也是符合马克思主义原理。问题是为什么这一对立和斗争恰恰在这一时期突出起来？这种现象究竟是不是合规律地产生的？

应该指出，就较广泛的意义来说，经验论与唯理论的对立，并非从近代开始，而是自古就有的。例如古代德谟克利特的"影像说"和柏拉图的"回忆说"之间的对立，就是经验论与唯理论对立的一种表现形式；中世纪经院哲学中唯名论与唯实论的对立，也包含着经验论与唯理论的对立。但经验论与唯理论作为哲学认识论上的两个派别，以比较典型的形式全面系统地展开争论，则确是资本主义产生并发展到一定阶段以后才产生的现象。其所以如此，是完全符合哲学思想产生和发展的规律的。

经验论与唯理论是认识论的理论。认识论的发展总须以人类认识的较高发展为前提。不能设想在人类认识水平还相当低下的情况下会产生较为发展的关于认识的理论。这就是这种认识论理论只有在人类科学认识已得到较高度发展的近代，即资本主义开始发展的时代才能以比较典型的形式全面发展起来的根本理由。古希腊奴隶制社会诚然奇迹般地产生过繁荣昌盛的经济、政治与文化，甚至孕育了往后一切重要哲学思想的萌芽——这当然是无可否认的，也正因为如此我们才在上文肯定经验论和唯理论的对立就广义来说早在古代就已产生了，——但古代毕竟还是人类文明包括科学和哲学发展的幼年时代，虽包含着往后得以高度发展的可宝贵的萌芽，但其本身毕竟还是原始、朴素、粗糙甚至幼稚的。例如不论"影像说"还是"回忆说"，作为一种认识论的理论，虽已包含着经验论（或反映论）与唯理论（或先验论）的萌芽或因素，但显然还是十分粗糙和幼稚的。这也是和人类科学认识还处在较低级阶段，各门科学尚未从无所不包的"爱智之学"中分化出来而得到独立发展的状况相适应的。至于漫长的中世纪封建社会阶段，宗教神学的蒙昧主义严重地束缚和扼杀了科学认识的发展，虽然作为经院哲学内部反对派的唯名论思潮和作为正统派的唯实论的斗争，也有和认识论上经验论和唯理论斗争的某种类似之处，但那毕竟只是被包围在神学、经院哲学浓重迷雾之中的一线微光，是异常隐晦曲折的。只有到了封建社会末期，资本主义关系已在封建社会内部逐渐形成以后，随着资本主义生产发展的需要，科学才得以迅速发展。也只有到了近代，在真正意义上的科学已发展到一定程度之后，探讨这种科学认识如何产生、发展，是否可靠，乃至何以可能等问题的认识论和探索科学认识所运用的方法论才得以发展形成。因此，经验论和唯理论的认识论理论，是在近代科学发展到一定程度之后发展形成的。而近代科学之所以在中世纪长期"冬眠"之后得到迅速发展，则是由资本主义的发展及资产阶级反封建斗争的需要所决定的。这是完全符合马克思主义所揭示的社会存在决定社会意识、经济基础决定上层建筑的社会发展客观规律，包括哲学思想发展规律的。但到此为止，至多只能一般地说明为什么到了这个时期，认识论的理论得以发展起来，还不能具体地说明为什么恰恰在这个时期，认识论的发展会表现为经验论与唯理论的对立与斗争。而要说明这一点，也须到这一时期的历史条件，特别是科学发展的状况中去寻找原因。简单说来，这是因为这一时期的科学，比起中世纪和古代来，虽得到了空前迅速的发展，但就全部人类历史来看，则还是处在发展的初期，即搜集材料作初步整理以进行分门别类的研究的阶段，并且只对最初级的运动形式即机械运动的研究达到了较成熟的地步。众所周知，正是科学发展的这种状况，造成了形而上学的思想方法和机械论观点的流行。此外，科学的发展，一方面离不开对各种现象的观察和实验；另一方面离不开对各种现象的量的规定性进行测定和分析，即离不开数学的运用。观察、实验的方法和运用数学的方法都是科学所必不可少的，也是当时科学一走上独立发展的道路就实际应用的。当时科学状况所造成的形而上学的思想方法，使人们习惯于孤立地、静止地、片面地看问题，在解决某些哲学问题时就片面地重视科学上观察、实验的方法而发展形成了经验论的理论和经验的归纳法；有些哲学家则从另一片面即重视数学的方法发展形成了唯理论和理性的演绎法。这就是当时认识论上形成经验论和唯理论对立和斗争的主要历史原因。可见，这是由当时的历史条件所造成的合乎规律的现象，是有着某种必然性而非偶然性的。

说到这里，我们可以肯定：不论经验论或唯理论，都是以近代初期的自然科学发展状况及所用方法为依据的，并从不同方面促进自然科学的进一步发展的；它们都对新兴资产阶级发展科学、促进生产的需要有所贡献，并且各自成为新兴资产阶级反对封建的宗教神学和经院哲学所宣扬的那种抽象空洞的思辨和盲目信仰的思想武器，都起过历史进步作用，也都从不同方面对人类认识的发展有所促进。当然，它们有各自的片面性和局限性，就认识论的全体来说，也都是错误的。有一种观点认为，如果说经验论和唯理论的斗争就是唯物主义与唯心主义斗争的一种表现形式，则经验论就是唯物主义的，唯理论就是唯心主义的；并且从唯物主义都是进步的，唯心主义都是反动的这种框框出发，断定经验论是进步的，唯理论是反动的。这种观点是我们所不能同意的。因为这种观点不符合历史的真相。首先，就经验论与唯理论产生发展的社会历史根源及其历史作用来说，两者都同样是在资本主义生产和自然科学发展的条件下作为新兴资产阶级的思想武器而产生的，同样起过反封建的进步作用，不能认为只有经验论起过进步作用而唯理论就是反动的。其次，就理论本身来看，也不能认为经验论都是唯物的而唯理论都是唯心的，两者都有唯物与唯心之别。扬此抑彼或厚此薄彼，把其一说成进步而把另一说成反动，是完全错误的。

二　经验论和唯理论的斗争是围绕哪些问题进行的

经验论和唯理论的斗争，究竟是围绕哪些问题进行的？这不是要作理论探讨的问题，也不值得争论，只是须对这段哲学史的事实进行某种归纳或概括，这对我们探讨有关经验论和唯理论的标准以及划分两派内部唯物主义和唯心主义标准的问题，是有必要的。

粗略地归纳起来，当时经验派与唯理论派以及两派内部的唯物主义者与唯心主义者之间的争论，至少是围绕下列五个大问题进行的。

第一是关于正确认识的起源问题，或者具体点说就是有无天赋观念的问题。一般来说，凡经验论者都主张认识起源于感觉经验而否认有天赋观念，唯理论者则否认正确认识起源于感觉经验而以这样那样的方式肯定有天赋观念，认为正确认识是天赋的或从天赋观念经理性的推理而得到的。

第二是关于知识的可靠性问题，具体说来就是感觉经验和理性知识何者更可靠的问题。一般认为，经验论者是肯定感觉经验比理性知识更可靠的，唯理论者则肯定理性知识比感觉经验更可靠。但我们看到，历史的实际情况远不是如此简单明了而有许多复杂或模糊不清的情形，值得进一步探讨。

第三是关于认识对象是不是客观物质世界的问题。一般说来，凡是唯物主义者，不论是经验论者或唯理论者，总是承认认识对象是客观物质世界及其中的实在事物，而唯心主义者则这样那样地否认物质世界的客观实在性，而把认识对象说成某种精神性的东西。但其中也有一些复杂的情况。

第四是关于认识主体究竟是什么的问题。是物质自然界中具有物质身体的人呢，还是某种作为不依赖于身体的精神实体的心灵？一般说来，唯物主义者主张前者而唯心主义者主张后者，但实际情况也并非如此简单。

第五是关于真理标准的问题。真理的标准是客观的还是主观的？真理是指认识与客观对象的符合，还是指认识本身的通体一贯或清楚明白？一般来说，似乎唯物主义者都应坚持客观标准而唯心主义者则坚持主观标准，或者说经验论者理应主张真理是指认识与对象的符合，而唯理论者则应主张真理就是指认识本身的通体一贯、无矛盾或清楚明白。但实际的历史情况也比这复杂得多。

当然，当时哲学家曾经争论过的问题远不止这些。例如，关于实体是一元还是二元或多元的问题；关于事物的"偶性"或"第二性质"是在客观物体之中还是在主观心灵中的问题；关于事物的本质或实体的"实在本质"是否可认识的问题，等等，也都是曾经争论或有分歧意见的重要问题。这里不可能将所有曾经讨论过的问题都一一列举，更不能一一探讨。以上的五个问题，只是有关认识论全局性的最主要问题，特别是为了探讨怎样划分经验论与唯理论，以及怎样划分两派内部的唯物主义与唯心主义问题所必须涉及的问题。为了这一目的，列举这五个问题也就够了。

三　关于经验论与唯理论的划分标准

我想稍稍加以着重探讨的，是究竟怎样划分经验论与唯理论的问题。或者说，划分经验论与唯理论的标准究竟是什么？两者的界线究竟何在？按照通常的看法大体可以说划分经验论与唯理论的标准就是两条：

一是认识是否起源于感觉经验：回答是肯定的，就是经验论；回答是否定的，就是唯理论。

二是感性认识和理性认识何者可靠何者不可靠：认为只有感性认识可靠而理性认识靠不住的，就是经验论；反之，认为只有理性认识可靠而感性认识不可靠的，就是唯理论。

这样两条标准和我们上一节所归纳的第一和第二两个问题的论述大体相当，但是有一些并非毫无意义的区别。

问题在于：当我们用这里所表述的两条标准去考察历史上被公认经验论者和唯理论者的思想时，就会发现：有一些哲学家的思想是和这两条标准基本相符的，但有些人的思想则与此并不相符或不完全相符，或者只符合其中的一条而不符合另一条，甚至只符合其中一条中的某一点而不符合其他各点。且让我们举些例证来看看。

　　弗·培根是被公认为近代英国经验论的始祖的。说他肯定认识起源于感觉经验，这在一定意义上当然是对的，一般也正是根据这一点才说他是经验论者甚至是经验论的始祖。但如果考虑到他还主张"双重真理"，则很难说他是完全肯定认识起源于感觉经验的了，因为就对于"信仰的真理"的认识来说，他主张出于"天启"而并非来自感觉经验。至于说到感性认识和理性认识何者可靠，则我们都知道培根所提出的蚂蚁、蜘蛛和蜜蜂的比喻，他是主张要像"蜜蜂"酿蜜那样以感性材料进行理性加工以求得对事物的"形式"即规律性的认识的，也很难说他是主张只有感性认识可靠而理性认识是靠不住的。

　　霍布斯被认为是培根学说的系统化者和继承者，通常也把他归在经验论一派。就他"承认我们所有的一切知识都是从感觉获得的"①来说，说他是经验论者当然是对的，也可以说他是符合第一条标准的；但我们都知道霍布斯决不认为理性知识或推理知识是不可靠的，他认为"'哲学'是关于结果或现象的知识，我们获得这种知识，是根据我们首先具有的对于结果或现象的原因或产生的知识，加以真实的推理"，甚至认为"对于事物的感觉与记忆，是人与一切生物所共有的，它们虽然是知识，可是由于是自然直接给予我们的，不是由推理得到的，因此不是哲学"②。这怎么能说他是主张只有感性认识可靠而理性认识靠不住的呢？

　　洛克系统地论证了培根和霍布斯的原则，更可以说是经验论的典型代表了。但我们知道他在《人类理智论》中系统地、详细地批驳了唯理论派的"天赋观念"学说，并且明确肯定"我们的全部知识是建立在经验上面的；知识归根到底都是导源于经验的"③。因此就上述第一条标准来说他是完全符合的。至于说到第二条标准，则即使这位被认为是经验论典型代表的洛克，竟也认为那种"心灵直接从两

---

　　① 霍布斯：《论物体》，北京大学哲学系外国哲学史教研室编译：《十六—十八世纪西欧各国哲学》，商务印书馆1975年版，第90页。

　　② 同上书，第60—61页。

　　③ 洛克：《人类理智论》第2卷第1章，§2，参阅北京大学哲学系外国哲学史教研室编译《十六—十八世纪西欧各国哲学》，第366页。

个观念本身，不必插入任何别的观念，就觉察到这两个观念的符合或不符合"的"直觉的知识"是人类所能得到的"最清楚最可靠的知识"，而须"凭着插入另一些观念来发现它所寻求的那种符合或不符合"的"证明的知识"或推理的知识是第二等可靠的；而"对于特殊存在物的感性知识"，却被洛克认为"并没有完全达到上述的两等确实性之一"，即认为在可靠性上还次于上述"直接的知识"和"证明的知识"①。虽然洛克所说的"直接的知识"是否属于我们所理解的"理性认识"是值得研究的，但无论如何总不能说洛克的这种思想是肯定只有感性认识可靠而理性认识靠不住的。

甚至把经验论的原则推到了极端的休谟也认为，以"观念的关系"为对象的数学知识，如"欧几里得所证明的真理"，是"纵然在自然中并没有圆形三角形"也"仍然保持着它的可靠和自明性"，而以"事实为对象"的知识，"它们的真理性不论有多大，……总不能与前一类的真理性同样明确"②。他的观点尽管是唯心主义的，也不能把他所说的数学知识与以事实为对象的知识等同于我们所理解的理性认识与感性认识，但总不能说数学知识不是理性认识而是感性认识，因此也总不能说休谟是完全否认理性认识的可靠性而只肯定感性认识可靠的。

至于就唯理论方面来看，笛卡尔是被公认为近代唯理论派的首创者的。他宣扬"天赋观念"，认为感觉可以骗人因而是不可靠的，并且推崇数学，认为"它的基础既然这样稳固，这样坚牢"，人们应该"在上面建筑起更高大的建筑物来"③。即主张仿照数学特别是欧几里得几何学的模式，用理性的演绎来建立起"形而上学"的体系。这表明他确是一个唯理论者，是基本上符合上述两条标准的。然而，如果说笛卡尔作为一个唯理论者，就完全否认认识起源于外物的感觉，或者认为他就完全否定感觉经验的可靠性，则并不符合实际。例如，

---

① 参阅洛克《人类理智论》第4卷第2章，见《十六—十八世纪西欧各国哲学》，第421—427页。

② 休谟：《人类理智研究》第4章，参阅《十六—十八世纪西欧各国哲学》，第633页。

③ 笛卡尔：《方法谈》，参阅《十六—十八世纪西欧各国哲学》，第139页。

他就说过："在这些观念中，我觉得有一些是天赋的，有一些是从外面来的，有一些是我自己制造出来的。"① 这就是说，笛卡尔除了认为我们关于上帝存在以及那些逻辑上的基本思想规律如同一律、矛盾律、排中律和几何学公理之类的知识是天赋的之外，他并不否认我们关于一切自然事物的观念，是通过感官从外面得来的；同时我们也知道，笛卡尔虽从怀疑一切开始，但绕了一个大弯子之后，他终于还是借助于"不会骗人"的上帝的保证而肯定了"我们可以确知物质事物的存在"②。在《哲学原理》第四章中，他还作为一个生理、心理学家，详细地探讨、论述了各种感觉。如果他真的认为感觉经验全是骗人的，只是错误的来源，则作这种探讨就变得毫无意义、不可理解了。其实，笛卡尔之所以认为"感官的知觉并不能使我们了解事物的真相"，只因为他认为重量、硬度、颜色等并非物体的本性，而物体的本性只在于广延，只是物质各部分的形状和运动，才使我们生起颜色、气味、痛苦等感觉来，③ 这和洛克关于"第一性质"和"第二性质"的观点，并无本质上的区别。就这方面来看，如果认为唯理论者笛卡尔否认感觉的可靠性，则被公认为经验论者的洛克也是否认感觉的可靠性的。其实这都是他们形而上学地理解感觉观念与性质关系的结果。这个问题在这里不能展开详细讨论。总之，笛卡尔虽然确有否认感觉经验可靠性的思想，但不能把这一点看得绝对化了，也不能把这看作他作为唯理论者特有的错误思想。

还有另一位唯理论者斯宾诺莎，情况也与笛卡尔有类似之处：基本上是符合上述判定其为唯理论者的标准的，但也不能对此作绝对化的理解。如果认为斯宾诺莎作为唯理论者从根本上否认知识起源于经验，则也是不对的。他自己就明明说过："其实，差不多所有关于实际生活的知识大都是得自泛泛的经验。"④ 他虽然十分强调从传闻和泛泛经验中得来的知识"没有确定性"，但既不能认为他完全否认知识起源于经验，也不能认为他把一切感性知识都看作是错误的。

---

① 笛卡尔：《形而上学的沉思》，见《十六—十八世纪西欧各国哲学》，第167页。

② 笛卡尔：《哲学原理》，商务印书馆1959年版，第34页。

③ 同上书，第34—35页。

④ 斯宾诺莎：《理智改进论》§20，见《十六—十八世纪西欧各国哲学》，第234页。

　　至于莱布尼茨，在某种意义上确实可以说他把唯理论或先验论的观点推到了极端，因为他从"单子"没有可供事物出入的"窗子"的观点出发，从根本上否认作为"单子"的心灵可以从外面接受任何直接的影响，从而"甚至认为我们灵魂的一切思想和行动都是来自它自己内部，而不能是由感觉给予它的"①。这可以说是把唯理论否认知识起源于感觉的观点贯彻到底了。但我们知道，也正是莱布尼茨承认"有两种真理：推理的真理和事实的真理"②。他所说的"事实的真理"，也就是指经验的知识，不能说全部都指感性知识，但至少包括对个别事物的感性经验知识在内。可见他比笛卡尔和斯宾诺莎更胜了一筹，不是强调感性经验是错误认识的来源，而是承认它们是一种"真理"。这就很难说他符合上述第二条标准了：只承认理性认识的可靠性而否认感性认识的可靠性了。

　　照上述的这些例子看来，几乎所有主要的经验论和唯理论的代表人物的思想，都不符合或不完全符合上述两条标准，有的甚至恰好相反，如作为经验论典型代表的洛克，倒恰恰认为理性认识比感性认识更可靠。那么，是否由此可以证明这两条标准是错误的或不适用的，应该从根本上予以抛弃以另立标准呢？我认为不能这样。这些例子只是说明：一位哲学家的具体的思想，总是复杂的，不可能是纯而又纯的。可以说，历史上没有一个纯而又纯的经验论者，其思想中就没有一点背离经验论或走向唯理论的成分；也没有一个毫无经验论思想因素的纯粹的唯理论者，正如历史上并没有那种纯而又纯的唯心主义者或彻头彻尾的唯物主义者一样。这并不妨碍我们根据一位哲学家的主要思想倾向来判定他是经验论者或唯理论者，正如我们可以而且需要根据一位哲学家的基本立场来判定他是唯物主义或唯心主义者一样，尽管他的思想总有这样或那样的不彻底性或复杂性。我们可以根据一位哲学家明示的或暗含的对哲学基本问题的回答来认定他是唯物主义者或唯心主义者，同样，我们也可以按一位哲学家明示的或暗含的对

---

①　莱布尼茨：《人类理智新论》第 1 卷第 1 章，§1，商务印书馆 1982 年版，第 36 页。

②　莱布尼茨：《单子论》§33，见《十六—十八世纪西欧各国哲学》，第 488 页。

认识起源的问题和对感性认识与理性认识的可靠性问题的回答来认定他是经验论者或是唯理论者。不过因为判定经验论或唯理论所根据的标准是两个而不是一个，问题就可能变得比判定唯物主义或唯心主义更复杂些了。一位哲学家可能在这个问题上是经验论的，而在另一个问题上又采取或接近唯理论的观点，或者相反。如果是这样，则只要还他本来面目即可，说他就是这样一个既有经验论又有唯理论思想的哲学家，正如在哲学基本立场上可以是个二元论者或折中主义者、动摇派等一样。我们在这里要讨论关于划分经验论与唯理论的标准问题，并列举出许多似乎与标准不合的现象，其目的不是要否定大体已为人们所公认的这两条标准，而是要指出：实际情况是复杂的，如果用这两条标准作为框框去套具体的哲学家的思想，以为一经确定一位哲学家是经验论者或唯理论者，那他的思想就必然全都符合这两条标准，则是不恰当的，这样往往就会歪曲一位哲学家的真实思想面貌。这种公式化、简单化的做法是不符合从历史实际出发、实事求是的原则的，是不符合马克思主义的，应当力求避免。其实这种复杂情况也并非偶然，毋宁说正是合乎规律的。经验论与唯理论既是两个对立的派别，又进行了针锋相对的斗争，两派的思想必然在互相斗争中互相影响，互相渗透，互相转化。因此，一位基本上是经验论者的哲学家思想中会有唯理论的因素，而唯理论者的思想中也有经验论的因素，这正是对立统一的辩证法规律的一种具体表现，是不足为奇的。

因此我们可以肯定，上述划分经验论和唯理论的两条标准，就其基本含义来说，是可以成立的、适用的，并不因为历史上有这么多复杂情况而须加以否定或抛弃。但对于这两条标准的表述，如何使其更恰当、更精确，则是可以讨论的。例如，就第一条标准来说，与其笼统地说"认识起源"的问题，倒不如说"正确认识的起源"问题更确切些。因为，如唯理论者一般并不否认认识起源于感觉经验，但却确实否认正确认识，特别是那种具有普遍必然性的知识是从经验中来的。又如在第二条标准方面，与其说经验论认为只有感性认识是可靠的而理性认识不可靠，唯理论认为只有理性认识可靠而感性认识不可靠，还不如说经验论认为感性认识比理性认识更可靠，唯理论认为理性认识比感性认识更可靠，这样比较合乎历史上这两派哲学家的思想实际。因为经验论者并不认为理性认识全不可靠，只是认为理性认识若不以感觉经验为基础，则不如感性认识可靠；而唯理论者也未必认为感觉经验全不可靠，只是认为其确定性次于理性知识而已。当然，不论怎样表述，也不足以使这两条标准能适用于各种复杂的情况，任何概括性的、原则性的表述，总是只能指出主要的共同之点，而不能把各种具体细节包揽无遗，也不能排除种种例外。但对不确切的表述加以改进使之更接近于精确还是有意义的。

四　关于经验论与唯理论内部唯物主义与唯心主义的划分标准

唯理论＝唯心主义的观点是不正确的，因为经验论与唯理论内部，各自都有唯物主义和唯心主义之分。那么，划分这两派内部的唯物主义与唯心主义的标准又是什么呢？

首先要进一步讨论一下能否说经验论就是唯物主义，唯理论就是唯心主义的问题。《实践论》中曾说："认识开始于经验——这就是认识论的唯物论。"有的同志对这句话作片面的或字面上的理解，从中得出经验论就是唯物主义的结论。因为经验论之为经验论，就在于肯定认识开始于经验。但这个结论显然是与实际情况不符合的。因为正如列宁在《唯物主义和经验批判主义》中所说："阿芬那留斯和马赫都承认感觉是我们知识的泉源，因此他们都有经验论（一切知识来自经验）或感觉论（一切知识来自感觉）的观点。……无论唯我论者（即主观唯心主义者）或唯物主义者，都可以承认感觉是我们知识的泉源。巴克莱和狄德罗都渊源于洛克。"① 可见，承认认识开始于经验的，不一定都是唯物主义，也可以是唯心主义。经验论内部也可以有而且事实上确实有唯物主义与唯心主义的对立和斗争。

《实践论》中还说："如果以为理性认识可以不从感性认识得来的，他就是一个唯心论者。"有的同志对这话又作片面的或字面上的理解，从中得出唯理论就是唯心主义的结论。因为唯理论之为唯理论，

---

① 《列宁选集》第 2 卷，人民出版社 1995 年版，第 85 页。

也就在于认为理性认识不是从感觉经验或感性认识得来的。但这个结论也与实际情况不符。因为像斯宾诺莎毫无疑问是唯理论者，但他显然又是个唯物主义者。

其实，《实践论》本身也是明明承认不论经验论或唯理论都有唯物与唯心之分的，因为在论到经验论和唯理论各有片面的真理时，在一括弧内就说道："对于唯物的唯理论和经验论而言，非指唯心的唯理论和经验论。"① 这就是明证。由此可见，对《实践论》中论到经验论和唯理论的那两段话，是不能那样照字面机械地去理解的，尤其不能把它们看作是在对经验论和唯理论下明确的全面的定义，而只是指出其各自某一方面的特征。应该说，承认认识起源于经验的，虽不全是认识论上的唯物主义者，但要做一个认识论上的唯物主义者，却是必须承认认识起源于经验的。固然也有唯物主义者却并不承认认识起源于经验的，如唯物的唯理论者斯宾诺莎，但我们认为，说斯宾诺莎是个唯物主义者是从另外的意义上来说的（这一点我们马上就将讨论），而就其否认认识起源于感觉这一点来说，却还是会导致唯心主义的。因为如《实践论》所正确指出的，如果认为理性的东西可以不从感性认识得来，则它实际上只能成为无源之水、无本之木，只是主观自生的东西，或被神秘地归之于"天赋"的东西了。这也说明，虽然唯理论者不全是唯心主义者，但就其"以为理性认识可以不从感性认识得来"这一点来说，则的确是必然会导致唯心主义的。

总之，经验论和唯理论内部，各有唯物与唯心之分，这是哲学史上的事实。问题在于：这在理论上何以可能？以及划分这两派内部的唯物主义和唯心主义的标准或界线何在？我认为，只要弄清后一个问题，则前一个问题也就迎刃而解了。因此就让我们来探讨一下后一个问题。

我认为，划分经验论与唯理论内部唯物主义与唯心主义的标准，就在于对认识对象及认识主体各是什么这两个问题的回答。这也就是我们在本文第二节所提出的当时争论的第三、第四两个大问题。首先是关于认识对象问题：凡认为认识对象是客观物质世界及其中客观的

---

① 《毛泽东选集》第1卷，人民出版社1991年版，第291页。

物质性事物的，不论其在认识论的其他问题上持什么观点——持经验论观点也好，持唯理论观点也好——都是唯物主义者；反之，凡认为认识对象不是物质而是某种精神性的东西，不论是心中的观念，或某种客观存在的精神实体，就是唯心主义者，也不论他们在其他问题上是持经验论还是唯理论的观点。其次是关于认识主体的问题：凡认为认识主体是物质性的，不论是指自然中有血有肉的人，或是肯定"灵魂的物质性"的，就是唯物主义者；反之，认为认识主体是某种不依赖物质身体而存在的精神实体的，就是唯心主义者，也不论他们是持经验论或是唯理论的观点。如果用最简略的一句话来说就是：不论是经验论派或唯理论派，凡主张认识对象与认识主体的物质性的就是唯物主义者，否则就是唯心主义者。

且让我们以这两条标准来对当时那些主要的哲学家作一番考察，看看它们是否适用。

首先看经验论派。

弗·培根在他的主要著作《新工具》中开宗明义地指出："人是自然的仆役和解释者。"[1] 又明确地说："我们所应当注意的对象不是形式，而是物质，是物质的结构和结构的变化……"[2] 显然，培根心目中的认识对象就是这个客观的自然界，是这个自然界中的物质及其结构和运动规律，而他所理解的认识主体，是这个自然界中有血有肉的人，是既具有"身体"又具有"理智"的人。因此毫无疑问就这两条标准来看他都是经验论派中的唯物主义者。

霍布斯也明确地肯定："哲学的对象……乃是每一个这样的物体……"[3] 他虽然把国家称为"人造的物体"，但所说的物体主要是指具有广延性即占空间的"自然的物体"；他也把作为认识主体的"人"这个观念看作由"物体""活的""理性的"这样一些观念组合成的，[4] 换句话说，人也是自然中的物体。可见霍布斯所讲的认识对象和主体都是"物体"即物质性的东西，他毫无疑问也是认识论

---

① 参阅《十六—十八世纪西欧各国哲学》，第 8 页。
② 同上书，第 18 页。
③ 霍布斯：《论物体》第 1 章，§8，见《十六—十八世纪西欧各国哲学》，第 64 页。
④ 《十六—十八世纪西欧各国哲学》，第 61—62 页。

上的唯物主义者。

洛克的情况稍微复杂些。他肯定知识都来自经验，是从获得各种简单观念开始的。观念有感觉和反省两个来源。他说："这两种东西，就是作为感觉对象的外界的、物质的东西，和作为反省对象的我们自己的心灵的内部活动，在我看来乃是产生我们全部观念的仅有的来源。"① 就作为观念的主要来源的感觉来说，它的对象是"外界的、物质的东西"，因此就主要方面来说，洛克关于认识对象的观点是唯物主义的，这是毋庸置疑。问题在于作为观念另一个来源的反省的对象，即我们心灵的活动，是不是物质性的东西。这就涉及心灵是不是一种非物质性的精神实体的问题。这和作为认识主体的心灵是不是非物质性的精神实体是同一个问题，可以加以合并考察。我们知道，洛克是认为精神实体也和物质实体一样存在的，但关于两者的实在本质则是我们所不知道的。他说："很显然，物质实体或物质这个观念和精神实体或精神这个观念一样，都是远非我们所能了解和认识的。因此，我们不能因为我们对于精神实体毫无所知，就断定它不存在，正如我们不能因为我们对于物质实体毫无所知，就否定物体的存在一样。"② 显然，洛克在这个问题上是有二元论倾向的。但洛克认为，我们对精神实体的本性或实在本质既毫无所知，也不能肯定它的非物质性，并且也没有必要假定灵魂的非物质性。他毋宁认为一般实体观念是到处一样的，它和思想能力的样式相结合就成为精神，而和具有体积或坚实性的样式相结合就成为物质，而且他认为上帝也完全可以给物质以思想能力。③ 但在另外一些地方，他显然又把精神实体和物质实体对立起来。总之，洛克在关于认识对象和认识主体问题上的观点，是动摇的、不彻底的，有明显的二元论倾向，但我们认为就其思想主流来说，特别就其肯定我们认识的主要来源是对"外界的物质的东西"的感觉来说，还是应该肯定他基本上是个唯物主义者，而且就

---

① 洛克：《人类理智论》第2卷第1章，§4，见《十六—十八世纪西欧各国哲学》，第367页。

② 同上书，第385页。

③ 关于洛克所说的精神实体是不是非物质性的问题，可参阅莱布尼茨《人类理智新论·序言》，见《十六—十八世纪西欧各国哲学》，第515—516页。

认识主体的观点来说，他也有企图否定灵魂的非物质性而肯定上帝可以使物质能够思维，即迫使神学本身来宣扬唯物主义的倾向。

至于巴克莱，他竭力否认物质实体的存在，把作为认识对象的"物"归结为"观念的集合"，又竭力企图证明作为认识主体的灵魂的非物质性，他在认识对象和认识主体两方面都是唯心主义者，这是毫无疑义的。

休谟在否认物质实体的可知性的同时，也否认精神实体的可知性，他的不可知论虽然在一定意义上可以看作企图既反对唯物主义又反对唯心主义的"中间派"，但他这种否认任何实体的可知性因而实质上否认了任何实体的存在的结论，正是把"存在就是被感知"这一主观唯心主义经验论的原则贯彻到底的结果。就他把认识对象看成只是"知觉"即"印象"和"观念"，而否认知觉是客观存在的物质的东西的反映，又把认识主体看作不可知，当然也就否认认识是物质性的人脑的功能来说，休谟无疑也是主观唯心主义者。

由以上的考察可以看出，以是否承认认识对象和认识主体的物质性作为标准来衡量这些主要的经验论派哲学家，就可判定培根、霍布斯、洛克都是唯物主义者（当然有程度方面的不同），而巴克莱、休谟则是唯心主义者。

其次看唯理论派哲学家的情况。这比经验论派要复杂得多。

先说笛卡尔。通常把他算作唯心的唯理论者。但对于为什么笛卡尔的唯理论是唯心的而斯宾诺莎的唯理论则是唯物的，一般未见作出明确的回答。如果说，因为笛卡尔在认识论上承认"天赋观念"，否认理性认识是从感性认识得来的，使理性认识成了无源之水、无本之木，成了主观自生的靠不住的东西，所以是唯心主义的，则这种观点是唯理论者基本上共同的，斯宾诺莎和笛卡尔并无原则区别那为什么又说斯宾诺莎是唯物的唯理论者而笛卡尔就是唯心的唯理论者呢？如果说因为斯宾诺莎在世界观或本体论上是唯物主义的，所以说他是唯物的唯理论者，则笛卡尔在本体论或他自己所说的"形而上学"的范围内是个二元论者，并且马克思肯定他在"物理学"范围内是个机械唯物主义的唯理论者，为什么就不能说他在认识范围内也是二元论的或机械唯物主义的唯理论者而要说他是唯心的唯理论者呢？我认为把笛卡尔简单地说成唯心的唯理论者是缺少论据来证明的，也是不尽恰当的。问题是在认识论范围内，特别是对于唯理论派，判定其为唯物还是唯心，没有一个大家公认的明确的标准，因此存在着某种程度的思想混乱。我认为，对于唯理论派，亦如对于经验论派一样，要判定其为唯物还是唯心，也只能用对于认识对象和认识主体是不是物质性问题的回答作为标准，来实事求是地加以判定。这样不仅和判定经验论内部唯物主义和唯心主义的标准相一致，而且也是比较科学的。这和上面已提到的那种根据一个哲学家在本体论上的立场来确定其在认识论上是唯物还是唯心的办法是不同的。一个哲学家在认识论上是唯物还是唯心的，虽然通常由他在本体论上的立场所决定，两者基本一致，但毕竟是两回事，不能混为一谈。因为两者也可能不一致。例如康德，在本体论上可以说他是承认"物自体"的客观存在的，就这一点上说是唯物主义的；但在认识论上他的"物自体"是完全不可知的因而不能成为认识对象，他所说的认识对象乃是认识主体自己运用"先天直观形式"和"范畴"构造成的，就这方面来看就是唯心主义的。所以要判定认识论范围内的唯物主义或唯心主义，还是应该以一个哲学家在认识论范围内的主张，主要是关于认识对象和认识主体是不是物质性问题的回答作为根据，而不是直接援引他在本体论上的立场。

那么，照这样的标准究竟应该怎样看待笛卡尔呢？我认为，就认识对象方面来说，笛卡尔是把精神和物质两种独立的实体都作为认识的对象的。就其以独立不依于物质的精神作为认识对象来说，当然是唯心主义的；但就其把物质也作为一种独立的实体看作认识的对象来说，就不能不说他在这一点上还是有唯物主义的成分的。当他作为一位科学家在"物理学"范围内把物质作为唯一实体来进行认识和研究时，则不管他自己在认识论上是怎么说的，他实际上是在照认识论上的唯物主义行事。当然，当他把精神和物质都看作只是相对实体而把它们归之于绝对实体——上帝的创造，并明确肯定上帝是一种精神实体，然后又把上帝作为认识对象，大肆论证其存在时，他又完全陷入了认识论上的唯心主义了。至于就认识主体方面来说，笛卡尔从通过"普遍怀疑"达到"我思故我在"这一命题开始，就明确肯定：

"这个'我'，亦即我赖以成为我的那个心灵，是与身体完全不同的，甚至比身体更容易认识，纵然身体并不存在，心灵也仍然不失其为心灵。"① 就这方面来看，他显然是个唯心主义者。因此，总起来说，对于笛卡尔我们应该做具体分析：就其把独立不依于物质的精神实体和上帝作为认识的对象，并把与身体完全不同的心灵作为认识主体来说，他主要是个唯心主义者；但就其也把物质实体作为认识对象并在物理学范围内把物质实体作为唯一的认识对象来说，他在认识论的理论和实践方面又都有唯物主义的成分。因此把笛卡尔简单地说成唯心的唯理论者是不尽恰当的，如果只是就其思想占主导地位的方面来看，则说他是唯心的唯理论者也是可以的。

再说斯宾诺莎。斯宾诺莎的问题比较复杂。虽然多数人肯定他是唯物的唯理论者，但也有人不同意。因为大家知道历来就有人根本不把斯宾诺莎看作唯物主义者而把他解释为唯心主义者——如黑格尔。即使肯定斯宾诺莎是唯物的唯理论者的人，所据的理由也彼此并不一致。要详细探讨这些不同意见会使文章过于冗长，这里只好撇开不谈。我们认为，根据本文所提出的判定认识论中唯物主义和唯心主义的标准，斯宾诺莎是个唯理论者就是显而易见的。因为斯宾诺莎心目中的认识对象，就是他所说的"实体"及其"属性"，以及依赖于这一实体而存在的种种"样式"；而他所说的"实体"就是客观存在的自然界，所谓"样式"就是存在于自然界中的一切实在事物。稍成问题的是他把"广延"和"思维"看作"实体"的两种平行的"属性"，而"广延"就是指物质，"思维"就是指精神，因此有人认为他的"实体"不是只有物质性，同时也有精神性；"实体"并不就是"物质"，"广延"才是"物质"，它和"思维"即"精神"是彼此平行而不能互相作用、互相决定的；因此斯宾诺莎也只是和笛卡尔一样的二元论者而不是唯物主义者。我认为，这样的看法也是不无理由的，但这样就使自己停留在17世纪那种机械的物质观上了，一切都以当时人或哲学家本人的思想为准。如果照这样看，则的确不能说斯宾诺莎是唯物主义者，而且他也从来没有自称是唯物主义者。但这不仅是斯宾诺莎，费尔巴哈还竭

---

① 笛卡尔：《方法谈》，见《十六—十八世纪西欧各国哲学》，第148页。

力否认自己是唯物主义者呢。如果我们不拘泥于当时或斯宾诺莎本人对物质的看法，而是照马克思列宁主义通常所做的那样把物质作为一个哲学概念，将其理解为独立不依于意识的客观实在又能为意识所摹写或反映的一切东西，则斯宾诺莎所说的"实体"其实就是物质，就是这个物质的自然界。而他所了解的人，则也是这实体的一个"样式"，即一个自然物，他也和"实体"具有两个属性一样具有身体和心灵两个方面，这两者只是一物的两面，是不可分的，心灵并不能离开身体而独立存在。斯宾诺莎并不把精神看作独立存在的实体而只是构成实体的本质属性之一，这正是他不同于笛卡尔而是个唯物主义一元论者的关键所在。由此可见，斯宾诺莎无论就认识对象或认识主体方面的观点来看，都是个唯物主义者。

最后看莱布尼茨。他是个唯心的唯理论者，对此似乎没有什么异议。的确，莱布尼茨从根本上否认物质能成为实体，他所理解的作为认识对象的一切事物，就是作为精神实体的"单子"或由"单子"的集合所形成的一些现象；而他所理解的认识主体，也就是"心灵"，是具有较清晰"知觉"或"察觉"的"单子"，本身当然是精神实体。所以不论就其认识对象还是认识主体的观点来看，莱布尼茨都是唯心主义者，这是不成问题的。但要看到，莱布尼茨虽否认物质能成为实体，但他并不真正否认一切自然事物的客观实在性。这些事物他也称为"次级物质"，以别于作为纯粹被动性的"初级物质"，因此在一定意义上莱布尼茨实际上并不否定物质的客观存在，不否认物质是为"单子"所"反映"的认识对象。因为他认为每一单子（包括"心灵"）都像镜子一样从不同的观点"反映"全宇宙。只是他硬说"物质"不能是"实体"而只是由于单子的集合而在人的知觉中所呈现的一种现象而已。此外，他所说的作为认识主体的心灵，诚然是一种精神实体，但他却十分强调"一切心灵、一切被创造的单纯实体都永远和一个形体相结合，从来没有一个心灵能完全和形体分离"①。就这一点来说，他甚至比笛卡尔那种认为心灵完全可以脱离

① 莱布尼茨：《人类理智新论·序言》，见《十六—十八世纪西欧各国哲学》，第511页。

身体而独立存在的观点多一点唯物主义的因素。不过，他绝没有把心灵看作依附于身体的，更不把心灵或精神看作物质的人脑的功能，而毋宁认为身体倒是依附于心灵的，所以他毕竟还是个唯心主义者，不过不能把他看作完全荒谬、毫无唯物主义因素或合理成分的唯心主义者而已。

这样看来，唯理论派的情况虽然比经验论派复杂些，但用关于认识对象和认识主体是不是物质性的问题作为标准来判定何者为唯物主义何者为唯心主义，也是完全适用的。

解决了判定经验论和唯理论内部唯物主义和唯心主义的标准问题之后，再来解决两派内部何以可能有唯物唯心之别的问题，我们认为就很容易了。这个何以可能的问题，大约是这样提出来的：既然说"如果以为理性认识可以不从感性认识得来，他就是一个唯心论者"，而唯理论者既然都是以为理性认识可以不从感性认识得来的，那么唯理论者就应该都是唯心论者，为什么又可能有唯物的唯理论者呢？照我们在本文中提出的观点来看，可以说，判定经验论还是唯理论的标准，是关于正确认识的起源和经验与理性何者更可靠这两个问题；而判定认识论上的唯物主义还是唯心主义的标准则是关于认识对象是不是物质性的和认识主体是不是物质性的这两个问题。一个哲学家在前两个问题上持唯理论观点而在后两个问题上持唯物主义观点或与此相反，以及在前两个问题上持经验论观点而在后两个问题上持唯心主义观点或与此相反，都是完全可能的。因此不论经验论还是唯理论内部，都有唯物与唯心之别，就理论上讲是完全可能的，而就历史实际来看也是确实如此的。

当然还有人可以提出问题说：《实践论》中说的是如果以为理性认识可以不从感性认识得来，就是一个唯心论者，可见是以认识起源问题为标准来判定其为唯心主义而不是以认识对象或认识主体问题为标准来判定其为唯心主义的。我的答复是这段话应该这样理解：其所以说否定理性认识起源于感性认识就是唯心主义，不是因为这观点本身就是唯心主义，而是因为坚持这种观点的结果，就会使理性认识成为"无源之水、无本之木"，即不是反映客观物质对象的东西，这样实际上就会使认识对象成为不是客观物质对象的东西，就会使认识对象成为不是客观物质性的事物而只是"主观自生"的理性概念之类本身，从而陷入唯心主义。所以，说这种观点是唯心主义，还是就认识对象而不是就认识来源作判定的。只是应该得出：所谓唯物主义的唯理论，既是指它在认识对象和认识主体上持唯物主义观点并在认识起源等问题上持唯理论观点，而由于其在认识起源问题上坚持唯理论的结果，将会导致在认识对象上又陷于唯心主义，所以这种唯物主义唯理论，乃是一种包含着自相矛盾观点的、不彻底的理论。这就是我们对这个问题的主要看法。

既然确定了经验论和唯理论都有唯物与唯心之分，并确定了其划分的标准之后，顺便还可以约略谈一下这个问题与唯物主义反映论和唯心主义先验论的关系问题。前一时期由于众所周知的原因，"唯物主义反映论"与"唯心主义先验论"的提法一度甚为流行。有人似乎认为可以把全部认识论问题都归结为唯物主义反映论与唯心主义先验论的斗争，并且把认识论的唯物主义都看作反映论，把唯心主义都看作先验论，或者把经验论和唯物主义反映论等同起来，把唯理论与唯心主义先验论等同起来。我们认为，这些看法都是值得商榷的。因为根据本文上述的看法，经验论和唯理论既然都有唯物和唯心之分，例如唯心的经验论就不是反映论，但既是经验论也就不能说它是先验论；而唯物的唯理论诚然是一种先验论却又不能简单地说它就是唯心主义的。只有唯物主义的经验论和唯心主义的唯理论之间的斗争，才可以说相当于唯物主义反映论和唯心主义先验论之间的斗争，而经验论与唯理论之间其他的复杂情况，如唯心经验论与唯心唯理论之间，乃至唯物经验论与唯物唯理论，或唯心经验论与唯心唯理论之间的分歧与对立，就都不能说是唯物主义反映论与唯心主义先验论之间的斗争。所以，如果用唯物主义反映论与唯心主义先验论的斗争来概括全部认识论的发展史，我看未必恰当。

此外，我们在归纳这时期经验论与唯理论之间进行斗争的重大问题时，还应提到关于真理标准的问题。这问题诚然对于判定一种哲学认识论是唯理论还是经验论，是唯物主义还是唯心主义时也是必须考虑的，但实际情况却更为复杂，难以用它来作判别标准。例如，洛克作为一个唯物的经验论者，本来似乎应该是主张真理就是观念或知识与实际对象的符合的，但他却说"真理就是各种符号（就是观念或语词）的正确分合"①。斯宾诺莎一方面作为唯物主义者，肯定"真观念必定符合它的对象"②；但另一方面却作为唯理论者又宣称"真理即是真理自身的标准"③，从而在这个问题上陷入了唯心主义。因限于篇幅，对此问题就不再作进一步讨论了。

　　有关经验论与唯理论对立斗争的问题，当然还有很多，这里只就多年来在教学和研究工作中所常常遇到的几个主要问题谈点个人的看法，考虑得还很不成熟，可能有许多不妥乃至错误之处，衷心希望得到同志们的批评指正，并希望通过共同讨论来求得比较正确的解决。

---

　　① 洛克：《人类理智论》第 4 卷第 5 章，§2，见《十六—十八世纪西欧各国哲学》，第 443 页。

　　② 斯宾诺莎：《伦理学》第 1 部分，公则 Ⅵ，见《十六—十八世纪西欧各国哲学》，第 245 页。

　　③ 同上书，第 296 页。

关于经验论与唯理论对立问题的再思考*

陈修斋

我在《外国哲学史研究集刊》第 5 集上曾发表过《关于经验论与唯理论对立的几个问题》一文。对于那篇文章的基本观点，我现在并没有要从根本上改变。不过经过这几年的研究、思考和在不同场合的讨论，觉得对其中有些问题的提法，有不太确切之处。此外我也有了一些其他的新的想法，愿在这里提出来向同志们请教。

一 关于经验论与唯理论或经验派

有人，如 Hide Ishiguro（石黑英子）认为这是两个"不幸的标杆"。历来也有对这两派的划分表示怀疑的。其原因我认为是关于划分两派的标准不明确或不确切，被认为属于某一派的哲学家，其观点往往不完全符合此标准所引起。我认为这两种理论形态或两个派别是历史上客观存在的，不容否认；但对其划分标准尚值得探讨。同时应该认识到：理论形态和哲学家的具体观点是既有联系又有区别的，难得有一个哲学家的观点是完全符合一种纯粹的或"理想"的理论形

---

　　* 本文写于 1985 年，原是一篇未竟稿。作者完整地写出了前三部分。第四部分仅列出标题"经验派与理性派发展的逻辑进程及两派斗争的主要阶段"。他在这方面的思想后来在他主编的《欧洲哲学史上的经验主义和理性主义》（人民出版社 1987 年版）中第二章第二、第三节中得到了具体阐述。考虑到这部分内容较多，故现在依上述著作的结构将它也分成"经验派与理性派发展的逻辑进程"与"经验派与理性派论战的几个主要阶段"这样两个部分，作为该文的第四和第五部分。原著中的这两节即本文的这两个部分原是由他的学生段德智执笔写出、经他本人修改定稿的，只是收入时在文字上作了些技术性处理。

态的，但不能因此就否认这种理论形态的存在。例如在历史上很难找到一个哲学家的思想是百分之百唯物主义的，而丝毫不包含唯心主义的成分。反之亦然。但不能因此就否认哲学史上有唯物主义与唯心主义两种理论形态和两个基本哲学派别的存在。经验论与唯理论的情况也是一样的。

二　关于经验论与唯理论的划分标准问题

我在以前的文章中曾主张以认识的起源和认识的可靠性这两个问题作为标准。这本来似乎是流行的或传统的观点。我在文章中也提出了两点"修正"：一是主张应为正确认识的起源而不是一般认识的起源；二是主张两派在可靠性问题上只是主张有着"更"可靠或"较为"可靠而不是一方可靠另一方完全不可靠。我现在觉得上述观点粗略地讲似乎也不算错，但不确切。如所谓"正确"认识，就不明确，不如说是"具有普遍必然性"的认识，特别是将第二条和第一条并列是不妥当的。严格说来，它并不能成为划分两派的标准，它和真理标准问题也可以合并成一个问题。而且事实上即使经验论者也大都不否认理性认识比感性认识更可靠，但并不能因此就认定其不是经验论者。由此可以反证，就理论上说，经验论也并不以承认经验比理性知识更可靠为前提或条件，毋宁说经验论者只承认起源或基于经验的理性认识才是可靠的，否则就不可靠；但只要是起源于经验的，则理性认识还是比感性认识可靠。不论是培根、霍布斯、洛克，还是巴克莱、休谟，都在不完全一样的意义上有承认理性认识比感性认识更可靠的思想，18 世纪法国的唯物主义者也是如此。足见经验论者认为感觉经验比理性认识更可靠的说法是没有历史事实根据的，就理论上说也是没有必然性甚至不成立的。

那么，划分这两派的标准究竟应该是什么呢？

我认为，从根本上说来只有一条，就是承认"凡是在理智中的，没有不是先在感觉中的"这条古老的原则，凡承认且坚持这一条的就是经验论；反之，唯理论者则总是这样或那样地否认或拒绝这一原则的。莱布尼茨虽照他自己说似乎也承认这一原则，但又主张"但理智本身除外"。这就实际上否定了这一原则。

如果要进一步具体化或精确化，我认为可以这样说：划分经验论与唯理论的标准就在于：如果有关于事物的普遍必然知识，这种知识是起源于感觉经验还是起源于理性本身。承认前者的就是经验论，承认后者的就是唯理论。

这一标准似乎可适用于所有这一时期的历史，被称为经验论者或唯理论者的哲学家无一例外。不像用别的标准总似乎有例外或交叉的情形。

当然，上述标准只是其最根本的标准，经验论与唯理论的分歧，并不单单表现在这一问题上，而是表现在一系列问题上。那些问题，应该承认，常常是受这一根本问题即认识起源问题上根本立场的制约或影响的，但这仅表现为一种倾向而并无逻辑必然性，因此常常会出现许多错综复杂而显得矛盾的情况。这正是两种理论在对立斗争中互相渗透、互相影响乃至互相转化的表现，并不妨碍两派在根本的性质或主要倾向上具有自己的本质特征或规定性，规定了一个哲学家就本质上或主要倾向上看应该属于经验派或理性派。

三　经验派与理性派之间以及两派内部
论战与分歧所涉及的主要问题

我现在把它们归纳为五个方面的问题。

（一）关于认识对象问题

认识对象问题必然涉及本体论或实体学说问题。这样就涉及了本体论与认识论的关系问题。经验论与唯理论问题的本身是认识论问题，但认识论问题与本体论问题是难以截然分开的。我认为，任何认识论实质上都明示或暗含地以某种本体论上的观点或基本态度为前提。而这种本体论上的基本态度，往往不决定于哲学本身而是哲学之外的其他因素，特别是哲学家的阶级立场。但其认识论观点又反过来论证或加强了其本体论观点。其表现形式为：（1）先建立认识论方法论，然后据以建立本体论及整个哲学体系（如笛卡尔）；或者（2）

先建立本体论，然后据以引申出认识论观点（如斯宾诺莎的《伦理学》、莱布尼茨的《单子论》）；或者（3）只讲认识论，但暗含着本体论而不系统地阐述其本体论体系（如培根、洛克乃至巴克莱、休谟）；或者也可以（4）只讲本体论而并不系统阐述认识论，但暗含着认识论观点，如霍布斯及18世纪法国某些唯物主义者如霍尔巴哈，似乎多少有点如此，因为他们的《论物体》《自然界的体系》等只是展示其本体论体系，他们并没有专门论述认识论的系统著作。

当然，以上的划分和例证并不是绝对的或很准确的，只能说大体上有这种表现的趋势。不管怎样，认识论中的一些主要问题，特别是认识对象和认识主体问题，总是与本体论问题密切结合在一起的，因此在认识对象和主体问题上的争论往往也就是在本体论问题上的争论，关于经验派与理性派之间及两派内部在认识对象问题上的争论问题，我认为主要可归纳为下列四点。

1. 认识的对象是一般还是个别。这个问题可以说是中世纪唯名论与唯实论斗争的继续，说明经验论与唯理论的斗争，其思想渊源可追溯到中世纪唯名论与唯实论的斗争乃至古代希腊德谟克利特路线与柏拉图路线的斗争。一般说来，经验派认为认识对象是个别事物，他们也都继承了唯名论的传统观点；而唯理论者则肯定一般的实在性，并以之作为科学认识的真正对象。当然在这个问题上也存在着复杂情况，如培根关于科学认识追求目标"形式"也包含一般规律的意义，而莱布尼茨的"单子论"则十分强调"个体性原则"。唯名论有时也强调个体的实在性因素，如此等等。但培根也认为只有由各种"简单性质"合成的个体事物才是自身独立存在的，其"形式"也不是脱离个体事物而独立存在的，它只是构成个体事物的那些"简单性质"的"本质"而已；莱布尼茨总是明确强调基于矛盾原则的具有普遍必然性的"推理"的真理才是"必然"的，而关于个别事实的真理则只是偶然的。

2. 作为认识对象的实体是物质还是精神？是一元论还是二元论或多元论？在这个问题上的分歧就不单表现在两派之间而且也表现在每一派的内部。

就经验论者而言，培根、霍布斯不承认有那种抽象意义的实体，但都朴素地肯定认识对象的客观物质性，因而是唯物主义者。洛克基本上也是唯物主义的，但有二元论的因素。巴克莱、休谟则是唯心主义的。

就唯理论派而言，笛卡尔是二元论者，斯宾诺莎是唯物一元论者，而莱布尼茨则是唯心主义者。就其承认作为实体的单子有无限多样来说，与斯宾诺莎只承认唯一实体的一元论观点相对立，可以说是一种唯心的多元论。

3. 实体的本质可知还是不可知？唯理论派不论是唯物还是唯心的，都肯定实体是可知的。培根、霍布斯也承认客观事物或物体是可知的。洛克已有承认实体存在但其实在本质上不可知的思想。巴克莱则否认物质实体的存在但承认精神实体是存在并且可知的，虽对它不能有观念但可有"意念"（notion）。只有休谟才系统地论证和发挥了实体的本质不可知的思想，可以说达到了认识论的自我否定。

4. 作为认识论对象的实体是被动的还是能动的？是同质的还是异质的？除了培根还朴素地认为物质是运动的，本身就具有某种"Qual"（痛苦），表现某种能动性之外，当时其他人一般都把物质看作被动的，只有精神才是能动的。莱布尼茨把"初级物质"说成是"纯粹的被动性"，是不实在的，"初级物质"也只是"有良好基础的现象"，不是实体。但他认为作为实体必须是能动的，因此不可能是物质的而只能是精神的，即与灵魂类似的单子，这单子作为实体，便是认识的对象，同时由于其作为精神性的能动的东西，也就成了认识的主体了。18 世纪法国唯物主义才在一定意义上肯定了物质实体的能动性。

（二）关于认识主体的问题

我也把它们归纳为四组问题。

1. 认识主体是有血肉之躯的人，还是独立存在的精神实体？物质能否思维？

一般说来，唯物主义者承认认识主体是有血肉之躯的人，而唯心主义者和二元论者则认为认识主体是独立存在的精神实体。但休谟作为不可知论者也不承认我们能肯定有作为精神实体的"自我"或心灵的存在；而莱布尼茨虽是唯心主义者却也不承认灵魂可以没有物体而单独存在，他甚至肯定除上帝外连天使也得有身体。不过这身体作为"次级物质"并非实体，而是由单子组成的集合物，是有良好基础的现象。

主体是物质性的还是精神实体与物质能否思维的问题有密切联系。一般说来，唯心主义者当然都否认物质能够思维，但当时的唯物主义者也未能正确地解决这个问题。霍布斯把思维还原为物体的机械运动，但在这种意义上实际上是肯定物质能够思维的（培根似乎也肯定这一点）。洛克在这问题上有动摇，但也有借助上帝的万能肯定物质可以有思维能力的思想。莱布尼茨及沃雷斯特都认为他是这样的。斯宾诺莎虽承认思维是实体的属性，但并不认为物质作为有广延的东西是能思想的，并未克服二元论的矛盾。

2. 作为认识主体的人，其身心双方的关系是怎样的？

在这个问题上，情况也异常复杂。在唯理论派，首先是笛卡尔提出和二元论相矛盾的交感说，接着是为解决其矛盾，有马勒伯朗士等笛卡尔派提出的"偶因论"，斯宾诺莎的身心平行论，再到莱布尼茨的"前定和谐论"，实际上都未能真正解决其矛盾。

在经验派方面，早期的唯物主义者一般把心灵从属于身体，虽然如洛克也有二元论倾向。而巴克莱则否认身体作为物质的实在性而成为从属于心灵的"观念"；休谟也是把身体实体变成了一堆"知觉"，但他否认心灵作为实体的客观实在性，因此实际上可说取消了身心关系问题，认为这是个不可知的、无法解决的问题。

3. 作为认识主体的人与人之间是否具有普遍的共同理性或共同人性呢？每个人自身是否具有统一的不变的人格？

一般说来，理性派就是以独断地肯定存在着普遍的共同理性或共同人性为前提的；而经验派从经验出发，本来无权肯定这种普遍共同理性。但早期的唯物主义者，似乎并不否认有这种共同理性，只是未作明确肯定，更没有什么论证。巴克莱作为主观唯心主义经验论者，本来也是不承认有这种共同理性的，其否认抽象观念的可能性就表明了这种倾向，但就其自相矛盾地容纳了客观唯心主义及唯理论因素（特别是后期在 Siris 等著作中的表现）而言，他也是有借助上帝的安排而承认有共同理性的因素的。只有休谟那种知觉的"原子主义"及否认因果关系的客观必然性等思想实质上是否认了这种共同理性乃至个人的人格同一性的。但就其承认数学知识的普遍必然性看，他似乎还是承认了这种共同理性。

至于个人的人格同一性问题，如莱布尼茨与洛克在《人类理智新论》第二卷第二十七章中就有所辩论。他们的分歧不在于承认或否认人格同一性而在于承认这种同一性的理论基础。洛克是建立在个人对人格同一性的"意识"上的，而莱布尼茨则是以"单子"的自然不生不灭为其理论根据的。一般说来，没有哲学家敢冒天下之大不韪，正面地、明确地否认任何意义上的人格同一性，只是像休谟那样把经验论不可知论的观点推到极端，其逻辑的结论就必然是根本否定个人的人格同一性。事实上休谟在《人性论》第一卷第四章第二节中专门讨论了"关于人格的同一性"问题，并把它归结为某种虚构或想象的结合原则。

4. 人或人的心灵在从事认识时是主动的还是被动的？有无意志自由？

在这个问题上的观点也是错综复杂的。一般说来，当时的机械唯物主义者是不认识也不承认人的主观能动性的。唯心主义者则强调主观能动性及自由意志。但也有许多复杂情况。如洛克总的说来是一种"消极被动的反映论"，在感觉的范围内是强调心灵的被动接受的。但认为复杂观念则是"人心任意造成的"显然就承认心灵在这个范围内是有主观能动性和自由意志的。巴克莱作为主观唯心主义者，是不承认心灵的感觉会受到客观外物的决定，但他在一定意义上还是强调人心在感觉时的被动性，只是不承认受外物决定而受上帝决定而已。此外，在唯理论者内部，笛卡尔是承认心灵的主观能动性和意志自由的，斯宾诺莎则明确反对意志自由，就个人心灵作为实体的思维属性的一个样式来说，也完全是受实体的决定的，既无自由也无主观能动性而言，但他在一定意义上也不否认人的理智有顺从必然而获得自由的可能。至于莱布尼茨，一方面就其肯定和谐说来看，在一定意义上人心作为单子，其一切表象都是由上帝决定的；但就另一方面看，每个单子都是不受任何其他单子实际影响而是彻底独立的，并且都是受其内在的能动原则即欲望的推动而活动的，因此也可以说都是能动的和自由自立的。他认为自由就是自发性加理智。自由的行为虽是偶然的而没有"绝对的，形而上学的必然性"，但它还是必须受自身的理性的"决定"的。

（三）关于认识的起源和途径问题

我也把它们归纳为三组问题。

1. 关于白板说与天赋观念的对立。

人的一切知识都起源于感觉经验还是某些知识别有来源？人心是"白板"还是有某些"天赋观念"？人心是否永远在思想？天赋观念说内部也有分歧：（1）天赋观念是现成的还是潜在的？（2）是否一切观念都是天赋的？

这是区别经验论与唯理论的根本问题。经验论者无一例外地都肯定一切知识都起源于感觉经验，不承认有"天赋观念"，更不承认人心永远在思想；唯理论者虽也都承认有些知识是从感觉经验得来的，但认为具有普遍必然性的知识则不是来自感觉经验而是别有来源。笛卡尔和莱布尼茨都是明确宣称"天赋观念"的，虽然其意义有不同。斯宾诺莎虽一般只讲"天赋认识能力"而不大讲天赋观念，但心灵在众多观念中辨别出的、据以进行推理的最初的真观念其实也只能是天赋的。承认天赋观念就必定承认人心永远在思想。而否认天赋观念的经验论者也必然否认人心永远在思想。霍布斯、洛克与笛卡尔、莱布尼茨之间就此问题进行过针锋相对的争论。

顺便指出："白板说"虽从根本上来说是唯物主义的，但它是形而上学的，不能说明人类认识能力的发展和差别的事实，有混淆人类和个人的弊病；"天赋观念"说从根本上来说是错误的，但也片面地反映了人类认识的某些情况。就个人来说，由于人类长期实践经验的积累和遗传的作用，并非每个人的心灵都是完全一色的"白板"，而是具有不同的"天赋"的，个人的绝大多数知识并非来自个人亲自的直接经验而是在某种意义上可以说是"先天的"。

此外，天赋观念是现成的还是潜在的？是一切观念都是天赋的，还是只有某些观念是天赋的？

在这个问题上的分歧自然只存在于承认有天赋观念的唯理论者内部，具体地说，笛卡尔虽然在他后期也仅把天赋观念看作潜在的思想，但他至少曾认为有些天赋观念是现成的，但他只承认某些观念是天赋的，其余的观念则是由感觉或心灵任意造成的；莱布尼茨则认为天赋观念都只是潜在的，但从单子没有窗户可出入的观念出发，在一定意义上认为一切观念都是天赋的而非外来的。

2. 感觉经验与理性认识的关系问题。

从感觉经验中能否得到具有普遍性必然性的知识？感觉经验和理性知识之间的关系如何？感觉经验对于理性知识是必要的基础还是妨碍，或是某种起刺激作用的手段？

这也是经验派与理性派之间争论的根本问题的一个方面，但两派内部在这问题上也有分歧。一般说来，唯理论者也就是因为认为从感觉经验中得不到具有普遍必然性的知识，才主张唯理论观点的。所以在这一点上，唯理论者基本上是相同的。只是如莱布尼茨虽认为从感觉经验中得不到那种绝对的，或他所谓"形而上学的必然性"，但在一定意义上也还承认有某种必然性或"道德的必然性"。关于感觉经验对理性认识的作用，笛卡尔和斯宾诺莎都较强调感觉经验会"骗人"或是"错误的来源"一面，认为是对理性认识的妨碍，而莱布尼茨则把感觉看作某种起刺激作用的手段。

在经验论方面，也存在着分歧。培根是朴素地相信从感觉经验通过他所制定的归纳法就能获得普遍必然知识的。但霍布斯似乎已认识到从感觉经验是得不出普遍必然知识的，因而折衷主义地容纳了唯理论的因素。洛克认为，感性认识的可靠程度不及直观和推理的知识，又认为实在本质不可认识，等等，表明他也是认识到从感觉经验中得不出普遍必然的知识的。至于巴克莱，他根本否定形成概括的抽象观念的可能性，实际上就根本否定了具有普遍必然性的知识；如果有，他也把它归之于上帝的安排。休谟更是众所周知地系统论证了因果规律没有普遍必然性和客观性，也就是系统地论证了不可能有关于事实的普遍必然性知识，从而达到了怀疑论即不可知论的结论。

至于经验论对于感性和理性关系的看法，一般说来，他们都肯定如果有理性认识，它也必须以感觉经验为基础。但他们往往抹杀了感性与理性的本质区别，把理性认识还原为某种感性认识，这样就从实质上取消或混淆了两者的关系问题。

3. 人获得普遍必然性知识的可能性与途径问题。

通过感觉或理性究竟能否获得关于事物本质的知识或普遍必然的知识？

这就是可知论与不可知论的争论问题。除了休谟，当时其余的哲学家们一般都是主张可知论的。当然，如洛克也有些不可知论的思想，如认为实体的实在本质是不可知的。有些哲学家只是朴素地或者武断地相信事物本质的可知。有的哲学家如斯宾诺莎则明确地驳斥了不可知论。此外，不仅理性派，而且连经验论派也大都认为只有依靠理性才能获得本质的或普遍必然的知识。

（四）关于认识方法问题

1. 求得可靠知识的方法主要应该是归纳法还是演绎法？

一般说来，经验论内部主张用归纳法，唯理论派则主张用演绎法，这是不错的。但也并不是经验派就根本否定演绎法或理性派就根本否定归纳法，只是偏重的方面不同而已。如霍布斯就有二者并重的色彩，但也只是二者并列，并不能互相结合。

2. 依靠归纳法能否得到普遍必然的知识？

理性派是普遍否认用归纳法得到普遍必然性知识的，经验派中似乎也只有培根朴素地相信依靠归纳法就能得到这种知识。霍布斯就已认识到它的不可能性，休谟则更是系统地论证了这种不可能性。

3. 演绎法出发的前提是从哪里得来？是从归纳法得来还是依靠理性的直观得来？

一般说来，经验派认为是从归纳得来，而理性派则认为是从理性的直观得来。只是理性派也不完全否认归纳法在形成前提中的作用，但最终还是得依靠直观。经验派也不完全否认直观的作用，如洛克也把直观知识看作是最可靠的，只是对直观的理解与理性派不完全一样而已。

4. 认识究竟是用归纳、演绎的方法，还是用分析、综合的方法？两方面的关系如何？

　　培根是把自己的方法叫做归纳法的，霍布斯则声称科学、哲学所用的方法应是分析、综合的方法。一般认为，笛卡尔及理性派都主张用演绎法，但有人认为笛卡尔的方法也是分析—综合的方法。而归纳—演绎只是其中的环节。他们似乎都有把分析与归纳、演绎与综合看作一回事的倾向，但并没有作出明确的论述。分析方法与分析判断、综合法与综合判断，不是一回事，但又有某种联系，因而会引起混淆。这个问题我认为还值得进一步的深入研究。

（五）关于真理观问题

1. 认识的真理性标准在于是其对象的摹本（"摹本说"），还是在于认识本身的一贯（"一贯说"），抑或在于双方的相应或符合（"符合说"）？

　　虽然关于真理标准的具体提法是不同的，如笛卡尔认为观念的清楚、明白就是真理标准，斯宾诺莎则说真理本身就是真理的标准，等等。但我认为就其理论类型来看，可分为上述的"摹本说""一贯说"和"符合说"三者。一般说来，经验论者多主"摹本说"，唯理论者则主"一贯说"。唯心的经验论者严格说来不是真正主张"摹本说"的，因为他们不承认有外物作为观念的"原型"。但就休谟的"观念来源于印象"的"第一原则"而言，也还是以唯心主义地歪曲形式宣扬"摹本说"的，只是把作为"原本"的事物变成了心理上的东西"印象"而已。唯物的经验论者一般说来都是持"摹本说"的。

　　唯理论者既不承认正确认识源于感觉，故多不能持"摹本说"而只能持"一贯说"，但他们毕竟又不能否认认识必须反映和符合客观对象这一不易之理，故而像斯宾诺莎也主张"真观念必定符合它的对象"并以此作为真理的外在标志。就此而言，它是一种"符合说"。其不同于"摹本说"之处，在于是以"平行论"为基础的。"偶因论"和"前定和谐说"，在一定意义上也可以看作一种"符合说"。这些都是因未能克服二元论的矛盾而又无法否认心物或身心之间相互作用的事实而提出来的企图将二者加以调和以勉强求得自圆其说的理论。

2. 是否只有普遍必然的才是真理？概然的判断能否称为真理？真理能否区分为绝对的与相对的，或必然的与偶然的？

在唯理论派方面，莱布尼茨是明确肯定有推理的真理和事实的真理的，前者是必然的，后者是偶然的。笛卡尔和斯宾诺莎似乎只承认普遍必然的才是真理，而认为从感觉或泛泛经验得来的知识往往是骗人的或是错误的来源。只是他们也并非一概否认从感觉经验来的知识也有某种程度的真理性。

经验派中自霍布斯以下，特别是休谟，也都认为关于事实的判断都只能是概然的，没有绝对的普遍必然性，他们认为人只能满足于此，不可能达到那种绝对的普遍必然的真理（数学知识则如休谟所指出的是与事实无关的另一回事，它是只与观念有关的绝对的、普遍必然的）。

一般说来，由于形而上学的思想方法，当然这两派都无法正确解决绝对真理与相对真理的辩证关系问题。

3. 真理或知识的可靠性是否有程度高低之分？什么样的知识是最可靠的或最高的真理？

一般都承认有程度高低之分，唯理论派如笛卡尔、斯宾诺莎都认为凭理性直观得到的自明之理是最可靠的，是最高真理；经验论派中的洛克也认为不必插入中介观念而能直接断定两个观念的契合与否的直观知识是最可靠的。他们也都承认推理的真理在可靠程度上高于感性知识。莱布尼茨也认为那种"同一性命题"（即分析判断或"同义反复"）是最可靠的，基于矛盾律的推理的真理是必然的，而基于充足理由律的事实真理则只是偶然。休谟也肯定关于事实的知识其可靠程度总不如只与观念有关的数学知识。一般说来，他们两派都把认识看作一次完成的，真理也没有发展的过程，不是逐步深化的。

4. 获得普遍必然知识的可能性问题和获得真理过程中的主观能动性问题。

人是否具有或能否获得关于事实或经验的普遍必然性知识或真理？

在这问题上的情况也是较复杂的。培根是朴素地相信靠他的归纳法能够获得这样的真理的，霍布斯、洛克虽一般也相信人们能够获得对世界的可靠知识，但已认识到靠经验得来的知识并无普遍必然性，休谟则系统地论证了关于事实和经验的知识不可能有普遍必然性。

在唯理论方面，笛卡尔和斯宾诺莎虽否认从感觉经验中可以获得关于客观世界的普遍必然知识，而他们却相信凭直观是能够获得普遍必然知识的，而且相信这种普遍必然知识对客观物质世界是有效的，或者是借助于上帝的中介，如笛卡尔，或者是借助于"平行说"，如斯宾诺莎。而莱布尼茨则认为关于事实的真理只是偶然的而非必然的。不过他也承认它有某种必然性，不过不是绝对的形而上学的必然性而是某种道德的必然性之类。

能否获得普遍必然知识与认识过程中主观能动作用有关，经验论派"摹本说"一般把认识看作被动接受的过程，不认识主观能动性（如洛克虽也有主观任意制造复杂观念的思想，多少看到了主观能动作用，但理解是不正确的）。唯理论派一般较重视主观能动性，但两者陷入了思维与存在分离的境地（经验论派最终陷入不可知论，唯理论派则无法摆脱二元论），只有引入社会实践，才有望解决此问题。

四　经验派与理性派发展的逻辑进程

经验派与理性派虽然同属与经院哲学对垒的新的资产阶级哲学派别，但其发展过程却是一个包含诸阶段于自身内的有机全体，都有一个相对独立的逻辑进程。

我们先来考察一下英国经验派发展的逻辑进程。英国经验派从培根、霍布斯到洛克再到巴克莱、休谟的发展进程，从它的历史的经验形态看，是一个包含着创立、发展、终结诸阶段的发展进程，但若从它的内在的逻辑形态看，则是一个从唯物主义演变到唯心主义，从可知论转化为不可知论的进程。

首先，英国经验主义的发展过程，是一个从唯物主义渐次演变到唯心主义的逻辑进程。英国经验主义在它的创始人那里，采取了比较纯粹的唯物主义的形式。古希腊著名智者普罗塔哥拉曾经提出一个主观主义的认识论公式——"人（实际是指人的感觉）是万物的尺度"。培根坚决反对这个公式，斥之为"种族假相"，并指出人是自然的仆役和解释者，人的感觉是对外物的感觉，从感觉出发就是要在事物本身中研究事物。霍布斯继承了培根的这条唯心主义认识论路线。他一方面肯定外物的作用为我们心中观念的最初原因，断言一切观念最初都来自事物本身的作用，来自于感觉对象的作用，观念就是事物的观念；另一方面又把有广延的物体理解为认识的主体，断言思维着的东西乃是某种物质的东西。

应当指出，虽然培根、霍布斯都坚持从物质到意识、从外物到感觉和思想的唯物主义路线，但他们的物质观却不尽相同。培根是把物质理解为自身具有能动性和质的多样性的，他的物质观"在朴素的形式下包含着全面发展的萌芽"，而不是那样片面的。但是，如前所述，由于这种物质观的朴素性，后来就让位于霍布斯的物质即广延的机械唯物主义的物质观。从培根的物质观向霍布斯的物质观的过渡，无疑是一个历史的进步，但同时也潜在地蕴含着英国经验主义从唯物主义导向二元论和唯心主义的契机。因为如果物质的本质属性只有于广延，则势必不能圆满地解释如下一些重大问题：这样的物质如何能够感觉和思维；仅具有量的规定性的物质如何能够成为我们心中各种不同质的感觉观念的原因；本身不具有能动性的物质如何能够作用于认识主体，成为我们心中观念的原因；它又如何能够成为我们认识的主体；如此等等。下面我们就会看到，正是解释这些问题的必要性和以机械唯物主义观点解释这些问题的不可能性导致了洛克经验主义的二元论倾向和巴克莱的主观唯心主义。

洛克的经验主义从总体、主流上看是唯物主义的。因为他肯定我们关于物质世界的认识起源于感觉经验，而感觉是外在事物作用于我们感官的结果。此外，他还在一定意义上主张灵魂也可能是物质的，断言所谓灵魂完全可能是一种具有思想能力的物质。显然，在上述范围内，洛克是个唯物主义者，是个唯物主义一元论者。但是洛克在其哲学体系中并未把上述唯物主义原则贯彻到底。因为他在主张灵魂可能是物质的学说之外又容忍乃至肯定了灵魂是非物质性的学说，在"物质方面的有形实体"之外又容忍有精神方面的"无形实体"的存在。与此相关联，洛克还提出了他的著名的"两重经验"说，把感觉和反省，把外界的物质的东西和自己的心理活动看作是我们知识和观念的两个来源，并强调反省经验与外物完全无关。在这个范围内，洛克的认识论学说显然是具有二元论倾向的。洛克为什么会在唯物主义一元论和二元论之间游移徘徊呢？为什么他会兼收并蓄这样一些自我矛盾的观点呢？一个重要的原因就在于他对霍布斯机械唯物主义物质观的反思。洛克力图站在唯物主义的立场上去消化近代哲学的新概念，但是他在这种消化中确也遇到了不少难题。难题之一就是：如果依照霍布斯的物质观，物质只是一种具有"长、宽、高"不同度量的"有形体"，那么，只凭借自己的力量，物质在自身中就连运动也不能产生出来，它又如何能够作用于感官和心灵，产生出感觉和思想呢？① 这样，霍布斯的"思维着的东西乃是某种物质的东西"的论断就难以立足，而他的唯物主义一元论就势必要转化为二元论。

英国经验主义发展到巴克莱，变成了主观唯心主义。因为他根本反对从外物到感觉的唯物主义路线，断言"事物是观念的集合"，"存在就是被感知"。这样，感觉在他那里，就不再是联系意识和外部世界的桥梁，而是隔离两者的屏障，不再是同感觉相应的外部世界的映象，而是"唯一的存在"；而经验也就不再是认识外部世界的可靠手段，而只是自己的内省体验。值得注意的是，巴克莱曾明确指出，如果物质即广延，物质本身不具有运动的能力，不具有能动性，那么，它就不能作用于我们的感官，不能成为我们心中观念的原因。② 就此而言，巴克莱的诘难是不无道理的。我们知道，霍布斯是用外物对感官的"压力或作用"来解释感觉的生成的，洛克是用心灵接受感觉观念时的被动性来保证他的感觉论的唯物主义性质的。可是，如果物质的本质属性只是广延，本身不具有能动性，那么，它如何能对感官产生"压力或作用"呢？心灵接受感觉观念时的被动性从何而来呢？被动性的认识对象和被动性的认识主体又如何能相互作用，产生感觉和思想呢？由此可见，英国经验主义从培根、霍布斯的唯物主义开始经过洛克到达巴克莱的主观唯心主义，是有其内在的逻辑必然

---

① 参阅洛克《人类理解论》下册第 4 卷，第 10 章第 9—17 节，商务印书馆 1981 年版，第 618— 624 页。

② 参阅巴克莱《人类知识原理》第一部第 69 节，商务印书馆 1973 年版，第 51 页。

性的。如果我们把培根对普罗塔哥拉的"人（人的感觉）是万物的尺度"的"假相"的破除看作是英国经验主义的逻辑起点的话，那么，巴克莱的"存在就是被感知"则可以看作是这种逻辑运动的终点。英国经验主义从破除唯心主义确立唯物主义开始，到推翻唯物主义确立唯心主义而告终。这一个演变过程，在一定意义上，正是唯物经验主义自我否定的过程。

英国经验主义从一个侧面看，是从唯物主义渐次演变到唯心主义的逻辑进程，但从另一侧面看，则是从可知论渐次转化为不可知论的逻辑进程。

英国经验主义在他的创始人那里，特别是在培根那里，采取了明确的可知论的形式。培根以科学史上的哥白尼自居，对他所倡导的经验归纳法的威力深信不疑。在他看来，人们只要遵循他所开辟的理智的新道路，不要很久科学就会兴盛起来，人类就会获得对自然的控制权。他认为穷尽自然奥秘并非什么难事，因为自然现象虽然变化万端，但产生和支配这些现象的"形式"和构成这些现象的所谓"简单性质"却为数不多。这些为数不多的"形式"之构成变化万端的自然现象，就如为数不多的字母构成成千上万的语词以及为数不多的音符构成成千上万的乐曲一样。从总体上看，霍布斯也是一个可知论者，因为他自认他发现了较之培根更为完善的方法。他断言发明的方法有两种：一是分析法，即由果溯因的方法，由对事物的感觉进到普遍原则的方法；二是综合法，即由因索果的方法。他把物质的运动看作能够开启光怪陆离的宇宙奥秘之门的钥匙，看作是我们借以认识事物的原因的第一原理，认为只要从他的这个第一原理出发，就能够建立起几何学、物理学、道德哲学与公民哲学的理论体系。

英国经验主义发展到洛克，便出现了复杂的局面。洛克是英国经验派哲学家当中把研究人的认识能力、确定知识的范围当作哲学中心内容的第一人。他同时在两个方面作战：一方面反对独断论；另一方面又反对彻底的怀疑论，其结果使他动摇、游移于可知论与不可知论之间。洛克是反对独断论的，虽然在一定意义上他自己也并未能摆脱独断论。他从经验主义的立场出发，把直接起源于感性经验的感觉观念和反省观念看作我们关于特殊事物的知识的最后界限，断言人心虽然涉思玄妙，想入非非，可是即使竭尽驰骋想象之能事，也不能稍微超出感官或反省所提供给它的那些思维的材料——感觉观念或反省观念——以外；如前所述，洛克还认为我们只能认识事物的"名义本质"，而达不到它们的"实在本质"，实体是我们不知其为何物之物；我们的知识是极其缺乏而稀少的，概然性的意见是我们人生的指南，如此等等。虽然，就此范围而言，洛克可以说是个不可知论者。但洛克的认识论还有另一个方面，这就是他还明确地反对彻底的怀疑论。他虽然否认实体的可知性，但却肯定实体的存在，断言我们关于事物存在的知识有三层：一是关于物质事物存在的知识；二是关于我们自己（心灵）存在的知识；三是关于上帝存在的知识。我们凭借感觉就能认识物质事物的存在，凭借直觉或反省就能认识我们自己（心灵）的存在，凭借推证就能认识上帝的存在。他自信地指出，感觉使我们相信有坚实性的、有广延的实体，反省使我们相信有能思想的实体。经验使我们相信两者的存在，这是不容怀疑的。[①] 显然，就洛克认识论的这一方面而言，他是一个可知论者。

洛克动摇、游移于可知论与不可论之间，他一方面断言实体是不可知的，另一方面又断言实体是必然地存在着的。不难看出，这两个认识论命题是相互矛盾的。因为如果我们否认了实体的可知性，说我们的认识不能超越我们的感性观念一步，则我们就因此而失去了判断实体是否存在的依据。巴克莱首先意识到了这种矛盾，他指出，既然物质实体是不可知的，则我们说物质实体存在就是没有根据的。因为巴克莱仅仅关注洛克的物质实体学说，而不去稽考洛克的有限精神实体（心灵）学说和无限精神实体（上帝）学说；他仅仅否定物质实体而并不否定反而明确肯定精神实体的存在。同时，他在批评洛克的物质实体学说时，还贸然得出物质是虚无、物质实体不存在的结论。一方面主张物质实体不可知；另一方面又主张物质实体存在固然不合逻辑，但从物质实体不可知中引出物质实体必然不存在也同样不合逻辑。站在经验主义立场上对洛克实体学说作出全面的、首尾一贯的、合乎逻辑的批评的，是休谟。休谟修正了巴克莱的批评。在他看来，

----

① 参阅洛克《人类理解论》第 2 卷上册第 23 章第 29 节，上册第 284 页。

从洛克关于我们不能超越我们的感性观念一步、实体不可知论的原则出发，我们是无权讨论实体是否必然存在的问题的，因为我们根本就没有我们心中的观念与实体的"必然关系"的感觉印象，我们能够得出的合乎逻辑的结论只能是：我们对实体是否必然存在不可知。休谟还进而指出，我们不仅不知道物质实体是否必然存在，而且也不知道精神实体（心灵和上帝）是否必然存在。巴克莱一方面否定物质实体的存在，另一方面又肯定精神实体的存在，两方面都是不合理的。因为所有这些问题的解决都依靠经验，而经验在这些地方，是完全默不作声的。在此，还有一点需要指出，就是洛克和休谟的不可知论在英国经验主义发展过程中并非脱离原有线路，另辟蹊径，作为一种可能性，它原本就潜存于培根和霍布斯特别是霍布斯的哲学中了。例如，霍布斯就曾从原则上把物体和物体的偶性截然分开，他把物体看作不依赖于我们思想而存在的东西，而把物体的偶性看作我们认识物体的方式，它既非物体，又非物体的一部分。这样，我们对物体的认识就并非对物体本身的认识，而是对物体偶性的认识，是对现象的认识。可见，在霍布斯的"现象是我们认识事物的原则"与洛克的实体不可知和休谟的实体是否必然存在不可知之间，是有一定的逻辑上的继承关系的。

现在，在我们初步地考察了英国经验派发展的逻辑进程之后，我们再来简略地考察一下大陆理性派发展的逻辑进程。

16—18 世纪的大陆理性派，从笛卡尔到斯宾诺莎再到莱布尼茨、沃尔夫，和英国经验派一样，也有一个相对独立的逻辑发展进程。一方面，从作为认识论之前提和基础的本体论范围以及作为认识的对象和主体的实体学说这个侧面看，它是一个从二元论经过唯物主义到达唯心主义一元论（也可以说是某种意义上的唯心主义多元论）的发展过程；另一方面，从与认识主体和认识对象的关系，以及认识发生的过程密切相关的身心关系问题这个侧面看，它又是一个从"身心交感说"经过"身心平行说"到达"身心前定和谐说"的发展过程。

首先，大陆理性派哲学的发展是一个从二元论经过唯物主义一元论到达唯心主义一元论或多元论的过程。经验主义在它的创始阶段取唯物主义形态，而理性主义在其创始阶段却取二元论形态。在世界观上，笛卡尔是一个典型的二元论者。他认为，现实世界上有两类永恒不变的实体，一类是精神实体，另一类是物质实体，它们各有自己的本质属性和偶性。精神实体的本质属性是思想，它的偶性有怀疑、理会、否定、愿意、想象、感觉等；物质实体的本质属性是广延，它的偶性有形状、大小、运动等。由于这两类实体的本质属性不同，它们之间就不可能有任何联系和作用，也就是说，物体不能派生和作用于心灵，心灵也不能派生和作用于物体。笛卡尔的这种二元论，尽管有当时的自然科学和时代潮流方面的根源，但哲学总是要寻求普遍性和统一性的，是不可能恒久地停留在这种二元论上的。于是，笛卡尔先是通过肯定"我思故我在"，宣布了人的精神对上帝的独立，后又请回上帝来沟通精神和物质，构成他的整个形而上学体系。他把彼此独立的精神实体和物质实体看作依赖于上帝的"相对实体"，把上帝称作唯一的"绝对实体"。于是，他的二元论最终还是倒向了客观唯心主义。

笛卡尔请出上帝原本为沟通精神实体和物质实体，但这样一来，不仅精神实体与物质实体的二元论对立依然存在，还引出了心灵、物质、上帝三个实体鼎立的局面，又引出了"绝对实体"与"相对实体"的对立。因为既然精神实体是能思想而无广延的实体，那么，作为绝对无限的精神实体的上帝如何能够产生和决定相对的、有限的物质实体即自然事物呢？而且，如果心灵和物质为上帝所产生和决定，那它们还算得上自身独立存在的真正实体呢？事实上，笛卡尔哲学这种相对实体与绝对实体的矛盾，正是斯宾诺莎唯物主义一元论的诞生地。斯宾诺莎对笛卡尔哲学的根本改革在于以下两点：一是宣布实体是唯一的，取消笛卡尔物质实体和精神实体的说法，把物质与精神或广延与思维都看成唯一实体的两种属性，把笛卡尔分属于物质实体和精神实体的偶性改造成表现唯一实体不同属性的"样式"；二是宣布上帝即自然，把笛卡尔作为超越于物质与精神这两种相对实体之上的绝对无限精神实体的上帝熔铸为自身兼有思维、广延两种属性的实体。这样，就既回避了绝对实体产生、决定相对实体的问题，又回避了精神实体产生、决定物质实体的问题，使笛卡尔的二元论转化成了唯物主义一元论。从笛卡尔的二元论到斯宾诺莎的唯物主义一元论，是理性派哲学发展史上的一次重大飞跃。斯宾诺莎努力摆脱当时自然科学所设置的狭隘界限，坚持从世界本身说明世界，排除了超越于世界之上而被用来说明世界存在和发展原因的上帝，从而摧毁了作为封建制度精神支柱的宗教的根基，足见其作为彻底埋葬封建势力的荷兰资产阶级哲学代表的理论勇气。

　　斯宾诺莎的哲学虽然消除了笛卡尔哲学中相对实体和绝对实体的矛盾，但并未从根本上消除精神与物质的二元论的对立，而且依然沿袭了笛卡尔关于物质即广延的观点。莱布尼茨认为，能动性是一般实体的本质，既然物质的本质属性只是广延，没有任何活动和变化能从广延中派生出来，那么，它就既不能成为实体，也不能成为实体的本质属性。因此，实体的本质只在于某种能动的"力"，并且因为实体既无广延而且是非物质的，就只能是具有知觉和欲望的能力和精神性的东西，他称之为"单子"。而物质若不是指那种纯粹被动性的抽象的"初级物质"，则无非是单子的复合，是诸多单子的堆集在感觉或想象中所呈现的现象，他称之为"次级物质"。这种"次级物质"虽也被看作"有良好基础的现象"，并非纯粹虚幻，但毕竟只是"现象"而非"实体"。这样，莱布尼茨就用他的单子论，用他的唯心主义一元论从根本上消除了斯宾诺莎和笛卡尔哲学中精神和物质的二元对立，在精神基础上把物质和精神统一起来了。从这个意义上说，他的哲学是唯心主义一元论。但他的单子作为实体，不是像斯宾诺莎所说只有唯一的一个，而是有无限多的单子，即有无限多的精神实体，从这个意义上说，也可称之为唯心主义的多元论，而与斯宾诺莎的唯物主义一元论相对立。莱布尼茨对斯宾诺莎和笛卡尔机械主义物质观的批评是切中要害的，他关于能动性是一般实体的本质的见解是深刻的。列宁称赞他"接近了物质和运动的不可分割的（并且是普遍的、绝对的）联系的原则"[①]。其实，把物质和运动割裂开来，把物质和思维割裂开来，正是笛卡尔物质观的根本弊端及他的二元论哲学的症结所在，这也是笛卡尔的二元论经过唯物主义一元论而最终让位于唯

---

　　① 列宁：《哲学笔记》，人民出版社1963年版，第427页。

心主义的根本原因。因此，莱布尼茨的唯心主义是大陆理性派哲学发展的必然性结果。大陆理性派哲学和英国经验派哲学都以唯心主义而告终，这个事实生动地告诉我们，机械唯物主义，或者以机械主义物质观为基础的唯物主义都非但不能制服唯心主义，反而最终要为唯心主义所取代。只有辩证的唯物主义才是彻底的唯物主义，才是我们批判唯心主义的有力武器。

大陆理性派哲学的发展存在着一个从二元论中经唯物主义一元论最后达到唯心主义一元论或多元论的逻辑发展过程。这是确定无疑的。但是，为什么笛卡尔二元论哲学的延生地是法国，斯宾诺莎唯物主义一元论的诞生地是荷兰，莱布尼茨唯心主义一元论或多元论的诞生地又是德国呢？究其原因，最根本的就在于欧洲大陆各国政治经济发展的不平衡性。经济政治状况始终是决定哲学一般面貌的基本因素。

在大陆理性派哲学的发展中，伴随着从二元论向唯物主义一元论再向唯心主义一元论或多元论的转化过程。围绕着身心关系问题，还有一个从笛卡尔的"交感说"向斯宾诺莎的"平行说"再向莱布尼茨的"前定和谐说"的转化过程。身心关系问题之所以成为理性派哲学家共同注目的问题，从认识的角度看，主要是因为理性派哲学家在论证理性认识起源的同时，必然要讨论感性认识的起源问题，并且也不可避免地要涉及作为认识主体的人的心灵如何通过身体的感官与外界或物质对象发生关系的问题。笛卡尔在考察身心关系时，提出了著名的"身心交感说"。他断言我们有两种不同的认识方式。我们通过理性直觉和理性推证获得关于心灵、上帝及有形体的东西的本性的认识，凭借感官来认识有形体的东西的存在。他把前一种认识叫做"纯粹理解"，而把后一种认识称作"想象"。笛卡尔关于认识方式的上述区分是否得当暂且不论，问题在于：既然依照笛卡尔的观点，心灵只是一个能思想而无广延的实体，形体只是一个有广延而不思想的实体，二者是彼此独立的，那么，心灵又如何凭借肉体感官来想象外部存在呢？于是，笛卡尔提出了他的"松果腺"假说，认为人的脑髓中松果腺的部分，就是心灵居住的场所，心灵就是凭借松果腺而与身体各器官相联系并通过这些器官对外界的对象有所感觉，并通过松果腺与身体发生相互作用的。这就是笛卡尔的身心交感说。可是，既然松果腺只是身体的一部分，本身同样是有广延的，它又如何能够成为完全无广延的心灵的居所呢？再者，即便松果腺能够成为心灵的居所，但既然松果腺本身只是有广延而无思想的东西，那么本身只是在思想而无广延的心灵又如何和它发生关联、相互作用呢？显而易见，在笛卡尔的身心二元论与身心交感说之间是存在着难以调和的矛盾的。笛卡尔妄图借助"神奇"的松果腺来缓和这种矛盾，完全是无济于事的。

笛卡尔的后继者斯宾诺莎敏锐地觉察到了笛卡尔哲学中身心二元论和身心交感说的矛盾，并尖锐地批评了笛卡尔的身心交感说，指责他的关于松果腺的说法只是提出了一个比任何神奇的性质还更加神奇的假设。因此，他坚决摈弃了笛卡尔的身心交感说，提出了自己的身心关系的新学说，即身心为一物两面说和身心平行说。诚然，斯宾诺莎继续坚持着笛卡尔关于思维和广延、心灵和身体相互区别的原则，认为身体不能决定心灵使其思想，心灵也不能决定身体使其运动。但他同时却认为，统一的人具有心灵和身体两个方面，当我们借思维的属性来理解人时，他就是一个心灵；当我们借广延的属性理解人时，他就是一个身体。因此，心灵与身体乃是同一个东西，是一物的两面，身体的感触或事物的映象在身体内的序列与思想和事物的观念在心灵内的序列是对应的和一致的。在此基础上，斯宾诺莎对感觉观念产生的途径提出了新说明。按照斯宾诺莎的见解，感觉观念是这样产生的：当外物作用于肉体感官时，它在身体内便引起了一定的激动，与此同时，心灵内便相应地出现某个相关的感觉观念。只是由于身体被激动的情状同时出于激动的物体和被激动的身体的性质，关于这些情状的感觉观念就势必包含着人体和外物的性质，因而它必定是不完满、不恰当的观念。斯宾诺莎的身心一物两面说和身心平行说虽然在一定意义上消除了笛卡尔认识论中身心二元论和身心交感说的矛盾，但由于他只是在简单否定笛卡尔交感说的基础上进行这种消除的，因而他提出的身心一物两面说和身心平行说本质上仍只是笛卡尔身心二元论的回复。而且，一方面说身体感触外物时，心灵同时出现相应的感觉观念；另一方面又说身体感触外物并非心中感觉观念的原因，这种说法和笛卡尔的身心交感说一样，也是难以自圆其说的。因此，在对于感觉观念起源的解释方面，斯宾诺莎并没有取得什么实质性的进展。

为什么从笛卡尔到斯宾诺莎，在对于感觉观念起源的问题上，未能取得什么实质性的进展呢？究其原因，除了他们的理性主义的偏见外，一个重要原因就是他们的眼界为物质即广延的机械唯物主义物质观所限。感觉观念的起源问题是一个直接关系到现实的物质对象和认识主体的关系问题，尽管理性主义者以这样或那样的借口把理性认识看成纯粹思辨，但是在考察感觉观念起源问题时却不能置现实的对象于不顾，不能回避现实的物质对象和认识主体的关系问题。然而，只要基于物质即广延的机械主义物质观，这个问题就注定得不到正确解决。因为思维本来是物质的一种属性，如果仅把广延看作物质的唯一本质属性，就势必把认识或思维的主体看作非物质的东西，看作与物质不相容的东西，这也就意味着在物质和精神、思维与广延之间人为地设下了不可逾越的障碍。在这样的前提下谋求解决物质向精神的转化问题，自然只能是枉费心机。笛卡尔和斯宾诺莎解决身心关系问题的尝试，标志着此前的大陆理性主义者的实体学说或物质观在解决这个问题上的无力，于是莱布尼茨就从根本上抛弃这种物质观转而企图在彻底唯心主义的基础上来解决身心关系问题。在他看来，身体与心灵好像两个走得完全一致的时钟，其所以一致，并不是直接的互相影响，而是因为上帝把这两个时钟事前就造得非常准确，因此它们各走各的而又自然彼此一致。这就是他所说的"前定和谐"。尽管莱布尼茨自认为他的这个学说"至善至美"，但在现实地解决身心关系问题方面，他也丝毫未提供什么灵丹妙药。前定和谐说尽管总的说来有与自然神论相类似的排除上帝对自然过程的随时具体干预，因而有间接承认事物都按自己的天然本性发展变化这种接近唯物主义观点的意义，但在解决笛卡尔的二元论所遗留下来的身心关系问题上则与偶因论和斯宾诺莎的一物两面说或身心平行说一样无力。只有坚定地站在唯物主义立场上承认精神或心灵是物质身体的属性，是高度发展了的物质——人脑的功能，才能正确地解决这个问题。

五　经验派与理性派论战的几个主要阶段

以上，我们说明了经验派和理性派各自相对独立的逻辑发展过程。然而，这种发展并不是各自孤立进行的，而是与两派之间的论战交织在一起的。因此，我们要真切地了解经验派和理性派的发展概况，就须再进一步对它们论战的过程作一番考察。经验派与理性派的论战是16—18世纪欧洲哲学史上重大的事件，在一定意义上，经验主义和理性主义正是通过连续不断的论战而逐渐发展起来的，16—18世纪的欧洲哲学史可以说就是一部经验主义和理性主义的论战史。这一时期两派的论战大体经历了三个相互衔接而又逐步深入的不同阶段。在第一阶段，论战的内容比较广泛，几乎涉及有关认识论的所有重大问题，虽然深度不足，但却在理论上为第二阶段更深层次的论战作了准备。在第二阶段，论战的内容相对集中，主要集中在认识的起源和途径这个认识论的根本问题上，尤其是集中在普遍必然性知识的来源和途径这个问题上。在第三阶段，中心问题已不再是普遍必然性知识的来源和途径问题，而是认识能力的问题，亦即我们能否获得普遍必然性知识的问题。因此，如果我们把16—18世纪经验派与理性派的论战看作一个有机整体的话，那么，第一个阶段可以看作整个论战的序幕阶段，第二个阶段可以看作整个论战的高潮阶段，第三个阶段则可以看作整个论战的终结阶段。因为在这最后一个阶段，论战的主要内容已经不再是取经验主义的还是理性主义的途径才能获得可靠知识的问题，而是深入到我们究竟有无能力获得普遍必然性知识的问题。

（一）第一个阶段

我们这里所说的经验派和理性派论战的第一个阶段，无论就论战的阵营还是就论战的内容看，都是一个相当庞杂的阶段。就论战的阵营看，它可以说以霍布斯、伽桑狄与笛卡尔的辩难为主体，但同时也包含着笛卡尔和培根之间的对立以及斯宾诺莎的理性主义对经验主义的否定。就论战的内容看，它不仅涉及认识的方法、起源、途径问题，而且也涉及认识的主体、对象和真理观等问题。下面我们就根据历史发展的顺序依次叙述笛卡尔与培根的对立，霍布斯、伽桑狄与笛卡尔的辩难，斯宾诺莎的唯物理性主义对经验主义的否定。

在经验派和理性派的创始阶段，两派在认识的起源、途径和方法诸方面的分歧和对立就尖锐地表现出来了。培根作为经验派的始祖坚信基于实验的对于外物的感觉经验有可靠性和实在性，以为我们只有从这种感觉材料出发，才能渐次达到对事物的本质和发展规律的认识，才能洞悉自然的奥妙；断言经验主义归纳法即从感觉材料渐次上升到普遍原则的方法是我们认识自然的唯一正确的方法。培根是在反对经院哲学的基础上提出自己的新哲学的。他把经院哲学的认识论学说作为"假相"予以系统的驳斥，他特别厌恶经院哲学抽象空洞的形式主义的推理，并因此把厌恶倾泻到经院哲学家所运用的三段论式演绎法上。他把以往哲学史上崇尚这种哲理的哲学家称作"诡辩派"，斥责他们的三段论式逻辑只能强人同意命题，而不能把握事物，只会使谬种流传，而不能用来探求真理。比培根稍后的笛卡尔，一方面和培根一样，他的哲学也是在破除经院哲学的基础上建立起来的；另一方面又和培根不同甚至正相对立。他以"普遍怀疑的方法"为武器，向中世纪经院哲学发起了攻击。他特别厌恶中世纪哲学家关于"隐秘的质"之类的奇谈，要求把现象和本质区别开来，以为感官接触到的可能只是事物的假象，唯有理性才能把握事物的本质。他因此怀疑乃至否定感官经验的可靠性和真实性，断言感官经验非但不能构成科学知识的稳固基础，反而是我们建立确定不移的判断，寻求真实可靠知识时所应予以排除的"流沙"；断言唯有心中固有的简单自明的观念才是确定的东西，才是我们建立确定不移的判断，寻求真实可靠知识的坚固基地；集数学和逻辑学优点之大成的理性演绎法，才是我们认识自然的唯一正确的方法，只有从心中简单自明的原理出发，依照理性演绎的法则才能逐步达到对事物本性的认识。需要注意的是，尽管当我们全面细致地来考察时应看到，培根在反对只重抽象推理的"诡辩派"的同时也反对那种只根据少数实验就作出普遍结论的"经验派"，如炼金术士之类的做法，并且也并非完全否定演绎法的作用；笛卡尔也并不完全否认感觉经验在认识中的作用，也承认有些作为演绎推理前提的原理是通过枚举即归纳得来的，然而就其思想的主要方面或主要倾向来看，笛卡尔和培根的确分别是理性派和经验派的创始人，他们几乎在所有认识论基本问题上都存在着原则性的分歧。虽然如此，但在他们那里，理性派和经验派的对立却首要地、集中地表现为方法论的对立，表现为理性演绎法和经验归纳法的对立。其所以如此，主要是因培根和笛卡尔作为近代认识论的创始人都有一个征服自然、造福人类的伟大抱负，都把认识自然看作征服自然的必要前提，他们都把提供一个认识自然的正确方法看作自己的主要使命，把方法论看作哲学的首要问题。培根的主要哲学著作名曰《新工具》，笛卡尔的第一部主要哲学著作名为《方法谈》就是明证。

经验派与理性派第一次公开的和短兵相接的论战是在霍布斯、伽桑狄为一方与笛卡尔为另一方之间进行的。论战的导火线是笛卡尔的当时尚待出版的一部著作《形而上学的沉思》。1640年笛卡尔在《沉思》脱稿后，曾分别寄送霍布斯、伽桑狄等人征询意见。他们分别写了对《沉思》的"诘难"即反对意见。笛卡尔随即对这些"诘难"作了"答辩"，并将他的答辩连同诘难一同付印。霍布斯、伽桑狄与笛卡尔的辩难，内容极其广泛，涉及认识主体、认识对象、认识的起源和途径、有无天赋观念以及真理的标准等几乎所有认识论的问题。关于上述诸问题上他们各自的主张和争论的具体内容，我们将在别处予以讨论。总的来说，笛卡尔持的是唯心的理性主义立场，霍布斯、伽桑狄持的是唯物的经验主义立场。因此，霍布斯、伽桑狄与笛卡尔的这场论战同时具有两方面的意义：在一种意义上，它是经验派与理性派之间的论战；在另一种意义上，它又是唯物主义与唯心主义之间的论战。这场论战无论对于经验派的发展还是对于理性派的发展都产生了深远的影响。

霍布斯和伽桑狄虽然站在唯物的经验主义立场上对笛卡尔唯心的理性主义进行了认真的批评，但在当时并未在思想界或公众之中得到广泛赞同而取得胜利。相反地，倒是笛卡尔主义在法国乃至大陆各国逐渐成为占支配地位的哲学。这时，在荷兰出现了另一位杰出的理性主义哲学家——斯宾诺莎。斯宾诺莎是一个唯物的理性主义者，他一方面通过把认识的对象规定为客观存在的"实体"及其"属性"与

"样式"，即规定为整个物质世界本身以及其中的个体事物而把笛卡尔的认识论引向唯物主义；另一方面他又发展了笛卡尔的理性主义，使之从内容到形式都臻于完备。因此，斯宾诺莎的认识论从一个侧面看，与培根、霍布斯、伽桑狄的唯物主义经验论有某些共同之处；从另一个侧面看，又与他们的唯物主义经验论处于更加尖锐的对立状态，以其唯物的理性主义对经验主义作了全面的否定。斯宾诺莎的认识论虽然就其对认识对象的主张而言，有唯物主义性质，但是若就其对认识的起源、途径和真理标准的主张而言，则不仅是理性主义的，而且带有唯心主义的性质，因而是同早期的唯物主义根本对立的。

（二）第二个阶段

斯宾诺莎虽然未同某一具体的经验主义者展开公开的、直接的论战，但他的理性主义的认识论学说对论战的深入却起了重要作用。因为他强调了普遍必然性的范畴在认识论中的重要地位，并把它运用于对经验主义的批评。笛卡尔和斯宾诺莎作为理性主义者都对经验主义持批评态度，但他们批评的着眼点却不尽相同。笛卡尔批评经验主义，着眼于对感觉经验确定性和真实性的怀疑，斯宾诺莎批评经验主义，则不仅着眼于否认感觉经验的确定性和真实性，而且还着眼于感觉经验不能给我们提供普遍必然性的知识。这样，斯宾诺莎就以否定的方式提出了一个对经验主义和理性主义都至关紧要的问题，这就是普遍必然性知识的来源问题。这问题之所以对经验主义和理性主义都至关紧要，主要有两层理由：一是因为知识的来源问题是认识论的根本问题，它规定和制约着认识的方法和途径等问题，是经验主义和理性主义、唯物主义和唯心主义的分水岭。二是因为普遍必然性知识的来源问题又是知识来源问题中的关键性和实质性问题。因为理性主义之为理性主义，并不在于它否认感性知识来源于感官，这是它也和经验主义一样并不否认的，而在于它强调普遍必然性知识不能来源于感觉经验，而只能来源于理性；而经验主义之为经验主义，也不仅仅在于它承认感性知识来源于感官，它还应当进而说明具有普遍必然性的理性知识起源于感觉经验的问题。我们所以把论战的第一个阶段看作整个论战的序幕阶段和低级阶段，主要原因就是，在这个阶段里，论战的范围虽然广泛，但深度不足，还没有抓住普遍必然性知识的来源这样一个根本问题。而论战的第二个阶段则抓住了这样一个根本问题，因而，在这个阶段，双方的论战是在一个更深的理论层次上进行的，并且也正因为如此，这个阶段的论战才构成了整个 16—18 世纪经验派和理性派论战的主体阶段和高潮阶段。

在论战的第二个阶段，经验派和理性派的斗争主要包括两个方面的内容：一是洛克对笛卡尔主义的批驳；二是莱布尼茨对洛克经验主义的论战。

我们说过，洛克早在学生时代就对笛卡尔哲学产生了浓厚的兴趣，他的哲学无论在本体论上还是在认识论上都打有较深的笛卡尔主义的烙印。但是，洛克作为英国经验主义集大成者，在认识论的基本问题上是同笛卡尔主义正相对立的，在一定意义上我们可以说，洛克的经验主义是在批驳笛卡尔所代表的理性主义的基础上确立起来的。洛克对笛卡尔理性主义的批驳主要在以下三个方面：首先是有无天赋原则和天赋观念的问题；其次是普遍原则和共相（抽象观念）的起源问题；最后是关于心灵的本性问题。其具体内容也留待以后阐述。洛克对笛卡尔理性主义的批驳，特别是他对天赋原则说的批驳，获得了重大胜利，产生了广泛、深远的影响。他的《人类理智论》是当时发行量最大的哲学畅销书，在他生前就一版再版，并很快被译成法文和拉丁文等其他文字。

洛克反对笛卡尔理性主义的斗争虽然取得了辉煌战果，但也遇到了新的强有力的对手。继洛克成功地批驳笛卡尔理性主义之后，莱布尼茨开始了反对洛克经验主义、捍卫笛卡尔理性主义的论战。莱布尼茨在 1704 年前后写了一部认识论专著《人类理智新论》，采取两人对话的方式，对洛克《人类理智论》中的观点逐章逐节甚至逐段地进行了针锋相对、短兵相接的辩论。《人类理智新论》在洛克生前并未公之于世，它是 1765 年在洛克和莱布尼茨都去世很久以后才由别人发表的。莱布尼茨反对洛克经验主义的论战主要有以下三个方面的内容：（1）人的心灵究竟是块"白板"，还是具有某种天赋原则或天赋观念？（2）普遍必然性知识究竟起源于感性经验还是起源于"天赋的内在原则"？（3）灵魂是物质的还是精神的？灵魂是否永远在思想？莱布尼茨反对洛克经验主义的论战，同洛克反对笛卡尔理性主义的批驳一样，带有唯物主义与唯心主义斗争的性质。对这一点，莱布尼茨本人也是清楚意识到的。他承认自己的认识论学说比较接近柏拉图，并与笛卡尔的某些观点相似，而认为洛克的学说与亚里士多德的认识论比较接近，并与伽桑狄的观点大体相同。

洛克对笛卡尔理性主义的批驳以及莱布尼茨反对洛克经验主义的论战，是霍布斯、伽桑狄与笛卡尔辩难的继续。不过，前者也并非只是对后者的简单重复。由于前者抓住了普遍必然性知识的来源这个最紧要的问题，而把16—18世纪经验派和理性派的论战引向深入，推向了高潮。

（三）第三个阶段

近代经验派与理性派的对抗和论战，从培根、笛卡尔、霍布斯始，经过一番艰苦探索，终于达到并抓住了最本质的问题——普遍必然性知识的来源问题。于是，在洛克和莱布尼茨那里，便出现了规模宏大、意义深远的经验派和理性派的全面论战，并由此产生了这个时期内容最为丰富的认识论专著——《人类理智论》和《人类理智新论》。但是，在洛克和莱布尼茨之后，情况又有较大转变。在巴克莱和休谟看来，根本的和首要的问题不是普遍必然性知识来自感官经验或来自心灵、理性的问题，而是我们究竟有无能力获得普遍必然性知识的问题。因此，他们的锋芒所向，不仅指向整个理性主义，而且也指向前此的唯物经验主义，从而结束了先前那种纯粹形式下的经验主义和理性主义的论战。正是在这个意义上，我们才把这个阶段看作经验派和理性派论战的终结阶段。

总的来说，巴克莱、休谟对于人的认识能力持否定的悲观态度。在他们看来，我们无论通过感官经验还是通过心灵、理性都不可能得到关于心外的客观存在的知识，更不可能得到普遍必然性知识。巴克莱否定我们有获得客观普遍必然性知识的可能性主要是从两方面入手的：一是他的极端的唯名论；二是他的唯心的感觉论。在哲学史上，唯名论曾起过非常积极的作用。在中世纪后期，它作为经院哲学内部的一个反对派，与正统经院哲学唯心的唯实论所进行的斗争，是与唯物主义反对唯心主义的斗争有类似之处的，曾有力地促进了经院哲学的瓦解。到了近代，它又是构成培根、霍布斯、洛克唯物经验主义的重要成分。然而，唯名论发展到了巴克莱，便走向了它的反面。它不仅被用来反对一般抽象概念，反对理性主义，而且特别被用来反对物质概念，从而否定物质实体的客观存在，也反对此前的唯物经验主义，开始变成敌视人类理性、破坏一切哲学的东西。

　　巴克莱在破除抽象的概括观念的原则的基础上，又提出了他自己的所谓"人类知识的第一原则"，这就是"感官和本能"的原则，亦即"存在就是被感知"的原则。他的主观唯心主义哲学体系就是基于这个原则建立起来的。在这个原则下，他一方面把认识对象（观念）和主体（心灵或自我）对立起来，认为前者是完全被动的，后者则是能动的；另一方面又把观念和存在、事物混同起来，断言事物就是"观念的集合"，于是得出我们根本不可能获得关于心外的存在，关于客观的因果必然性知识的结论。依照巴克莱的见解，既然只有心灵或自我是能动的东西，是感知者，而观念或"存在"则是纯粹被动的东西，因此它是不可能成为任何原因的，既不可能构成观念自身的原因，也不可能成为其他观念的原因。这样，我们心中的观念与观念之间便不存在任何因果必然性的关系。他嘲笑先前哲学家于心灵（精神）之外寻求自然规律和法则只是一种"开心的玩笑"，是徒劳的。他断言，我们心灵中的规律或法则无非是观念之间的"类似关系"，而这种类似关系并不具有普遍的和必然的意义。为此，他不惜向牛顿发现的万有引力定律宣战，否认这个定律的普遍意义，攻击牛顿过于看重各种类似关系，把我们部分的知识扩展成普遍的公理。由此看来，在一定意义上和一定范围内，我们可以把巴克莱的主观唯心主义看作实质上已暗含着不可知论，因为否认我们获得关于外物的普遍必然性知识的可能性既是巴克莱主观唯心主义哲学的逻辑前提，也是它的必然归宿。

　　在否定我们具有抽象能力和概括能力，否认我们有获得客观的普遍必然性知识的可能性方面，休谟比巴克莱更进了一层。如果说巴克莱的哲学是暗含着不可知论的话，则休谟的哲学便是公开的和彻底的不可知论。因为后者明确地提出并系统地论证了这个理论。休谟哲学的出发点和巴克莱的大同小异，不过对之进行了更加系统、更加彻底的发挥罢了。他对巴克莱的极端唯名论立场推崇备至，他和巴克莱一样，只承认个体事物的现实性，否认共相、一般的实在性，视"自然中一切事物都是个别的"为哲学中公认的原理，宣称观念按其本性来说只是特殊的，而有些观念所以能在其表象方面成为一般的，那只是由于习惯所致。此外，休谟和巴克莱一样，也把"感官和本能"当作哲学的根本原则。他把"知觉"分为"印象"和"观念"，并在此基础上提出了他的"观念起源于印象"的原则，作为自己哲学的第一原则。他的整个哲学体系就是基于这个原则的，他的所有不可知论的结论都是从这个原则中抽引出来的。因为依照"观念起源于印象"的原则，感觉印象是我们判别观念真伪的唯一准绳，凡不能还原为感觉印象的观念都被斥之为虚而不实的观念。在这个原则下，我们便不可能具有真实的物质实体和精神实体（心灵和上帝）的观念。因为我们并没有关于物质实体和精神实体的感觉印象。在这个原则下，我们便不可能具有物质实体和精神实体必然存在的知识，因为我们不仅没有物质实体的印象，而且也根本没有我们心中的观念与物质实体或精神实体的关系的印象。在这个原则下，我们也不可能具有客观的因果必然性的观念，因为我们只知觉到"一个事件随着另一个事件之后而产生"，而绝对没有两个事件之间的必然关系的印象，人们所假设的种种因果必然性的观念无非是人们的主观心理活动，一种习惯性的联想。"习惯是人生的伟大指南"——这便是休谟哲学的一条重要结论。这样，近代认识论到休谟便终于走上了根本否定人有获得关于世界普遍必然知识的可能性的一条绝路。

休谟哲学的出现标志着 16—18 世纪经验派和理性派哲学已走进一条死胡同。因为不论是理性主义还是经验主义，作为一种认识论的理论，原本的宗旨都在于探求认识世界的途径和方法，而休谟的哲学则企图证明不论遵循理性主义的途径还是遵循经验主义的途径，我们连客观世界乃至我们自身是否真实存在都无法断定，更无法认识其实在本性了；我们纵然知觉到一些"印象"和"观念"，它们之间也完全没有什么普遍必然的因果联系。因此我们所能知觉到的整个世界还抵不上一场梦境，要想认识它的实在本性和必然规律是根本不可能的。这样，两派的理论基础在休谟这里就都遭到了破坏。但这只是表明不论片面的理性主义还是片面的经验主义都是错误的、走不通的道路，而并不表明客观世界及其规律真的如休谟所主张的那样是不可知的。正确的道路既不是当时的理性派或经验派的道路，更不是休谟的不可知论的道路。人类的认识又经几番曲折，产生了辩证唯物主义，才走上了认识世界、改造世界的康庄大道。

江天骥教授

　　江天骥教授生于 1915 年 5 月 7 日，广东省廉江县人。中学时期喜爱阅读进步刊物和陈独秀、胡适等人的著作，并初步接触马克思主义，1934 年考入中山大学英语系，兼修德语和法语，由于阅读《共产党宣言》（德文）等禁书，遭国民党当局逮捕、关押三年零八个月。国共合作抗战后，江天骥以中山大学英语系一年级的成绩转学到西南联大外语系二年级，大量修习哲学课程，翻译《费希特的哲学》由贺麟推荐在重庆出版，翻译洪谦的德文论文在《学原》上发表。1942年大学毕业投笔从戎，先后加入美国空军志愿队（飞虎队）和美国第 14 航空队，担任英语翻译。战后赴美国，就读于科罗拉多大学研究生院哲学专业。留学期间，研习逻辑经验主义、杜威哲学、法兰克福学派的哲学，同时深受黑格尔、弗洛伊德和马尔库塞的影响，特别致力于卡尔纳普的科学方法和归纳逻辑研究。

1947 年回国后受聘为武汉大学哲学系、副教授，1952—1956 年因院系调整任教于北京大学哲学系，1956 年武汉大学哲学系重建，江天骥回武汉大学哲学系任教，直至 1998 年退休。改革开放后，多次应邀赴美国、南斯拉夫、英国、香港出席学习会议和讲学。2006 年病逝于武汉。

江天骥曾任全国现代外国哲学学会副会长、中国逻辑学会副会长、中国逻辑史学会会长，中国首批博士生导师，中国学位委员会第一届学科评议组（哲学）成员，第一批重点学科现代外国哲学学科带头人。主要著作有《逻辑问题论丛》（湖北人民出版社 1957 年版）、《逻辑经验主义的认识论》（上海人民出版社 1958 年版）、《批判的社会理论：法兰克福学派述评》（主编，上海人民出版社 1980 年版）、《当代西方科学哲学》（中国社会科学出版社 1986 年版）、《西方逻辑史研究》（主编，人民出版社 1984 年版）、《归纳逻辑导论》（湖南人民出版社 1987 年版）、《科学哲学名著选读》（主编，湖北人民出版社 1988 年版）、《科学哲学和科学方法论》（主编，华夏出版社 1990 年版）、《波普在中国》（和 Newton – smith 合编，英文版 1992 年版，意大利文版 1994 年版）、在《英国科学哲学》等期刊上发表英文论文多篇。

江天骥的学术研究涉及德国古典哲学、英美分析哲学、美国实用主义哲学、社会批判理论、形式逻辑与归纳逻辑等多个领域，晚年特别注重解释学、结构主义和后结构主义哲学。在科学哲学上，支持科学实在论，但反对任何本体论和方法论的统一性；在文化哲学上，主张相对主义不可驳倒而"只能够使它受约束"，没有普遍历史，文化必定相对于民族、群体和历史传统，狭隘的、固定不变的理性主义已经过去了；在知识与行动的关系问题上，认为维特根斯坦的两个知识概念解决了西方文化的危机。在理性问题上赞成科杰夫（Kojève）把《精神现象学》看作以流血斗争而非以理性为动力的世界历史的叙述。

科学方法论的中心问题[*]

江天骥

科学家在研究自然界的过程中怎样获得和接受定律或理论的问题，亦即科学推理问题，是科学方法论的中心问题。这个问题有两个方面：如何发现和如何证明？发现和证明定律或理论要依据什么推理规则？在19世纪中叶以前，许多科学方法论家从亚里士多德到穆勒都认为科学家依据固定的推理规则既能够发现也能够证明科学真理，科学是得到证明的确实可靠的知识。只是他们对于科学推理的规则有不同看法。亚里士多德认为，三段论是科学推理的标准模式，因而科学推理是演绎的，穆勒则认为四种"实验研究方法"是科学活动所依据的推理方法，他提出五个准则作为科学推理的标准模式，因而科学推理是归纳的。他把归纳法定义为一种"发现和证明概括的操作"①。这里穆勒把归纳法的两种职能——发现一个全称命题并且证明它——看得同等重要，并且他没有把科学假说的评价标准的研究同科学发现方法的研究严格区别开来。但在《逻辑系统》（1943年）第2版的第3卷第9章第6节里他开始清楚地认识到，归纳逻辑的主要领域是评价标准而非发现方法的研究。这是由古典归纳逻辑过渡到现代归纳逻辑的起点。

一　20世纪的归纳逻辑

现代归纳逻辑的特征是沿着耶方斯和皮尔士所开创的方向把概率

---

* 原发表于《自然辩证法通讯》1985年第1期。
① 穆勒：《逻辑系统》第3卷第1章第2节，University Press of the Pacific，1943。

概念引进归纳逻辑中，使统计理论和归纳逻辑发生密切关系。现代归纳逻辑中的主要论争基本上是数理统计理论中贝叶斯派和非贝叶斯派之间的论争，是这两派对于科学推理与实际决策的不同看法之间的论争。

从 1915 年到 1940 年是现代数理统计的"多事之秋"。在此期间，现今为人所接受的不同研究纲领都已打好了基础。这些纲领可以归入两大派别之中：一派称为贝叶斯主义者，溯源于 18 世纪数学家贝叶斯，包括拉普拉斯、德摩根、卡尔·皮尔逊、凯恩斯、蓝姆赛（F. P. Ramsey）、杰弗里斯（H. Jeffreys）、卡尔纳普、德·芬内蒂（B. de Finetti）、萨维奇（L. Savage）、古德（1. J. Good）、林德利（D. V. Lindley）和杰弗里（R. Jeffrey）等著名代表。另一派包括经典数理统计传统和其他频率主义者，主要是作为贝叶斯主义的反动而发展起来的。它的著名代表有布尔、文恩（Venn）、费希尔（R. A. Fisher）、E. S. 皮尔逊（E. S. Pearson）、内曼（J. Neyman）、冯·米塞斯（R. Von Mises）、莱兴巴赫、沃尔德（A. Wald）、哈金（I. Haeking）和小凯伯格（H. E. Kyburg, Jr.）。

依哈金看，在 1654 年左右，概率概念带着两重性"出现"了，这就是它的本体论性质和认识论性质。本体论概率叫做客观概率、统计概率或物理概率，大致相当于卡尔纳普的概率 2。认识论概率叫做置信概率（Credal Probability）、主观概率或归纳概率，它表达证据和合理信念之间的一种关系，大致相当于卡尔纳普的概率 1。贝叶斯主义者把贝叶斯定理看作归纳推理的模式，为此我们首先把这个定理的一种简单形式写出来，以便初学者参考。它是可以由概率乘法规则直接推出来的。

设 A 和 B 是两个事件，那么

$$P (A \ \& \ B) = D (A) P (B/A) = D (B) D (A/B)$$

只要 P（A）不等于 0，这就直接得出：

$$P (B/A) = [D (B) P (A/B)] / P (A)$$

这个公式表明：B 相对于 A 的概率（叫作 B 的后验概率）同 B 的先验概率和 B 的似然值（或者 A 相对于 B 的后验概率）成正比，同 A 的先验概率成反比。

　　贝叶斯主义的中心观念是：不仅给事件或事件描述测定概率是有意义的，而且给全称或统计假说测定概率也是有意义的。于是概率演算，特别是某种形式的贝叶斯定理，就成为计算这种相对于给定证据的后验概率的工具。而且，把贝叶斯定理看作一切归纳推理的模式是很吸引人的，这样归纳推理便不过是以新证据为条件来修改概率的过程。这个模式的主要困难在于首先必须输入某些概率，像上面公式中的 P（B）和 P（A）；这些都是先验概率，即不相对于任何证据的概率。除在博弈中这些先验概率由博弈的条件给定以外，要确定先验概率是十分困难的；由于对这种概率的不同解释，就导致贝叶斯传统中产生的分歧。主要分歧是在逻辑贝叶斯派和主观贝叶斯派之间发生的，前者试图为先验概率寻找先天的、形而上学的或逻辑的基础，以拉普拉斯、凯恩斯和卡尔纳普为主要代表；后者愿意把先验概率看作仅仅表示私人的、主观的相信度，以萨维奇、德芬内蒂、古德和杰弗里为主要代表。这两派同属于贝叶斯主义所代表的整个传统。

　　按照贝叶斯主义者的看法，归纳推理主要是以积累起来的证据为条件修改假说概率的过程。对主观贝叶斯派来说，这个过程必然涉及持有某一相信度的个人。这样，像杰弗里指出的，贝叶斯派看出在合理信念和合理行动之间清楚的直接的联系。你只需赋予个人以合适的效用函数，他便能够在任何给定情况下决定哪个可能的行动将使他的主观的期望效用达到最大限度。的确，对贝叶斯派来说，典型的认识论问题是个人在有关他的可能行动的结果证据不足的情况下被迫采取行动的问题。

　　贝叶斯决策论的一个主要缺点是，当你的任务不是在不同行动之间作出选择，而是要在不同的关于世界的科学图像，即理论之间进行选择时，要应用贝叶斯范式是有困难的。给广博的科学理论，例如量子论，测定概率的想法，像给此一理论或彼一理论的选择赋予不同效用的想法一样，是很成问题的。杰弗里自己在考虑是否能够合理地给普遍的科学假说赋予任何大于零的先验概率时，也提出这样的问题来。跟萨维奇、卡尔纳普不同，他对此的答复在方法论上是诚实的；就是除非你给普遍的假说赋予非零的先验概率，整个贝叶斯机器便是不能应用的。比较通常的答案是采取工具主义的理论观（和虚构主义的理论对象观）。萨维奇则陷于这种极端的观点：仅仅给可观察事件的描述赋予主观概率，这些事件也许是某一行动的可辨认的结果。

整个贝叶斯主义的立场是把合理信念直接地描绘为概率函数。主观贝叶斯派或私人主义者主张合理信念是有主观根源的。逻辑贝叶斯派则试图给这个概率或确认函数这样下定义，使它表示在给定情况下一个理想的行动者对一个给定命题所客观地、合理地具有的相信度。例如卡尔纳普的归纳逻辑便是对一个理想地合理的行动者或一个能从事科学研究的机器人所作的合理化描绘。属于主观贝叶斯派的萨维奇所要求的只是这个机器人的信念函数要满足标准的概率演算公理，卡尔纳普则努力寻求进一步的约束，以便能够为一切合理行动者决定一个唯一的信念函数。他试图以此消除科学推理中私人的或主观的因素而代以"客观的"归纳逻辑。

逻辑贝叶斯派把概率看作代表一个陈述和另一个或一类证据陈述之间的逻辑关系。这个看法首先由凯恩斯明白地提出来，后来得到卡尔纳普和杰弗里的辩护。它的基本特征是：给定一个假说和一类构成证据的陈述，相对于给定证据，这个假说只有一个唯一的概率度。一个概率陈述要是真的，它便是逻辑地真的；否则它就是逻辑地假的。概率陈述不是经验的，是纯形式的。给定一个假说 S 和一类证据 E，只有一个唯一的实数 P，可以正确地说相对于 E 的 S 的概率是 P。

主观主义和逻辑贝叶斯主义的区别就在于它否认后面这个断定。按照主观主义，概率代表一个假说和一类证据之间的关系，但这不是纯逻辑关系，而是准逻辑关系。它的数值代表一个相信度，但这个值不是能够单义地决定的。一个给定假说在给定证据基础上可以有从 0 到 1 之间的任何概率，随着其相信度由这个概率来代表的那个人的意向而不同。当然在证据逻辑地蕴含这个假说或其否定的情况下，演绎逻辑的规则是适用的。主观主义理论在这个意义上，也是一个逻辑理论：对于彼此相关的陈述，只有相信度的某种结合才是可容许的。例如，若你对陈述 S 有相信度 P，你对于 S 的否定便应有相信度 1 – P。但这个理论在下述意义上又是主观主义或私人主义的：对于在任何证据基础上的任何陈述，你可以有任何的相信度。只要你对其他相关陈述的相信度有合适的值。简言之，主观主义的特征是：（1）对于任何陈述可容许有任何的相信度。但（2）在相关陈述的类中相信度的分布是有限制的。一个人的相信度的分布如果遵守概率演算的规则，这种分布便具有一贯性。一个人的相信度应当是一贯的，这是一个逻辑要求，逻辑贝叶斯派和主观主义者都提出这个要求，但这却是主观主义者提出的唯一要求。

主观主义并不允许相信度的一切分布。假定一个人发现他的相信度的分布是不一贯的，注意到了这一点，无疑他将设法消除掉这种不一贯性。但任何消除的方式完全属于他自己分内事。有些意见是一定要改变的，但主观主义并不以任何方式发出指示：他应当修改哪些意见，或者应当怎样修改这些意见。只要他对其他意见作出合适的修改，保留任何个别意见都是可以允许的。这样地受一贯性的限制表明，在情况不明时这个人的信念是合理的。这是一个自然的合理性标准。这里合理性具有规范的意义：一贯性就是一个人的相信度应当怎样互相联系的标准的明确陈述，这是最低的合理性标准。逻辑贝叶斯派则提出更高的标准。

贝叶斯传统要解决的典型认识论问题是情况不明时的实用决策。与此不同，非贝叶斯派的典型认识论问题却是科学假说尤其是普遍理论的选择问题。对一个假说进行一次或一系列经验检验的结果并不是给它测定概率，而是把它当作真的或假的世界图像而暂时接受或拒斥。普遍假说的经验检验同概率有关，但这是同检验过程的物理结果相联系的客观概率，而不是假说本身的概率。对于客观概率究竟等同于极限的相对频率还是等同于理论的物理"性向"（Propensity），意见是有分歧的。但在下述一点上却有接近一致的看法：解释为一种语义关系或一个主观相信度的概率，在科学方法论中不起重要作用。至少有三个归纳逻辑雏形是属于这个传统的：（1）包括极大似然点估计、显著性检定和置信推理的费希尔的归纳逻辑；（2）内曼和 E. 皮尔逊关于假说检验和区间估计的理论；（3）哈金和爱德华兹仅仅建立于似然比上的统计推理的逻辑。

二　归纳评价

从归纳逻辑的历史发展中，可看到归纳法的职能发生了很大变化。人们不再承认归纳法是发现和证明定律或理论的工具，20世纪的归纳逻辑既不是发现的，也不是证明的逻辑。正像皮尔士所指出的，归纳法是检验假说的操作，归纳逻辑只能够根据检验结果对假说作出评价。归纳评价和演绎证明根本不同。在演绎法中，前提和结论之间存在逻辑蕴含或推导关系，前提真，结论不可能是假的。结论被证明就是说结论的真具有确实性，是无可怀疑的；反之在归纳法中，检验结果或证据不管是怎么样的，也不管经过多少次反复检验，都不能证实假说是真的，假说只能从证据获得某程度的支持，前提（证据）和假说之间只存在证据支持关系。逻辑蕴含的性质是很清楚的，没有多大的争论，弗莱格以后我们已经有了举世公认的初阶逻辑。对什么是证据支持，却有各种不同的解释。根据背景知识和证据作出的对假说的归纳评价有许多不同的方式：重要的如概率、似然、相关测度（measures of relevance）、置信水平、潜在意外（potential surprise）、"归纳支持"、证认（corroboration）逼真性等几乎每种归纳逻辑或规范方法论都提出自己独特的评价方式。这些不同方式究竟是为执行相同职能而互相竞争的方式，还是各自应用于不同的目标，因而并不互相冲突？或者，它们在研究中究竟有没有任何有效的职能？简言之，归纳支持或证据支持具有什么性质？这已成为当代科学方法论的中心问题。

证认和逼真性是波普尔方法论的中心概念，虽然波普尔坚持证认是假说的非归纳评价，但证认和逼真性都是假说所获得的证据支持程度的测度，是波普尔对证据支持关系的一种解释，同他关于科学目的的看法是密切相关的。如果归纳是检验假说的操作，证认和逼真性实际上都是根据观察结果或证据对假说所作的归纳评价，不过应用这些评价方式所希望达到的目标和其他评价方式有所不同罢了。

置信水平是 N–P（内曼—皮尔逊）逻辑的区间估计关于某一参数的未知真值所作的估计。例如，若认为"区间 $[T_1, T_2]$ 包含着参

数 θ 的真值"，那么这种"认为"犯错误的概率为 a，这即是显著性水平，也就是说，区间 $[T_1，T_2]$ 以 1 - a 的概率包含着参数 θ 的真值，1 - a 即是置信水平。通常把区间估计同假说检验区别开来，事实上寻找最可能包含着一个被测度对象的未知真值的最佳区间的方法也是检验假说（参数 θ）的归纳法，因而置信水平也是一种归纳评价。

似然是大约在 1912 年由费希尔首先使用的一个概念。似然函数即是相对于背景知识 BK 和假说 h 的证据 e 的概率：P（e/h & BK），因此它就是删去贝叶斯定理中的先验概率所剩下的东西。费希尔以及近来 G. 伯纳德、爱德华兹和哈金都赞成使用似然函数作为归纳支持的测度。一般地说，他们建议给不同假说所测定的支持度，同相对于给定证据 e 的这些假说的似然度成正比。在某种意义上，似然函数是大多数归纳评价方式的最小公分母。例如，按照贝叶斯派的观点，给定了证据的假说的后验概率就恰恰是和假说的先验概率相乘的似然比。而在经典假说检验的普通应用中，判别区域是由似然比决定的，像伯恩鲍姆（A. Birnbaum）所指出的，如果只有两个可容许的假说，那么在似然比和错误概率之间就有直接的对应性。问题在于为什么有利的似然比会给假说以更大的支持，则是难以理解的。爱德华兹给予的唯一答案好像是，似然比代表一个原始的证据支持概念，是只能够显示却不能够表达的。

证据支持的另一种解释是 L. J. 柯恩所谓的"归纳支持"。简单地说，归纳支持度是一个假说的"可靠性"（reliability），亦即它的"抗阻证伪的能力"的测度。依柯恩看，一个全称概括"（x）（$R_x \supset S_x$）"的归纳支持度是这样决定的：首先把一切检验按照严酷性的次序排列成一个等级系统，这也就是按照其不同的证伪潜能把相关变项依次排列所产生的一切检验的序列。只当这个全称概括受到属于这个序列中的检验，并且通过这个序列中开头的一段，它才得到正归纳支持度。如果并未进行任何检验，或者这个概括通不过序列中第一次检验，它便得到零归纳支持。如果已知这个概括至少通过了序列中 n 次检验开头的 i 次，它至少被赋予 i/n 归纳支持度。如果已知它通过了开头的 i 次检验，但通不过第 i + 1 次检验，那么不管它通过了多少比第 i+1 次更严酷的检验，它的归纳支持恰恰是 i/n。也就是说，即使根据背景知识和证据，已知这个概括是假的，它还是有正支持的。其意思是说：这个概括具有等于序数 i/n 的证伪抗阻力程度。这样，一个具有高度归纳支持的概括即使是假的，并且已确认是假的，依柯恩看，它因之仍是"可靠的"。这确实是"可靠性"的一种特殊用法。

从以上 n 个评论方式的论述中可以清楚地看到：证据支持可以有各种不同的测度，或者更准确地说，可以有 n 个不同的证据支持概念，问题在于它们在假说的评价中是否具有重要的作用。一定要弄明白，哪些支持概念在评价中起更重要、更有益的作用，然后才会理解究竟什么是证据支持，假说的支持具有什么性质。

在哲学家中间，对支持的一种最著名的解释就是概率，他们认为证据支持的测度应当是概率的。最平常的概率主义者就是贝叶斯派，他们主张支持即是后验概率，并且能够方便地按照贝叶斯定理计算出来。对假说进行评价的最富有内容的结果就是支持函数的分布。这种主张的代表是卡尔纳普、杰弗里和罗森克兰茨（R. D. Rosenkrantz）。卡尔纳普和杰弗里都避免谈到假说的接受，认为只要有分成等级的信念就够了。罗森克兰茨着重分析支持函数。除分析支持的因素，把支持同行为联系起来，并且讨论支持度将要如何修改以外，还认为一切认识上的利益都可以化归为支持。这就是说，仅仅在一个因素是支持的一部分的程度内，它才合理地对评价发生影响。这样罗森克兰茨就作出了对简单性、说明力、信息量和统计程度的引起争论性兴趣的说明。他说："……证据支持就是一切。当且仅当一个理论得到较好支持，它而且不是另一个便被优先选择。"[①] 这样，概率主义者主张概率的测定要独立于一切近值，包括认识价值的考虑。概率主义者是经验论者，他们认为假说支持的评价只需要考虑证据，不需要其他。即在概率主义者承认假说的接受时（例如 Hintikka），同接受有关的唯一因素也只是概率和对证据的量的限制。

概率主义者的支持度是似真性（truth-likeness）的测度，更合适

---

　　① 罗森克兰茨：《认识决策论》，见博丹（R. J. Bogdan）编《局部归纳》，D. Reidel Publishing Company, 1976 年，第 74 页。

地叫作确认度。他们相信错误的风险（risk of error）是和确认度成反比例地变化着的，因而错误风险的估计对于假说的似真性的测度和根据这种测度而采取哪一个假说的问题是密切相关的。可以认为，同概率演算的要求相符合的置信概率（或确认度）测度，作为表达关于错误风险的判断和有助于期望效用的评价的相信度测度是适宜的。的确，置信状态并非总可以用单一的概率测度来表示，这一点可以暂置不论。当我们把支持度或确认度理解为可以决定行动者相对于他们的背景知识和证据应当采取什么置信状态时，概率测度就能够用作确认度或支持度的测度。在这个意义上，确认度有助于决定应当怎样作出错误风险的估计。这样，概率测度对于日常生活和科学研究中假说的评价无可怀疑地具有重要的作用，但概率远远不等于证据支持的全部内容，还有其他的重要的证据支持概念。

当然，除开工程技术等方面和生产财产有关的问题外，并非一切研究的目的都是要避免任何错误风险而采取具有最高似真性的假说。例如，在对同一个给定问题的不同的可能答案之间进行选择时，有时希望得到其证据支持加强到最大限度的答案。波普尔正确地指出概率不能够是这个意义上的证据支持的测度，因为按照概率主义的支持概念，获得最大支持的假说是可由证据推导出来的，亦即不超出证据范围的假说。对给定问题的一切可能答案的析取便是具有最大概率的答案。显然，我们在选择答案时，并不选择这种答案，却常常选择那些由证据推导不出的答案。当然，这并不表明概率作错误风险的测度和决策中决定期望值的一个要素是无用的，却只表明它作为另一个意义上的支持测度是不合格的。

波普尔提出他自己的证认测度来替代概率测度，相信这个测度恰恰指出在对一个给定问题的相竞争答案之间进行选择时要加强到最大限度的东西。波普尔提出他的测度的目的是为了决定哪一个假说值得进一步检验。利维（Issac Levi）不赞同波普尔关于研究目的的看法，另外提出用期望认识效用（expeeted epistemic utility）测度作为证据支持的指标，认为这些测度是在相竞争的可能答案之间作出抉择，以便给所贮存的背景知识增添信息量时有待极大地加强的因素，其他的假说将要相对于这些背景知识的汇集而受检验。利维在《和真理赌博》

一书和后来的著作中所建议的测度具有 θ（h）qM（h）的形式，这里 θ 函数是置信概率函数，M 函数被他称为决定信息量的概率函数，指标 q 则是慎重指标。只要看一眼便会明白这个期望认识效用函数至少在形式上是所谓相关测度的概括化。相关函数 R 指在给定背景证据 e 的条件下证据 i 对假说 h 的相关度，可定义为 R（i，h，e）＝c（h.e·i）－c（h，e）。这样相关度就是由于增添 i 而导致的 h 的确认度的增额。在这两个平行的定义中，相对于给定证据的置信或主观概率 θ（h）恰恰相当于给定背景证据 e 和新证据 i 的确认度 c（h，i）。但相关测度定 q＝1、定 M（h）的值等于先验概率 c（h，e），利维却仅把 M（h）定为等于先验概率。这是他的期望认识效用测度同概率主义者的相关测度的区别所在。他自己也承认，他的这个证据支持概念并不是概率主义的。

重要的是，利维相信在这个新概念的框架内，可以希望把简单性、说明力、信息量、可证伪性、概率、真理性等概念同归纳推理联系起来，方法是把它们都看作决定认识效用的成分；在其中有些成分决定于科学家和科学共同体所提供的研究纲领的限度内，研究知识增长的学者感兴趣的许多课题便可以同属于归纳推理的问题相联系了。

有时人们引进这样一个支持概念：如果一个假说的支持度足够高，它便应当被"接受"。许多哲学家认为，概率测度除适合于上述同错误风险的估计有关的支持测度外，还适于作为这个意义的支持测度。但是，像众所周知的，以这个方式添加到初始背景知识的句子集不能得出一个演绎的闭集（deductively closed set）。因此，为了达到形成新的知识汇集以便用作日后研究的背景知识的目的，我们不能使用这一种"接受规则"。

另外，我们却能够用由沙克尔（G. L. S. Shackle）的潜在意外测度所导出的接受置信度（degrees of confidence of aeeeptanee）测度作为具有以下性质的证据支持测度：如果 h 相对于证据的支持足够高，它应当被接受，应当被添加到证据中去。这是和前面两个概念都不同的另一个支持概念。

沙克尔在他的《经济学中的期望》一书中引进潜在意外的概念。令 d_K（h）为所测定的 h 相对于 K 的潜在意外，这个测度要满足以下显著的条件：

（a）如果 d_K（h）>0，则 d_K（-h）=0=最小 d 值。

（b）如果 K | -h，则 d_K（h）=1=最大 d 值。

（c）d_K（h∨g）=min（d_K（h），d_K（g））。〔x 对 h∨g 的不相信度应当等于两支中的最小 d 值〕。最大值和最小值可以有不同的选择，但这样规定是方便的。注意可允许 h 和 -h 同时有最小 d 值。

沙克尔也把潜在意外度叫作不相信度。利维把它叫作拒斥置信度（degrees of confidence of rejection）。依沙克尔看，相信 h 到一定程度，就是不相信它的矛盾句到那个程度。b_K（h）=d_K（-h）。给定这个条件，b-函项（相信函项）便应当满足以下的要求：

（a）如果 b_K（h）>0，则 b_K（-h）=0=最小 b 值。

（b）如果 K | -h，则 b_K（h）=1=最大 b 值。

（c）b_K（h∨g）=min（b_K（h）·b_K（g））。〔X 对 h&g 的相信度应当等于两支中的最小 b 值〕。注意可允许 h 和 -h 同时有最小 b 值。利维把满足这些要求的测度叫做接受置信度测度。

假定行动者 X 开始有背景知识和预料的汇集 K（可用语句的演绎闭集来表示），他要通过增添满足某一问题所产生的需要的新信息量来扩充这个汇集 K。令 U 为相对于 K 穷尽而相斥的并且每个都同 K 相容的假说 h_1，h_2，…，h_n的有限集，对所研究问题的一个可能答案可作为增加一个假说 g（给定 K、这个 g 等值于 U 的元素的某些子集的析取）和构成演绎闭合 Kg 的一个实例。共有 2^n 个可能的答案。相对于 K，x 必须认可这些答案中的一个。

现在令 b_K（g）高于某一门限值。d_K（-g）=b_K（g），并且按照条件（c），如果把 -g 表示为 b 的一个子集的元素的析取，d_K（-g）便等于给 -g 的一个析取肢测定的最小 d 值。因此，如果当假说的 d 值较特定的门限值大时，它们便被拒斥，那么 -h 便也被拒斥，正如 -h 的析取肢的一个子集的一切析取都被拒斥一样，但这就等于主张 g 被接受，正像 K 和 g 的每一个演绎推断一样。而且 -g 和每一个这样的推断都有大于门限值的 b 值。这样，概率测度在用作"接受规则"意义上的支持测定时所受关于演绎闭合问题的困扰就并不会使 b 测度所苦恼。

在为了接受或拒斥假说而使用 b 测度时，一个有足够高的 b 值的假说被添加到证据中去，关于它的真值问题的研究就结束了。同样的，在一个假说的 d 值足够高时，它就被拒斥而它的否定被添加到证据中去，研究又再次结束。在结束前的证据或背景知识 K 的充分性成为结束的根据。这证据的"加权值"足够对这个假说作出决定性的判决。正是在这个意义上我们能够用 b 函项（或 d 函项）来估评凯恩斯所说的论证的加权值。

这样看来，沙克尔的潜在意外测度把非概率性的和符合于构成系统以前的某些先行概念的不相信度（和相信度）概念保存起来了。按照相信度或主观概率来诠释这个前系统的相信概念是错误的。例如当我对里根将再次当选美国总统的假说持不可知论态度时，这个假说的 b 值和 d - 值便都是零。亦即 b（h）和 b（-h）都等于 0，尽管这个测度不符合概率演算，却是对归纳推理有用的。所以这里有两个不同的"相信度"概念，我们不应当把主观概率和以接受为基础的相信度（b 测度）混淆起来。潜在意外测度并不同概率测度竞争，而在思虑和研究中起了和概率互相补充的作用，各自有不同的适用范围。

总括起来，关于证据支持有许多不同概念和许多不同的测度，它们是否有用和重要决定于它们在思虑和研究中的作用多大和有无作用。上面论述了几个比较重要的支持测度，特别是概率测度、认识效用测度和以接受为基础的相信度测度。它们所要解决的是不同的任务，似乎都不可偏废。试图用其中之一作为唯一测度代替一切其余的，那是错误的。通常的错误就是仅仅注意概率解释而忽视其他的支持概念。至少有三个不同的支持概念在假说的归纳评价中具有重要的作用，归纳支持问题的解决不在于以一个代替其他的，而在于辨别各自的职能和适用范围。

西方科学哲学的新趋向：
最近几十年来的科学哲学
（1951 年至现在）[*]

江天骥

一

有三种互相对立的科学模式——经验论的、新经验论的和反经验论的。

经验论认为科学即实在的理论表象，它预设认识主体和客体的分离，除了要解决我们通过什么途径接近或进入研究对象的问题，还要解决我们的理论表象在多大程度上和对象一致或符合的问题。经验论有不同派别，在一些问题如概率问题（逻辑经验主义者）和逼真性问题（波普尔学派）上意见分歧，争论不决。经验论哲学的基本预设是：我们有和世界沟通的观察受到不断的挑战，因为：（1）没有纯粹的观察；（2）检验的复杂性，并没有理论和所观察事实的直接比较；（3）不可能把理论和对象比较，只能够把陈述和其他陈述比较。这种挑战与批评导致经验论的失败。

从亚里士多德到卡尔纳普都假定，科学方法有一套规则是永恒的和超时间的。有些历史研究现在提出：科学合理性可以在时间中改变。如果合理性标准本身是以时间和文化为转移的，许多信念就要被抛弃，例如：

1. 理论还原。理论是互相更替的，旧的并非被新的取而代之，因而不能够把一个理论还原或简约为另一个理论。

　＊　此文原发表于《自然辩证法通讯》2000 年第 4 期，标题稍有修改。

2. 波普尔和各种归纳逻辑不符合科学家估评理论的实际情形。

3. 理论与观察作为根本不同的两种语言，受到各方面的批评。

4. 研究科学的发展和动态方面。

彻底经验论预设理论谓词（陈述）和观察谓词（陈述）之间的区别，希望把理论内容还原为观察资料或感觉经验。例如卡纳普有两大野心：①由感觉证据推导出自然界的真理；②按照逻辑—数学措词与方式界定真理。卡尔纳普承认①不可能，但仍希望②可以做到。

经验论有以下基本观点：

1. 分析命题和综合命题的严格区别。

2. 逻辑问题和事实问题的严格区别。

3. 命题的语言成分和事实成分的严格区别。

4. 哲学问题和科学问题的严格区别。

其中第 3 点最基本，命题的真或假取决于它的事实成分是否符合经验。例如"曹雪芹是《红楼梦》前八十回的作者"，如果《红楼梦》没有作者而是流传的故事（《石头记》），或不是曹雪芹单独的著作，这个命题就是假的，所以这是综合命题。这命题也有意义成分或语言成分，如果"作者"这个词有别的意思，比方说有"传述"的意思，这句话也是假的。如果一个命题的意义或语言成分缩小到等于零，它的真或假单凭意义分析就可以决定，那它就是一个分析命题，例如"没有一个独身者是结婚的"便是。所以第 1 点是以第 3 点为基础的。奎因对这四点都加以反对。他在《经验论的两个教条》一文中用大部分篇幅来论证：由于不可能准确地给语词的"同义性"下定义，以同义性为根据的分析性概念是不清楚的，因而分析命题、综合命题的所谓严格区别是虚假的，这是第一点。

其次，奎因在文中又批评像经验论所要求的那种形式的观察命题，指出"感觉经验命题"在根本上是还原论的。他否认观察语言是理论的意义和真值的唯一源泉，是它所依赖的"经验基础"。而且不承认理论和观察之间的根本区别，只承认有些命题（如有关物理对象的命题）和感觉经验有较密切的关系。另一些命题（如逻辑和本体论的高度理论性的命题）则和经验关系较疏远，但这些命题也并非绝对确定、不能修改的。奎因坚决反对还原论。他只承认有些命题——

关于物理对象的命题和感觉经验有较密切的关系，就是说，在感觉经验出问题时我们更愿意修改它们，而另一些命题——逻辑和本体论的高度理论性命题则和经验的关系较疏远，我们较不愿意修改它们。所以依奎因看，整个科学呈现出这样的图景：包括一切数理的、自然的和人文的科学知识的系统是一个巨大系统。

逻辑实证主义或维也纳学派哲学家主要研究科学理论和感觉经验的关系问题。依他们看，科学理论的出发点和归宿都是经验。这就是科学理论区别于传统哲学的特征。受维特根斯坦的影响，他们认为科学是研究事实的，哲学并不研究事实，而研究事实命题或陈述，也就是研究科学语言，因此属于第二层级的研究。

经验论的核心问题是基本陈述的问题，包括以下几个问题：

1. 有没有这样一类陈述？

2. 如有，它同经验有什么关系？

3. 基本陈述所描述的是私人经验还是可公共地观察的事物？

4. 它是否不可更改或不容置疑？

维也纳学派中间对这一核心问题发生了争论，存在三种看法：

（1）石里克相信直接经验或直接所与。只有"这里、现在、蓝色"这个形式的经验给科学陈述以最终的确证，不可能假，这是唯一并非假说的综合陈述。

（2）维特根斯坦否认有使科学命题得到证实的"经验"。因为科学陈述的内容不是私人的，记录陈述被看作是证实的立足点。但记录陈述可能是假的，一切综合陈述都是假说。他反对石里克的现象主义，而赞成物理主义。

（3）卡尔纳普提出宽容原则。他认为现象主义、物理主义争论的关键在于语言的选择。任何观察在原则上都可以支持许多科学陈述，不管是多么怪诞的。任何单一的观察陈述都不能决定理论的选择。没有常规和机械方法能够这样做。一切都决定于科学家的判断。

二

新经验论各派的共同主张是：科学知识并非令人信服地以观察为

基础，任何证据既不能绝对确证也不能绝对反驳科学陈述，论证和反驳都是暂时性的。

肯定前件不能证实理论，否定后件也不能反驳理论，因为理论是和其他辅助假说一起推出后件的，也许反驳的是任一辅助假说。

图尔明主张一个人的合理性表现于他或她的信念怎样在新的证据或经验面前有所改变。拉卡托斯强调"即刻合理性"是一个空想。辩护主义者要求科学理论在发表前就得到证明，概率主义者希望有个机器能使一个理论立刻闪耀出确认度，朴素证伪主义者希望实验裁决导致理论的立刻淘汰。拉卡托斯的希望已经表明所有这些即刻合理性的理论都失败了，合理性的确立比人们想象的要慢得多，以致到确立的时候它也是可误的。

按照迪昂—奎因的意义整体论，"一个科学陈述并不各别孤立地受到反面观察的挫折，因为只当集合地作为一个理论它们才蕴含有可观察的推断"（奎因：《论经验地等值的世界系统》）。这样，任何观察都能够与相竞争的两个理论或很多不同的理论相容。任何观察都不能够决定理论的去取。并且当新证据出现时，这些理论每一个都能以不同方式使自己能容纳这些观察证据，所以它们并不导致任何理论的某些特殊修改。这样，既然证据的掌握可用以支持许多相争理论，我们就不可能相信其中任何一个理论是有理由的。于是科学合理性成为严重的问题。并没有机械方法使一个理论网的某一部分受到判决性检验。检验和反驳并不吻合，理论往往既不能证实，也不能反驳。

拉卡托斯和费耶阿本德通过科学史的个案研究发现，对检验失败的理论用 ad hoc 来"保全"或"修补"是很普通的，并且常常富有成效。因而费耶阿本德特别强调科学方法中并没有坚固不变、有绝对约束力的规则，"什么都行"。拉卡托斯便得出结论：理论既不能确证，也不能反驳。

对经验论的挑战集中于这个预设：我们有直接通向世界"真实"情况的观察手段。对此有三层批评：

1. 科学观察有选择，取决于科学方法理论（和实际）的旨趣；
2. 科学观察与理论检验极其复杂，不存在理论与所观察事实的直接比较；

　　3. 也不能直接把理论和观察加以比较,只能把陈述与其他陈述加以比较。

　　据此,对科学就有了不同于经验论者的新解释。

　　新经验论者的科学模型是:科学家把他们的理论表象与其他理论表象相比较,非与被观察的未解释世界相比较,科学史不是知识的积累,而是不相连续的理论结构的变化和相随的呈现于我们面前的世界的变化。

　　反经验论的实用解释学是:把科学理解为主要是局部的、有切身关系的知识（local, existential knowledge）,而非一般规律。

　　近年来对各种形式的经验主义和工具主义的反对是:理论在新经验主义科学哲学中具有新的哲学意义,理论的必要性不只是方便的记号（实证论者和工具论者是试图还原的）。

　　对实在论的批判是:攻击可观察的与不可观察的对象、属性、过程之间的尖锐区别。一方面对可观察对象的理解与解释充满着理论;另一方面,两者之间的分界线是偶然的（我们也许会有不同的观察能力）和实用的。这界线不能作为决定实在性与非实在性的标准。非实在论者倾向于承认从直接可观察的东西到不可观察的理论对象之间是一个连续域,而非分界线。

三

　　现在把卡尔纳普、波普尔作为现代经验论的代表,库恩作为新经验论的代表,劳斯（Rouse）作为反经验论的代表加以介绍。

　　现代经验论指出科学推理既不是演绎的,也不是归纳的,而是假说演绎的（H-D方法）。

　　由推断的真不能得出假说的真,以概率（可确证性）代替真,或以可证伪性代替真。

　　逻辑实证主义者以观察命题为科学的基础。

　　实证主义的逻辑推演是归纳法,是确证的逻辑。

　　波普尔的逻辑推演是演绎法,是猜测与证伪。

　　波普尔派和实证主义者都承认有普遍有效的方法论规则（合理性

标准）作为评价理论的标准。波普尔派和更传统的哲学家一样，认为理论选择问题能够用语义中立的技术来解决。在评价理论时，两个理论的观察推断被陈述于共同的基本词汇中。关于它们的真/假内容的某种测度就为两者之间的选择提供了根据。

对实证主义和波普尔派都一样，合理性标准是唯一地由逻辑和语言句法（Syntax）标准引申出来的。

拉卡托斯试图用研究纲领（包括一系列理论）的进步或退化来比较评价理论，就更复杂了（因此历史主义者首先反对逻辑主义理论评价的简单公式）。

评价一个给定时期的理论（或说明等）不能够单独诉诸这一理论的形式结构和内容以及当时可得到的观察证据。

库恩指出，不同的理论（或不同的科学研究方法）讲不同的语言——表达认识上不同承诺的语言，它们适合于不同的世界。他们理解或掌握彼此的不同观点的解释力因而不可避免地由于翻译过程和决定指称的过程不完善而受限制（库恩：《本质的紧张关系》，1977，pp. xii - xiii）。库恩认为，科学家在某一研究过程中遇到的具体场合，究竟采取什么可取的个别行为，并没有一套选择规则才足以规定这些行动。科学进步不管是什么，我们一定要通过考察科学家集团的性质，发现它的价值标准，什么是它所宽容的和什么是它所蔑视的东西来说明这个进步。

库恩的这个立场是内在地社会学的，因而离开了辩护主义和证伪主义传统所容许的标准。库恩坚持科学家在理论选择中使用的价值标准并不等于选择的规则。第一，不同价值标准决定不同的选择。在价值标准相冲突时（例如一个理论较简单而另一个较准确），不同的科学家给予不同的标准的相对权重，会在个别的选择中起决定性的作用。第二，虽然科学家共有这些价值标准（简单性、概括范围、成果——预测或推断的多寡等）而且继续如此，他们不必以相同的方式应用它们，因而可能作出不同的结论，不同的选择。而辩护主义和证伪主义则主张普遍有效的理论选择规则绝不因人而异。这就是新经验论者库恩和现代经验论（盛行于 20 世纪上半期）的区别所在。

反经验论的科学哲学受维特根斯坦、库恩等人的启发。维特根斯坦首先对经验论提出挑战，他指出：观察不是单纯的映象，而是映象和语言的结合。观察是陈述，必须使用语言，并没有纯粹的观察，感官观察是有理论负荷的。（他反对观察和理论的截然划分），我们不是在这种语言的框架内观察，便是在另一种语言的框架内观察，观察总是带有眼镜的。反经验论者认为真理的符合说是不可理解的，它蕴含着理论和为理论所解释的世界之间的关系。但理论绝不可能和世界面面相觑。在评价理论时我们总是把理论和其他理论作比较，而非和欠缺理论中介的世界的显现作比较。

对经验论者如此基本的观察，在约瑟夫·劳斯（Joseph Rouse）的反经验论中并无显著地位。他强调科学是一种作用于世界的方式，而非观察和描述它的方式。

如果科学研究实践有自己独立于理论的生活并以自己的方式揭示世界，就必须否决除通过理论解释外我们便不能够接近世界的主张。劳斯自称他把库恩理论中所蕴藏的而完全未显露出来的推断弄清楚了：其主要之点就是强调研究实践的决定作用。

这样，实用解释学的反经验论对科学的解释和经验论的科学哲学大异其趣：

1. 强调实践是事实显现自身于境遇（contextual）中的背景。

2. 承认实际存在的东西随着科学实践的改变而改变。

3. 否认有超然的、无所谓的"理论"观点可用以评价我们自称为知识的主张。

4. 把理论看作我们用以操纵和控制现象的模型，而非单纯地描述和说明现象。

我们现在以反经验论者费耶阿本德的名言作为本文的结束语，严格地说："一切科学都是精神科学 WISSENSCHAFTEN"。德语的精神科学相当于我们的人文科学或文化科学，相当于英语的人文学科（Humanities）或文化研究（Cultural Studies）。

科学主义和人本主义的关系问题[*]

江天骥

我们对当代西方哲学有这样一种流行的看法：似乎人本主义和科学主义是两种彼此不相容的哲学思潮，而且西方哲学家"不入于杨，则入于墨"，不属于人本主义，即属于科学主义。这种看法既不确切，也不符合实际。

本文将讨论这几个问题：（1）什么是科学主义？（2）什么是人本主义？（3）反人本主义的基本观点；（4）现代西方哲学发展中的主线是什么？

一　什么是科学主义

"科学主义"是一个贬义词，是指认识论和科学哲学中的一种思潮或运动。反对把自然科学看作文化中价值最高部分的哲学家把他们所反对的看法称为"科学主义"（scientism），加以贬斥。但也有些不赞成科学"至高无上"的人不用这个贬义词，而恰当地把这种看法叫做认识论的基础主义（foundationalism）和本体论的自然主义（naturalism）。罗蒂的著作《哲学和自然之镜》（1979年）出版以后，基础主义成为众矢之的。人们纷纷把当代西方哲学的走入死胡同，归咎于笛卡尔首创的基础主义。笛卡尔的论点大致是这样的：（1）科学是唯一的知识、永恒的真理。伦理的、美学的和神学的思想都将被科学的进步所排除。接受传统规范的唯一理由不过是在我们在一切实践

---

　* 此文原载《哲学研究》1996 年第 11 期。

领域还没有足够的科学知识的限度内，按照传统规则和基于经验的做法来生活是慎重的。这一点最重要，以下各点可由此直接或间接地推演出来。（2）科学知识的确定性（certainty）在于它以主体中明白清晰的观念为基础；这是知识的阿基米得点。（3）自然科学之所以是客观实在的正确表象，是由于科学方法的应用。它成了一切知识的标准和范例。（4）当一切知识都成为科学知识之日，就是一切人生问题（包括伦理道德问题）都得到解答之时。（5）所以科学是文化中最有价值的部分。

20 世纪的哲学家很少完全接受这些论点。他们首先否认科学是永恒真理，而认为它是猜测的知识（波普尔）或得到验证的假说（卡尔纳普）；科学的合理内容不过是经受住反复检验并且通过和其他竞争假说的比较才暂时被接受的（拉卡托斯）；只是整个科学可以说得到了证实，任何个别部分都可能被证伪，但通过内部调整，整个科学仍会被接受（奎因）。否定笛卡尔第一论点的哲学家往往也否定确定性论点；不过不少经验论者仍能以感觉经验的确定性代替理性直觉的确定性。至于否定科学知识可解答一切人生问题的人就更多了。但是，只要当代哲学家继续赞同笛卡尔的表象主义并且相信科学方法，他们就是认识论基础主义者，例如皮尔士、罗素、波普尔、卡尔纳普、拉卡托斯和奎因都是这样的基础主义者，因此他们的观点被反对派贬斥为科学主义。

人们用"科学主义"一词不仅要贬损认识论基础主义，也要贬损本体论的自然主义，因为自然主义者承认因果律可以说明一切自然、社会、文化现象和人的行动，简言之，一切都在科学说明的范围之内。这样，"科学主义"一词实际上是对基础主义和自然主义的贬称。那么什么是自然主义呢？

自然主义运动是一种形而上学思潮，它所坚持的是一种方法论的而非本体论的一元论：这种方法论可以同各种本体论（二元论、唯心论、唯物论、有神论、无神论等）一致。这样自然主义的特征在于否定有任何事物原则上存在于科学说明的范围之外，主张自然界不单是一切自然对象（包括人）的总称，而且是一切自然过程的系统。就其提供科学说明而论，自然界是一个自足的系统，一切过程原则上都可能得到科学的说明。换言之，自然界的一切原则上是可理解的。理性就是贯彻始终地应用自然方法。

自然方法可简单地归结为：（1）通过辨明所研究对象的自然原因提出说明；（2）检验这个说明的后果；如果假说真会有什么后果呢？真理仅仅是后果问题。自然方法乃是一类自然对象（即人）对其他自然对象进行操作的方式。

自然界可理解的含义是：自然界是规律性的，自然方法试图通过研究来确立自然规律。人作为自然对象，同其他自然对象一样受自然规律的支配。构成人的心智和社会生活的自然过程可用自然方法来研究，属于这种方法所发现的自然规律的范围。

一定时期内关于世界的知识就是那一时期的科学知识。因为人们相信科学知识是通过严格地和连续不断地应用自然方法而获得的。但是对于科学的任何学说仍可进行无穷的检验，因而任何学说都没有最终的确定性，并没有永恒真理。

"科学之外无知识"并不是说：人只通过科学研究同自然界打交道。体验世界有各种方式，但认知地同世界发生关系的方式是科学的。科学方法是唯一的认知方法。自然主义者并不认为只有科学对象是真实的；一切自然对象都同等地真实，科学的描述词汇并不能穷尽自然界的实在性。

整个地说，自然界无道德性，除开它的对象中间包括那具有价值并追求价值的人类这一点之外。作为自然界一部分的人类不能够约简为任何其他部分，但和其他部分一样，是可以应用自然方法来说明的。只有自然方法，而非某种道德直觉，可提供解释道德争论的钥匙。并且道德理论也同其他科学理论一样，可通过检验后果来决定理论的强弱或是否恰当。

在20世纪30—40年代，自然主义流行于美国，其主要代表为杜威、桑塔亚纳（Santayana）和科恩等。较近时期的代表人物则有纳格尔（E. Nagel）和胡克（S. Hook）。以后自然主义被分析经验论取而代之。但是它提出的"科学方法的连续性"问题，仍为当代争论的焦点。

总而言之，认识论的基础主义，不管是真理性的还是概率性的，本体论的自然主义，不管是唯物的还是唯心的，都不自称为科学主义。科学主义是反对者对它们的贬称。

二　什么是人本主义？

人本主义至少有两种含义。在历史上人本主义是 14 世纪下半期发源于意大利并传播到欧洲其他国家的哲学和文学运动，它构成现代西方文化的一个要素。人本主义也指承认人的价值和尊严，把人看作万物的尺度，或以人性、人的有限性和人的利益为主题的任何哲学。

前者是文艺复兴的一个基本方面，当时思想家从这一方面把人重新纳入自然和历史世界中去，并以这个观点来解释人。在这个意义上人本主义是造成 17 世纪科学革命的基本条件之一，因而在一定程度上也是促使"科学主义"诞生的一个条件。17 世纪以来的基础主义和 19 世纪末期以来的自然主义并不反对文艺复兴的人本主义。历史上的人本主义运动是同超自然信仰和中世纪的亚里士多德主义相对立的。

撇开历史上的人本主义不谈，我们现在讨论当代的人本主义。

第一，人们通常认为当代人本主义即是"主体哲学"（philosophy of the subject）。由于哲学家对"主体"的理解并不一致，在这个意义上，"人本主义"是多义的。

如果把导源于笛卡尔的"我思"和康德的先验自我的哲学都看做人本主义，那么新康德主义便是人本主义的典型。我们不谈个别新康德主义者是否属于人本主义思潮中的哲学家，整个地说，新康德主义继承康德为科学尤其自然科学（马堡学派）和文化科学（弗赖堡学派）奠立基础的纲领而努力，他们由以出发的自我是一般的、非经验的和非人格的，与人本主义者所强调的经验自我根本不同。并且新康德主义特别重视科学的价值，这恰恰是"科学主义"的特征，同强调个人价值的人本主义大异其趣。

第二，作为"主体哲学"或"意识哲学"的一派，胡塞尔现象学也可以被称为"人本主义"。他同康德一样以自我为出发点，力求为科学知识奠立基础。不同的是，他求助于"本质直观"，以描述方式进行其构成客观性的工作。早期反心理学主义使他把逻辑结构看作"真理本身"。胡塞尔的"我思"有别于康德，不是非人格的，但客观性的先验奠基所需要的不是一个主体或主体性，却需要多元的、主体间的、原子论般的奠基。难道这样的奠基学说是人本主义的？是的，要是我们把任何"主体哲学"当作人本主义的话。但是人本主义以人的首要性为特征，而胡塞尔则对日常语言和日常生活中的"我"给予现象学"还原"（reduction）。他并不为人的要求作出哲学辩护，他关心的是要使哲学成为严格的科学。这样看来，唯心主义现象学不属于人本主义范畴。

第三，来源于现象学的"哲学人类学"的舍勒（M. Scheler）的反形式主义价值哲学强调人格是道德行动的中心，似乎同人本主义一致。但人格主义并不令人成为善和恶的尺度。有的人格主义者理解人格主义是人对于被还原为观念或事物层次作出经常性抗议并充分注视当代文化危机的哲学。人格主义旨趣的这种变化使它向人本主义方向靠近。但人格主义者仍然不甚重视个人订立其自身的能力，而更重视个人的善于容纳他人和向一个价值秩序的开放。所以人格主义还不是完全的人本主义。但流行于美国的人格主义或精神主义（spiritualism，以波士顿大学为中心）通常也被叫作"人本主义"。

第四，我们在萨特的存在主义哲学中找到了真正的、完全的人本主义。他的著作《有和无》是把现象学、存在哲学和人本主义冶于一炉的集中体现，是人本主义充分发展的表现。存在主义者断定："在人的世界、人的主体性世界之外并无其他世界。"存在主义作为典型的人本主义是同自然主义不相容的。

第五，狄尔泰及其后继者的方法论解释学强调社会、人文科学要求对文本（text）或社会历史现象的理解，和自然科学采用一般规律来说明所研究现象显然不同。理解和说明是两种不同的科学方法。但自然主义则坚持科学方法的连续性，包括人在内的一切自然对象与现象都可应用一般规律给予科学说明，认为这才会获得真正的科学知识。这样，方法论解释学同自然主义是对立的。解释学在否认真理确定性这一点上也同认识论基础主义不相容。所以在整个哲学领域内，早期解释学可以说属于人本主义范畴，是同科学主义对立的。

三 反人本主义的基本观点

大陆哲学，特别是法国哲学在 20 世纪 60 年代后期冒出反人本主义思潮，以关于为人本主义奠立基础问题的各种学说代替"主体哲学"。

在著名的德国社会学界的"方法论争论"（Methodenstreit）时期，认识论各派所提问题都以主体—客体的关系为要旨，意识"为客观性奠基"的工作即是这种关系。但海德格尔却指出：真正的基础研究是不能把这种关系作为根本的。基础研究是什么呢？是恢复现已遗忘的"存在"意义的研究。于是"我思"问题的地位降低了，被"存在是什么"问题所取代。当然这个问题是在我们自身之构成，亦即构成那在使用概念表达出存在的意义之前已领悟存在的人这个举动中先被察觉的，但我们之此一存在起初并不是意识到自己的经验主体；它不是笛卡尔、康德和胡塞尔的"我思"。这就是为什么海德格尔把它唤做"此在"——Dasein，不唤做"我"。它在存在中所属层次较之能知主体所面对的所思客体的那个层次要低。这个问题海德格尔首先在《图像的时代》这篇论文中提出来，他说"我思故我在"不是一个超时间的或无预先假定的陈述。它是在一定时期是作出的，那个时期科学自身作为一个可理解性模式正在出现，这个模式使我们在所构成表象中获得存在的东西（what-is）。这样，第一个预设便是客观化和表象过程，我们自称通过这个过程取得实在之充分知识乃是一个确定性经验，仅当在这样的客观性中寻找存在者时才出现科学知识的可能性。正是在客观性表象确实可靠这个经验中我们成为主体。在笛卡尔那里，人成为第一个真正的主体、基础，同时也成为存在者本身所指向的中心。但此事之所以可能，仅仅因为世界已成为呈现在我们眼前的一幅画像，一个形象。海德格尔指出，世界之成为一个形象和人之成为存在者中间的一个主体是同一回事，两个过程是缠在一起的："世界愈益成为一个形象，人便愈益坚持自己是主体；世界愈益广泛和彻底地可作为被征服者被利用、愈益客观地呈现为对象，人便愈益主观起来，即愈益坚持己见，对世界的反思、世界的理论便愈益变成人的理论，变成人类学；无怪仅仅在世界成为一个形象的地方人本主义的影响日增。"① 海德格尔还在《关于人本主义的书信》（1946 年）中谴责任何停留于人这个存在者而不回溯到存在本身的哲学为欠缺基础的哲学。让我们弄清楚海德格尔的反人本主义。他要排除的显然不是对人作为最具价值的存在者的尊重，而是有些思想家要使这种尊重的伦理观附着于其上的主体形而上学。

笛卡尔由"我思"推导出"我在"；事实上，"我在"隐藏于已立为最高主体的"我思"里。但"我在"不再是一个命题，它本身仍是一个问题。因为"我"的意义隐藏着，"我是谁"这一问题最初被掩埋在不确定代名词"一个人"（one）的出现之中，在直接的自我知识的自命不凡之中，甚至在反思意识的幻象之中。因此，"此在"的分析不停地带着警醒的疑惑态度，不停地发问："谁在那里?"海德格尔问道：要是"把'我'作为给定的起点，万一存在分析（existential analysis）陷入此在本身所设的圈套，即以它自身的假明显的和假直接的解释的形式出现的圈套，又怎么办?"② 这种怀疑表明对"谁在那里"这一问题的答复不能具有证据的价值，却只有解释的价值。这个价值本身以怎样解释在那里的这个人同世界以及同他人的关系而定。海德格尔以这种方式破除人本主义，并非为了要破坏伦理和政治赖以确立的基础，而是为了它们在非人类学的土地上更深和更可靠地建立它们的基础。

在法国对人本主义的人类学基础还有另一种攻击，不是从本体论立场发动，而是涉及人文科学中流行的可理解性模式问题。

20 世纪初，德国哲学家狄尔泰相信适宜于人文科学的理解（understanding）模式同自然科学的说明（explanation）模式是对立的。因为我们所理解的首先是和原则上是以记号表达的他人心灵生活。这样，历史、社会学和语言学中所含有的理解只能是我们在日常语言交际中的最初理解的扩充。因此理解是双重主观的，从一个主体到另一

---

① 海德格尔：《迷路》，*Frankfortam Main*，1950 年，第 85—86 页。

② 海德格尔：《存在与时间》（Heiddger, *Being and Time*），State University of New York Press，1967 年，第 25 页。

个主体。

现今由于语言学、心理分析和结构人类学的辉煌发展，另一种可理解性模式已在人文科学中占领主导地位。依照这种模式，理解不再和说明对立，对人类事实的掌握不再依靠自己或他人的意识。这是现在为哲学结构主义所广泛采用的符号学模式（semiological model）。

符号学模式是对主体哲学的挑战，因为它从一个和主体的意向目的完全不同的观点来看意义问题。结构语言学有四个公设。第一个公设是语言和说话的分别。第二个公设是历时性从属于共时性的观点。第三个公设是把语言的实质（语音的和语义的）方面化简为形式的方面。语言被消除了内容，便不过是纯由它们之间的差异来下定义的记号系统。结构主义的任何假说的含义，在第四个公设中确切地表明了：语言本质上是一个内部依赖关系的自动物（autonomous entity），即一个结构。[①] 这最后一个公设可唤做记号系统封闭性公设，它概括了所有其他公设。这是向现象学提出最大挑战的公设。依照现象学，语言不是一个对象，而是一个媒介，我们用它或通过它使自己朝向实在；对事物有所讲谈，所说的一纵即逝，向它所说的东西流动；它超越自身并在一个指称事物的意向运动中确立自身。依照结构语言学，语言是自给自足的；它的一切差别都是内在的，而且它是先于说话主体的一个系统。这样我们就会明白符号学模式如何使某些哲学家开始走上蓄意反主观主义、反人本主义的方向了。语言自给自足，没有对象，它既不向它会指称的世界开放，也不向会给它注入活力、用它来谈世界的人开放；自我指向和世界指向同时不见了。

正是在这个时候，心理分析同语言学携起手来。它对主体哲学的攻击甚至更为激烈。它的矛头直指笛卡尔自信已给确定性找到牢靠的基础所在。弗洛伊德在构成整个意识场的意义景象下面深挖，暴露出那掩饰我们欲望的幻想与幻觉的作用。这样，说明以意识属性的暂时中止而开场。它是不要求约简为意识而要意识被约简掉的反现象学。在他谈论"自我""本我"（Id）、"超我"的题目中，主体之被逐出又推进了一步。不仅自我的最深底层（Id）是无意识的，甚至最高层

---

① 参见 Hjelmslev《结构语言学》，1970 年再版本。

（超我）也是无意识的。换言之，无意识的特征不仅是被压抑的欲望具有的，而且是使来自社会权威（主要是双亲权威）的命令和规则深入我们内心的那个复杂过程本身所具有的。

再谈关于语言学和结构人类学的合作，这种方法论重新组合的哲学含义非常重大。要是各种文化现象都被当作符号系统，个人实际经验对于文化现象便像说话主体对于语言现象一样成为不相干的。"人类学把社会生活看作其一切方面有机地相联系的一个系统。……人类学家试图构造模型的时候，基本的动机总是要发现社会生活的一切表现所具有的共同形式。"① 亲属系统在这方面是一个范例。像语言系统一样，它们是心智在无意识层次上设计出的，所以心智并不是心理主体或先验主体特有的东西。在语言、亲属系统和构成社会的其他一切符号系统中工作的心智是同其创造物合为一体的。它就是制度本身，它就是文化。这是客观知识可能性要付出的代价：思想已经在事物中，在社会事实中。我们能够更进一步地说：如果心是结构，并且结构是在事物中，为什么不说心是一物呢？"既然心也是物，此物的功能在于把其他事物的性质告诉我们。"② 这样，你就会明白为何斯特劳斯能够这样说："人文科学的最终目的不是把人来构成，而是使人消失。"③

上述对主体哲学的批评是从共时性的观点来看基础问题的，是从历史抽象出来的。但对主体哲学的批评亦可以是异时性的：以不同方式去消除主体之构成世界的奢望，表明它忽视社会、文化系统的历史变迁以及它们的共时性结构。这就是福柯建立知识考古学的宗旨。它指出每一个知识域（叫作 episteme）都有连贯的结构。这样在《词语和事物》一书（英译为《事物的秩序》，1970 年）中所研究的三种实在事物——生活、工作、语言，它们在知识史的每一时期都构成一个系统，但由一时期到另一时期则是不连续的和变异的，"这些变异如此突然，以致排除知识的连续性和进步的任何观念……我们的现代

---

① 利维—斯特劳斯：《结构人类学》第 17 章，英译本第 365 页；第 248 页附注；第 247 页。

② 同上。

③ 同上。

性（modernity）是崭新的。这样，考古学抛弃历史，同时也否定那保证历史连续性的东西：由先天性构成的人性永恒性。"①

至于人本身，不过是在短暂的概念系统中一个正在消失的形象，一个有限物，仅在系统唤起他、为他提供根据和给予他特殊地位的那个时限内真正存在。人原是被笛卡尔哲学和人文科学升格为认识论的实体的。考古学认识论对人本主义的批评同海德格尔"世界画像时代"的批评是很近似的。

当今哲学思潮的根本对立是一方为主体哲学，另一方为系统理论。幸而最近一个时期，出现以这一或那一方式试图避免这种主体和系统之间矛盾的研究。

首先是在语言学中并且扩展到其他人文科学的对符号学模型的批评。主要受乔姆斯基的影响，结构主义的布拉格学派、日内瓦学派和哥本哈根学派共同构造一个新模型，按照这个转换语法模型，能力（competence）和表现（performance）之间的区别不同于语言和说话之间或系统和过程之间的区别。1965 年《句法理论面面观》发表以后，乔姆斯基进一步把能力区分为语法能力和语义能力。一旦考虑到语言的意义方面，就有了一个较之索绪尔的"说话"丰富得多的言谈（discourse）概念了。索绪尔的"说话"流于变成所有和任何说话者对语言系统偶然地有所履行。作为言谈基础的单位是语句，它不能还原为语言单位的记号。言谈存在于作出论断的行为，这是不能还原为一个系统的记号中间的差别和反对关系的。它必定要指称某些东西，一个世界，也要指称一个说话者，他使用人称代名词来表示他正在讲话。最后，言谈还提到一个对话者：听众。但不仅说话主体的概念被如此处理，系统哲学使之实体化的讯号系统本身也趋于多样化。所谓说话者有口语能力便意味着他们有能力在信号中间进行辨别，在适当时机在一定情况下选择出适当信号。这样说话者晓得语言模型中的变异、区别和改变。所以言谈理论开辟了对说话主体的新探讨。一方面是雅克布森（Jakobson）、乔姆斯基的严格的语言学分析；另一方面是语言行为（speech-act）理论的哲学分析都向这一途径会合。

---

① Duffrenne, *On Man*（《论人》），1968 年，第 44—45、127 页。

这些对言谈的分析要求系统和说话主体概念作出平行的相关的修正。

解释学也指出同一方向。人只有靠解释他的潜藏于文献和文化中的人性记号来理解自己。这一想法要求主体概念的根本变革不亚于文本的变革。一方面，解释行为所蕴含的个人自己的间接理解便否认了建立于"我思"之上的一种哲学的直觉主义，并且证明它自己的意义依赖于它在自身之外所理解的意义；另一方面，文本的理解并不以发现其结构由以组成的那些记号为满足，却以把它所指向的世界的形象、存在的方式显露出来而告终。但这一显露又不过是主体遭到废黜的副本，这主体要兜圈子地经由世界的记号来理解自己。这样解释学圆圈便标明系统概念和主体概念的同时抛弃。

以上各种反人本主义，特别是结构主义，坚持科学和意识形态之间的"认识论断裂"，把人本主义贬谪于意识形态领域。结构主义乃当代科学主义的典型，同人本主义是不相容的。海德格尔的解释学和福柯的后结构主义则既反对人本主义，也反对科学主义。

目前有两个途径可以解决人本主义同科学理论的两难困境。其一是返回到梅洛—庞蒂的立场：重新掌握在较低于任何理论或实际行为的层次上人和世界的契合这个观念。杜弗连（Dufrenne）指出：人的哲学必须承认人同世界相关联是人的特权。但依照梅洛—庞蒂的最后哲学，人不再是构造一切客观性的主体。在他未曾构成对象之前，他就已受尽世界的折磨。与此相应，论域不再是自足的。"那描述世界的观念外衣，是染着毒血的衣服，所有真理的纤维把它黏附在世界上，仅仅因为世界把自己的量度尺寸给了人，人才会织造出这些服装。"① 这样，理论系统之不再本身自足，正如人不再是意义的给予者一样。必须戳穿双方的狂妄自负，才能够找到主体与客体原来的相互关系。

有人提出另一途径是接受人本主义和科学理论之间的整个分离，但并不因而把人本主义贬谪于意识形态领域。这样可以承认一切归于理论、系统，仅仅为了保留最主要的东西："他人"，他的脸孔，他的言谈。但这被置于总体之外的东西并不是主体哲学的构成性"我

① Duffrenne, *On Man*（《论人》），1968 年，第 44—45、127 页。

思"，它甚至不是"我"而是"你"。并且我的最初出现不是主格的"I"，而是宾格的"me"，由于同他人靠近而有责任心。既然是这样，形而上学的唯一可能形式便是伦理学。伦理学本身起源于我发现自己处于最易受责难的情况中之时——被当作他人的人质的状态。

这样，当代哲学受对主体哲学的批评所鼓舞，以各种不同方式试图创造性地架桥连接无一个主体的系统和一个没有真理的主体之间的鸿沟；或则放弃以根本改变对立的关系为代价在较高的综合中调合双方的想法，局限于对这种冲突的不能解决的特性进行反思。在这个困境中，人本主义别无选择，不得不承认自身未奠立基础——有如一个赌注或者一个口号。

四　现代西方哲学的两根主线

从上面所述看来，现代西方哲学并非只有黑白分明的"科学主义"和人本主义两条线，而是五光十色，斑驳多彩。以人本主义作中心而论，一方面有当代人本主义所反对的基础主义认识论和自然主义哲学；另一方面有或从本体论或从方法论角度攻击人本主义的各个学派，还有既反对人本主义也反对科学主义的解释学，最后有试图协调主体和世界，从而避免两难处境的新方向。这样单纯地看待所谓科学主义和人本主义的对立，远远不够准确和全面。仅就有较大影响的学派来说，情况是相当复杂的。

但就现代哲学思潮而论，是否有两根或三根主线呢？也许我们习惯上听到的关于科学主义和人本主义的对立是指两根主线的平行发展或相互反对吧？我觉得把各派主张进行分析，从而归结为两种或三种思潮是可行的。但用科学主义和人本主义来称谓，并且认为两者根本对立、互不相容，便很不恰当。现在略谈这个问题。

现代西方哲学的分野决定于合理性的两种类型或两种模式。其一是批评的、反思的和分析的合理性；其二是思辨的、创新的和综合的合理性。这样，贯穿于西方现代的两大思潮，大致相当于康德谈到的两种哲学。康德就笛卡尔的"我思"问题反复提问四次：什么是我能够知道的？什么是我必须做的？什么是我可以希望的？什么是人？

由康德的第一问题导出关于世界的哲学，由其他三个问题导出关于人的哲学。前者对知识进行批评的反思，后者对人的行动作思辨的探索。关于世界的哲学和第一个合理性模式对应，可以叫作"理性和真理的哲学"；关于人的哲学和第二个合理性模式相符，可以叫作"自由和价值的哲学"。这两种哲学在现代西方哲学中平行发展，是相反相成的两大思潮，是贯穿整个现代哲学史的两根主线。为了解答关于人本主义的争论，现在仅就人的哲学的起源和发展简单地回顾一下。

从笛卡尔提出"我是谁"的问题开始，批评反思的哲学越来越占重要地位；思辨综合的哲学直到 19 世纪 20 世纪之交才逐渐显出其重大意义。

笛卡尔的"我"是普遍的非历史性的主体，"我"是任何地域、任何时间的每个人。真正的现代主体（modern subject）和个人有别。在主体那里，意志代替思维、判断代替概念、行动代替知识成为首要的和中心的能力、力量。这一主体成了万物的尺度，于是当代人本主义诞生了。它来源于人性的本体论研究。

英美分析哲学以研究知识问题为主，其对行动问题、人性问题的研究所用方法亦和知识论类似，例如语言行为理论和心智哲学（philosophy of mind）。大陆思辨哲学对行动问题的研究方法来源于康德、黑格尔、克尔凯郭尔和尼采，一直延续到胡塞尔的现象学和萨特的存在主义。它所探索的问题是：人的自由必须有何种类型的存在，以便决策和负责任之类的现象成为可能？这是对自由问题的本体论研究。康德首先提出"实践理性批判"的观念：我知道我是自由的，因为我晓得我的责任；反过来说，我能够尽责，因为我是自由的。这是道德的两个基础：本体论的和认识论的；也是对伦理问题的两个研究方法。但当代几乎没有任何哲学家接受康德关于道德律可以约简为空洞的普遍形式这个观点。现代哲学不仅继承黑格尔对康德形式主义的批判，而且赞同他关于在一般的法律、经济、政治以及其他实践活动的环境中恢复道德责任的原位这个主张。这就同时给予自由概念一个具体内容了。于是黑格尔哲学开辟了到现象描述方法的道路。但黑格尔所设想的人是一切实在对之最终都是合理的，正如一切合理性的意义最终是那已成为实在的或即将实现者。对此持异议的是克尔凯郭尔的个人（individuals）。这抗议的回声直到今天还在哲学核心中间引起共鸣。不过，克尔凯郭尔并不完全抛弃黑格尔的中心观念，即自由之实现是随人的制度之日益丰富而进步的渐进过程。的确，他的人生阶段——美学的、伦理的和宗教的阶段——就是自由的发展阶段，其中每一阶段都呈现自由和价值的某种相互关联。但此一阶段和次一阶段之间欠缺媒介，并不连续。存在主义者由克尔凯郭尔得来的恰恰是这个由必然界域到自由的"飞跃"中所含有的"非理性"因素。

最后，当代哲学继承了尼采按照价值概念对这个问题的表述。尼采由经济学借用这个概念，把它普遍化，以表示一切源出于意志的评价活动的东西。价值概念的这个表述并不限于简单地改变一词的用法，因为以评价能力来代替康德的最高命令，尼采就把意志置于一个同指令与遵从完全不同的关联中了。依尼采看，意志远远不是单纯地接受道德律的要求，它创造它自己的评价，并且代表这个权力的中心，实行权力意志的权力。意志的控制权和统治恰恰在于它有能力改变其价值的次序。自此以后，自由与价值的哲学就成为使价值的级别同意志的强弱程度相关的哲学：准确地说，意志哲学的特征在于应用系统怀疑或猜测方法源出于传统形而上学，尤其源出于柏拉图主义和基督教之融合的价值体系，这种方法把一切道德唯心论当作意志薄弱的症候。而尼采的谱系学就是揭穿以所谓"优等的""超验的"和精神的主张所掩饰的意志薄弱的特殊方法。因此尼采哲学就以谱系学观点使康德的批判、黑格尔的辩证法和克尔凯郭尔的阶段哲学臻于完善。它不仅加强继承黑格尔的哲学方法的现象学描述性，而且进一步开辟了把这个现象学改造为解释学，换言之，改造为解释的理论的道路。尼采以系统的怀疑回应克尔凯郭尔的个人的呼吁。这样，除现代哲学所依赖的合理性的两个类型之外，还添加了两大"例外"（雅斯贝尔斯语）的侵蚀作用。

五　简短的结论

关于现代西方哲学中所谓"科学主义"和人本主义相对立或平分秋色的理解是不恰当的。因为，首先"科学主义"是贬义词；其次

"人本主义"一词,上面已经指出,是多义的。但要是对于这两种思潮对立或并行不悖局面有正确理解,其所指的应是"理性和真理的哲学"与"自由和价值的哲学",而非科学主义与人本主义。这才是贯穿整个现代哲学的两大思潮或两根主线。前者可简称为"知识哲学",后者可简称为"行动哲学"。因为分析的语言哲学和心智哲学可包括在广义的知识哲学之内,而非分析的大陆语言哲学和价值哲学则可包括在广义的行动哲学之内。在知识哲学和行动哲学中都有人本主义和反人本主义思潮。

人本主义既可以同科学主义结合或相容(如实用主义,甚至逻辑实证主义就其重视人的尊严和价值而论并非反人本主义,虽然它反对主体哲学),也可反对科学主义(如存在主义和法兰克福学派)。反人本主义既可以是典型的科学主义(如结构主义),亦可反对科学主义(如海德格尔和后结构主义)。这一错综复杂表明根本对立或平分秋色论的不恰当。

人本主义和反人本主义的对立、不相容的后果是主体或自我和世界或文化的两分和隔离。这个矛盾的解决和两者原有相互关系的恢复是近来出现的哲学思潮力图解决的问题,这是十分可喜的。这一倾向将会发展为 21 世纪最重要的哲学思潮。尽管如此,在这种较新思潮中"自我"或主体的意义已经改变,不复是自笛卡尔到罗素哲学中的主体,因而 17—20 世纪前半叶的"现代主体"(福柯语)已经一去不复返了。

科学合理性，形式的
还是非形式的？[*]

江天骥

一 引言

科学合理性如果不等同于整个科学哲学领域的话，也是它的中心问题。对于这个问题现在有两个极端的观点以及若干中间立场。一方面，以逻辑实证主义、批判理性主义和有关观点为代表的正统观点认为，科学合理性并不随时间而变化，它潜存于真正科学的一切不同的发展阶段之中。所以归纳逻辑家和规范的方法论者的目的就在于尽可能充分地作出这种永恒不变的科学合理性的明显陈述；另一方面，以波拉尼、库恩、费耶阿本德等人为代表的 20 世纪 60 年代革命派却认为：科学合理性标准随科学信念的变化而改变，并没有不受科学变化所影响的，可以避免修改的超级标准或超级方法；这个标准或方法似乎足以保证科学发展的连续性，并且把真科学从一切非科学和伪科学中区分出来。它们这种异端的观点被另一阵营中最正统的代表诬蔑为非理性主义的。一方面，正统观点的形式合理性同异端观点的非形式的合理性形成鲜明的对照；另一方面，前者的方法论一元论同后者的方法论多元论也形成鲜明对比。本文将集中讨论第一方面，而简略谈

* 本文的原来标题是："Scientific Rationality, Formal or Informal？" 于 1983 年 4 月曾在南斯拉夫杜勃罗夫涅克的"大学际研究生中心"的"科学哲学"讲座上宣读过，接着又在贝尔格莱德大学哲学研究所的学术报告会上宣读过，作者对在这两次会上提出意见的外国同行和朋友表示诚挚的感谢。该文原发表于《英国科学哲学杂志》第 36 卷第 4 期（1985.12）。中文译文初稿是我的学生曹秋华同志译出的，在此一并表示感谢。

到第二方面。第二节专门描述逻辑实证主义者、波普尔和拉卡托斯所代表的正统观点的特征；第三节申辩库恩的异端思想并不是非理性主义的；第四节对非形式合理性的其他模式略加讨论。

二　科学合理性的正统观点

逻辑实证主义者和波普尔学派都相信，科学是按照一种特有的方法即科学方法进行的，合理性不过是依照这个方法的规范去行动。他们追求做到使合理性明显地形式化。在他们看来，合理性就等于对这种可形式化方法的信奉。

从穆勒到卡尔纳普和罕佩尔，那些有影响的哲学家们都相信，是某种象形式方法（"归纳逻辑"）那样的东西奠定了经验科学的基础，只要不懈地努力，总是可以找到这种方法的明确表述的，这就是一种可与由弗雷格和其他一些人所达到的演绎逻辑的形式化相比较的归纳逻辑的形式化。如果发现了这样一种方法，那么科学合理性就将等同于对这种方法的掌握和运用。I.谢弗勒是这样表述这个有影响的观点的：

> 在理论的历史变化下面，有……一种逻辑和方法的不变性，这种不变性将每一个科学时代与它前后的时代联系起来。这种不变性不仅仅由形式演绎的准则所构成，而且由这样一些标准所构成，假说正是根据这些标准面对经验检验，并被比较评价的。①

赞成这种观点的人都承认，"我们现在确实还不能对这种标准作出明确的和一般的表述"，但是，他们认为，这些标准"清楚地体现在科学实践中，它使得在许多特殊场合进行交流和达到一致成为可能。而这种交流和一致表明，有一种可被规范化的方法论，它构成科

---

① ［美］I.谢弗勒：《科学和主观性》，印第安纳波利里：鲍勃斯·梅里尔出版公司1967年版，第9—10页。

学活动的基础。"①

　　他们假定，至少从现代科学产生以来，就有一种理论接受的普遍原则隐含在科学实践中，换句话说，大约从牛顿时代开始，合理性就隐含在科学家们的工作中，这正是他们的工作如此成功的原因。这些合理性标准可能在某些时候不被人们很好地理解，且有时还被错误地运用。但是，他们进一步假定，到1800年或1850年，这种合理性就在大多数自然科学家的工作中发挥巨大的作用了。因此，我们就可以谈论"这种"科学方法。

　　换句话说，对于逻辑实证主义者来说，他们假定科学合理性具有逻辑的形式，因而它是形式的。科学合理性是一劳永逸地给定的，它不再发展和变化。这不是说所有科学家都同样恰当地运用这种合理性，而是假定，有一种合理方法的规范应为所有科学家所努力遵循和哲学家们所努力揭示。逻辑实证主义者试图对合理接受的原则给出明确的一般表述。这里以罕佩尔的确认逻辑为例。在《确认逻辑研究》中，罕佩尔想要寻求"确定……一个假说H是否可以被作为一组给定证据E所确认的一般客观标准"②。他的这篇论文的目的是要定义确认和否证概念。他的定义以纯形式的方式表现了确认和否证关系的特征，确认的标准"不应涉及假说的特定主题"③。对于罕佩尔来说，人们应当能够仅仅根据一个假说句和一个证据句的逻辑形式就可以知道，它们之间是否存在着确认关系，就像仅仅考察前提句和结论句的逻辑形式就可以知道它们之间是否存在着蕴含关系一样。因此，这就是要寻求与演绎论证的正确性的形式标准相似的确认的形式句法标准。什么是一个假说的证据，这是由假说句和证据句的形式，而不是由它们的内容所决定的。

　　从认识论的观点看来，这种情况是理想的，假说的辩护变成了一种非常简单的事情。但不幸的是，现实却有着逃避理想的习惯，确认的分析并没有抓住科学中实际的作证关系。罕佩尔所提出的是对句子

---

　　① ［美］Ⅰ．谢弗勒：《科学和主观性》，印第安纳波利里：鲍勃斯·梅里尔出版公司1967年版，第10页。

　　② ［美］C．罕佩尔：《科学说明的诸方面》，New York：The Free Press，1965年，第6页。

　　③ 同上书，第10页。

之间的形式句法关系的分析，这种关系仅仅存在于包含相同谓词的句子之间。但是，大多数有趣的科学理论并没有这样一种证据的支持，作为这种证据的陈述所包含的语词与该理论所包含的语词相同。事实上，大多数有趣的科学理论都是被包含非常不同的语词的陈述所支持的。因此，罕佩尔的分析仅仅适用于一组有限的作证关系，即存在于观察陈述与仅仅作为观察报告的概括的理论之间的关系。

　　一般说来，逻辑实证主义对理论接受的说明是过于简单了。卡尔纳普在他的归纳逻辑中认为，所有逻辑推断与它们所支持的假说之间都有着相同的作证关系，在预先知道的推断与"新"推断之间没有什么区别。他很难将这二者之间的区别吸收到他的图式之中去，因为，仅仅根据对观察陈述的简单考察，不可能知道它是不是"新的"推断。只有一个理论的历史才能表明这一点。但是，逻辑实证主义者选择了一种非常抽象的合理性模式，在这个模式中，与一个理论的评价有关的，只有这个理论的形式结构和由它所引出的经验证据。他们不关心理论先前的历史发展，也不关心各种证据给予理论支持的不同程度。按照他们建立在证据的先天概念基础之上的直觉原则，所有被接受的推断都给予理论以同等程度的支持，或者是同等程度的否证，如果它们被反驳的话。他们所强调的只是这个事实，理论和证据是演绎地相联系的。他们可以很容易地建立一种似可信的证据原则的公设系统，困难只在于，这个系统不适用于科学中实际发生的过程。现在已得到公认，在实际的科学实践中，给予理论以最大支持的，不仅仅是理论预测的成功，而是它的"能动性质"，或它的"增殖力"，即理论以创造性的和富有成果的方式克服异例的能力。这种能力只有在时间的推移中逐步表现出来；人们只有在理论经受住了许多检验，且以富于启发性的新方式被扩充时，才能证实这种"增殖力"。在这里，时间起着决定性的作用。这种事实上的作证关系是否能形式化，还有待于弄清楚。

　　波普尔和波普尔学派试图提出一种比逻辑实证主义模式更复杂的合理性模式。但是，他们和逻辑实证主义者同样假定，存在着科学方法的规范，即作为科学中获得确认的基础的一组不变的直觉原则。按照波普尔的观点，科学家应该按证伪主义方法的规定去行动：提出可检验理论；不研究特设理论；为了进一步的理论和实践的目的，暂时接受那种得到最好证认的理论；选择较简单的假说，因为这样的假说比那些较为复杂的假说的可检验性程度更高，等等。波普尔宣称，他的方法将可能使我们更好地达到认识进步的目的。在这种合理性模式中，他提出了合理选择的三个标准：第一，先验评价标准；第二，后验评价标准；第三，对那些已知为错误的理论的评价标准。让我们依次讨论这些标准。

第一个标准是说，我们更喜欢检验那些较容易被证伪的理论，即那些对广大范围的现象作出准确断言的理论。波普尔是纯逻辑地给经验内容和说明力等概念下定义的。在他对经验内容（或可证伪性）的解释中，一个重要问题就是关于内容的度量或比较问题。波普尔提出，经验内容应根据一个理论可以回答的一组是/否问题来度量。格龙鲍姆对波普尔估量经验内容的问题法是否可行表示怀疑，费耶阿本德和胡布勒指出，内容的比较是不可能的，因为理论的内容并不互为子集。沃特金斯也将经验内容与一个理论可回答的科学问题的多少联系起来，试图证明，至少比较经验内容的观点——一个前检验概念——是可以被挽救的。

第二个标准是说，我们应该选择这样一些理论，它们的惊人预测得到了实验检验的证认。对于波普尔来说，一个"事实"可以证认一个理论，只当这个事实不是从该理论的背景知识中推出的。如果事实是事先就知道的，就根本不存在检验。只有新颖事实才能真正支持一个理论。因此，波普尔提出了背景知识和检验的严峻性的概念，以说明事先已知的"证据与已被证实的关于新颖事实的预测"之间的区别，这个区别在卡尔纳普的确认理论中是不可能有的，可推导性的逻辑关系本身不可能包含这种区别，需要作某种时间上的分析。确证关系有时间性这个事实本身不是形式化的障碍，形式化与时间性不是不相容的。但是，新颖预测的成功不是增殖力。增殖力根本不是预测的问题。甚至在波普尔后来发展了的对科学合理性的说明中，对理论选择的分析也只是使他得到新颖性的标准，而不是增殖力的标准。他承认理论评价中时间顺序的重要性，但从未把理论增殖力本身看成就是评价的标准。

　　第三个标准是说，一个具有更大逼真性的理论比一个逼真性较小的理论更好，甚至在已知两个理论都错误时也是这样。如果所有科学理论事实上都遭到反驳或被怀疑为错误的，它们就都只有最低的证认程度。在这种情况下，第二个标准（接受得到最好证认的理论）不能为我们的理论选择提供好的理由。但波普尔关于逼真性的形式概念将使两个错误理论在与真理相近似的程度上可以比较，具有较多真内容和较少假内容的理论就较好。但是，这个逼真性概念受到了 D. 米勒和 P. 蒂希的批评，而且，用形式化语言准确地定义逼真性似乎是根本不可能的，因为真内容和假内容是不可比较的。因此，内容的前检验度量问题和后检验的比较逼真性问题遇到了严重的技术上的困难，而且，如果所有理论都被驳倒了或必定会被驳倒，那么，证认程度的概念也就没有多大用处了。所以，波普尔的模式具有不可克服的困难，更不用说它对于实际科学实践中的理论选择的不适用性了。

　　现在我们看看拉卡托斯对波普尔方法论的改造。拉卡托斯的一个进步在于，他认为评价的单位不是某一时刻的理论，而是作为完整的历史过程来考虑的理论，即他所说的"研究纲领"。他评价科学研究纲领有两个重要标准：一是要增加经验内容，而且这些经验内容中的一部分经受住了（或多或少）严峻的经验检验，得到确认。二是这样的：如果一个研究纲领有较大的启发力，即产生"证据支持力"的潜能，也就是说，如果一个研究纲领可以构造一系列具有不断增加的"证据支持力"的理论，那么，这个研究纲领就比它的竞争者好。一般说来，如果一个纲领可以导致一系列产生新知识的理论，那么这个研究纲领就是富有成果的。启发力似乎不过是增加成功预测的能力。乌尔巴赫试图证明，一个研究纲领的启发性力量可以被客观地确定。在拉卡托斯看来，如果一个研究纲领有更多的"证据支持"，并且具有更大的启发力，即产生了"证据支持"的理论力量，那么这个研究纲领就比它的竞争者好。因此，这里起决定作用的还是"证据支持"的观念。而预测的失败对研究纲领的评价却是不相干的。

　　按照波普尔的看法，对已知事实的说明并不"支持"一个理论。但按照科学研究纲领方法论，对已知事实的说明确实"支持"一个理论。拉卡托斯学派认为，这是他们的学说与证伪主义相比的一个重要优点。对于拉卡托斯学派来说,一个重要问题就是怎样排除特设证据支持的问题。沃勒尔提出,被用于构造一个理论的事实就不能"支持"这个理论。他认为,可以客观地确定 一个事实是否被用于构造一个理论。如果一个事实曾经被运用于一个理论,那么这个事实就只能被这个理论特设地说明——一个事实不能被两次运用。

拉卡托斯在强调纲领的历史发展时接近了增殖力标准,但并未达到它;在一个"好的"发展中人们所要寻求的是什么,这是不清楚的。当然,人们重视新颖预测;人们给予一个纲领以表现自己的机会;人们寻求好的"正面启发法",它不同于纲领的不可反驳的和不变的"硬核"。但这种启发法被说成给研究纲领定下"预定"方案。而且,启发力被化归为导致增加成功预测的力量。因此,合理的理论选择的主要标准是多余的经验内容,这与证伪主义标准没有什么区别,选择得到最好证认的理论。正像证伪主义一样,科学研究纲领方法论对合理性的形式研究使得这种方法论脱离了科学理论选择发生时的历史情况的个性与特殊性。因此,表面上看来是一个理论(一个科学研究纲领)的发展的东西,实际上必定是一些命题(理论)的序列,这些命题(理论)之间具有这种方法论所规定的逻辑关系。按照厄尔南·麦克马林的解释,理论的增殖力与这个理论所表现的采取新形式的能力有关,这种新形式不能由它先前的理论推出,但被先前理论所暗示。因此,同一个理论的先前形式与后来形式之间的暗示关系变得重要了。正如厄尔南·麦克马林所指出的,这种暗示关系不是一种纯逻辑关系,它必须取决于历史资料。这个事实非常重要。所以,一个理论的增殖力被看作是它解决新问题所经历的发展变化,在这里,后来的表述形式不能由先前的表述形式推出,却根据历史地可得到的证据而被先前形式所暗示。我们不能指望去说明这种暗示关系的准确规则。但是,拉卡托斯的确相信,科学研究纲领方法论的特征可以用一些一般规则来描述,这些规则将约束科学家的行动,并被科学家们所自觉地或不自觉地遵循。

拉卡托斯及其学派通过对案例的研究一致认为,科学家们实际运用的评价标准就是被科学研究纲领方法论所描述的那些标准。他们声称,科学家们有时不按照拉卡托斯方法论去工作,但那是由于有外部压力。也就是说，当他们合理地行动时，他们是按照这个方法论的规定去行动的；当他们不合理地行动时，他们就背离了这些规定。因此，这个方法论是对作为经验科学基础的普遍合理方法的明确表述。拉卡托斯学派所表达的关于科学方法的不变性观点，与逻辑实证主义者如 Ⅰ. 谢弗勒的观点如出一辙。例如埃里·扎哈尔是这样说的：

> 科学研究纲领方法论蕴含这种思想，许多世纪以来，也就是说，从古希腊时代到现在，科学家们在评判单个成就时所不自觉地运用的前系统方法没有发生多大变化。科学研究纲领方法论当然不预先假定有绝对的不变性，但它暗示，对这种方法论的规范的偏离从实质上来说只是局部的不稳定，在范围上与大规模的科学革命很不相同。这个不变性论题，即不承认有象科学革命那样的方法论变革的观点，也许表明是太强了。但是，在我看来，不变性论题似是一个非常有趣的工作假说，应该加以研究。……许多人已经强烈地感到，直觉方法论，正象直觉逻样一样，多半是恒定不变的。①

他似乎是说，拉卡托斯的方法就是对这种不自觉方法的明确表述，正因为这样，如果没有外部压力，科学家们就都会默认地赞成它。

上面我们概略地叙述了逻辑实证主义和批判理性主义的科学合理性模式，波普尔不亚于卡尔纳普，拉卡托斯也不亚于早期的罕佩尔，他们都将合理性等同于形式的合理性。形式的合理性被看成是科学中实际的合理性，即被看成对暗含在科学实践中合理性的明确表述。他们的合理性模式以下面的假设为基础：

1. 有一种统一的科学方法或方法论，它为一切时代或从真正的科学产生以来的几乎所有科学家所不自觉地运用。这是方法的统一性、普遍性和不变性论题。

---

① ［英］埃里·扎哈尔：《费耶阿本德论观察和经验内容》，《英国科学哲学杂志》第33卷第4期，第407页。

2. 不自觉的方法论或隐含的合理性可以被明确表述和形式化,尽管我们目前还没有做到这一点。这是方法论可形式化的论题。

3. 可以把形式方法或可形式化方法运用于科学,以达到我们的目的,不论是真理的发现、认识的进步、说明和理解、预测和工艺上的控制、解决问题还是别的目的。这是方法的合理性论题。

4. 形式方法或可形式化方法还可以作为科学与其他的人类研究之间,即科学与非科学或假科学之间的划界标准。这种方法是给科学下定义的特征。这是方法的本质性论题。从这一点可得出,有了形式方法就有了一切,就有了合理性的定义本身。

三 为库恩的非形式的合理性观点辩护

合理性的这个标准看法受到托马斯·库恩的反对,后者是一种更复杂的科学合理性观念的最主要的倡导者。库恩向标准看法的所有上述假设提出挑战。按照标准看法,合理性的最主要之点,如果不是全部的话,就是在证据的基础上对信念的接受或拒斥。不论是逻辑实证主义者的归纳支持、波普尔的证认,还是拉卡托斯的证据支持,都或多或少是对存在于被检验理论与观察之间的作证关系的形式化说明。科学家所作出的决策的合理性就在于这些决策一方面对于逻辑和另一方面对于经验事实之间的形式关系。经验和逻辑能够独一无二地决定一个理论的接受或拒斥。对于库恩来说,这只是在常规科学中确定一个现存理论的阐明或应用是否正确时才有可能。不能将一个理论个别的研究应用中所运用的评判标准用于对整个理论或范式的评判。正像他所说的:

> 观察和实验可以而且必须有力地限制可接受的科学信念的范围,否则就没有科学了。但是,观察和实验不能单独决定一组特殊的科学信念。由于个人的和历史的偶然性所产生的显然主观武断的因素常常是构成特定时期中特定科学共同信念的要素。[1]

---

① 库恩:《科学革命的结构》,芝加哥大学出版社 1962 年版,第 4 页。

正是由于这种主观武断的因素，理论选择的结果不能仅仅由逻辑和实验所决定。因此，任何对作证关系的形式解释都不适用于实际的科学实践。库恩反对实证主义和波普尔学派的合理性模式，他说，这两种学说都假定，"理论选择问题能够用语义上中立的技术来解决。首先要用共同的基本词汇（不必是完全的或永久性的）把两个理论的观察推断陈述出来，然后计算它们的真假的某种比较测度提供了在它们之间作出选择的基础。对于卡尔·波普尔先生及其学派来说，并不亚于对卡尔纳普和赖辛巴哈，合理性的标准便这样唯一地由逻辑和语言句法的标准引伸出来"①。库恩从根本上否定了逻辑实证主义和波普尔学派关于理论评价的形式方法的合理性和本质性的假设。

现在看看库恩关于理论选择的正面观念。第一，他肯定，理论选择是完全合理的，相竞争理论的选择中存在着通常所描述的那种好的理由。第二，这些理由构成作出选择时所用的价值标准而不是选择的规则。不可能有这样一种共同的算法规则，即科学家集团的所有成员都可以运用这种算法而达到相同的决定。恰恰相反，准确性、简单性、范围、富有成果性等构成这个集团的共同的意识形态。但是，具有共同的意识形态的科学家们仍然可能在同样的具体情况下作出不同的选择。集团的行为将决定性地受共有信念的影响，但个别选择同时也决定于个性、教育和先前的专业研究的模型。因此，并不是所有单个科学家都以相同的方式运用相同的价值标准。即使他们关于不同的价值标准的重要性的看法是相同的，也还是有如何将他们统一于一个准确的、全面的标准的问题，这个标准将决定在两个相竞争理论中应该接受哪一个。但是，在对理论进行全面比较时，关于多种不同的价值标准的相对的轻重权衡上，根本就没有一致意见。第三，相竞争理论之间的选择权操于专家集团之手。这些专家有着共同的信念，尽管他们在理论选择中没有共同的准确标准，尽管他们的偏爱还部分地由特有因素所决定，事实上，在有关两个相竞争理论的相对优点的争论

---

① 库恩：《对批评者的意见》，I. 拉卡托斯、A. 马斯格雷夫编：《批评和知识的增长》，1970 年，第 243 页。

过程中，最后确实会形成一种一致意见，以便接受其中的一个理论。

虽然对于库恩来说没有明确的接受规则，但他仍然提出相当于为理论选择中的集团行为辩护的说法。在这里，库恩认为，科学家们在理论选择中的行为方式有着某些基本功能，"如果科学家所关心的是改进科学知识，那么，在欠缺具有相似功能的另外的行动方式的情况下，他们应当本质上按照他们自己的这种方式行动。"① 库恩认为，所有为科学的发展所必需的行为都是合理的，既然理论选择中的科学行为使科学知识得到改进，这也有助于证明这样一个论点，即科学活动是合理的。

现在决定性的问题是：库恩所描述的这种与传统观念截然不同的理论选择真的是合理的吗？至少有几种反对意见。

第一，许多哲学家认为，一个行为或决定不能被看作在科学中是合理的，除非它以这样的逻辑规则或方法论规则为基础，这些规则是客观的。也就是说，如果不同的科学家遵循同样的规则，那么，只要他们得到相同的讯息，就会达到相同的决定。这里，基本的假设是：所有合理性都必须等同于形式的合理性。既然库恩与这样的规则无关，那么，关于接受相竞争的理论之中哪一个的决定就不能以逻辑或方法论为基础，而只能以一种价值体系或意识形态为基础，这种价值体系或意识形态在具体情况下的运用并不能使不同的科学家作出一致的决定。个人的因素必须考虑，而且，实际上对于作出的决定来说，起决定作用的是个别判断，而不是一般规则。但是，按照这一种反对意见，以历史的偶然性为转移的个人因素与合理的理论选择无关，而对于库恩来说，科学家在相竞争理论之间作出选择时实际上依赖于主观的和心理的标准，因而这种选择不是合理的，它是不合理的。库恩被指责为非理性主义者。

这种反对意见是站不住脚的。按照库恩的观点，共同的价值标准和个人因素都与个别决定有关。因为，在价值标准的具体运用中掺杂了知觉和判断，每一种价值标准都可能得到完全不同的评判，所以，决定中自然会有个别的变化性。但个别决定并不是最终的决定，这些

① I. 拉卡托斯、A. 马斯格雷夫编：《批评和知识的增长》，1970 年，第 237 页。

决定一般说来都冒风险，可能是错误的。但是，它们不是非理性的，因为它们不是没有理由而主观武断地作出的。而且，这些决定也不违反任何已被接受的规则，因为在科学实践中并不存在这种起约束作用的规则。只有集团中后来所达到的一致意见才是重要的。个别选择和集团选择都不以所谓主观标准或心理标准为基础，但心理学也不是无关的，因为理论选择是一种人类活动，它并不是发生在波普尔的"第三世界"，而是发生在我们的科学家的这个真实世界中。

第二，从反对者的观点来看，在科学家集团中最后形成的导致接受一种范式的一致意见也不是一种合理决定。因为，按照他们的形式合理性概念，这种一致同意标准不是客观的，而是主观的。只有逻辑实证主义的确认程度或归纳支持和波普尔学派的比较证认程度才是理论选择的客观标准。他们似乎认为，对于库恩来说，一个科学家集团可以选择他们所喜欢的任何理论，只要他们一致同意并因此而实行这种选择。这当然是主观的。但库恩的一致意见概念中并不包含这种思想。按照库恩的观点，当一个专家集团达到一种一致意见时，它不是主观武断的，而必须以好的理由为基础。它可以是在一个慎重考虑或争论过程的末尾达到的结论，或者是作为这些专家的专业判断力的相对一致性的结果而或多或少容易地达到的。因此，科学家中间的一致意见是客观地达到的，并且是作为客观的社会条件和制度的结果而产生的。正如库恩很好地说过的：

> 承认唯一有资格的专业集团的存在，并且承认这个集团作为专业成就的唯一裁决者的作用有着更进一步的含义。集团的成员作为单个的人，由于他们共有的训练和经验，必须被看作是唯一能够掌握这种比赛规则或具有作出毫不含糊的判断的某种相应的基础的。[1]

为什么科学共同体能够达到严格的一致，而这种一致在其他领域如艺术和哲学的领域不可能达到呢？按照库恩的解释，只有科学才是

---

[1]　库恩：《科学革命的结构》，第 167 页。

这样一种领域,这种领域的进步表现为它解决问题的数量和准确性的增加。科学共同体的本质"提供了这样一个事实上的保证,即科学所解决问题的数目和每一次解决的准确性将不断增加。至少共同体的本质提供了这样的保证,如果有什么方式可以提供这种保证的话。还能有什么比科学家集团的决定更好的标准呢?"① 如果对于波普尔来说,"没有什么……比科学的方法……'更合理'的"②,那么,库恩就应该说,"没有什么比一个科学家集团的决定更'合理'的了"。对于逻辑实证主义者和波普尔学派来说,归纳支持或证据支持是理论接受的唯一的,或者至少是主要的标准,与此不同,对于库恩来说,解决经验问题的能力既不是科学家集团选择范式的唯一,也不是明确的基础。不可能有这种标准,也不需要什么标准。集团的决定以科学理论成就的范例和价值判断为基础。因此,没有形式的合理性,我们有的只是非形式的合理性。

第三,还有一些哲学家,他们既不指责库恩的理论选择模式是非理性的,也不承认它是合理的。按照他们的观点,"任何行为,包括科学选择,仅当它为达到特定目的所进行的思考或推理有因果联系,才能够被称为合理的。库恩所描述的科学理论的选择不是这种意义上的合理的,而是类似于……潜在地具有功用的行为模式,这些行为模式具有它们未曾被选择来执行的一种功能"③。我认为,罕佩尔所强调的是对的。一个行为是合理的还是非合理的取决于这一点,它是否包含一个思考过程。本能的、不自觉的行为就是非合理的。而一个经过思考和考虑的判断,即使它不是一个有说服力的推理的结论,也可以是合理的。我们不应该假定,一个科学家集团关于相竞争理论的比较优劣的判断,不能够与任何思考过程有什么因果联系。事情的关键在于,在一个思考过程可以赋予它所产生的行动以合理性之前,这个过程必须有多么"广泛"和多么详细。如果要求,一个科学家必须知道他所面临的所有可供选择的理论,而且知道作出这些选择的后果

---

① 库恩:《科学革命的结构》,第170页。

② 波普尔:《客观知识》,牛津大学出版社1972年版,第27页。

③ C. G. Hempel, "The Turn in the Development of the Problem of Induction," *Synthese*, Vol. 16:3, p. 402.

可能是什么，还要知道在这些可能的后果中他更喜欢哪种后果，一句话，如果要求科学家在他的选择可能是合理的之前，就必须知道什么样的可供选择的理论将最大限度地扩大他的"期望效用"，并且必须由一个理论将最大限度地扩大他的"效用"而作出选择，那么，个别科学家的选择就很难是合理的。同样，集团选择也很少是合理的。因为我们不能希望任何科学家知道所有这一切。但是，我们为什么要求一个科学家或科学家集团知道所有可能的理论，尤其是知道这些理论的可能的后果呢？如果只要求较不广泛的和较不详细的思考，那么，科学家的行为，包括理论选择，就可以是合理的。库恩所描述的理论选择在最大效用的合理性含义上不是合理的。但是，在非形式的合理性的含义上，它却是完全合理的。

同题的焦点是形式的合理性与非形式的合理性的对立。科学合理性的标准看法将合理性等同于形式的合理性，信奉一种形式的科学方法。逻辑实证主义者和波普尔学派试图把科学方法"解释"成是由明确而准确的规则所支配的。如果理论的接受或拒斥可以得到其中一些规则的辩护，那么它就是合理的，否则就是不合理的或非合理的。这个过于狭窄和抽象的合理性概念会将大部分科学决定和科学信念归于非理性。托马斯·库恩的贡献在于，他使合理性的范围扩大了。形式的合理性仅仅是合理性的一部分，而且可能是一个不重要的部分。因为，在一个特别广泛和重要的范围内，即在与科学革命和理论变化有关的范围内，科学方法的本质不可能表现为由实践着的科学家所遵循的明显的一般规则。显然，在科学方法的形式化行不通或不成功的地方，人们必须依赖于非形式的合理性。但是，在形式方法存在的地方就真的不需要借助于非形式的合理性吗？库恩在他的这段话中包含了这个意思：

> 他的［卡尔·波普尔的］著作中寻求逼真性算法的那一部分如果成功的说，就会排斥对集团价值标准和由受过特殊训练的心灵作出的判断的需要。

我认为，这是不对的。所有科学方法完全形式化的可能性非常小；而且，即使我们得到了这种形式方法，在运用它时也不能没有人的理智和判断。

四　非形式合理性的其他模式

形式化的科学方法依赖于不可形式化的东西的"输入"。在运用贝耶斯定理计算各种假说的支持程度时，作为"输入"，我们不仅需要可计算的"似然率"，而且需要各种假说的先验概率，即科学家在考察观察证据之前给予那些相竞争假说的"主观上的相信程度"。结果，先验概率函数的不同可能导致给予理论的实际支持程度的极大差别。普特南所得出的结论是，形式合理性不能保证真正的和实际的合理性。如果一个人从一种"合理的"先验概率函数出发，那么，他就会只给予"合理的"假说以支持程度。但如果一个人的先验概率函数是"不合理的"，那么他给予各种假说的支持程度就将是"非理性的"。这种先验概率测度表现了科学家先有的关于世界的信念。一组实质性的事实信念（或相信程度）似乎就是对方法本身的输入之一。在别的理论选择模式中也同样需要非形式的因素。因此，要将科学的内容和它的方法截然分开是不可能的。普特南和夏皮尔两人都强调科学方法对于科学信念的依赖性，他们认为，科学方法总是随着科学内容的变化而变化的。如果科学方法是不断变化的，那么，关于一种普遍不变的方法的传统信念就是站不住脚的，而将这种方法形式化的尝试也是注定要失败的。普特南这样说过：

> 寻求一种可以离开人们关于科学内容（关于世界）的实际判断并且能够实际被陈述出来的可形式化方法的希望似乎已经化为泡影。①

---

① Hilary Dutnam (1981), "The Impact of Science on Modern Conceptions of Rationality," *Synthese*, 46 (3)：375. 普特南：《科学对现代合理性概念的冲击》，《综合》第 46 卷第 3 期，第 375 页。

　　如果可以从科学方法的恒定不变引出形式化的理想，因而高唱形式合理性的赞歌并将形式合理性简单地等同于合理性，那么，由科学方法的可变性我们应该确信，完全的形式化是不可能的，必须恢复非形式的合理性的合法地位。15—17 世纪，当新科学产生和发展时，科学家和哲学家们为了指导科学研究而提出的是一般方法论格言，而不是准确的形式规则。在将一般格言应用于特殊场合时，需要智慧和判断。因此，在这一时期的科学实践中，占主导地位的是非形式的合理性，而不是形式的合理性。在从穆勒到卡尔纳普和波普尔的长期追求形式化的传统之后，波拉尼和库恩在 1960 年前后最先抛弃了由逻辑实证主义者和波普尔学派所强加的形式合理性的专制枷锁。科学共同体中历史地发展着的理论评价技巧究竟能在多大程度上被科学家并在事后被哲学家明显地表述出来，波拉尼对此表示怀疑。在他看来，科学合理性根本不可能被完全弄明白，甚至无法使它在最后是不含糊的。库恩宣称，理论选择中的决定是以意识形态而不是以逻辑为基础的。不可能有规定集团的所有成员都作出相同决定的理论选择的算法规则。所有这一切的结果是，应该用非形式的合理性取代形式的合理性。

　　非形式的合理性的其他模式包括推理的方式和非推理的方式。

　　夏皮尔关于推理原则在相竞争理论或研究路线之间的许多科学决策中具有核心作用的讨论，阐明了非形式推理在科学实践中的作用。这些合理的科学研究的原则不是形式的规则，它们为寻求某种类型的理论所提供的理由当然不是决定性的。夏皮尔说："理由不是逻辑上决定性的，这一点丝毫不影响它成其为理由——而且，相对于那个时期科学的状况而言，是好的理由——也丝毫不影响按照这些理由所作出的行动成其为合理的行动。"[①] 因此，在说明科学发现和科学辩护的合理性时，我们的一种方法就是，求助于非形式的合理性。

　　非形式合理性的另一种方式即非推理方式是除库恩、普特南外为波拉尼、格伦恩、图尔明和瓦尔托夫斯基以及其他一些人所强调的。这是以司法、医学诊断和审美评价中有根据的明智判断为模型的一种

　　① 夏皮尔：《科学中的发现、合理性与进步，科学哲学的一种看法》，K. 夏弗勒和 R. 柯亭编，RSA1972，多莱柯特—荷兰出版公司，1974 年，第 409 页。

合理判断，它包括一般格言或指令在特殊场合的应用，但它不是严格地受规则决定的。它不是逻辑规则的机械运用，但在这样的意义上是合理的，判断可以引证特殊实例，应用格言的先例等来辩护。瓦尔托夫斯基要恢复被正统合理性观点所掩盖的另一个历史传统，就是使"能工巧匠一般的判断"和"修补拼凑"成为必要的"探索式传统"。科学理论家用观念来拼凑——这种类似手艺的切实的修补拼凑，为科学中的创新做好了准备。因此这种非形式合理性模式使科学活动同时是创造性的和合理的，尽管这些判断通常是由经过特殊训练的心灵而作出的。

五　结论

最后让我们再引用库恩的话：

> 在一个新范式产生的初期便接受它的人常常必定是不顾在解决难题上所提供的证据而这样做的。也就是说，他们必定相信，新范式将解决它所面临的许多重大问题……这是先前的危机显得如此重要的原因之一……但是，仅仅有危机是不够的。还必须有对所选择的特定范式产生信心的基础，尽管这个基础不必是合理的或最终正确的。必须有某种东西，使得至少有一些科学家感到，新的提议是对头的。①

对于库恩来说，对一个理论的前途的信念或信仰是与理论的选择有关的最重要因素。这种信仰不必以合理的推理为基础（因而会被合理性的标准看法斥为非理性的），但它必须以合理判断或洞察力为基础，科学家们感到，新提议是对头的。只有专家才能作出这样的判断。尽管有时这个判断是不可言传的，或者被证明为错误的，我们能说它是不合理的或非理性的吗？我认为不能。合理性的范围必须扩大，以便将这样的判断包含到合理判断之中。

---

① 库恩：《科学革命的结构》，多莱柯特—荷兰出版公司第二版，第158页。

相对主义的问题[*]

江天骥

相对主义的问题比较复杂。相对主义学说有许多种，并且不同的作者把相对主义与实在论、客观主义、基础主义、理性主义，当然还与绝对主义或普遍主义作各种各样的对比。为了澄清此悬而未决的问题，我打算首先区分在讨论它的过程中出现的语义学概念和认识论概念。一方面，按照标准的二值逻辑，"真理"是一个语义学概念，表示信念或语句与语言外的事实（无论怎样解释这一术语）之间的关系。作为语义学概念，"真理"就是绝对的。为了获得相对真理的学说，我们必须通过引进认识主体或者说话者（语句对于他是已被接受的或是可接受的）来从认识论上重新定义真理的概念。而且，对相对主义的批评将会指责这种学说是自我反驳的，此批评又回到了这个概念的语义学含义，而没有遵守相对主义者对它的再定义。当然，这并不是相对主义的意图。

另一方面，"合理性"是一个认识论概念，它表示一种行为或信念以及选择它的理由（以此与决定它的原因区别开来）之间的关系。有理性是人类行为和信念的显著特征。很显然，对所有人来说，不同的人们从各种各样的行为和信念中选择相同的信念和行为，他们也可能怀有不同的理由。合理性与主体或说话者有关，这是毫无疑问的。我相信，我称之为局部合理性的学说可以表达认知相对主义的真正意

＊ 此文原以英文发表，现由李涤非译、朱志方校。参见 Jiang Tianji，"The Problem of Relativism，"in *Culture and Modernity：East West Perspectives*，Eliot Deutch ed.，Honolulu：University of Hawaii Press，1992. 译者工作单位：河南财经学院马列部；校者工作单位：武汉大学哲学学院；责任编辑：鲁旭东。

图。因为说话者属于不同的群体，依赖于不同的基本信念或背景假定，拥有不同的知识资源，因而在相似的生活境况下处理同样的或相似的问题时，他们自然有不同的并且永不可能是相同的理由来选择信念和行为。

因此，相对主义可以简单地定义为这样一种学说：不存在普遍的标准，认识论相对主义认为合理性没有普遍的标准，道德相对主义认为道德没有普遍的标准，审美相对主义认为审美评价没有普遍的标准。这篇文章主要关注认知相对主义，而且由于相对主义者拒斥了合理性的普遍标准，因此我将重点讨论局部合理性的学说。相对真理的学说则完全忽略，因为它颇具争议而且非常复杂。毕竟在相对主义的两种最重要的形式中，"真理"的语义学概念完全无用，而认识论概念——"理性""知识""接受"和"共识"占据了主导地位。

一 跨文化的相对主义和跨理论的相对主义

在文化人类学中存在两种对立的范式：线性发展的进化主义和文化相对主义。进化主义者把合理性等同于科学，并下结论说原始人缺乏合理性是因为他们没有科学。后来，又认为原始社会存在某种合理性，但也是有欠缺的，因为它是伪科学的，是前科学的认识。泰勒（Tylor）和弗雷泽（Frazer）把科学方法及其成果看作进步的动力，它迟早会消除迷信和其他所有的非理性形式。19 世纪进化主义者这种立足于科学之上的骄傲自大把西方科学看作合理性的最高成就，把运用科学和技术的社会看成最高级的社会。他们认为，人类学家的目标是绘制理性在迂回曲折的漫长人类生涯中的增长。弗雷泽就是这样做的，他描述纠结缠绕的人类思想的进化模式，在此模式中，巫术这条初始黑线慢慢让位于宗教的红斑，最后自身被纯化为科学这条白净的布料。因此，找出思想的结构和发展模式，绘制出合理性的增长图，就应该成为人类学的首要任务。

相反，文化相对主义反对这种简单的线性进化主义，后者通过把自己的标准和价值强加于异己文化而糟蹋它们。文化相对主义事实上是在倡导不同文化间的不可通约性论题，尽管此术语的用法并不明晰。它主张，理解各种异己文化和社会都必须按照它自己的价值、信仰和理想，而不能靠采取一种超文化的中间立场（它用单一的标准来衡量所有的文化和社会）。弗朗茨·博厄斯（Franz Boas）和其追随者拒不承认人与人之间的等级之分，并且拒斥用泰勒和弗雷泽的一套把不同的文化阶段连接起来的进化框架。恰如赫斯科维茨（Herskovits）所说，文化人类学应该引导我们理解"每套规则对于在这些规则的指导下生活的人是有效的，理解这些规则所代表的价值"[①]。最重要的是如何解释和理解异族人和异己文化。解释学和新维特根斯坦主义者使这个问题成为焦点。他们认为，我们有赋予社会现象以意义的能力，它最终取决于社会现象与我们学会参与的活动形式之间的关系。某人自己的社会实践形成了他学习异己文化的最深内核。这些实践就构成了范式，无论是为了产生更多的相似或差别，我们终究要复归于这些范式。这就意味着，在解释和试图理解异己文化的过程中，我们不得不采用自己的背景信念、价值和标准——简言之，我们自己的观念框架；但是，如果我们不是用自己的标准去评价异己文化、衡量它们在合理性的发展中的地位，那么，这种做法就不是在强加于人。一个社会内的合理性只能用其自身的标准来衡量。结果是，依据他们自己的标准，不同人群的大部分或全部信念和行为都或多或少同样是合理的。这是局部合理性。但是，局部标准本身的合理性是一个要加以深入探讨的问题。相对主义通常允许比较，但禁止作评价。它论证说，所有的评价都依照某种标准，而标准源于文化；任何评价都不能脱离文化网，因此，所有的评价都是受文化约束的。

因此，进化主义范式和相对主义范式间的差别和对立的关键在于这样一个问题：我们能否区别好的社会和坏的社会，成功的文化和不成功的文化。在我们详细讨论此问题前，先看看自 20 世纪 60 年代早期以来在科学史和科学哲学中平行发生的范式转换。

比起文化人类学中关于合理性的讨论来说，科学史中的讨论仍显得突出，这是因为人们通常认为自然科学是人类知识中最具有客观性

---

① 梅尔维尔·J. 赫斯科维茨：《人及其作品》（Man and His Work），New York：Knopf Publishers，1947，第 76 页。

的部分，相对主义在此最没有市场。在逻辑实证主义占支配地位的时期，哲学家渴望为科学论争中的理论选择制订不同技术或为达到合理的共识而制定不同规则体系。他们的努力是徒劳的。人们一致公认，不可能构造任何算法来对相争理论进行取舍。库恩在《科学革命的结构》（1962）中引入科学共同体来代替逻辑演算，让科学共同体来承担这一任务。原先那些充当"科学合理性的守护者"的科学哲学家，现在则把其光荣地位拱手让给科学家和心理学家。受库恩见识的鼓动，科学社会学带着它极端的相对主义诞生了，并且构造了一种"强纲领"。强纲领派的 B. 巴恩斯（Barry Barnes）和 D. 布鲁尔（David Bloor）发展了库恩的理论选择思想，并把它推广到精密科学之外的领域，他们提出用局部可接受的社会学理论来代替现代科学方法的普遍合理性原则。他们论证说，局部接受是同文化传播、社会化和社会控制、权力和权威的局部模式并行不悖的；科学的任务在于找出这些环节，研究人们所持有的信念的"具体的局部原因"[1]。这样，他们所寻找的，是理论接受的说明，而不是理论/选择的理由。按照他们的一些学说，如"论证规则和真理标准是内在于社会系统的""真理"和"合理性"必须重新定义为"内在于既定科学的"，决定何种理论被接受的是"相关的局部共识"[2]，以下两个方面不会有任何有效的区分：一方面是真的、合理的、说明性的和可以算作知识的东西；另一方面是局部接受的东西。巴恩斯和布鲁尔说过："在相对主义者看来，下述观念是毫无意义的：有些标准或信念真正是合理的，有别于仅仅局部接受的东西。"[3] 在科学史上，库恩只是发现了科学革命过程中"合理性的中断"，而常规科学仍是合理的。而强纲领社会学家所采取的是一种极端的相对主义形态。两对立的阵营仍在为合理性问题争论不休。

---

① Barry Barnes, David Bloor, "Relativism, Rationalism and the Sociology of Knowledge," in *Rationality and Relativism*, eds. By Martin Hollis and Steven Lukes（Cambridge：MIT Press, 1982）, p. 22.

② Marry Hesse, *Revolutions and Reconstructions*（Bloomington：Indiana University Press, 1980）, p. 45.

③ Ibid. , p. 27.

　　上述平行的范式转换造成了跨文化和跨理论的相对主义的产生。两者相互促进，就如同它们的竞争对手——线性进化主义和归纳主义一样，两者之间相互加强了对方的立场。所有这些类型的普遍主义把科学和科学方法看成人类合理性的顶峰，是用理智发展的阶段来排列人和文化的衡量尺度，或是用来从所有的传统世界观中分离出现代的科学世界观的"大沟"。但是，不可通约性论题却使现代科学和其方法充满疑云，从而削弱了泰勒—弗雷泽型的进化模式。此外，概念上的不可通约性可以说明，文化分歧和文化不可通约性方面更为显著的事实，并且，它更加巩固了文化相对主义的成果，就如同文化相对主义和它的人类学方法曾大力促进和产生了自然科学中的认识论相对主义一样。

二　论证与反驳

　　对相对主义最有利的论据是：（1）人们已发现了不同的宗教、道德体系、习俗、社会制度和信念体系，这是一个显而易见的事实。文化差异的程度常令人惊讶，要解释这种现象只能诉诸不同的有效性标准和不同的合理性标准。现在，如果按人类学家的证据所充分表明的那样，普遍主义和线性进化主义应予以抛弃，因为我们永不可能找到一种跨文化的超级标准来评判不同的标准，那么唯一的选择似乎就是相对主义。（2）近来出现在哲学和人文科学中的社会学转向广泛地引起了一些基本概念如哲学、意义、真理和合理性的急剧变化。经验主义和理性主义内在的、个体化的认识论双双让位于外在的、社会化的认识论，其核心思想是群体的实践。不同的实践导出支配个体行为和信念的不同规范，这表明了合理性标准的差异性，这些规范在一开始可能只是对社会活动的不同方式和习性的描绘，[1] 但当群体的大多数成员遵从这些准则，并以之判断他人的行为时，它们就会具有规范力。因此，不同的实践产生不同的合理性标准。一旦你承认局部合理性，则相对主义跟随而来。（3）传统哲学家可能会反对说，即使不

---

[1]　Sfron, A., "Norms," in *Dialectica*（Neuchatel：Editions du Griffon, 1987）p. 10.

同的宗教、道德规范和信仰体系——总之，不同文化，是不争的事实，但这并不意味着信仰的不可通约性以及随之而来的相对主义。因为，人们的生活和社会活动都是在一定的环境和社会组织形式中完成的，差异性可以通过环境和社会组织形式的不同来得到说明。他们必须生存，实践大致相同的社会活动——工作、结婚、生育、统治与被统治、压迫与被压迫、剥削与被剥削、屠杀与制造战争，这也是不争的事实。尽管我们不能用一种普遍的标准来衡量不同的行为，不能按进化级别来排列不同的行为，但我们仍然可以评价它们在行使职能、效率、实现自我成就方面的相对程度——简言之，可以评价他们"教化"的相对程度。但这种反对意见预设了一种跨文化的超级标准，仅仅从所有的人都是同类型的动物，有相同的生理功能以及具有大致相同的心理特性模式这点来说，它才显得有道理。相对主义者可以反驳说，从共同的生理、心理基础到文明和文化的普遍特征的推理是不正确的。两者之间的裂缝并没有架通，因而推导过程中的"跳跃"是不合理的。（4）最后，相对主义的力量也是源于这一事实：我们还远不能对科学方法作出唯一［正确的］描述，实际上我们也不能指望由科学方法的理论提供唯一的合理性模式。相异的和不相容的科学理论必然与相异的、不相容的合理性形式相匹配。如相对主义所坚决主张的，永远不要指望普遍的、独立于范式、文化的科学合理性标准和道德、审美判断的标准，这一点相当中肯。

现在来看一下对相对主义的反驳：（1）批评者常常反驳所谓的框架神话，这种神话把不同群体的说话者看成陷入封闭的语言框架中的囚徒。批评者把相对主义认同为此"神话"所宣扬的东西，认为一旦戳穿这种神话就驳倒了相对主义。也许相对主义者从不拒斥解释和理解一种陌生框架或异己文化的可能性。对于相对主义来说，人类学和科学史的尝试就是如此。相对主义者已经通过采用专门的技术尽其全力来解释和理解异己的信念体系和异己行为。不同的文化和范式都有着它们自己的特殊规则和方法论——并不意味着把人类或是科学家分隔成一些无窗的小舱，即不能进行交流的群体。相对主义不排除跨文化和跨理论的理解。（2）也许框架神话同样意味着有时被称为"框架专制"的那种东西，即每个群体或文化都有自己适用的法则，因为它规定了自己对信念和行为进行辩护的规则，而那些用外部的标准所做的外在批评和评价则自动消除了。这种反驳只对了一半，因为相对主义不承认有任何超文化的标准来评判受文化约束的规则。但这不表示我们必须总是用异己的标准来评价任何异己的、陌生的方式和习俗。无论我在什么时候做评价，使用的总是我自己的文化标准（否则就不是我的评价），只是不能把自己所接受的标准作为普遍的标准强加于异己文化来对它们分等评级。我们当然应该尽量理解别人所说的话和所做的事，并且用他们自己的标准来实现这种理解，但理解不等于默认。根据异己文化的种类和价值观，我们有可能理解以前某些部落吃人肉的习性，但那也不能使我们宽恕这种习性。例如，贾维就责备过"相对主义不能作为人类学的基础，因为它导向一种宽容一切的虚无主义"①。对相对主义纲领的这种脱口而出的谴责是毫无根据的。（3）现在来看一下众所周知的"桥头堡论证"（"bridgehead argument"）。S. 卢克斯（Steve Lukes）解释说："巴恩斯和布鲁尔声称，人类学和科学史积累的证据绝对支持彻底的相对主义；但从桥头堡论证可以推出，如果不否认相对主义，则永不可能出现那些证据。"②但果真如此吗？这个论证乃是立足于这样的主张——对信念的识别、从内部看行动者的世界，要求有一个真实、合理的信念的桥头堡。成功地翻译和起始地解释异己信念必然要预设"在简单的感知环境下有理性的人不会不相信的东西（它是根据一致的判断规则而组织起来的，有理性的人不会不承认它）"③。此主张乃是从戴维森关于如何区分有意义的争执和无意义的争执所做的逻辑论证发展而来的。对于戴维森来说，这"完全取决于获得一致同意的一种基础——某种基础"④。构成此基础或桥头堡的是常规的感性判断（霍利斯），或者是"初始理论"（霍顿），人们认为所有的文化在这方面是共同的。

---

① Ian C. Jarvie, "Rationality and Relativism," in *The British Journal of Sociology*, Vol. 34, No. 1 (London: Routledge & Kegan Paul [1983. 3]).

② Steve Lukes, "Relativism in Its Place," in *Rationality and Relativism*, p. 298.

③ Martin Hollis, "The Social Destruction of Reality," in *Rationality and Relativism*, p. 74.

④ ［美］戴维森:《真理和解释研究》（*Inquiries into Truth and Interpretation*), New York: Clarendon Press, 1984, pp. 196-197.

症结是：所有这些信念是否必然为一切文化所具有？它不是在用未经证明的对一种异己文化的理解做根据吗？相对主义者可以反驳说，首先，我们必须知道不同的文化是如何"切割"世界的，因为构成一种文化基础的本体论完全依赖于它所采用的分类体系。我们不能简单地设想这些体系是完全相同的。其次，识别一种异己信念的唯一可能方式是通过观察一个人的外部行为，因为我们不了解他的言语。但要理解哪怕只是一丁点外部行为的意义，我们就必须考虑它在异己文化的其他行动场景中所起的作用。这就要预设，我们对异族人的生活已有一种独立的理解。因此，我们没有任何概念上的根据假定所谓的桥头堡行为（更不用说感性判断和基础理论）在解释和理解一种异己生活形式上有着特殊的地位。实际上我们没有理由假定它们必然对于一切文化是共同的，并为它们所共有。有关异族文化中的不同信念体系和行为、不同范式中的不同理论，毕竟"出现"了大量证据并且需要加以理解，这主要是由于人类学家和科学史家运用了解释学方法。（4）更为重要的是"大沟论证"。它是从19世纪进化主义立足于科学制定的标准发展而来的。人们认为现代的科学和技术是条鸿沟，把西方文化同一切原始的和传统的文化隔离开。如卢克斯所指出的："从这个论证可以推出，在认识论上后期科学优越于前期科学、科学的思考模式优越于前科学的模式，这样的判断不是，也不能是相对于一个特定框架的。"[1] 这意味着依然存在一种超范式的合理性标准。E. 盖尔纳（Ernst Gellner）是这个论证最得力的支持者，C. 泰勒（Charles Taylor）也谨慎地采用了它。泰勒在讨论合理性的过程中提出了重要的几点。第一，他同意相对主义者的观点——我们应该承认合理性标准的多元性，因为存在着不可通约的文化和活动。第二，标准的多元性并不排除对优越性的判断。相反，正是不可通约性为这种判断打开了大门。这是他不同于相对主义的地方。第三，不能按照双方业已接受的任何超文化标准来判定相对的优越性。这样的标准是不可能得到的。在这点上他似乎又与相对主义一致。第四，不同的标准有高低之分，因而合理性也可以分为高的和丰富的或低的和贫乏的。

---

[1] Steve Lukes, "Relativism in Its Place," in *Rationality and Relativism*, p. 298.

在这点上他似乎又不同于相对主义。但是任何一种分级，都必须运用某种标准，无论它是明确的还是隐含的。这将成为给不同合理性形式分级的一种超级标准。此超级标准不会为双方所接受，而且它很少以此方式被接受。它倒是被第三派——人类学家或科学史家所采用，他们最先制定出评价不同信念体系和文化的标准。现在的关键在于：这种超级标准是否"内在于"评价者的文化？卢克斯断然否决了优越性判断的这种文化依赖性，并且他肯定地说，这些判断源于"笛卡尔主义的绝对知识概念"①，后者为比较性评价提供超级标准。泰勒给合理性分级采用的超级标准是在条理上多少有些成就，或换言之，在理解世界上多少有些成就。但他没有说明这种标准是否"内在于"我们的理论性文化，而不是别的非理论性文化。这点应予以确定。比较性评价是否可能，依赖于这个问题［的答案］。

三　局部合理性和全局合理性

我提议把相对主义区分为温和的与极端的两种，这取决于它除了承认局部合理性标准外，是否还承认全局合理性标准。极端的相对主义把任何合理性都看成局部的，是内在于特定的文化或群体的，而普遍主义则持有唯一的合理性标准而不是多元标准，因此对此唯一标准的任何违背都将被谴责为非理性的。温和的相对主义承认全局的合理性标准，但问题是，它从何而来？如果它是合理性的最新形式，那么必定是把我们自己的局部合理性强加于其他群体和文化了。19世纪立足于科学之上的进化主义就是这种做法。如果它是先天的，是语言交流和人类思考的先决条件和终极条件，一开始就使得对信念和行为的合理性辩护成为可能，那么它是抽象的、绝对的，不能为说明合理性的增长和世界各文化中合理性的多元化的出现提供任何线索。这就是现在人们广泛放弃普遍主义的原因。而极端相对主义的日子也不好过。面对一系列互不交流的封闭群体和文化，由于外部因素的影响，任何文化都不可能获得再生，在处理任何情况时都死守传统的实践其

---

① Steve Lukes, "Relativism in Its Place," in *Rationality and Relativism*, p. 298.

至僵化了的形式。这种文化行将枯竭，生活于其中的人迟早也会从地球上消亡。人类学和历史学的资料不能证明这一假想情景。某些文化必然会互相影响，许多人会参与其中，他们终其一生就这样隶属于不同群体、遵守不同的规范。许多分隔的、孤立的文化小岛以历时和共时的方式分布在世界各地，这种景象真是令人难以置信。这是对极端相对主义的归谬反驳，它同普遍主义一样，并不能说明合理性在扩展的同时也在增长这一事实。我认为，否认全面的或全局的合理性，与否认多元的局部合理性一样是不合理的。但是，全局合理性的标准从何而来？怎样把它们与局部合理性的标准区别开来？

在此我们需要依靠下列区分：仅是常规的东西与既是常规的又是规范的东西之间的区分。对于某个文化或群体开始只是常规的东西，最终也可能变成对于其他文化来说是规范性的东西。然而，对于一个特定文化（即使是最近的、最先进的文化）是常规的东西，要变成所有其他文化的规范，这种情况可能永远不会发生。这是因为，对于特定文化是常规的东西或是规范的东西（在习惯性行为的意义上）具有不同的本性。某些规范是约定俗成的，仅对于该文化有效。有些可能是天然的，因而对于其他部分或全部文化有潜在的或实际的规范作用。纯常规的与既是常规又是规范性的东西之间的区别取决于约定俗成的与天然的东西之间的区分。例如，每个社会包括原始社会都需要某些技术形式或最低限度的技术控制。因此它们是天然的。而完全顺应自然只有对于某些东方社会或其中一些宗教群体才是常规的和约定的，因此它是非天然的。另外，一定程度的便利和安适是常规的和天然的，而现代的消费社会和其中的某些群体有人为的需求和奢侈浪费，只有对于那些有钱享受的人才是约定的、常规的。它们是约定的需求而不是天然的需要，因而是非天然的。在此，我们需要采用维特根斯坦关于常规和规范的总体观点来澄清局部和全局合理性之间的区分。

约定主义者和相对主义者都诉诸常规和传统来为某种实践或某种待人接物的方式作辩护。就像经验主义和理性主义两派中的基础主义者原来所持有的看法一样，约定主义者和相对主义者声称，通过考察个人的内部活动是不可能为我们言行找到辩护理由的。相反，这种辩护只有从常规的东西中找到。但约定主义者会把常规的东西看成辩护的唯一基础；对他们来说，在一个群体内，常规的言行方式应予以接受。维特根斯坦不提倡这种不加批判的约定主义。他不断关注生活形式的转换、做事的多种可选方式的可能性以及准则的约定俗成性，这表明，为一种实践的合理辩护不能仅仅依赖于规范。也许我们的实践根本不存在辩护。在这点上维特根斯坦更像是一位相对主义者，而不是约定主义者。然而，贴在维特根斯坦身上的这些标签都是有争议的。但是他对常规状况和规范状况的论述，可以使我们更清楚地看到他在此事上的立场。

维特根斯坦的论述主要是关于基本实践的：计数方式，容量估计，物种分类以及一般地使用名称。但是我们可以把维特根斯坦的论证和结论推广到人类学家和科学史家研究过的其他复杂实践中去。

维特根斯坦强调，我们看待和描述事物的常规方式有某种进化。在一特定的时刻，求助于常规，这本身并不能为我们看待事物和做事的方式提供合理的辩护。我们思考、言说事物的方式仅仅对于我们自己才是常规的、可辩护的。但维特根斯坦不会说这是一种合理的辩护。辩护只针对于一个社会群体或团体，才是我们称为局部合理性的东西。

根据巴恩斯和布鲁尔的强纲领，知识就是我们文化中被接受的东西。既然"知识""真理"和"合理性"已被重新诠释为"内在于既定社会的"，他们就进而否认真的、有理的、可以算作知识的东西与局部被接受的东西之间的有效区分。"在相对主义者看来"，他们说，"认为某些标准或信念的确是合理的，不同于仅被局部接受的东西，这种想法是毫无意义的"[①]。这样，认识论派所研究的东西只有在其群体内部才被接受为合理的规则。尽管巴恩斯和布鲁尔区分了认识上的约束规则和纯社会性的约定之间的差别，但它不同于维特根斯坦对规范和纯常规的区分。他们的局部接受的"合理"规则对于维特根斯坦来说并不是规范。维特根斯坦不会说一个群体或一种文化中常规

①　Barry Barnes & David Bloor, *Relativism*, *Rationality and the Sociology of Knowledge*, p. 27.

的东西总是应该予以接受的。仅当常规在某种程度上同时就是我们生活形式的基本元素时，它才会如此。规范的东西与纯常规的东西之间的区别就是把以下两类事例区别开来的东西，在一类事例中，对于我们来说没有取代一种常规的其他选项，在另一类事例中有其他选项。当某种实践是我们生活形式中的组成部分时，就不存在它的选择，这意味着这种实践不能是别的样子。因而我们不能放弃或改变它。它属于维特根斯坦所说的"人类的共同行为"①。维特根斯坦赞同把"Lebensform［生活形式］"翻译为"人类的生活方式"。他声称："当然，思考和推理（同计数一样）对于我们来说是受约束的，不是受武断的定义约束，而是受自然的限制约束，这些限制对应于思考和推理在我们生活中所充当的角色。然而，我们可以说推理规则是强制性的，就像人类社会的其他规则一样具有强制性。"② 所有的这些引文表明，"我们的生活形式"不应被理解为"群体的生活"或"集体的生活"，或是"人类的共同行为"，而应解释为"人类生活的方式"。很显然，组成我们生活形式的不只是既定群体的常规，而是我们人类生活的规范。

当然，维特根斯坦不像普遍主义者，他同时注意到了一些情况，即在一个群体中盛行的常规实践有可替代的选项。假设这些常规实践不是我们生活形式的组成部分，那么在不同的情况下当然存在不同的思考处世方式。相对主义者老是说，不用说在宗教、意识形态和道德体系中，即使在自然科学中，也存在多元的局部合理性，因此这种多元化不是别的，正是局部接受或共识。正是一种文化的分类体系或概念框架提供了事物的鉴别准则——我们把某物称作某物的条件；没有这种准则，就不可能理解这个世界。然而对于那些以它们为准则的事态，这些准则不能构成逻辑上充分的条件，而且满足了这些准则并不能证明我们说"X 是 F"或"F 在此"的合理性。不过维特根斯坦还是认为"无辩护地使用一个词语并不意味着用得不对"（《哲学研究》289）。当一种指称事物的常规实践被取消时，我们尤其需要准则。根

---

① Wittegenstein, *Philosoplice Studies*（Blackwell Pubilshing, 1953）p. 206.

② Wittegenstein, *On the Basis of Mathematics*, CH. 1：116, Blackwell Publishing, 1956.

据 S. 卡维尔（Stanley Cavell），"'当我们不知所措'，当我们面对词语和它们所预言的世界感到迷惘时，我们就求助于维特根斯坦的准则。这样，通过找到和宣布我们共认的标准来了解我们自身"①。但是，在何种情况下，我们对事物的描述才是可以得到合理辩护的呢？当我们找到我们与群体中其他人的共识从而认识到我们自身时，是不是就得到了辩护呢？卡维尔强调："寻求共同体"就是"寻求理性"或要求理性。当然是这样。但是对理性的要求不等于合理性本身，仅当在一定环境下用"我们全部都会说"这样的句子来表达我们的信念时，才会如此；它们才可以得到合理辩护。而且"全部"不应局限于任何特定的群体，而应包括大部分或所有的人。因而，为了对我们的信念进行合理辩护，我们需要有比群体共识广得多的东西；并且此共识依赖于现实的环境。

维特根斯坦把实践想象成完全不同于我们的常规实践，他这一策略是想检验在这些实践中自我认识的可能性。在这些事例中我们不能认识自我，这显然表明我们关于何谓人的观念包括了一种发现：某些常规实践——计数、概念化、遵守规则是天然的。经受某些难解例子的检验时，对我们来说是常规的东西，对于全体人类却似乎是天然的。在这样一些实践实例中"准则的力量所依赖的常规性观念被看作一个关于自然性的观念"②。我们认为，具有天然性的实践部分地决定了我们自身。因而，为了得到自我认识，某些常规实践必须是共有的。此外，当今的某些实践必须对于全体人类来说是常规的、天然的，我们才会成人。维特根斯坦就是以这种方式窥见了人类的一些普遍性。维特根斯坦把私人语言作为空洞的东西加以拒绝，这已广为人知。他对私人语言的反对使我们清楚地看到，某些实践表明是我们生活形式的组成部分，因而对我们成为人是必需的。

维特根斯坦假想了别的处世方式，他的策略使我们有可能发现某些常规实践是天然的。在信念体系、道德体系和文化中这些基本实践将会构成支配实践（practice-governing）的原则。由于发现不同群体

---

① Stanley Cavell, *The Claim of Reason* (New York: Clarendon Press, 1979), p. 34.

② Ibid., p. 122.

中的某些思考处世的常规方式对于全人类是天然的，这样一些信念和实践就可以得到全局辩护。这些支配实践的原则可以指导不同文化的比较性评价。

温和的相对主义存在两个基本问题：如何解释和理解异己文化，如何比较和评价它们不同的价值度。维特根斯坦绝不是极端的相对主义者，他通过发现某些支配实践的原则而瓦解了极端的相对主义。这些原则不仅为解释和理解异己语言和文化提供了"参考体系"（《哲学研究》206），而且给不同信念体系和文化的比较性评价提供了线索。因此维特根斯坦的见解为试图解决上述问题的人类学家和科学史家提供了极大的帮助。

维特根斯坦呼唤我们对异族人和异族文化有非种族中心的更加丰富的理解，这是一种很有希望的迹象。我们可以运用支配实践的原则找出何种异己信念体系或文化，或它的哪些部分和哪些元素是常规而约定俗成的，因此只对于异族人是局部可辩护的，而且我们还可以找到哪种信念体系或文化或哪些部分和元素是常规的、天然的，因而既对于我们又对异族人来说是全局可辩护的。

当然，相对主义是不可能被驳倒的；只能对它做一些限制。

萧萐父教授

　　萧萐父教授于1924年1月生于四川省成都市的一个知识分子家庭。在大学期间，他参加学生进步组织，发起、编辑《珞珈学报》。1947年在武汉大学发生震惊全国的"六一"惨案时，他任武汉大学学生自治组织的宣传部长，积极投身爱国学生运动。1947年回到成都华阳中学任教，主编《西方日报》"稷下"副刊，积极参加成都地下党组织的活动。1949年5月入党，12月受党组织委派作为军管会成员参与接管华西大学，后留任该校马列主义教研室主任。1956年进中央党校高级理论班深造。同年，应李达校长的邀请回武汉大学重建哲学系，1957年正式调入武汉大学哲学系并从此长期担任哲学系中西哲学史教研室党支部书记、中国哲学史教研室主任。

　　"文化大革命"期间，萧萐父先生被打成李达"三家村黑帮"，横遭迫害。1978年接受教育部组织九所高等院校联合编写哲学系本科生教材《中国哲学史》的任务，担任主编。该教材出版后，分别被译成韩文与英文，在国际学术界产生了广泛影响。20世纪80年代，在《中国社会科学》上先后发表了《中国哲学启蒙的坎坷道路》、《对外开放的历史反思》等重要文章。特别通过对明清之际早期启蒙思想、王夫之哲学的研究，探寻中国现代进程自身的源头活水，认定中国有自己的现代化内在的历史根芽。独树一帜地提出了自己的"明清启蒙史观"，深受海内外学者的关注。

1990年以后，他立足于世界文化发展的全局思考东方现代化的特殊道路，把经济一体化和文化多元化视为全球化的双翼，强调文化多元化的发生和发展，突破欧洲中心主义，论定人类文化与中国传统文化是多源发生、多元并存、多维发展的。他用"漫汗通观儒释道，从容涵化印中西"的诗句，诗性地表达了自己的文化哲学情怀。

萧萐父教授是国家重点学科——武汉大学中国哲学学科的创建者与学术带头人，教育部人文社会科学重点研究基地——武汉大学中国传统文化研究中心学术委员会主任。他曾任中国哲学史学会副会长，中国《周易》学会顾问，国际道联学术委员，国际儒联顾问，中国文化书院导师；曾应邀赴美国哈佛大学、德国特里尔大学等校访问、讲学。在国内外发表学术论文百余篇；主要编著有：《中国哲学史》（上下卷）、《哲学史方法论》、《中国辩证法史稿》（第一卷）、《王夫之辩证法思想引论》、《玄圃论学集》、《众妙之门》、《传统价值：鲲化鹏飞》等；出版专著有：《船山哲学引论》、《中国哲学史史料源流举要》、《明清启蒙学术流变》（合著）、《王夫之评传》（合著）、《吹沙集》三卷等。其中，《中国哲学史》曾经获得国家教委优秀教材一等奖。

他先后为硕士生、博士生开设了"哲学史方法论"、"中国哲学史史料学"、"中国辩证法史"、"明清哲学"、"佛教哲学"、"道家哲学"、"马克思的古史研究"、"马克思晚年的人类学笔记"等课程。在长期的教书育人过程中,他提炼出了二十字方针:"德业双修,学思并重,史论结合,中西对比,古今贯通。"这二十字已经成为珞珈中国哲学的精神纲领。

萧萐父先生是当代中国哲学史界少有的诗人哲学家。他晚年一再强调中国哲学的诗性特质,执着地探索 Logic(逻辑)与 Lyric(情感)的统一,并认定这一特质使得中国哲学既避免了宗教的迷狂,也避免了科学实证的狭隘。他用诗自叙人生处世之道:"书生自有逍遥处,苦乐忧愁尽化诗。"

2008 年 9 月 17 日,他因病逝世,享年 85 岁。

中国哲学启蒙的坎坷道路[*]

萧萐父

  中国是否曾有过自己的哲学启蒙或文艺复兴？如果有，它的历史起点在哪里？经历了什么样的特殊道路？这是"五四"以来人们多次议论过的题目。经过"十年动乱"之后，为了总结历史的经验，探寻中国自己建设社会主义精神文明的途径，预测中国哲学发展的未来，人们又在重新探讨这个问题，进行着各有会心的历史反思。

  有的同志咀嚼中外学者曾有的一种说法而赋予新解，认为中国早就有古代的"儒家民主主义"和"儒家人道主义"，至于近代人文主义的哲学思潮则始于宋代理学。因为这场儒学的复兴，提出了"消除异化的人性复归"，理学家们讲的"天人合一"、"民胞物与"即肯定了人在宇宙中的地位和人所创造的精神文化、伦理道德的价值，这表现了民族觉醒和理性精神，是中国哲学史上媲美晚周的"第二个黄金时代"。这种观点，把封建理学视为反封建蒙昧的理性主义，实际是否认中国历史上曾有过真正的启蒙哲学。因而王夫之、谭嗣同也都属于理学系统，不过是宋明理学的改进和继续，乃至今天的社会主义精神文明似乎也只能嫁接在理学这一不朽的根株之上。

  有的同志则从相反的另一极出发，认为中国长期的封建社会乃是一个超稳定系统，经历着周期性的农民战争——改朝换代而其基本结构不变，包括理学在内的儒家正统思想的强控制，窒息了一切新思想的萌芽，只是百多年西方资本主义文明的全面冲击，中国社会结构的超稳定系统才开始被打破。有同志通过分析世界近代史而论定东方社

---

  * 此文写于 1982 年 7 月，后发表于《中国社会科学》1983 年第 1 期。

会注定不可能产生资本主义关系及其精神分泌物，也有些青年慨叹于祖国历史的沉重负担而以黑格尔所说文艺复兴时期的"爆发性的人物"① 自居。在他们看来，今天为了驱除现实生活中的封建主义历史阴影，还得借助于西方近代启蒙者的思想火炬。这种见解，也同样无视中国有过自己的哲学启蒙或文艺复兴，当然也不会去研究中国哲学启蒙的特殊道路给我们留下了什么教训。

这种种历史反思，都是在历史地分析国情，引古以筹今，具有严肃的现实意义。普列汉诺夫在其名著《俄国社会思想史》的序文中说："历史家不应该哭，不应该笑，而应该求得深解。"② 为弄清这一问题，有必要对中国启蒙哲学的发展作一番史的回溯和论的探索。

一

思想启蒙、文艺复兴之类的词，可以泛用，但纳入马克思主义的历史科学，应有其特定的含义。狭义地说，14 世纪以来地中海沿岸某些城市最早滋生的资本主义萌芽的顺利发展，以及由于十字军东征，关于古希腊罗马文献手稿和艺术珍品的大批发现，促成了意大利等地出现空前的文艺繁荣。好像是古代的复活，实际是近代的思想先驱借助于古代亡灵来赞美新的斗争，为冲决神学罗网而掀起人文主义思潮。"在惊讶的西方面前展示了一个新世界"，使得"中世纪的幽灵消逝了"③。正是在这个意义上，文艺复兴又被广义地理解为反映资本主义萌芽发展，反对中世纪蒙昧主义的思想启蒙运动。马克思主义创始人把意大利看作"近代世界的曙光在那里升起"的"典型的国家"④，把但丁（1265—1321 年）看作"中世纪最后一位诗人，同时又是新时代的最初一位诗人"，是标志"封建中世纪的终结和现代

---

① ［德］黑格尔：《哲学史讲演录》第 3 卷，贺麟、王太庆译，商务印书馆 1983 年版，第 343 页。

② ［俄］普列汉诺夫：《俄国社会思想史》著者序，孙静工中译本上册，商务印书馆 1937 年版，第 3 页。

③ 《自然辩证法·导言》，《马克思恩格斯选集》第 3 卷，人民出版社 1972 年版，第 445 页。

④ 《资本论》第 3 卷，人民出版社 1975 年版，第 24 页。

资本主义纪元的开端"的"伟大人物"①，并肯定这是"一个需要巨人而且产生了巨人——在思维能力、热情和性格方面，在多才多艺和学识渊博方面的巨人的时代"②。的确，14—16 世纪，从意大利到法国、西班牙、荷兰、英国，涌现了一大批文化英雄、思想巨人。就哲学方面说，被黑格尔赞为"哲学烈士"的意大利的布鲁诺（1548—1600 年）和梵尼尼（1586—1619 年），虽以相同的命运被教会烧死了，但他们却使"理性和所谓天启之间的斗争燃烧起来了，在这个斗争中，天启与理性对立起来，理性独立了"③。同时，16 世纪德国的宗教改革及其所唤起的下层贵族的起义和伟大农民战争，也对中世纪神学统治进行了猛烈冲击。"教会的精神独裁被摧毁了，……在罗曼语诸民族那里，一种从阿拉伯人那里吸收过来并重新发现的希腊哲学那里得到营养的明快的自由思想，愈来愈根深蒂固，为 18 世纪的唯物主义作了准备。"④

这就是马克思主义剖视西欧历史，从整个文艺复兴时代的社会思潮中所发现的"重新觉醒的哲学"⑤ 的启蒙性质。

确定意义的启蒙哲学，应当区别于中世纪的异端思想（那可推源于十二三世纪经院哲学中的唯名论，乃至更早的作为"中世纪革命反对派"的神秘主义异端），也与西欧以后作为政治革命导言的资产阶级哲学革命的理论发展有所不同，应仅就其资本主义萌芽发展相适应，作为封建旧制度崩解的预兆和新思想兴起的先驱这一特定含义来确定它的使用范围。至于它的实质，可否从马克思的这一提示给予说明：历史"很少而且只有在特定条件下才能进行自我批判"，而这种自我批判的历史阶段，"当然不是指作为崩溃时期出现的那样的历史

---

① 《共产党宣言》1893 年意大利文版序，《马克思恩格斯选集》第 1 卷，人民出版社 1972 年版，第 249 页。

② 《自然辩证法·导言》，《马克思恩格斯选集》第 3 卷，人民出版社 1972 年版，第 445 页。

③ ［德］黑格尔：《哲学史讲演录》第 3 卷，贺麟、王太庆译，商务印书馆 1983 年版，第 367、371 页。

④ 《自然辩证法·导言》，《马克思恩格斯选集》第 3 卷，人民出版社 1972 年版，第 445 页。

⑤ 《路德维希·费尔巴哈和德国古典哲学的终结》，《马克思格恩斯选集》第 4 卷，人民出版社 1972 年版，第 250 页。

时期"①（如果处于那样的历史时期，革命会代替批判，或者说批判已不再是解剖刀而是消灭敌人的武器②）。这就是说，一个社会的自我批判总是在自身尚未达到崩溃但矛盾又已充分暴露的条件下进行的。14—16 世纪西欧的文艺复兴、启蒙运动正是在封建社会远未崩溃的条件下所进行的自我批判。人们给予这个时代以不同的名称，如"宗教改革""文艺复兴""五百年代"等，但这种自我批判乃是世界各主要民族走出中世纪的历史必由之路。我们说，中国有自己的文艺复兴或哲学启蒙，就是指中国封建社会在特定条件下展开过这种自我批判。这种自我批判，在 16 世纪中叶伴随着资本主义萌芽的生长而出现的哲学新动向（以泰州学派的分化为标志，与当时新的文艺思潮、科学思潮相呼应）已启其端，到 17 世纪在特定条件下掀起强大的反理学思潮这一特殊理论形态典型地表现出来。至于这一典型形态的哲学启蒙的往后发展，却经历了极为坎坷的历史道路。

人们惯于中西哲学对比。事实上西方也有不同的发展类型。如果说，意大利、法国等地中海沿岸国家的文艺复兴直接取得了辉煌的思想成果，英国更以特殊的历史条件成为近代哲学运动的前锋和产业革命的策源地；那么，德国、俄国这些封建主义包袱较为沉重的国家，启蒙运动则迈着沉重的步伐，走过崎岖的道路。奇特的是，它们的近代思想启蒙，都是由"贵族的国民运动"或"贵族的革命家"开始发动的③，又都依赖于农民反封建斗争所提供的巨大动力。

纵观历史，如果把资本主义萌芽产生以后的中国与欧洲这些国家对比考察，则不难发现，中国显然异于意大利及法、英等国，而与德国、俄国却有不少历史的相似点或共同点。例如，（1）在走向近代的过程中经济发展都缓慢而落后，宗法关系的历史沉淀使封建统治势

---

①　《〈政治经济学批判〉导言》，《马克思恩格斯选集》第 2 卷，人民出版社 1972 年版，第 108 页。

②　《〈黑格尔法哲学批判〉导言》，《马克思恩格斯选集》第 1 卷，人民出版社 1972 年版，第 3—4 页。

③　参见《恩格斯给拉萨尔的信》（1859 年 5 月 18 日）、《德国农民战争》4，《马克思恩格斯全集》，人民出版社 1979 年版，第 29 卷，第 584 页；第 7 卷，第 437 页。列宁：《俄国工人报刊的历史》、《纪念赫尔岑》，《列宁全集》，人民出版社 1990 年版，第 25 卷，第 98 页；第 21 卷，第 267 页。

力既腐朽又强大，由于封建制母体内资本主义因素发展不足，使近代社会长期处于难产之中；（2）反封建农民战争都曾大规模兴起，农民成为反封建革命的主力但又无法取得反封建革命的胜利，却直接间接地为启蒙思潮的崛起提供了历史的动力；（3）新兴市民以至资产阶级晚生而又早熟，都由于软弱而各具不同程度的妥协性和两面性，无力完成反封建的历史任务，结果，竟然要由无产阶级联合农民来挑这副担子；（4）由于近代社会长期处于难产状态，改革运动几起几落，阶级关系和社会矛盾都呈现出特别复杂的情况，一方面新的突破旧的，另一方面死的又拖住活的，形成历史运动的多次洄流。这些，似乎是德、俄、中这类国家在资本主义萌芽产生以后和无产阶级领导的革命兴起之前社会状况的一般特征。总地来看，正如马克思在描述德国状况时所指出的那样："不仅苦于资本主义生产的发展，而且苦于资本主义生产的不发展。除了现代的灾难而外，压迫着我们的还有许多遗留下来的灾难，这些灾难的产生，是由于古老的陈旧的生产方式以及伴随着它们的过时的社会关系和政治关系还在苟延残喘。不仅活人使我们受苦，而且死人也使我们受苦。"① 然而，就在这种新旧杂陈、错综复杂的历史环境中，反映资本主义萌芽发展的、反对封建蒙昧主义的启蒙思潮毕竟冲破了重重阻力而产生、发展了。尽管这些国家的哲学启蒙运动都遭到了挫折而未能很好地完成历史的任务，但却唤醒了一代代后继者。德、俄、中三国在这一时期都诞生了一批思想巨人，对人类精神文化作出巨大贡献。在德国，从路德、闵采尔到歌德、席勒、贝多芬，从莱布尼茨、康德到黑格尔、费尔巴哈，直到培育出马克思、恩格斯。在俄国，从拉辛、布加乔夫到拉吉舍夫、十二月党人，从普希金、赫尔岑到别林斯基、车尔尼雪夫斯基，直到培育出普列汉诺夫、列宁。在中国，许多事情和沙皇俄国相同或相似，封建压迫的严酷，经济文化的落后，以及先进人物为了国家的复兴，不惜艰苦奋斗，寻找革命真理，这都是相同的。② 但中国作为东方大

---

① 《资本论》第一版序言，《资本论》第 1 卷，人民出版社 1975 年版，第 8—11 页。
② 参见毛泽东《论人民民主专政》，《毛泽东选集》第 4 卷，人民出版社 1966 年版，第 1358 页。

国，某些方面更为落后。列宁把俄国解放运动中摸索真理的先进人物分为三代①，而中国在历史难产的痛苦中觉醒的先进人物，为摸索真理而走过的道路更加艰难曲折，似乎可分为五代。单就哲学启蒙说，明清之际的黄宗羲、顾炎武、方以智、王夫之到颜元、戴震、焦循等同具人文主义思想的早期启蒙者属一代，阮元、龚自珍、魏源、林则徐等开始放眼世界的地主改革家为一代，严复、谭嗣同、康有为等努力接受西学以图自强的资产阶级维新派为一代，以孙中山、章太炎为代表的资产阶级革命民主派和后期梁启超及王国维、蔡元培等试图会通中西自立体系的资产阶级学者为一代。三百年来，一代代思想家呼唤风雷，一阵阵古今中外思潮的汇合激荡，终于在伟大的"五四"运动中，崛起了李大钊、陈独秀、毛泽东、蔡和森等由革命民主主义转到马克思主义的思想家。中国哲学革命才被推进到一个新阶段。

二

通过以上简略的对比分析，似乎可以看出，德、俄、中三国走向近代，对沉重封建包袱进行自我批判的道路，确有相同或相似之处。同时也可以看到，民族的苦难，历史道路的曲折坎坷，也具有二重性，既留下耻辱的印记，又留下光辉的战斗业绩。恩格斯在1850年回顾德意志民族的传统时曾严肃指出："在历史上德意志民族也曾表现过坚韧不拔的精神"，"在历史上德国农民和平民所怀抱的理想和计划，常常使他们后代为之惊惧"；并具体分析指出："十六世纪的德国革命的特殊神学理论性质，对于不属于此世的事物有压倒一切的兴趣。从不光彩的现实中来的抽象，构成后来从莱布尼茨到黑格尔的德国人的理论优势的基础。"② 列宁在1914年回顾俄罗斯民族的传统时曾指出："我们看到沙皇刽子手、贵族和资本家蹂躏、压迫和侮辱我们美丽的祖国而感到无限痛心"，但应当满怀民族自豪感，因为在

---

① 参见列宁《俄国工人报刊的历史》，《列宁全集》第25卷，人民出版社1990年版，第98—106页。

② 恩格斯：《德国农民战争》，人民出版社1962年单行本，第17、175页。

大俄罗斯人民中间"产生了拉吉舍夫、十二月党人、七十年代平民知识分子革命家",产生了工人阶级政党并"证明了它能给人类作出为自由和社会主义而斗争的伟大榜样"①。至于列宁对赫尔岑、车尔尼雪夫斯基、托尔斯泰的历史评价和对他们世界观矛盾的辩证分析,更达到了很高的科学水平。从经典作家这些示范性的论述中理应得到启示,应当以什么样的历史感和科学方法来总结自己民族的历史传统,怎样分析自己民族的哲学启蒙到哲学革命所走过的特殊道路并由此得出什么样的历史教训。

十七八世纪中国的哲学启蒙,似应看作中国近代哲学的历史准备的一个特殊阶段,它是明末清初特殊历史条件下的产物。

明末清初,封建社会末期经济、政治危机的总爆发,资本主义萌芽的新滋长,自然科学研究热潮的蓬勃兴起,反映市民要求的文学艺术的空前繁荣,表明中国封建社会及其统治思想已经走到上述马克思所说的尚未达到"崩溃时期"但已"能够进行自我批判"的历史阶段。尽管衰朽的宗法封建关系及其强固的上层建筑多方阻挠和摧残着一切新事物的生长,尽管在农民大起义失败的血泊中以清代明的王朝更迭使旧制度得以延续,形成清初一段历史洄流,但这并不能改变历史已经形成的封建制趋向"天崩地解"(黄宗羲语)的新趋势,从而孕育着近代哲学思想"破块启蒙"(王夫之语)的新动向。姑举数例:

1. 这一时期合乎规律出现的早期启蒙思潮,曲折地反映了当时市民反封建特权的要求,直接受到农民大革命的风雷激荡的影响,表现出某些越出封建藩篱的早期民主主义意识。他们提出"必循天下之公","不以天下私一人"(王夫之);要求以"天下之法"代替封建专制的"一家之法";声称"为天下之大害者,君而已矣"(黄宗羲);甚至怒斥"自秦以来,凡为帝王者皆贼也"(唐甄),在起义农民"贫富均田"口号的震动下,他们提出种种平均地权的设想,或

---

① 列宁:《论大俄罗斯人的民族自豪感》,《列宁选集》第 2 卷,人民出版社 1960 年版,第 610 页。

主张土地公有、平均"授田"（黄宗羲），或主张"有其力者治其地""故平天下者均天下而已"（王夫之），或主张"呕夺富民田"（颜元）、"有田者必自耕"（李塨）。这些改革主张，与当时农民革命的理想有质的区别，却与资本主义萌芽的发展要求有着隐然的联系。至于他们反对"崇本抑末"，主张"工商皆本"，抨击科举制度，主张设立学校，以及要求发展科学技术和民间文艺等，更具有鲜明的启蒙性质。

2. 早期启蒙学者以特有的敏感，注意并尊重新兴的"质测之学"，吸取科学发展的新成果与"核物究理"的新方法，以丰富自己的哲学。他们主张"质测即藏通几"（方以智），尊重"专家之学"，认为"即物以穷理，唯质测为得之"（王夫之）。首批来华的西方传教士混合宗教宣传所译介的一些古希腊和近代的科学论著，受到启蒙学者的衷心欢迎，而当时启蒙学者强调以科学态度对待外来文化，"欲求超胜，必先会通"（徐光启），"深入西法之堂奥而规其缺漏"（梅文鼎），并正确地评价了当时传教士们传入的西方科学知识有可取之处，而神学世界观则不足道，"泰西质测颇精，通几未举"（方以智）。明清之际的自然科学研究热潮和中西科学文化的早期交流，使这一时期启蒙哲学的理论创造从内容到方法都具有新的特色。如方以智在《物理小识》中关于物质和运动不可分的理论论证，王夫之在《张子正蒙注》《俟解》中关于物质不灭和能量守恒原理的具体论证等，都由于吸取科学成果而达到新的水平。

3. 早期启蒙学者反映新的时代要求，开辟了一代重实际、重实证、重实践的新学风。他们痛斥宋明理学"空谈心性"的虚夸学风使知识界陷于唯心主义的网罗："足不出户"，"游谈无根"，"置四海困穷不言，而终日讲'危微精一'之说"（顾炎武）；平日高谈阔论，大讲为"生民立极，天地立心，万世开太平"，一旦国家有事，则"蒙然张口，如坐云雾"（黄宗羲）。这种"蹈虚""空谈"的学风，被看作祸国殃民的根本。启蒙思想家们在研究哲学、历史、自然科学的过程中，无例外地都注重"经世致用"，提倡"事关民生国命者，必穷本溯源，讨论其所以然"①，"尽废古今虚妙之说而反之实"②。他们提倡面向实际，注重实证的求实学风，广泛地进行社会调查，博物考察和历史研究。如顾炎武为了写《天下郡国利病书》，"足迹半天下"，"所至阨塞，即呼老兵逃卒，询其曲折，或与平日所闻不合，则即坊肆中发书而对勘之"③。方以智编写《通雅》、《物理小识》更是"采撮所言，或无征，或试之不验。此贵质测，征其确然者耳。……适以泰西为剡子，足以证明大禹、周公之法，而更精求其故，积变以考之"④。王夫之也是"自少喜从人问四方事，至于江山险要、士马食货、典制沿革，皆极意研究。读史、读注疏，于书、志、年表，考驳异同，人之所忽，必详慎搜阅之，而更以见闻证之"⑤。启蒙者的治学方法，突破汉宋，别开新途，日益孕育着近代思维方法。

以上举例似足以表明，17世纪中国崛起的早期启蒙思潮，就其一般的政治倾向和学术倾向看，已显然区别于封建传统思想，具有了对封建专制主义和封建蒙昧主义实行自我批判的性质。这种批判之所以可能并必然出现的社会基础，是当时农民、市民反封建大起义的震荡下地主阶级内部的政治分化。一部分在野开明地主知识分子被卷进了反对明末腐朽统治和清初民族压迫的政治斗争的旋涡，他们震惊于当时的民族危机和政治变局，把先进汉民族的自取败辱引为沉痛教训，"哀其所败，原其所剧"⑥，利用他们的文化教养，对他们认为导致民族衰败、社会腐化、学风堕落的封建专制主义和封建蒙昧主义进

① （清）顾炎武：《日知录集释：全校本》，黄汝成集释，栾保群、吕宗力校点，上海古籍出版社2006年版，"潘耒原序"第1页。

② （清）王敔：《姜斋公行述》，（明）王夫之：《船山全书》第16册，岳麓书社1996年版，第81页。

③ （清）全祖望：《亭林先生神道表》，《鲒埼亭集》卷12，《全祖望集汇校集注》，上海古籍出版社2000年版，第230—231页。

④ （清）方中通：《物理小识·编录缘起》，（明）方以智：《物理小识》上册，上海商务印书馆1937年版。

⑤ （清）王敔：《姜斋公行述》，（明）王夫之：《船山全书》第16册，岳麓书社1996年版，第81页。

⑥ （明）王夫之：《黄书·后序》，《船山全书》第12册，岳麓书社1996年版，第539页。

行了检讨和批判，并把批判的矛头无例外地指向了作为封建正宗思想、统治思想界达五百年的宋明道学唯心主义。尽管每个人的自觉程度不同，批判的侧重点有异，甚至各自的思想倾向还存在着矛盾，但社会前进运动的客观要求，正是透过这些矛盾的合力，透过特定关系下的思想三棱镜，十分曲折但又十分合理地反映出来。

16 世纪中叶以来哲学运动的这种曲折反映，既有其生动的历史内容，更有其自身发展与思维规律相吻合的逻辑进程。

中世纪哲学意识发展到王阳明的心学，已走到极端。王阳明的心学唯心主义的彻底性孕育着自我否定的因素，使泰州学派必然分化，分化中必然出现"掀翻天地"、"非名教之所能羁络"①的异端思想家。其中"异端之尤"的李贽，以他的"童心说"和对"以孔子之是非为是非"的封建独断论的怀疑和否定，标志着对封建社会自我批判的开端。中经东林、复社的政治实践，"一堂师友，冷风热血，洗涤乾坤"②，唤起了方以智、黄宗羲等从不同侧面去突破传统思维方式，开拓"质测即藏通几"（自然哲学），"通儒必兼读史"（历史哲学）等哲学认识的新领域和探求真理的新途径。同一时期，合规律地涌现了一大批从不同角度剖析宋明理学的思想家，诸如陈确、朱之瑜、傅山、李颙、孙奇逢等，各不相谋，而自相呼应。王夫之以一定的历史自觉，从哲学上总其成，"学成于聚，新故相资而新其故"③，不仅全面扬弃程、朱、陆、王，批判地总结了宋明道学，而且精研易理，熔铸老、庄，旁及佛、道二教，博取新兴质测之学，特别是按照"依人建极"的原则，高度重视人类史观的研究，使朴素唯物辩证法的理论形态发展到顶峰，并落足到天人、理欲关系问题上的明确的人文主义思想，预示着新的哲学胎儿已躁动于母体而即将出世。"我者，大公之理所凝也。"④"自吾有生以至今日，其为鬼于天壤也多矣。已

---

① （清）黄宗羲：《泰州学案序》，《明儒学案》卷 32，中华书局 2008 年版，第 703 页。

② （清）黄宗羲：《东林学案序》，《明儒学案》卷 58，中华书局 2008 年版，第 1375 页。

③ （明）王夫之：《周易外传》卷 5，《船山全书》第 1 册，岳麓书社 1996 年版，第 1008 页。

④ （明）王夫之：《思问录·内篇》，《船山全书》第 12 册，岳麓书社 1996 年版，第 418 页。

消者已鬼矣，且息者固神也，则吾今日未有'明日之吾'而能有'明日之吾'者，不远矣！""守其故物而不能日新"的中世纪僵尸"虽其未消，亦槁而死"①。一个"明日之吾"、"大公之理所凝"的新的"自我"即将诞生！王夫之的哲学，逻辑地标志着中国封建社会哲学发展圆圈的终结。

尔后，颜元、戴震除了继续揭露宋明道学所强调的天理人欲对立的伦理异化是"以理杀人"外，颜元重"习行"、倡"实学"，戴震则重"心知"、察"分理"，分别显示了唯物主义经验论和唯物主义唯理论的哲学倾向，历史地预示着朴素形态的唯物辩证法必将代之以形而上学方法为特征的新的哲学形态。但是，由于清初历史洄流中新经济和新思想横遭窒压和摧折，这种新形态的哲学在戴震之后虽经焦循、阮元等的努力仍未能诞生。19 世纪初叶，中国以鸦片战争之后的民族苦难而转入近代。结果，明清之际早期启蒙哲学的思想成果几乎被掩埋了一百多年，而到 19 世纪末才在资产阶级的变法维新运动和排满革命运动中重新复活，起着一种思想酵母的特殊作用。

三

从历史的回顾中可以看出，中国确乎有过自己的哲学启蒙或文艺复兴，但决非始于宋代理学，恰好相反，它是在对整个宋明道学（包括理学和心学）的否定性批判中开始的。正因为打破了宋明道学的思想桎梏，才产生了人文主义的初步觉醒。应该说，在明清之际的社会大动荡、阶级斗争和民族斗争的大风雨中，我们民族也产生过自己的巨人。我们有自己的但丁，如汤显祖、曹雪芹，且他们唱的不是"神曲"，而是"人曲"；也有自己的达芬奇、米开朗基罗，如郑燮、石涛、陈洪绶，他们画笔下的人和物都表现了倔强的异端性格；还有自己的布鲁诺式的"哲学烈士"，如何心隐、李贽，他们敢于背经叛道，死而不悔；我们更有自己的弗兰西斯·培根，如徐光启、方以

---

① （明）王夫之：《思问录·外篇》，《船山全书》第 12 册，岳麓书社 1996 年版，第434 页。

智、梅文鼎，他们学贯中西，开始了铸造自己"新工具"的事业。至于王夫之、黄宗羲这样博学深思、著作宏富的思想家，在世界文化史的这一阶段上可说是旁世无匹。但是，当清初历史转入洄流中，他们虽然"锋镝牢囚取次过，依然不废我弦歌"①，但也只能"且劈古今薪，冷灶自烧煮"（方以智诗），"思芳春兮迢遥，谁与娱兮今朝"②，遥望着未来历史的春天而眼前却感到孤寂。他们的思想火花，没有能形成照亮黑夜的"火流"，而他们散播火种的著作反而成为清王朝禁毁的对象。他们曾想对传统宗教神学和各种"镇压人心"的邪说"伸斧钺于定论"（王夫之语），建立起"理性法庭"，但清初建立的文字狱法庭反而对理性和自由实行了严酷的审判。

这是为什么？这是因为中国近代社会新旧交替的长期难产所出现的第一次历史洄流。在洄流中，中国的哲学启蒙首次遭到摧折，步入了坎坷的道路。18世纪的历史洄流，表现为社会经济新因素由大破坏到复苏、民族关系由落后族的征服到被融合的过程中，封建专制主义回光返照地稳定了一段，伴之而来的是程朱理学的权威竟得以在"御纂"、"钦定"的形式下恢复。清统治者适应自身封建化要求的文化政策，起了强化封建传统惰力的作用。如侯外庐同志所概括的："一方面大兴文字之狱，开四库馆求书，命有触忌讳者焚之，他方面又采取了一系列的愚弄政策，重儒学，崇儒士……另一方面，雍正元年（1723年）以后，中国学术与西洋科学，因受了清廷对外政策的影响，暂时断绝关系。因此，对外的闭关封锁，对内的钦定封锁，相为配合，促成了所谓乾嘉时代为研古而研古的汉学，支配着当时学术界的潮流。"③这就不仅掩埋了17世纪启蒙哲学的思想光芒，使之被人遗忘，濒于夭折，而且严重地延缓了整个中国历史的发展进程，使之迅速落后于世界形势，终于招致了从19世纪中叶起西方资本主义的破关入侵，进一步打断中国历史的发展进程。

鸦片战争以后的中国，以民族的苦难转入畸形的近代。面对空前

---

① （清）黄宗羲：《山居杂咏》，《南雷诗历》卷1，《黄宗羲全集》第11册，浙江古籍出版社1993年版，第237页。
② （明）王夫之：《袯襫赋》，《薑斋文集》卷8，《船山全书》第15册，第182页。
③ 侯外庐：《中国早期启蒙思想史》，人民出版社1956年版，第410页。

的民族危机，中国人民在苦难中觉醒，集中表现为在反帝反封建的斗争中涌现出一批又一批向西方摸索救国救民真理的先进人物。他们冲决罗网，前仆后继，留下了可歌可泣的革命传统。晚生、早熟而又十分软弱的中国资产阶级，在掀起"新学"反对"旧学"的思想文化斗争中，也曾以一种朦胧的历史自觉，把明清之际的启蒙哲学看作自己的思想先驱，希图继续其未竟之业，但他们忙于引进"西学"而来不及对自己的历史遗产推陈出新。在大量吸收"西学"的过程中，也曾注意到培根、洛克、笛卡尔的哲学与科学昌明的关系，狄德罗、拉美特里的哲学与法国革命的关系，乃至康德、黑格尔哲学的进步意义等，希图吸取来"开民智"、"新民德"，但他们迫于应付政治事变而匆匆建立的哲学体系，却又芜杂而极不成熟。他们力图把当时西方自然科学的新成果和新概念直接纳入自己的哲学体系，用以否定传统的"宋学"和"汉学"，突破古代唯物主义的朴素性和直观性，但由于在理论思维的进程上跳跃了一些环节，只能陷于简单的比附，结果他们所进行的哲学变革往往自陷迷途，乃至完全落空。中国资产阶级由于政治上软弱，文化上落后，既无力完成自己的社会革命的任务，也就更加无力完成自己的哲学革命的任务。中国的近代及其哲学运动，短短数十年，匆匆跨过西欧近代哲学发展几百年的历史行程，但就理性的觉醒、理性的自我批判、理性的成熟发展等，即这一历史阶段所需要完成的主要业绩而言，却并未跨过，而是处于长期"难产"。

四

"难产"作为一种历史现象，指社会运动和思想运动的新旧交替中所出现的新旧纠缠，新的突破旧的，死的又拖住活的这种矛盾状况。它在我国历史上多次出现，似乎带有规律性。

我国原始社会向奴隶制国家过渡，考古证明从父权制出现的轩辕黄帝时代到夏禹"家天下"，经历了近二十个世纪。奴隶制向封建制过渡，按许多学者把春秋战国看作"一大变革之会"的封建化时期，也经历了数百年之久。长期"难产"的古代社会，实际上走着"维新"的道路，因而诸如宗法制度、原始宗教以及氏族伦理观念等作为历史沉淀物被大量保留下来。宗族奴隶制向宗法封建制转变也走着一条演化的道路，因革损益，三统循环，于是一整套"敬天法祖"、"尊尊亲亲"的纲常伦理，作为宗教异化、政治异化、人性异化，凝成"天"、"礼"等传统观念，像梦魇一样纠缠着人们的头脑，成为历代正宗思想家进行哲学加工的主要对象。虽然天人关系、礼法关系等问题曾引起多次哲学论争，但"天"、"礼"等观念始终作为外部压迫力量的神圣象征，不容侵犯。以此为基石所建立的庞大的封建正宗统治思想，把一切"人本"思想、"法制"思想、"越名教而任自然"的思想、任何形式的反抗异化和要求人性复归的思想，都只能视为异端而加以排斥和打击。

这一封建正宗统治思想，在前期曾以"三纲可求于天"、"名教本之自然"、"富贵贫贱决定于三世因果"等具有宗教异化的神学理论形式表现出来；到后期，经过宋明道学家们的再次加工，更用伦理异化的哲学理论形式表现出来。宋明道学家把"根于人心"的宗法伦理意识客观化为"塞乎天地"的宇宙意识，把封建等级秩序本体化为"天理当然"，把主体认识活动伦理化为"存养省察"，于是大讲其"天人合一"、"民胞物与"、"理一分殊"、矛盾定位，而归结为"天理"与"人欲"的对立，"道心"与"人心"的对比，论证"三纲五常"是"人伦天理之至，无所逃于天地之间"[1]。这一套所谓伦理型的唯心主义，指引人们去以"天理"诛灭"人欲"，以"道心"钳制"人心"，自觉地屈从于"命"与"分"，被越来越腐朽而残忍的封建制度所吞噬、所侮辱、所残害，也自觉自愿，不怒不争。道学家们讲的所谓"复性"、"复理"，乃是达到这种奴性的自觉，绝不是什么"人性的复归"，而恰好是导致人性的严重异化。这样一套被称为"本诸人情，通乎物理"[2]、"其虑民之意甚精，治民之具甚备，防

---

① （宋）朱熹：《癸未垂拱奏札二》，《晦庵先生朱文公文集》卷13，《朱子全书》第20册，上海古籍出版社、安徽教育出版社2002年版，第634页。

② （宋）程颢：《论十事札子》，《河南程氏文集》第1，《二程集》，中华书局1981年版，第452页。

民之术甚周，诱民之道甚笃"① 的伦理政治异化的理论体系，统治了几百年，渗入上层建筑的各个部分，是一种具有极大麻醉力的封建蒙昧主义。它服务于后期封建社会的专制统治，成为束缚民族智慧、阻滞历史前进的主要精神枷锁。我国哲学启蒙道路之所以坎坷，近代哲学变革之所以难产，除了社会经济、政治原因以外，宋明道学家们长期锻造的这副精神枷锁以及装饰在这副枷锁上的所谓"孔颜乐处"、"极高明而道中庸"、"仁者浑然与物同体""四时佳兴与人同"、"数点梅花天地心"之类的虚幻的花朵和彩带，起了巨大的作用。

应该看到，枷锁套着的正是反抗的囚徒。近代中国资产阶级的先进人物往往由反抗传统而接受"新学"，他们所推动的以"新学"反对"旧学"为内容的哲学变革，与政治实践紧密联系而概括了社会变革中认识的积极成果；由对比中西学术特点而广泛吸取了西方近代先进哲学，特别对 19 世纪自然科学的三大发明（在西方本是对资产阶级形而上学的大突破，并构成马克思主义哲学产生的科学基础）以及一些科学新概念（如"以太"、"星云"、"阿屯"、"质"、"力"等）大胆采入自己的哲学体系；并初步总结了中国古代哲学的优秀传统（如朴素唯物辩证法的气化论、矛盾观、知行学说等）。这就为马克思主义哲学在中国传播、生根准备了一些必要的思想土壤。一些资产阶级学者还开始独立地研究中国哲学史，敏锐地注意到明清之际早期启蒙思想家的独特贡献；另一些学者认真翻译介绍西方哲学诸流派，特别是德国古典哲学，直到"五四"以后仍络绎不绝，这都对近代中国哲学革命的发展起了奠基和促进的作用。但同时更应看到，由于中国近代社会的畸形，革命形势变化急速，社会生产力长期停滞，整个科学文化大大落后，这一切决定了中国资产阶级没有也不可能创造出强大的理论武器；他们服膺的"新学"、"西学"，无力战胜封建主义及其与帝国主义的文化同盟。不仅如此，沉重的历史包袱，巨大的传统惰力，使不少曾经勇敢地奋起冲决封建思想罗网的先进思

----

① （宋）欧阳修：《本论上》，《居士集》卷 17，《欧阳修诗文集校笺》上册，洪本健校笺，上海古籍出版社 2009 年版，第 512 页。

想家最终又怯懦地自陷于封建罗网，演出了一幕幕思想悲剧。龚自珍、魏源由呼唤风雷而重礼佛经。谭嗣同自叹"有心杀贼，无力回天"。康有为由维新志士一变而为保皇党，再变而为帝制复辟派。章太炎的一生，颇为典型，他以风云一时、"所向披靡"的革命家，却局限于农民意识而反对建立共和政体、发展资本主义，最后，"猝然成为儒宗"①。在哲学上，他早年写的《菌说》《公言》等，保持清新的唯物论，经过"以分析名相始，以排遣名相终"，终于"端居深观而释《齐物》，乃与瑜伽、华严相会"②，由理性主义转向了非理性的神秘主义。在中国近代思想史上，充满着矛盾的人物、矛盾的思想体系以及各种形式的由趋新到复旧的转向，这绝非个人品格、兴趣问题，而是反映了 19 世纪末中国的时代矛盾：资产阶级民主革命的历史课题，无论是政治的还是哲学的，都不可能由资产阶级去独立完成。

中国的近代及其哲学革命的难产，辛亥革命以后几年的思想混乱是其直接后果。一些资产阶级革命家如孙中山、朱执信等意识到了这一点。孙中山在 1917 年以后开始致力于哲学理论的研究，奋力写出了《孙文学说》，其最精华部分的"知难行易学说"，正是反映了对理论的迫切要求。小资产阶级革命派更敏感到了这一点，1915 年《新青年》等创刊后"新文化运动"的蓬勃开展，对当时复古尊孔的思想逆流进行了勇猛反击，提出要用"民主"和"科学"来"救治中国政治上、道德上、学术上、思想上一切的黑暗"③，表现了对封建主义旧思想旧文化的强烈反抗和不妥协精神。可是经过"五四"前后这一番"狂飙运动"式的努力，理论成果仍较贫乏，仍未能从根本上改变中国近代哲学革命的难产状态。

"五四"前后，马克思主义的思想光芒射进了风雨如磐的中国大

① 鲁迅：《关于太炎先生二三事》，《且介亭杂文末编》，《鲁迅全集》第 6 卷，人民文学出版社 2005 年版，第 567 页；侯外庐：《中国近世思想学说史》第 16 章，重庆三友书店1945 年版。

② 章太炎：《菿汉微言》，《菿汉三言》，辽宁教育出版社 2000 年标点本，第 60 页。

③ 陈独秀：《本志罪案之答辩书》，《新青年》第 6 卷第 1 号，1918 年 1 月 15 日，第11 页。

地。在当时新旧文化思想的激烈冲突中诞生了马克思主义的文化新军。李大钊就是这支文化新军最早的旗手，是在中国近代史的伟大转折时期出现的新启蒙运动中最有远见、最有深度的伟大思想家。李大钊最早从俄国十月革命的炮声中觉悟到只有马列主义的真理、十月革命的道路才能改造中国、振兴民族。他第一次用唯物史观来解剖中国历史和中国哲学史，认定"孔子为数千年前的残骸枯骨"，而"孔子的学说之所以能支配中国人心有两千余年"，不过因为它是"中国大家族制度上的表层构造，经济上有他的基础"，而其结果是"陵夷至于今日，残骸枯骨，满目黮然，民族之精英，澌灭尽矣！"他号召青年要"本其理性，加以努力"、"冲决过去历史之网罗，破坏陈腐学说之图圄"，"所当信誓旦旦以昭示于世者，不在龈龈辩证白首中国之不死，乃在汲汲孕育青春中国之再生"①。李大钊的这些启示，唤起了整整一代青年的理性觉醒。以后，通过一系列的论战，唯物史观以不可抗拒的科学锋芒，在思想阵地摧枯拉朽，开创了中国近代哲学革命的新局面。鲁迅在"五四"以来的新文化运动中，更以其特有的深思、韧性的战斗，作出了多方面的突出贡献。其重要思想贡献之一，就在于以深沉的历史感，对 17 世纪以来中国哲学启蒙的坎坷道路以及多次出现历史洄流的原因，有着锐敏的观察和深刻的解剖。他清醒地看到我们民族在精神上背负着多么沉重的"因袭重担"，有多么可怕的"祖传老病"。他指出，在我们民族的历史上，"有两种特别的现象：一种是新的来了好久之后而旧的又回复过来，即是反复；另一种是新的来了好久之后而旧的仍不废去，而是羼杂"。他痛切地揭露"吃人的礼教"、"僵尸的乐观"，以及各式各样的"尊孔"、"崇儒"、"儒者之泽深且远"的"老调子"，主张继续展开"思想革命"，并极其深刻地提出"改革国民性"的问题，认为这是长期封建传统意识的毒害所造成的社会心理的病态和畸形，应当"毫不可惜它的溃灭"。他写《狂人日记》《阿 Q 正传》等，目的在"揭出病苦，

---

① 以上见李大钊《孔子与宪法》、《由经济上解释中国近代思想变动之原因》、《青春》等文，《李大钊全集》（最新注释本）第 1 卷，人民出版社 2006 年版，第 242 页；第 3 卷，第 145 页；第 1 卷，第 187 页。

引起疗救的注意"①。鲁迅从革命民主主义者到马克思主义者，毕生为实现国民性的改造，埋葬封建主义僵尸，唤起民族精神的觉醒，作了巨大的启蒙工作。毛泽东正确地肯定："鲁迅的方向，就是中华民族新文化的方向"，并深刻地总结了"五四"以后新民主主义文化革命所取得的胜利，"在哲学方面，在经济学方面，在政治学方面，在军事学方面，在历史学方面，在文学方面，在艺术方面……都有了极大的发展。二十年来，这个文化新军的锋芒所向，从思想到形式（文字等）无不引起了极大的革命"②。这一总结包括了哲学方面。20 世纪三四十年代，继唯物史观的传播之后所兴起的唯物辩证法运动，在思想战线上产生了巨大的影响，开辟了中国历史上哲学革命的新纪元，这是此前的中国哲学启蒙经过三百多年坎坷曲折的道路所达到的历史总结。

五

经过这一番历史的反思，自然产生一些"情瞳昽而弥鲜"的感想。

感想之一。以科学态度进行中西哲学的对比，认真地分析历史形成的国情，应当珍视自己民族遗产中固有的真正的优秀思想传统，立足于怎样继续推进先驱者们已经开辟的中国哲学革命的航程。由于中国哲学启蒙经历了坎坷曲折的道路，哲学劳动成果的保存和传播，哲学发展链条的前后衔接，哲学思潮在运动中的分化和合流，都表现了自己的特点及其历史衍变中的客观逻辑。17 世纪的启蒙哲学，穿过了 18 世纪的洄流而在 19 世纪后期的维新运动乃至 20 世纪初叶的新文化运动中闪耀出火光，18 世纪乾嘉朴学中被扭曲了的科学方法，

---

①　以上见鲁迅的《坟·我们现在怎样做父亲》、《坟·笔下漫笔》、《中国小说的历史的变迁》、《且介亭杂文·儒术》、《华盖集·青年必读书》、《两地书·第一集·八》、《南腔北调集·我怎样做起小说来》等，《鲁迅全集》，人民文学出版社 2005 年版，第 1 卷，第 135、222—229 页；第 9 卷，第 311 页；第 6 卷，第 31—34 页；第 3 卷，第 12 页；第 11卷，第 32 页；第 4 卷，第 526 页。

②　毛泽东：《新民主主义论》，《毛泽东选集》第 2 卷，人民出版社 1966 年版，第 658页。

穿过 19 世纪的政治风浪而在 20 世纪初酝酿史学革命时发挥了重要作用，至于"道器"、"体用"、"常变"、"一两"、"虚实"、"知行"等 17 世纪启蒙学者经过咀嚼、赋予新意的范畴，通过曲折的发展，保持着生命力，至今还活在人们的思维运动中。这就历史地告诉我们，似乎应当把明中叶以后到"五四"以前的中国哲学的矛盾运动，当作一个历史过程，一串思想发展的圆圈来加以研究，通观全过程，揭示其历史和逻辑一致的规律性。这对于我们弄清马克思主义哲学在我国生根、发展的思想土壤和历史形成的逻辑起点，都会有一定的意义。

感想之二。近几年哲学史界一些同志对儒家思想特别是宋明道学的研究兴趣颇浓、评价颇高，对其性质、地位、作用等讨论颇多，新义不少。这种研究和讨论，有利于学术繁荣。从不同角度、不同范围所作的分析、评价，可以大不相同。但历史是统一的链条，历史上各种思潮、人物都必须纳入统一的发展链条才能确定其客观地位。历史科学是有党性的，马克思主义的党性当然是建立在恢复历史全貌的客观性基础之上的。历史研究是有褒贬的，褒贬的正确与否，只能以历史运动所固有的前进性（以新代旧、由低到高）为准绳。据此，把宋明道学唯心主义思潮纳入后期封建社会的发展进程来考察，特别是联系明末清初的社会经济变动及其所引起的思想冲突来考察，则不能不肯定道学唯心主义是阻滞历史进步的精神力量。因此，对宋明道学的分析评价，究竟是跳越中国哲学启蒙运动的整个历史阶段而去重复某些学者"接着讲"的方法，还是按照哲学运动的历史轨迹来推进十六七世纪以来已经"破块启蒙"的批判？这就值得思考。这是说，马克思主义历史研究的褒贬同历史本身的自我批判的方向应当是一致的，我们的批判还必须不断突破历史上已有的批判的局限性，还需要突破"五四"以来清算历史遗产中出现过的形式主义、虚无主义、简单化、公式化等"左"的局限性。真正的清算，只能是科学的分析解剖，从粪堆中啄出珍珠，还历史以本来面目。但由于中国的近代及其哲学革命的难产，以致两千多年来积淀的封建传统意识，特别是宋明道学留下的思想包袱，至今还在起作用，还在被欣赏，还在被美化为可以"成为社会主义精神文明的一个来源"。这就更加表明，在哲学史研究中必须把继承优秀思想传统，继续推进哲学革命和清算封建主义流毒这三方面的任务，按照历史本身的联系有机地结合起来。

感想之三。中国近代哲学运动的特点，在现实中的投影是双重的。一方面，中国资产阶级哲学世界观在中外古今思潮的汇流中匆促形成、跳跃发展和急剧衰落，这为马克思主义哲学在中国的迅速胜利提供了某些顺利条件；另一方面，中国资产阶级的文化落后，理论建树颇少，在哲学上远未完成其应完成的历史任务，这又为马克思主义哲学在中国的发展带来了某些局限和困难。许多事实表明，历史给我们留下了一些应当完成而尚待完成的课题。在马克思列宁主义指导下提高全民族科学文化水平，建设以共产主义思想为核心的社会主义精神文明，勇攀现代唯物主义和现代科学技术的高峰，是当前的迫切任务。为此，在哲学领域，既要开拓新天地、研究新问题，又要注意到历史留下的补课任务。列宁在十月革命后曾经反复强调："只有确切地了解人类全部发展过程所创造的文化，只有对这种文化加以改造，才能建设无产阶级的文化。""只有用人类创造的全部知识财富来丰富自己的头脑，才能成为共产主义者。""如果一个共产主义者不用一番极认真、极艰苦而浩繁的工夫，不理解他必须用批判的态度来对待的事物，便想根据自己学到的共产主义的现成结论来炫耀一番，这样的共产主义者是很可怜的。"[1] 列宁向当时俄国青年提出的正是这样的学习和补课的任务。具体化到哲学战线，列宁还鲜明地提出过必须大量翻译和广泛传播18世纪战斗无神论的文献，组织系统地研究黑格尔辩证法并形成"黑格尔辩证法唯物主义之友协会"等任务。[2]按列宁的思路来思考，根据人类认识史的客观逻辑——马克思主义哲学需要扎根在一定的思想土壤中才能得到健康的发育成长，为了马克思主义哲学的繁荣发展，应当依据各民族固有的文化传统特点自觉地培育这样的思想土壤。在中国，古代哲学发展充分，近代哲学革命难产，这一特点制约着历史可能提供的思想土壤具有什么主要成分。就

---

[1] 《共青团的任务》，《列宁选集》第4卷，人民出版社1960年版，第348页。

[2] 《论战斗唯物主义的意义》，《列宁选集》第4卷，人民出版社1960年版，第609页。

整个民族的理论思维的发展进程说，在当前社会主义精神文明的建设过程中，自觉地培育更丰富的理论思维的土壤，使马克思主义哲学这一发展着的科学真理体系得以在我国更好地生根、开花、结果，这是当前值得注意的一个课题。遵循哲学进化的客观逻辑，自觉地避免某些历史运动的洄流，把先驱者们已经开辟的哲学革命的光辉事业推向前进，是时代赋予我们的责任。

古史祛疑*

萧萐父

一 问题的提出

人类对自身文明的童年时代的反思，经历了漫长曲折的过程。崇拜过去而迷信古史和蔑视过去而怀疑古史，曾经是历史研究中交替出现过的两种思潮。科学的古史研究，面临着扬弃泥古派和疑古派的双重任务。由泥古到疑古，再由疑古到科学的释古，是一个否定之否定的前进螺旋。

中国封建史家许多人是泥古派。他们一味地迷信古人、迷信古书、迷信古史，贵古而贱今，几乎成为因袭的传统。这种思潮一直延续到近代。有的学者，由于泥古而只信《说文》及石鼓文，而不信地下出土的金甲文。① "五四"前第一位在北京大学讲授中国哲学史的老先生，从三皇五帝讲起，讲了一年才讲到周公。②

"五四"时期，中国出现了近代意义上的疑古派。"五四"前夕，胡适在北大讲中国哲学史，断定"中国哲学结胎的时代"始于西周末年，认为《诗经》是古代最早的文献，宣称"先把古史缩短两三千年，从《诗》三百篇做起"，"宁疑古而失之，不可信古而失之"。

---

　* 此文初稿写于 1984 年 8 月。选自《吹沙集》，巴蜀书社 1991 年版。
　① 见章太炎《理惑论》，《国故论衡》，上海古籍出版社 2003 年版，第 41—43 页。
　② 见顾颉刚《古史辨》第 1 册，上海古籍出版社 1982 年版，"自序"第 36 页；冯友兰《四十年的回顾》，《三松堂全集》第 14 卷，河南人民出版社 2001 年版，第 1001 页。

他的这些主张，曾被当时人评为"切断众流"，"令人耳目一新"①。
在胡适影响下，以顾颉刚为代表，包括钱玄同、吕思勉、罗根泽、童
书业等在内的疑古派所掀起的疑古思潮，可说是"五四"以来反封
建的新文化运动的一个侧面。他们继承历代，特别是17世纪以来疑
古辨伪的传统，同时吸取西方近代社会学、人类学、民俗学、考古学
的方法，反对以往封建史学的独断，推倒"圣经"、"贤传"的权威，
冲破乾嘉朴学的局限，澄清了不少关于古史的荒唐迷信，在当时学术
界起到了重大的启蒙作用。顾颉刚主编《辨伪丛刊》，表彰郑樵、王
柏、姚际恒、崔述等人的怀疑、批判精神，进而以"东周以上无史"
为指导思想主编了《古史辨》七大卷，提出"层累地造成的中国古
史说"，断定殷周以前的古史全是春秋战国时的学者为了辩论和印证
其政治主张而编造出来的，时间越编越远，问题也越来越多。他们认
为，古史中的人物非神即兽，"三皇五帝"全属神话，"禹"可能是
神话里的一种动物，或者只像希腊神话传说中的英雄。1926年《古
史辨》第一卷结集出版，一年之内印了十二版，疑古思潮风靡一时，
几乎"无书不伪，是古皆虚"。这样，中国古代的大量文献被判为伪
书，殷商以前的古史整个被看作神话传说史，中华民族的文明史被腰
斩了两三千年。

这一时期，在国外还出现过"中国文化西来说"和"中国历史
缺环论"等思潮。

从18世纪法国学者约·德·基尼（Joseph de Guignes）断言中国
古代文字源于埃及象形文字、系埃及移民所造以来，在西方，不断有
人鼓吹"中国文化西来说"。1923年瑞典人安特生（J. G. Andersson）
根据他在中国华北一带进行考古发掘所获得的资料，更系统地提出黄
河流域的彩陶文化是由中亚和南俄罗斯移入的欧罗巴文化。他写了
《中华远古之文化》、《甘肃考古记》、《黄土的子孙》等论著，鼓吹
"中国文化西来说"。这种观点在国外一直有影响，老调新弹者不少。
如苏联一些考古学家坚持中国青铜文化源于西伯利亚冶金技术的输

① 胡适：《自述古史观书》，见《古史辨》第1册，上海古籍出版社1982年版，第
22—23页。

入。苏联学者 π. C. 瓦西里耶夫 1974 年所写的《古代中国文明的起源问题》一文，继续论证"中国文化来自西方"，提出"信息传播论"为其理论基础，依据所谓"假设性复原"，断定在公元前 2000 年左右，先后有两批来自西方或西北方的部落进入中国黄河流域，前者带来了青铜冶炼技术、饕餮纹饰、以狗为牲等文化因素，从而产生了早殷文化，奠定了中国文明的基础，后者又带来了象形文字、天文历法以及养马、战车等，因而产生了殷代晚期文化。从此，中国文化的内部进化规律，才明显地超过外部接触与文化借用的作用。①

普列汉诺夫曾在《马克思主义基本问题》一书中由于夸大地理环境的作用而得出中国经济的发展没有导致奴隶制生产方式的出现而直接进到封建社会的结论，成为国际马克思主义者流行的说法；日本森谷克己在《支那社会经济史》中公开主张中国没有奴隶社会的"缺环"论。20 世纪 30 年代，秋泽修二、左野袈裟美等在其关于东方史的著作中，也都鼓吹同一论调。"中国历史缺环论"从一个侧面助长了"中国文化西来说"，而两者又都在一定意义上乐于认同古史辨派的某些结论。②

与古史辨派同时，中国马克思主义的史学工作者另辟蹊径，力图走向科学释古道路。当时，即 1927 年大革命失败后，"新生命派"、部分托派和右翼资产阶级学者联合挑起"把中国社会史作一决算"的大论战。他们从不同侧面企图以中国社会发展的特殊性来论证马克思主义不合中国国情，向马克思主义挑战。郭沫若为了回击他们，在流亡日本时刻苦研究金甲文，1929 年写出了《中国古代社会研究》这部马克思主义的史学著作。稍后，吕振羽的《史前期中国社会研究》（1933 年），尹达的《中国新石器时代》（1939 年）等，也对"西来"说、"缺环"说和疑古派的观点进行了一定程度的评析和批驳。但是，由于当时考古发掘的资料甚少，他们本人也因时代局限而多少受到疑古思潮的影响。

---

① 文载苏联《历史问题》1974 年 12 月号。
② 参阅尹达《中国新石器时代》，《新石器时代》，三联书店 1979 年版。

　　应该看到，疑古思潮在国内的重大影响，中国文化"外来"说、"缺环"说等在国外的广泛流传，是和旧中国考古科学的落后状况有关的。半殖民地旧中国的考古工作仅处于起步阶段，几乎没有独立的发掘与研究。20世纪的二三十年代，长城以北的考古发掘，由一个叫鸟居龙藏（Riuzo Torii）的日本人和一个叫梯托夫（E. L. Titoff）的俄国人在搞，挖掘出少量文物。长城以南由一个叫纳尔孙（N. C. Nelson）的美国人和一个叫安特生（J. G. Andersson）的瑞典人在搞。安特生于1926年公布他们在周口店收购的"龙骨"中发现了两颗牙齿。后来，1927—1929年靠美国洛克菲勒基金资助，由贾兰坡、裴文中等中国青年考古学者参加发掘，他们发现的三具人头盖骨全被几个美国人带走，至今下落不明。属于新石器时代的仰韶文化和龙山文化的遗址，虽有所发掘，但所得结果极其贫乏，少量文物也被盗往外国，所谓研究成果也大都在国外发表。考古工作的落后，使疑古思潮得以广泛散布。

　　新中国成立以来，田野考古工作取得了长足进展，史学水平空前提高，许多考古新发现越来越猛烈地冲击着疑古派立足的根基。但由于普及不够、争论较多等因素，一些可望总结的考古成果仍然仅限于少数人了解，尚未和历史学研究普遍结合起来；有些已经被考古成果所证实或推翻的结论，没能引起人们的足够重视。虽已有学者注意到应当把考古新发现、少数民族的社会历史调查同传世的古文献结合起来研究，但关于古史的全面的综合研究还有待进一步着力。

　　扬弃泥古派和疑古派的任务，已提到古史研究的日程上来。根据日益丰富的考古新成就，运用马克思主义的方法，重新考释传世的古史文献，完全有可能科学地阐释古史，恢复中华民族文明史的原貌和全貌。

二　从考古新发现看我国文明史的开端

（一）关于中国"纪元"问题的论争

　　每当社会发展的转折时期，人们都会认真地反思历史而关注自己民族史的"纪元"问题。关于中国"纪元"问题的论争，由来已久。

鲁迅《自题小像》的名诗："灵台无计逃神矢，风雨如磐暗故园，寄意寒星荃不察，我以我血荐轩辕。"写于 1903 年 21 岁时，"血荐轩辕"的历史激情，集中表现了当时民族革命觉醒的时代精神。1916年李大钊在著名的《青春》一文中，也激情地声称："支那自黄帝以降，赫赫然树独立之帜于亚东大陆者，四千八百年于兹矣！历世久远，纵观横览，罕有其伦。"1937 年 4 月 6 日延安《新中华报》曾报道："1937 年 4 月 5 日清明节，中华苏维埃共和国中央政府为颂扬黄帝开创中华的伟绩，表示抗日的坚强决心，特派林伯渠为代表，前往陕西黄帝陵致祭，举行民族扫墓典礼，并郑重宣读了毛泽东同志、朱德同志的《祭黄帝文》。"祭文中说："赫赫始祖，吾华肇造，胄衍祀绵，岳峨河浩。聪明睿智，光被遐荒，建此伟业，雄立东方。……懿维我祖，命世之英，涿鹿奋战，区宇以宁。……东等不才，剑履俱奋，万里崎岖，为国效命。……还我山河，卫我国权；此物此志，永矢弗谖！"在《七大的工作方针》（1945 年）一文中，毛泽东回顾我国历史时还指出："从黄帝纪元算起，到辛亥革命，四千六百零九年，再加辛亥革命后的三十四年，也只有四千六百四十三年。"这绝非偶然地提到"黄帝纪元"，而表现了在抗日民族解放战争中面对巨大历史转折的一种伟大的民族觉醒。这里的计算方法，依据的是辛亥前同盟会第一个刊物《民报》所用的黄帝纪元和孙中山就任中华民国临时大总统通电全国所用的黄帝纪元的年数。

辛亥革命时期，围绕着究竟用孔子纪元还是用黄帝纪元的问题，发生过激烈的争论。康有为坚持用孔子纪元，革命党人斥之为"说是纪元，实为保教"。当时所有革命派都主张"保种"，用黄帝纪元。"同盟会"第一个刊物《民报》一开始就用黄帝纪元，武昌起义后各省军政府文告均用黄帝纪元，孙中山就任临时大总统时通电全国，以黄帝纪元四千六百零九年十一月十三日（公元 1912 年 1 月 1 日）为中华民国元年元旦。当时江苏的《黄帝魂》和宋教仁主编的《二十世纪的支那》等革命刊物，都刊登黄帝肖像，采用黄帝纪元（但各自计算的年数不完全一致）。刘师培特著《黄帝纪年说》一文，列出他所考订的"黄帝降生后大事略表"①。夏曾佑在所编第一部《中国古代史》中肯定:"言中国信史者,必自炎、黄之际始。"②

我国可靠的纪年是从周厉王三十七年(即国人暴动,流厉王于彘,由共和行政那一年,即公元前841年)开始,从此逐年有史可查,此前的年数就靠推算,如武王伐纣的年代,大约有近二十种说法。但西汉时,由于流行着六种古历,丞相张苍主张用"颛顼历",后由邓平、落下闳新制了"太初历",而仍有人专治"黄帝历",于是发生过一场历法争论。到汉昭帝时,丞相属僚宝和学者单安国、栖育进行过一次推算,推算的结果是,从黄帝纪元年到汉昭帝元凤三年(公元前78年)为3629年。③ 以此相推,今年(1986年)当是黄帝纪元5693年。据司马迁在《史记·三代世表》中说:"余读《谍记》,黄帝以来,皆有年数。"可见西汉时,人们相信黄帝纪元,并有年数可以推算。所以司马迁写《史记》并没有采取孔子删定《尚书》断自唐虞的做法,而首列《五帝本纪》,谈到古史,都从炎、黄说起。

在近代疑古思潮影响下的中国史学界,大都不提炎、黄了,至多从尧、舜、禹说起,而且很有保留,标题上总冠以"传说"或"假说"之类,这和迷信孔子有关。据传,孔子删书,断远取近,只取《尧典》以下一百余篇④,似乎中华古史至多只能始于尧舜。但是,与孔子同时或稍后的许多学者,包括孔子门下的左丘明及汉初经师,又如《管子》、《墨子》、《商君书》、《庄子》、《左传》、《国语》、《世本》、《竹书纪年》、《大戴礼记》、《小戴礼记》、《吕氏春秋》、《淮南子》等的作者,直到中国历史上第一位大史家司马迁,都不赞成孔子断自尧舜的做法,都认定中华古史从炎、黄开始,并把炎、黄

---

① 刘师培:《黄帝纪年说》,《左盦外集》卷14,《刘申叔遗书》,江苏古籍出版社1997年影印本,第1662—1663页。

② 夏曾佑:《中国古代史》,河北教育出版社2000年版,第18页。

③ 事见(汉)班固《汉书·律历志》,中华书局1962年标点本,第955—1026页。

④ 孔颖达《尚书正义》引郑玄《书论》所据《尚书纬》云:"孔子求书,得黄帝玄孙帝魁之书,迄于秦穆公,凡三千二百四十篇,断远取近,定可以为世法者百二十篇,十八篇为《中侯》,去三千一百二十篇。"此说不一定可信,但保留了孔子之前上古之书颇多的史影。

之际看作文明发展史上的第一个重大变革时期。如《商君书·画策》曰:"神农之世,男耕而食,女织而衣,刑政不用而治,甲兵不起而王。神农既没,以强胜弱,以众暴寡,故黄帝作为君臣上下之仪,父子兄弟之礼,夫妇配匹之合,内行刀锯,外用甲兵,故时变也。"反映了始自黄帝、国家初兴时代巨变的景况。《易大传·系辞》也描述说:古者包牺氏仰观俯察始作八卦,做结绳而为网罟,以佃以渔,神农氏为耜为耒,日中为市。而"黄帝、尧、舜氏作",发生了重大变化,"垂衣裳而天下治",除了发明臼杵舟楫之利,服牛乘马,以及宫室、棺椁等以外,还采用了"重门击柝,以待暴客","弧矢之利,以威天下",并把结绳改变为书契。这些史影以及中国古代氏族部落之间的分布、斗争、融合,并发展为奴隶制王国,等等,在中国古代文献中本有记载,并在日益丰富的地下考古新发现中不断得到证实。

(二) 关于奴隶制上限问题

从"元谋猿人"遗址到"龙山文化"遗址,考古学的成果向我们展示了中华民族的祖先从猿到人、由原始群到阶级社会循序演进的过程;同时证明了我们的祖先在亚洲东部广阔平原上创造我们民族的文化,开始是多源的、多根系的。作为东方大国,并立着许多氏族部落,在经济文化发展不平衡的条件下,关于我国奴隶制的上限究竟始于何时,是一个值得再探讨的问题。

新中国成立以来,旧石器时期的遗址大量发现,遍布全国25个省、市、自治区。最早的古人类化石是元谋猿人,活动在云南地区,距今约270万年。此后有蓝田人、北京人,距今约60万至50万年,考古学上称为"猿人"。"猿人"进一步发展为"古人",属于这一阶段的有马坝人、长阳人、丁村人、河套人,距今约20万至10万年。"古人"进而发展为"新人",距今5万年,属于这一阶段的有柳江人、资阳人、山顶洞人,此外在宁夏、山西、河南、辽宁、黑龙江、西藏、新疆等地也都有发现。这一阶段以山顶洞人为典型代表,体质与现代人基本相同,从出土的尖石、圆石、骨针、人工取火技术等判断,我们的祖先已进入旧石器时代的晚期,以血缘关系为纽带的氏族组织开始形成。

新石器的遗址已发现 6000 多个，更是遍及全国各地。其中，以仰韶文化的半坡、姜寨遗址最为典型，距今约 7000 年。陕西半坡遗址是一个四边环水的集体居住的村落。村中有 200 多个贮存粮食的地窖，宽 2.7 米，高 1.8 米，反映出当时已有剩余产品的原始农业水平。另有复合工具与弓箭，各种陶器品及陶车，而陶器上竟发现一百多个刻画符号，有的学者认为是原始文字。仰韶文化的分布和年代，正是河洛地区古羌人的文化遗存。与此大致同时的是浙江余姚县河姆渡村遗址，发掘出大批人工栽培稻谷，经 14C 鉴定，距今约七千年，另有骨耜和木耒等水稻种植工具，原始纺织工具，具有榫铆结构建筑，动物骨骼 48 种和作为欣赏品的艺术创作小陶猪等。这一重大发现，改变了过去认为江南文化发展较晚的观点，证明了古代苗蛮地区的农牧业早已达到先进水平。在仰韶文化晚期的姜寨遗址中，发现大批墓葬，有的随葬品一无所有，有的则有很多。有一个 17 岁少女的墓葬，随葬品除陶器外，还有玉石坠饰一双，由骨珠 8577 颗组成的项链。另一个四岁孩的墓葬，木制棺椁，随葬品有彩石球、玉耳坠和珠子几十颗，表明了财产的差别。仰韶文化晚期的姜寨遗址和马家窑文化的墓葬中所反映的贫富悬殊、杀殉和父权制、个体家庭私有制的确立，以及大批陶文的发现，都表明距今 5000 年前古羌人已走向文明时代。

70 年代在山东和苏北广大地区大汶口文化遗址的发现，是考古新发现的最重要成果之一。大汶口文化紧接仰韶文化之后或与仰韶后期相重叠，而恰在龙山文化之前。大汶口文化分布在山东曲阜、兖州、泗水、莒县、滕县、胶县和江苏的邳县一带，已发掘的遗址两百多个，墓群两千多座，遍布黄河下游的南岸和淮河北岸之间，广袤约有十几万平方公里，时间延续两千年之久，可分早、中、晚三期。其早期遗存，经 14C 鉴定，其年代为距今 5785 ± 105 年[①]；中、晚期经济文化高涨，约在公元前 3000 多年，进入中期，明显地出现贫富分化，男尊女卑等社会现象。至迟约在公元前 2300 年，已完成向典型

---

① 此数据为邳县大墩子遗址第三层下层出土的木炭的 14C 测定，见《放射性碳素测定年代报告（三）》，《考古》1963 年第 7 期。

龙山文化过渡。从其活动的历史时空与发展状况来看，恰与古文献中东方夷人诸部由太昊经少昊、蚩尤到挚的记载相吻合。

大汶口文化有如下特点：

1. 生产工具玉石并用。人们已经使用石铲、玉铲、石锛、石刀、石锄、鹿角鹤咀锄、骨镰、蚌镰等从事生产。

2. 农牧业得到发展。大量成套的酒器的出现，反映了可用于酿酒的剩余粮食的增多。当时人们已饲养猪、狗、牛、羊等牲畜。

3. 治玉、制陶技术的提高。出土文物中有用玉石、玛瑙、绿松石精磨、镂刻、镶嵌的精美用具或装饰品，有象牙雕刻的十七齿梳，并有 S 形的类似卦画的图案，另有镂空雕刻的象牙筒等。制陶工艺中发明了轮制技术，提高了产品的数量和质量。硬质白陶及薄胎磨光黑陶的出现，反映了制陶的纯熟技艺。这一切表明手工业已独立发展起来，并有可能已发明铜器。[①]

4. 财产差别的悬殊。《礼记·礼运》云："大道既隐，天下为家。"从字源学上考察，"家"是会意字，从宀从豕，屋下有猪就是私有制家庭的象征。至今云南纳西族人仍用家里悬挂猪头的数目标志财产的多寡。从大汶口挖掘的 133 座墓中，有 43 个墓有随葬猪头，其中半数只有一个猪头，而有一大墓达 14 个猪头。稍后，龙山文化的齐家文化也有类似情况，在一个墓中竟发现 68 个猪头。从大汶口文化的殉葬品看，贫富差别已甚鲜明。有的墓葬狭小简陋，随葬品屈指可数，甚至空无一物，而有的墓葬，则比小墓大数倍乃至十几倍。其中一个墓使用了可能是涂朱的木椁，死者佩戴着由 77 个单件组成的三串头饰，还有玉臂环、玉指环、墨绿色玉铲、精致的骨雕筒、象牙筒、象牙梳、成堆的鳄鱼鳞板，另有 90 多件优质陶器，其中仅陶瓶一项就达 38 件之多。这种财富的差别，标志着私有制的形成，财产集中于氏族内部分化出的少数贵族分子的手中。

5. 母权制的崩溃，父权家长制的兴起。一男一女墓葬的出现，说明当时的家庭形式至少已处于对偶婚向一夫一妻制的过渡。有的墓

---

① 参阅唐兰《中国奴隶制社会的上限远在五六千年前》，《大汶口文化讨论文集》，齐鲁书社 1981 年版，第 132—135 页。

中，一男子仰身葬，而一女子则跪在旁边，有的墓中，两女子屈肢向中间一男子。这些墓葬标志着母权制日趋崩溃和父权制逐步兴起。"母权制的被推翻，乃是女性的具有世界历史意义的失败"，是"人类所经历过的最激进的革命之一"，而"随着家长制家庭的出现，我们便进入了成文历史的领域"①。马克思、恩格斯在研究了摩尔根《古代社会》一书之后，认为父权制本身就是向阶级社会的过渡，奴隶制隐蔽地存在于父权制的大家庭之中，最初的阶级压迫是同丈夫对妻子的奴役同时发生的。②

6. 文字的出现。在大汶口文化晚期陶尊上已发现特有的符号，不少古文字学家予以考释，大都认为是文字。其中有斧和锛形的象形字，有一个花朵象形字，还有一些会意字，与某些玉器上的刻字很近似。在半坡遗址中，就曾发现100多个陶文，在江西、山东、青海等地也发现了大量陶文。在姜寨发现的陶文中，有的已经类似甲骨文的字形。大汶口陶器文字，虽仅发现六个，但字形结构已有一定形式，且与殷周文字有继承关系，据一些学者考释分析，"从大汶口陶器文字可以看到中国古代文化的黎明"③。

7. 城堡的建立。在山东章丘龙山镇城子崖曾发现一座古城堡，东西距离390米，南北距离450米，面积为17万平方米。有的学者认为这可能是太昊之都，至少是当时的城堡之一。"在新的设防城市的周围屹立着高峻的墙壁并非无故，它们的壕沟深陷为氏族制度的墓穴，而它们的城楼已经耸入文明时代了。"④ 尽管目前考古学界、历史学界对大汶口文化的分期、年代，尤其是社会性质等问题，还有较大的争论，但大汶口文化的发现和确立，无疑对恢复我国古史、重新考释古史文献具有重大意义。以上古史发现的事实，至少可以肯定，大汶口文化的中晚期已经产生了私有制，确立了父权制，正在跨向阶

---

① 参阅恩格斯《家庭、私有制和国家的起源》，《马克思恩格斯选集》第4卷，人民出版社1972年版，第51—53页。

② 参见《马克思恩格斯选集》第4卷，人民出版社1972年版，第61页；马克思《摩尔根〈古代社会〉一书的摘要》，第37—40页。

③ 参阅唐兰《从大汶口的陶器文字看我国最早文化的年代》、《中国奴隶制社会的上限远在五六千年前》等文，均载《大汶口文化讨论文集》，齐鲁书社1981年版。

④ 《马克思恩格斯选集》第4卷，人民出版社1972年版，第160页。

级社会，精美的玉器陶器，复杂的陶文，已闪耀出东方文明的曙光。唐兰同志就大汶口文化所写的几篇文章，综合出了"中国历史还是应该从黄帝开始"、"中国奴隶制社会的上限远在五、六千年前"等结论①，李学勤同志《重新估价中国古代文明》等论文②，田昌五同志有关"中国原始公社的瓦解过程"的新论③，石兴邦同志关于"我国私有制和国家的起源问题"的论证④，尽管立论不尽一致，但基本上都是对疑古派的古史观的否定，是力图恢复我国古代文明史的真正开端。

大汶口文化的进一步发展，在黄河流域为龙山文化，距今约4500年至4000年，正与古文献中黄帝以后直到尧、舜、禹时代相应。龙山文化包括山东龙山文化和中原龙山文化。中原龙山文化反映出文化大融合后出现的繁荣景象，标志着华夏族文化共同体的形成，部落奴隶主王国的出现，为夏王朝的统一奠定了基础。

中原龙山文化有如下特点：

1. 农牧业的繁荣。从发掘出大量的沟洫、井和耒耜、锄、铲以及蚌刀、蚌镰等农具看，我们的祖先是以水为生、以农立国的。水利设施的发展，生产工具的改进，反映了农业生产力的提高。如果说早期大汶口文化主要养狗、后期养猪，那么到了中原龙山文化时期，则马、牛、羊、鸡、犬、豕六畜俱全，黄河上游以饲养黄牛为多，中下游以饲养水牛为多。家畜的繁殖成为积累财富和发展私人占有的重要手段，龙山文化及同期的齐家文化的墓葬中便有数量不等的随葬猪头，多的达68个。

2. 铜器的普遍化和手工业的发达。龙山文化中除原始瓷器、玉器、编织品、纺织品等都较前有大发展外，突出的是冶铜术的普遍使用。古文献中关于黄帝采铜铸鼎、蚩尤造冶作兵的记载，由于大汶口文化现仅发现一骨簪上涂有铜绿，尚难以证实，但在龙山文化中却在

---

① 均见《大汶口文化讨论文集》，齐鲁书社1981年版。
② 见《先秦史文集》，《人文杂志》增刊，1982年。
③ 见田昌五《古代社会断代新论》第2编第1章，人民出版社1982年版。
④ 见石兴邦《从考古学文化探讨我国私有制和国家的起源问题》，载《史前研究》创刊号，1983年。

山东胶县出土了两个铜锥，14C 鉴定为距今 4300 年，而同期齐家文化墓葬中已有铜斧、铜刀、铜凿等工具和环形、片状的铜装饰器，标明冶铜技术的普遍化，且多为青铜器，说明经大汶口文化到龙山文化、齐家文化，已从红铜、黄铜进入青铜器时代。

3. 阶级对立日益严重。此时的墓葬中杀殉奴隶的现象随处可见。龙山遗址中发现的丛葬坑有两种情况：一种是圆形坑，内有男女骨架十具，相互枕压，头骨均靠近坑壁；另一种是利用被废弃的水井，埋有五层人骨架，其中有男有女，有老有少，或者身首异处，或做挣扎状。还有人兽合葬、无首、腰斩葬等。① 另外，有的墓葬有用人头殉葬的现象。城堡的出现，标示着奴隶制国家雏形的形成。河南淮阳县太昊陵附近平粮台发现的一座龙山后期的城堡，经 14C 测定其距今 4355 ± 175 年，各种设施已很完善，城内面积 34000 平方米，如果包括城墙外侧附加部分，则面积达 50000 多平方米，城内有高台建筑，有城门和门卫房，还有排水的陶制管道等。② 最近，河南登封县王城岗又发现一座大城堡，呈每边长约 90 米的方形，夯土内埋有人骨，少者二具，多者七具，显示了奴隶制压迫关系，城址中除大量陶器、骨器、石制工具外，还发现一件青铜容器残片，经 14C 测定其距今 4000 ± 65 年。有的考古学者认为，这座城堡遗址很可能是古文献中的"禹都阳城"，也有的认为可能是先夏时代的城址，《世本》所载"鲧作城郭"，是可信的。③

至于最近报道的辽西考古新发现的红山文化的重大遗存，包括 5000 多年前大型祭坛、女神庙、积石冢群址、类似城堡的方形广场的石砌围墙遗址，以及大批珍贵文物，考古学者饶有根据地推断该处 5000 年前已存在过一个具有国家雏形的原始文明社会。有的考古学家已指出：这些考古发现"说明了我国早在五千年前，已经产生了植基于公社，又凌驾于公社之上的高一级的社会组织形式"。"它的文

---

① 参阅许顺基《夏王朝前夕的社会形态》，《中州学刊》1981 年第 1 期。

② 见《河南淮阳平粮台龙山文化城址试掘简报》，《文物》1983 年第 3 期。

③ 《登封王城岗遗址的发掘》和安金槐《近年来河南夏商文化考古的新收获》，见《文物》1983 年第 3 期；石兴邦：《从考古文化探讨我国私有制和国家起源问题》，《史前研究》创刊号，1983 年。

化特点是，村落密集分布在河谷地带，几乎都有防御设施，由一串土城堡聚落成有机的群体，可以理解为原始长城"。至于精美玉饰的玉猪龙的发现，可理解为远古族徽"龙"的图腾形象，证实了炎、黄及尧、舜等都是"龙的传人"的传说。[①]

综上所述，对仰韶文化的再认识、大汶口文化和龙山文化的新分析以及辽西红山文化的重大发现等考古新成就，已足以证明，距今7000年至5000年前黄河流域的大部地区，都已进入父权制社会，并向奴隶制国家过渡，这一过程的历史内容，即由私有财产出现、贫富两极分化、社会分裂为对立阶级到奴隶制王国的形成。这与我国古文献中记载的从炎、黄到尧、舜、禹时代史迹大体相符。在江南地区，也由屈家岭文化、河姆渡遗址等证明，距今5000年前已开始步入私有制社会。地下考古的新成就，为重新考释古文献、恢复古史原貌、扬弃疑古思潮，提供了可靠的客观事实依据。

三　我国奴隶制形成的历史特点及其在古文献中的反映

（一）关于史前三大文化区的划分

历史文化区是历史的人文地理概念。科学地理解决定社会意识的社会存在，是包含地理环境在内的，地理环境、人口、社会经济制度是研究历史时都应考虑到的三个环节。生产力水平越低，自然环境、人口对社会发展的制约作用就越大。

考古学上有历史空间的概念，史前文化区的划分对于具体考察民族文化共同体的形成过程是必要的。早在30年代，蒙文通先生根据古文献记载，在《古史甄微》一书中，提出中国古代有三大民族集团，即海岱民族、河洛民族和江汉民族。徐旭生先生在《中国古史的传说时代》一书中，通过对夏墟的考古，也提出与此相近的三个集团，即东夷集团、华夏集团、苗蛮集团，被考古学和历史学界所承

①　《就辽西考古新发现访问考古学家苏秉琦》，《人民日报》（海外版）1986年8月4日。

认。新中国的考古新成就，在黄河上下，大江南北，系统地发掘了许多典型遗址，学者们进行了层位学、类型学的研究，大体上建立起我国史前文化发展的体系。不仅完全证明了中华远古文化是本地起源的，而且就中华本土来说，非仅一源而是多源、多根系，在交流发展中才逐步融合。因而，有的学者进一步提出了中华远古的历史文化区问题，仍分为三：

1. 海岱文化区

海岱文化区位于黄河下游，黄淮之间的广大地域，居住着东方夷人各部。据说当时"夷有九种"即有九个部落，号称"九夷"而以"风夷"为首。① "风"即"凤"，是对鸟的图腾崇拜。最早见于古书的是太昊（即太皞，亦称伏羲氏、包牺氏），他是九夷地区的部落联盟首领，结绳为网，教民渔猎，开始驯化动物，仰观俯察，始作八卦。② 据传："陈、太皞之墟也"，当今河南淮阳县，现在还有太皞陵。太皞部落发展起来，向北迁徙，散居在山东、苏北一带，即海岱地区。③ 接着发展起来的是少昊（少皞）氏，拥有 24 个氏族，以鸟名官，仍然以鸟作为图腾旗帜。据说"少昊处于穷桑"，即今山东曲阜一带，建立了具有一定分工的部落联盟组织。④ 其中九夷部落日渐兴盛，产生了蚩尤这位杰出人物。古书记载蚩尤有兄弟 81 人，即有 81 个胞族。他首先发明铜器，以金为兵。《管子·地数》、《世本》、《尸子》、《太白阴经》等均记载蚩尤炼金作兵器。《大戴礼记·用兵》称："蚩尤，庶人之贪者也。""庶"字，据卜辞研究者说，上为坩埚，下为火，即用坩埚炼钢之义。后来蚩尤被黄帝打败，九黎部落不甘屈服的人被降为奴隶，被称为"黎民"，而夷人中的四支并入了华

---

① 《后汉书·东夷传》："夷有九种：曰：畎夷、于夷、方夷、黄夷、白夷、赤夷、玄夷、风夷、阳夷。"[（宋）范晔：《后汉书》卷85，中华书局1965年标点本，第2807页]

② 见《易传·系辞下》，见唐明邦主编《周易评注》，中华书局1995年版，第226页。

③ 见《左传·昭公十七年》，《春秋左传集解》，上海人民出版社1977年标点本，第1420—1421页。《后汉书·东夷传》："东夷浸盛，遂分迁淮、岱，渐居中土。"[（宋）范晔：《后汉书》卷85，中华书局1965年标点本，第2808页]

④ 见《左传·昭公十七年》，《春秋左传集解》，上海人民出版社1977年标点本，第1420—1421页。

夏族，他们是高阳氏即颛顼、高辛氏即帝喾、伯益氏和皋陶氏，后来对中原地区文化的发展作出了重大贡献。因此，海岱文化区是中华民族最早、最重要的文化摇篮之一。大汶口文化、山东龙山文化的出土文物如鸟形陶器、炼钢坩埚、卦画图案、会意陶文等，都对古文献中的记载有所核证。

2. 河洛文化区

河洛文化区位于黄河中上游。黄河中游是古羌族各部居住地，最早一支为烈山氏，"其子曰柱，能殖百谷百蔬"，会烧山种田。[①] 炎帝（即神农氏）也属古羌族，下有四大氏族，以共工氏为最重要，他是发展农业、开发水利的一位英雄。[②] 轩辕黄帝居黄河上游，是从西北方下来的，古戎狄各部皆属黄帝胞族。黄帝号有熊氏，以兽名官，属兽图腾崇拜，有25个氏族，12个胞族。[③] 后黄帝与炎帝联盟，产生了族外婚的婚姻形式。炎帝部落中有姜姓，黄帝是姬姓，两个部落的联姻，繁衍出世代的"炎黄子孙"。黄帝部落经过与蚩尤、炎帝的连环战争而得到大发展，其姬姓等部与羌、戎等联姻，融合而为华夏族。古书中的这些记载，有关古羌人文化及其活动地望，实际上已被仰韶文化、马家窑文化和中原龙山文化的考古发现所证实。

3. 江汉文化区

江汉文化区位于南方长江流域，是古苗蛮族各部居住地。三苗是三个苗族部落，奉帝鸿即帝江为祖先，因崇拜江神而又被称为修蛇，即以蛇为图腾，活动在彭蠡（鄱阳湖）与洞庭湖周围。直到江汉平原的丹江。[④] 他们最早培育出水稻，农业生产相当发达。古书记载，尧、舜、禹三代感到的最大威胁是南方的三苗，能否征服三苗成为中

① 见《国语·鲁语》，上海古籍出版社1978年校点本，第166页；《左传·昭公二十九年》《春秋左传集解》，上海人民出版社1977年标点本，第1576页。

② 见《国语·鲁语》，上海古籍出版社1978年校点本，第166页；《淮南子·本经训》，何宁撰《淮南子集解》，中华书局1998年版，第555—605页。

③ 见《国语·晋语》，上海古籍出版社1978年校点本，第356页；《史纪·五帝本纪》，中华书局1959年标点本，第9—10页。

④ 见《战国策·魏策》，诸祖耿：《战国策集注汇考》，江苏古籍出版社1985年版，第1143页；《吕氏春秋·恃君览·召类》，《吕氏春秋新校释》，陈奇猷校释，上海古籍出版社2002年版，第1369页。

原奴隶制王国能否巩固的最大问题，反映了当时苗族的强盛。另有巴人即南蛮，也由五个氏族组成大部落，活动在湖北、四川一带。[①] 浙江河姆渡遗址发现的大量人工栽培的稻谷，距今已 7000 年，这比过去传说中的神农、黄帝的年代还往前推进了 2000 余年。而湖北屈家岭文化的分布及影响所及，其农业生产水平和"陶祖"所反映的父权制的确立，都证明了当时南方的江汉流域广泛存在过一个发达的苗蛮文化区。

以上三个历史文化区的划分，既有历史文献的根据，又有考古发现的史实，相互印证，令人信服。一般说来，史前考古的出土文物，姓氏不清，而古史文献资料，往往纪年错乱，阶段不明。把传世文献与考古成果结合起来考察，就可以互证互补，相得益彰，使古史研究不断取得新的进展。

（二）奴隶制的形成过程和发展阶段

考古发现已基本证明，我国古代的史前三大文化区，大约在距今 7000 年至 5000 年都已确立了父权制，产生了私有制，走到了阶级社会的门前。但从原始社会瓦解到奴隶制国家的形成，是一个曲折发展的过程。全国三大文化区，各部落与部落联盟之间，矛盾消长，斗争融合，而就奴隶制形成和发展而言，大体可分三个时期。

1. 炎帝、黄帝、少昊时期

这一时期是我国奴隶制形成的初期，黄河流域两大文化区各主要氏族同时跨入奴隶制，通过各氏族部落和部落联盟之间的冲突、联盟、兼并、融合而逐步形成了国家。揭开这个历史序幕的是黄帝、炎帝、蚩尤之间的连环战争。

关于这三次战争的情况，古文献中都有具体记载。第一场大战发生在蚩尤和炎帝部落的共工之间。共工氏当时为了发展农业，大力治水，"振滔洪水，以薄空桑"[②]，把水放到黄河下游，危及下游地区利

---

① 见《后汉书·南蛮传》，（宋）范晔：《后汉书》卷 86，中华书局 1965 年标点本，第 2829—2834 页。

② 《淮南子·本经训》，何宁撰：《淮南子集解》，中华书局 1998 年版，第 578 页。

益。蚩尤率军与共工大战，"争于涿鹿之阿，九隅无遗"①。由于蚩尤首先发明冶铜技术，"以金作兵器""造立兵仗、刀戟、大弩"②，打败共工。共工"不胜而怒，乃头触不周山崩，天柱折，地维绝"③，表明战况之激烈。炎帝部落失败，乃求援于黄帝，于是发生了第二次黄帝与蚩尤之间的"涿鹿之战"。这次大战，古书多有记载，《山海经·大荒北经》所记特详，谓黄帝命应龙攻蚩尤于"冀州之野"，从山东打到河北，战线很长，战况也很激烈，"蚩尤请风伯、雨师，纵大风雨。黄帝乃下天女曰魃，雨止，遂杀蚩尤"。黄帝大概躲过了雨季，靠旱神女魃之助，凭借指南车、弓箭等优势，擒杀了蚩尤。黄帝请出东夷部落的挚（质）代替蚩尤作首领，并与之结盟，曾经在泰山"大合鬼神"，开了一次部落联盟首领的大会。④ 炎帝得知后，企图"侵凌诸侯"，侵吞这次战争的果实，夺取领导地位，于是爆发了第三次战争，即黄帝与炎帝之间的"阪泉之战"。据《史记·五帝本纪》记载：黄帝经过"振德修兵，治五气，艺五种，抚万民，度四方"的认真准备，终于"三战而得其志"，从此，又经过多次大小征服战争，"五十二战而天下服"。黄帝统一了黄河流域的各部落。

三次战争的结局，统一的实现，加速了古羌、戎和古夷人诸部的文化交流。仰韶文化晚期乃至甘肃马家窑文化都开始出现东夷文化所特有的鸟形纹饰，而中原龙山文化更明显地表现出几种文化的混合，表明黄河流域各地区的文化开始互相融合而产生了早期的华夏文化。

中国古代文明的许多发明创造，诸如宫室、衣裳、蚕丝、舟车、臼杵、服牛乘马、弓矢，以及天文历法、甲子算数、文字书契等，都被归之于黄帝名下，反映出黄帝时代经济、文化的飞跃发展。值得注意的是古文献中关于黄帝采铜铸鼎的传说，《汉书·郊祀志上》："黄帝采首山铜，铸鼎于荆山下。"《子华子》说同。《史记·五帝本纪》

① 《逸周书·尝麦解》，见黄怀信等《逸周书汇校集注》，上海古籍出版社1995年版，第782页。

② 《史记正义》引《龙鱼河图》，见（汉）司马迁《史记》卷1，中华书局1959年标点本，第4页。

③ 《史记》司马贞补《三皇本纪》；《淮南子·天文训》，何宁撰：《淮南子集解》，中华书局1998年版，第167页。

④ 《韩非子·十过》，（清）王先慎：《韩非子集解》，中华书局1998年版，第65页。

则称，黄帝"时播百谷草木，淳化鸟兽虫蛾，旁罗日月星辰水波土石金玉"。仰韶文化晚期姜寨遗址出土铜片和马家窑文化遗址出土的青铜制品，证明了当时不仅"以玉为兵"，并且金、石并用的情况。虽然蚩尤"造冶"、蚩尤的81弟兄皆"铜头铁额"的传说，在大汶口文化的出土文物中尚未得到证实，但经过"涿鹿之战"以后的文化大融合，冶铜术等生产技能必然得到大提高。正是在这一生产力跃进的基础上，黄帝时代能够开始实现由氏族制度向国家的过渡。

氏族部落的征服战争，导致了国家的出现。恩格斯指出："对被征服者的统治，是和氏族制度不相容的。……因此，氏族制度的机关便必然转化为国家机关，并且为时势所迫，这种转化还得非常迅速地进行。"① 黄帝时代正是实现这种转变的时代。《史记·五帝本纪》说："轩辕之时，神农氏世衰。诸侯相侵伐，暴虐百姓，而神农氏弗能征。于是轩辕乃习用干戈，以征不享，诸侯咸来宾从。"《商君书》曾区别"伏羲、神农，教而不诛"与"黄帝、尧、舜，诛而不怒"。强调由于黄帝"内行刀锯，外用甲兵""故时变也"。《史记·五帝本纪》称黄帝"以师兵为营卫，官名皆以云命"，"置左右大监，监于万国""举风后、力牧、常先、大鸿以治民"。这表明，黄帝时期对内压迫、对外征伐的军队、官吏等设施的出现，标志着氏族机关已转化为国家机器，"军事首长的权力变为王权"②，奴隶制已初步形成。

2. 颛顼到尧、舜、禹时代

这一时期是由铜、石并用正式进入青铜器时代，属部落奴隶主王国的发展和兼并时期。这一时期最重大的事件是两次"绝地天通"，争夺神权的宗教改革。

第一次"绝地天通"，是由颛顼完成的。颛顼即高阳氏，系东夷的一支，当蚩尤被黄帝战败被杀后，颛顼部曾托庇于少昊，后又紧随黄帝，结成联盟。③ 后颛顼有才子八人，即拥有八个胞族，势力不断

---

① 见《马克思恩格斯选集》第4卷，人民出版社1972年版，第148页。

② 同上。

③ 见《山海经·大荒东经》，袁珂校译：《山海经校译》，上海古籍出版社1985年版，第245页；《国语·鲁语》，上海古籍出版社1978年校点本，第166页。

扩大，代黄帝而为部落联盟首领。① 颛顼主要作了以下几件事：（1）发展青铜冶炼技术。《世本》记载："颛顼命飞龙氏铸洪钟，声震而远。"（2）发展人为宗教，垄断神权。《庄子》记载："颛顼作玄宫。"实指颛顼营建玄宫，主持国家祭典，把神权掌握在自己手里，国家大事都通过玄宫举行宗教仪式来决定，从而把自然宗教转化成人为宗教。《大戴礼记·五帝德》记载："颛顼履时以象天，依鬼神以制义，治气以为民，絜诚以祭祀。"把自然宗教转化为人为宗教，这是阶级压迫的一个方面。龙山文化遗址中发现不少卜骨、琮璧等贵重祭器，以及人和五牲的杀殉等，足以表明已有专职祭司和宗教祭祀活动，各种祭器上的纹饰图案已多有威严、恐怖的气氛。为了垄断神权，对所统辖或征服的氏族部落，实行"绝地天通"。《国语·楚语下》记载："及少昊之衰也，九黎乱德，民神杂糅，不可方物。夫人作享，家为巫史。……颛顼受之，乃命南正重司天以属神，命火正黎司地以属民，使复旧常，无相侵渎，是谓绝地天通。"颛顼以政权的威力，首次剥夺了其他部落的宗教信仰，夷毁其宗庙，火焚其祭器，强迫他们信仰统一的宗教。（3）发展国家机关，设官分职。《左传·昭公十七年》记载，孔子曾接见了剡子，听他叙述了其祖先少昊挚——颛顼时设立专管天文历法、土地法律、战争、手工业、农业等24 个官职。颛顼时代是奴隶制国家形成和发展的重要阶段。

到了尧、舜、禹时代，经过无数次的征战和权力争夺，以及第二次"绝地天通"，最终形成了统一的奴隶主王国。《尚书·尧典》《淮南子·本经训》记载："流共工于幽州，放驩兜于崇山，窜三苗于三危，殛鲧于羽山"；并派羿先后征服了以凿齿、九婴和风鸟、太阳、长蛇、野猪为图腾的部落奴隶主王国。在尧和舜、舜和禹之间，也展开了政治斗争。舜部落属高辛氏，出帝喾之后，以善制陶器而得到发展。龙山文化出土的精美黑陶即是一证。舜不仅组织夏禹、伯益等取得了治水的胜利，而且又进一步战败三苗，通过强迫改变苗民的宗教

---

① 见《左传·文公十八年》，《春秋左传集解》，上海人民出版社 1977 年标点本，第523—524 页；《吕氏春秋·仲夏纪·古乐》，《吕氏春秋新校释》，陈奇猷校释，上海古籍出版社 2002 年版，第 288 页。

信仰，实现了第二次更大范围的"绝地天通"①，由此势力强盛，夺取了尧的地位，完善了奴隶制王国的经济、政治、刑律、文教等组织。②《竹书纪年》称："尧之末年，德衰，为舜所囚。""舜囚尧于平阳，取之帝位。"《韩非子·说疑》也说："舜偪（逼）尧而得天下。"直到唐代诗人李白的名篇《远别离》也坚持此说。禹属夏后氏部落，姒姓，以鲧为祖，似与戎、羌、东夷的颛顼、共工都有姻亲关系，或系混血而成。禹治水九年成功，形成自己的强大势力，于是逼舜出走，舜死于苍梧之野。禹即位后，发动大规模的再征三苗的南北战争，大获全胜。此次战争，《墨子·兼爱》《战国策·魏策》均有记载，而以《墨子·非攻》记载最详，所记战况，十分激烈，而称"禹既已克有三苗，……神民不违，天下乃静"。《太平御览》引《随巢子》也称："禹乃克三苗，而神民不违，辟土以王。"这说明禹征三苗的胜利，实现了从黄河流域到长江流域的政治统一。

我国古代文明的黎明时期，从黄帝、炎帝与蚩尤之间的连环战争，到尧、舜、禹屡征三苗的南北战争，史前三大文化区，经过近2000年的斗争、融合，终于形成了统一的华夏文化，而南北大体同时跨入文明门槛的分散部落奴隶主王国，也终于统一为一个奴隶制的大王国。

3. 夏王朝建立后奴隶制发展时期

禹治水成功，征服三苗之后，曾经在涂山、会稽两次大会诸侯，史称："禹合诸侯于涂山，执玉帛者万国"③；"昔禹致群神于会稽之山，防风氏后至，禹杀而戮之"④。这已显示出奴隶制王权的专制权威，同时，"芒芒禹迹，画为九州"，"敷下土方"、"任土作贡"，把

---

① 见《尚书·吕刑》，（清）孙星衍：《尚书今古文注疏》，中华书局1986年版，第519—527页。

② 见《尚书·尧典》，（清）孙星衍：《尚书今古文注疏》，中华书局1986年版，第32—74页。

③ 《左传·哀公七年》，《春秋左传集解》，上海人民出版社1977年标点本，第1749页。

④ 《国语·鲁语》，上海古籍出版社1978年校点本，第213页。

全国画为九州，制定贡赋①，并颁布历法，创立《禹刑》②，从而开辟了以华夏族为中心的统一的奴隶制王朝的新局面。禹成为我国文明史中备受崇敬的伟大人物，被称为"大禹"、"神禹"。私有制日益发展，奴隶主贵族的特权世袭制得到巩固，"大人世及以为礼"，禹传子，家天下，成为必然趋势。从此，开始了夏、殷、周三代相继的统一奴隶制王朝的繁荣发展时期。

疑古思潮泛滥以来，长期被视为"传说"或"假设"的夏王朝和夏文化，已被近些年夏墟考古的新成果所基本证实。古文献中有关夏代的不少记录，并非无稽之谈，而是确凿有据。例如关于夏代"以铜为兵""铸鼎象物"③的史迹，登封王城岗夏初城堡遗址中新发现的青铜容器残片和二里头文化及龙山文化晚期所发现的大量的青铜器和冶铜作坊，都提供了证明。又如，关于"鲧作城郭""禹都阳城"④的旧说，《水经注》关于阳城地望的描述，上述王城岗城堡遗址正与这些记述相符；二里头文化遗存中发现的总面积达一万平方米的宏伟宫殿基址，使《竹书纪年》所记夏桀"作倾宫，饰瑶台，作琼室，立玉门"等得到了实证。

至于夏代的文字、典籍，似无而实有，且作为科学文化的创造，质量甚高。如传世的《夏小正》一书，乃我国第一部综合物候气象和天文知识的历书，经科学史家考证，就其所记物候和星象，确系夏

---

① 《左传·襄公四年》引《虞人之箴》，《春秋左传集解》，上海人民出版社 1977 年标点本，第 818 页；《尚书·禹贡》，（清）孙星衍：《尚书今古文注疏》，中华书局 1986 年版，第 137 页。《孟子·滕文公》："夏后氏五十而贡"［（宋）朱熹：《四书章句集注》，中华书局 1983 年标点本，第 254 页］；《史记·夏本纪》："自虞夏时，贡赋备矣。"［（汉）司马迁：《史记》卷 2，中华书局 1959 年标点本，第 89 页］

② 《左传·昭公六年》：夏禹元年"颁夏时于邦国""夏有乱政而作《禹刑》"（《春秋左传集解》，上海人民出版社 1977 年标点本，第 1275 页）。

③ ［汉］袁康、吴平辑录：《越绝书全译》，俞纪东译注，贵州人民出版社 1996 年版，第 225 页；《左传·宣公三年》，《春秋左传集解》，上海人民出版社 1977 年标点本，第 546 页；《墨子·耕柱》，见吴毓江《墨子校注》，中华书局 1993 年版，第 656 页；《史记·封禅书》，（汉）司马迁：《史记》卷 28，中华书局 1959 年标点本，第 1392 页。

④ 《世本·作篇》，见（汉）宋衷注，（清）秦嘉谟等辑《世本八种》，商务印书馆 1957 年版，第 40 页；《竹书纪年·夏纪》，方诗铭、王修龄：《古本竹书纪年辑证》，上海古籍出版社 1981 年版，第 1 页。

代历书。①《竹书纪年》曾记禹元年"颁夏时于邦国",夏代历法作为三代文化的优异成果,得到春秋时代学者梓慎、孔子的高度赞扬。梓慎肯定"夏数得天",孔子强调治国的首要措施是"行夏之时"。我国最早的也是人类文化史上最早的一次日食记录、地震记录、流星雨记录,都是夏代科学家的观测所得而由古史文献保存下来的。《左传·昭公十七年》记太史引证《夏书》关于那次日食记录:"辰不集于房,瞽奏鼓,啬夫驰,庶人走。"仅14个字,却生动地记录了人们首次观测到日食现象所引起的惊恐状况。在二里头文化遗址中,虽仅发现20多个陶文,尚未破读,但就其形构看,与殷墟甲骨文有近似之处。在今本《尚书》中,《虞夏书》保留的《夏书》仅《禹贡》、《甘誓》二篇,而先秦古籍,如《逸周书·大聚篇》引《禹之禁》,《尚书》引《夏箴》,《墨子》、《左传》、《国语》等多次引《夏书》,《新书》引《大禹谟》,司马迁更综述各书而写《夏本纪》,足见夏代实有文字记录的典籍。如《国语·周语上》引《夏书》曰:"众非元后,何戴?后非众,何以守邦?"这13个字,是对奴隶社会阶级矛盾关系的一种理论概括。文字的产生与演化,是一个漫长的过程,现存的《夏书》片段和殷墟文字,绝非"独化"而生。夏代的文字、典籍,将会被未来更多的考古发现所证实。

　　总括上述,从炎、黄之际到夏王朝建立,是我国奴隶制产生形成时期,中经父权家长制中隐蔽的奴隶制向分散的部落奴隶制王国的复杂衍变,其年代约当公元前30—20世纪,就其上限而言,约比古印度早1000年,比古希腊早1400百年,比古埃及迟1000年,大致与巴比伦同时。夏、殷、周三代是我国奴隶制的繁荣发展时期,约当公元前21—8世纪,与古希腊繁荣时期差不多。公元前7世纪至4世纪的春秋战国时期,是我国奴隶制瓦解和封建制逐步形成时期。从我国奴隶制产生、形成到衰亡,大约经过了2700年,是一个自本自根、多源汇合、独立发展的完整过程。在世界上,也是奴隶制高度发展的一个典型形态,与世界各民族所经历的奴隶社会相比,既表现了合规律的共性,又具有自己的特点。它与中国封建社会2300年历史相衔,

---

① 夏纬英:《夏小正经文校释》,农业出版社1981年版,第80页。

构成了中华民族 5000 年的文明发展史。

　　泥古派褒义地神化古史，疑古派则贬义地神化古史，把古史斥为神话传说的历史。其实，神话传说中本身也有它产生的历史，并必然是某种历史的投影。如果善于把地下考古资料与传世文献资料结合起来，把人类社会运动的一般规律和各个民族历史的具体特点结合起来，进行宏观和微观的深入考察和具体分析，透过历史的投影去把握历史的真实，是完全可能的。

人文易与民族魂[*]

萧萐父

在 20 世纪 80 年代中国出现的《周易》研究热潮中，象数易的复苏，科学易的崛起，考古易的开拓，均取得了引人注目的新进展和新成果；同时，作为周易热的一股支流，反映社会机遇心理的滋长，占卜易也一度流行。相形之下，人文易的研究反而显得薄弱了。而人文易，即凝结在易学传统中的人文意识和价值理想，似乎应当成为易学和易学史研究的主干和灵魂。

一 《易》之为书与易学分派

《易》，既被儒门列为"六经之首"，又被道家尊为"三玄之一"，以其历史形成的理论优势和特殊地位，被赞为"大道之源""圣人之蕴"，成为我们民族传统文化精神和哲学智慧主要的"活水源头"。

关于《易》之为书，从《易传》作者起，历代相沿，已有各种说法。如《易传》中确有一种说法："圣人设卦观象，系辞焉而明吉凶，刚柔相推而生变化。……是故君子居则观其象而玩其辞，动则观其变而玩其占。"又说："探赜索隐，钩深致远，成天下之亹亹者，莫大乎蓍龟。是故天生神物，圣人则之，……"① 这些话，可以被理解为《易》乃巫觋所用的占卜之书，不过是古代宗教巫术文化的残

---

  * 此文初稿于 1991 年 5 月。选自《吹沙集》，巴蜀书社 1999 年版。

  ① 《易传·系辞上传》，见唐明邦主编《周易评注》，中华书局 1995 年版，第 197—198、219—220 页。

留；作为占卜用的"蓍龟"，是"天生神物"，比圣人还具有更大的权威。

但《易传》中更别有其他富于理性的说法，如认为："《易》与天地准，故能弥纶天下之道（'天下'今本作'天地'，据陆德明《经典释文》与李鼎祚《周易集解》校改）。仰以观于天文，俯以察于地理，是故知幽明之故；原始反终，故知死生之说。"① "《易》之为书也，广大悉备，有天道焉，有人道焉，有地道焉。"② "昔者圣人之作《易》也，将以顺性命之理，是以立天之道曰阴与阳，立地之道曰柔与刚，立人之道曰仁与义。"③ 还说："《易》之为书也不可远，为道也屡迁，变动不居，周流六虚，上下无常，刚柔相易，不可为典要，唯变所适。"④ 这是说，《易》是圣人仰观俯察的结果，其所反映的是天地人三才之道，即自然运行和人类活动的普遍法则，而这些法则，作为阴阳（刚柔、仁义）的交错变化，并非死板固定的而是"变动不居"的。这里的"幽明之故"、"死生之说"、"性命之理"等，并无神秘意味，不过是对客观事物矛盾运动的朴素的概括和说明。一方面，强调了这些天地人物的矛盾运动法则是客观的、普遍的，"范围天地之化而不过，曲成万物而不遗"⑤，乃至具有不可违抗的神圣性；另一方面，更强调了《易》所揭示的"圣人之道"，乃是对这些天地人物矛盾运动法则的模拟、掌握和运用，是一种"极深研几"的哲学智慧。所以说："夫《易》，圣人所以极深而研几也。唯深也，故能通天下之志；唯几也，故能成天下之务"，"化而裁之存乎变，推而行之存乎通，神而明之，存乎其人"⑥；"苟非其人，道不虚行"⑦。"观乎人文，以化成天下"⑧。这就充分肯定了人道的意义，

---

① 《易传·系辞上传》，见唐明邦主编《周易评注》，中华书局1995年版，第200页。
② 同上书，第233页。
③ 《易传·说卦传》，见唐明邦主编《周易评注》，中华书局1995年版，第248页。
④ 《易传·系辞下传》，见唐明邦主编《周易评注》，中华书局1995年版，第234页。
⑤ 《易传·系辞上传》，见唐明邦主编《周易评注》，中华书局1995年版，，第200页。
⑥ 同上书，第214、223页。
⑦ 《易传·系辞下传》，见唐明邦主编《周易评注》，中华书局1995年版，第234页。
⑧ 《贲卦·彖辞》，见唐明邦主编《周易评注》，中华书局1995年版，第58页。

肯定了人的自觉能动作用。人文化成天下的思想，成为"易道"的中心与归宿。《易传》作者如此诠释"易道"，实际上是对《易》的原始象数系统以及流为占卜书之后的卦象、筮数等，进行了哲学理性的加工，对"天地自然之易"（朱熹语）贯注以人文价值理想。遂使由《经》到《传》的"易学"，固有地就兼涵了"明于天之道"的科学理性，"察于民之故"的价值理想，"是兴神物以前民用"的占卜信仰这三方面的内容，在不同的条件下发挥着"以通天下之志"、"以定天下之业"、"以断天下之疑"的社会作用。① 因此，合《经》、《传》为一体的"易学"，摆脱了原始巫术形态，容纳和体现了古先民的科学智慧、人文理想与神道意识，三者既相区别，又相联系，且互为消长，在不同历史时期与不同学术思潮相激荡而发挥其不同的文化功能。《四库总目提要》所说："易道广大，无所不包，旁及天文、地理、乐律、兵法、韵学、算术，以逮方外之炉火，皆可援易以为说，而好异者又援之以入易，故易说至繁。"实指历史上"易学"与各门学术的双向交流和互相渗透，使"易学"容纳了各种学术成果，有着繁杂的内容。所以，对于《易》之为书，殊难一语中的，所谓"以言者尚其辞，以动者尚其变，以制器者尚其象，以卜筮者尚其占"②，允许见仁见智，各引一端。一部易学史，正是在今、古、汉、宋，各家各派的聚讼纷纭的多维格局中得到发展的。

　　关于易学分派，初无定说，各自立论大都有其历史依据。先秦的"三易"、"九筮"之说已不传。从西汉起，有传《易》的专门之学，初诸家皆祖田何；其后，施雠、孟喜、梁丘贺及京房诸家今文易，得立学官，孟喜、京房吸取当时天文、历法等科学成果所阐发的"卦气"说，影响深远。民间还有费直传古文易，专以《易传》解经，既长筮占，又颇重义理。同时，司马谈、《淮南子》作者、严君平、扬雄等，又多援道家言以解《易》，尤重义理；而扬雄撰《太玄》，又颇受孟、京一派易学的影响。到东汉，谶纬思潮中神学与科学并存，促使郑玄、荀爽、虞翻、魏伯阳等均重视并发挥了《易》象数

---

① 《易传·系辞上传》，见唐明邦主编《周易评注》，中华书局1995年版，第216页。
② 同上书，第214页。

学的成果；唯有王肃解《易》，又独重义理，排斥象数，成为王弼易学的先驱。足见，汉代易学，并非全主象数；且在《易》象数学中，也派别各异，精糟可分。如京房易学中有些内容，以其与当时天文、历候等科学成果相联系而形成的象数思维模式，有其合理成分，对当时和以后的哲学和科学思想的发展都产生过积极影响。故将历史上的易学流派，粗分为象数与义理两大派，自无不可，但尚需进一步规定。李鼎祚在《周易集解·序》中曾认为："自卜商入室，亲授微言，传注百家，绵历千古，虽竞有穿凿，犹未测渊深。"他举出郑玄、王弼为代表，指斥"唯王、郑相沿，颇行于代，郑则多参天象，王乃全释人事，且《易》之为道，岂偏滞于天、人者哉？"李鼎祚似乎把唐以前的易学又区分为"天象易"与"人事易"，虽不准，亦有据，且试图超越两派的"偏滞"。

宋代易学有新发展，范仲淹、胡瑗、程颐、张载等吞吐佛老，回归《易》、《庸》，使之哲理化，把天道与人事统一起来，推进了《易》义理学的发展。而陈抟、刘牧等则提倡《河图》、《洛书》之学，提出"先天易"与"后天易"的划分；周敦颐、邵雍进而发挥传统的《易》象数学中的哲理与数理；朱熹、蔡元定等继之对陈抟的先天易图进行认真研究，并溯源于《周易参同契》，使《易》象数学中的一些智慧成果得以流传下来并得到一定的理性疏解。这样就历史地形成一个条件，易学中象数学和义理学有可能达到一种新的综合，在此基础上孕育着新的易学分派。如王夫之在 17 世纪中国的特定历史条件下，总结、继承了宋代易学的诸方面成就，既深刻批判了传统的《易》象数学中某些神秘主义和形式主义；又同时重视《易图》的研究，强调象数学与义理学在新易学体系中的统一；在"易为君子谋"的前提下不废占易，认为"学易"与"占易"可以并存。[①] 王夫之在"学易"方面的重大贡献，在于全面而系统地发挥了《易》义理学中的"人文化成"思想，利用传统易学的范畴和理论框架，展开了他的具有早期启蒙性质的人文哲学体系。王夫之的"尊

----

① （明）王夫之：《周易内传发例》，《船山全书》第 1 册，岳麓书社 1996 年版，第 653—654 页。

生"、"主动"、"贞生死以尽人道"的易学思想，可说是走出中世纪的近代"人文易"的雏形。与之同时代的方以智父子，从"质测即通几"的观点出发，把律历、象数、医药、占候……都看作是"圣人通神明，类万物，藏之于《易》"的"物理"、"数理"①；其"核物究理"、"深求其故"的易学思想，也可说是走出中世纪的近代"科学易"的先声。

二　"科学易"与"人文易"

"科学易"与"人文易"，可说是相对待而形成的名称；用"科学易"与"人文易"来划分易学流派，似乎有其现实的客观依据。"科学易"与"人文易"，虽也有其历史渊源，但就其思想内容和研究方法的特征而言，都属于近现代的易学流派，对于传统的易学诸流派都有所扬弃和超越。

"科学易"，被有的同志界说为"现代易的别名"或"现代易学新流派"，但也可以更具体地表述为对于《易》象、数、图中的数理、物理等给以现代科学的透视和诠释，从而使一些曾被神秘化了的图式、数列及原理，得到一定的科学化的说明；这样被现代科学眼光照亮和说明了的易学中的象数模式和推理方法，还可以反过来应用于现代科学研究的某些领域，并得到一定的验证。在中国，古老的易学及其象数思维模式与西方传入的新兴质测之学相结合，在 17 世纪就开始了。当时涌现的具有典型意义的桐城方氏易学学派，可以说是"科学易"的早期形态。方以智自觉地意识到，他以易学为根基的自然哲学体系的建立，是"因邵、蔡为嚆矢，征《河》、《洛》之通符"，"借泰西为剡子，申禹、周之矩积"②，即是说，一方面继承邵雍、蔡元定等所提倡的象数图书之学的易学原理；另一方面引进西方新兴质测之学，并借以发扬祖国科学思想的优秀传统。这正是"科学

---

①　（明）方以智：《通雅·自序》，中国书店 1990 年影印本，第 4—8 页。
②　（清）方中通：《物理小识·编录缘起》，（明）方以智：《物理小识》上册，上海商务印书馆 1937 年版。

易"的基本思想特征。18 世纪，戴震、焦循等沿着这一思路，继续推进"科学易"的发展。此后，中国文化的近代化的正常历程被打断，我们民族在深重的苦难中步入近代，人们迫于救亡图存的政治形势，忙于日新月异的西学引进，来不及去清理易学遗产，"科学易"的研究濒于中断；而在西方，从莱布尼茨到爱因斯坦、玻尔、李约瑟等，把中国易学中某些象数结构纳入现代科学的语境和视野，对"科学易"不断地有所探测。20 世纪中西文化的汇聚、交融中，一些学有专精的自然科学家，转向传统易学与科学思想遗产的研究而时有新的创获：80 年代伴随改革开放而兴起的文化研究热潮中，由于《易》象、数、图中数理、物理、生理及哲理的被重视，由于多学科交叉研究方法的被应用，由于东西方学术思想某些层面的重新被整合，"科学易"的研究得到长足的进展，并有方兴未艾之势，成为当代易学的一项特殊成就。

当然，"科学易"的研究有一个理论和方法的导向问题。首先，在理论原则上，应当承认《易》之为书的原始形态，虽是人类智慧创造的一株奇葩，但毕竟是古老中华文化发轫时期的产物。它本身必然是在科学思维的萌芽中充斥着宗教巫术的迷信，即使经过晚周时期《易传》作者们的哲学加工，改变着其中科学思维、人文意识与神物迷信的比重成分，但仍然是原始科学与神物迷信的某种结合。因此，"科学易"作为现代形态的知识体系，必须将这种固有的科学与迷信的结合加以剥离，必须将传统易学中某些固有的神秘性（各种拜物教意识、神物迷信等）加以扬弃。这是十分繁难的任务。因为，历史地把握科学与迷信二者的区别和联系，了解二者既互相对立、排斥，又互相寄生、转化的机制，以及二者能够共生或实现转化的思想文化条件和社会经济根源，并非易事，且在实证科学所凭依的工具理性范围内得不到解决。其次，在文化心态上，应当看到鸦片战争以来的民族苦难和中西古今文化的激烈冲突，在人们思想上曾造成各种困惑和畸变心理。诸如，面对西方科技新成就，希望"古已有之"的"西学中源"说，幻想"移花接木"的"中体西用"说，都是曾经流行过的思想范式，并在中国文化走向近代化的历程中一再把人们引向歧途。显然，"科学易"的研究，应当避免再陷入这样的思想范式及其种种变形中，应当跳出中西文化观中的"西方中心"、或"华夏优越"、或"肤浅认同"、或"笼统立异"、或"拉杂比附"等误区，而在传统易学与现代科学之间发现真正的历史接合点，从中国"科学易"300年来具体的历史发展中去总结经验教训，提炼研究方法，开拓未来的前景。

这一未来前景的一个重要方面，就是"科学易"与"人文易"必须相辅而行，成为易学研究中互补的两个主流学派。

与"科学易"相并列的"人文易"，也属现代易学的新流派，而又有其深远的历史渊源。《易传》作者以其对易道的深刻理解，明确意识到"天道"与"人道"、"天文"与"人文"的联系和区别，而强调"人道"、"人文"的意义。《贲卦·彖辞》指出："［刚柔交错］（据孔颖达《正义》补四字），天文也；文明以止，人文也。观乎天文，以察时变；观乎人文，以化成天下。""刚柔交错"所展示的"天文"，是人们的工具理性所掌握的自然知识，属"科学易"所探究的内容；而人按一定的社会需要和价值理想去"观天文以察时变"，这一实践活动的意义已属于"人文易"的研究范围；至于作为人类文明的标志，"观乎人文，以化成天下"，更是"易道"的主旨而构成"人文易"的主要内容。足见"人文易"在易学体系中固有其优越的地位。"人文易"所注视的是《易》象、数、图和义理中内蕴的人文精神。它研究的不是蓍数而是"蓍之德"，不是卦象而是"卦之德"，不是爻变而是"爻之义"，是"圣人以此洗心，退藏于密，吉凶与民同患"[①] 的价值理想。所以，"人文易"并非对传统的晋易、宋易中义理内容的简单继续，而是对传统易学中"象数"和"义理"的双向扬弃和新的整合。"人文易"的新整合，并非一蹴而就，而是一个历史过程，反映着永恒跳动的时代脉搏。作为走出中世纪的人文意识觉醒的反映，中国"人文易"的发展，也已有300多年的历史。王夫之以他的易学体系，"其明有、尊生、主动等大义，是为近代思想开一路向"[②]，为近代"人文易"奠定了理论根基。此后，

① 《易传·系辞上传》，见唐明邦主编《周易评注》，中华书局1995年版，第216页。
② 熊十力：《谈经示要》，台北明文书局1987年版，第685页。

许多论者，继续开拓。或以"体用不二"、"翕辟成变"、生生不已、自强不息、"不为物化"的"人道之尊"等，来阐扬"大易"的"义蕴"。或据《乾》、《坤》两卦的"象辞"——"天行健，君子以自强不息"、"地势坤，君子以厚德载物"，来论证中华传统文化中源于"易道"的民族精神。这些先行者的研究与发掘，推进了"人文易"的发展，也启迪着后继者的继续开拓。

三 "人文易"内蕴之民族魂

"人文易"的内容极为丰富，可以从不同的视角加以考察。如果就"人文易"中的价值理想内蕴于民族文化深层中、长期塑造而成的精神因素而言，可称作民族文化之魂，至少有以下几个层面，昭然可述。

（一）时代忧患意识

忧患意识，是中华传统文化中一个特有的道德价值概念，标志着一种根源于高度历史自觉的社会责任感和敢于承担人间忧患的悲悯情怀。这样一种人文价值理想或精神境界，最早、最鲜明也最集中地体现在《周易》之中。《易传》作者对于《易》的产生并未作神秘的夸张，相反地，把"《易》之兴也"平实地归结为在特定的艰危处境中人的忧患意识的产物："《易》之兴也其于中古乎？作《易》者其有忧患乎？"又进一步指出，作《易》的时代环境，乃是殷、周之际的政治变革："《易》之兴也，其当殷之末世、周之盛德邪？当文王与纣之事邪？"① 作《易》者（周初统治集团、文王、周公等）的忧患，就在于"小邦周"要战胜、取代"大国殷"所面对的重重困难和艰危处境。文王因之而曾被囚于羑里，周公等更面临着各种矛盾而怀着无穷忧虑，谦慎自持，始得以转危为安。《易传》作者在肯定了作《易》者的忧患之后，又从总体上论断《周易》一书："是故其辞危，危者使平，易者使倾，其道甚大，百物不废，惧以终始，其要无咎，

---

① 《易传·系辞下传》，见唐明邦主编《周易评注》，中华书局1995年版，第241页。

此之谓《易》之道也。"① 整个"易道"所凸显的，正是"朝乾夕惕"、"居安思危"、"外内使惧"、"困穷而通"的忧患意识；并强调地指出：天道自然"鼓万物而不与圣人同忧"，而圣人则必须"吉凶与民同患"，并"明于忧患与故"②。

"吉凶与民同患"，"明于忧患与故"，是《易传》阐发"忧患意识"所提出的极为光辉的命题。所谓时代忧患，远非个人祸福，而是一种洞察时艰、深体民瘼的群体意识，不仅要求"与民同患"，而且要求深知忧患的本质及其根源，旨在为消除群体忧患而"鞠躬尽瘁，死而后已"。不同的时代有不同的群体忧患。"人文易"中这一深蕴的"吉凶与民同患"的忧患意识，在传统文化中产生了巨大的影响。历代献身正义事业的志士仁人，先进思潮的号角和旗手，往往也是时代忧患意识的承担者。他们"先天下之忧而忧"，"忧道"、"忧时"、"忧国"、"忧民"，总是怀着"殷忧启圣，多难兴邦"、"生于忧患，死于安乐"的信念，不顾艰难困苦，奋斗不息。

这种忧患意识具有深沉的历史感，又具有强烈的现实感，它区别于印度佛教的悲愿思想，也不同于西方美学的悲剧意识，而是中华传统文化所特有的人文精神，是我们民族经受各种苦难而仍然得以发展的内在动力，是"人文易"中跳动着的最值得珍视的民族魂。

（二）社会改革意识

客观的自然和社会的变革，不可违阻；而反映为主观上的改革意识特别是社会改革意识，却需要自觉树立。《周易》本是讲"变易"的书；六十四卦的卦序序列，即含有不断改革、永无止境的意蕴；而其中，专立一个《革》卦，更是集中地自觉地树立了一种社会改革意识。"天地革而四时成，汤武革命，顺乎天而应乎人。革之时义大矣哉！"③《易传》作者把社会变革——"革去故，鼎取新"④、"穷则

---

① 《易传·系辞下传》，见唐明邦主编《周易评注》，中华书局1995年版，第241页。
② 同上书，第234页。
③ 《革卦·彖辞》，见唐明邦主编《周易评注》，中华书局1995年版，第129页。
④ 《易传·杂卦传》，见唐明邦主编《周易评注》，第266页。

变，变则通"①，视为客观必然规律；但适应客观规律，怎样实行变革或改革，则必须创造条件，注意过程，掌握时机，做到措施适当，"应乎天而顺乎人"，其关键在于取得民众的信任。

整个《革》卦的卦爻辞，经过《易传》作者的理论加工，展示为一种从汤、武革命等社会改革实践中总结出的严肃而慎重的社会改革思想，富有深意。首先，认定某项社会改革，必经一个过程，取得民众对改革的信任（"已日乃孚，革而信之"），才能顺利成功（"文明以说，大亨以正"）。其次，强调改革过程的开始，切忌妄动，"不可以有为"。经过一段时间，可以开始发动，但也需要"革言三就"，反复宣传；直到取得民众信任，"有孚，改命吉"。再次，指出到了改革时机成熟，"大人虎变，其文炳也"；再到改革初成，正当"君子豹变，小人革面"之时，又不宜妄动，"征凶，居贞吉"，力求稳定一段以巩固改革的成果。《革》卦内蕴的社会改革意识，既强调"革之时义大矣哉"，"革而当，其悔乃亡"；又充分注意到在改革过程中"有孚"、"乃孚"，即取得民众对改革的信任的极端重要性。如果郑重总结历史上某些改革失败的教训，《革》卦所展示的改革理想模式不是值得再咀嚼么？

（三）德、业日新意识

《易传·乾坤文言》及《系辞上下传》关于人文化成思想的大量论述中，把"德"和"业"作为对举的范畴，认定"易道"所追求的人文价值的最高理想，就是"盛德"和"大业"。"盛德、大业，至矣哉！富有之谓大业，日新之谓盛德，生生之谓《易》。"又说："《易》，其至矣夫！夫《易》，圣人所以崇德而广业也。"②《易》的伟大社会作用就在于"崇德而广业"。《易》的思想特点，首先是德、业并举，正如整个六十四卦体系是"乾坤并建"一样，《系辞上传》开宗明义即由"乾以易知，坤以简能"推衍开，"易则易知，简则易从，易知则有亲，易从则有功，有亲则可久，有功则可大，可久则贤

①　《易传·系辞下传》，见唐明邦主编《周易评注》，中华书局1995年版，第228页。
②　《易传·系辞上传》，见唐明邦主编《周易评注》，第202页。

人之德，可大则贤人之业"①。"德"和"业"，成为人类"可久""可大"的追求目标，"德"是内在的道德修养，"业"是外在的功业创建，前属内圣，后属外王，两者不可偏废，必须互相结合。而《易传》的人文思想，更偏重于以德创业，以德守业；由六十四卦卦象引出的《大象辞》，强调"君子以果行育德"、"以振民育德"，"以反身修德"，"多识前言往行以蓄其德"②，就表现了这一倾向。

其次，《易传》从"天地之大德曰生"，"生生之谓易"的大原则出发，提出了德业日新思想，"富有之谓大业，日新之谓盛德"③。"富有"也有赖于"日新"。不断地开拓创新，不断地推陈出新，是最高的品德。无论事业的创建，人格的修养，皆是如此。尊生、主动、尚变、日新，是"人文易"的哲学核心。张载、王夫之、谭嗣同、熊十力对此均有慧命相续的深刻阐明。

（四）文化包容意识

"《易》之为书，广大悉备"，就在兼三才之道，把"天道"与"人道"、"天文"与"人文"贯通起来考察，依据"天道"来阐述"人道"，参照"天文"来观察"人文"，因而形成"人文易"中的文化包容意识。其主要思想特征是：尚杂、兼两与主和。

首先，《易》把人类文明、文化的原生形态和基本构成，规定为"物相杂，故曰文"④；"龙战于野，其血玄黄"所构成的"天地之杂"⑤，正是"文"的发端。尚杂，是人类文化创造的根本特征。

其次，"兼三才而两之"⑥，"一阴一阳之谓道"⑦，是"易道"的思维模式。借以考察人文现象，也就承认各种矛盾和对立。"一阖一

---

① 《易传·系辞上传》，见唐明邦主编《周易评注》，中华书局1995年版，第195页。
② 《大象》之《蒙卦》、《蛊卦》、《蹇卦》、《大畜卦》，见唐明邦主编《周易评注》，中华书局1995年版，第180、181、186、181页。
③ 《易传·系辞上传》，见唐明邦主编《周易评注》，第201页。
④ 《易传·系辞下传》，见唐明邦主编《周易评注》，第233页。
⑤ 《坤卦·文言》，见唐明邦主编《周易评注》，第178页。
⑥ 《易传·说卦传》，见唐明邦主编《周易评注》，第248页。
⑦ 《易传·系辞上传》，见唐明邦主编《周易评注》，第201页。

辟之谓变。"" 参伍以变，错综其数，通其变遂成天下之文。"① 兼两，是考察文化现象变动的致思途径。

再次，"易道" 用以考察人文化成的基本文化心态，是主和。"乾道变化，各正性命，保合太和，乃利贞！首出庶物，万国咸宁。"② 这个 "和" 范畴，经过史伯、晏婴、孔子等的琢磨，旨在反对专同，而是能够容纳杂多和对立的更高层次的范畴，成为文化包容意识的理论支柱。

以尚杂、兼两、主和的文化观及文化史观明确认定，"天下同归而殊途，一致而百虑"③ 是人文发展的客观自然进程，只能 "学以聚之，问以辨之，宽以居之，仁以行之"④，才有可能察异观同，求其会通。这是人文化成的必由之路。司马谈衡论六家要旨⑤，黄宗羲提倡 "殊途百虑之学"⑥，王夫之作出 "杂以成纯"、"异以贞同" 的哲学概括⑦，都是对 "人文易" 中文化包容意识的继承和发挥，"含弘光大"，至今具有生命力。

以上仅从 "时代忧患意识"、"社会改革意识"、"德业日新意识"、"文化包容意识" 四个侧面揭示了 "人文易" 的内蕴，蠡酌管窥，聊举一隅，亦足以证明 "人文易" 确有丰富内容，值得认真发掘。

---

① 《易传·系辞上传》，见唐明邦主编《周易评注》，中华书局 1995 年版，第 214 页。

② 《乾卦·彖辞》，见唐明邦主编《周易评注》，第 2 页。

③ 《易传·系辞下传》，见唐明邦主编《周易评注》，第 236 页。

④ 《乾卦·文言》，见唐明邦主编《周易评注》，第 176 页。

⑤ （汉）司马迁：《太史公自序》，《史记》卷 130，中华书局 1959 年标点本，第 3288—3292 页。

⑥ （清）黄宗羲：《明儒学案·自序》，《黄宗羲全集》第 7 册，浙江古籍出版社 1992 年版，第 3 页。

⑦ （明）王夫之：《周易外传》之《杂卦传》、《未济传》，《船山全书》第 1 册，岳麓书社 1996 年版，第 980、1112 页。

传统·儒家·伦理异化[*]

萧萐父

一

　　传统，是一个沉重而模糊的概念。"古愁莽莽不可说"（龚自珍诗句），"青史凭谁定是非"（林则徐诗句）。传统在历史之流的滚滚风涛里形成，一个古老民族的历史传统，总给人以混茫幽窅的印象，似乎无比丰厚，而又无从把握。概念的模糊性并不妨碍它的认识功能。"传统"一词广泛流行，但人们对于传统的理解，往往流于把它过去化、凝固化。似乎传统仅仅属于过去，而与现代相距很远，只有离开现代的立足点，才能回头去理解或重现传统。所以，对传统，有恢复或抛弃之说。恢复论者视传统为民族旧文化中某种"一脉相承之统绪"，即三代以来"原于中国文化之一本性"而形成的"道统之相传"，并悲叹其在中国走向近代的文化历程中发生了"断裂"，因而大声疾呼，要以孔子作《春秋》之"存亡继绝"的精神来恢复中国文化中"一贯之传统"[①]。抛弃论者视传统为"沉重的枷锁"，为"陈旧的过时物"，强调必须挣脱传统之束缚，才能彻底重建新文化，因此，同样大声疾呼，为了实现现代化，中国的传统文化"最好后继无人"[②]。

---

　　[*] 此文选自《吹沙集》，巴蜀书社 1991 年版。

　　[①] 唐君毅、牟宗三、徐复观、张君劢四人于 1958 年联名发表的《我们对中国学术研究及中国文化与世界文化前途之共同认识》，见唐君毅《中华人文与当今世界》（下）附录，台北学生书局 1965 年版。

　　[②] 刘晓波：《与李泽厚对话——感性、个人、我的选择》，《中国》1986 年第 12 期。

果真如此吗？不尽然。

传统，并非已经死去的历史陈迹，而是至今活着的文化生命。它渊源于过去，汇注于现在（经过现实一代人的参与），又奔流向未来。人，作为类存在的社会人，其类特性就在于自由自觉地参与创造历史的活动，人只能生活和思考在他自己不断创造的历史之中，而不可能"遗世而独立"，也就只能承先启后地处在某种传统之中。"全盘西化"论和"保存国粹"论之所以必然落空，就因为两者都把自己身处于其中的历史传统误解为凝固化了的异己的外在物，似乎可以随意抛弃或须加抢救。事实上，传统内在于现实的人们及其对传统的心态中，并不断地被人们评判、理解、复制和重构而成为动态的流程。老黑格尔说："传统并不是一尊不动的石像，而是生命洋溢的，有如一道洪流，离开它的源头愈远，它就膨胀得愈大。"①

传统既然流动，必非铁板一块而是多元的。历史的长河宽容"殊途百虑之学"。所谓"罢黜百家"、"裁判异端"的嚷叫，正证明了"百家"和"异端"的顽强存在。纵观历史，正宗与异端，精英与大众，主流与支流，神奇与腐朽，从来是相待而有，并行不悖的。故粗分为"两种文化"或"大、小传统"②者有之，旷观为"圣贤之血路，散殊于百家"③者有之。譬如水火，相反相生，龙血玄黄，杂以成文。因此，对传统文化整体泛观、单维进化的模式，势必为二分（或三分）剖判、多元衍变的模式所代替。

传统既然多元，总是新旧杂陈，或已死而未僵，或初生而尚丑，或托古以护新，或假新以复旧。正因为情态多样，所以主体参与的历史选择，文化上的整合、重组、熔铸、涵化、破旧立新或推陈出新，乃有可能。在主体自觉地参与下，历史沉积物中的"璞"与"鼠"、"砒"与"蜜"可能糅混，但不是不可分的，并非只能宿命地接受。

---

① ［德］黑格尔：《哲学史讲演录》第 1 卷，贺麟、王太庆译，商务印书馆 1983 年版，第 8 页。

② 《关于民族问题的批评意见》，《列宁全集》第 24 卷，人民出版社 1990 年版；Robert Redfield, *Peasant Society and Culture* (The University of Chicago Press, 1958).

③ （清）黄宗羲：《清溪钱先生墓志铭》，《黄梨洲文集》，中华书局 2009 年版，第 160 页。

传统既然与主体的参与意识相依存，就不可能"后继无人"。某些传统思想似乎感染了整个民族，化为民族性格，浸入了无意识深层，但也会因人而异、因事而异、因时而异地发生着分解和变异。

多元的传统在不同的历史条件下形成，也只能随历史条件的变化而产生变革和发展。因此，传统的继承，并非文物的保管，也不是古学的复兴，更不是对古今文化的肤浅认同，而是按"人事有代谢，往来成古今"（孟浩然诗句）这一历史的客观进程，基于主体的自觉对历史中形成的传统去进行筛选和评判，去发现自己视为先驱者的开拓的足迹，去探索新旧文化代谢发展的机制、条件和历史根据，从而找到传统文化与现代化之间的历史接合点。对传统文化的选择和继承，与对现今文化的创建和对未来文化的设计及追求，三者是密切结合在一起的。

二

试以上述传统观来观察儒家传统，则应看到多元的、流动的传统文化洋溢乎中国，源远而流长，儒家仅其中一环。儒家产生以前，中国文化已历史地形成若干文化区，各自创建又互相汇合，已蓬勃发展数千年。儒家产生以后，虽曾列为"显学"，实与并世诸家（如阴阳、墨、法、名、道等）并行，且互为采获；汉唐以来，所谓儒之独尊，乃指官学而言，且代有变迁，而其间佛、道屡盛，纂著宏富，仅唐代流行于朝野的佛教经论，已达八千余卷，超出当时儒家经典若干倍。至墨侠、阴阳、神仙、方术一直在民间流行，绵延不绝。

儒家及儒家传统等词，论者习用之，其实名实颇多龃龉。因为历史上并不存在统一的儒家，也不存在一脉相承的儒家传统。儒门有所谓"道统"之说，假托孔子预言"董仲舒，乱我书"[1]，算是最早的神学谶记；韩愈自觉编造的"道统"[2]，尊孟贬荀，于史无据，与汉

---

① （汉）王充：《论衡·实知》，《论衡校释》卷26，中华书局1990年标点本，第1069页。

② （唐）韩愈：《原道》，《韩昌黎文集校注》，上海古籍出版社1986年版，第18页。

儒皆尊荀、传经多出荀门①之史实全然相背。韩愈编造的"道统"名单，到宋初石介、孙复等，还在孟轲之后加上荀卿、董仲舒、扬雄、王通、韩愈，并不全然排斥汉唐诸儒。②而到了南宋朱熹手里，则一方面上溯伏羲，又牵强附会地把"道统"内容规定为所谓"十六字心传"；另一方面又全然撇开汉唐诸儒包括韩愈，而在孟子之后直继以二程，后又稍扩充为周敦颐、邵雍、张载、司马光等所谓"伊洛渊源"，而他自己当然以"道统"嫡传者自居。③从此，由朱熹所虚构，由元明清三代皇权所钦定的所谓儒家道统，成为一种强制推行的思想史范式，遮蔽了历史的真实。

其实，儒家夙以"杂"见称。《荀子·法行》记南郭惠子早称"夫子之门，何其杂也"！《韩非子·显学》谓孔子死后儒分为八："有子张之儒，有子思之儒，有颜氏之儒，有孟氏之儒，有漆雕氏之儒，有仲良氏之儒，有孙氏之儒，有乐正氏之儒。"再加上子夏在西河和曾子在武城也各立门庭，各有创建（或以为仲良氏乃仲梁子，传曾子之学，或以为乐正氏乃乐正子春，乃曾子弟子，或以为子夏为"传经"人物，或以为子夏乃"法家宗师"④）。反正各自成家，取舍不同；荀况后起，直斥子张、子夏、子游为"贱儒"，对子思、孟轲更猛烈抨击，把他们斥为"偷儒惮事，无廉耻而嗜饮食"，"术谬学杂，呼先王以欺愚者"⑤。可见孔子之后的儒门各派，互相攻讦，势不两立。韩非所列八派中有"漆雕氏之儒"，被称为"不色挠，不目

① （清）汪中：《述学》补遗《荀卿子通论》，载《新编汪中集》，广陵书社 2005 年点校本，第 412—414 页。

② 见（宋）石介《徂徕集》卷 12《上张兵部书》，《钦定四库全书》第 1090 册，台湾商务印书馆 1986 年影印本，第 265 页；又见《宋元学案》卷 2《泰山学案》，《黄宗羲全集》第 3 册，浙江古籍出版社 1992 年版，第 139 页。

③ 见（宋）朱熹《中庸章句·序》，《四书章句集注》，中华书局 1983 年标点本，第 14—15 页；《沧州精舍告先圣文》，《晦庵先生朱文公文集》卷 86，《朱子全书》第 24 册，安徽教育出版社 2002 年版，第 4050—4051 页；《六先生画象赞》，《晦庵先生朱文公文集》卷 85，《朱子全书》第 24 册，第 4001—4003 页。

④ 见《礼记·檀弓上》《后汉书·徐防传》，见（清）孙希旦《礼记集解》，中华书局 1989 年点校本，第 177 页；（宋）范晔：《后汉书》卷 44，中华书局 1965 年标点本，第 1500 页；郭沫若：《十批判书》，东方出版社 1996 年版，第 125 页。

⑤ 《荀子》之《非十二子》《儒效》，（清）王先谦：《荀子集解》，中华书局 1988 年版，第 105、139 页。

逃,行曲则违于臧获,行直则怒于诸侯",以其"廉""暴"学风与孟、荀都敬重的宋钘的"宽""恕"学风相对立;章太炎尊"儒侠"一派,称其"刚毅特立"别树一帜。① 试问,如溯及先秦而论儒家传统,究何所指?是指孟轲氏之儒,抑或指与孟轲持论相反的荀卿氏之儒?或是指与孟、荀都大不一样的漆雕氏之儒?如果概指各家,应绎其共性,如果仅指某一家,则举一废百,名不副实。

到汉代,初有儒、道互黜,稍后儒得独尊,且儒林与经师合一,似乎有儒经可据,易于趋同;事实上大不然,儒经一开始流传,就发生了文字训解、师说家法、思想原则等方面的种种分歧。突出的是经分今、古文,在一系列重大问题上互不相容。诸如对孔子的评价、对孔子与六经的关系、对六经的排列次序、对六经是孔子所作或是古代文献,都有截然不同的解释,而同是今文经学派内也有分歧,如"三家诗义"与"公羊春秋"在政治主张上就互相对立,学术争论动辄发展为政治诛杀。汉廷尊儒,所尊者乃投其所好之儒,凡固执儒学原旨者,如申培公、辕固生等反遭拒斥,而赵绾、王臧、眭弘、盖宽饶等竟以思想罪被迫害致死。至于被儒门斥为"曲学阿世"者如公孙弘等人,则得贵显。② 与此交织,稳定汉王朝的大批"酷吏"和"循吏",倒堪称儒法合流的汉家法度的真正实践者③,而大批标榜名教的"儒生"、"名士",反而成为儒学培养出的伪君子。④ 如论汉代儒家传统,究指申培公、辕固生之儒?或指公孙弘、董仲舒之儒?抑或指眭弘、盖宽饶之儒?如依孙复等独尊董仲舒为使"圣道晦而复明"

---

① 《韩非子·显学》,(清)王先慎:《韩非子集解》,中华书局1998年版,第458页;章太炎:《訄书·儒侠》,《章太炎全集》第3册,上海人民出版社1982年版,第140—141页。

② 《史记·儒林列传》,(汉)司马迁:《史记》卷121,中华书局1959年标点本,第3115—3130页;《汉书》卷75《眭弘传》与卷77《盖宽饶传》,(汉)班固:《汉书》,中华书局1962年标点本,第3153—3160、3243—3250页。

③ 《史记》之《酷吏列传》、《循吏列传》,中华书局1959年标点本,第3131—3156、3099—3104页。

④ 如《后汉书·陈蕃传》附赵宣事等,中华书局1965年标点本,第2159—2150页。

的汉儒代表①，也难以排除传统中别有尊韩婴、尊刘歆、尊扬雄、尊王充而斥董仲舒为"淫巫瞽史""义和团之远祖"② 等说法。

至于宋元明清时期，似乎三教分立，名成一系；儒家由经学发展为理学，不断得到皇权支撑；作为科举考试定本，俨然成为思想正宗。明初编出三本《大全》——《五经大全》、《四书大全》、《性理大全》，诏颁天下，所谓"合众途于一轨，会万理于一原"③，似乎达到空前的稳定与统一。其实大谬不然，仅就北宋儒学而言，就有王安石的新学、司马光的朔学、张载的关学、二程的洛学、三苏的蜀学……诸学派之间，各种观点形成复杂的多角对立；到南宋，既有朱熹、陆九渊、吕祖谦之间的激烈争论，别有陈亮、叶适等从根本上反对理学家们的心性空谈；郑樵、马端临等更以空前的博学，别创文化史研究新风，而独步当时。明朝王阳明以对朱陆的双向扬弃而另创新说，王学又以良知说的内在矛盾而导致王门各派的多向展开；通过泰州学派的分化而由何心隐、李贽引向"异端"，再通过东林学派的实践工夫而由黄宗羲完成对王学的自我否定；明清之际的特殊历史条件下更崛起一代早期启蒙学者，各有师承，各具特色，但大都超越出儒家的藩篱。仅就儒门一家而论，已是异说纷纭，单是朱、陆之争，就势同水火。如黄宗羲所云："师门宗旨，或析之为数家"，"大类释氏之源流，五宗水火，遂使杏坛块土，为一哄之市"④。所谓《圣学宗传》、《理学宗传》、《皇明道统录》之类，当然不足为据。事实上，人们无不是按各自的先入之见和历史意识去建构、去诠释自己的儒家传统。

---

① 见（宋）孙复《董仲舒论》，《孙明复小集》，《钦定四库全书》第 1090 册，台湾商务印书馆 1986 年影印本，第 162—163 页，又见《宋元学案》卷 2《泰山学案》，《黄宗羲全集》第 3 册，浙江古籍出版社 1992 年版，第 139 页。

② 参见（唐）柳宗元《贞符》，范阳主编：《柳宗元哲学著作选译》，广西人民出版社 1985 年版，第 1 页；章太炎：《菿汉微言》，《菿汉三言》，辽宁教育出版社 2000 年标点本，第 42 页。

③ 胡广等进书表，见侯外庐、邱汉生、张岂之主编《宋明理学史》下卷，人民出版社 1984 年版，第 12 页。

④ （清）黄宗羲：《明儒学案·自序》，《黄宗羲全集》第 7 册，浙江古籍出版社 1992 年版，第 3 页。

三

诠释的多样性不排斥诠释的对象仍有其历史的统一性。因为诠释者总生活、思考在统一的历史的行程中，而被诠释的对象总有其历史的继承性；而历史又总是以自己固有的严峻方式，检验着、筛选着各式各样的诠释，增减其存在的历史合理性。

历史上所谓儒家思想，从晚周到清末，经过与中华固有的道、法、墨、名、阴阳家思想，蒙、满、藏、回等各族传统思想交相融合，又与外来的印度佛教各派思想、西方各家思想先后汇合，屡经变异，分殊发展，但毕竟摄取各家，为我所用，而自有重心，蔚为中华文化中的主流学派之一，形成一个多向度而可供诠释者自我选择的丰富传统。

"历史，如果它有意义而并非空洞的回声，那它就都是当代的历史。"（克罗齐语）对历史上儒家传统的当代诠释，虽纷然杂陈，但某种诠释得以流行则并非偶然，往往由许多历史因素的结合而据有一定的客观根据。按流行的说法，由孔子奠基、以六艺为法的儒家学说，自汉至清，两千余年，确乎形成了传统。儒家传统的发展，自有其历史变化的原生、衍生、变异、衰落诸阶段。

儒学在其原生阶段，立论朴实，旨在重视人伦和人的实践智慧，追求理想的社会和谐秩序。孔子博学好古，总结三代文明的盛衰，提出"仁""礼"结合，"孝、悌"为本的伦理原则；孔门各派多元发挥，而颜（回）、曾（参）、孟（轲）、荀（况），颇能以人伦为中心，各有侧重而又互补地完成了"修己治人"的"仁义"之学体系的建构。所谓"以仁为恩，以义为理，以礼为行，以乐为和，蕙然慈仁，然后君子"[1]；所谓"列君臣父子之礼，序夫妇长幼之别，虽百家弗能易也"[2]，可说是对原始儒家独特贡献的切实概括。这一概括

---

[1]　参见《庄子·天下》，载（清）郭庆藩《庄子集释》，中华书局2004年版，第1066页。

[2]　（汉）司马迁：《太史公自序》，《史记》卷130，中华书局1959年标点本，第3290页。

实际表明，儒家思想的根基乃是宗法伦理关系及其所产生的宗法伦理意识，由宗法家庭的道德行为规范推广到宗法等级制的礼法名教等社会政治规范，就是儒家所谓"成己成人""内圣外王"的思想体系的重心。宗法制的历史沉淀就是这一思想重心的扎根处。

儒家传统在其衍生、变异阶段，形成多层的结构，并随时代发展而不断变化其内容。如（1）儒经的传统。孔子在文化下移中搜辑、整理、编纂了《诗》、《书》、《易》、《礼》、《春秋》等古文献，功绩不朽，孔门子夏、荀卿及以后儒者多以传经著称，所谓"儒者以六艺为法，六艺经传以千万数"①。儒家以丰富的古文献作思想载体，吸聚了历代知识精英，发挥了特有的文化优势，无论是"我注六经"还是"六经注我"（两者实不可分），都同样参与着儒经传统的历史延续。从秦博士浮丘伯、伏胜……直到皮锡瑞、廖平、章太炎，绵延两千余年，文分今、古，学别汉、宋，各种笺注疏解，更是汗牛充栋，成为中国传统文化中最丰腴、最庞杂的一份遗产。

（2）儒行的传统。儒重行，"知之匪艰，行之惟艰""行有余力，则以学文"②。"冠、婚、丧、祭"等基本宗法礼仪和"入则孝、出则悌"等基本行为规范，本依存于以小农为基础、以血缘为纽带的宗法制遗留，与群体生活实践和群体价值意识脉息相通，这是儒家传统特具再生力的深层社会基础。至于《荀子·儒效》、《小戴礼记·儒行》中所申论，乃战国末到秦汉之际的儒者，对新人行为模式的理想设计，昂扬主体的自觉性，颇有"强哉矫"的生气。而往后儒者对"视、听，言、动"的强制规范，如程颐的《四箴》、朱熹的《家礼》等，则以"克己复礼"、"灭欲存理"为价值取向，使一切道德行为因主体沦丧而失去活力。

（3）儒学的传统。儒重文，"博学于文"、"好古敏求"被看作"修己治人"、"化民成俗"的首要一环；所谓"观乎天文，以察时

---

① （汉）司马迁：《太史公自序》，《史记》卷130，中华书局1959年标点本，第3290页。

② 《古文尚书·说命中》、《论语·学而》，江灏、钱宗武译注：《今古文尚书全译》，贵州人民出版社1992年版，第182页；（宋）朱熹：《四书章句集注》，中华书局1983年标点本，第49页。

变，观乎人文，以化成天下"①，故儒者强调文治教化的作用，主张"尊德行而道问学，致广大而尽精微，极高明而道中庸"②，注意对历史遗产的继承，对外来文化的汲取，对自身理论的加工，对异端思想的涵化，从而使儒学思想体系具有较大的包容性，得以长期居于统摄的正宗地位。

（4）儒治的传统。儒学的包容性体现在政治上既可以儒法合流、儒道互补；而儒行的内容尤重"安上治民"、"以天下为己任"的从政意识，从"三纲八目"到经世致用，从维护"皇极"到赞美"循吏"，构成儒家传统的政治内核。治统与学统，政统与道统，相互依存，相辅而行，遂使历代王权既可以缘饰儒术、宣扬德治、自称圣王，又可以用卫道名义兴文字狱、诛心中贼，以理杀人。

上述几个层面各成系统而又密相结合，故所谓儒家传统，并不仅是一种学术思想或精神资源，而是依附于一定的经济政治制度的伦理规范、社会风习、文化心态、价值理想等的综合体，涵盖面广，渗透力强，在历史上曾起过重大的支配作用，尽管经过近百余年的历史沧桑，它在民族文化的深层结构中仍具有不可忽视的再生活力。

四

传统并不仅是一种精神力。当传统与一定社会制度相融合就会产生特殊的社会功能。儒家传统，主要依存于又服务于以自然经济与血缘纽带为支柱的宗法封建制，这种宗法封建制是由宗法农业家庭以及这样的家庭、宗族细胞分层隶属而构成。所以儒家思想传统的主要内容是以维护宗法关系及其等级秩序，确定和限制封建特权、调节宗族内外矛盾为中心的"礼教"——"所以定亲疏、决嫌疑、别同异、明是非"③ 的一套价值规范。

这一套礼教规范，其源，可以远溯到古代血缘氏族的父系家长

---

① 《周易·贲卦象辞》，唐明邦主编：《周易评注》，中华书局1995年版，第58页。
② 《小戴礼记·中庸》，（宋）朱熹：《四书章句集注》，中华书局1983年标点本，第35页。
③ 《礼记·曲礼》，（清）孙希旦：《礼记集解》，中华书局1989年点校本，第6页。

制；其流，更长期绵延，与文明同步。作为历史沉淀物的宗法制度，在进入文明时代即与国家体制及政治、法权、宗教等深相结合，形成中国特有的宗族奴隶制。到晚周时期的礼崩乐坏、社会蜕变过程中，原始儒家适时地对"郁郁乎文哉"的周代礼教进行了一番理论加工。礼，不单指器物、礼仪、制度，而是一种人文价值。因此，实之以仁，充之以孝，扩之为仁政、德治，证之以"明分使群"。孟、荀互补，孟主性善，"仁义礼智根于心"，"非由外铄，我固有之"①，把礼教内化为修己之道；荀主性恶，强调"人道有辨"、"礼以定伦"、"国之命在礼"②，把礼教外化为治人之经。原始儒家既论证宗法伦理根于人心，为人的类特征所固有，又强调宗法伦理规范为圣人所制定，是人类所必需的。尽管孔、孟、荀还保留了某些天命神权或神道设教的传统思想，但从伦理实践的角度却肯定了人作为主体的道德自觉的意义，并没有把作为客体的社会必需的伦理规范绝对化。故有"邦无道则隐"、"闻诛一夫纣"、"从道不从君"③ 之论。

秦汉新儒家摄取阴阳家言，融合道法刑名思想，服务于宗法封建制的统一法度，实现了儒法的政治合流。韩非的"三纲"思想被纳入儒家的礼教体系，宗法伦理由相互的道德感情转变为绝对的伦常义务，由自觉的道德要求逐步变为强制的行为规范。于是，由董仲舒开始形成了"王道之三纲，可求于天"、"屈民而伸君，屈君而伸天"④的神学理论。往后，发展为"名教本之自然"的玄学正宗，再发展为"明体达用"、"理一分殊"的理学正宗，始终都在论证宗法伦理及其政治推广的纲常名教的神圣性和绝对性。绝对化的纲常名教，日益成为丧失了主体自觉道德的异化的伦理教条，其所维护的宗法等级

---

① 《孟子》之《尽心上》、《告子上》，（宋）朱熹：《四书章句集注》，中华书局 1983 年标点本，第 355、328 页。

② 参见《荀子》之《非相》、《致士》、《强国》诸篇，载（清）王先谦《荀子集解》，中华书局 1988 年版，第 79、262、291 页。

③ 《论语·卫灵公》、《孟子·梁惠王下》、《荀子·子道》，见（宋）朱熹《四书章句集注》，中华书局 1983 年标点本，第 106、221 页；（清）王先谦：《荀子集解》，中华书局 1988 年版，第 529 页。

④ （汉）董仲舒：《春秋繁露·基义》、《举贤良对策》，载（清）苏舆《春秋繁露义证》，中华书局 1992 年版，第 32、351 页。

隶属关系，日益变为人性的桎梏，变为道德自觉的反面，人的真正价值被全面否定。

这一历史事实，可以被理解为类似宗教异化的伦理异化现象。

人，为了实现人的本质，结为群体，组成家庭，创立社会，建构人际之间必要的伦理关系及其他社会政治关系，为调节这些关系而产生了自律和他律的行为规范。人的价值正是在这些关系中自觉实践一定的道德规范而得以实现的，但是，当这些规范被架空，脱离了现实的人际关系，脱离了人的自我道德意识，而异化为一种强制、奴役、愚弄人的"天生铁定底道理"；这"道理"反过来钳制人心，革尽人欲，直到"身心收敛"，"坐如尸，立如斋，头容直，目容端……"①使人成为非人，结果，人在实践道德规范中反而丧失了人的本质。

儒家传统的礼教思想、伦理至上主义，有其重视道德自觉、强调教化作用、追求人际关系和谐等可取因素。但因其植根于我国奴隶制社会和封建制社会长期顽固保存的宗法关系之中，一开始对理想人格的设计，就以客观化的等级名分制度和人际依附关系为基准，而使个体的主体性消融于其中；个体的存在和价值完全隶属于超个体的整体，只有事父事君，尽伦尽职，才可能获得个人存在的意义和价值。因此，一个人的道德自觉性愈高，愈是最大限度地尽到伦理义务，也就愈是自觉地否定自我，乃至扼杀个人的道德意识。同时，把人之所以为人的本质归结为道德活动，蔑视人的其他一切价值，人不必去追求成为独立的认识主体、审美主体，政治、经济、科技、生产活动的主体等，而只需成为纲常名教的工具。这种伦理至上主义，绝非人文精神；相反地，乃是一种维护伦理异化、抹杀人文意识的伦文主义。它不仅取消了人的主体性，尤其抹杀了人的个体性，把个体消解于异化了的群体人伦关系之中。只有冲破伦文主义的网罗，才可能唤起人文主义的觉醒。

伦理异化，是中国封建社会特有的历史现象。为之辩护者历代多有，前期多采用神学说教，后期多采用哲学论证。董仲舒、朱熹，堪

---

① （宋）朱熹：《朱子语类》卷12，《朱子全书》第14册，上海古籍出版社、安徽教育出版社2002年版，第373页。

称典型。抗议者亦不少，前期多梦游远古，后期始瞩望未来，鲍敬言、黄宗羲，可作显例。至于李贽歌颂"童心"，揭露"假人"①，龚自珍呼唤"众人之宰，自名曰我"②，王夫之反对"灭情而息其生"③，戴震怒斥"后儒以理杀人"④，谭嗣同声讨"无实之名"造成"三纲五常之惨祸烈毒"⑤，章太炎强调"依自不依他"、"一切虚伪，唯人是真"⑥，全是一派反抗伦理异化的叱咤声。五四时期"哀其不幸，怒其不争"的反传统，并非什么传统文化的"断裂"，而正是四百年来文化代谢中这一优秀传统的继承。

　　至于儒家传统中的积极因素，早已裂变为文化代谢中的新生面。"谢朝花于已披，启夕秀于未振"⑦，春兰秋菊，千古永存。⑧

---

①　（明）李贽：《童心说》，《焚书》卷3，《李贽文集》第1卷，社会科学文献出版社2000年版，第92—93页。

②　（清）龚自珍：《壬癸之际胎观第一》，《龚自珍全集》，上海人民出版社1975年版，第12页。

③　（明）王夫之：《周易外传》卷3《损》，《船山全书》第1册，岳麓书社1996年版，第924页。

④　（清）戴震：《与某书》，《戴震集》，上海古籍出版社2009年版，第188页。

⑤　谭嗣同：《仁学》八，《谭嗣同全集》（增订本）下册，中华书局1981年版，第299页。

⑥　章太炎：《答铁铮》、《国家论》，《章太炎全集》第4册，上海人民出版社1982年版，第368、457页。

⑦　（晋）陆机：《文赋》，《陆士衡文集校注》，刘运好校注整理，凤凰出版社2007年版，第9页。

⑧　（东周）屈原：《九歌·礼魂》，载（宋）洪兴祖《楚辞补注》，中华书局1983年点校本，第84页。

道家·隐者·思想异端[*]

萧萐父

江瑔《读子卮言》中有《论道家为百家所从出》一篇，谓："上古三代之世，学在官而不在民，草野之民莫由登大雅之堂。唯老子世为史官，得以掌数千年学库之管钥而司其启闭，故《老子》一出，遂尽泄天地之秘藏，集古今之大成，学者宗之，天下风靡，道家之学遂普及于民间。……道家之徒既众，遂分途而趋，各得其师之一端，演而为九家之学，而九流之名以兴焉。"江氏之言颇夸张，谓道家之徒演为九流，乃臆测；唯论到道家之学出于史官，后来流行于民间，徒众而分趋等，亦非全然无据。黑格尔在其《哲学史讲演录》卷首概述"中国古代哲学"时，虽甚简略但颇中肯地指出："孔子的哲学就是国家哲学，构成中国人教育、文化和实际活动的基础。但中国人尚有另一特异的宗派，这派叫作道家。属于这一派的人大都不是官员，与国家宗教没有联系，也不属于佛教。这派的主要概念是'道'，这就是'理性'。这派哲学和与哲学密切联系的生活方式的发挥者是老子，他生于基督前七世纪末，曾在周朝的宫廷内作过史官。"黑格尔在这里既肯定了道家的理论贡献，也指出了道家思想的非官方性质。

关于老子其人其书和道家的起源，关于道家思想所依存的社会基础及其在中国传说文化中的地位和作用，长期以来已有过许多争论和

---

[*] 此文初稿于 1989 年 8 月。选自《吹沙集》，巴蜀书社 1991 年版。

各种歧解，至今难以得出定论。但有一种流行的偏见，即认为儒家文化似乎可以代替或代表整个中国传统文化，把传统文化单一化、凝固化和儒家化。这显然是不符合历史实际的。本文拟就上述问题略抒己见，以就正于方家。

一　传统文化的多维与两分

从文化发生学的角度来审视整个人类文化，从来是多源发生、多元并存、多维发展的。这从全世界的考古成果中已得到充分证明。旧石器和新石器时代的文化遗址，遍布五大洲，由史前多根系文化汇合而成的埃及、两河流域、印度、希腊、中国和墨西哥等大的文化系统，各自发展，各具特色，都曾达到高度繁荣。人类文化有趋同现象。但文化传播中的辐射、迁徙、涵化、融合等，实际上都以文化发生的多根系和文化发展的多向度为前提。

就中国作为东方大国而言，我们祖先从猿分化出来在亚洲东部这大片土地上战天斗地的文化创造，也是多源发生、多维发展的。且不说新石器文化遗址已发现 7000 多个，遍布全国，经过长期斗争、融合，早形成海岱、河洛、江汉等三大史前文化区，又经过夏、殷、周三代的进一步发展，更形成了燕齐、邹鲁、三晋、秦陇、荆楚、巴蜀、吴越以及辽阳、西域等地区性文化，其传统文化心理的特点，至今在民俗、文风中尚有遗存。仅就上述区域性文化所凝结、交织而成的学术派别而言，在周秦之际已展现为诸子蜂起、百家争鸣的局面，当时的学者对各家思想的特点已有过简明的概括和总结。值得注意的是，在当时学者的概述中，如《庄子·天下》括为八家，除讲"阴阳数度"之学的阴阳家，讲"诗书礼乐"之学的儒家，以墨翟、禽滑厘为代表的墨家，以惠施及辩者为代表的名家外，其余四家——宋钘、尹文之学，彭蒙、田骈、慎到之学，关尹、老聃之学，庄周之学，皆属道家。《荀子·解蔽》所列六家，道家居三；《尸子·广泽》

所列六家，道家亦居三，《吕氏春秋·不二》所列十家，道家居五。[①]
足见先秦诸子中道家独盛，徒众而分趋，同属道家而衍为数派，故比
重特大。至汉初，司马谈首次综括先秦学术，归结为"阴阳、儒、
墨、名、法、道"六家，在评论中也特别推崇道家。[②] 后班固依刘歆
《七略》撰《汉书·艺文志》，在《诸子略》之外别出《六艺略》、
《兵书略》等，而将诸子括为"九流"（别增"小说"，合为"十
家"），而"九流"中道家的文献著录特多，达 993 篇（且不计其误
列入他家者），数量为诸子各家之冠。[③]

　　《史》、《汉》所括"六家"、"九流"，撮其要旨，论其特点，似
较先秦书为确；且已论到"九家之术，蜂出并作，各引一端，崇其所
善，以此驰说，取合诸侯。其言虽殊，辟犹水火，相灭亦相生也"[④]。
触及诸子各家多维并存和矛盾两分的关系，但对各家的兴衰、绝续、
分合之故，未加细说。

　　就先秦诸子各家具体的历史发展而言，阴阳家产生最早，集大成
于战国末的邹衍；道家继起，凝成《老子》一书，衍为杨朱、宋钘、
尹文、田骈、庄周等南北诸流派；儒、墨渐盛，且有"儒分为八，墨
离为三"的蓬勃发展；名家出入于各家之中，法家成熟于各家之后；
兵、农、纵横诸家应时勃兴而皆统摄于法家，流行于秦、晋。"李悝
撰次诸国法著《法经》，商君受之以相秦。"[⑤] 秦依法家为政，兼用

---

　　① 《荀子·解蔽》云："墨子蔽于用而不知文，宋子蔽于欲而不知得，慎子蔽于法而
不知贤，申子蔽于势而不知智，惠子蔽于词而不知实，庄子蔽于天而不知人。"《尸子·广
泽》云："墨子贵兼，孔子贵公，皇子贵衷，田子贵均，列子贵虚，料子贵别囿。"《吕氏
春秋·不二》云："老聃贵柔，孔子贵仁，墨翟贵廉，关尹贵清，子列子贵虚，陈骈贵齐，
阳生贵己，孙膑贵势，王廖贵先，儿良贵后。"

　　② 司马谈所推崇的道家，实为总结了先秦道家各派，又吸取了阴阳、儒、墨、名、法
思想的新道家，即流行于战国末、秦汉间的"黄老道家"。

　　③ 据《汉书·艺文志》所列，儒家 836 篇，杂家 403 篇，阴阳家 369 篇，法家 211
篇，农家 114 篇，纵横家 107 篇，墨家 86 篇，名家 36 篇。

　　④ 《汉书·艺文志·诸子略》，（汉）班固：《汉书》，中华书局 1962 年标点本，第
3593 页。

　　⑤ 《晋书·刑法志》，（唐）房玄龄等：《晋书》卷 30，中华书局 1974 年版，第 922
页。

兵、农、纵横，因而能够"振长策而御宇内，吞二周而亡诸侯"①，实现封建主义的政治统一。汉承秦制，为惩亡秦之弊而一度重用黄老道家，继又独尊儒术而实为儒法合流，因而得以稳定和强化宗法封建制的政治统治。就理论思维水平的深广度而言，兵、农、纵横以至阴阳、名家，都以其理论上固有的局限而只能依附于儒、道、墨、法四家；而墨家在秦汉之际，以其所代表的"农与工肆之人"的政治地位的失落而归于中绝。真能独立发展，体用皆备，统之有宗的，实有儒、法、道三家。如以多维并存、矛盾两分的观点分别考察，则其离合变化的基本格局似可概括如下。

（一）道、法由相依而分驰

道、法相依，源于齐学传统。周初，姜太公治齐，既因循齐俗，又注重法治，"尊贤而上功"，"通工商之业，便鱼盐之利"，雷厉风行，五月报政。② 相传姜太公著书甚多，《汉书·艺文志》"道家"著录"《太公》二百三十七篇"，包括"《谋》八十一篇，《言》七十一篇，《兵》八十五篇"，皆亡；但太公思想影响及于管仲。管仲相齐桓公，重贤任能，实行改革，"九合诸侯，一匡天下"③，今存《管子》书虽非全是管仲遗说，但其中多道、法合一思想，如"明王在上，道法行于国"，"事督乎法，法出乎权，权出乎道"，"法者，天下之至道也，圣君之宝用也"，"治民有常道而生财有常法，……明君之重道法而轻其国也"④ 等。战国时，邹忌相齐威王，进一步实行封建化改革，为礼贤下士而创建"稷下学宫"。"稷下"学者中，不少人兼通黄老刑名，提倡道、法合一，以黄老道德为体，以刑名法术

---

① （汉）贾谊：《过秦论》上，《新书校注》，阎振益、钟夏校注，中华书局 2000 年版，第 2 页。

② 参见《吕氏春秋·仲冬纪·长见》，《吕氏春秋新校释》，陈奇猷校释，上海古籍出版社 2002 年版，第 612 页；《史记·齐太公世家》、《史记·鲁周公世家》，中华书局 1959 年标点本，第 1480、1524 页。

③ 《论语·宪问》，（宋）朱熹：《四书章句集注》，中华书局 1983 年标点本，第 153 页。

④ 《管子》之《法法》、《心术上》、《任法》、《君臣上》，载黎翔凤：《管子校注》，中华书局 2004 年版，第 302、770、906、563 页。

为用。故《史记》以老、庄、申、韩合传，自非偶然；其称"申子之学，出于黄老而主刑名"，韩非"喜刑名法术之学，而归本于黄老"①，更是明证。

但道、法两家在思想上本有分歧，尤其三晋法家与南方崛起的荆楚道家如庄子等更多舛背。集法家思想之大成的韩非，虽曾著《解老》、《喻老》，史称其学"本于黄老"，但韩非直斥"为恬淡之学而理恍惚之言"的道家为"天下之惑术"，把道家推崇的"许由让天下"与"盗跖犯刑趋利"二者，同等地斥为破坏刑赏的"殆物"；断然反对"不以天下大利易其胫一毛"的"轻物重生之士"，认为这直接违反了"重殉上事"的忠君原则。② 在秦统一前后的社会大变革中，法家依附于封建统治集团，以乘势夺利的当权派立场，迷信权势法术，在实践上一度取得成功；而道家则基本上植根于没落贵族下降而形成的逸民或隐士集团，以失势退隐的在野派自居，"全性保真，不以物累形"③，"其学以自隐无名为务"，主张"无为自化，清静自正"④。因而既反对"礼治"也反对"法治"，更轻视权势刑赏，《老》、《庄》都猛烈抨击依靠法家变革而上台的新统治者是"盗竽"，是"窃国者"⑤。现实中激烈的政治分化，促成了学术思想上的日趋对立，愈往后发展，愈发生尖锐冲突。当儒、法两家政治合流而跃居统治思想的正宗地位，道、法两家则更是背道分驰。

（二）儒、法由相乖而合流

儒、法相乖，源于春秋战国时期社会变革中的对立势力，一主"礼治"，一主"法治"，路线不同，针锋相对。孟轲猛烈攻击秦孝

---

① 《史记·老庄申韩列传》，（汉）司马迁：《史记》卷63，中华书局1959年版，第2146页。

② 《韩非子》之《忠孝》、《显学》，（清）王先慎：《韩非子集解》，中华书局1998年版，第468—469、459页。

③ 《淮南子·汜论训》，何宁撰：《淮南子集解》，中华书局1998年版，第940页。

④ 《史记·老庄申韩列传》，（汉）司马迁：《史记》卷63，中华书局1959年版，第2143页。

⑤ 见《老子》第53、57章，朱谦之：《老子校释》，中华书局1984年标点本，第212、232页；《庄子·胠箧》，（清）郭庆藩：《庄子集释》，中华书局2004年版，第350页。

公、商鞅等的社会变革是"漫其经界"的"暴君、污吏",抨击法家,兼斥兵、农、纵横,主张"善战者服上刑,连诸侯者次之,辟草莱、任土地者次之"①,反对法家主张的兼并战争和土地私有化。反之,商鞅则把儒家提倡的"礼、乐"、"《诗》、《书》"、"孝、弟""仁、义"等斥为足以"亡国"的"六虱"②;韩非也直斥儒家学说是"疑当世之法而贰人主之心"的"邦之蠹",并称儒家推尊尧舜、颂美三代是"非愚则诬"③。儒家亲亲而尚仁,宣扬德教仁政;法家尊尊而尚功,强调刑赏法治,在社会变革时期两者似乎冰炭不相容。

但到战国末年,荀况为封建统一所提供的政治理论,已强调了"法后王"、"美当今",兼重礼与刑。儒、法思想开始走向融合。秦汉之际的儒生们面对着"秦并海内,兼诸侯,南面称帝,以养四海,天下之士,靡然向风",而由于"仁义不施,攻守势异"④,仅二世而亡的大变局,不得不总结秦政得失,继承秦制,融摄法家。如韩非所云:"臣事君、子事父、妻事夫,三者顺则天下治,三者逆则天下乱,此天下之常道也。"⑤ 此类思想被汉初董仲舒等吸入儒家伦理政治体系而形成"王道之三纲",建立起"杂霸、王道用之"或"阳儒阴法"的"汉家法度",并一直沿袭下去,成为历代封建专制主义政统的轴心。章太炎论及此事颇有的见,云:"至汉,公孙弘、董仲舒辈本是经师,其时经师与儒已无分别。弘习文法吏事,而缘饰以儒术,仲舒为《春秋决狱》二百三十二事,以应廷尉张汤之问。儒家法家,于此稍合。……儒者自耻无用,则援引法家以为己有。南宋以后,尊诸葛为圣贤,亦可闵已。然至今日,则儒、法、纵横殆后世之将合而为一也。"⑥ 其实,我国传统正宗思想并非儒门一系而是儒法合流,

---

① 《孟子》之《滕文公上》、《离娄上》,(宋)朱熹:《四书章句集注》,中华书局1983年标点本,第256、283页。

② 《商君书·靳令》,蒋礼鸿:《商君书锥指》,中华书局1986年版,第80页。

③ 《韩非子》之《五蠹》、《显学》,(清)王先慎:《韩非子集解》,中华书局1998年版,第456、457页。

④ (汉)贾谊:《过秦论》下、上,阎振益、钟夏校注:《新书校注》,中华书局2000年版,第13、3页。

⑤ 《韩非子·忠孝》,(清)王先慎:《韩非子集解》,中华书局1998年版,第466页。

⑥ 章太炎:《诸子学略说》,刘梦溪主编:《中国现代学术经典:章太炎卷》,河北教育出版社1996年版,第492页。

对此，近世先进学者已多有论述。如王夫之指出：所谓"君子儒""言治道者""于老庄则远之唯恐不夙，于申韩则暗袭其所为而阴挟其心""言则圣人而行则申韩也"，他称之为"以申韩之酷政文饰儒术，以重毒天下"的"申韩之儒"，并痛切揭露："下至于申韩之儒，而贼天下以贼其心者甚矣！后世之天下死于申韩之儒者，积焉！"① 戴震也痛切揭发：宋儒所谓"理欲之辨，适成忍而残杀之具"，"酷吏以法杀人，后儒以理杀人，浸浸乎舍法而论理，死矣，更无可救矣！"② 谭嗣同更尖锐地指出："自秦垂暴法，于会稽刻石，宋儒炀之。……独夫民贼，固甚乐三纲之名，一切刑律制度皆依为率"，"数千年来三纲五经之惨祸烈毒，由是酷焉矣！"他进而概括言之："二千年之政，秦政也，皆大盗也；二千年之学，荀学也，皆乡愿也。惟大盗利用乡愿，惟乡愿工媚大盗！"③ 痛愤之词，不免偏激，却深刻揭示了 2000 年封建专制政统中儒、法合流的本质。

（三）儒、道由相黜而互补

儒、道异说，源于齐、鲁异政，更衍为荆楚学风与邹鲁学风之取向不同。战国时，孟子力辟杨、墨，庄子则剽剥儒、墨，孟、庄同时而未谋面，但思想路线早已形成对立。到汉初，儒、道互黜，在政治、思想领域的冲突更是尖锐。儒林博士辕固生与好黄老道的窦太后争论《老子》一书的评价，竟被令入圈刺豕，几乎丧生；申培公被迎来议明堂事，触怒了窦太后等，导致"隆推儒术，贬道家言"的赵绾、王臧等竟因而被政治诛杀。④ 司马迁曾总括："世之学老子者

① （明）王夫之：《尚书引义·舜典二》，《船山全书》第 2 册，岳麓书社 1996 年版，第 250 页；《姜斋文集·老庄申韩论》，《船山全书》第 15 册，岳麓书社 1996 年版，第 85—87 页。

② （清）戴震：《孟子字义疏证》《与某书》，《戴震集》，上海古籍出版社 2009 年版，第 328、188 页。

③ 谭嗣同：《仁学》三十七、八、二十九，《谭嗣同全集》（增订本）下册，中华书局 1981 年版，第 349、299、337 页。

④ 《史记·儒林列传》，（汉）司马迁：《史记》卷 121，中华书局 1959 年版，第 3122 页。

则黜儒学，儒学亦黜老子。道不同不相为谋，岂谓是邪?!"① 此后，司马迁被斥为"论大道，则先黄老而后六经"，因而《史记》一书竟有"谤书"之嫌②；而王充则自命"虽违儒家之说，但合黄老之义"，因而《论衡》一书长期被斥为"异端"③。

两汉时期在政见上儒道互黜，深化为"圣人（孔子）贵名教，老庄明自然"的学派分歧和思想对立；而东汉时由于大批伪名士的出现，儒家名教大为贬值，需要起用"自然"观念来滋补其生机，于是夏侯玄、何晏、王弼等煽起玄风，强调"天地以'自然'运，圣人以'自然'用"，"君亲自然，匪由名教，爱敬既同，情理兼到"④。在玄学思潮的发展中，曾自觉讨论过儒、道的异同、离合问题，而大体归宿于"儒道合"，或"将无同"⑤。无论是偏重于"以儒合道"，或偏重于"以道合儒"，其主旨都在"儒道兼综"、"情理兼到"，以企求"自然"和"名教"的统一。玄学正宗，可以说是从学派形式上初步实现了儒道两家的兼容和互补。以后，经过佛、道二教的激荡而形成宋明道学新思潮。中国化了的佛教哲学和道家及道教思想的渗透，实为宋明道学的哲理化思辨得以形成和发展的基本学术条件。历代学者多已指明，如王夫之认定，周、邵、程、朱"器外求道"，乃老氏之旨；陆、王之学，"消所入能"，乃阳儒阴释。⑥ 潘平格更一语道破："朱子道，陆子禅。"⑦ 所谓"朱子道"，乃指程朱一系思想多

① 《史记·老庄申韩列传》，（汉）司马迁：《史记》卷63，中华书局1959年版，第2143页。

② （汉）班固：《汉书·司马迁传》，中华书局1962年标点本，第2738页；（宋）范晔：《后汉书·蔡邕传》，中华书局1965年标点本，第2006页。

③ （汉）王充：《论衡·自然》，《论衡校释》卷18，中华书局1990年标点本，第785页；（清）纪昀等：《钦定四库全书总目》卷120，中华书局1997年整理本，第1601页。

④ （魏）何晏：《无名论》引夏侯玄语（见张湛《列子注·仲尼》）；袁宏：《三国名臣颂》，（唐）房玄龄等：《晋书》卷92，中华书局1974年版，第2396页。

⑤ 《晋书·阮籍传》："阮瞻见司徒王戎，戎问曰：'圣人贵名教，老庄明自然，其旨同异?'瞻曰：'将无同!'"

⑥ （明）王夫之：《周易外传》卷5，《船山全书》第1册，岳麓书社1996年版，第1027—1029页；《张子正蒙注·序论》，《船山全书》第12册，岳麓书社1996年版，第10页。

⑦ （清）李塨：《恕谷后集》卷6，《万季野小传》引潘平格语，载《恕谷后集》第2册，上海商务印书馆1936年版（丛书集成初编），第72页。

承袭于道家及道教理论，所谓"陆子禅"，乃指陆王一系思想多来自禅宗而中国禅宗思想实直承庄子之学。宋明道学正宗，可以说从理论内容上实现了较深层的儒道互补。

学术思想上所实现的儒道互补，反映了现实生活中某种社会心理的需要。中国封建社会中的士人一直有在朝和在野之分。但随着科举制的发展，朝野之间的流动性也不断加大，每个人随时都面临着所谓"穷达"、"出处"、跻身庙堂或退处山林的不同命运，因而决定其立身处世态度乃至价值观念等的不同选择。而儒道两家分别提供的思想体系及价值取向，恰好足以适应人们在不同境遇中的精神需要，可以维持人们在处境变化中的心理平衡。冯友兰先生颇有实感地指明："因为儒家'游方之内'，显得比道家入世一些；因为道家'游方之外'，显得比儒家出世一些。这两种趋向，彼此对立，但是也互相补充。两者演习着一种力的平衡，这使得中国人对于入世和出世具有良好的平衡感。"他还认为"中国哲学的这两种趋势，约略相当于西方思想中的古典主义和浪漫主义这两种传统"，并举杜甫与李白的诗，作为显例。① 似乎也可以说，正如西方文化中有"日神"精神和"酒神"精神的对立和互补一样，中国文化主流中也有儒、道精神的对立和互补。

以上从三个层面对传统文化的多维与两分所作的简析，仅系一种宏观角度鸟瞰其基本格局，实际存在的许多过渡形态和中介环节，未遑细论。

二　道家·史官·隐者

单就道家论其起源，似可概括地表述为出于史官的文化背景而基于隐者的社会实践，前者指其思想理论渊源，后者指其依存的社会基础。

此在史志中似已言之凿凿。如《史记·老子列传》云："老聃，

---

① 冯友兰：《中国哲学简史》第 2 章，《三松堂全集》第 6 卷，河南人民出版社 2001年版，第 22—23 页。

周守藏室之史也"（同书《张汤传》又谓"老子为柱下史"，《庄子·天道》又称"周之徵藏史有老聃者"），盖周室史官兼管图籍文献。故《汉志·诸子略》称："道家者流，盖出于史官。历记成败、存亡、祸福、古今之道，然后知秉要执本，清虚以自守，卑弱以自持……"此所谓"盖出于史官"，乃概指之词，非仅实指老聃作为道家创始人曾作过周守藏史，而且泛指道家思想的重心乃渊源于对以往"成败、存亡、祸福、古今之道"的研究和总结。而《史记·老子列传》又称："老子修道德，其学以自隐无名为务"，"居周久之，见周之衰，乃遂去，至关，关令尹喜曰：子将隐矣，强为我著书。于是老子乃著书上下篇，言道德之意五千言而去，莫知其所终"。"老子，隐君子也。"此所谓"以自隐无名为务"的"隐君子"，非仅实指老聃见周之衰而自隐去或庄周拒楚威王之聘而宁愿"曳尾于涂中"等具体史实，且泛指一部分古代士人自愿或被迫从统治层的政治斗争旋涡中跳出来，成为在野者，他们既具有博古通今的历史教养，又与现实权力斗争保持一定的距离，因而有可能深观社会矛盾运动，冷静分析和总结历史经验；同时，他们退隐在野，贵己养生，不慕荣利，乃至傲视王侯，因而有可能较多地接触社会现实，了解民间疾苦，关心生产科学，乃至成为时代忧患意识、社会批判意识的承担者，或"以德抗权"、"以道抑尊"的代表人物。这类隐者代表人物，在《论语》里已成批出现。既有批评、讽刺孔子的长沮、桀溺、石门晨门、荷蒉者、荷蓧丈人、楚狂接舆等；也有孔子所称道的许多"逸民"，如较早的伯夷、叔齐，同时代的虞仲、夷逸、柳下惠、朱张、少连、蘧伯玉等。对蘧伯玉，孔子赞扬说："君子哉蘧伯玉！邦有道则仕，邦无道则可卷而怀之。"① 对虞仲、夷逸，孔子赞扬他们"隐居放言，身中清，废中权"②，说他们隐居不仕而放言高论，处身清高，废退合乎权变之道。战国时，齐国有位陈仲，义不食兄禄，逃隐於陵，为人灌园，号"於陵仲子"。被称为"上不臣于王，下不治其家，中不索

---

① 《论语》之《卫灵公》，（宋）朱熹：《四书章句集注》，中华书局1983年标点本，第163页。

② 《论语》之《微子》，（宋）朱熹：《四书章句集注》，第186页。

交于诸侯"①，但知名度很高。孟、荀都对他有所评论②，也是当时隐者之一。这类隐者，正是道家产生和依存的社会基础。老聃、老莱子、杨朱、子华子、列子、庄周，以及《庄子》书中听记北昏瞀人、南郭子綦等道家人物，乃是这类隐者中的思想代表。

早期隐者发展为道家思想群，再发展为稷下学者群，日益充分而明晰地体现出道家的思想特征。稷下学宫虽为齐国君所设，集中反映了战国诸侯的养士之风；但游于稷下的学者群中，不少人崇信道家思想，所谓"稷下先生喜议政事"、"不任职而论国事"③，但他们始终恪守隐者风范，不事王侯，高尚其事。"在布衣之位，荡然肆志，不诎于诸侯，谈说于当世，折卿相之权"④，他们的议政，是"不治而议论"，只是"各著书言治乱之事"⑤，并不希图进入政治权力结构，反而力求与之保持一定的距离，因而能够表现某种"以德抗权"、"以道抑尊"的精神，并对现实政治保持一定的独立不阿的批判态度。诸如，颜斶以"士贵于王"的气概面折齐宣王的故事⑥，鲁仲连为国立功而拒绝封赏、逃隐海上的故事⑦，田巴在稷下讲学敢于"毁五帝，罪三王，訾五伯，一日而服千人"以及他去世时有3000弟子来送葬的故事⑧，都被传为千古美谈。李白诗中就有一首赞美鲁仲连的名作："齐有倜傥生，鲁连特高妙。明月出海底，一朝开光耀。却秦振英声，后世仰末照。意轻千金赠，顾向平原笑。吾亦澹荡人，拂

---

① 《战国策·齐策》，诸祖耿：《战国策集注汇考》，江苏古籍出版社1985年版，第621页。

② 《孟子·滕文公下》，（宋）朱熹：《四书章句集注》，中华书局1983年标点本，第273—274页；《荀子》之《不苟》《非十二子》，（清）王先谦：《荀子集解》，中华书局1988年版，第52、92页。

③ （汉）刘向：《新序·杂事第2》，《新序校释》，石光英校释，中华书局2001年版，第205页；（汉）桓宽：《盐铁论》卷2《论儒》，王利器：《盐铁论校注》（定本），中华书局1992年版，第149页。

④ 《史记·鲁仲连列传》，中华书局1959年标点本，第2479页。

⑤ 《史记》之《田敬仲完世家》、《孟荀列传》，中华书局1959年标点本，第1895、2346页。

⑥ 《战国策·齐策》，诸祖耿：《战国策集注汇考》，江苏古籍出版社1985年版，第607—609页。

⑦ 《史记·鲁仲连传》，中华书局1959年标点本，第2459—2469页。

⑧ 《史记·鲁仲连传》之《正义》引《鲁连子》，《史记》卷83，第2459页。

衣可同调！"①

　　战国时期在社会变动中涌现的"士"阶层，处于不断沉浮分化之中，或仕或隐，或出或处，或上升为贵族，或下降为庶民，其间界限当难划定，故史籍中常称为"游士"。而到了秦汉以后相对稳定的封建社会，士人则明显地分化为在朝与在野两大集团，总有一部分士人游离于封建统治集团之外，成为自觉或不自觉的隐者。他们退隐不仕的原因容或不同，或自愿"蝉蜕嚣埃之中，自致寰区之外"②，或被迫"红颜弃轩冕，白首卧松云"③；其退隐后的心态也不一样，有的失意消沉，有的诗酒自娱，有的穷居著书而尚友古人，有的身在江湖而心忧天下，也有个别走"终南捷径"以谋取高官的假隐士④，还有所谓"小隐隐陵薮，大隐隐朝市"⑤ 的说法。但总的说来，隐者或隐士（亦称"处士"、"徵君"、"逸民"、"高士"、"山林隐逸"、"避世之士"、"不宾之士"等），构成中国封建社会中一个特殊的阶层或集团，一种特殊的社会势力。从范晔《后汉书》开始，便在正史中专门增设《逸民列传》，录本朝引起朝廷注意的隐士 20 人，其叙论云："《易》称'《遯》之时义大矣哉！'又曰：'不事王侯，高尚其事。'是以尧称则天，不屈颍阳之高；武尽美矣，终全孤竹之洁。自兹以降，风流弥繁，长往之轨未殊，而感致之数匪一：或隐居以求其志，或回避以全其道，或静己以镇其躁，或去危以图其安，或垢俗以动其概，或疵物以激其清。然观其甘心畎亩之中，憔悴江海之上，岂必亲鱼鸟、乐林草哉？亦云性分所至而已。""汉室中微，王莽篡位，士之蕴藉义愤甚矣，是时裂冠毁冕，相携持而去之者，盖不可胜数。……光武侧席幽人，求之若不及。旌帛蒲车之所征贲，相望于岩中

---

　　① （唐）李白：《古风》第 10，瞿蜕园、朱金城校注：《李白集校注》，上海古籍出版社 1980 年版，第 111—112 页。

　　② （宋）范晔：《逸民列传·叙》，《后汉书》卷 83，中华书局 1965 年标点本，第 2755 页。

　　③ （唐）李白：《赠孟浩然》，瞿蜕园、朱金城校注：《李白集校注》，第 593 页。

　　④ （宋）欧阳修、宋祁：《新唐书·卢藏用传》，《新唐书》第 14 册卷 123，中华书局 1975 年版，第 4375 页。

　　⑤ （晋）王康琚：《反招隐诗》，（梁）萧统编：《文选》卷 22，上海古籍出版社 1986 年版，第 1030 页。

矣。……群方咸遂，志士怀仁，斯固所谓'举逸民，天下归心'者乎!"① 这篇史论概述了形成隐士集团的社会的、政治的以及心理的因素，并指出了光武帝等笼络这些隐士的政策及其用心。其后，唐修《晋书》、《隋书》，宋修《唐书》直至清修《明史》等，均专设《隐逸列传》，将各朝代著名隐士的事迹载入国史，语多褒扬。私家著作的专史中，更有晋皇甫谧撰《高士传》，录许由以下知名度最高的隐逸之士 96 人，而汉代约占一半。清代高兆又撰有《续高士传》，录魏至明的著名隐士 143 人。这些入选的知名隐士中，按其思想倾向，大多数都属于道家或道家所赞美的人物。

隐者中的道家，以巢父、许由为最高典范。② 洁身自好，蔑弃荣利，傲视王侯，所谓"欲洁其身而乱大伦"③，"天子所不得臣，诸侯所不得友"④，在政治上不依附、不屈从于权力结构，"羞与卿相等列，至乃抗愤而不顾"⑤，试图保持人格的独立和尊严；在思想上按道家的理想人格和价值尺度来立身处世、讲学议政，并试图以"不治而议论"的特殊方式，影响时代思潮，干预现实政治。战国初已盛传魏文侯师事卜子夏、段干木、田子方的故事，《吕览》、《淮南》等新道家论著特加渲染⑥，如《淮南子·修务训》在论述魏文侯敬重段干木事迹时，借魏文侯之口说出了"段干木光于德，寡人光于势，段干木富于义，寡人富于财。势不若德尊，财不若义高"的论断，并强调段干木等不居官、不受禄，所以他们与魏文侯的关系不是君臣关系而

---

① （宋）范晔：《后汉书》卷 83《逸民列传》第 73，中华书局 1965 年标点本，第 2756—2757 页。

② 巢父、许由的传说，散见于先秦诸子，略谓：许由，尧时高士，隐于沛泽，尧以天下让之，逃隐箕山。尧又召为九州长，许由闻之，乃洗耳于颍水之滨。时其友巢父牵犊欲饮，问其故，许由告之。巢父急牵犊赴上游饮之，曰，勿污吾犊。《庄子》等书中更多增益，塑造出道家隐士的典型。

③ 《论语·微子》记子路对隐者的评语［（宋）朱熹：《四书章句集注》，中华书局 1983 年标点本，第 185 页］，

④ （宋）范晔：《后汉书》卷 83，《逸民列传》第 73，中华书局 1965 年标点本，第 2762 页。

⑤ 同上书，第 2757 页。

⑥ 见《史记·魏世家》，中华书局 1959 年标点本，第 1839 页；《吕氏春秋·慎大览·下贤》，《吕氏春秋新校释》，陈奇猷校释，上海古籍出版社 2002 年版，第 887 页；《淮南子·修务训》，何宁撰：《淮南子集解》，中华书局 1998 年版，第 1325 页。

是师友关系。《庄子》提示以"大宗师"去"应帝王"的理想，历代道家颇欣赏"为帝王师"这一特殊的议政方式。诸如，黄石公授书张良，教其为王者师，果助刘邦取天下，后张良又计邀"义不为汉臣"的"商山四皓"傅刘盈，稳定了汉初新政局①；隐居胶东、传黄老学的盖公，指点曹参治齐，其所教"治道贵清静而民自定"一语，竟成为汉初推行黄老治术的指导方针，并取得文景之治的最佳效益。②黄石公、盖公、商山四皓以及张良（以开国重臣而辞三万户之封，愿从赤松子游，自学道家养生术）等，便成为基于隐者的道家所向往的理想人格。退而思其次，不屈于汉光武的严光，"不为五斗米折腰"的陶潜，不愿意"卖论取官"的范缜，隐居茅山而被称为"山中宰相"的陶弘景，"天子呼来不上船"的酒中仙李白，虽被帝王礼重而拒绝走"终南捷径"的司马承祯等，也是道家的理想人物。他们可称作封建时代有意与当权者保持一定距离的自觉的在野派，不同程度地体现了道家的风骨和隐士文化的传统。

　　道家隐者们的言行和他们在各个文化领域中的创造活动，形成了中国历史上与历代庙堂文化相并立或对峙的山林文化传统。"山林"与"庙堂"，在中国文化史上成为一对特殊的范畴。在文学艺术的创作风格、审美情趣等方面，从来有"庙堂文艺"与"山林文艺"之分；在学术思想的理论重心和价值取向上，则有"方外"与"方内"、"任自然"与"重名教"的明显区别；佛教初传入，依靠贵族上层而在中国化的过程中也出现了与宫廷佛教立异的"山林佛教"③；道教的发展也有类似情况，与贵族金丹道教相并立的有民间符水道教，宋元以来崛起的"全真道派"与山林隐逸相结合，被称为"有古逸民之遗风"④。当然，山林与庙堂、山林民间文化与庙堂贵族文化，并非截然分离绝缘，而是可以互相流动转化的，乃至在一个人的

---

　　①　（汉）司马迁：《史记》卷55《留侯世家》第25，中华书局1959年版，第2033—2051页。

　　②　（汉）司马迁《史记》卷54《曹相国世家》第24，第2021—2033页。

　　③　参见吕澂《中国佛学源流略讲》第9讲《南北宗禅学之流行》，中华书局1979年版，第205—208页。

　　④　参见陈垣《南宋初河北新道教考》卷1《全真教之起源》，"辅仁大学丛书"第8种，1941年，第12页。

生活道路、思想、创作中也表现出这两种文化精神的流动转化。陶渊明在弃官归隐以后，刘禹锡、柳宗元在遭到"八司马冤狱"、"万死投荒"以后，苏轼、杨慎等在被长期流贬以后，由于受到山林民间文化的陶冶，他们的思想、创作都发生了重大的变化。

与山林民间文化相联系，还有"布衣"这一奇异的称号，似乎标志着一种特殊的社会身份，在等级森严的封建社会里竟被普遍地看作一种褒称。"布衣"，本指平民俭朴衣着，后转为一般平民之代称，而在具有山林文化自觉的道家隐者口中，则变为一种颇足自傲的尊称。《庄子·山木》中描写庄子以贫自傲，称："庄子衣大布而补之，正緳系履而过魏王，魏王曰：'何先生之惫邪？'庄子曰：'贫也，非惫也。''士有道德不能行，惫也；衣弊履穿，贫也，非惫也。'"庄子丝毫不以布衣为耻。至于诸葛亮《出师表》中首称"臣本布衣，躬耕于南阳，苟全性命于乱世，不求闻达于诸侯"，李白《与韩荆州书》中自荐"白陇西布衣，流落楚汉，十五好剑术，遍干诸侯，三十成文章，历抵卿相。虽长不满七尺，而心雄万夫"等，均已成为脍炙人口的名句。直到龚自珍，仍以"近来不信长安隘，城曲深藏此布衣"的美辞来赞扬他的好友志士潘咨。他又曾撰《布衣传》一卷，并有诗云"登乙科则亡姓氏，官七品则亡姓氏，夜奠三十九布衣，秋灯忽吐苍虹气"（自注：撰《布衣传》一卷，起康熙迄嘉庆凡三十九人）。[①]

作为道家思想主要社会基础的布衣—隐者群中，常有一些"学而优却不仕"的各种奇才。他们的动向常引起封建朝廷的密切注意，聪明的统治者采取一些特别手段（如遣使征辟、旌表，以安车蒲轮卑辞礼聘，乃至皇帝亲自拜访等）加以网罗和控制。在封建盛世，"招隐"、"举逸民"或"入山林访隐逸"，成为一项重要的政策措施；而在衰世，不仅统治者无心"招隐"，而且政治腐败，必有大批失意士人遁入山林，从而会增强布衣—隐者群这一特殊的社会势力，乃至改变"山林"与"庙堂"的互补关系和各方面的力量对比。中国历史

---

① （清）龚自珍：《己亥杂诗》第33、74，刘逸生注：《龚自珍己亥杂诗注》，中华书局1980年版，第43、108页。

上每当王朝末叶，政局昏乱，民心解纽，就必然出现上述情况。龚自珍处于"日之将夕，悲风骤至"的晚清衰世，他以特有的时代敏感注意到"山中隐者"这一社会势力的迅速增强，他为此写了《尊隐》一文，并慨然自许："少年《尊隐》有高文，猿鹤真堪张一军"①，即二十几岁时所写《尊隐》高文已指出，"猿鹤"即"山中隐者"这一在野势力已足以组成一个方面军。在《尊隐》这篇奇文中，他极为深刻地指出：由于清廷腐败不能广纳人才，反而扼杀人才，"圣智心肝，人功精英，百工魁杰所成，如京师，京师弗受也；非但不受，又裂而磔之"，结果是"百宝咸怨，怨则反其野矣"。于是，形成了"京师"与"山中"的对立。文章又从政治经济实力、精神文化风貌各方面把双方进行对比，结论是："京师贫"而"四山实矣"，"京师贱"而"山中之势重矣"，"京师之日苦短"而"山中之日长矣"，京师朝士"寡助失亲"而"山中之民，一啸百吟，一呻百问矣"。因而预计不久的将来，"山中之民，有大声音起，天地为之钟鼓，神人为之波涛矣"！龚自珍这一大胆的预言，果然被19世纪后半叶中国社会变革的大震荡所证实。

三　道家传统与思想异端

有正宗而后有异端。在西欧，如恩格斯所论："一般针对封建制度发出的一切攻击必然首先就是对教会的攻击，而一切革命的社会政治理论大体上必然同时就是神学异端。"② 在中国，自秦汉统一，汉承秦制，儒术渐尊，儒法合流，形成了封建法统与学统的正宗以后，道家思想以其被罢黜、受排斥的现实遭遇，更以其固执天道自然、抗议伦理异化的理论趋向，便一直被视为思想异端。秦皇、汉武的雄才大略，百年之中以思想罪兴两次大狱，一诛吕不韦集团，一诛刘安集团，株连镇压大批优秀学者，尤其道家（如"淮南八公"等）遭到

① （清）龚自珍：《己亥杂诗》第241，刘逸生注：《龚自珍己亥杂诗注》，中华书局1980年版，第311页。

② 恩格斯：《德国农民战争》2，《马克思恩格斯全集》第7卷，人民出版社1979年版，第401页。

严酷打击。[1]但道家并未因此而偃旗息鼓，相反地，历代道家学者仍然以与封建正宗相对立的异端身份，倔强地从事于学术、文化的创造活动和批判活动，不断地取得许多重要成果，尤其在发展科学、文艺和哲学思辨方面作出了超迈儒家的独特贡献，从而形成了我国历史上别树一帜的道家文化传统。

两汉时期，封建皇权缘饰儒术，依靠大批酷吏和循吏交织成封建专制主义的政治网罗与思想网罗，在大批儒林博士"曲学阿世"、奔竞利禄、"天下学士靡然向风"[2]的情况下，班固承认："自武帝立五经博士，开弟子员，设科射策，劝以官禄，讫于元始，百又余年，传业者浸盛，枝叶繁滋，一经说至百余万言，大师众至千余人，盖禄利之路然也。"[3]顾炎武判为"汉自孝武表彰六经之后，师儒虽盛而大义未明"[4]。而当时独有身受腐刑的司马迁，卖卜为生的严君平，投阁几死的扬雄，"废退穷居"的王充等，这些卓立不苟的道家学者，正因为他们被斥为异端而他们也慨然以异端自居，故能在各自从事的学术领域奋力创造，取得辉煌成就。仅以王充为例，他在儒林博士们"高论白虎，深言日食"的气氛中，勇于举起"疾虚妄"的批判旗帜，自觉地"依道家"立论，"伐孔子之说"[5]，"奋其笔端以与圣贤相轧"[6]，"作为《论衡》，趣以正虚妄，审乡背，怀疑之论，分析百端，有所摘发，不避孔氏"！[7]乾隆帝愤斥为"背经离道"，"已犯非圣无法之诛"[8]。而章太炎则衷心赞美王充："汉得一人焉，足以振

---

① （汉）司马迁：《史记·吕不韦列传》，中华书局 1959 年标点本，第 2512—2513 页；（汉）班固：《汉书·淮南王传》，中华书局 1962 年标点本，第 2135—2150 页。
② （汉）班固：《汉书》，第 3593 页。
③ 同上书，第 3620 页。
④ （清）顾炎武：《日知录》卷 13《两汉风俗》条，载《日知录集释》，上海古籍出版社 1985 年版，第 1009 页。
⑤ （汉）王充；《论衡·问孔》，《论衡校释》卷 9，中华书局 1990 年标点本，第 397 页。
⑥ （清）纪昀等：《钦定四库全书总目》卷 120，中华书局 1997 年整理本，第 1601 页。
⑦ 章太炎：《訄书·学变》，载《訄书详注》，上海古籍出版社 2000 年版，第 90 页。
⑧ （清）弘历：《御制读王充〈论衡〉》，《论衡》四库全书本卷首，《钦定四库全书》第 862 册，台湾商务印书馆 1986 年版，第 1 页。

耻。至于今，亦未有能逮者也！"①

魏晋时期，当朝名士所宣扬的玄学正宗，莫不主张"以儒融道"，故坚持"圣人体无"、"孔优于老"，强调"名教""礼制"的首要意义。而固执道家思想的在野名士，笑傲山林，则主张"非汤武而薄周孔"、"越名教而任自然"，乃至直斥"六经为芜秽，仁义为臭腐"②，如嵇康、阮籍等则不可逃避地被斥为异端。玄学名士钟会向朝廷告发嵇康："言论放荡，非毁典谟，帝王者所不宜容"，"轻时傲世，不为物用，无益于今，有败于俗。……今不诛康，无以清洁王道！"③ 嵇康竟因此而被杀。嵇、阮等原本贵族，但受道家思想的影响，走上了思想异端的道路，拒绝与当权者合作，而求友于当时著名隐士孙登，真心向往"采薇山阿，散发岩岫，永啸长吟，颐情养寿"④ 的隐士生活。虽未实现，却留下了奇妙的憧憬。这一时期，近似嵇、阮坚持道家思路的异端学者尚有不少，诸如，"清操自然"、征聘不就的杨泉（吴会稽处士，著有《物理论》、《太玄经》等，发展了道家传统的气论），盛倡无君论的鲍敬言（被葛洪尊称为鲍生，其系统的无君思想，与阮籍、陶潜等相呼应），隐居著论、驳斥报应的戴逵（东晋处士，著名艺术家，著有《释疑论》等，存《弘明集》中），不惧围剿、坚持神灭的范缜（梁时处士，以"布衣穷贱之人"自居，著《神灭论》，坚持道家的自然观、形神观以驳斥佛教），等等，大都在当时的学术前沿和整个思想文化战线上能够开拓创新，作出贡献。

隋唐时期，在儒学正宗的统摄之下。佛、道两家均有发展。唐太宗虽然宣布："朕所好者唯尧舜周孔之道，以为如鸟有翼，如鱼有水，失之则死，不可暂无耳！"⑤ 但是唐王朝实行了三教平衡的宽松政策，

---

① 章太炎：《訄书·学变》，载《訄书详注》，上海古籍出版社2000年版，第90页。

② （魏）嵇康：《与山巨源绝交书》、《难自然好学论》，夏明钊译注：《嵇康集译注》，黑龙江人民出版社1987年版，第274、145页。

③ 见《嵇康传》，《晋书》列传第19，中华书局1974年版，第1373页；《世说新语》注引《文士传》，《世说新语汇校集注》，上海古籍出版社2002年版，第640页。

④ （魏）嵇康：《幽愤诗》，夏明钊译注：《嵇康集译注》，黑龙江人民出版社1987年版，第298页。

⑤ （唐）吴兢：《贞观政要》卷6慎所好第21，谢保成集校：《贞观政要集校》，中华书局2003年版，第331页。

道家思想得以因缘道教的兴盛而流行一时。唐王朝尊宠道教，崇道之风席卷朝野，信道术仙成为时髦，一些道士因走"终南捷径"而得官爵，成为皇权的附着物。但真心坚持道家思想风骨的士人，或自甘隐退，或总被排斥，他们中间出现了不少优秀学者、诗人、科学家，例如赵蕤、孙思邈、成玄英、李荃、王玄览、刘蜕、李白、孟浩然、元结、罗隐、皮日休、陆龟蒙、谭峭等，他们的著作幸得保留，在中国传统文化的宝库中各有其独特的贡献。他们中的一些人虽非全属道家思想，但其批判锋芒却显示了明朗的异端性格。

宋元明时期，理学正宗居于统治地位，儒家关于伦理异化的说教，被强化到"人死于理，其谁怜之"的地步；而科举考试制的普遍化，更以严密的"文网世法"禁锢和毒化着整个知识界。但在当时，除了理学正宗、庙堂文化之外，异端学术、山林文化仍有较大的发展。例如，两宋之际的郑樵，隐居夹漈山中 30 年，著书 1000 卷，其中《通志》200 卷，具有很高的学术价值；宋元之际的马端临，放弃举业，隐居不仕，著《文献通考》300 多卷，并批判流行的"欺天之学"与"欺人之学"。郑、马二人是当时最渊博的学者，其所开辟的"通史家风"，远超宋元诸儒，影响尤为深远。又如宋元之际的邓牧，隐居九锁山，终身不仕，自号"三教外人"，著《伯牙琴》，富有社会批判内容；元末明初的刘基、叶子奇，隐伏民间时分别著《郁离子》、《草木子》等，吸取道家思想而显示出异端性格。明代，在阳明心学的发展、分化和自我否定的潮流中，出现了颜钧、何心隐、李贽等活动于民间的许多思想家。他们大都把阳明心学中昂扬主体自觉的"狂者"意识，发展到对封建纲常名教的权威的否定。他们狂傲不羁，揭露"假人"，呼唤"童心"，主张个性解放，反对伦理异化的许多言论，虽属时代要求的反映，也有道家思想的渊源。

明清之际，"天崩地解"的社会震荡，"破块启蒙"的思想异动，在中国历史上是空前的。在这空前的变局中，学术思想出现了新的整合，活跃于整个中世纪的思想异端，开始蜕化为力图冲决网罗、走出中世纪的新的启蒙意识。这一思想的重新整合和蜕变的过程，是极为复杂的，但先秦子学的复甦，长期被目为异端的《老》、《庄》、《列》思想的引起重视和重新咀嚼，无疑是一个促进的重要因素。明末清初在时代风涛里涌现出的一大批灿若群星的思想家，大都富于历史教养，有过政治流亡或甘当遗民的生活经历，因而能够顺应时代思潮的动向，远继历史上的异端批判思想，开拓出新的启蒙意识。他们中间，就其思想蜕变与以往道家传统和异端性格的深刻联系而言，傅山可说是一个典型。

傅山思想的最大特点是自觉地继承道家，鲜明地批判"奴儒"。他明确宣称："老夫学《庄》、《列》者也。于此间诸仁义事，实羞道之。即强言之，亦不工！"① 并直斥理学家们"一味板拗"，全是"奴儒"，"后世之奴儒，尊其奴师之说，闭之不能解，结之不能觯"②，主张坚决扫荡"奴性"、"奴物"，表现了鲜明的启蒙意识。傅山于明亡后自隐岩洞，曾以抗清被逮入狱，不屈，几死；又被康熙强征入朝，峻拒，亦几死；终以"黄冠自放"得脱，遂着道流衣冠，自称"朱衣道人"，以行医卖字为生，俨然道家隐者。顾炎武赞之为"萧然物外，自得天机"③！傅山的《霜红龛集》及《荀子评》等子学著作，《红罗镜》等通俗传奇，则充分体现了17世纪中国早期启蒙者的思想锋芒和感情升华。傅山，可说是继承道家传统的思想异端挣脱封建囚缚而转化为早期启蒙者的典型人物。

中国历史上的异端思想和批判意识的承担者，虽非全出于道家，但确有不少是具有道家思想风骨的隐逸人物。这些人物及其思想，在中国传统文化中怎样定位？在中国文化的发展中起过什么历史作用？在中国走向近代化的文化历程中发挥过什么功能？对今天的社会主义文化建设有何借鉴意义？这些问题似乎值得进一步探索。

---

① （清）全祖望：《阳曲傅先生事略》，《鲒埼亭集》卷26，《全祖望集汇校集注》，上海古籍出版社2000年版，第480页。

② （清）傅山：《学解》，《霜红龛集》卷31，山西人民出版社1985年版，第825页。

③ （清）顾炎武：《广师》，《亭林文集》卷6，《顾亭林诗文集》，中华书局1983年版，第134页。

杨祖陶教授

　　杨祖陶，教授，博士生导师，西方哲学史家，康德黑格尔研究专家，资深翻译家。1927 年生于四川达县。1945 年入西南联合大学哲学系，师从金岳霖、汤用彤、贺麟、郑昕、洪谦诸教授，1950 年于北京大学哲学系毕业（文学士）后留校任教。1959 年调武汉大学哲学系任教。曾任武汉大学学位委员会委员，武汉大学西方哲学史教研室主任，《德国哲学》副主编，金岳霖学术委员会顾问；现为武汉大学哲学学院教授、博士生导师、中华外国哲学史学会顾问、湖北省哲学史学会名誉会长，1992 年起享受国务院特殊津贴。

　　杨祖陶一贯把第一线教学视为天职，他讲课的逻辑魅力在 30 年后仍为听者所难忘和称道。在指导研究生工作中，以严谨规范著称，言传身教，精心培养了一批有影响的知名专家和学者。多次被评为武汉大学优秀教师、武汉大学优秀研究生导师，1981 年获湖北省高校先进工作者称号。杨祖陶是一位淡泊名利、乐于默默无闻干实事的纯粹学者。2013 年 1 月 17 日，他因以 86 岁高龄首译黑格尔的早期经典著作

《耶拿逻辑》受到武汉大学的表彰与奖励。

杨祖陶教授长期从事西方哲学史研究，在系统研究欧洲哲学史的基础上着力从事德国古典哲学、特别是康德黑格尔哲学研究与翻译。治学严谨，造诣精深。以务求其新、必得其真为治学原则。其学术成就主要在以下三个方面：（1）开创了对德国古典哲学逻辑进程的研究。（2）创造性地研究康德哲学。（3）创造性地研究黑格尔哲学。1988年在湖北大学召开的国际学术讨论会上，他作的《黑格尔逻辑学中的主体性》学术报告引起强烈反响和高度赞赏。前联邦德国哲学家施米特在大会上评论说"在中国看到对黑格尔哲学作这样深刻的研究是令人惊讶的。"1999年在北京举行的"新中国哲学50年"学术研讨会上，他作为特邀代表在大会上深刻地阐明了被马克思恩格斯继承和发扬的德国古典哲学的"为真理而真理的理论精神"和"为自由而自由的实践精神"是正在形成中的现代中国的民族精神所必需的，引起高度关注。

主要著作有：《德国古典哲学逻辑进程》（国家教委高校出版社优秀学术著作奖）、《康德黑格尔哲学研究》、《回眸——从西南联大走来的六十年》、《欧洲哲学史稿》（合著，国家教委优秀教材一等奖）、《康德〈纯粹理性批判〉指要》（合著，教育部第二届优秀社科成果二等奖）。

主要译著有：黑格尔著《精神哲学》（中文首译本）、黑格尔著《耶拿体系1804—1805：逻辑学和形而上学》（中文首译本，简称《耶拿逻辑》）、《康德三大批判精粹》（合作编译）、康德著《纯粹理性批判》、《实践理性批判》、《判断力批判》（合作新译，教育部第四届优秀社科成果一等奖）、黑格尔著《哲学史讲演录》第一卷（参译）、《西方古典哲学原著选辑——十八世纪末到十九世纪初德国哲学》（参译）、黑格尔著《精神现象学》（参译）等。

论德国古典哲学的逻辑进程

杨祖陶

一

18 世纪末至 19 世纪 40 年代从康德到费尔巴哈的德国古典哲学，是人类哲学思维发展中一个最重要也最富特色的时期。在半个多世纪里，各种哲学思潮风起云涌，极不同色彩的哲学学说如雨后春笋，它们之间进行着激烈的争论，无情的批判，刚建立起来的一种哲学体系瞬息之间就为另一种哲学体系所代替，而等待着这另一种哲学体系的也同样是被取代的命运。在这样的斗争和更替中，近代哲学的发展达到了其"古典的"高度，结出了丰硕的成果，同时也走到了它的尽头，哲学的本性和规律也逐渐地显示出来而为人们所意识到了。为了理解和把握人类哲学史上这一宏伟壮观和扑朔迷离的景象，需要对它进行多视角、多层次的研究和描述，而其中最核心、最本质的一个课题，就是从辩证思维的高度出发，探索和阐明德国古典哲学发展的逻辑进程。

研究德国古典哲学的逻辑进程，就是要把它作为人类思维自身具有逻辑必然性的矛盾进展来研究，或者更确切、更仔细点说，就是通过对这个历史时期的德国古典哲学的具体材料的研究，将各种哲学学说整理成为不同的哲学发展形态或发展阶段，寻找出这些形态或阶段的内在联系和将它们按一定的顺序贯穿起来的内在规律，从而使它们作为人类哲学思维由于内在矛盾而向前推进的，必然的、活生生的自己运动的过程呈现在我们眼前。因此，所谓德国古典哲学的逻辑进程实际上也就是德国古典哲学的现实的历史进程，只不过摆脱了历史的外在性和偶然性，它是现实的历史进程按照其自身的规律修正过的和在纯粹的、典型的、逻辑上前后一贯的形式上的反映，简言之，它是现实的历史进程之辩证逻辑的再现。

当然，提出研究德国古典哲学的逻辑进程的任务，并不意味着人类思维的发展可以脱离它由之产生出来的社会经济基础和时代条件，而只是意味着在这些基础和条件下，思想的历史仍然呈现出一个相对独立的、具有自身规律性的过程，它是可以通过理性和逻辑加以把握的，而不是随意的、偶然出现的现象。一个历史阶段上的哲学思想即是那个时代的精神生活乃至于物质生活总体趋势的反映，同时又不能跳出其思想发展的历史前提，这个前提乃是过去多少代人通过艰苦卓绝的思想劳动所造就的，因而是后来哲学思想得以进行的最直接的思想前提或思想基础。每一个想要有所发明、有所前进的哲学家都只能在这个前提或基础上继续发展，哪怕是对过去的成就加以否定，也仍然只是从这些已有的成果中吸取经验教训和否定的力量，而不能置之不顾。这就形成了人类思想发展的连贯性和可理解性，从而为探索人类思想发展的逻辑进程提供了根据和可能。

二

德国古典哲学以它先前的近代哲学为其思想发展的历史前提。近代哲学的发展及其所提出的问题不仅为德国古典哲学提出了所要解决的任务，而且以萌芽的形式提供了解决任务所必需的条件或手段。德国古典哲学是近代哲学发展之历史的、必然的继续。

从培根和笛卡尔开始的近代哲学把认识论的研究逐渐提到了重要的地位，从而哲学的基本问题，即思维和存在的关系问题，经过理性主义和经验主义、唯心主义和唯物主义的反复较量，也就日益取得了它的明确的形式和核心的地位。早期各派的哲学家仅仅意识到思维和存在这对基本哲学范畴之间表面的外在差异，而没有意识到它们之间的本质区别或对立和互不相容的矛盾性。因此，他们都朴素地、率直地相信人可以达到对客观世界的真理性认识，即达到思维和存在的同一性，问题只在于人是通过什么途径和方法获得这样的真理性认识的。也就是说，思维和存在是如何达到同一的。理性派在论证只有通过理性从天赋的观念、原则或真理出发进行正确的推理才能得到真理性知识的过程中，他们既把思维确定为主体，又把思维实体化了，与此同时他们也提出了实体本身具有主体能动性的思想萌芽（从笛卡尔的"我思"原则到莱布尼茨的作为力或灵魂的"单子"）。但是，他们都还未能摆脱通过那个时代特有的占支配地位的机械论将能动的思维固定起来，僵化起来的局限性，从而使思维的能动性大打折扣，甚至消解为无（如在斯宾诺莎那里，作为"不动"实体的属性的思维只能服从既存的机械必然性的链条）。而更为重要的是，他们还没有意识到自身内部孕育着的这种主体能动性思想即是克服思维和存在的矛盾、达到它们的同一的基本条件或手段，因而是必须引入认识论的主客关系中来予以一贯发挥的。这明显地表现在，在他们那里主观思维和客观物质世界始终彼此隔绝、互不相及，他们既没有以主体对客体的能动作用来说明知识的生成，也没有以它作为说明思维和存在之所以能够同一的根据。他们关于理性认识和客观世界及其规律性一致符合，即思维和存在的同一性的论断只不过是一种未经证明的独断，他们于不得已用来说明这种一致符合的种种论据，从"身心交感说"、"身心平行论"到"上帝非骗子说"、"上帝设计说"、"前定和谐说"等，本身不是缺乏根据的形而上学独断，就是毫无根据的神秘主义独断。理性派越是求助于诸如此类的论据，他们关于思维和存在的同一性的主张就越是令人怀疑和不相信，人们就越是清楚地意识到在这类论据后面的不是思维和存在的同一，而是思维和存在之间无法调和的对立和矛盾。这一点正是在经验派诘难理性派和论证只有通过感觉经验才能获得主客一致的知识的过程中实现的。洛克通过一系列区分主客的二元论因素和不可知论因素，开始注意到了思维（观念）和存在（实体）这两大范畴之间不是像在霍布斯和笛卡尔那里那样只有外表的差异，而是存在着质的区别即对立，不过这种质的区别仍像在笛卡尔那里一样被归结为两种实体（心灵和物质）的区别，即存在的区别。到了休谟那里，思维和存在的质的区别就发展成了一种不可通约性的区别。他以怀疑论和唯我论的形式，论证了我们所知的只有知觉，而不可能知道知觉是否有知觉以外的客观存在为其来源，也不知道知觉之间有什么客观的必然的联系，即客观内容。这样，在休谟这里，思维就成了纯粹主观性的东西和绝对非存在性的东西了。简言之，他否认思维和存在之间有什么同一性，认为我们没有任何根据提出所谓思维和存在的同一性问题来研究。与此同时，18世纪法国唯物论则把洛克的经验论和笛卡尔哲学中的机械唯物论结合起来，走向另一极端，表明存在从根本上来说就是一种纯粹客观物质性的东西，是不能由思维（不管是人的思维还是上帝的思维）来设定的东西。人的思维不过是物质性的身体器官的一种反映功能或属性，思维的内容全部来自客观物质世界对身体器官的作用和决定所产生的感觉，并且就是感觉的变形，因而不能不与客观物质世界相一致。这样，思维和存在的矛盾就在休谟和法国唯物主义这里第一次以赤裸裸的方式暴露出来，体现为主观性和客观性两个势不两立的原则，而在思维和存在的同一性问题上则表现为休谟的怀疑论的否定和法国唯物论的独断论的信念，即纯粹的不可知论和形而上学的可知论的对立。

由上所述可知，在德国古典哲学产生以前，思维和存在这一对基本哲学范畴在近代哲学中已从表面外在的差异性发展为主体和客体的对立，并最终体现出不可相容的矛盾性；与此相应，思维和存在的同一性问题也经历了从两者如何达到同一到两者是否可能同一的重大变化。这样，近代哲学的发展就已经提出这样一个根本性的问题：思维和存在、主体和客体如何可能是一致的？不解决这个问题，近代认识论就无法成立，作为思维和存在相符合的科学知识就会没有根据，资产阶级反封建最锐利最有力的思想武器即理性、科学就会失去作用。然而要解决这个问题，哲学思维就必须超越单纯认识论和理性、科学的范围，而涉及更广阔的人类社会生活，深入人的实践活动领域。近代哲学向德国古典哲学提出了解决上述矛盾和问题的任务：休谟怀疑论指明了传统形而上学在这个问题上所能达到的极限，它以毁灭人类整个科学和理性的信念相威胁而向哲学提出了解决这个问题的最后通牒；法国唯物论代表理性和科学，虽以最纯粹的方式表达了思维和存在相一致的终极信念，但又通过其最终陷入的历史唯心论而将思维和存在的矛盾进一步扩展为自然界和社会生活的不一致；17世纪形而上学虽然提供了解决这一问题的契机即思维的主体能动性，但它自身尚未明确意识到这一点，而仍被束缚于那个时代一般形而上学的机械性、被动性之中；——这些就是德国古典哲学从近代哲学认识论研究中必然地、合乎逻辑地产生出来的思想前提或思想基础。

三

　　思维和存在的矛盾虽然在休谟和法国唯物论那里体现为主观性和客观性两个原则的矛盾，但是这种矛盾仍然还只是外在的。因为无论在休谟还是法国唯物论那里，主观性仍然被理解为某种被动的、被决定的和既存的东西，它和客观性一样不具有主动性或能动性。正是这一点，使休谟在陷入极端主观主义和唯我论时，还能称自己是百分之百的"实在论"者，也使法国唯物论在社会历史观上违背自己的原则而走向唯心主义时丝毫也没有觉察到自己的矛盾。只有当康德将理性派自身内孕育着的主体能动性原则和体现在休谟的唯我论和怀疑论里的主观性原则以及体现在法国唯物论里的客观性原则结合在一个体系里，从而将主体能动性原则首次明确引入认识论的主客关系中时，主观和客观的矛盾才真正体现为主观能动性和客观制约性（必然性）之间的本质冲突，思维和存在的关系才不再是两种思维（我的思维和上帝的思维）或两种存在（我的存在和物质世界的存在）的外在关系，而是绝对能动的思维主体和绝对必然的思维客体的不可分割的关系了，思维的主观能动性才第一次被有意识地提到主体和客体的关系上，作为达到主体和客体同一的一个先决条件来看待了。主观和客观的矛盾就此上升到了一个新的层次，即人的主观必须符合客观才能获得必然性的知识。但人的主观又必须具有自发的能动性才成其为主观，也才能获得知识。那么，客观制约性（必然性）与主观能动性如何才能达到一致呢？这就是把德国古典哲学和它以前的近代哲学区分开来的新质所在。

　　把主体能动性原则引入到认识论的主客关系中来，作为解决主客矛盾、论证主客统一的先决条件和根本手段，这是康德的丰功伟绩，也是他所发动的伟大哲学革命的实质所在，因而这一点也就最明显地表现在康德哲学中而构成其哲学的基本特征。康德以后的德国古典哲学作为他所开始的哲学革命的继续，从总体趋势上看，也都是力图发展主体能动性原则，超越认识论范围，逐步深入社会生活和实践的各个领域，以解决主体和客体的矛盾，达到两者统一的努力的表现。因此，在这个意义上，整个德国古典哲学也就是主体和客体，即主观能动性和客观制约性的矛盾运动的体现，而这一矛盾运动所经历的那些依次发展的阶段即是德国古典哲学的逻辑进程。

1. 为了解决近代认识论中出现的主观性和客观性的巨大矛盾，康德首先把认识和实践分开，以便在主观认识范围内，通过赋予认识以主观能动性（自我意识或统觉运用先天的知识形式综合统一感性材料使之成为知识和知识对象的能动性）以达到主体和客体的统一。但他只达到主体和作为现象的客体的同一，即主观范围内的同一，真正的客体或客观存在（自在之物）被排除在这个同一之外，被宣称为认识永远达不到的彼岸，这个彼岸的到达只有在实践（道德）范围内才可以设想。因此，康德只是提出和揭示了主体和客体之间原则上的对立，并为在主观的、唯心主义的基础上辩证解决这一对立作出了暗示。这可以说是主体和客体的根本对立批判地呈现出来的阶段。

2. 费希特接过了康德的暗示，把认识和实践统一为个别思维主体即"自我"的能动的设定活动（行动），认为主体的这种行动就能建立起与之对立的客体，并实现主客的同一。这样，他就抛弃了康德的自在之物，把主客之间的关系归结为主体内部由自我设定对立面（非我）又回复到自我的能动的辩证的活动，因此他的哲学就成了一个逻辑上一贯地推演出来的体系。然而，正由于主客体的这种统一只是在主体、自我意识内部的统一，费希特哲学就陷入了极端主观唯心主义的唯我论。在他那里，客体、非我要么是一种由自我设定出来的纯粹虚幻的假象，要么就仍然是像康德的自在之物那样和主观自我相外在，同主体（只不过是在幕后！）尖锐地对立着，带有神秘的不可知论的特征。而当费希特为了逃避唯我论，不得不设定一个"普遍的自我"来克服自我与非我的对立时，他不过是把自我和非我的对立发展为自我与绝对自我的对立而已，这就已经违背了他自己的前提，而开始向客观唯心主义过渡了。这可以说是在行动的主观主义条件下主体和客体的对立达到极端的阶段。

3. 谢林正是在费希特哲学转向客观唯心主义这一契机上，把主体和客体统一的方式从客体统一在主体之中颠倒为主体统一在客体之中，把这个主体统一于其中的客体规定为自我和非我、主体和客体的绝对同一性，并把它作为哲学的出发点。然而谢林的这个客体归根结底是一种客观的主体，即客观精神，他的主体—客体的绝对无差别的同一仍然只是从主体方面来加以理解的精神状态，只不过这种精神状态对人来说采取了一种无意识的、不可理解只可直观的方式，一种非主体的主体方式，因而是一种浑然一体、无知无欲、寂然不动的精神状态。这个无意识的精神只是由于一种追求成为自觉的精神的"原始冲动"，才在自身内出现了某种"原始对立"，在其推动下经过无意识的发展上升到自我意识（自然界从无机界到人的发展），而自我意识又在认识和改变与它自身有别的、实际上是它自己无意识地创造的客体的过程里向着达到"绝对同一"的目标推进（人类历史的发展），从而显示出了某种辩证进展的可理解的能动本性。但是，既然"绝对同一"是排斥任何差异的，它就与一切有差异之物包括个别思维主体处于僵硬的对立之中，因而就不是任何个别思维主体所能达到的，而只有通过将差异也发展为"绝对差异"，即通过非理性的、不可通约的、能排除任何主观性和能动性即主体性而进入静观被动状态的天才、灵感才能达到。这样，主体、自我或精神的那种辩证进展的可理解的能动本性就最终丧失在一种静观被动的、形而上学的同一性中了。这可以说是在静观的客观主义条件下主体和客体之间神秘的、虚幻的、形而上学的同一阶段。

4. 谢林哲学中已经蕴含着但尚未得到自觉和理解的"绝对同一"和"绝对差异"之间的绝对同一，或一般说来，同一和差别的同一，在黑格尔那里成为理性的辩证逻辑的基本观点，通过这种辩证法，黑格尔使思维和存在、主体和客体（实体）的矛盾在唯心主义范围内达到了最彻底的同一。在这里，主体和客体的同一不再是形而上学的同一，而是辩证的同一；不再是神秘静观的对象，而是由潜在到现实的辩证发展着的主体，即一个由内在差异和矛盾而自身不断向前发展的合理的过程，逻辑的和历史的相一致的过程；各种不同层次上的主客关系只不过是这一总体过程中的各个发展阶段而已；而它的最高统一方式则在上帝或绝对精神那里达到了极限和终点。在这个无所不包的层次阶梯中，黑格尔把意识和对象、思维和存在、本质和现象、主观和客观、精神和自然、自由和必然、合理的和现实的、逻辑和历史、哲学和哲学史等所有这些主体和客体（实体）的对立范畴形式，统统都作为绝对精神的自我发展、自我实现，自我认识的不同环节而贯穿起来，显示了其中首尾一贯的辩证进展的能动性。但是，由于黑格尔所说的辩证同一或辩证进展的能动性并未超出康德、费希特以来局限于自我意识、抽象思维之中的这条一贯的唯心主义思路，他的那个至高无上的"绝对精神"其实只不过是他头脑中主观抽象的有限精神，因而它所体现的一系列主观和客观同一的过程也就只不过是有关这种同一的主观知识的过程，从而使得思维和存在或主体和客体的统一成了一种主观的抽象的思维形式，而与现实具体的感性存在仍然处于外在的对立之中。这样，黑格尔就仍然未能解决他的主观精神与在它之外的客观现实之间的同一性问题，而只是把这一个问题偷换成了他的主观思维如何"想到"客观存在的问题。这可以说是在主观能动性和客观制约性的唯心辩证法条件下主体和外部感性现实世界的对立原封不动、持续存在的阶段。

5. 费尔巴哈看到，抽象的思维形式和现实的感性存在、主观精神和客观现实世界之间矛盾的解决只有立足于感性存在本身才有可能，而直接的感性存在就是人的感性存在。因此，要真正解决思维和存在、主体和客体的同一性问题，就必须放弃唯心主义前提，而从黑格尔哲学中已经暴露出来的"思辨的秘密"入手，这就是绝对精神的本质无非是人的本质，把绝对精神作为思维和存在、主体和客体在一切领域中的同一性的根据，无非就是把人作为这种根据。因此必须研究现实的感性的人，不是把人看作"绝对精神"的宾词，而是把精神看作以感性自然界为基础的感性的人的宾词。真正现实的感性的人，是存在于他人之外而能作为他人感性直观的对象，同时又能把这个存在于他之外的他人作为自己感性直观的对象的人，而真正现实的作为人的基础的感性自然界或感性世界则是不依赖于人并能作为其感性直观的对象或客体的感性存在。这样一来，精神和自然的对立就消失了，人和自然、人和人都在感性直观的基础上统一起来，从而直接证明了思维和存在、主体和客体在本质上的同一性。但是，费尔巴哈在抛弃黑格尔的唯心主义时也抛弃了他的辩证法，在否定黑格尔的绝对精神时也否定了他所发展了的精神、主体的能动方面，这就使他把感性理解为消极的直观，而不是理解为实践的、人类感性的能动活动，从而决定了他找不到从抽象的思维形式通向活生生的现实的感性世界的道路。在他那里，人、自然界以及两者的统一都是抽象的而不是现实的，陷入了直观唯物主义自然观和唯心主义历史观的分裂，主体和客体仍未能真正统一起来，他只是结束了德国古典哲学在唯心主义基础上解决主客对立问题的行程，而开辟了在唯物主义基础上解决这个问题的道路而已。这可以说是在直观唯物主义条件下主体和现实感性世界之间抽象的统一，实际的分裂的阶段。

我们看到，德国古典哲学的逻辑进程在依次经历了这样五个发展阶段以后，并没有达到它的逻辑的结论。这是因为，如前所述，从康德开始的德国古典哲学区别于其先行阶段的特殊本质在于，它把主观能动性原则引入了认识论中的主客关系以解决主客矛盾，论证主客同一。而到了费尔巴哈这里，在德国古典唯心主义中生长起来而为黑格尔所完成了的主观能动性和客观制约性的唯心辩证法被置之不顾，他虽然有了一个唯物主义的基础，但却没有在这个基础上提出一种唯物主义的主观能动性原则并将其引入唯物主义理解的主客关系之中，作为克服它们之间的对立、达到它们之间统一的根据。相反地，主体似乎必须根绝任何的主观性和能动性，即主体性，通过消极被动的直观，才能达到同客观感性世界的统一，因而总的说来，哲学的进程又回复到了18世纪的旧唯物主义。这样，德国古典哲学的逻辑进程就面临着一个巨大的矛盾：从康德经过费希特、谢林和黑格尔直到费尔巴哈的德国古典哲学的全部成果，要么就是毫无意义的不结果实的花，要么这一哲学运动的最终结果就应当是从它所创造的全部条件即全部成果中所必然得出的结论：一种以本身即是主观能动性和客观制约性的辩证统一的人的实践活动为出发点或最高原则的全新哲学，这就是紧接费尔巴哈之后马克思所创造出来的实践的唯物主义或现代唯物主义。这个道理其实也正如恩格斯在谈到德国人的"共产主义"

是"从德国本国哲学必然得出的结论"时所说的那样："从康德到黑格尔，德国哲学思想的全部成果不是毫无裨益，就是比毫无裨益更坏；再不然这种努力的最终结果就应该是共产主义。"①

四

为了更加清楚地说明贯穿在上述逻辑进展过程中的内在规律或逻辑必然性，也许我们可以将这一过程用下面的图来表示：

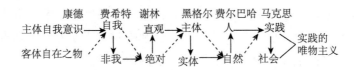

图中，实线箭头"——→"表示直接发展为下一个范畴或环节，虚线箭头"┄┄┄➤"则表示扬弃地被包含在下一个环节中；而虚实两个箭头的结合点，则表示主体和客体相统一的那个环节。这个环节一般说来也就是特定的哲学体系的出发点或最高原则。由此可以看出，整个德国古典哲学向马克思主义哲学的发展都是在主体和客体之间由于双方的矛盾本性而不断地互相对立、互相渗透、互相转化，并螺旋式地向前进展的过程。

在这个过程里，康德最初提出的同自在之物二元并立、处于外在联系中的自我意识的能动性原则在费希特那里得到了完成，自我意识不仅自身就蕴含着对象的形式（康德），而且还同时是对象的质料的来源，因而是客观世界的创造者（费希特）。这可以看作德国古典哲学的主观能动性原则开始形成的阶段，也是它生命历程中第一个历史—逻辑形态和所达到的第一座高峰。但是，当自我意识的能动方面这样地推向极端时，也就必然要向其对立的方面转化，这就是谢林的以主体和客体的绝对同一性（绝对）为出发点的客观唯心主义哲学。

---

① 《马克思恩格斯全集》第 1 卷，人民出版社 1965 年版，第 591 页。

在这里，本想给能动的自我提供客观基础的形而上学的绝对同一性反倒成了它遭到灭顶之灾的深渊。这可以说是德国古典哲学的主观能动性原则前进发展中的第一个低谷。但是，当客观制约性方面这样君临一切时，它却于不知觉中过渡到了它的反面，这就是黑格尔的以作为主体和客体、个人精神和人类精神的辩证同一的绝对主体即绝对精神为出发点的辩证唯心主义哲学。在这里，整个自然的、人类历史的和精神的世界都成了绝对主体自身一贯向前的自我发展、自我认识和自我实现的辩证过程的表现。黑格尔的这种精神自我实现的辩证能动性原则，是康德、费希特的自我意识的能动性原则的否定之否定和螺旋式地上升到一个新的高度，是德国古典哲学的主观能动性原则在唯心主义范围内的充分发展和完成，也是它生命历程中的第二个历史—逻辑形态和所达到的第二座高峰。但是，既然精神的能动性已经这样地丽日中天，它也就不能不向其对立的一极推移，这就是费尔巴哈以感性的自然和感性的人的统一（以自然界为基础的人或以人为其最高产物的整个自然界）为出发点的直观唯物主义哲学。在这里，事物、现实、感性都只是从客体的或直观的形式，而不是从主体的或能动的方面去理解，甚至连人也只不过是这样一个赋有理智、意志和情感的直观对象，人的活动本身，即感性的、现实的、客观的活动——实践不见了。这是德国古典哲学的主观能动性原则前进发展中的第二个低谷。但是，它既然已经这样地后退到底了，出路也就只能是回过头来攀上山顶，这就是马克思的以人的实践活动为出发点的“实践的”唯物主义哲学。在这里，人的实践活动，这种连续不断地改变现实的感性活动，是客观世界的改变、人自身的改变、人和世界的关系的改变及三者一致的真实根据，因而是包括人在内的“整个现存感性世界的非常深刻的基础”①。马克思的实践能动性原则是德国古典哲学中主观能动性原则在唯物主义范围内的最终完成，是它生命历程中第三个历史—逻辑形态和所达到的第三座也是最后一座高峰。康德、费希特的自我意识的能动性原则经过谢林到黑格尔的精神的能动性原则是一个否定的否定，一个首尾相重的圆圈。从黑格尔的精神的能动性原

---

① 《马克思恩格斯全集》第3卷，人民出版社1965年版，第50页。

则经过费尔巴哈到马克思的实践的能动性原则是又一个否定的否定，又一个首尾相重的圆圈。从这两个前后相衔的圆圈构成的大圆圈看，马克思的实践的能动性原则可以看作康德最初提出的同客体（自在之物）处于外在的对立和联系中的自我意识能动性原则的否定之否定，因而是从康德开始的德国古典哲学的主观能动性原则螺旋式地向前进展的终点。

由此可见，马克思主义哲学作为"实践的"唯物主义，即辩证唯物主义或历史唯物主义的体系，是德国古典哲学辩证发展的最后成果和逻辑结论。只有在马克思这里，德国古典哲学的主体和客体这一基本矛盾，广而言之，近代哲学的思维和存在这一基本矛盾，才得到了彻底的合理解决。当然，这并不是说马克思主义哲学就不再发展了，就已经达到了人类认识的终点或绝对真理了，如果这样，那它就只不过是德国古典哲学的量的继续，依然属于"古典哲学"的范畴；而是说马克思主义哲学是德国古典哲学发展中的根本质变，它结束了近代以来的"古典哲学"，也扬弃了近代哲学的基本矛盾，开始了一种全新的、以改变世界为基本问题的，真正现代意义的哲学。因此，马克思主义哲学必然也要从自身中发展出新的矛盾、新的问题，也必然会在哲学思想的进展中继续发现新的领域，开拓新的方面。马克思主义哲学是人类哲学思维登上的一个新的阶梯，不顾这个阶梯而自吹自擂"超越了"马克思主义哲学，或者躺在这个阶梯上不动而美其名曰"坚持了"马克思主义哲学，两者表现虽异，但都离开了人类哲学思维发展的大道则一。马克思主义哲学必然在否定这样两种偏向中辩证地向前进展。

五

从对德国古典哲学的逻辑进程及其向马克思主义哲学发展的历程的分析中，我们也许可以引出几点方法论上的结论，以作为本文的结束。

1. 人类哲学思想的发展不是一个随意的、偶然的过程，不是个别天才人物头脑中一闪念的产物，而是基于人类思想文化和哲学的已有成果之上的一个有规律的逻辑过程。个别天才可以使某一历史阶段的哲学思想带上某种独特的形式，使之更明确、更准确、更系统、更有震撼力，但却不能脱离历史和时代而提出任何有价值的哲学思想。

2. 不过，哲学思想发展的规律性并不是明摆着的，而是内在的、隐藏着的，它被包裹在无数偶然性之中，在暗中支配着哲学家的思想动向。必须首先"筛选"掉某些不重要的、表面的素材，用那些带有本质意义的材料去突出和强调思想内在的逻辑线索；然后反过来在这一线索的指导下，将那些曾被筛选掉的素材重新把握在一个被理解了的系统中。

3. 要做到这一点，人们必须有一个高出于他所考察的对象之上的视角和立足点。"人体解剖是猴体解剖的一把钥匙"（马克思语），每一个后来的哲学思想体系都是理解前一个思想体系的钥匙，每一种哲学的内在意义和思想价值，都只有在后来的哲学中才能得到深入的阐明和显示。对于我们的论题来说，这就要求真正地理解和熟练地掌握马克思主义哲学的基本原理及其总体的精神实质和善于把它们同所研究的对象有机地结合起来的思维艺术，否则是不可能深入德国古典哲学发展的内在规律的。

4. 除了哲学思想本身的逻辑进程之外，一个时代的哲学与该时代的整个社会状况，如经济的、政治的、道德的、宗教的、艺术的状况，都有着直接或间接的联系；并且，归根结底，哲学思想是通过一系列的中间环节受到一个时代的经济发展的制约的。对于德国古典哲学的一个比较专门的方面，即其发展的内在逻辑关系方面的探讨，虽然不可能在分析那些高度思辨的哲学思维的概念、范畴及其内部复杂的逻辑关系时，时时处处都经过各种中间环节去联系当时的经济关系进行说明，但这种探讨必须是在弄清楚同一时期社会经济及其所制约的政治、文化发展的基础上进行，并表明哲学思想逻辑进展的轴线与社会经济发展的轴线是平行而进的。

德国近代理性哲学和
意志哲学的关系问题

杨祖陶

从康德开始的德国古典唯心主义是近代西欧理性主义哲学思潮发展的最高阶段，黑格尔的理性哲学则是这个发展阶段的最高峰；而与黑格尔哲学同时形成的叔本华的意志哲学则是现代西方非理性主义哲学思潮的源头。这两种对立哲学的同时出现当然不是偶然的，但如何说明它，至今仍是一个问题。深入考察将会发现：从发生上看，它们两者实来自同一个母腹——康德哲学，并经过同一的发育阶段或中间环节——费希特哲学和谢林哲学，从而表明以叔本华哲学为开端的整个现代非理性哲学思潮是在它的对立面——德国近代理性哲学思潮中孕育出来的。从内容上看，理性主义思潮和非理性主义思潮虽是对立的，可又有交叉和重合，因而是互补的。为了从理论上真正扬弃西方近现代哲学史上这两大对立的思潮，有必要从实践唯物主义的根本观点出发，运用唯物辩证法，以理性和非理性的相互关系为线索，对它们进行重新考察和系统研究。

一　西欧近代早期理性哲学的兴起与衰落

在 17 世纪科学反对信仰、理性反对神学的斗争中兴起的西欧近代哲学，把认识论和方法论的研究提到了首位，尽管在知识是来源于理性还是经验的问题上相互对立，但都一致主张，在人类知识范围内审视一切、判断一切的最高权威和标准不是宗教的启示和教会的权威，而是人类理性；而且都相信人类理性能够认识世界，得到普遍必然性的知识，建立起由这样的知识组成的真理体系。就这一点来说，无论是认识论上的唯理论还是经验论，都同属于"理性主义"范畴，或者说，都是理性哲学。近代哲学所共有的这种理性信念、理性精神或理性原则，在笛卡尔哲学的第一原理"我思故我在"中，得到了最有力的论证，正因为如此，笛卡尔被公认为近代哲学的始祖。

笛卡尔和近代哲学家把理性称为"自然之光"，意即人所具有的一种天赋的抽象思维能力——认识事物，形成关于事物的清楚明白的概念、判断和推论的能力。它具有如下的特点：首先，这种理性是和我、主体或自我意识结合为一的，是与事物、客体、世界相对立的"主观理性"。它既不同于古希腊哲学家那里可以说尚无主客观之分的原始统一的理性，也不同于黑格尔那里主客观对立统一的绝对理性。其次，这种理性的最高的思维规律或原理是形式逻辑的同一律（A = A）或矛盾律（实即为不矛盾律），据此事物总是被二分（分析）为彼此对立的两类，而理性也就总是在绝对不相容的对立中思维。在涉及实际的事物或存在的认识时，理性的最高原理则是因果律，或如莱布尼茨从逻辑层面所说的充足理由律。最后，这种理性自身作为诸对立（如精神与物质，主体与客体，认识与实践，理性认识与感性认识，理性的认知与非理性的意志、情感、欲望、冲动、本能等）中的一方始终与它的对方僵硬地对立着，它只能是它自身而不能同时也是它的对方，因而始终受到它的对方的限制，没有统摄对方、超越对方也超越自身的真正的能动性和发展。这样的理性后来被黑格尔称为"知性"，恩格斯在《反杜林论》中则称它为"思维着的知性"，并将它和"辩证思维"对立起来称之为"形而上学思维"。以这样的理性为最高原则的近代哲学从根本上说也就是一种形而上学形态的理性哲学，或如黑格尔所说的"知性形而上学"。

前康德的西欧近代早期理性哲学是在唯理论哲学和经验论哲学相分立的基础上发展的。这两派哲学家特别是唯理论哲学家（斯宾诺莎和莱布尼茨）在调和思维和存在、理智和欲望以及在理性的客观化和能动化等方面都作出了特殊的贡献。但是总的说来，他们在循着片面性的道路向前推进时，却越来越深地陷入到被他们揭示出来的日益增多的对立之中而不能自拔。这样发展的结果只能是他们所代表的理性哲学向其对立面的转化：一方面是唯理论哲学在莱布尼茨—沃尔夫派那里所完成的把一切对立的和解都统统归于上帝的宗教神秘论，另一方面是经验论哲学在休谟那里的彻底发挥所达到的怀疑论。

二　休谟怀疑论对未来哲学发展的双重启示

休谟认为，事物的因果必然联系原理是我们关于实际的事物的知识的根本原理，这是没有疑问的。问题在于这个原理本身有什么根据？他从唯心的经验论出发论证说，这个原理既不是如唯理论者所说的那样是一个自明的先天的理性原理，也不可能是如经验论者所认为的那样是一个以经验为根据的理性原理，而只能是以人心的习惯或人的自然本能为根据的主观原理，所谓因果必然性只不过是人心主观习惯的必然性，而不是事物之间客观的必然性。这就表明理性既不可能是人类知识的最高权威和标准，也不可能得到关于事物的普遍必然的知识。由此可见，休谟的怀疑论是对包括唯理论和经验论在内的整个理性哲学的否定，更确切地说，是这种理性哲学的自我否定。

休谟认为，怀疑论者为了立于不败之地，就必须守住自己的范围——理论认识或哲学思辨的范围，而不要在实践、生活中坚持怀疑论。因为在实践和生活中，人们不能不从因果关系的客观必然性和外部世界客观必然存在等信念出发，否则就会碰得头破血流，甚至无法生活和生存下去，就是自取灭亡。所以，在他看来，最能驳倒怀疑论的就是日常生活中的行动、业务和工作。把理论认识与实践生活这样自觉地分开，是休谟怀疑论的一个根本特点。但他的这种分离是极其表面的，也是无济于事的。因为在讨论知识的哲学问题时，他怀疑的矛头实际上已指向实践生活的基础了。按照他的看法，实践生活由以出发的那些对于客观必然性和客观存在的信念本身并没有理性或经验的依据，而是以人的自然本能（由求生的本能而来的各种欲望、倾向、能力等）为依据，而这种本能和其他的本能一样也可能是错误的、欺骗人的。正是在这里出现了理性和本能之间的冲突。① 一方面，自然本能的确足以使理性暂时摆脱怀疑论，但却无法从根本上免除理性对它的各种作用的怀疑；另一方面，理性虽然能揭穿本能用以骗人的一切方式，但由于理性除了空洞的同一律外没有自己的特殊的原则来解决自己必然遇到的各种问题，它的这种无能又使它最终不得不求助和依靠本能，如在回答因果必然性观念的来源问题时就是这样。由此可见，休谟提出的理论认识和实践生活的分离，无非是他用以应付他所发现的理性和本能的冲突以及本能在冲突中的优势地位的一种不了了之和无可奈何的方式而已。就此而言，休谟的怀疑论标志着近代早期的理性信念、理性主义的衰落和预示着非理性信念、非理性主义在未来世纪的"大爆发"②。

休谟的怀疑论就其自觉地局限于理论认识而不在实践生活中坚持而言，可以说是不彻底的。不过，我们也可以说它是彻底的。因为在更深刻的层次上，理性和本能的冲突并未中止，理性仍在不断地戳穿本能的种种欺骗。这标志着休谟的理性信念没有彻底泯灭。休谟明确地指出，他并"不冒昧地断言"使他陷入怀疑论的困难对于别人的理智来说"是绝对不可克服的"③；他声言地道的怀疑论者不仅怀疑他的"哲学的信念"，也怀疑他的"哲学的怀疑"④；他甚至呼吁，"为了答复已经出现的各种怀疑，就必须拟定出新的哲学原理来"⑤。休谟怀疑论的这种矛盾性暗示出，为了摆脱怀疑论，就必须把对知识的哲学思考和对实践、生活、行动、信念、本能等的哲学思考结合起来，完全弄明白知识和行动的原理及其所以有效的共同基础。就此而言，休谟的怀疑论又在暗示着甚至呼唤着一种新的、更高形态的理性哲学。

---

① 参见黑格尔《哲学史讲演录》第 4 卷，商务印书馆 1978 年版，第 209 页。
② 参见罗素《西方哲学史》下卷，商务印书馆 1976 年版，第 211 页。
③ 《人性论》，商务印书馆 1980 年版，第 674 页。
④ 同上书，第 304 页。
⑤ 《致埃利奥特》，引自阎吉达《休谟思想研究》，上海远东出版社 1994 年版，第 327 页。

三 康德哲学作为理性哲学和意志哲学的共同源头

正是康德首先领悟到了休谟怀疑论的暗示，聆听到了它的呼唤。为了克服知识论和道德实践上的怀疑论，解决休谟所揭示的理性和非理性的本能（欲望、情感、爱好等）之间的冲突，康德提出和发展了理性的能动性和主体性的思想，将其提高和扩大到了对人的知识能力、欲望能力（意志）和情感能力，即对人类活动的真、善、美各个领域进行立法的地位。康德三大批判的宗旨就在于确立理性对人类的认识活动、意志活动和审美活动所颁布的先天原理或先天规律，并证明它们的有效性。在康德看来，理性以其先天知识形式在综合统一后天的感觉材料中创造自己认识的对象——自然界，以其先天实践（道德）规律在排斥感性的欲望、爱好等中创造自己追求的对象——善的意志，以其先天评判（反思）原理在诸认识能力的自由游戏中创造自己审美的对象——美和艺术，这就是理性的先天原理在各自领域中具有普遍必然的客观效力的根据。康德提出和论证的这种理性统摄一切和创造一切的能动性和主体性的原理及其中包含的关于综合统一、二律背反和三分法等思想，将近代早期理性哲学推向了新的发展阶段，成为往后黑格尔集大成的新型的、更高形态的理性哲学的源头。

但与此同时，康德又限制理性的认识能力，认为理性为知识所立的法（时间、空间、因果性等先天知识形式）只适用于现象，而不适用于作为现象的基础的物自体，因而理性只能认识现象而不能认识物自体。在康德看来，物自体存在而不可知，这就为他说明道德、自由和宗教留出了地盘。不过，这样一来也就为各种非理性主义思想的滋生提供了土壤。这种情况首先出现在康德自己的道德理论中。依照康德的观点，在道德实践的范围内，为了使实践理性所立的法——普遍必然的道德律能够实际起作用，从而使道德成为可能，就必须假定作为现象的人同时具有自由意志——意志有一种绝对的自发性或自由的能动性，一方面能摆脱自然必然性而独立（消极的自由），另一方面能以自己确立的同时可以作为普遍立法原理的行为准则来决定自己行为的动机。人是否真的具有这种自由意志？这在理论上无从证明，也无从反驳。不过，任何人从自己的道德实践中都可以得到他的意志实际上有这种绝对自发性能力的暗示，并能够体验到，为了使自己的行为有道德性，就必须确信自己具有这样的自由意志，这是一个"实践知识"，即道德信念的问题。康德认为，设想人作为现象必须服从自然必然性的规律，而作为本体则具有自由意志；设想人的行为作为现象必须从属于自然因果性，而同一行为从它应当不应当发生看则不为自然的条件所决定，而是从属于自由因果性，为人的自由意志所发动——所有这些都是不矛盾的。正是康德这种人的自由意志作为超时空的本体可以自发地、能动地开始（产生出）一个时空中的现象系列的思想，为后来叔本华意志主义的产生提供了最初的源头。

在康德那里，现象和本体、自然（必然）和自由的分立是以认识和实践（道德）的分立为依据的，因而也就是由人类认识能力本身的性质决定的。为了把彼此分立或对立的双方结合起来，康德认为有必要设想一种人所不能具有而又与自然同一的"知性的直观"或"直观的知性"，在那里自然的多样性无须任何思维（概念）的中介而直接是一个有机统一的整体。由于这个整体本身即是现象和本体、必然和自由的统一，因而它也就可以看作是人类理性借以制定从现象反思本体、从必然反思自由的主观原理的根据。康德提出的这种作为"多样性的直接统一"的"知性直观"的思想既为理性主义的辩证思维说，也为非理性主义的直观说提供了进一步发展的契机。

四　费希特哲学和谢林哲学作为理性哲学和意志哲学发育的共同环节

（一）费希特哲学

费希特认识到，为了解决康德哲学中现象和本体、必然和自由的矛盾，就必须把康德分开的认识和实践统一起来并进一步发现和阐明它们两者的共同基础。康德尽管承认只有一个理性，但由于他把理性的理论运用（认识）和实践运用（道德）各自的先天原理截然分开，从而造成了理论理性和实践理性的分立。针对这种情况，费希特提出，作为主体的理性，即自我，本身即是知性（理智）和意志的同一，它的本质在于它本身就是一种"行动"，一种绝对的、无条件的自发的活动，一种自我设定（建立）它自己的行动（正题）。这种"自我设定自我"的"本源行动"，是一种意志的行动，但从属于知性的形式逻辑的同一律（A ＝ A）。不过，费希特认为，自我在设定它自己的同时也设定了一个非我与自己相对立，他把这一行动称为"反设定"或"树立对立面的活动"（反题）。而在设定对立面的同时，自我也就在它自身范围之内设定起互相对立、互相限制因而是有限的（经验的）自我（主体）和非我（客体），费希特把这一个设定行动称为综合（合题）。根据合题，在非我限制（决定）自我的情况下自我是认识的主体，在自我限制非我的情况下自我是实践的主体，主体通过自己的能动的认识活动和实践活动，一方面建立起了关于对象的科学知识，另一方面则建立起了从必然到自由，即从有限自我提高（回归）到绝对自我的人类历史。

费希特哲学将康德提出的理性的能动性和主体性的思想推到了一个新的高度。费希特肯定作为主体的理性，即自我是一种自己产生自己、创造自己、发展自己的本原，它统摄一切和创造一切的活动从属于它自身的某种必然的辩证的规律性（正、反、合），在这基础上把认识活动和实践活动统一起来，并且试图突破康德哲学局限于抽象的道德实践的狭隘性而把人类创造历史的各个活动领域都纳入实践的范围，这时，他就为更新、更高形态的理性哲学的形成提供了强大的支柱。正如马克思所指出的那样，费希特的自我意识是黑格尔的体系和绝对精神的基本构成要素之一。①

但是，康德哲学所孕育着的意志主义胚芽在费希特哲学中也得到了发育成长。我们看到，费希特把作为自我自身的"本源行动"看作某种 A ＝ A 那样的自身等同的东西，因而是一种意志的绝对无条件的自发（自由）的行动，这样的行动既不是感性直观所能直接知道的，也不是理性思维，即概念所能间接知道的，而是只有通过某种"知性的直观"，注视自己的内心才能直接发现和把握到的，而实在

---

① 参见《马克思恩格斯全集》第 2 卷，人民出版社 1965 版，第 177 页。

的主体和客体则是它的现象或显现，这时，他就是在沿着主观主义的方向为意志主义的确立提供积极的论证，为它的发展开辟道路。

（二）谢林哲学

为了使费希特哲学摆脱它所必然陷入的唯我论，谢林认为，人的认识活动和实践活动统一或一致的共同基础不是费希特主张的自我的设定活动，而是一种本身即是主体（自我）和客体（非我）的绝对同一的客观精神，即"绝对"的发展自己和认识自己的活动。自然界是这种"绝对"自身从无意识到有意识的发展阶段，人类历史则是它的有意识的，即其自我意识的发展阶段，它在人的创造科学的认识活动和创造历史的实践活动中都没有也不可能完全意识（认识）自己，只是在创造艺术的活动中才通过审美的或艺术的直观而最终意识到自身的本质——"主体和客体的绝对同一"，意识到一切自然的和精神的事物都是它自己的产品和显示，而它自己则是贯穿在一切自然的和精神的现象中的本体。

谢林哲学将康德和费希特的理性统摄一切、创造一切的思想奠立在客观的基础上，它标志着近代西欧理性哲学的理性观向古代希腊理性哲学的理性观的回复。不过这不是回复到那种主客未分或主客混沌的原始统一的理性，而是在主客高度分化和对立的基础上，向着一种将主客对立包含在自身之内的统一理性的上升。我们看到，当谢林把他提出的"绝对"称为主客同一的"绝对理性"，试图说明"绝对"是遵循着自身的必然规律，从同一到对立再到把对立包含于自身中的新的同一这样循环往复、层层递进、由低到高辩证地发展时，他是在为在黑格尔那里最终完成和定型的新的、辩证形态的理性哲学提供一个唯一真实的出发点。就像费希特企图从"自我"出发逻辑地推演出全部知识学体系那样，黑格尔则是企图从谢林提出的"主体和客体的绝对同一"这个根本原则出发逻辑地推演出由逻辑学、自然哲学和精神哲学所组成的整个理性体系。在这个意义上，正如费尔巴哈所说，"黑格尔是通过谢林为中介的费希特"①。

① 《费尔巴哈哲学著作选集》上卷，三联书店1959年版，第64页。

但是，费希特哲学的意志主义倾向在谢林哲学中也客观化了。和费希特一样，谢林由于把作为出发点的"绝对同一"理解为形式逻辑的 A = A 那样无差别的同一而找不到它自己运动的源泉，无法解决如何从同一过渡到对立的问题，因而不得不以某种方式诉诸意志的自发性。这种解决问题的方式是同谢林的浪漫主义倾向完全契合的，并随着浪漫主义思潮之从自然转向宗教而相应地有所变化和发展。起初，谢林认为，自然界的事物都是"绝对"由于一种要求意识（认识）它自己的无意识的欲望，通过一次一次的无意识的但不成功的自我直观而产生出来的，它们都是"绝对"在不同阶段、层次或等级上的体现，他把这些不同的阶段、层次或等级称为"因次"。随后，他又从斯宾诺莎的实体主义转向柏拉图和新柏拉图主义，把"因次"称为"理念"，把它看作是上帝，即"绝对"显现自己的永恒形式或上帝的自我直观，而经验的个体事物则是其有限的摹本，从而理念也就构成了"绝对"转化为世界的中间环节。最后他把理念脱离上帝而形成现实世界的根源看作是上帝，即"绝对"自身的本质中的非理性的东西，这就是那种无始无终的盲目的追求和冲动，即无意识的意志。现实世界就是这个无意识的意志之欲求的表现，而人对于上帝或"绝对"本身的认识则不仅要通过知性直观和艺术直观，更为根本的是要通过人的宗教活动中的宗教直观。谢林哲学中的这一方面为叔本华意志主义从主观主义方向的转换到客观主义方向的发展铺平了道路和准备好了一切必要的思想要素。

五　黑格尔哲学和叔本华哲学作为从康德经过费希特到谢林的哲学发展的结果

（一）黑格尔哲学

从康德开始的把理性的立法权力推向非理性的一切领域的理性主义倾向，到了谢林那里就表现为这样一个矛盾：一方面"绝对"如果不是由于一种无意识的欲望冲动就不能行动起来，另一方面"绝对"的行动又服从于某种必然的辩证的规律性。黑格尔看到谢林把"绝对"非理性化，是由于他并没有真正了解"绝对"的本质和规律。黑格尔认为，"绝对"应是一种"主客同一"的逻辑精神；其规律不是形式逻辑的，而是辩证逻辑的。这就是说，作为这种精神运动的出发点的自身同一性不是无差别的 A＝A 那样的同一性，而是自身就包含差别的同一性，它既与自身同一又与自身不同一，既是它自身又不是它自身。由于这种内在的自相矛盾性，它就要否定自身，异化或外化自身，向对立面转化，通过对立面的综合，使对立双方被扬弃为新的统一体的两个构成环节，以达到对立的统一和否定之否定。这样，这个出发点就从一种潜在的对立同一体变成了现实的对立同一体，从而实现了自我发展和自我认识。黑格尔正是凭借这种辩证逻辑，使谢林、费希特等人那里的非逻辑的、非理性的自发能动性本身成为一个客观必然的过程。这样一来，在黑格尔哲学里，精神和自然、无意识和有意识、意识和对象、个人意识和社会意识、理论活动和实践活动、个人活动和人类活动、激情和理性、历史和逻辑等，都被归结为绝对精神内部的对立统一的不同层次、不同阶段和不同环节，从而建立起了一个严密的理性主义体系，赋予了理性哲学以新的更高形态，即辩证的形态，达到了近代理性主义哲学发展的最高峰。

　　黑格尔把他的哲学看作是哲学思想的历史发展的结果。在这个结果里，那些困惑了历代哲学家特别是近代哲学家的四大对立——思维（主体）与存在（客体）、自由与必然、善与恶、灵魂与肉体，以及从它们中衍生出来的如认知与意志、情感，间接的知与直接的知，历史的规律与人的自由自觉的活动，社会的理想与生命的冲动等对立，都合乎规律地得到了和解。在黑格尔看来，他已经在理性从潜在的主客同一（逻辑理念）到现实的主客同一（人和人类的精神）的发展过程中，为从无机自然直到人的本能冲动和神秘直观的一切非理性的东西找到和安排好了它们应有的位置，从而也就把非理性的方面完全彻底地统摄到理性之下了。实际上，他不过是在思想上先把非理性的东西变成了理性自身的"异化"形式，然后宣称理性克服了自身的异化，使之回归到了自身罢了。而实在的非理性的东西却依然故我地在理性之外同理性对峙着。这种情况就决定了黑格尔的高度发展和极其精密的理性主义哲学体系也没有能够完全消除某种非理性的意志论的色彩。黑格尔同谢林一样也都必须回答上帝即"绝对"如何转化为世界的问题。不同的是，黑格尔坚持理性主义立场，企图用辩证逻辑来解决这个问题。可是，在说明逻辑理念转化为自然界时，不管他用了多少唯心主义的辩证法，最后仍要诉诸绝对理念的某种意志行为，即它"决心（决定）""把自己作为自然界自由地从自己外化出去"①。同时，众所周知，黑格尔又将自己的哲学体系宣布为绝对理念对自身的完全的认识，而当时的普鲁士王国则被说成历史发展的极限，这样一来，绝对理念辩证发展的永恒的生命，一切求真、求善的冲动，乃至生命的冲动本身也都完结了，都被窒息在他的被完成了的体系之中了。

黑格尔哲学体系标志着理性主义已发展到了极端，依据黑格尔表述的辩证法的法则，理性主义体系必然要向自身的对立面——非理性主义体系转化。而这个对立面也已经同黑格尔哲学一起从康德到谢林的哲学发展中产生出来了。这就是叔本华的意志哲学。

（二）叔本华哲学

叔本华自称他的哲学是直接继承了康德哲学，不承认在康德与他的哲学之间有任何中间环节。实际上，叔本华的哲学不过是把从康德到谢林力图用理性去统摄非理性的做法颠倒过来，将非理性的意志加以绝对化，使之统摄理性；而他的哲学的内在进程也以其特殊的方式反映了从康德到谢林的哲学的思想进程。

首先，叔本华肯定康德区别现象和物自体，认为我们认识的只是现象，现象即是表象，是由于我们的认识而产生的，服从于我们先天的认识方式——时、空、因果性（叔本华总括为根据律），是科学可以认识的世界，由此推出"世界是我的表象"②。

其次，物自体是现象的本质和内核，是可知的，不过不是通过概念的推论，也不是通过经验的感知。表象是一体两面，要从主体去把握，主体是与身体同一的心灵，只有通过"直接的认识"，费希特式的"知性的直观"，即注视与身体同一的内心，才可悟到。这个主体

---

① 黑格尔：《小逻辑》，商务印书馆1980年版，第428页。
② 叔本华：《作为意志和表象的世界》，商务印书馆1982年版，第25页。

就是我的意志——自身直接存在的意志，不是"我思"，而是"我要"，一种神秘的欲求"活动"。我的身体就是我的意志的客体化或成为表象的意志，因此与我的意志所宣泄的各种主要欲望相契合，例如我要吃，所以身体就有了牙齿、胃、食道等客体化形式。由此推出"世界是我的意志"①。

最后，叔本华也要摆脱唯我论，上面只是揭示了世界的内在本质是意志这个观点的入口，他由此进一步推论出其他事物也是表象，也有两面，其本质也是意志，是意志的客体化。正如谢林用"绝对"代替费希特的"自我"，叔本华也用唯一的宇宙意志来代替"我的意志"，把包括我的意志现象在内的一切现象都看作宇宙意志的不同等级上的表象或现象（人是意志客体化的最高等级，才产生了理智）。不过在这里他抛开了谢林的"绝对"自身的辩证发展的思想，而接受了谢林后来把理念作为"绝对"转化为世界的中间环节的新柏拉图主义思想，把"理念"看作个体事物（现象）和意志（作为物自体）的中介，或者说，理念作为意志的自我直观是意志的直接客体性，而个别事物作为理念在时空中的个体化则只是意志的间接客体性，以此来说明意志客体化（现象化）的无穷等级。

叔本华的"意志"是把康德所说的"低级欲求能力"形而上学化为康德、费希特所谓具有绝对自发能力的自由意志的结果，也即清洗掉理性和宗教的杂质后的谢林所谓作为现实世界的原始根源的无意识意志之彻底非理性化。② 这种意志是一种超时空的活动，一种绝对自发性的"行动"，一种"不能遏止的盲目的冲动"，一种以自身为目的的无止境的永不满足的欲求。它的基本点就是求生存、求生命。正是这种生命意志、生存意志构成了世界的本质。人在这个作为"物自体"的意志面前消极无为，因为意志本身是绝对的自发性，但其客体化、表象、现象却服从现象界的规律。生命本质上是痛苦：理智认识到求生的人作为表象都不免一死；欲求的基础是需要、缺乏，难以满足；而欲望的满足又引起新的欲望或空虚无聊。生活不过是一场悲

① 同上书，第27页。
② 参见文德尔班《哲学史教程》下卷，商务印书馆1996年版，第851页。

剧。摆脱痛苦的唯一方式就是禁欲，取消一切欲求，即否定意志，达到"无欲"境界。他就这样地从人的命运只是痛苦，得出了否定意志、结束生命冲动的结论。叔本华并不否认人有理性，不过理性只能认识现象，而对自在之物或本质的把握则只有通过神秘的直观。在直观中可以达到对"理念"的认识，在其中主体与客体已无区别，都是意志："意志在这里自己认识到自己。"① 理性作为意志客体化最高等级的产物，它只能是为意志服务的奴仆和工具。

当然，叔本华哲学作为从康德开始经过费希特、谢林的中间环节而产生的意志主义哲学，只是近代意志主义的开端，如同新生的婴儿一样，处于雏形阶段，尚未发展至成熟的典型形态。在 19 世纪 70 年代继之而起的尼采意志哲学中，意志主义才达到了它的成熟的典型形态。尼采和费希特一样宣称生活和行动才是其哲学的目的、本质。首先，尼采将叔本华的生存意志发展为权力意志，因为他认为生命的本质就在于生命力的发挥，即促使生命向着更强大、更旺盛、更富有活力的方向发展，与此同时，它也就间接地达到了自我保存即生存的目的。其次，尼采也认为生命本身免不了痛苦，但是他抛弃了叔本华的悲观主义态度，而采取了一种自我超越的姿态，认为生命应在痛苦中去追求超越当下的生存状态，超越自身，成为超人。尼采一方面宣称"上帝死了"（这"上帝"包括"绝对"、"绝对精神"等），另一方面则在上帝的尸身上树立起超人的崭新形象，表现出对人的本质力量（意志）的一种乐观主义的和近乎狂妄的自信。最后，尼采要求站在超人的立场上重新估价一切传统价值，确立新的评价标准。理性确立的真理是虚构，真理只有在对超人有用时才是真理。尼采的这些观点对后世产生了重大的影响。

尼采与叔本华的意志哲学构成了现代西方非理性哲学的源头，以后的生命哲学、存在主义、弗洛伊德主义、法兰克福学派的社会批判理论等都是这种非理性主义思潮进一步发展。然而从历史的渊源上来看，近代非理性主义的真正源头要追溯到康德和其后的德国古典哲学中的非理性的因素和倾向，而这些因素和倾向也是包容在黑格尔理性

---

① 叔本华：《作为意志和表象的世界》，商务印书馆 1982 年版，第 252 页。

主义哲学中的。这就需要我们从辩证的角度来研究这两大思潮在内容上的对立与交叉、重合，进而理解其深刻的内在联系。

六　理性主义和意志主义两大对立思潮在内容上的重合、交叉和互补

生活、行动、实践乃是由意志这种内在推动力所发起、所调节的，所以对前者的哲学思考首先就接触到意志及其活动的问题。尽管意志在西方哲学史中，自古以来就是哲学思考的主题之一，但只是在休谟以后才从意志对人的实践和认识、存在和发展的意义的角度出发，对意志的本质与作用进行哲学的或形而上学的研究。因此无论是在从康德到黑格尔的理性主义思潮中，还是在叔本华和尼采的意志主义思潮中，意志的地位和作用问题都被鲜明地突出来来，这是它们二者的一个重合点，但是它们二者对意志的理解和态度、研究的出发点和侧重点以及方法，都存在着极大的分歧。

1. 出发点不同：理性主义是在把理性绝对化的前提下来考察意志等因素的，它力图把意志作为理性的一个环节、特殊的形式等。而意志主义则把意志本身绝对化，在此基础上来考察意志的本质和作用，理性仅仅被当作从属于意志的工具。

2. 对意志的理解不同：康德将人的意志或欲望能力分为高级的和低级的，理性主义一般以求真、求善、求实现理性理想的高级意志为对象，可称为理性的或向着理性化方向上升的意志。意志主义则是把理性主义不屑一顾或不愿在那里多停留一会儿的低级欲望能力，即以求生的意志冲动作为对象，可称为感性的、非理性的或向着非理性化、感性化方向下沉的意志。

3. 侧重点不同：将理性绝对化以考察其本质和功能始自柏拉图，已有两千多年的历史，在近代从笛卡尔以来也有 150 余年的历史，可以说，理性本身的方方面面以及与之相关的各方面，都已经逐渐地被揭示出来，康德开始的德国理性主义则进入对理性进行综合认识的阶段。因此，理性主义在将意志活动（实践）作为理性的环节来考察时，所侧重的一方面是其宏观的结构和内容（目的、工具、活动等）

的综合，另一方面是它与理性的其他环节（认识、规律、真理、理想等）之关系，并将其综合统一为一体，直到黑格尔哲学这一综合过程才达到完成。与此相反，将意志绝对化以考察其本质和功能，可以说是从叔本华到尼采的意志主义才开始的（尽管唯意志论的倾向、因素早已有之），这就决定了它必然要从揭示意志本身的最原始、最初级因而也是最基本、最普遍的层次、成分或因素开始，即从作为来自生命本身的推动人行动的内在力量——生命冲动开始。只有在这一思潮的往后发展中才能逐渐地揭示出意志本身的其他因素和方面，并进而考察意志与人的精神活动的其他方面的关系，这就是说，它标志着对意志本身的本质和作用的认识还处于分析认识的阶段。

4. 方法不同：处于综合阶段的德国理性主义，要求发展一种与之相适应的思维方式、方法，即与形而上学的（分析的）思维方式不同的辩证的思维方式或理性的思辨的综合方法。叔本华、尼采的意志主义尚处于分析的阶段，理所当然地注重分析的方法，而在把意志从其总体中分析出来作为一种非理性的生命冲力时，对它的认识似乎就只能诉诸内心的直观和体验；而在涉及它和其他方面的关系时则只能是折中的结合或包容。

5. 对意志的作用和意义所注重的不同：由于各自的侧重点不同，德国理性主义强调意志活动（实践活动）对认识真理的意义，即其认识论的功能和对实现历史规律和历史发展理想的意义，也即其社会的和历史的功能。而意志主义则集中于强调意志作为生命冲力对于个体的人的存在（生存）、自由、创造和发展的意义和功能。

总之，理性主义思潮和意志主义思潮针对不同层次、阶段上的意志的本质、构成、作用和意义展开了哲学思考，尽管二者是对立的，但由于它们都是对同一意志的不同层次、方面等的哲学认识，所以在内容上又具有互补性。于是，摆在我们面前的任务就是如何真正地扬弃这两大对立思潮。

七　在系统的研究中扬弃

要能够真正扬弃这两大思潮，吸取它们各自包含的合理因素，必须站在比二者更高的观点上，对它们展开系统的研究。

1. 系统研究要以研究现实的人为出发点。理性哲学和意志哲学都是把现实的人接近现实、把握现实的无数（数目不断增长的）方面或成分之一加以绝对化，将其发挥成为世界观或人生观。从认识上说，其意义在于使人们认清了这一个方面或成分的本质、作用、意义以及它们的界限，但作为发挥而成的整体则是错误的，即不是对世界、人生的正确的说明。只有以人接近、把握现实之无数的、不断增加着的成分之总体才能真正说明现实的世界和人生。而现实的人就是以他自身来接近、把握现实的，所以，问题就归结为现实的人是什么？

首先，实践唯物主义认为，现实的人不仅是一个"感性的对象"，而且应该被理解为一种"感性的活动"——个体的、同他人结成一定关系的、以自己的实际力量改变着现实世界同时也改变着自身的活动。这样的人及其活动是与现实世界血肉不可分的统一体。这种活动是以物质的感性的活动为基础的物质的感性活动与精神活动的统一整体。

其次，人的精神活动也是一个整体——生理（无意识的本能）因素、心理（知、情、意）因素和社会（社会生活及其意识的各个方面）因素构成的整体，而且这个整体是在作为整体的物质的感性活动（个人的、肉体的、社会的）基础上变化发展着的，必须在这感性活动史的基础上来考察。

最后，精神活动的每一方面又是许多因素构成的整体，因而精神活动作为一个整体是很复杂的。但是，根据人是从动物进化而来的基本事实，我们完全可以合理地从理性和非理性的相互关系这一视角来把握这个整体。一方面，理性是从欲望、情绪、无意识的本能这些基础性或本能性的东西生成而来的，而理性本身又经历了一个从低到高的发展。在这个过程中非理性的东西不仅是理性的基础，而且往往是理性东西的先导或契机；另一方面，人是社会的人，因此在人那里情感、欲望、意志等都直接、间接地受到理性的主导作用（人完全受动物式本能的支配是在非正常的情况下出现的），直觉、灵感、顿悟等非理性的知也是在经验和文化的基础上，作为间接的知的转化结果出现的。所以人的非理性的存在及其发展也不是孤立的，而是在与理性同步、交织、相互作用中进行的。理性虽然一般地或经常处于主导地位，但依据具体情况，这种地位是可以甚至不可避免地会发生变化的。非理性的作用越大，理性也就越应该深入到非理性中去，从而改变和发展自身，以保持和实现其主导作用。理性与非理性的区别、对立是不能抹杀的，然而这种对立又不是过分的、僵死的，它们是在相互渗透、相互转化、对立同一中发展变化着的。总之，应当在实践唯物主义的根本观点上，运用唯物辩证方法，以理性和非理性的相互关系为线索来系统地研究两大思潮。

2. 重新考察德国古典唯心的理性主义哲学。在这方面的研究已经取得了很大的进展和丰硕的成果（如马克思主义），但仍有许多东西和问题有待研究。从康德开始的这一思潮是近代理性主义因而也是哲学史上理性主义发展的最高阶段，它的根本特点就是自觉地要把理性的立法地位推广到一切非理性领域，也就是要用理性来统摄非理性。从这点出发，就要研究这一思潮是怎样用理性来统摄意志、情感、欲望、无意识的生命冲动等，以及诸如直观、灵感、信仰、顿悟、体验等非理性的认识形式的，在这种统摄过程中出现了什么矛盾，又是如何解决这些矛盾的，在解决矛盾中理性和非理性双方都发生了什么变化，以及使理性容纳非理性和使非理性向理性发展时，在对理性、非理性及两者关系的认识上的是非得失、经验教训、实质进展，等等。

3. 对意志主义和非理性主义思潮进行系统研究。相对于古典哲学，这方面的研究显得较薄弱。黑格尔哲学是理性主义发展的高峰和终结，从它的解体中产生了马克思主义的实践的唯物主义。相反的，从同一来源产生的叔本华哲学则仅仅是意志主义的开始，继叔本华和尼采之后，意志主义在现代西方哲学中发展为包括许多派别、经历了许多形态的强大的非理性主义思潮，这一思潮对现代西方世界发生了很大的影响，是不能等闲视之的。对意志主义的研究应当首先排除对它的各种武断的成见，特别是将其简单化和政治意识形态化的做法，根据上面提出的观点、方法和线索对之进行系统的研究，以求达到对它的真知。

　　首先，对每一个这样的哲学体系进行系统的研究，从理性与非理性的相互关系上来考察其主要原则、主要范畴之间的关系，从而掌握和洞察其内在的不可解决的矛盾。如对叔本华哲学至少应注意这样四对范畴及其关系的研究：作为现象的表象和作为本质之意志之间的关系；意志作为生命的冲力和理念作为理性的规范（原型）之间的关系；对意志的直观和表象作为意志对自身的间接认识之间的关系；意志的肯定作为生命之本和意志的否定作为人生的归宿之间的关系。

　　其次，对每一个这样的体系与先行的和后继的体系之间的关系进行系统的把握。就叔本华哲学而言，一方面必须系统地把握从康德经过费希特、谢林到叔本华哲学的进程；另一方面，更为重要的而且对于我们来说也是更为迫切的，则是系统地把握叔本华—尼采的意志哲学与从那里发展出来的现代西方非理性主义的各种哲学体系之间的内在联系和进程，考察理性与非理性的相互关系在这一进程中所经历的变化和这种变化之间的必然联系。在这里，似乎以意志哲学为其开端的现代西方非理性主义思潮也在以自己特有的形式重复着近代以笛卡尔哲学为开端的理性主义思潮直到黑格尔哲学的进程，就是说，从某种片面的或形而上学的非理性哲学经过某些中间环节走向某种力图将非理性和理性有机地结合起来的"辩证的"非理性哲学。事实上，巴雷特就曾指出，海德格尔既不是非理性主义者，也不是理性主义者；而伽达默尔对黑格尔辩证法的呼唤和解读以及他的解释学辩证法，亦可看作是正在出现这一走向的一些标志。正如具有辩证倾向的理性哲学在认识理性与非理性的相互关系上作出了那个时代可能允许的有价值的贡献一样，具有辩证倾向的非理性哲学也必定会从相反的方向，就这种关系的认识作出与自己时代的条件相符合的、值得重视的贡献。当然，理性和非理性哲学发展的这种进程，恰好证实了这样一点：无论是绝对化理性的理性哲学还是绝对化非理性的非理性哲学，它们本身都是片面的和站不住脚的。

　　再次，对从意志主义到现代西方非理性主义的哲学进程和近现代世界的历史进程之间的平行关系进行系统的研究和把握。这是马克思主义科学的哲学史观的一个根本要求。

　　最后，还必须把上述三个方面的系统研究统一起来加以把握。

　　总之，只有通过对理性主义和非理性主义分别进行这样系统深入的研究，我们才能达到对它们的真知，也只有把对这两者的真知综合起来，才能求得对它们的相互关系的真知。唯有在这样的工作的基础上，我们才有条件真正从思想上"扬弃"这两大对立思潮。

德国古典哲学研究的现代价值

杨祖陶

一

新中国成立后德国古典哲学研究了 50 年，是旧中国德国古典哲学传入 50 年的继续和发展。在这 20 世纪后半个世纪里，德国古典哲学的研究走过了一条众所周知的"之"字路："文化大革命"前的相对兴盛，"文化大革命"中的全面中断，改革开放后的重新前进。不容置疑，经过几代学人的努力，后 50 年德国古典哲学研究取得的成就大大地超过了新中国成立前的半个世纪。但从德国古典哲学无比丰富的内容和极其深刻的意蕴，从它作为一个整体的无数构成环节，从它作为人类哲学史上一场持续时间最长，展示出一幕幕宏伟场景的哲学革命所隐含的支配哲学发展的内在规律等来看，我们对德国古典哲学的研究，和对整个西方哲学的研究一样，不能不说还处在起始的或初级的阶段。

为了把德国古典哲学的研究推向更高级的阶段和更深入的层次，我们迫切需要真正走学术化的道路，准备做大量艰苦卓绝的工作。例如，许多德国古典哲学著作尚无译本的需要着手翻译；已有的译本，有的需要根据德文原版或校订新版重新翻译，并逐步译编出版所有重要代表人物的著作全集；要以开放的心态引进和翻译出版国外研究德国古典哲学重要著作的名著；要沉下心来对德国古典哲学进行独立的研究，写出一份份有真知灼见的学术论著，并在此基础上逐步推出我们自己的研究德国古典哲学的名著；形成我们自己的能立于国际同类研究机构之林的德国古典哲学研究中心，让中国的德国古典哲学研究在 21 世纪后期真正走向世界。

但是，当德国古典哲学研究正需要加倍努力和大步前进时，却面临着一个极大的思想障碍亟须首先排除，那就是改革开放以来德国古典哲学所受到的冷落与漠视。"古典哲学还有什么意思""康德黑格尔还有什么研究头"，诸如此类的议论可以说不绝于耳。"十年浩劫"过去后，由于改革开放客观形势的需要，为了把中断了近 30 年之久的现代西方哲学研究较快地恢复起来，改变历史所造成的我们对现代西方哲学的现状知之不多或某些方面甚至无知的状况，并在此基础上得到进一步的发展，现代西方哲学在这时成为西方哲学研究中的热点，而德国古典哲学的研究则相对地受到冷落。但是这种冷落尽管从历史的角度看有其合理性，而从理论的角度看未必是合理的，因为它自觉不自觉所依据的理论前提——"德国古典哲学已过时了，没有什么价值和意义了"——是错误的。实际上恰恰相反，德国古典哲学至今仍然保持着十足的价值和意义，对它的进一步引进和研究仍然是我国学术界的一项重要任务。

二

我们国家现在正处在建立具有中国特色的社会主义市场经济和与之相适应的社会主义新文化的历史时期。我们所要建立的社会主义市场经济已不再可能是一种地方性或区域性的经济，而是一种开放性的，作为全球性经济体系之有机组成部分的商品经济。因而建立与之相适应的社会主义新文化，对于我们来说，本身就是一个突破过去长期以来的自然经济和半自然经济带来的狭隘眼界和封闭心理，参与各民族文化传统之间相互碰撞、交融、互补的全球趋势，大力吸取全人类共同文化遗产的时代任务。就西方哲学而言，不仅反映西方从自然经济向商品经济转型和商品经济走向全球性经济时期的时代精神的近现代西方哲学，而且从更大的范围来看，自古希腊以来的整个西方哲学传统，都是我们应当引进、研究、借鉴和吸取的。而德国古典哲学则是以往西方哲学发展的最高阶段，我们必须借助于对这个阶段哲学发展规律的研究，来理解以往哲学发展诸阶段的规律性，因为正如马克思所说的，"人体解剖对于猴体解剖是一把钥匙"①。德国古典哲学在这方面的价值和意义是明显的。

但是，更有意义的是，德国古典哲学是现代西方哲学得以产生和发展的源头、土壤和背景。作为现代西方哲学非理性主义思潮源头的叔本华意志哲学，不管看起来多么奇怪，它本身和与之尖锐对立的黑格尔理性哲学，却是一对来自同一母腹——康德哲学和经过同一发展阶段——费希特、谢林哲学的双生子。这就注定了非理性哲学无法摆脱它的影子——理性哲学。不管叔本华、尼采哲学如何使德国古典哲学声名狼藉和销声匿迹，但德国古典哲学的成果，特别是黑格尔辩证法的基本思想却不知不觉、潜移默化地深入了人心，成为新的哲学思想借以发生和成长的一片沃土。随之而来的新康德主义和新黑格尔主义及其相互交织所形成的现代西方哲学思潮，显然是向德国古典哲学的公开明确的回复，不过它也同样不能摆脱它的影子——非理性哲学，从而表现着理性思潮和非理性思潮的某种相互渗透。在往后的现代西方哲学中，如胡塞尔的现象学，以海德格尔、萨特为代表的存在哲学，以伽达默尔为代表的哲学解释学，法兰克福学派的社会批判理论等，我们总是随时而反复地遇到康德、费希特、谢林和黑格尔等人及其哲学思想，以致我们不能不同意伽达默尔说的，这些现代西方哲学家的确"注定要以某种特殊形式与黑格尔"（其实也与上面提到的那些德国古典哲学家们）"同在"。不止这样，现代西方哲学的进程，就拿从胡塞尔开始的现象学运动来说，也在新的历史条件和思想基础上，以某种改变了的形式，出现了某些类似于从康德到黑格尔的德国古典哲学的规律性现象。伽达默尔曾把胡塞尔的现象学称之为"新康德主义思想的最后也是最有力的形式"，而认为海德格尔对胡塞尔的关系近似于黑格尔（尽管海德格尔本人极力要同黑格尔划清界限）对康德的关系。这当然是很有见地的。不过，我们倒是宁可说，在某

---

① 《马克思恩格斯选集》第 2 卷，人民出版社 1995 年版，第 23 页。

种意义上，海德格尔在对胡塞尔的关系上只是开通了一条经过费希特、谢林到黑格尔的道路，而他本人多变的思想却似乎是终止在谢林式的所谓哲学的诗化的非理性的预感之上，而只是在伽达默尔那里才反映出向黑格尔哲学，特别是向黑格尔辩证法的回复。而在往后的法兰克福学派、解构学派的一些代表那里，甚至出现了某种经过黑格尔而向马克思哲学回复的迹象。现代西方哲学中的这种现象当然是有其自身的特殊根据和特殊形式的，但它终归有力地表明了德国古典哲学发展的内在规律和逻辑进程，为我们探索现代西方哲学的发展提供了一种极其重要的启迪。综上所述，我们应该可以得出这样的看法：不理解德国古典哲学就难以理解现代西方哲学及其发展。

德国古典哲学对于马克思主义哲学来说，就不像对于其他现代西方哲学那样仅仅是源头、土壤和背景，而是它产生的直接理论前提和理论来源。我们知道，德国古典哲学的最根本的问题就是：为了彻底解决主客体的矛盾，哲学必须以什么为出发点。围绕这一问题所进行的斗争以其逻辑的必然性，把所要追求的出发点一个推翻一个而同时又一个传承一个地向前推进——从有某种能动性的主体和不可知的客体（康德）出发，到绝对能动的自我（费希特），到主体和客体绝对同一的精神（谢林），到具有能动地产生主客区别和克服这种区别而回复到自身的潜能的精神（黑格尔），到以自然为基础的感性的人（费尔巴哈），最后到在历史中行动着、实践着、劳动着的人（马克思）。而马克思不同于同时代人的地方就在于，他充分地意识到了和足够地理解到了这种进展的逻辑的必然性并立即自觉地、大无畏地担当起这样一个空前艰巨的任务，那就是打碎德国古典哲学坚硬的外壳，检验其全部内容，从而批判地继承和独立地发展其蕴含着的所有合理内核，创造出了哲学史上划时代的、崭新的"实践的唯物主义"。所以我们说，马克思主义哲学是德国古典哲学的逻辑结论和最后成果。马克思主义哲学的这种与德国古典哲学之间逻辑的连贯性和自觉的批判继承性，正是它不同于现代西方哲学的根本性特点和优点。这表明，马克思主义哲学就产生、本质和特征而言，是一种扬弃了德国古典哲学，因而也扬弃了古典西方哲学的最初的现代西方哲学，而这也就决定了，只有理解了德国古典哲学才能真正理解马克思主义的产生、本质和特征。

三

德国古典哲学的现代价值尤其表现在它把西方哲学传统所特有的两种精神发展到了典型的高度，而这两种精神恰好是中国传统文化所缺乏而又为中国现实所必需的。我们在这里把这两种精神概括和命名为"为真理而真理"的理论精神和"为自由而自由"的实践精神。

为真理而真理的理论精神源远流长，它是在古希腊文化土壤中培育和生长起来的。它最初浮现在不追求实用而以认识图形自身（如非各种经验三角形的自身）为目的的几何学研究中。但它只是在古希腊哲学的传统中，经过好几代人的沉思和争论，才获得了它应有的规定和形式。它起始于巴门尼德，在苏格拉底特别是柏拉图那里得到了很大的发展，在集前人之大成的亚里士多德那里定型并得到了全面的论述。这就是：（1）求知是人的天性，而一切知识中最高级的知识是非功利的，追求它不是因为它有用，不是为了把它当作达到别的目的的手段，而是因为这种知识本身就是目的；（2）这种知识不是关于感性界事物的，而是关于感性界事物的共性的，像苏格拉底的美自身或善自身等事物的自身，柏拉图的一类同名事物的"相"（理念），亚里士多德的形式、本质、本体等；（3）这种知识是通过理性思维而得到的最抽象、最普遍的知识，也就是"形而上学"的知识，它必需是真的（真知识，即真理），而不是假的（假知识，即妄说），但它的真或假不能像事实的知识即科学知识那样必须和可能通过事实来检验，而是只能通过逻辑的分析和推论，运用逻辑的标准来判定和论证；（4）这种为真理而真理的求知活动本身就是一种愉悦的、自满自足的、自由自在的活动。古希腊哲学的这种非功利地追求真理，即为真理而真理的理论精神贯穿在后来西方的哲学和科学之中，推动了哲学、逻辑学和科学的发展，成为西方文化传统中的主要精神之一。在德国古典哲学中，这种精神得到了高度的体现和意义重大的发展。

我们知道，康德就是从证明旧形而上学关于灵魂、世界整体、上帝等的思辨知识是假知识或伪科学而开始了德国的哲学革命的，但他通过对理性的批判得出的却是：事物自身不是认识的对象而只能是信仰的对象，理性运用范畴所能认识的只是现象，哲学的重要任务之一就是为范畴对于经验或现象的普遍必然有效性进行逻辑的证明（"先验演绎"）。康德的后继者们继续把他开创的哲学革命向前推进，其总的方向就是从各自确定的出发点出发，去论证事物自身为什么可知和怎样被知的，从而建立起了一个个后来者推翻先行者的、自以为是经过论证的真知识的思辨哲学体系。黑格尔在总结先行哲学体系的基础上指出，事物自身如不可知，那就没有什么认识真理的问题，理性也就无事可做而只有睡大觉了。他认为康德的失误源于他不了解范畴的本性，因而不去认识范畴本身以求得对它的真知，而是把范畴当作现成的、空无内容的形式接受下来，只去证明它对于经验的普遍必然有效性。黑格尔提出，范畴不是单纯主观的空洞形式，范畴的本性在于它是主客的同一和由此而来的辩证运动，哲学的任务就在于研究范畴的这种自身运动。由此出发，黑格尔就力图证明：范畴在自身的矛盾运动中从对自身的无知到知、从少知到多知、从比较片面的知到比较全面的知、从现象的知到本质的知，经过从客观性到主观性和从主观性到客观性的双重运动而走向主客统一的理念，再经过从理论理念到实践理念而又向理论理念回复的循环，终于达到了对自身的绝对的知——绝对理念，即绝对真理。在这基础上黑格尔建立了西方哲学有史以来最庞大的绝对真理的思辨哲学体系。当然，黑格尔的体系也同他的先行者的体系一样被后继者所推翻、所抛弃了，但它所包含的关于真理的本性、运动规律和发展进程的合理思想却被永远地保留下来了，而它所体现的对于理性与真理的坚定信念和为真理而真理的执著精神也永远地鼓舞着后世。

我们同样可以说，为自由而自由的实践精神是指在行动上追求自由，它不是把这种追求作为能够获得什么利益或达到其他目的的手段，而是为了自由本身，因为自由本身就是目的。不过这种精神的内容，比起为真理而真理的理论精神来，要复杂深刻得多，它涉及人的活动的方方面面和人类历史即世界历史的发展。而且，这种精神作为一种原则，本身就是在历史发展中逐步形成起来的。

自由的问题在古希腊哲学中就提出来了，这是可以理解的。因为古希腊的奴隶制城邦正是建立在自由民和奴隶的划分之上：在这些城邦里商品经济和民主政治有一定的发展，但奴隶所能从事的是不自由的奴隶劳动，只有自由民才能进行个体的独立自主的劳动和政治文化等的活动，自由的价值、可贵和高贵可想而知。早在亚里士多德那里，意志的自由选择就已经作为道德责任的前提加以讨论了。在他以后，无论是伊壁鸠鲁派还是与之对立的斯多亚派，都为在承认自然必然性的同时也承认意志自由选择的可能性进行了艰苦的理论论证，如前者以德谟克利特原子论原本没有的原子的偶然偏斜运动来为意志自由奠定本体论的基础，而后者则不顾自相矛盾地把自由作为一种哲人的理想提了出来。

只是到了近代文艺复兴和启蒙运动时期，随着商品经济的兴起和发展，自由的思想才作为一个原则提了出来。在政治的层面上，它作为天赋人权（个人在政治上的独立、平等、自由的权利）而受到广泛的讨论，成为声势浩大的思想运动和政治运动的一面旗帜。在哲学的层面上，古希腊哲学已经接触到的自由与必然的关系问题成了近代早期哲学的热点之一，主要是围绕着人的意志能不能独立于自然的必然性作自由的选择，也就是人有没有不依赖于自然必然性的自由意志的问题进行争论。

在德国古典哲学中，为自由而自由的思想才明确地提了出来并得到了全面的论证。康德不同于过去哲学家的地方，就在于他首先提出，意志独立于自然必然性只是消极意义上的自由，自由的积极意义则是指意志的自律，即意志以其向它自己颁布的法则（规律）来决定自己，而且唯一地是出于对自己规定的法则的尊重来决定自己。所以，做到意志自律不是为了达到其他的目的，而只是因为这样的意志自律或意志自由本身即是目的，否则就不是意志自律而是意志他律了。而只有自律（自由）的意志才是唯一真正的道德意志；使自己的意志成为自由的，也就是使自己的意志成为道德的。这就是为自由而自由的原则，尽管在康德那里它还只是一个主观意识范围内的最高道德原则。费希特继康德之后，把自由看作是绝对自我的本质，而实现自由则是绝对自我的道德义务；自我设定非我来限制自己，其目的不是别的，而只是为了克服这个非我，以实现自我的本质——自由。这就在主观意识范围内把对为自由而自由的原则的论证发挥到了极致。

谢林来了一个大转折，他开始把自由概念客观化、本体论化和历史化。黑格尔在谢林的基础上，总结了先行者们的成果，对为自由而自由的原则进行了全面的论述：（1）自由选择或任意虽是自由的一种不可缺少的标志和成分，但还不是真正的自由。真自由的内涵是自己限制自己、自己中介自己、自己与自己联系。由此可见，自由与必然是不可分离地结合在一起的，自由有它自身的规律，受它自身规律的支配。（2）自由是绝对精神的本质，这本质起初只是潜在的，或者说只是一种潜能，这潜能之成为现实既是精神自身的一种发展，也是这一发展的目标。（3）精神的这种发展的过程一般说来是这样的：它首先使自己异化（外化）为对象或客体（自然的和社会的），从而受到这异化之物的限制；然后它扬弃异化之物，把这异化之物占为己有（改变它，使之适合于自己、成为自己的有机成分），从而从它的异化回到了它自身。这个过程表明精神是自己限制自己、自己中介自己、自己与自己联系的，因而是自由的。所以，这个过程也就是精神的自由本质实现的过程。（4）精神的自由本质具体说来是在世界历史即人类历史中实现的，因而人类历史也就是精神的自由本质实现的历史。在人类历史中绝对精神表现为个人的主观精神和人类的客观精神的统一。在黑格尔看来，无数个人根据他自己的特殊利益甚至特殊癖好并由激情或情欲推动着的追求自己的特殊目的的活动构成了人类的历史。这种活动就其追求的目的是个人深思熟虑自由选择的并按照他自己的谋划或设计而进行的来看，是一种个人独立自主的活动，即自由的活动，但又还不是真正自由的活动，因为这些个人的活动不仅受到他们意识不到的自然和社会条件的制约，而且它们往往是彼此矛盾、互相冲突，因而是互相限制的。但是，一方面个人在他们彼此矛盾、冲突和限制的活动中日益受到教化，逐渐意识到必须限制自己，各自的活动才能顺利进行，并且这种主观的意识势必客观化在人类的各种社会的、法的、国家的制度中；另一方面，这些个人的活动虽然往往难以达到自己的特殊目的或所达到的是没有预料到的结果，可是它们却是绝对精神实现其最终目的——自由的手段，并为其意识到自身的自由本质提供条件。所以正是在人类历史的发展中绝对精神终于通过对历史的"回顾"而认识到不只是"一个人是自由的"，也不只是"少数人是自由的"，而是"一切人都是自由的"。综上所述，我们可以看到，黑格尔发展了其先行者思想所全面表述的为自由而自由的原则不是个人行动的主观原则，而是人和人类的历史行动的客观原则。尽管黑格尔对它的论证和发挥是在唯心史观基础上作出的，有其唯心主义的偏见和"思辨的原罪"，因而理所当然地遭到人们的批判、拒斥乃至嘲笑。但是，黑格尔这些论述中所包含的关于自由的本性、发展规律和发展进程的合理思想，所体现的对于自由和历史的信念，对于人和人类为自由而自由的实践精神的高扬，将永远是探索和争取人类的解放和自由的人们汲取深刻的启迪和鼓舞的力量的源泉。

在德国古典哲学中得到高度体现和发展的上述两种精神，为马克思主义哲学所继承和发展而成了它的根本精神。恩格斯高度地评价和赞扬了德国古典哲学家那种为真理而真理的理论精神，把它称之为"在德国最深沉的政治屈辱时代曾经是德国的光荣而伟大的理论兴趣——那种不管所得成果在实践上是否能实现，不管它是否违反警章都照样致力于纯粹科学研究的兴趣"；而且值得注意和深思的是，恩格斯正是根据符合工人阶级利益的马克思主义哲学保持和发扬了这种精神这一点而公开地宣称："德国的工人运动是德国古典哲学的继承者。"① 同时，马克思主义哲学也在唯物史观的基础上继承、改造、发展、提高了德国古典哲学予以充分论证了的为自由而自由的客观原则和实践精神。马克思认为，作为其哲学的基本出发点的人的实践、劳动或感性活动，是一种与其他动物的生命活动不同的生命活动——"自由的自觉的活动"，并把这种生命活动看作人的"类特性"或"本质"。马克思把受经济制约的社会形态的演进看作人从"人的依赖关系（起初完全是自然发生的）"到"以物的依赖性为基础的人的独立性"，而人只有经过这种独立性的发展，才能进到"建立在个人全面发展和他们共同社会生产力成为他们的社会财富这一基础上的自

---

① 参见《马克思恩格斯选集》第 4 卷，人民出版社 1995 年版，第 258 页。

由个性"①。显然，这也就是人的自由的发展和实现的过程。在《共产党宣言》中，马克思和恩格斯把共产党为之奋斗的最后目标表述为要建立"这样一个联合体，在那里每个人的自由发展是一切人的自由发展的条件"②。很清楚，这一目标不过就是上述在历史中行动着的人的自由发展所指向的那个自由目标在科学上的表述而已。

由此可见，正是在德国古典哲学所发展了的为真理而真理的理论精神和为自由而自由的实践精神中，德国古典哲学多方面的现代价值得到了集中的表现。德国古典哲学不仅对于我们研究在它之前的西方哲学，在它之后的现代西方哲学和以它作为直接理论来源的马克思主义哲学具有重要的理论意义，而且对于我们国家向社会主义市场经济的转型和社会主义新文化的建设和发展，乃至对于理解如何才能使我们的经济和文化朝着更加接近共产主义理想的方向前进，都具有值得注意的现实意义。这就是我们在前面提出的必须加倍努力把德国古典哲学的研究在学术化的道路上推向更高阶段和更高层次的理由。

---

① 参见《马克思恩格斯全集》第 46 卷（上），人民出版社 1979 年版，第 104 页。
② 参见《马克思恩格斯选集》第 1 卷，人民出版社 1995 年版，第 294 页。

康德范畴先验演绎构成初探

杨祖陶

　　康德自认，他的《纯粹理性批判》（简称《批判》）一书的根本意义在于：它证实了他关于"不是知识依照对象，而是对象依照知识"的假设，从而在认识论领域中实现了一个哥白尼式的变革。在依据这个假设对人类认识问题进行的研究中，同时也就是在对这个假设本身的证实中，《批判》的范畴先验演绎部分占有决定全局的地位。这是因为范畴的先验演绎所要解决的是知性的先天概念——主观思维的范畴，何以对一切经验的和可能经验的对象具有普遍必然的客观有效性这个认识论的根本问题，而这个问题的解决又是解决"先天综合判断何以可能"，即我们何以具有关于对象的先天综合知识这个《批判》的总问题的前提。再者，范畴的先验演绎也是《批判》中最困难的部分。它要解决的问题，就性质看，同时间和空间的"先验阐明"是一样的，但就解决问题的难易看，两者实有天壤之别。时、空是我们感性直观的先天形式，是一切对象被授予的形式，它们对于一切直观对象的客观效力可以说是不言而喻的。相反地，范畴是我们知性思维的先天形式，对象是不依赖于理智而在直观中给予的。既然这样，要找到一种正当的理由来说明范畴对经验对象的客观效力就不那么容易，甚至不可能，除非对意识和对象的关系，认识能力的结构及其内在联系等重大问题重新进行一番彻底的批判研究。在康德构思《批判》的长久岁月里，范畴的先验演绎是他钻研的核心问题，他对如何解决这个问题作了反复的思考，提出了种种设想、方案和证明。正如他在该书"一版序言"中所说，对于先验演绎这一部分的论述，他实在是尽了"最大的劳力"①。甚至在该书出版以后，对于先验演绎的构成和叙述，他仍在继续尽力加以修改和完善。

范畴先验演绎中值得研究的问题很多，本文仅就其构成问题作一初步的探讨。

我们先来考察一下先验演绎的构成及其演变的情况。在 1781 年出版的《批判》的"序言"中康德明确指出，范畴的先验演绎是从两方面进行的：一方面，考察纯粹理智的对象，意在说明范畴的客观效力，而使人理解之。这方面称为客观的演绎，是先验演绎的主要目的所在，因而是基本的部分；另一方面，就纯粹理智的可能性及其所依据的认知能力来考察纯粹理智本身，因而是从主观的方面来考察它。这方面称为主观的演绎，它对于先验演绎的主要目的虽"极重要"，但本身并非主要目的所在，因而不是基本的部分。②但是，不管怎样，先验演绎之为主观演绎和客观演绎两个部分构成，这是毫无问题的。

1783 年出版的《未来形而上学导论》（简称《导论》）据康德说是要作出一个《批判》的纲要、要点，使人易于了解。它撇开了主观演绎方面，而只就客观演绎方面，从客观判断依赖于范畴的综合这个新角度出发，作了一个比较通俗易懂但却不无缺陷的论述。③

在 1786 年出版的《自然科学的形而上学基础》的序言中，康德显然是考虑到了《导论》的上述论述，表示要抓住机会对《批判》的先验演绎作新的阐述，以去其暧昧不明和补足其缺陷，不过他说这缺陷只涉及"叙述的方式"，而不涉及"说明的理由"④。

1787 年《批判》第二版对第一版的先验演绎做了全面的修改：删去了主观演绎部分，重写了客观演绎部分，并将出现于《导论》中的新论证修正后补充了进去。在这个变动中最触目的就是康德删去了第一版中专论主观演绎的各节，这样他就改变了整个先验演绎的构成。

---

① 参阅［德］康德《纯粹理性批判》，三联书店 1957 年版，第 5 页。
② 同上。
③ ［德］康德：《未来形而上学导论》，商务印书馆 1978 年版，第 63 页。
④ 《康德全集》第 4 卷，柏林科学院版，1968 年，第 475—476 页。

康德删去主观演绎部分的理由可大致归纳为：（1）如前所述，他认为主观演绎不是先验演绎的主要目的所在，不是其基本部分。在他看来，主观演绎所涉及的许多问题，如思维能力如何可能，想象的联想等，大都属于心理学，同解决先验演绎的主要问题没有必然的关系。（2）主观演绎中颇多"晦暗难明"之点，推理也颇近似"假设"，多属"任意陈述意见"，而在《批判》中一切假设、意见均在禁止之列。（3）《批判》出版后已引起了把康德的哲学思想等同于巴克莱的主观唯心论的误解，为了消除这种现象，注意同巴克莱主义划清界限，也许在康德看来，删去有较多心理学色彩的主观演绎部分是恰当的。

不过，正如斯密已经注意到的，康德虽然删去了第一版中专论主观演绎的各节，但包含在这些节里的学说和某些重要思想仍然作为前提或因素直接间接地继续出现在第二版的客观演绎的陈述中，甚至《批判》全书中。①

综观《批判》第二版对先验演绎构成的变动，确如康德1786年预想的那样，主要地只涉及"叙述的方式"，而不涉及"说明的理由"，即没有改变第一版先验演绎的基本根据。就叙述的方式看，第二版对客观演绎的叙述，与第一版对整个先验演绎的叙述相比，的确具有阿狄凯斯指出的"优点"："更大的一致性和更清楚的思想进程，更简明、更紧凑的论证。"② 但是，从另外一方面看，不管康德在删去主观演绎部分时有何等的理由，但他在撰写第一版时要从主观和客观两个方面进行演绎也总是有他的理由和用心的。如他在"一版序言"中肯定主观演绎虽非"基本部分"，但对于"主要目的"仍"极重要"；而在正文中又说，它虽有"暧昧难明"之点，但却"宜为读者准备"③。这就是说，仅就叙述的方式说，主观演绎和客观演绎之间是存在着某种有机联系的。删去主观演绎，实际上就破坏了这种有机构成，既不利于先验演绎基本思想的系统开展，更不利于引导读者

---

①　［英］诺·康·斯密：《康德〈纯粹理性批判〉解义》，商务印书馆1961年版，第268页。

②　［德］埃·阿狄凯斯：《康德的〈纯粹理性批判〉》，柏林，1889年，第166页。

③　参阅［德］康德《纯粹理性批判》，三联书店1957年版，第122页。

循序渐进地上升到对先验演绎的核心的把握。就此而言,《批判》第二版删去专论主观演绎的各节,而不是加以修正或重写使之同客观演绎更好地连贯起来,就不能不是一件"憾事"和一种"缺陷"了。

为了说明主观演绎和客观演绎之间的有机联系,就需要进一步弄清楚康德所谓"先验演绎"的含义。"演绎"一词是康德从法律学借用来的。在法律中有所谓事实问题和权利问题之分,如事实上占有某物和是否有权占有某物(或这种占有是否合法、合理)是有区别的。所谓"演绎"就是要举出法律上的理由或根据,据以推演或证明某项权利或某种事实的合法性、合理性。把这个意思用到认识论的研究中来,康德就认为,事实上我们总是运用范畴于经验的研究,用它们去规定,即认识对象,这是一个问题;但我们是否有权这么运用呢?这是性质不同的另一个问题。我们不能以事实上这么运用作为有权这么运用的理由,因为这就混淆了事实问题和权利问题。而为了说明范畴对一切经验对象的客观效力,康德认为事实上只有两条路可走:或者是循着经验使范畴可能的方向前进,这就是以经验为理由来进行说明,而由于范畴本身的先天性,这种"经验的演绎"是行不通的;或者是循着范畴使经验可能,即范畴是经验的先天条件的方向前进,这就要找到某种先天的理由来进行说明,这种"先验的演绎"同范畴的先天性质相符,因而是唯一可行的道路。但是,范畴仅仅是知性的先天概念,而经验的构成要素不仅有先天的概念,而且有先天的直观;不仅要有先天的形式要素,而且要有后天的感觉要素。那么,所有这些要素是在什么条件下结合起来而成为经验的呢?换言之,经验所以可能的最高、最后的先天条件或根据究竟是什么呢?显然,只有首先找到了经验的这个先天根据,才能以它为理由来推演和证明范畴对一切经验对象的客观效力。所以整个先验演绎就必须分为两步:第一步,发现一切经验所以可能的先天根据;第二步,从这根据出发去证明范畴的客观效力。很清楚,不走第一步,就无法走第二步,不走第二步,先验演绎的主要目的就无法实现,而第一步所发现的经验的先天根据本身也不能得到证实,而只能是一种"假设"了。由此可见,第一步是第二步的必要的准备,而第二步则是第一步之必要的继续和整个先验演绎的完成。我们认为,第一步是主观演绎的任务,第二步是客观演绎的任务，二者统一就是先验演绎的总任务及其有序的完成。

但是，在《批判》第一版中，康德对主观演绎和客观演绎的论述是互相穿插和交织进行的，这就使整个先验演绎的过程变得复杂、不清，甚至陷入混乱，从而掩盖了整个先验演绎之分为两步的真相。但是，只要把（1）"一版序言"中关于先验演绎之区别为主观演绎和客观演绎的论述；（2）第一版先验演绎原文之在"经验所以可能的先天根据"与"理智与一般对象的关系及先天认知此等对象的可能性"两个标题下划分为前后两节；① 以及（3）康德关于前一节是"准备"，后一节是对前一节发现的知性诸先天要素的系统论述的说明②等连贯起来考虑，我们仍不难分辨出和把握到康德关于整个先验演绎分为上述前后相衔两步的基本构思，它只不过由于两种演绎的交错混杂而变得模糊不清罢了。

主观演绎和客观演绎前后相衔，但任务、方法、进程都各不相同，须逐一考察之。

1. 主观演绎。主观演绎的任务，如已指出的，是发现经验所以可能的先天条件或根据。在康德那里，真正的经验和真正的知识是同义语。他把经验看作"知性的经验的产物"，即理智运用概念对经验直观的感觉杂多进行思维即"综合"的产物，而凡经验都是关于对象的经验。显然，理智同感性相结合及由此而同经验的一切对象相关联之所以可能的条件，也就是经验之所以可能的条件。因此，在"一版序言"中康德把主观演绎规定为"就其可能性及其所依据的认知能力以考察理智本身，即从主观方面考察它"。这同说主观演绎的任务是发现经验所以可能的先天条件是一致的。

主观演绎的任务决定了它的方法即是《导论》中使用的分析法或倒退法。康德指出："分析法的意思仅仅是说：我们追求一个东西，把这个东西当成是既定的，由此上升到使这个东西得以成为可能的唯

---

① 参阅［德］康德《纯粹理性批判》，三联书店1957年版，第120页。
② 同上书，第130页。

一条件。"① 所以《导论》就是从已知的东西出发，"追溯到人们还不知道的源泉，而这个源泉的发现将不仅给我们解释我们已经知道的东西，同时也将使我们看到从那里发源的许多知识"②。正因为如此，所以康德说分析法也称为"发明的方法"，是"从被制约的和被根据的出发走向原理"③。康德虽未明白地说过主观演绎用的是分析法，但"一版序言"中说的主观演绎是要"追寻所得结果的原因"却间接地表明了这个意思。在这里，"所得结果"即作为事实的经验，"原因"即使经验成为可能的先天条件。

主观演绎的任务和方法决定了它是一个从作为事实的经验出发走向经验的先天条件，即从经验走向先验的进程。作为事实的经验是什么？康德认为，如果表象都是彼此隔绝而孤立的，那就不会有经验，经验是一个经过比较和联结在一起的诸表象的全体。但是，康德在这里运用分析法的特点，不是把这个全体机械地分割为它的组成要素，而是从经验的发生过程着眼来分析它得以成立的条件。经验的发生是从意识到时间中的杂多感觉表象开始。这是因为感觉杂多都在直观中被给予，最终都必须从属于内感，并在其先天形式时间中整理、联结和纳入关系。所以，对时间中杂多的意识一方面是一个无可置疑的经验事实，另一方面又是经验发生的基础，以它为主观演绎的出发点，是完全符合分析法的要求的。

既然对时间中杂多的意识本身就是一种经验，那么它所以可能的条件是什么？这就是康德所说的任何经验或知识中都必然出现的"三重综合"。照康德看来，直观中给予的杂多感觉表象是纷至沓来，彼此隔绝，旋生旋灭的一道川流，对这样的杂多我们是无法表象，不能知觉，而无意识和经验可言的。我们之所以关于时间中的一连串的杂多的内容有知觉或经验，是由于在直观杂多给与时，内心就随同把它们在时间中分开，一个接一个地检视它们和联结它们，使它们保持在一起，作为一个整体的表象呈现在心前。这就是"直观中的把握性综

---

① ［德］康德：《未来形而上学导论》，商务印书馆 1978 年版，第 68、33、30 页。

② 同上书，第 31 页。

③ 参阅［德］康德《纯粹理性批判》，三联书店 1957 年版，第 122—130 页。

合"。而这种综合要以"想象中的再现性综合"为条件，就是说，在进到后面的感觉表象时，必须能够把已过去了的诸感觉表象作为心象再现出来，这是通过想象进行的。而这重综合又要以"概念中的认知性综合"为条件。这是因为，如果我们不能认知到再现表象和直观到的知觉表象系列是同一的，那么这个再现表象就不会是"再现性"的，而是一个现在状态中的全新表象，从而也就不是使直观中的把握性综合成为可能的条件了。认知性综合是通过概念实现的。正是概念把再现的和直观到的杂多表象综合统一于一个意识之中，这才可能形成对一个对象的意识、认知或经验。

那么，概念中的认知性综合所以可能的条件又是什么呢？我们看到，概念起的是一种统一意识的作用，即把前后知觉的、再现的统一为一个对象意识的作用，而这就要以在前和在后的"思维的我"是同一的我为前提。没有这样一个同意识到的统一对象相关联的统一自我意识，就谈不到概念的同一性，也就不可能有杂多表象之统一为对象这样的事了。

但是，这个自我意识并不就是我通过内感所知觉到的、随着我的内部知觉状态的种种规定而产生的自我意识，这是经验的自我意识，本身就是变动不居、旋生旋灭、极不同一的。这个常住不变、始终同一的自我意识不能根据经验材料来设想，而只能先验地设定。先验的自我意识，纯统觉或自我意识（统觉）的先验统一，都是指伴随我的一切表象的"我思"，即"在一切可能的表象中自我之一贯的同一性"①。它是一种寓于经验的自我意识并使之成为可能的功能、能力或形式，因而是意识的统一的最后根据，是"一个先于一切经验，并且使经验成为可能的条件"②。这个作为经验发生全过程的不变基础，在所有直观、想象、概念的综合活动中始终保持同一、起着能动的统一性作用的先验统觉，就是主观演绎的终点。

把康德的主观演绎单纯不杂地提取出来，它的进程大致就是这样。我们看到，这一进程从对时间中杂多的经验意识出发，层层追

---

① 参阅［德］康德《纯粹理性批判》，三联书店1957年版，第131页。
② 同上书，第126页。

溯，所得条件都是经验性的，直到最后才跃进到先验的条件，达到了先验统觉的终点。关于这一进程，许多研究者认为是属于心理学的，有的否认这点，有的则认为它只是心理学成分相当突出，而不能归结为心理学性质。我们同意最后一种看法，因为康德的确还未完全摆脱17、18世纪以来近代经验论派哲学的传统，即把认识论的研究同心理学的描述混杂在一起的做法。但是，正因为如此，我们首先就不能把主观演绎部分完全作为心理学的东西而排斥于先验演绎以外，或者只从心理学角度来予以评价，而是应当剔除其心理学成分，抽绎其认识论成分。其次，康德认为，就人的认识能力的特性而言，只有通过感官才能获得认识材料——直观杂多，因此，既然是讲人的认识，就无论如何不能抛开表现感性认识、感性认识与理性认识的关系的概念和把认识的发生看作从感官的知觉达于概念的认识的观点。而这对于企图从唯物论出发研究人类认识的人也是一目了然的。我们至多只能说，不能在心理学水平上或只就其心理学内容来探讨这些概念和观点，而是必须提高到认识论水平，就其认识论内容来探讨。最后，主观演绎的根本问题是要发现经验所以可能的先天根据，这本身就是一个重大的哲学问题。主观演绎从经验到先验的进程，即是从意识的经验现象深入意识或认识的最隐蔽的基础或本质，这本质上不是心理学的描述方法，而是哲学的、有一定辩证意义的方法。主观演绎的结果是发现了统觉的能动的统一性是经验发生的全过程的基础，这就为自觉地以它为根据，从理论上解决认识论的根本问题——主观思维何以有客观效力作了必不可少的准备或开辟了道路。而这本来也就是主观演绎的真正哲学意义之所在。

2. 客观演绎。客观演绎的任务，如已指出过的，是以主观演绎所达到的结果为理由或根据，去论证范畴的客观效力。在这里已不是去发现什么未知的条件、源泉或原理，而是根据已知的条件、源泉或原理去说明知性何以能同一个对象发生关系并产生出与对象相一致的客观知识，以证明范畴对一切经验对象的普遍必然有效性。正如康德在"一版序言"中所说，客观演绎的考察与纯粹知性的对象有关，意在说明范畴的客观效力。

客观演绎的任务决定了它的方法不是主观演绎所用的分析法，而是综合法或前进法。分析法从既定的事实走向先验的原理，综合法则相反地从先验的原理（条件、因素等）走向结果，即逐步地把事实建立起来。康德在《导论》中讲《批判》依据综合法建立起来的"纯粹理性体系""不根据任何材料，同时也不依靠任何事实，而是根据理性本身，力求从理性原始萌芽中开展出知识来"①。这段话非常适合于用来描述客观演绎所用方法的特征。

客观演绎的任务和方法决定了它是一个从经验的先天根据走向经验的自然系统，即从先验到经验的进程。经验的先天根据就是主观演绎所发现的先验统觉或统觉的先验统一，即"我思"，这就是客观演绎的出发点。在这个问题上，我们不同意斯密关于主、客观演绎的出发点完全相同，都是时间意识的观点。不过，斯密又认为"主观演绎的预备阶段是为客观演绎，准备道路的"②。果如此，那么为客观演绎准备道路的主观演绎的出发点就应和客观演绎本身的出发点不同，把二者的出发点等同起来，只能使二者的联系变得模糊和难以把握。

先验统觉或统觉的先验统一既然是全部客观演绎的唯一"说明理由"，因此最首要的事情就是要对它加以深入周密的制定。康德指出，统觉的先验统一就其自身说乃是一种"分析的统一"，即表达为"我是我"这样的同一判断的统一。这就是主观演绎所强调的概念中的认知性综合，即认知到一个对象的先天条件，因为一切直观杂多都只有综合统一在"我是我"的自我意识中，才能成为一个我意识到的，即认知到的对象。从主观演绎折向客观演绎的转捩点，在于康德进一步指出，只有通过对一切直观杂多之综合统一为一个我的表象，即对象的意识，才有对贯穿于这一切表象中的自我同一性的意识："先天产生的直观杂多的综合的统一，是统觉自身的同一性的根据。"③康德把这叫做统觉的分析统一以先天意识到的直观杂多的综合统一为前提。这样，我们就看到：一方面"我是我"的自我意识是一切直观杂多综合统一为意识中的对象的条件，一方面对一切直观杂多之综合

---

① ［德］康德：《未来形而上学导论》，商务印书馆1978年版，第31、30页。
② ［英］诺·康·斯密：《康德〈纯粹理性批判〉解义》，商务印书馆1961年版，第9、275页。
③ 参阅［德］康德《纯粹理性批判》，三联书店1957年版，第102页。

统一为一个对象的意识又是自我意识能以发生的条件。这里显然有矛盾。在康德看来，这个矛盾的解决在于：一切直观杂多必须同统觉之成为统觉所必需的条件相合，才能联结在一个统觉之中。而这个条件就是理智固有的根源于纯统觉的一套综合直观杂多、使之从属于统觉的统一的方式（范畴）和知性自发地按照这套方式对直观杂多进行的先天综合统一的活动。理智和统觉在康德那里是一回事，区别只在于理智是一般思维的能力，即先天地联结杂多表象并使之从属于统觉的统一的能力，而统觉则是"我思"，即具有自我意识意义的思维，或者说，是作为主体的思维或作为思维的主体。所以，理智综合统一直观杂多的活动也就是尚未意识到自身同一性的思维主体的一种自发活动，而在这样活动的过程中，思维主体就变为意识到一个统一的对象，而同时也就变为意识到了思维主体自身的同一性。由此可见，先验统觉作为一种功能的本质在于：它是思维主体在先天地"综合统一"（"改造"）直观杂多为意识的对象的同时把对自己的意识即自我意识实现或产生出来的功能。康德把这种功能称为统觉的本源的综合统一，认为它是人类知识全范围内的最高原理，因为它既是主体意识范围内出现对象意识和自我意识，从而出现表象和对象、主观和客观的区别和联系的原始根据，当然也就是一切知识的客观条件。

客观演绎面临的任务就是径直地从统觉的本源的综合统一这个"理性原始萌芽中开展出知识来"，从而为范畴的客观效力作出证明。下面就是这一推论的几个主要环节。

（1）理智是综合直观杂多成为知识的能力。而所谓知识乃是所与表象与对象的一定关系。表象没有这样一个它与之相关的对象，就没有客观实在性，就不能成为知识，甚至理智的运用都不可能。这个对象当然不是意识以外的不可知的物自体，也不是单纯给予的直观杂多。"对象是所与直观杂多在其概念中联结起来的东西"①，就是说，对象是在我的意识中出现的所与直观杂多的一个必然而非任意的综合统一体，它们只有如此这般地结合起来，我才能在一个意识，即"概念"里把它们都统统抓住，并称为"对象"。所与直观杂多的这种综

---

① 参阅［德］康德《纯粹理性批判》，三联书店 1957 年版，第 103 页。

合统一的意识，不是得自对象，即不是通过知觉从对象那里拿到知性中来，而是如上所述来自统觉的本源的综合统一，即知性先天地综合直观杂多并置之于统觉的统一之下的结果。（2）既然统觉的本源的综合统一是所与直观杂多由之而联结在对象概念中的统一，所以它就是一种意识的客观统一，必须与意识的主观统一区别开，而理智的功能也就正在于区别这两种意识状态或者说在于构造出一种与主观意识完全相反的客观意识来。所谓统觉的客观统一，就是说不管给予的直观杂多是什么，也不管它们有什么变化、特殊性和偶然性，它联结直观杂多于一个对象的概念中，即使之成为一个综合统一体的种种方式不变，对一切直观杂多普遍必然有效，即客观有效，它们是一切直观杂多对我成为对象所必须服从的普遍的和必然的条件。而意识的主观统一则是所与直观杂多在个人内心特殊状态下的联结，这种联结是偶然的，不仅对直观杂多无客观效力，甚至是依它们为转移。（3）理智区分开意识的客观统一和主观统一或者说使直观杂多从属于统觉的客观统一的动作或方式是判断。理智是运用概念进行判断以产生客观知识的能力的。判断是一种统一所与表象于有更大共通性的表象（概念）的功能，也即是通过更高的概念来认知对象或规定对象。判断的系词"是"的用意就是指示所与表象（不论是直观还是概念）都是从属于统觉的客观统一，在对象里这样地联结着，它们的关系是必然的，即客观有效的，也就是说，它指示出判断表达的是对象的特性，而不是个人心中表象的主观联结。（4）由于判断的上述性质，我们看到，理智进行判断时，实际上是以所与直观杂多已经在对象概念中被联结起来，即已经转变成我们意识中具有某一特性的对象为前提，否则，这样的判断就不可能作出来。显然，所与直观杂多只能是通过判断的各种形式或功能被规定了或在普遍而必然的方式上被综合统一为对象的，而范畴就其用于规定所与直观杂多来说，恰好就是判断的这些形式或功能。因此，一切直观杂多都必然从属于范畴。在这个意义上，范畴既是理智对一个对象进行判断，即规定或认识一个对象的条件，也是一切直观杂多由之而综合起来并从属于统觉的客观统一，即对我成为一个对象的条件。这样，范畴对一切我们意识到的对象的客观效力也就原则上得到证明了。

　　但是，一切经验直观的感觉杂多都是通过时间和空间给予的，而时、空是独立于理智的感性的先天直观形式。因而只有能够说明时、空本身也是从属于范畴，从而说明范畴在感官经验范围内的有效性时，范畴对一切经验对象的客观效力才算得到了完全的证明。

　　如前所述，对于任何感官对象或感性事件的知觉、经验或知识都包含对于感觉杂多的把握性综合，而这种综合是由想象力进行的。由于感觉杂多是在时、空中授予，所以想象力的综合必须依照时、空的形式条件进行，即把它们综合为具有时、空特性的"心象"（如一定形状的房子，水由液体变为固体的连续状态）。但是，必须注意，时、空不仅是形式条件，时、空本身就是包含杂多（先天直观杂多，即纯时、空杂多）的单一直观（纯直观），因而是意识的可能的对象。但时、空属感受性，时、空杂多不能自行联结和自行从属于统觉的统一，从而对我成为单一的直观，这只有通过范畴的综合统一才可能。换句话说，时、空本身只有从属于范畴才可能。既然如此，对于在时、空中给与的感觉杂多的综合统一就和对于先天直观杂多的综合统一同一起来了，而后者即隐含在时、空作为先天的直观形式之中。这样，想象力按照时、空形式条件对感觉杂多的结合就不能是任意的或另一种的，而是必然从属于范畴的综合和统觉的统一，只不过它是无意识地或盲目地按照范畴来综合它们，使之对我成为一个有时、空特性的统一体——感官对象或感性事件而已。因此，任何感官对象或感性事件，如抽去其时、空的形式，集中注意其中的综合统一活动，就必然会得到理智的范畴如量、质和因果性等；这就表明了范畴对这些对象和事件具有先天的客观效力。康德把这种想象力称为"产生的想象力"，而把它的综合称为想象力的"先验综合"或"形象综合"，认为它本质上就是理智的综合，不过是理智的无意识的或盲目的综合，是为同一知性的有意识的、概念中的综合准备材料的。

　　由于时、空中的一切感官对象都从属于范畴的综合和统觉的统一，而所有这些对象的总和就是自然，所以，以纯统觉为基础的范畴就给自然规定先天规律，即把这个总和中的一切对象都普遍地、必然地联系起来。这样，我们就有了一个作为我们的认识对象或经验对象（不是物自体，而是现象，即存在于人心的表象）的自然系统。不过，范畴作为理智的先天思维形式，只能规定一切经验对象毫无例外必须服从的普遍规律或条件，从而我们也就只能对这些普遍规律或条件有先天知识。自然现象的特殊规律虽不能同普遍规律相矛盾，但不是范畴先天规定的，从而不能从范畴中直接引申出来，而是需要运用范畴于特别的经验研究才能得到。这样，我们在关于自然的普遍规律的先天原理的基础上，就可以建立起一个日益扩大和深入的经验的自然知识系统。这就是客观演绎的终点。

按照《批判》第二版，客观演绎的进程简单说来就是这样。我们看到，这一进程从统觉的本源的综合统一原理出发，撇开感觉经验的授与方式问题，直截了当地通过逻辑分析去论证一切直观杂多从属范畴的综合是知性获得与对象一致的客观性的先天基础，由此又才转入感觉经验的范围，论证了范畴的综合是同一时，空中一切感性对象构成自然系统的先天基础，从而完成了对范畴的客观有效性的证明。关于这一进程的性质，斯密以及其他研究者们大都一致认为是逻辑的、认识论的，因为这一进程处理的始终是主观思维的范畴何以具有客观效力这个认识论的根本问题，而处理的方式也是逻辑的分析和推论。但康德关于范畴在感觉经验范围内的客观有效性的论证是否属于客观演绎范围，在这个问题上则有分歧。同把这部分完全视为主观演绎的人不同，斯密是有矛盾的。他在分别列举两种演绎各自的主要步骤时，把上述部分列入客观演绎，而在讨论两者相互关系时，又明确地把它归入"主观演绎的后面阶段"，从而提出了他关于康德范畴先验演绎构成的公式："客观演绎得要插在主观演绎的开头阶段与结束阶段的正中间"①。这也许是由于：（1）他认为客观演绎"自始至终都处理先验的东西"，而上述部分中感觉经验显然不是先验的东西；（2）他认为凡想象力问题都属于心理学，上述部分中产生想象力的先验综合应属于所谓"先验心理学"。这两点理由是难以成立的。斯密这些看法的根源在于：他在致力于探索范畴先验演绎的构成方面虽提出了许多卓见，但却没有摆脱把主观演绎和客观演绎看作彼此独

---

① ［英］诺·康·斯密：《康德〈纯粹理性批判〉解义》，商务印书馆1961年版，第293以下各页。

立、性质互异的通常看法。实际上，如我们在前面已指出过的，主观演绎具有心理学与认识论相混杂的历史特点，而更主要的是康德认识论的确有唯物的、经验论的一面，其总的倾向的确是要调和唯物论和唯心论、经验论和唯理论。因此，他在客观演绎中就不可避免地要把范畴的先天有效性原理贯彻到感觉经验范围内去，从而一方面如他自己说的那样以完全实现对范畴的客观有效性的证明这一主要目的，[①]一方面使之符合于他的认识论的总方向。而且，在康德那里，产生想象力的先验综合也已经是认识论的一个重要概念，是统觉的本源的综合统一原理中不可缺少的一个环节。因而，承认不承认这一部分属于客观演绎，不仅如上所说涉及了对康德认识论的性质的看法，而且也涉及了对客观演绎的评价问题。

　　整个客观演绎是以自我意识为出发点的。我们知道，强调自我意识在认识中的作用并把它作为认识论的出发点，事实上并不是从康德始（想一想笛卡尔和巴克莱）。在主观演绎中康德追寻他的先驱者们企图用以作为认识论出发点的经验自我意识的条件，从而提出了"我是我"的先验自我意识作为经验所以可能的先天条件。这虽然进了一步，但如停留于此，那它至多也只能算作一个"天才的假设"，而如何用这个先验自我意识来说明和解决认识论的根本问题则还是一个待解的谜。客观演绎在这个问题上迈出的真正超越前人的巨人步伐就是他不满足于简单地把"我是我"的先验自我意识设定下来就完了，而是要更进一步去寻求它得以成立的条件：没有对对象的意识，也就没有对自我的意识；而对象的意识不是简单地从感觉中来，也不是上帝放在人心中的，而是思维主体按照自我意识成为自我意识所需要的条件无意识地综合统一感觉材料产生出来的，而思维主体在意识到对象的同时也就把对自己的意识实现出来了。对象意识与自我意识不能彼此独立，而是在互相决定、互相关联中同时存在，是"综合统一"在一起的，而这个统一赖以实现的基础，就是自我无意识地或盲目地综合统一感觉材料使之对我成为对象的这种功能的实际发挥。自我意识不是排斥差别的自身同一，而是把差别包含于自身之内的自我意识

---

　　①　参阅［德］康德《纯粹理性批判》，三联书店1957年版，第107页。

和对象意识的同一；自我意识不是现成的东西，而是自我产生的活动，而且不是直接产生，而是间接产生，即通过产生对象意识而同时产生自我意识的能动活动；自我意识的自己产生不是一次性的行动，而是一个从无意识的综合统一到有意识的综合统一的过程。这一辩证的、能动的、过程性的自我意识功能概念的提出和制定，是康德在近代哲学史上作出的具有划时代意义的崭新贡献。其次，康德正是在这个自我意识的新概念的基础上来解决范畴的客观效力问题的。范畴既不是来自经验的经验概念，也不是什么现成的或作为潜能的天赋概念，而是自我意识、"我思"的"先天结构"，即先天综合功能。自我意识作为能动的统一性、主体性，是其内在结构即综合功能的根源，没有自我意识就没有作为它的结构的范畴；但是，反过来说，范畴作为这样的结构和功能正是自我意识由之而成为自我意识的必需条件，没有这个结构也就没有自我意识本身。既然一切感觉杂多材料都只有适合于这个结构才能进入自我意识而为其对象，所以范畴也就是自我意识用来捕捉现象，把它们"构造"为对象的"结构"。只有范畴由单纯的自我意识的结构转变成为实在对象的结构时，才有实在的对象和实在的自我意识。这就是主观思维的范畴之所以具有客观效力的根据。再者，范畴虽是一切感觉杂多由之而成为对象的结构或形式，但就它本身来说则只是自我意识的单纯结构或综合功能。因此，认识的客观性或真理性就既不在单纯的感觉里，也不在单纯的思维里，而是在思维范畴对感觉杂多的能动的综合统一里。由这样的综合统一而产生的判断之所以具有与对象一致的客观性，因而具有普遍必然的有效性，就是因为它是以对象成为对象的普遍的必然的条件——范畴为根据的，而且在作出这个判断时这个对象也已经同时被构造出来了。虽然客观演绎中的这些重要思想是康德在二元论和不可知论的基础上提出和发挥的，具有很大的矛盾性、不明确性和烦琐性，乃至最终仍陷入了唯心论和形而上学，但是它们却开了德国古典哲学以主体的能动性和辩证的发展为基础改造哲学和认识论的先河。尤其是，对于辩证唯物论来说，康德的这些思想还是在试图保持（当然没有保持住）唯物论前提下提出的，因此，在某种意义上，它们也可视为在唯物论、主体能动性和辩证法的基础上解决主体和客体关系问题以改造全部哲学的先声，它们为这种探索留下了发人深思的启示、经验和教训，是值得我们今天批判地研究与再研究的。

在分别考察了主观演绎和客观演绎之后，就可以来总结一下本文对康德范畴先验演绎构成的探索了。先验演绎是由前后相衔的主观演绎和客观演绎这样两个任务、方法和进程都不同甚至相反的阶段组成的一个有机统一整体。主观演绎是第一阶段，它的出发点——时间中杂多表象的经验意识，同时也是作为整体的先验演绎的出发点。主观演绎经过任何知识中都必然有的三重综合的条件的追溯，达到了先验自我意识的终点。这个终点同时就是作为第二阶段的客观演绎的出发点。客观演绎通过逻辑的分析径直论证了范畴对一般认识对象的客观效力，由此前进到范畴对时、空中的感官对象和作为一切经验对象的总和的自然具有客观有效性的终点。这个终点同时也是作为整体的先验演绎的终点。而整体的这个终点实质上也就是整体的出发点，不过是"时间中杂多表象的经验意识"同它的先天条件相结合的新概念罢了。主观演绎和客观演绎构成这样一个首尾相贯的先验演绎的圆圈，这也许是康德自己提出的"（1）条件，（2）被制约的，（3）从被制约的和它的条件的结合里产生的概念"的"三分法"① 的一种本能的应用和表现吧。

---

① ［德］康德:《判断力批判》，商务印书馆 1964 年版，第 36 页。

康德哲学体系问题

杨祖陶

　　康德的哲学体系是什么，由哪些部分组成，其根本性质是什么，这些问题远比最初想到的要复杂得多。问题在于康德的哲学思想，不仅从前批判时期到批判时期是一个复杂的变化发展的过程，而且在批判时期里也仍然处在变化发展之中。正是这种情况决定了，即使批判时期的康德哲学体系问题，也必须予以具体的考察，不容作出简单的回答。

一

　　康德是近代哲学也是整个哲学史上最伟大的改革家之一。他在18世纪末，经过长达十余年的酝酿准备，发动了一场推翻传统形而上学，即所谓旧形而上学的革命。这种形而上学源自柏拉图和亚里士多德，在近代为笛卡尔、斯宾诺莎和莱布尼茨所复兴和发扬，到18世纪末虽已趋于没落，但仍以莱布尼茨—沃尔夫体系的形式统治着学院讲坛。康德创始的哲学革命并不是像怀疑主义那样要从根本上抛弃或否定形而上学，而是要挽救它、改造它、革新它，使它获得新的生命和形式，走上科学的坦途，成为一种作为科学的形而上学。由于这种形而上学当时还不存在，所以康德也把它称为未来形而上学。

　　在康德看来，形而上学乃是来自纯粹理性的哲学知识的体系，旧形而上学之所以陷于非科学或假科学的境地，是由于没有预先批判研究人类理性本身而盲目地、武断地、自以为是地从理性的先天概念和原理出发进行分析和推论，以回答世界的终极实在的问题，建立起所谓终极真理的形而上学体系的结果。针对这种情况，康德提出，为了使形而上学摆脱困境，纯粹理性哲学，即形而上学必须从研究程序和内容上区分为性质不同的前后两个部分。前一部分是：批判人类一般认识能力，即"纯粹理性"，或如康德所说，"从理性的一切纯粹的先天知识着眼研究理性能力"①，判定各种先天知识的来源和限度，以确定形而上学是可能还是不可能及其所以可能的源泉、条件和范围，从而把形而上学的前提一劳永逸、坚如磐石地确立起来。康德把这一部分称为纯粹理性的"批判"，而由于"批判"的使命仅在于"清除和平整杂草丛生的土地"，"深入勘探形而上学的地基"，为建立这样的大厦做好必要的准备，所以康德就把这一部分看作形而上学的"导论"、"预备阶段"、"入门"或"初阶"，等等。随后的一部分是：系统地阐述从已经判定的纯粹理性的概念和原理中引申或派生出来的全部纯粹理性的哲学知识，这即是在业已准备就绪的地基上建构起科学的形而上学体系。康德把这一部分看作纯粹理性的"体系"，并把它称为"形而上学"。把哲学这样地区分为纯粹理性的"批判"和"体系"，或形而上学的"导论"和"形而上学"两部分，是康德在其整个哲学革命过程中贯彻始终、坚定不移、最重要、最基本的指导思想。

哲学的这两个部分虽然就其性质、内容、使命、地位、意义等而言是彼此不同的，但它们又是内在联系、不可分离的。第一部分，即纯粹理性的"批判"，由于已经判明了纯粹理性的概念和原理的全部财富，因而也就含有"使形而上学成为科学的、经过充分研究和证实的整个方案"，以致可以说其中已经孕育了形而上学的"幼芽"或"胚胎"②，而第二部分的形而上学无非就是这一完整方案的实施或这个幼芽之发育成长为一棵枝叶扶疏的大树。第一部分所揭示的纯粹理

---

① 康德：《纯粹理性批判》，A841 = B869（根据哲学丛书，第37a卷，汉堡费利克斯·迈耶出版社1976年版，下同），参见蓝公武译本，商务印书馆1957年版，第570—571页。

② 康德：《未来形而上学导论》，庞景仁译，商务印书馆1978年版，第160—161、164页。

性的概念和原理既然是科学的形而上学的基础，即形而上学由以出发的基本概念和基本原理，因而这一部分就远比第二部分重要；但由于这些概念和原理在这里尚且作为单纯的思想形式，其内容尚未展开，因而显得抽象而空洞。第二部分，即纯粹理性的体系或形而上学虽然就重要性而言次于第一部分，但它却包含了由纯粹理性的原理和概念派生的全部概念和原理，因而就内容而言要比第一部分无比丰富；而且它还通过提出例证（具体情况），把"意思和意义赋予了"作为单纯思想形式的那些概念和原理，使它们成为真正现实的概念和原理，这就证实了第一部分，即纯粹理性的批判的正确性，从而"对一般的形而上学作出了卓越的不可缺少的贡献"①。由于这两部分这种有机的联系和统一，因此康德认为，"'形而上学'这个名称也可以指全部的纯粹哲学，包括批判在内"②。这就是说，在康德看来，最广义的即一般形而上学乃是由形而上学的导论（纯粹理性的批判）和形而上学本身（纯粹理性的体系）这样两个部分构成的统一整体。

　　由上所述，我们可以看到，在康德那里，形而上学的对象即是纯粹理性，即人类理性中能够独立于经验、先天地认识和实践的那一部分。照康德看来，人类理性并不是消极被动地接受印象和冲动的容器，而是一种独立自主的、能动的、立法的主体，它通过理性的思辨（理论）的使用向自然立法，以确立自然的规律和关于一切实有事物的知识；通过理性的实践使用而向自由立法，以确定自由，即道德的规律和原理以及关于一切应有的事物的知识。与此相应，形而上学首先就区分为纯粹理性思辨使用的形而上学，即自然形而上学和纯粹理性实践使用的形而上学，即道德形而上学。这两者首先都自成体系。但在这两种形而上学中，道德形而上学是关于人的整个职责、关于人类理性的主要目的和最后目的的科学，而理性的一切知识、使用、主要目的都必须作为手段从属于理性的最后目的，这就决定了自然形而上学应当从属于道德形而上学以构成一个单一的、完整的、纯粹理性的目的论的形而上学体系。这样，在康德那里，与纯粹理性的"批判"

---

① 康德：《自然科学的形而上学基础》，邓晓芒译，三联书店 1988 年版，第 18 页。
② 康德：《纯粹理性批判》，A841 = B869，参见蓝译本，第 571 页。

相并立的纯粹理性的"体系"或与形而上学的"导论"相并立的"形而上学",也即是一种较广意义的形而上学,指的就是这样一种包括自然形而上学和道德形而上学在内的"自然—道德(或道德—自然)形而上学体系"。

康德认为,道德哲学虽然是哲学史上早已有的东西,其地位也优越于理性的包括思辨自然哲学在内的一切其他工作,但是过去的道德哲学一般说来都是以经验原理为依据的经验哲学,而不是以理性的先天概念为依据的纯粹哲学,因而与思辨自然哲学不同,就还不曾占有形而上学的名称,真正的道德形而上学是一种尚待(康德本人)建立的东西。这样,在康德看来,严格意义或狭义的形而上学就仅仅是形而上学中"从先天的概念出发考虑一切就其为实有(而非应有)的事物"的那一部分,即思辨理性的形而上学或自然形而上学。接着康德又依据理性的系统统一性原理对自然形而上学进行了三个层次的二分:首先将它区分为"只论究在与一般对象相关的一切概念及原理的系统中的知性和理性本身"的先验哲学或本体论(Ontologia,更恰当的译名是"存在论")和论究所予对象(无论是给予感官或给予其他种类的直观)的总和的纯粹理性的"自然学"(physiologie);进而又将后者区分为以感官对象的总和为对象的内在自然学和以经验对象的超经验联系为对象的超越自然学;复次,内在的自然学又区分为以外感对象的总和为对象的理性物理学或有形自然形而上学和以内感对象,即心灵为对象的理性心理学或思维自然形而上学,而超越的自然学则区分为论究自然全体的理性宇宙论和论究自然全体与自然之上的一个存在者,即上帝的关系的理性神学。康德最后总括起来说:"这样,形而上学的全部体系就是由四个主要部分构成的:(1)本体论;(2)理性自然学(包含理性物理学和理性心理学两类。——引者注);(3)理性宇宙论;(4)理性神学。"[①]

我们可以把康德在《纯粹理性批判》的《纯粹理性的建筑术》一节中所详细发挥的形而上学的理念,或他所规划的哲学的体系及其构成列表如下(见下页"康德的哲学体系")。

_____

① 康德:《纯粹理性批判》,A846—847 = B874—875,参见蓝译本,第574页。

　　康德所规划的哲学的体系及其构成，是对于西方哲学史上的传统观念的一种继承和改造。

康德的哲学体系

一般形而上学（最广义的形而上学）	纯粹理性"批判"（形而上学"导论"）		
	纯 粹 理 性 "体系"（较广义的形而上学）	道德形而上学	
		自 然 形 而 上 学 （ 狭 义 的 形而上学）	1. 本体论
			2. 理性自然学（有形自然形而上学和思维自然形而上学）
			3. 理性宇宙论
			4. 理性神学

　　首先，康德显然是继承了西方自亚里士多德以来把哲学划分为理论（自然）哲学和实践（道德）哲学的传统，但对它作了重大的改造和发展。这明显地表现在：（1）以对认识能力的批判（理性批判）作为全部哲学的导论；（2）要求把道德（实践）哲学从经验哲学提升成为纯粹哲学，即形而上学，并和自然（理论）形而上学融合成为一个单一的形而上学体系；（3）全部哲学或形而上学的对象都是人类理性自身，——纯粹理性批判的对象即是理性自身，无论自然形而上学或道德形而上学所探讨的都是纯粹理性批判所揭示的理性自身的原理在自然领域或自由领域的应用，所谓哲学或形而上学无非就是这样从理性自身的先天原理和概念中引申出来的全部纯粹理性知识的体系。

　　其次，我们看到，康德关于自然形而上学的划分同近代早期形而上学（从笛卡尔到莱布尼茨）的系统化者沃尔夫关于形而上学区分为本体论、理性宇宙论、理性心理学和理性神学的划分之间有着明显的继承关系，以致连埃·阿迪凯斯、诺·康·斯密等康德专家都认为，康德的划分"绝大部分不是康德的独创，而是从沃尔夫体系那里抄来的"，它们"不是对科学，而是对想了解康德性格的人有意义"①。但是，我以为我们无论如何不能囿于他们的看法，而是必须还要看到康德和沃尔夫的划分之间的本质区别，或者说，必须着眼于康德在这里的改造和发展。从外表上来看，他们两人的划分之间的细微区别仅在于：康德所规划的自然形而上学的第二部分是由理性心理学（思维自然形而上学）和理性物理学（有形自然形而上学）两者构成的理性的内在自然学，而沃尔夫形而上学体系的第二部分②仅仅是理性心理学。为了理解这一微小区别的本质意义，我们有必要把（1）康德关于自然形而上学的划分；（2）沃尔夫关于形而上学的划分；（3）《纯粹理性批判》中以批判沃尔夫形而上学体系各组成部分为目标或背景的先验分析论和先验辩证论的内容划分作一对照和比较：

康德自然形而上学体系	本体论	理性自然学：理性心理学和理性物理学	理性宇宙论	理性神学
沃尔夫形而上学体系	本体论	理性心理学	理性宇宙论	理性神学
《纯粹理性批判》的相应部分	分析论	辩证论：纯粹理性的谬误推论	辩证论：纯粹理性的二律背反	辩证论：纯粹理性的理想

《纯粹理性批判》中以知性的先天概念和先天原理为研究对象的先验分析论，是对沃尔夫形而上学本体论的批判，也是它的代替物，因而实际上也就成了康德所规划的自然形而上学的第一部分或先验部分——本体论。关于这点康德是这样说的："一种自负以系统学说的

---

　　① 见 E. Adickes 出版的《纯粹理性批判》一书，1889 年，柏林版，第 631 页。诺·康·斯密在其《康德〈纯粹理性批判〉释义》中几乎逐字逐句引用了阿迪凯斯的观点，见该书，商务印书馆 1961 年版，第 594 页。
　　② 按沃尔夫形而上学体系各部分排列的次序，第二部分应为理性宇宙论，第三部分为理性心理学，这里是按康德《纯粹理性批判》中的次序排的，以便对照。

形式提供一般事物的先天综合知识（例如因果性原理）的本体论的夸耀名称，必须让位于一种纯粹知性的单纯分析论这个谦逊的名称。"①《纯粹理性批判》中以理性的先验理念和先验原理为对象的先验辩证论的三个部分（纯粹理性的谬误推论、二律背反和理想）是依次对沃尔夫形而上学理性心理学、理性宇宙论和理性神学的批判，它们证明了旧形而上学的这些学科作为超出人类理性能力之外的科学是不能成立的。但是，康德并不因此主张从根本上否定或抛弃这些学科，而是认为，只要把它们当作对纯粹理性的"辩证推论"的批判研究，它们就会具有"相当大的消极价值"，即可以起到一种锻炼（训练）理性、使之自觉地限制自己、从而避免或防止超出理性自身能力之外的错误的作用。先验辩证论的上述三个部分就是对纯粹理性的三种不同类型的"辩证推论"的批判研究，因而它们实际上也就是康德所规划的自然形而上学中的理性心理学、理性宇宙论和理性神学，或者至少是它们具体而微的雏形。这样一来，康德关于自然形而上学的划分中，就只剩下理性物理学这一部分是在《纯粹理性批判》中没有其相应物的，而这个部分也正好是沃尔夫形而上学体系所缺少的。②在康德看来，理性物理学不仅不同于理性宇宙论和理性神学这

---

① 康德：《纯粹理性批判》，A247 = B303，参阅蓝译本，第213页。

② 这当然不是说物理学不属于沃尔夫包罗万象和一切知识部门的哲学体系，而是说在他那里始终没有一门作为形而上学的物理学或自然哲学。沃尔夫把上帝、人的心灵（灵魂）和物体世界看作理论哲学的对象，也就相应地把神学、心理学和物理学看作理论哲学的三个学科，而物理学又被区分为四个分支：（1）一般物理学或关于一切物体和主要物类所共有的特性的学说；（2）宇宙论或关于世界全体的学说；（3）特殊的自然科学，如气象学、矿物学、水文学、植物学、生理学等；（4）目的论或关于自然物的目的的学说。沃尔夫把宇宙论从其他物理学分支中抽离出来，使之与心理学、自然神学并列而为形而上学的继本体论之后的三个组成学科（参见 E. Zeller, Die Geschichte derdeutschen Philosophie seit Leibniz, München 1873, S. 219.）。不过，沃尔夫关于物理学的意见往往是动摇或含混不清的。他虽然认为形而上学应在物理学之先，但有时又认为形而上学的成就要以物理学为前提，因而物理学又应在形而上学之先；而在其宇宙论中却又包含了一般物体学说，即一般物理学的某些内容（同上书，第222页）。康德也许正是针对沃尔夫强调绝不能把他所说的以外感对象的总和为对象的理性物理学理解为一般物理学，后者与其说是自然哲学，不如说是数学（见《纯粹理性批判》，A847 = B875 注）。康德认为，在一般物理学中，形而上学的建构和数学的建构是互相渗透的，为了科学的进步，有必要把形而上学的建构分离出来，连同其概念的建构原则一起，呈现在一个体系里。这个特殊的形而上学体系就是理性物理学（参见康德《自然科学的形而上学基础》，邓晓芒译，三联书店1988年版，第10页）。

类超越的自然学，而且也不同于和它同属内在的自然学的理性心理学。虽然理性物理学作为外感对象的学科和理性心理学作为内感对象的学科，都同样有一个有关其对象的经验概念［某种物质（广延而不可入的存在物）或能思维的存在者（在经验的内部表象"我思"里）的概念］为基础，但是只有理性物理学才能先天地从单纯的物质概念综合地知道外感对象的总和即有形自然的许多东西，而理性心理学却不能先天地从能思维的存在者的概念综合地知道内感对象即灵魂、我或思维自然的任何东西，因为内感的形式——时间不像外感的形式——空间那样有常住的东西可以作为转瞬即逝的种种感知印象的确定的基础，因而不可能提供确定的对象来认识，而经验的内在表象里的那个常住的"我"又只是伴随我的一切表象的意识的单纯形式，而不是一种直观，因而不能提供认识一个表象的对象所必需的质料。所以，理性物理学作为一种对于应用于自然的纯粹知性的先天知识（知性的先天概念和原理）的批判，不像理性心理学（以及理性宇宙论和理性神学）那样只具有"锻炼"理性的"消极价值"，而是具有仅在物质这唯一一个经验概念的基础上就能提供关于有形自然的许多先天综合知识的"积极价值"，是一种积极的或肯定的自然哲学。因而只有理性物理学或有形自然形而上学才是康德所规划的除本体论外的整个自然形而上学的主体和核心，而康德在这门学科上的成果实际上也构成了往后德国古典哲学的自然哲学发展的开端。正是由于这种情况，它就和道德形而上学一起，成了康德构造其"纯粹理性体系"即较广意义的形而上学体系的两个支点。

在《纯粹理性批判》于1781年发表后，康德除了为使学术界注意、理解这部著作和消除人们对它的误解而写作《未来形而上学导论》（1783年）和一些小的论文外，可以说是集中主要精力来建设他的形而上学体系。1785年发表的《道德形而上学原理》为道德形而上学体系准备了基础，而次年发表的《自然科学的形而上学基础》则为系统的理性物理学或有形自然形而上学奠定了基本原理。在为1787年出版的《纯粹理性批判》第二版所写的序言中康德说："……我的年事已高（本月就进入64岁），我如果要完成我的计划，提供出自然形而上学和道德形而上学，作为思辨理性批判和实践理性批判的正确性的证实，我就必须节约地使用我的时间。"① 在这里，康德力图完成他所规划的形而上学体系的急迫心情，真是溢于言表。在《判断力批判》问世的前夕，康德在 1789 年 5 月 26 日致马库斯·赫茨的信中说，他已经是 66 岁的人了，但还担负着他计划中须待完成的工作，其中除上书的出版准备以外，就是"按照批判哲学的要求，撰写一个自然形而上学和道德形而上学的体系"②。在 1790 年发表的《判断力批判》的序中康德表示："我以此结束我的全部的批判工作。我将毫不迟疑地着手学说的（doktrinal）工作"，而"构成学说工作的将是自然形而上学和道德形而上学"③。高龄的康德按照道德哲学优越于理性的一切其他工作的原则依然首先致力于道德形而上学的建设。直到 1797 年，康德才正式出版了《道德形而上学》，这部著作所体现的完整体系是由先后发表的《法权论的形而上学原理》和《德性论的形而上学原理》两大部分组成的。在以道德形而上学体系证实实践理性批判的正确性以后，康德的注意力立即转向解决以自然形而上学体系证实思辨理性批判的正确性的任务。1798 年，在发表《实用人类学》的同时，他在致伽尔韦的信（1789 年 9 月 21 日）中语重心长地写道："我现在正在解决的任务涉及'从自然科学的形而上学原理［基础］向物理学的过渡'。这个任务必须解决，若不然，批判哲学的体系中就会留下一个漏洞。"④ 随后又在致基塞维特尔的信（1789 年 10 月 19 日）中说到"弥补留下来的漏洞"的重要性，他说："从自然科学的形而上学原理向物理学的过渡""是 philosophia naturalis［自然哲学］的一个独特部分。在体系中，它是不可缺少的"。⑤ 但是，风烛残年的康德已不可能完成这部他定名为《从自然科学的形而上学原理向物理学的过渡》的重要著作，他只留下一堆零散的笔记，一些或长或短、互不联系的片段，就与世长辞了。

---

① 康德：《纯粹理性批判》，Bxlii，参见蓝译本，第 25 页。
② 李秋零编译：《康德书信百封》，上海人民出版社 1992 年版，第 137 页。
③ 《哲学丛书》第 39a 卷，汉堡费利克斯·迈耶出版社 1974 年版，第 5 页。参见《判断力批判》上卷，宗译本，商务印书馆 1964 年版，第 6—7 页。
④ 李秋零编译：《康德书信百封》，第 243 页。
⑤ 同上。

总体来说，康德整个批判时期所追求的"科学形而上学"或"纯粹理性体系"并没有完全建立起来。这种情况当然不是偶然的。因为在康德看来，批判理性是建立起科学形而上学体系的前提，因而也更为关键、更为重要；这是一项前无古人的开创性工作，当时只有他一人洞见到了哲学发展的这种迫切需要；因此，一旦"批判工作"有了需要，他就应当自觉地放下其他一切工作，集中全部的时间和精力来完成这项历史赋予他的重任，至于建立体系或学说的工作尚可交给他人或等待来者去做。同时，康德对于理性批判的内涵的广度和深度、所涉及的问题的复杂和困难，是他在完成第一部批判著作时始料不及的，以致理性批判工作的结束不像他最初以为的那样是1781年发表的《纯粹理性批判》，而是如他后来所宣称的那样是1790年问世的《判断力批判》。这就是说，为了及时地、全面地完成理性批判的工作，康德不得不中断他在80年代就已经开始了的建立道德—自然形而上学体系的工作几近十年之久。再者，在批判工作和体系工作两相比较时，康德的确认为前者更困难些，后者要轻松些，但就体系工作本身而言却也是困难的，而且其困难的程度也是康德始料不及的。这就是为什么康德在《纯粹理性批判》第一版序言中关于建立形而上学体系只消"以微小而集中的努力，而且在短时期内即可达一种后人……在内容上不能有所增益的完备性"这类性质的话，后来就再也见不到了的原因所在。当然，归根到底，最根本的原因还是在于，康德用来作为其全部哲学或形而上学的出发点的"纯粹理性"，虽然具有不同方面和不同程度的能动性和主动性，但终究是形式的、静态的、脱离人的实践活动和历史发展的，本身没有内在发展的动力和源泉，没有通过否定自身以实现自身、上升到自身的更高形态和阶段的辩证发展的必然性和规律性，因而说到底还是被动的和不自主的。不借助于某种经验的东西（如物质和运动的经验概念），要从这样的"纯粹理性"逻辑地引申出关于自然和自由的全部哲学知识的体系是绝不可能的。甚至即使在作为体系的"导论"的"纯粹理性批判"中，就连知性（理性）的范畴（先天概念）也不是从纯粹理性自身必然地引申、发展而来，而是外在地从形式逻辑关于判断的分类，即从经验中假借来的，又遑论从它那里引申、发展出一个完整的哲学体系了。康德没有建成这样的体系，这并不重要。他的伟大和功绩正在于他比同时代人都站得高、看得远、想得深，而以极大的勇气提出了这样的设想，即以理性批判为前导，从纯粹理性中引申出既是认识论和逻辑学，又是本体论的范畴（概念和原理）系统和作为这个范畴系统之应用的自然哲学以及自由（精神）哲学这样三个部分构成的哲学体系，并为此做了在当时条件下所可能做到的、必不可少的、开创性的奠基工作。这个宏伟的设想的实现，本来就不是一代人的事，而是需要几代人连续不断、呕心沥血的创造和劳动。我们知道，在康德之后，经过费希特和谢林，直到黑格尔，这个设想才成为现实，而这时的纯粹理性及其体系同康德最初所设想的相比，可真是面目全非了。然而，不管两者的差别乃至对立多么的大，但它们之间从少儿到成人的生长轨迹依然是清晰可辨，不容置疑的。

二

在康德看来，科学的形而上学或哲学一定是一个科学的系统，没有系统的统一性就没有哲学。这是康德提出和始终坚持的一个重要思想。但是，他认为真正科学的哲学又不能单讲系统性、科学性、知识性或逻辑性。如果这样，哲学所关注的就只是少数学院人士关切的东西，哲学就会沦为一种理性的技巧的学问，康德认为沃尔夫的哲学就属于这种哲学。在他看来，对于哲学更为重要而且任何时候都成为哲学的"实在基础"的，是哲学的"有用性"（Nützlichkeit）。所谓哲学的有用性是说哲学所关注的是"人人都必然对之关切的东西"，这就是能够指明人的一切知识和理性使用同人类理性的最终目的之间的内在联系，从而能够促使人们向着人类理性的最终目的接近。哲学由于这种有用性才会具有绝对的价值和无上的尊严。这当然并不意味着哲学的系统性或科学性与哲学的有用性或目的性是对立的，因为有用的哲学也必须是科学，是一个以人类最终目的为根据的系统统一的整体，不然它就会成为一种空洞的幻影。在康德看来，他所规划的由纯粹理性的"批判"和"体系"所构成的形而上学就应该是这样一个系统性和有用性，科学性和目的性相结合的哲学体系。

正因为这样，康德在《纯粹理性批判》里，在讨论"纯粹理性的建筑术"之前，首先讨论了"至善这个理想作为纯粹理性最终目的的规定根据"，对"人人都必然对之关切的东西"从哲学的层面上进行了概括和阐述。他说："我的理性所关切的一切（思辨的和实践的）结合为以下三个问题：1. 我能够知道什么？2. 我应当做什么？3. 我可以希望什么？"①康德认为，第一个问题纯是思辨的或理论的问题，即关于实有事物的知识问题。人能够通过经验认识由自然必然性决定其实存的一切自然事物，其中包括作为自然一分子的人在内，从而获得对于自然的科学知识，这是一个不容否认的经验事实。除此以外，凡不是实有的事物或不能成为现象或经验对象的事物，如人有没有不受自然必然性决定的自由意志，特别是有没有不死的灵魂（来生）和上帝是否存在，都是人类理性所不知的，不能进入人的知识范围的。为了彻底解决什么是人能够知道或认识的，什么是人不能够知道或认识的，哲学首先就要研究人的一切知识的源泉，一切理性使用的范围，从而确定人类理性的界限。划界问题特别重要，它的解决一方面为自然科学的可能性奠定了理论基础，一方面论证了上帝等的不可知，从而为人超出自然必然性的自由意志，以及来生和上帝的存在留下了地盘。康德坚决反对旧形而上学把认识自由意志、来生和上帝存在看作是人类理性的最高或最后目的，他认为关于它们，特别是来生和上帝存在的问题，我们是不能得到任何知识的，而且即使获得了这样的知识，对于认识自然事物、取得科学的自然知识也毫无意义。再退一万步说，就算有来生和上帝存在，也还有一个"我应当做什么"的问题需要解决。这第二个问题纯是一个实践的问题，即关于通过自由而可能的东西的表象问题。在康德那里，实有的事物是依照自然必然性而发生的，应有的事物则是不依赖自然必然性而通过意志的自由决定才可能发生的。人的意志只有不顾欲望、爱好和外界的支配，完全依照理性的先天道德原理，做到自律即真正的自由或独立自主时，才有道德性，而人也才真正成为人。意志自由不仅是道德的必要条件或基础，而且就是道德本身。照康德看来，理性的最高目的不

---

① 康德：《纯粹理性批判》，A804—805 = B832—833，参见蓝译本，第549—550页。

是知识、科学、自然必然性，而是使意志实现自由，成为一个自由的、道德的、善的意志，这也就是人类理性的整个使命或天职。但是，人类理性关切的东西并不就此完结了，因为我做了所应当做的，就还有一个"我可以希望什么"的问题。这是一个既是实践的同时又是理论的问题。在康德看来，"一切希望都指向幸福"，而"幸福是我们一切愿望的满足"。虽然对幸福的追求绝对不能像法国唯物主义者主张的那样是道德的基础，但是人类实践理性希望得到幸福也是必然的、合理的。因此，问题只能是把道德作为配享幸福的条件，从而把道德与幸福统一起来，使幸福能够按照道德以精确的比例进行分配。这种"理想"的境界才是最高的和最完全的善，是"至善"，因而也才是人类理性真正的最终目的。但是，这个"至善"理想的实现不仅要假定自由意志，而且更为重要的是要在来生和上帝存在的条件下才可能。这样，实践的问题就作为三种引线而引到理论问题的答案那里去了。就是说，"至善"理想应当实现的问题为思辨理性所想解决而不能解决的上帝存在等问题顺理成章地提供了一种来自实践理性的"信仰"的答案。因此，我们可以看到，当康德经过这样三个问题而把"至善"这个理想规定为人类理性的最终目的时，他已经把哲学看作是对于人在世界中占的位置、人的职责和最终命运的探究了。

康德提出的三个问题表明康德在纯粹哲学领域内探讨的主要问题不是来自书本，而是来自人的现实生活，是现实的人所面临的现实问题的哲学升华。对这三个问题的研究和回答构成了康德哲学的真实内容方面，而"纯粹理性的建筑术"中所规划的体系及其构成则属于表达这种内容的形式方面。在康德看来，这个形式是适合于表达它所要表达的内容的，因为在他的构想中，自然哲学应从属于道德哲学，从而融合成为一个以人类理性的终极目的为基础的单一哲学体系。

可是，到了18世纪90年代，康德关于哲学问题的内容和观点都有了新的发展。他在致司徒林的信（1793年5月4日）中说，长久以来，他在纯粹哲学领域里的研究计划，就是要解决上面的三个问题，接着他令人注目地在这三个问题之后，补充了"第四个，也是最

后一个问题：人是什么？"① 大约与此同时，康德在其逻辑学讲义
（后来于1800年由耶什整理出版）中把这四个问题作为一个整体提出
来，认为它们一起构成了"世界公民意义上的哲学的领域"，并且指
出："形而上学回答第一个问题，道德学回答第二个问题，宗教学回
答第三个问题，人类学回答第四个问题。但从根本上说，可以把这一
切都看成是人类学，因为前三个问题都与最后一个问题有联系。"②
在这里，比起在致司徒林的信中来，不仅更明确地说明了研究和回答
这四个问题的各个学科，而且更为重要的是表达了一个前所未有的新
思想：把前三个问题同人是什么这个问题联系起来，把它们全都看作
人类学的问题，从而研究和回答这三个问题的各学科也都可以看作是
人类学或从属于人类学。这样一来，人是什么这个问题就成了康德提
出的四个哲学问题中的总问题，而人类学则成了统率和囊括其余学科
的总学科。就此而言，我们的确可以而且应当认为，这是康德哲学思
想中一种十分值得注意的新变化。因为在提出前三个问题和规划哲学
的体系及其构成时，康德原本不是这么看的。在对自然形而上学的理
性心理学中是否应当包括经验心理学在内这个问题的讨论中，他明确
地表示，经验心理学虽然可以暂时留在理性心理学内，但长远地看，
它却应定居在"一种与经验性的自然学配对的详尽的人类学中"③。
这就是说，康德在这时是把人类学作为一种经验性的学说而排斥在他
的纯粹理性的体系，即道德—自然形而上学体系之外的。由此也可以
推断出，康德当时是说不上把他提出的三个问题归结到人是什么这个
人类学的问题上来的。

　　当然，90年代康德哲学思想中的这个新变化或新发展并不是突
如其来的。正如康德在上述致司徒林的信中提出人是什么这个问题时
所注明的那样，这是一个人类学的问题，而20多年来，他每年都要
讲授一遍人类学。由此可见，人是什么的问题虽然是他现在才明确提
出来的，但这个问题本身从前批判时期起（康德从1772年起开始讲

---

　　① 李秋零编译：《康德书信百封》，上海人民出版社1992年版，第200页。
　　② 《哲学丛书》第43卷，莱比锡1920年版，第27页。参见《逻辑学讲义》，许景行
译，商务印书馆1991年版，第15页。
　　③ 康德：《纯粹理性批判》，A849 = B877，参见蓝译本，第575页。

授人类学）就一直蕴藏在他的心里，并潜在地支配着他的思想。但是，由于康德始终认为，人类学作为一种经验性的学说必须放在经验性的自然学所在的同一个地方，所以他在提出哲学研究的三个问题和哲学体系的构架时，就理所当然地把人类学排除在形而上学体系之外。那么，到了90年代，他为什么又会提出人是什么这个人类学问题作为其他三个问题都与之相关联的总问题，而把回答其他问题的学科都看成是人类学呢？这也许是康德（1）关于人类学的长期思考；（2）关于建立纯粹理性的"体系"，即道德—自然形而上学体系的长期计划；（3）回答我能够知道什么等三大问题的研究计划；（4）纯粹理性的"批判"的扩展、深入和完成等四大要素或方面的进程在一定阶段上相互交汇和碰撞所必然产生的结果。在《纯粹理性批判》回答了我能够知道什么这个问题之后，为了彻底解决我应当作什么这个问题，康德继《道德形而上学原理》后又写了《实践理性批判》。在这以后，康德没有立即去回答我可以希望什么的问题，而是不得不着手解决由于前面两大批判著作所造成的理论理性和实践理性、自然必然性和自由、科学和道德的对立问题，因为只有解决了这个问题，一方面，才能为康德所最关心的哲学或形而上学的两大部分，即自然形而上学和道德形而上学之联结为一个统一整体提供可能性；另一方面，才能为解决纯粹理性所追求的最终目的在感性世界里实现的可能性问题提供思路。这时，人类学中关于人的心灵具有知、情、意三种能力的经验性考察和先验哲学对人类高级认识能力中知性、判断力、理性三种成分的划分之间的对比，终于使康德在山穷水尽时看到了出路，去从事于判断力的批判，以发现情感能力的先天原理。在这里，特别明显地显示出来，人类学对于康德来说不仅是他始终立足的经验基地，而且还具有一种他在先验哲学中进行探索和求得正确答案的指南的意义。正如康德自己在谈到他如何走上第三批判的道路时所说的那样："如果我有时不能正确地确定某个对象的研究方法，那么，只要我能够回顾一下认识和与此相关的心灵能力各要素的全貌，就能找到我所期待的答案。"① 另外，对于判断力的批判反过来又使他认识

---

① 李秋零编译：《康德书信百封》，上海人民出版社1992年版，第110页。

到了人生活的世界是以人的创造文化的活动为基础的，人的一切，包括人自身，都是通过人的自觉的、有目的的、自由创造文化的活动的产物，而人类理性的最终理想或目的的实现，即人的最终命运或前途，也必须联系到人的创造文化的活动来考虑。这样，人的认识（科学和自然必然性）的问题，人的道德和自由的问题，人的希望或最终命运的问题，都不能离开人是什么这个问题而得到单独的至少是圆满的解决，而毋宁说，它们都只是人是什么这个总问题中的应有之义或其不同的成分或方面的表现，因而这个总问题的解决也必然地蕴含着那些问题的解决或为那些问题的真正彻底解决提供了现实的可能性。

因此，根据康德把人是什么这个问题看作是一切其他问题归宗的根本问题，把人类学看作回答这一根本问题的学科，我们可以说，他在这里实际上（不管他自觉与否）已经超出了他 1781 年提出三个问题时所设计的纯粹理性体系，即道德—自然形而上学体系，而构想出了一种新的哲学体系，即接近于我们今天称为哲学人类学的那样一种哲学体系。

现在我们就来看看康德以回答四大问题为基本内容，以建构某种类似哲学人类学的体系为宗旨的长期研究计划完成的情况。在康德看来，第一批判，即《纯粹理性批判》，是这个计划的第一部分，在这部分里他"已经穷尽了"我能够知道什么"这个问题的一切可能的答案，而且最后找到了理性必然对之感到满意的那个答案"①。第二批判，即《实践理性批判》，回答了我应当做什么这个问题，它是这个计划的第二部分。值得注意的是，由于在康德心目中，回答我可以希望什么这个问题的应是宗教学，因此，构成这个计划的第三部分的就不是像通常有的人所想的那样是第三批判，即《判断力批判》，而是如康德自己指明的那样是后来于 1793 年出版的《单纯理性范围内的宗教》（*Die Religion innerhalb der Grenzen der bloßen Vernunft*）。康德非常自信地认为，他在这部著作中已经认识到了，"基督教与最纯粹的实践理性的结合是可能的"②。在他看来，人们为了实现善良意志，

① 康德：《纯粹理性批判》，A805 = B833，参见蓝译本，第550页。
② 李秋零编译：《康德书信百封》，上海人民出版社 1992 年版，第201页。

不仅需要个人道德修养上的努力，而且必须生活在力求意志善良的人们组成的某种"伦理团体"或"神秘团体"里，而历史中产生的宗教就是把人们结合成为这样的团体的必不可少的手段。不过能真正实现其道德使命的不是同神做交易的，有个人打算的侍奉神灵的宗教，而是理性信仰的宗教。这种宗教所唯一要求的是：要按照理性的道德命令来生活，在善良生活方式中通过内心善与恶的斗争，克服人性的劣根性，达到道德上的最高完善，好像有来生在等待着你，有上帝在君临着尘世似的。这种情况，在实践理性看来，是完全必要的和可能的。因为在这里，人们对自己道德力量的信仰也就是对神的信仰，只是人们虽然有力量使自己道德上完善，却无力使道德与幸福统一起来，因而必须承认，也就是假设有来生和全知全能全善的上帝作为这个世界的统治者。我们看到，尽管康德的道德思想和宗教思想渗入了值得注意的社会性和历史性的因素，但人类理性的最终理想——道德与幸福的统一仍然像过去一样被推到了彼岸。也许康德本人也觉察到了，而且也不满意于这种情况，所以他并不是在回答第三个问题后，就立即去回答第四个，也是最后一个"人是什么"的问题，而是把目光首先转向探索人们除去寄希望于自己和宗教信仰外，是否还要以及如何寄希望于社会、政治、法及其制度的问题，陆续发表了《永久和平论》（1795 年）、《法学的形而上学原理》（《道德形而上学》的先行发表的部分，1797 年）等著作。直到 1798 年，康德才在长期讲授人类学的基础上，出版了《实用人类学》，这也是他的全部哲学著述活动中最后一部由他自己撰写和发表的著作。康德没有改变他关于人类学是一门经验性科学的一贯立场，先验论（先天的知识原理、先天的道德原理、先天的自然合目的性原理以及先验自我意识等）在这里至多也只是一个背景，而没有被强调和作为解决问题的手段。康德人类学的出发点是"根据他（人）的类，把他作为具有天赋理性的地球生物来认识"，"研究的是人作为自由行动的生物由自身作出的东西，或能够和应该作出的东西"①。所谓自由行动，是指人因为赋有理性而能自由地选择目的和采取相应的手段使之得以实现的这样一

---

① 康德：《实用人类学》，邓晓芒译，重庆出版社 1987 年版，第 1 页。

种行动。人由于他的这种自由行动而具有了一种把他同地球上其他动物或生物区别开来的自己创造自己、发展自己、完善自己的特性。关于这点，康德是这样说的："人具有一种自己创造自己的特性，因为他有能力根据他自己所采取的目的来使自己完善化，他因此可以作为天赋有理性能力的动物而自己把自己造成为一个理性的动物。"① 这就是说，在康德看来，人是这样一种地球生物，他能够通过自己的创造行动使自己从潜在的理性动物变为现实的理性动物。但是，人的这种本质的规定性不能在个体那里，而只能在类里得到完整的体现，这也是由于人因其理性而被规定为与人们处在一个社会中使然的。因此，人自己创造自己的过程或从一个仅具理性潜能的动物变为一个真正现实的理性动物的过程，也就只能在类的世代延续的无穷系列的进步中实现。康德就是从这样一点出发，在这部著作的第二部分"人类学的特性"中，依据经验和历史，通过概括和推论，力图表明：人如何作为一个类，虽然由于自私自利而彼此不和，从而造成了巨大牺牲和浪费，但通过社会中的劳动、社会交往中的纪律（社会的、政治的、法的制度），包括科学和艺术在内的整个文化的进步，而把自己创造成为一个日益接近有高度道德意识的、幸福的和永久和平相处的世界公民组织的。康德人类学的这一基本思想显然具有某些接近于现代文化哲学人类学的特征，在它里面蕴含着这样一个必然的推论：既然人的一切都是在人创造自身的进程里发生发展起来而同人本身的存在和发展统一而不可分的，那么人的一切就都不可能离开这个完整的人创造自身的过程而单独地得到理解，因此，人类学就应当成为关于人的任何一个方面，如认识、道德、艺术、宗教等的研究的基础。然而，就康德的时代而论，由于当时经验科学提供的关于人的知识（如关于人的起源的生物进化论的知识、人种学和民族学的知识等）还是如此的稀少和残缺不全，以致还没有必要的前提，在对它们进行哲学的解释的基础上建立起某种形态的完整的哲学人类学。因此，康德本人还不可能真正把他的人类学作为基础来重新考察他所提出的有关人的重大问题（我能够知道什么，我应当做什么和我可以希望什么），

---

① 康德：《实用人类学》，邓晓芒译，重庆出版社1987年版，第232页。

使对这些问题的解答能同其人类学的基础相协调一致，又何况耄龄的康德很快就虚弱到丧失了工作和思考的能力了呢。

总之，康德是以人是什么为总问题的，包括其他三个问题在内的某种哲学人类学体系，虽然每个问题都有相应的著作来解决，因而他计划中的各个组成部分都已有了，但就作为一个内部协调的完整的体系而言，依然没有真正完成。这是不足为奇的。相反地，值得大书特书的倒是，在早期理性主义和经验主义的唯科学主义统治的情况下，能率先提出人是什么及人在世界中的地位、职责、命运等问题来作为哲学研究的主要问题，并首次把"人类学"作为哲学的科目来研究并试图建立起某种哲学人类学体系，这应当看作是康德在哲学上高瞻远瞩和另辟蹊径的丰功伟绩，其影响巨大而深远。这首先表现在它为康德自己所开创的德国古典哲学的传人从费希特到黑格尔的精神发展提供了一个崭新的视角，即要从人创造自己的现实活动及其实际的发展出发，在人同社会、历史的相互联系中考察人类理性，从而把康德提出作为"纯粹理性体系"的"未来形而上学"在新的基础上建立起来，同时也预示了费尔巴哈的以人类学代替神学，以完整的人代替黑格尔的"绝对精神"，甚至笛卡尔和康德本人的"人类理性"作为哲学出发点的"未来哲学"。康德哲学的人类学方面对现代西方哲学的影响尤为深刻，它为许多流派如存在哲学，特别是哲学人类学启示了一种全新的哲学出发点。正是海德格尔、雅斯贝尔斯和舍勒等人把康德提出的人是什么的问题，甚至包括这个问题在内的四大问题作为自己哲学思考的引线和中心，他们由此出发建立了不同形态的存在哲学和哲学人类学，从而也把康德提出的人是什么等问题从长期受忽视的状态推到前沿，使人们对康德哲学的认识进到一个全新的境界。

三

这样，在康德那里，真正完成了的哲学体系就只有由三大批判著作构成的"批判哲学"体系，这也就是我们通常所说的康德哲学体系。照康德的看法，这个哲学体系实际上是作为科学形而上学之导论的"纯粹理性的'批判'"体系。

康德多次指出，1781 年的《纯粹理性批判》是他 12 年期间精心思索成果的总结，而从《纯粹理性批判》到 1790 年的《判断力批判》又经过了 9 年。因此，康德的批判哲学体系的建成是他 20 多年来不断探索的结果，是他的哲学思想持续发展的产物。如果我们把1781 年以前的 12 年称为"纯粹理性批判"的前史，那么 1781—1790年则应看作"纯粹理性批判"本身发展完成的过程。现在我们就来鸟瞰一下这个过程。

康德在 1781 年发表的第一部批判著作《纯粹理性批判》里，把"纯粹理性批判"规定为一门以批判考察人类先天认识能力，即基于先天原理的认识能力为对象的科学，这门科学的主要任务就是要确定人类认识能力有哪些先天要素以及这些先天要素的来源、功能、条件、范围和界限。康德认为，人类认识能力首先区分为：作为低级认识能力的感性和作为高级认识能力的理性。感性通过先天的直观形式时间和空间接受由于物自体对感官的刺激而产生的感觉，从而为高级认识能力提供对象和质料。感性直观是认识的开始，同时也是人类认识不可超越的范围，因为失去了感性直观，高级认识能力也就没有了认识的对象和质料。康德把高级认识能力区分为知性、判断力和理性三种。他确定，只有知性的先天原理（由先天范畴体现的规律性）是构成性的，就是说，是使经验（科学知识）和经验对象（科学认识的对象）——作为现象全体的合乎规律的自然界成为可能的原理，因而也就是知性向人类认识能力颁定的先天法则或规律。判断力则运用知性的先天原理去统摄或规定特殊的感性现象，以形成关于对象的经验知识，康德后来称这里的判断力为规定的判断力，以别于作为"判断力批判"之对象的反思的判断力。理性则通过它的先验的理念和原理来指导和推动经验或科学认识的最大可能的系统化、继续和扩大。知性的范畴必须同感性质料结合才能形成知识和知识对象，离开了感性质料它们只不过是空洞的思维形式。理性的迷误正在于不知道它的理念和原理只是一种指导经验如何进行的范导性原理，而不是把仅适用于感性世界的范畴扩大到一切可能经验之外，即扩大到经验所能提供的对象之外的对象去的构成性原理，从而运用范畴去规定那超经验、超感性的本体，其结果产生的不是关于本体的知识，而是形形色色旧形而上学的谬误推论和自相矛盾的假知识或伪科学。既然只有现象可知，本体不可知，这就限制了理性的理论使用，即知识的范围，而正因为如此，也就人为地摆脱自然必然性的意志自由、道德、对来生和神的信仰，一句话，为理性的实践使用留下了余地。这就从理论上为作为科学出现的未来形而上学（内在的自然形而上学和超验的道德形而上学）的可能性进行了充分的论证。

正因为《纯粹理性批判》已经确定了人类认识能力的先天原理，弄清楚了各种认识能力在认识总体中各自所能作出的那一份贡献，为理性的实践使用准备好了地盘，所以康德认为他对一般认识能力，即纯粹理性的批判已经完成了。这时，无论在《纯粹理性批判》中，还是在其他地方，康德都从没有提到过实践理性批判，即所谓第二批判的问题，而是计划如何建立道德—自然形而上学体系。甚至在1785年发表的作为道德形而上学之"导言"的《道德形而上学原理》中，虽然康德肯定除去纯粹实践理性批判以外，道德形而上学照理说就没有任何别的原理，正如已发表的纯粹思辨理性批判就是［自然］形而上学的原理一样，并且还认为他在这部著作的第三章（从道德形而上学过渡到纯粹实践理性批判）已经提出了这样一个批判的足够当时需要的主要线索，但是他仍然认为对实践理性进行批判并没有像对理论理性进行批判那样必要，"因为在道德方面，人类理性就是连最普通的知性也容易达到较大的正确性和完满性"①。因此，在本书中康德并没有显示出任何撰写一部"实践理性批判"著作的打算，而是鲜明地表示要完成一部《道德形而上学》。尽管这样，康德在这里已经明确地提出了，在道德形而上学的范围内是不能解决道德的最高原理，即道德律如何先天的可能，为什么它是普遍必然的课题的，为此就必须对实践理性进行一番批判，而在完成这种批判的同时还有必要说明实践理性"在一个共同原理上"同理论理性的统一或一致，因为归根到底只有一个理性，只是在运用方面有所不同罢了。② 这就是说，对实践理性进行批判，乃是"纯粹理性批判"作为一门具有

---

① 康德：《道德形而上学原理》，苗力田译，上海人民出版社1986年版，第40页。
② 同上书，第99、40页。

系统统一性的完整科学和一种为形而上学奠基的系统工程的内在需要。不过，只是在《道德形而上学原理》问世引起许多关于康德的道德哲学及其同《纯粹理性批判》的关系的批评和责难以后，康德意识到同批评者和论敌进行零敲碎打式的争论是不行的，必须对自己的道德原理的必然性和可能性进行深入的、系统的科学论证，就是说，对实践理性进行一番类似第一批判那样的批判考察，才能彻底解决问题。他在 1786 年 4 月 7 日致贝林的信里谈到他正在修订《纯粹理性批判》，但不打算对它作重大的改动，因为所有属于"这个体系"的命题都是合适的，然后谈到他在这项工作之后的进一步打算："我将继续把自己关于形而上学的研究抛开，为的是争取时间，构建实践哲学的体系。这个体系与前一个体系是姊妹篇，需要加以类似的处理，但尽管如此，却不会遇到前一个体系那样大的困难。"① 显然，这里所说的"实践哲学的体系"（das System der praktischen Welt-weisheit）即是指"实践理性批判的体系"。起初，康德曾计划把实践理性批判合并到《纯粹理性批判》第二版里去，后来他放弃了这个打算。1787 年 4 月《批判》第二版发表，6 月他在通信中告诉友人"《实践理性批判》已经大功告成"②，即将付印。这部著作在出版商那里一直延误到 1788 年才正式出版。

《实践理性批判》的任务是：完整地确定实践理性（或理性的实践使用）的先天原理的可能性、范围和界限。康德的出发点是：纯粹理性自身就是实践的，因而具有先天的实践原理，这就是由道德律体现的最后目的。这个原理是使意志的自由、道德成为可能的构成性原理，因而也就是纯粹理性向人心的高级欲求能力（意志）颁定的先天法则或规律，意志应当做的就是以道德律为根据自立规律，敬重和遵从自立的规律，从而实现由道德律所体现或交给的那个最后目的——成为一个自由的、道德的意志。不过，先天实践原理不能用于现象，而只能用于超感性的本体，就是说，它不能用来从理论上认识、解释和推断一切的实有、自然事物、经验对象，包含作为现象，

① 李秋零编译：《康德书信百封》，上海人民出版社 1992 年版，第 104 页。
② 同上书，第 106 页。

即自然之一分子的人在内的现象界或自然界的存在、性质和规律，而只能用来"从实践上"认识、解释和推断一切应有的事物，首先是自由、道德（善）、目的国、至善等，从而对它们的存在、性质和规律得到一种实践的体会和信念，它涉及的只是"应当如此"，而不是"事实如此"或"必然如此"。

康德在撰写和结束《实践理性批判》时，很可能认为他对理性批判的任务已经实现了，因为他通过两大批判已把人的心灵的两个主要能力——认识能力和欲求能力的先天原理的来源、内容和界限揭示出来了，而同时通过实践理性和理论理性在同一认识中只有在实践理性占优先地位的条件下才能必然地先天地结合起来的原理又已解决了它们两者的统一问题，自然（理论）—道德（实践）形而上学的奠基工程也就似乎完成了。正如他在《实践理性批判》的序中说的那样："因此，在这种方式下（指先分析地研究各个部分，然后进到综览全局的方法。——引者注），心灵的两种能力，即认识能力和欲求能力的先天原理就会被发现出来，并且就它们应用的条件、范围和限度而言也都被确定了，这样就给作为科学的系统的（理论的和实践的）哲学打下了牢固的基础。"① 不过，这只是康德思想的一个方面。另一方面，也是更为重要的一个方面，是他深深地意识到，在作为主体的人里面有两种不同的立法——知性在认识中的立法和理性在自由中的立法——虽然并不矛盾，但这样两种立法的后果却导致了作为主体的人的巨大分裂，使之分属于两个绝对不可跨越、互不影响的领域：一个是可以认识的、受自然必然性支配的、作为感性现象的自然界，一个是不可认识的、可以自由自决的、作为超感性的本体的道德界（自由界）。在康德看来，所谓理论理性和实践理性在实践理性占优先地位下的统一并不足以消除自然领域和自由领域之间的这种巨大的鸿沟，因为在这里还缺少一种从前一领域到后一领域之间的过渡，一座由此及彼的桥梁，一个把两者联结起来的中间环节。这样的过渡、桥梁或中间环节是应该有的，因为自然领域虽然绝对不能对自由领域

---

① 《哲学丛书》，第 38 卷，汉堡 1974 年版，第 12 页，参见《实践理性批判》，关文运译，商务印书馆 1960 年版，第 19 页。

施加影响，但自由领域却应该对自然领域有影响，就是说道德律所体现的最后目的应该在自然界，即感性现象世界里实现出来，为此自然界的合规律性就必须和道德律所体现的最后目的应该在自然界里实现的可能性互相和谐一致。现在的问题只是应该到哪里去寻找这样的过渡、桥梁或中间环节。当然，按照康德关于"纯粹理性批判"的观点，只能到人类心灵的判断能力中去寻找，而人心除去关于真的判断能力和关于善的判断能力以外，就还剩下关于美的判断能力，即鉴赏力或审美力。于是，康德在 1787 年 6 月 25 日致许茨的信中宣称《实践理性批判》已经大功告成的同时，又申明自己"必须马上转向《鉴赏力批判基础》"①，试图探索鉴赏判断是否也从属于先天的理性原理或规律的问题。两个多月以后，康德似乎已经有了肯定的答案，因此在 9 月 11 日致雅可布的信中说："目前，我径直地转入撰写《鉴赏力批判》，我将用它结束我的批判工作。"② 到了年底，他的新思想在致莱因霍尔德的著名书信（1787 年 12 月 28 日）中就耀眼地涌现出来了："我现在正忙于鉴赏力的批判。在这里，将揭示一种新的先天原则，它与过去所揭示的不同。因为心灵具有三种能力：认识能力，快乐与不快的感觉，欲望能力。我在纯粹（理论）理性的批判里发现了第一种能力的先天原则，在实践理性的批判里发现了第三种能力的先天原则。现在，我试图发现第二种能力的先天原则，虽然过去我曾认为，这种原则是不能发现的。"③ 同时，康德还在信中指出，知、情、意三种心灵能力构成的体系性的东西；使他改变了哲学二分为理论哲学和实践哲学的观点，而认识到哲学有三个部分——理论哲

---

① 李秋零编译：《康德书信百封》，上海人民出版社 1992 年版，第 106 页。

② 李秋零编译《康德书信百封》，第 107 页。

③ 李秋零编译《康德书信百封》，第 110 页。康德在《纯粹理性批判》第一版（A21 = B36 的注）里明确地认为"使对美的东西的批判的评判从属于理性的原理，从而把这种评判的规则提高为科学"是不可能的，因为"所想到的规则或标准就其来源而论都是单纯经验的，因而不能用作鉴赏判断必须依照的先天规律"。第二版在"来源"之前增加了"最主要的"，在"先天规律"之前增加了"确定的"，语气有所缓和，但意思没变。至于鉴赏判断没有先天原理或规律可依照的根本原因则在于它同愉快和不快的情感有直接的联系，正如康德在同一著作（A801 = B820 的注）中所指出的："因为情感不是表象事物的能力，而是处于全部认识能力以外的，所以凡是和愉快和不快相联系的判断的要素……都不属于只同先天纯粹知识有关系的先验哲学的主体。"现在，他的这些观点都变了。

学，目的论，实践哲学，每个部分都有它自己的先天原理，三者当中自然是目的论"最缺乏先天规定根据"①。在这里似乎表明康德已经萌发了一种想要系统地研究自然界中的合目的性问题或自然目的论的"先天规定根据"的倾向，而这种倾向在与此信一并寄给莱因霍尔德即将在《德意志信使》上发表的同福尔斯特（J. G. Forster）论战的文稿《论目的论原则在哲学中的运用》（1788 年 1 月刊出）中还见不到，虽然文章有针对性地讨论了生物有机体和自然史的科学研究必须以目的论原则作为指导原理的问题，而且还提出了把自然和艺术品同等地看作有机整体的思想。尽管这样，直到 1788 年春季，康德仍然没有把对美学的先天原理的研究和对有机体自然科学及自然目的论的先天规定根据的研究综合统一起来，因而在致莱因霍尔德的信（1788 年 3 月 7 日）中他把计划在半年内完成的第三部批判著作照旧称作《鉴赏力批判》，就是说它研究的只是美学问题。② 只是又经过了一年多的深入思索之后，康德的新思想才完全成熟和定型下来，他终于在高级认识能力中介于知性和理性之间的判断力里找到了一种把看来漠不相干的美学问题和有机体自然科学——自然目的论问题都统摄包容起来的根本原理。这样他就依然回到了他过去一贯坚持的哲学只有两个部分（理论哲学和实践哲学）的观点，认为（自然）目的论在必要时可隶属于理论哲学，而其原理则属于"纯粹理性批判"的范围。因而，康德在致莱因霍尔德的信（1789 年 5 月 12 日）中就把他正在撰写的第三批判称为"判断力批判"，并注明"《鉴赏力批判》是其中的一部分"。这一部分后来正式定名为"审美判断力批判"，而信中所没有提到的《判断力批判》的另一部分则是"目的论判断力批判"。全书于 1790 年春出版，并于 1792 年再版，1799 年出第三版。

　　《判断力批判》的任务是，确定介于知性和理性之间的判断力的先天原理，这个原理是构成性的还是范导性的，它是否是判断力对介于认识能力和欲求能力之间的愉快和不快的情感能力颁布的先天规律，它是否真正能够充当从纯粹认识能力到纯粹欲求能力，即从自然

---

① 李秋零编译：《康德书信百封》，上海人民出版社 1992 年版，第 110 页。
② 同上书，第 113 页。

领域到自由领域过渡的桥梁或中间环节。

康德认为，这里所说的判断力已不是《纯粹理性批判》中讨论的那种把特殊从属于给定的普遍的规定的判断力，而是为给定的特殊寻找、发现那可以统摄它的普遍的反思的判断力。反思判断力的先天原理不可能是规定判断力所遵循的知性范畴所体现的规律性（主要是因果必然性），因为它所面对的特殊的经验事实或规律（例如有机体和艺术作品的各个部分之间的关系）就不是知性的因果性原理所能规定和包摄的。那么，反思判断力需要一条什么样的先天原理才能使多样性的特殊事实和规律得到统一呢？康德从人类技艺和道德中表现出来的"实践的合目的性"类推到，在自然的多样性的经验事实中也应表现出一种合目的性，这就是"自然的合目的性"的概念："自然通过这个概念就被这样地表象着，好像有一个知性包含着自然的经验规律的多样性的统一的根据。"① 这个知性当然不是我们人的知性（因为人的知性的先天概念是自然的因果性而不是自然的合目的性），至于是否真有这样的知性也是无法确定的。所以，"自然的合目的性"是一个特殊的先天概念，它只是在反思判断力里有它的根源，就是说，它是反思判断力为了反思的需要而自己提供给自己的，是人用来从当前特殊的经验对象出发反思作为其基础或根据的超验本体，反思人的超验本体，暗示人的自由、道德、最后目的的前景的反思判断力的先天原理。

这个原理首先在人的审美和艺术活动中起作用。在这里，它是一个使直接同愉快和不快的情感相联系的审美判断和审美对象（美）成为可能的构成性原理，因而也就表明它是反思判断力对愉快和不快的情感能力颁立的先天法则或规律。在进行审美鉴赏时，人们着眼于一个自然对象的无目的的合目的性形式，使自己的想象力和知性能力好像趋于一个目的那样处于自由协调的活动（游戏）之中，从而无须任何概念而产生出人类共同的、无利害关系的愉快感，这就使审美对象、美在人们眼中成为了"道德的象征"，从而促进人心对于道德

---

① 《哲学丛书》第39a卷，汉堡1974年版，第17页，参见《判断力批判》上卷，宗白华译，商务印书馆1964年版，第18页。

情绪的感受性。与审美鉴赏不同，艺术创造是带有艺术家的目的和概念的，但真正天才的艺术家并不是按照目的和概念来创造，而是好像无目的地绝对自由地进行创造，以致创造品显得好像是大自然本身的产品，但同时却又体现着天才艺术家的道德目的和理想。总之，在审美和艺术创造活动中，通过反思、象征和类比的方式，而使自然界和道德界、现象和本体、必然和自由达到了一种主观形式上的统一。

其次，反思判断力的先天原理在人们对自然的认识活动中也有其应用，不过在这里它只是作为认识能力的范导性原理而同愉快和不快的情感没有直接的关系。人们除了按照因果律等对自然界加以认识之外，还总是倾向于对自然有机物作目的论判断。人们把有机物和无机物区别开来，把无机物视为有机物的手段，而把有机物或有机体判定为一个以自身为目的（内在目的）的统一整体，并由此扩大到把整个自然界看作一个从低级趋向于高级的自然目的系统，其顶点则是以遵守道德律的（自由的）人为最后目的。这就使人有理由猜测到整个自然界都是从必然向自由生成的过程，从而暗示了现象和本体、认识和道德在客观质料上也是统一的。

此外，康德还从上述自然目的论进一步引申出所谓"伦理学神学"，即把整个世界看作向道德和幸福相统一的人这一最后目的前进，以实现上帝的"天意"的历程，从而为实践理性的利益展示诱人的前景。经过这样的批判考察，康德认为反思判断力的先天原理的确在分裂的自然领域和自由领域之间架起了一座由此及彼的桥梁："判断力以其自然合目的性概念提供了自然概念和自由概念之间的中介概念，它使从纯粹理论的到纯粹实践的、从按照前者的规律性到按照后者的最后目的的过渡成为可能；因为这样一来，那只有在自然里并且同自然的规律相一致才能成为现实的最终目的的可能性就被认识到了。"①

在这样的基础上，康德对他的全部理性批判工作进行了总结，充实、丰富、发展和完善了"纯粹理性批判"的概念。康德认为，人

---

① 《哲学丛书》第39a卷，第34页，参见《判断力批判》，上卷，宗白华译，第35页。

类心灵的一切能力都可以归结为来自我们所不知的同一根源的知、情、意这样三种能力（认识能力、愉快和不快的情感能力、欲求能力）。人作为天赋理性能力，即具有依照原理进行判断和行动的能动性的生物，他的三种心灵能力也都应该有它们必须遵循的理性先天原理或规律，为了发现它们就必须对理性能力进行批判的研究。作为理性（或知性）能力的高级认识能力的总体是由知性、判断力、理性这样的次序排列的三种能力构成的。《纯粹理性批判》确定，对于认识能力来说，只有知性是立法的，即是说知性包含着认识能力领域（科学认识和自然领域）的构成性原理。《实践理性批判》确定，对于高级欲求能力来说，只有理性是立法的，即是说理性包含着欲求能力领域（道德、自由领域）的构成性原理。现在，《判断力批判》确定，对于愉快和不快的情感能力来说，只有判断力是立法的，即是说它包含着对于审美和艺术活动中愉快和不快的情感的构成性原理，从而使自然领域和自由领域的过渡和联结成为可能。因此，康德把《判断力批判》看作完成和结束他的全部理性批判工作的最后一部著作，是他的纯粹理性批判体系中必不可少的部分，没有这一部分，对于纯粹理性的批判就是残缺不全和半途而废的。正如他在《判断力批判》里说的那样："纯粹理性的，即依照先天原理进行判断的能力的批判将会是不完备的，如果那作为认识能力自身也要求着批判的判断力的批判不当作它的一个特殊部分来处理""尽管哲学只能区分为理论的和实践的两个主要部分，……可是那必须在哲学体系研究工作之前为着体系的可能性而解决一切问题的纯粹理性批判却是由三个部分构成的：纯粹知性的批判，纯粹判断力的批判和纯粹理性的批判，这些能力之所以称为纯粹，因为它们是先天立法着的。"① 由这样三个部分构成的"纯粹理性批判"的整体也就是康德最终建成了的、完备的哲学体系，即批判哲学体系。关于这个体系的对象、任务、组成和它与诸高级心灵能力及其先天原理和原理应用范围的系统统一性可以表

---

① 《哲学丛书》第39a卷，第2、5页，参见《判断力批判》上卷，宗白华译，第4、16页。

示如下①。

	对象	任务	组成部分和理论著作	心灵能力	先天原理	应用于
批判哲学体系（纯粹理性批判体系）	纯粹理性（高级认识能力）	批判研究纯粹理性，确定诸高级心灵能力的先天原理及其效力范围	纯粹知识批判（《纯粹理性批判》）	认识能力	规律性	自然
			纯粹判断力批判（《判断力批判》）	愉快和不快的情感能力	合目的性	艺术
			纯粹理性批判（《实践理性批判》）	欲求能力	最后目的	自由

在康德看来，这个批判哲学体系既然已经穷尽了人类各个高级心灵能力的先天原理，解决了哲学的可能性的全部问题，它也就为纯粹理性的全部哲学知识的体系打下了深入达原始地层的基础，从而能够保证这座哲学大厦不致因地基某一部分下陷而坍塌。它首先为康德所说的作为科学的未来形而上学体系，即由自然形而上学（理论哲学）和道德形而上学（实践哲学）两部分构成的纯粹理性体系打好了基础，因为它既提供了自然领域的先天原理和自由领域的先天原理，又为这两大部分联结为一个整体提供了可能性。它也为康德以解决关于人的四大问题为构成部分的某种哲学人类学体系提供了基础，因为不仅第一批判和第二批判由于回答了我能知道什么和我应做什么而为解决整个人的问题提供了地盘和目标，而且第三批判也为回答我可以希望什么和人是什么提供了思路和前景。因此，在这种意义上，康德的批判哲学体系也就只是他所规划的未来形而上学或哲学的一个"导论"。在以第三批判结束"批判工作"以后，康德建立自然—道德形而上学和某种哲学人类学的一系列著述活动也证明了这点。

但是，批判哲学体系虽说是哲学或形而上学的"导论"，然而正如康德在区分纯粹理性的"批判"和"体系"时也把"批判"包含

---

① 参见《判断力批判》上卷，宗白华译，第36页。

在最广义的形而上学中一样，它作为"导论"无非就是形而上学的最普遍或最一般的原理的体系。这些原理在康德那里尽管是纯粹理性的先天原理，它们只涉及先天的认识形式、道德形式和审美形式，而不是关于对象（对象应是形式和质料的统一）的知识。但是，它们作为这样的先天形式却是对象（认识的、道德的和审美的）成为可能的构成性原理，因而也是支配这些对象的根本特性的最普遍的规律，或者说，是一切可能的对象之成为实际存在的条件或规律。因此，在这种意义上，正如康德曾经在《纯粹理性批判》中把纯粹知性论称为存在论（本体论）那样，现在的批判哲学体系也就可以看作完成了的存在论或本体论，只不过这里的存在不是指独立于人的意识的对象的存在，也不仅是作为认识对象的自然事物的存在，而是与人的意识不可分离的，包括认识、道德（意志）和审美的对象在内的一切对象的存在。正因为这样，批判哲学就不能只归结为单纯的认识论或逻辑学体系（像某些新康德主义者认为的那样），也不能归结为认识论、逻辑学与存在论相统一的单纯自然的（仅仅关于真的）形而上学体系（康德在《纯粹理性批判》中曾这么看"批判"），而应当看作是认识论、逻辑学、本体论相一致的关于真（自然）、善（自由）、美（艺术）的统一的形而上学体系。

　　同时，由于康德的批判哲学体系的任务是揭示人类知、情、意三种高级心灵能力的先天原理，而这种研究又是以阐明人类理性的最后目的在自然界里实现的可能性和条件为宗旨，所有这些都表明批判哲学是围绕着人在世界里的地位、职责和前景这个中心旋转的，因而是指向"人是什么"这个人类学的根本问题的，更何况知、情、意三种能力本来也就是康德《实用人类学》的研究对象，这部著作的第一部分"人类学教授法"就是对于这三种能力的经验性的和心理学的描述。从这个角度出发，国内外一些康德哲学专家认为，批判哲学本身就具有人类学的性质，并对它进行了人类学的注释和破译。在国内，据我所知，最先把这个问题鲜明地提出来加以讨论的是康德《实用人类学》的译者邓晓芒教授。他发表了这样一种独创的观点：在康德那里有两种"人类学"，即由三大批判构成的先验人类学和经验性的实用人类学，由于康德的不可知论和批判主义最终是导向一种现象主义和实用主义，因而他就未能真正建立起一个完整的先验人类学体系，而只能以实用人类学作为其先验人类学的真正"归宿"。①

由此可见，康德的批判哲学体系具有多重性质的特点：就其本来的意义说，它是纯粹理性的系统批判，因而是未来形而上学的"导论"；作为"导论"，它不能不同时具有它为之奠基的由自然形而上学和道德形而上学两个部分（美学和自然目的论在康德看来不能成为哲学的一个独立的部分，而是在必要情况下临时附加在上述两个部分中的任何一个部分）构成的形而上学体系的性质；而作为以解决关于人的四大问题为构成部分的某种哲学人类学的基础或前提，它又具有哲学人类学体系的性质。

总体来说，康德发起德国哲学革命的批判时期的哲学思想是一个复杂的、矛盾的发展过程。这种复杂性和矛盾性首先表现在：在这个过程里产生和出现了三个不同的康德哲学体系：已经完成了的作为纯粹理性批判的哲学"导论"——批判哲学体系，尚未完成的作为纯粹理性体系的自然—道德形而上学体系和也没有真正完成的以回答关于人的四个问题为内容的哲学人类学体系。其次还表现在已经完成的批判哲学体系本身又具有三重不同的性质：批判主义、形而上学和人类学。康德哲学思想的这种复杂性和多重性，恰好说明了它是它那个无论在经济、政治和文化、哲学等方面都处于新旧交替的过渡时代的产儿，也表明了它在解决哲学应走什么新的道路，应研究什么新的问题，应采取什么新的形态等与哲学生死攸关的重大问题中的探索性和创始性。康德哲学思想的伟大历史意义和永恒历史魅力，正在于它把这种放射着探索性和创始性光辉的智慧作为最宝贵的哲学遗产传给了后世。

---

① 邓晓芒：《"批判哲学"的归宿》，载《德国哲学》第2辑，北京大学出版社1986年版，第44—45、33页。

陶德麟教授

　　陶德麟，1931 年 10 月 31 日生于上海，祖籍武汉。1953年毕业于武汉大学经济系，留校任李达校长的学术助手，专治马克思主义哲学。1956 年武汉大学重建哲学系时为该系首批教师，给本科生和全校研究生授课，并受聘为湖北省委讲师团讲师，为全省高中级干部讲授哲学。20 世纪五六十年代即在《红旗》、《哲学研究》、《新建设》等刊发表哲学论文30 余篇。1956 年在《哲学研究》发表批评苏联《简明哲学词典》条目的论文受到国内外高度重视。1961 年李达同志受毛泽东主席委托主编马克思主义哲学教科书时指定他为主要执笔人。"文化大革命"时受迫害中断工作。1978 年奋力投入真理标准大讨论，应中国社会科学院之邀作大会发言，批驳"两个凡是"，论证实践是检验真理的唯一标准，并在《哲学研究》、《光明日报》等刊发表系列论文，论证马克思主义的真理标准理论，产生重大影响。同年受人民出版社委

托修订李达同志生前主编未能出版的哲学教科书，以《唯物辩证法大纲》书名出版，是"文化大革命"后出版的第一部马克思主义哲学教科书，获国家教委首届优秀教材一等奖；主持编辑出版四卷本《李达文集》；受聘为《中国大百科全书·哲学卷》"总论"及"辩证唯物主义"部分副主编。1984年由国务院批准为博士生导师，获国家首批有突出贡献中青年专家称号。他是武汉大学马克思主义哲学学科博士点和国家重点学科的创建人。1985年起先后任国务院学位委员会哲学学科评议组成员和召集人，全国高校哲学教学指导委员会主任委员，全国博士后管理委员会哲学组召集人，国家社科"七五"、"八五"规划哲学组成员和"九五"、"十五"规划哲学组副组长，中国马克思主义研究基金会顾问，教育部社会科学委员会委员和哲学学部召集人，教育部邓小平理论研究中心副主任，中国社会科学院马克思主义研究院顾问，中央实施马克思主义理论研究和建设工程《马克思主义哲学原理》课题组主要成员和《马克思主义基本原理概论》课题组首席专家，湖北省社会科学界联合会主席，美国依阿华大学亚太研究中心国际顾问等兼职。其论著曾获全国普通高等学校人文社科成果一等奖；湖北省人民政府人文社科成果一等奖；中宣部"五个一工程"奖；第12届中国图书奖、日本创价大学最高荣誉奖等十余种奖励。2004年被遴选为武汉大学人文社会科学资深教授，2008年被评为"改革开放三十年影响湖北三十人"之一，2009年被评为"新中国成立六十年功勋湖北一百人"之一，2010年被评为首批"荆楚社科名家"。他被同行专家评价为"我国马克思主义研究领域最前沿的、最有影响的前辈学人之一"。

关于真理标准的几个问题[*]

陶德麟

"实践是检验真理的唯一标准"是马克思主义哲学最根本的原理，也是整个马克思主义的基石。这是学习过马克思主义的人都熟知的道理。但是经过十年"文化大革命"，这个命题在广大干部群众中却成了陌生的命题，甚至被视为反毛泽东思想的言论。语录标准和权力标准取代了实践标准，至今也还没有纠正过来。这个问题如不解决，纠正"文化大革命"的错误就将无从起步。这是祖国前途命运攸关的问题。既然还有如此重大的分歧，当然不能不通过讨论正本清源，分清是非，求得共识。本文仅就几个问题谈谈个人的看法。（1）在实践标准之外另立真理标准是理论上的倒退，真理问题是最古老的哲学问题之一。古今中外各派哲学都有关于真理的学说，可谓千姿百态。但有两大问题是各派哲学都不能回避的：真理的定义问题和判定（即检验）真理的标准问题。前者是后者的前提。只有弄清了某派哲学对真理所下的定义，才可能懂得它讲的真理标准的含义。各派哲学的真理定义各持其说，如符合说、融贯说、效用说，等等。与此相应，检验真理的标准也有多种说法，例如以圣人之言为标准，以大多数人的同意为标准，以已有的理论为标准，以效用为标准，还有根本否认任何标准的，这里无须一一列举。各派唯物主义都把真理定义为认识与客观对象的符合，在真理定义问题上没有分歧。我们现在的分歧也不

---

* 此文原载《哲学研究》1978 年第 10 期。本文是作者 1978 年 7 月 23 日在中国社会科学院召开的全国真理标准问题讨论会上的大会发言。由于当时的特殊情况，《哲学研究》只发表了此文的第三部分，这里发表的是全文。

在真理的定义问题上而在检验真理的标准问题上。以什么为标准来判定认识与客观对象的符合，这就是我们今天讨论的焦点。

马克思主义产生以前，虽然有的唯物主义者也接触到以实践为检验真理的标准的思想，但那只是偶然的、带有猜测性质的思想火花，并没有上升为哲学的基本命题。其根本原因是旧唯物主义者根本没有科学的实践观，对实践本身的理解就是片面的、狭隘的，甚至也不理解检验真理是一种什么过程。他们不了解实践是人类社会形成和发展的基础，又离开了人的社会性和历史性来理解实践，因此也就无法了解认识对实践的依赖关系，不了解实践在整个认识过程中的作用，当然也包括实践作为检验认识真理性的标准的作用。他们甚至还没有意识到真理标准问题的理论症结和真正困难。因此，他们在精巧的唯心主义面前软弱无力，留下了可乘之隙。马克思主义哲学提出了科学的实践观，把科学地界定了的实践作为全部人类生活的基础，才第一次发现了社会历史存在和发展的规律这个千古之谜的谜底，也彻底解决了真理标准问题。马克思 1845 年在《关于费尔巴哈的提纲》中说得极其明确：

> 人的思维是否具有客观的［gegenstandliche］真理性，这不是一个理论的问题，而是一个实践的问题。人应该在实践中证明自己思维的真理性，即自己思维的现实性和力量，自己思维的此岸性。关于思维——离开实践的思维——的现实性或非现实性的争论，是一个纯粹经院哲学的问题。①

经过了 47 年之后，恩格斯对马克思的上述观点不仅没有作任何"修正"，而且作了更详细的发挥。他指出：

> 我们的不可知论者也承认，我们的全部知识是以我们的感官向我们提供的报告为基础的。可是他又说：我们怎么知道我们的

---

① 马克思：《关于费尔巴哈的提纲》，《马克思恩格斯选集》第 1 卷，人民出版社 1995 年版，第 55 页。

感官所给予我们的是感官所感知的事物的正确反映呢？然后他告诉我们：当他讲到事物或事物的特性时，他实际上所指的并不是这些他也不能确实知道的事物及其特性，而是它们对他的感官所产生的印象而已。这种论点，看来的确很难只凭论证予以驳倒。但是人们在论证之前，已经先有了行动。"起初是行动"。在人类的才智虚构出这个难题以前，人类的行动早就解决了这个难题。布丁的滋味一尝便知。当我们按照我们所感知的事物的特性来利用这些事物的时候，我们的感性知觉是否正确便受到准确无误的检验。如果这些知觉是错误的，我们关于能否利用这个事物的判断必然也是错误的，要想利用也绝不会成功。可是，如果我们达到了我们的目的，发现事物符合我们关于该事物的观念，并产生我们所预期的效果，这就肯定地证明，到此时为止，我们对事物及其特性的知觉符合存在于我们之外的现实。我们一旦发现失误，总是不需要很久就能找出失误的原因；我们会发现，我们的行动所依据的知觉，或者本身就是不完全的、肤浅的，或者是与其他知觉的结果不合理地混在一起——我们把这叫做有缺陷的推理。只要我们正确地训练和运用我们的感官，使我们的行动只限于正确地形成的和正确运用的知觉所规定的范围，我们就会发现，我们行动的结果证明我们的知觉符合所感知的事物的客观本性。到目前为止，还没有一个例子迫使我们作出这样的结论：我们的经过科学检验的感性知觉，会在我们的头脑中造成一些在本性上违背现实的关于外部世界的观念；或者，在外部世界和我们关于外部世界的感性知觉之间，存在着天生的不一致。①

恩格斯在这里告诉了我们为什么离开实践来谈论如何判定认识的真理性行不通，驳不倒唯心主义和不可知论；也告诉了我们实践确能检验认识的真理性的道理。

马克思、恩格斯的这些思想，列宁和毛泽东又在不同的时期、不

---

① 恩格斯：《社会主义从空想到科学的发展》，《马克思恩格斯选集》第 3 卷，人民出版社 1995 年版，第 702—703 页。着重点是引者加的。

同的著作中作了反复的阐发。毛泽东说得极其明确："马克思主义者认为，只有人们的社会实践，才是人们对于外界认识的真理性的标准。"① 他还说："只有千百万人民的革命实践，才是检验真理的尺度。"② "真理的标准只能是社会的实践。"③

这些论述充分地表明，以实践为检验认识真理性的唯一标准，是对真理标准问题的最正确的结论。如果抛开这个结论而另立标准，只能是重复以往各派哲学的错误，在理论上不是前进，而是倒退。

二　理论不是检验真理的标准

有的同志并不否认实践是检验真理的标准，但认为经过实践检验并证明为正确的理论也是检验真理的标准。我认为这是似是而非的看法。这里仅从普遍与特殊的关系的角度作一点分析。

客观规律有普遍与特殊之分（当然是相对的），作为客观规律的反映的理论也有普遍与特殊之分。以理论为标准来检验认识，不外乎三种情况：一是以普遍检验特殊；二是以特殊检验普遍；三是同等普遍程度的理论互相检验。这三者都是行不通的。

（一）以普遍检验特殊

普遍只能大致地包括特殊，特殊不可能完全进入普遍。一种认识即使并不违反普遍规律，也未必符合它所反映的特殊对象的实际。如果把反映普遍规律的理论当作"标准"，就可能把错误当成真理。

以唯物辩证法为例。它是最普遍的规律的反映，但是仍然不能说它是检验真理的标准，因为并非凡符合辩证法的认识都一定符合这一认识所反映的具体对象。

---

① 毛泽东：《实践论》，《毛泽东选集》第 1 卷，人民出版社 1991 年版，第 284 页。着重点是引者加的。

② 毛泽东：《新民主主义论》，《毛泽东选集》第 2 卷，人民出版社 1991 年版，第 663 页。着重点是引者加的。

③ 毛泽东：《实践论》，《毛泽东选集》第 1 卷，人民出版社 1991 年版，第 284 页。着重点是引者加的。

　　先看自然科学。康德的星云说无疑符合辩证法，所以恩格斯才赞扬它把当时占统治地位的形而上学自然观"打开了第一个缺口"①。但是，作为一种自然科学假说的星云说是不是符合天体演化的实际情况，恩格斯对这一点的评价是很慎重的。他明确地指出："当然，严格地说，康德的学说直到现在还只是一个假说。"② 这就是说，它的真理性还有待天文学实践的检验。事实上，后来的天文学实践就暴露了星云说的许多错误。例如星云说认为距太阳越远的行星密度越小，这是符合当时已发现的六大行星的情况的。可是 1781 年、1846 年、1930 年先后发现了天王星、海王星、冥王星，它们的密度都比距太阳更近的木星和土星大，而且这三颗星距太阳越远的密度越大。这样康德的星云说就不能成立了。如果以辩证法为标准，能检验出什么结果来呢？难道能说康德的星云说违反了辩证法吗？康德以后的两百多年里，又出现了许多天体演化学说，可以说无一不是符合辩证法的。可是究竟哪一种符合天体演化的实际，还是只有由天文学的实践才能判定。又例如，在光的波动说出现后的一段时间里，科学家们认为光波与弹性波相仿，也需要媒质才能传播，于是假定了"以太"的存在，并认为"以太"是充满宇宙、渗透一切的特殊物质。这个假定是真理还是谬误，以辩证法为标准也是无法判定的，因为无论"以太"是否存在都不违反辩证法。正因为如此，恩格斯在《自然辩证法》中提到"以太"时也是很慎重的，他只说"如果我们承认以太粒子存在的话"③。事实上，最后"以太"的假设被否定了，而否定它的并不是辩证法理论或别的理论，而是实践，即 1887 年迈克尔逊—莫雷的著名实验。

　　再看社会科学。正确反映社会历史过程的认识只能建立在实际材料的基础之上，它的真理性也只有在相应的具体社会实践中才能得到检验。以普遍性更高的理论为标准是不可能检验的。杜林在 1875 年、

---

　　① 恩格斯：《反杜林论》，《马克思恩格斯选集》第 3 卷，人民出版社 1991 年版，第 397 页。

　　② 恩格斯：《自然辩证法》，《马克思恩格斯选集》第 4 卷，人民出版社 1991 年版，第 397 页。

　　③ 同上书，第 347 页。

米海洛夫斯基在 1894 年以同样的调子攻击马克思，硬说马克思的经济理论是靠否定之否定这个"助产婆"产生的，是靠辩证法证明的。恩格斯和列宁驳斥这种无稽之谈时都指出，马克思只是探究了现实过程，每一步都用大量的实际材料来检验，只是在揭露了客观规律之后才"顺便指出"这个历史过程也是辩证法的过程，何尝用辩证法来"证明"过自己的经济理论？事实上，符合辩证法的社会历史理论也未必就是真理性的理论。恩格斯在驳斥杜林时曾举卢梭的社会历史理论为例，说"我们在卢梭那里可以看到那种和马克思在《资本论》中所遵循的完全相同的思想进程，而且还在他的详细叙述中可以看到和马克思所使用的完全相同的整整一系列辩证的说法"①。但这并不表明卢梭的理论是符合社会发展实际情况的真理。

凡是以普遍程度更高的理论为标准来检验某种理论的做法，都会遇到不可克服的困难，而且会导致荒谬的结论。例如，有人以为只要懂得了比较普遍的理论，就可以直接在一切具体领域里充当裁判，而无须以具体领域中的实践去检验某一具体认识的真理性。按照这种理解，只要不违背马克思主义的普遍原理，就不管与具体对象是否符合，都是正确的理论了。果真如此，那么教条主义就非常正确，而马克思主义的普遍真理与各国的具体实际相结合倒是多余的了。

（二）以特殊检验普遍

这种检验也不可行。因为这种"检验"实际上并不是本来意义上的检验，而是由个别的特殊命题的真"推出"普遍命题的真，这是过度概括，是不可靠的。普遍命题本来是从大量的经过实践检验的特殊命题中抽象得来的，这种抽象是否正确本身就是一大问题，就需要回到实践中去才能得到检验。如果竟把进行抽象的来源当成了检验的"标准"，岂不等于肯定了只要来源正确，抽象就一定正确，这岂不等于不要检验了吗？

多年来在这个问题上的教训是很多的。某一局部（地区、部门、

---

① 恩格斯：《反杜林论》，《马克思恩格斯选集》第 3 卷，人民出版社 1995 年版，第 483 页。

行业等）的具体经验都是特殊的。如果是成功的经验，当然包括普遍的内容，这些普遍的东西对全局也有指导意义。但是，哪些是普遍的东西，哪些是仅仅适用于局部的东西，并不容易区分，在概括的时候是可能出错的。把仅仅适用于某一局部的东西误认为普遍的东西加以"推广"，那就非犯错误不可。以特殊"检验"普遍，就是承认了凡适用于局部的东西也必定适用于全局，这在逻辑上不通，在实际上也有害。再加上如果这个局部的特殊经验本来就并非正确的东西，其危害性就更大。林彪、"四人帮"树立的许多"样板"就是后一种情况的实例。我们如果也相信局部的特殊的经验就可以作为检验更普遍的理论的标准，也会犯以偏概全的错误。

（三）同等普遍程度的理论互相检验

如果说的是关于不同对象的两种理论的互相检验，例如用力学理论去检验遗传学理论，用俄国革命的理论去检验中国革命的理论，显然不可能。如果说的是关于同一对象的两种理论互相检验，那就等于两个对同一事物持不同看法的人以自己的看法为标准来评判对方的看法，结果是都说自己的看法是真理，永远也无法判定谁的看法是真理。这就等于没有标准。这是非常简单的道理。

总之，以理论为检验真理的标准是行不通的。

有的同志认为，肯定了实践是检验真理的唯一标准，就会否认或者贬低理论的指导作用，包括马克思主义、毛泽东思想的指导作用。这是极大的误解。误解的原因是把指导作用和检验真理的标准混为一谈了。指导作用的含义是指以这种理论所提供的普遍的原理原则为向导，去研究那些尚未研究，或者尚未深入研究过的新事物、新现象，去发现那些事物或现象的特殊的性质和规律，而不是把这些普遍的原理原则往新的事物或现象上硬搬硬套，去剪裁新的研究对象。在马克思主义、毛泽东思想指导下研究新对象所得出的结论是否具有真理性，也还要经过实践的检验才能判定。如果把马克思主义、毛泽东思想本身当成了检验真理的标准，那就必然误认为只要符合马克思主义、毛泽东思想的普遍原理的就是真理，哪里还有研究新事物的任务，又怎么能丰富和发展马克思主义、毛泽东思想呢？至于把马克思主义经典著作中针对某时某地的特殊情况作出的个别论断作为检验真理的标准，甚至把革命领袖的语录作为检验真理的标准，后果就更为严重了。这种理论上的错误，我们党在历史上有过惨痛的教训；"文化大革命"中的灾难也与这种理论上的谬误有极密切的关系。现在是彻底澄清的时候了。只有确立了实践是检验真理的唯一标准，才能把理论的指导作用放在坚实可靠的基础之上，得到符合客观实际的真理性的认识。

三　回答几个诘难

有的同志说，在实际生活中我们用来鉴别是非的标准很多，例如我们多年非常熟悉的区分香花毒草的标准、区分革命反革命的标准、无产阶级革命事业接班人的标准，等等，这些标准虽然是从实践中总结出来的，但本身并不是实践，而是主观范围的东西，它们不是在实际上起着检验真理标准的作用吗？

我认为，这是把用同一语词表达的不同概念混淆起来了。

首先，"标准"这个词可以在不同的意义上使用。比如说可以有政治标准、道德标准、艺术标准，还可以有物体的重量标准、长度标准，有商品的价格标准、职工的工资标准，有产品的质量标准、成本标准，等等。这些都不是认识论的范畴。我们讨论的不是任何别的标准，而仅仅是检验真理的标准，这个标准的唯一作用，就是能够根据它来判定认识同对象是否符合。这是一个认识论的范畴。一切其他含义的"标准"，都不是我们在这里讨论的论题。列宁曾经指出过，像"利己主义"这样的范畴就"根本不是认识论的范畴"，在讨论认识论的问题时说到"利己主义"是"牛头不对马嘴"①。把检验真理的标准和其他意义上的标准混为一谈，也同样是离开了论题。这是一。

其次，上面列举的那些标准，是不是能起检验真理的作用呢？不能。那些标准无非是区别事物性质的标志。它只是说明，如果某物具

---

① 列宁：《唯物主义与经验批判主义》，《列宁全集》第18卷，人民出版社1988年版，第141页。

有如此这般的特征或属性，它就是某物而不是别物，如此而已。至于某物是否具有这些属性或特征，我们关于某物是什么的判断是否真理，并不能靠它来回答，而只能靠实践来回答。例如，尽管我们知道由两个氢原子和一个氧原子构成一个分子的东西是水（这是鉴别水之所以为水的"标准"），仍然不能判定摆在我们面前的这杯无色无味无臭的液体究竟是不是水，也不能检验"这杯液体是水"的判断是不是真理。要检验这个认识是不是真理，还是只有通过物理或化学的实验（比如把这杯液体电解一下），才能得到可靠的答案。检验真理的标准只能是实践。

有的同志说，有些论断只要违反了正确理论，我们就可以直接断定它是错误的，用不着经过实践检验。例如有人"设计"永动机，我们就可以根据他违反了热力学第二定律而断定这种"设计"的错误。这种情况难道不是表明正确理论可以作为检验真理的标准吗？

这里显然存在着对真理标准的误解。

排除谬误和确定真理并不是一回事。当然，确定了一个命题为真，同时也就确定了它的矛盾命题和反对命题为假。就这个意义说，确定了真理同时也就排除了无数的谬误；但是排除了谬误并不一定就能确定真理。从两个否定性的前提得不出肯定性的结论。应当承认，排除谬误在认识史上的意义不可低估，它可以使人们在认识的长途中减少弯路。但是，作为认识的目的和成果的东西主要的毕竟不是否定性的认识而是肯定性的认识。为了在改造世界的斗争中实现预期的目的，我们的任务毕竟是获得真理，而不能只限于排除谬误。例如，医生给病人看病的时候，即使他确有根据地断言这位病人患的不是疟疾，不是伤寒，不是霍乱，不是其他疾病，他还是拿不出治疗方案的。只有他正确地判定了病人患的是什么病，他才能开出有效的处方。因此，作为检验真理的标准的东西，必须具有双重的功能：一方面要能够根据它排除谬误，另一方面要能够根据它确定真理。如果一种方法或手段只能排除谬误而不能确定真理，就不能作为检验真理的标准。违反了正确的理论就是错误的，这只能说明它能帮助我们排除谬误，并不能说明它同时也能确定真理。违反热力学第二定律去"设计"永动机当然是错误的，但是能不能断言凡是不违反热力学第二律的设计一定是正确的呢？显然不能。因为这种设计仍然可能同它所反映的具体对象并不符合。究竟是否符合，还得由实践来判定。因此，像热力学第二定律这样的正确理论也还是不能作为检验真理的标准的。

何况，"凡是违反正确理论的论断就是错误的"这句话本身的真理性也是有条件的，它只有在这个理论的适用范围内才是对的，超出这个范围就不对了。就拿热力学第二定律来说吧，它也只适用于热力学中所说的"孤立系统"（即外界对它影响较弱的有限系统），而不适用于无限的宇宙。因此，只有在"孤立系统"这个范围内我们才可以说，凡是违反了热力学第二定律的论断都是错误的。如果在讨论整个宇宙的问题时仍然坚持这句话，岂不是要断言物质运动不灭的原理是错误的，而"宇宙热寂说"倒是正确的吗？可见，正确理论即使只作为排除谬误的手段，它的作用也是有限度的，更不用说用它来确定真理了。

有的同志说：要量物体的长度，可以拿尺子做标准，也可以拿一根用尺子量过的绳子做标准。经过实践检验的正确理论就好比用尺子量过的绳子，为什么不能代替实践来作为检验真理的标准呢？

这里无非是把检验认识的真理性比做衡量物体的长度。但这是一个不恰当的类比。认识是客观对象在人脑中的反映，检验认识的真理性就是检验认识同它所反映的对象是否符合，而不是检验任何别的东西。可是物体的长度却并不是什么"对象"的"反映"，不存在它同什么"对象"符合不符合的问题；我们去量物体的长度也并不是去检验它的长度同什么"对象"是否符合。这同检验认识的真理性是完全不同性质的两回事，没有可以类比的共同点。这是一。其次，即使把这个类比的不恰当略而不论，也还有第二个问题：尺子和绳子两者都是客观的东西，用绳子或尺子去量物体的长度，都是用客观的东西做标准，并没有原则的区别。正因为这一点，绳子才能代替尺子。如果不是用一根实实在在的绳子来代替尺子，而是用尺子的观念来代替绳子作为"标准"，那么，即使这个观念再精确些，能够用它来量物体的长度吗？理论即使再正确些，也还是主观的东西，它之所以不能代替实践（严格地说，是实践的结果）作为检验真理的标准，也正如尺子的观念不能代替现实的尺子作为测量物体长度的标准一样。可见，这个类比不但没有说明理论可以成为检验真理的标准，而且恰好说明了相反的东西。

逻辑证明与真理标准[*]

陶德麟

两年前开始的真理标准问题的讨论，对于破除反马克思主义的现代迷信、冲决思想网罗，起了振聋发聩的作用。但是，对"实践是检验真理的唯一标准"这个命题的理解，在学术界至今还并不一致，甚至有不小的分歧。例如，有的同志认为经实践检验过的正确理论也可以是检验真理的标准；有的同志认为逻辑证明也可以是检验真理的标准；有的同志认为检验真理的标准不是实践而是客观对象。总之，在这些同志看来，"唯一"标准的说法至少是绝对化、简单化了，不能成立。我个人是同意"唯一"论的。本文只先就"逻辑标准"问题谈一点粗浅的看法。[①]

为了避免"假争论"，需要先明确语词的含义和论题的意义。第一，这里说的"真理"（truth）是指认识与客观对象的符合，"检验真理的标准"（准确些说，是检验认识的真理性的标准）是指判定认识与客观对象是否符合的标准。第二，这里说的"逻辑"是专指传统的和现代的演绎逻辑。因为归纳推理的结论并没有必然性，辩证逻辑则还没有形成一套严密的推理规则，它们之不能作为检验真理的标准现在并无争议，没有特别讨论的必要。第三，这里不是一般地讨论逻辑在认识过程中的作用问题，而是仅仅涉及逻辑的证明作用问题（后者比前者的范围狭窄得多）。一句话，我们要讨论的问题是：作

　＊　原载《哲学研究》1981 年第 1 期。《中国哲学年鉴》1982 年专文介绍。1995 年获国家教育委员会首届人文社会科学优秀成果一等奖。

　①　关于认识的对象能否成为真理标准的问题，作者在《认识的对象是检验真理的标准吗？》一文中论证了自己的观点，载《江汉论坛》1981 年第 1 期。

为演绎推理的逻辑证明是不是判定认识与对象符合的标准？

一

　　除了非理性主义者，谁也不会公然否认逻辑有证明的作用。在现代逻辑的研究和应用取得了巨大成就的今天，否认逻辑的证明作用更是荒谬的。问题不在于逻辑有没有证明的作用，而在于它证明的是什么，能不能由它的证明作用得出它是检验真理的标准的结论。而这就需要对逻辑证明的实质和功能作一点考察。

　　逻辑证明是以确定论题的真实性为目的的演绎推理（反驳是证明的特殊情况，不另讨论）。无论多么复杂冗长的证明，总是由论据、推论和论题组成的演绎推理。论题是待证的命题，是推理的结论，这里无需分析。论据是推理的前提，论证则是按照逻辑规则（即普遍有效的推理形式）由前提过渡到结论的思维活动，这两者是需要分析的。

　　先看论据。论据可以是一个命题，也可以是若干命题。要使演绎推理成为逻辑证明（逻辑证明是演绎推理，但并非一切演绎推理都是逻辑证明），第一个必要条件就是论据全部是真命题，即作为论据的每一命题都与它所反映的对象符合。如果论据全部假、部分假或真假不定，即使推理形式是普遍有效的，结论在事实上也是真的，仍然不成其为逻辑证明。

　　那么，论据的真能不能由逻辑证明来确定呢？回答是否定的。

　　作为论据的命题不外以下几类。

（一）陈述经验事实的命题，亦称经验命题或知觉命题

　　这类命题反映的是可感知的事实，其真假取决于命题的陈述与事实是否符合。要判定这一点，逻辑显然无能为力。符合逻辑和符合事实并不是一回事。说"猫是吃老鼠的"固然符合逻辑，说"老鼠是吃猫的"也决不违反逻辑。我们设想一个逻辑推理能力很强但对地球上的事物（包括猫鼠的生活习性）毫无所知的"外星人"忽然来到我们这里，我们请他用逻辑的方法来判定这两个命题的真假，事情会怎

样呢？他一定会束手无策。因为在他看来，这两个命题在形式上是完全一样的，他怎么能根据"逻辑"来判定孰真孰假？这类命题的真假是只有实践（包括观察和调查）才能作出"裁决"的。

或曰不然。有些命题也是陈述经验事实的，我们却可以从逻辑上判定其真假。例如"这个老年人是人"必真，"这个等边三角形是六边形"必假，又当作何解释？其实，这样的命题并不是陈述经验事实的命题。前者是分析命题，谓词包含在主词之中，相当于说"A集的某一元素属于A集"，其逻辑形式是永真；后者是矛盾命题，谓词与主词互相排斥，相当于说"A集的某一元素属于A集的补集"，其逻辑形式是永假。这两种命题的真假与它们的经验内容无关，而只取决于它们的逻辑形式，当然可以依据逻辑公理来判定。就是说，只要肯定了公理，它们的真假就是必然的了，无须援引具体经验。至于公理的真实性靠什么来证明，正是下面要讨论的。

（二）公理

像逻辑和数学这样的纯演绎科学是以公理为原始论据的。这类科学是公理系统。公理的真实性能不能靠逻辑来证明？不能。有人想去证明欧氏几何第五公设，结果只是徒劳。这是为什么呢？因为任何演绎系统的基本要求就是自洽，也就是不允许自相矛盾；而要不自相矛盾，就会至少有一个命题在本系统中得不到证明（也得不到否证）。假如我们在某一演绎系统中用 A_0 证明 A_1，用 A_1 证明 A_2，用 A_2 证明用 A_3……一直到用 A_{n-1} 证明 A_n，那么用什么来证明 A_0 呢？用从 A_0 到 A_n 的任何命题来证明，都陷入了循环证明，等于不证明。可见像 A_0 这样的命题在本系统中是不可能被证明的，它只能作为不证自明的公理。

那么，在本系统中得不到证明的命题不能在别的系统中得到证明吗？那要看两个系统的关系怎样。（1）如果A系统与B系统的命题不相干，显然不能证明。（2）如果A系统与B系统的命题互相矛盾，也不能证明。例如"平行线不相交"在欧氏几何里是真命题，在非欧几何里却是假命题；"全体大于部分"在有穷集合里是真命题，在无穷集合里却是假命题；这样矛盾的系统当然不可能互相证明。（3）

如果 A 系统与 B 系统不相矛盾并且有某种关系，那么在 A 系统中得不到证明的命题在 B 系统中是可能得到证明的，但 B 系统又会有命题在本系统中得不到证明，又得求助于别的系统。这样一直推下去，公理的证明问题还是不能在逻辑的范围内解决。

这并不是说公理是不反映客观实际的人为约定和任意假设，无所谓真实性，而是说它们的真实性不能由逻辑来判定。欧氏几何和非欧几何的公理当然都是一定的现实空间的特性的正确反映，有客观的真实性，是真理。但逻辑是无法证明这一点的。只有当由这些公理推导出来的结论被应用于特定领域的实践并得到了预期的结果时，公理的真实性才得到了证实。

（三）定理

在纯演绎科学中，定理是以公理为原始论据推论出来的，定理的真实性靠公理的真实性来保证。既然公理的真实性就不能由逻辑证明来检验，定理的真实性当然也不能由逻辑证明来检验。定理是否与客观现实符合，与什么客观现实符合，只有实践才能判定。

至于在经验科学中，定理（或原理）一般说来并不是从公理演绎出来的，而是从经验事实中概括出来的普遍命题。这些经验事实是从实践中得到的（通过观察、实验、调查等），因而普遍命题是否真实也只有由实践来确定。这是显然的。不错，现代的经验科学有许多部门采用的已经不是早期实验科学所采用的纯粹经验的方法，"而是研究人员受到经验数据的启发而建立起一个思想体系；一般来说，这个思想体系在逻辑上是用少数的基本假定，即所谓公理，建立起来的。"① 例如爱因斯坦的狭义相对论就是从两个被视为公理的命题出发的（光在真空中速度不变，与光源的运动无关；在相对做匀速而无转动的直线运动的诸坐标系中一切物理定律等效）。但是，第一，这些公理之所以能被提出，首先还是由于研究人员"受到经验数据的启发"，并不是离开经验凭空构想出来的。第二，这些公理的真

---

① ［美］爱因斯坦：《狭义与广义相对论浅说》，上海科技出版社 1979 年版，第 102 页。

实性要在实践中受到检验。例如相对论的第一个公理就是在迈克尔逊—莫雷的著名实验中得到证实的。第三，这样建立起来的理论体系（它由一系列相互联系的命题组成）究竟是否符合实际，是否真实，逻辑并不能回答，只有实践才能回答。例如广义相对论是得到了水星近日点的移动、光线在引力场中的偏转、光谱线的红向移动的观测证实的。在得到证实以前，爱因斯坦本人也并不认为他的理论就一定符合实际。他在 1916 年还写道："无论如何在未来的几年中将会得出一个确定的结论。如果引力势导致的光谱线红向移动并不存在，那么广义相对论就不能成立。另一方面，如果光谱线的位移确实是引力势引起的，那么对于此种位移的研究将会为我们提供关于天体的质量的重要情报。"① 亚当斯（Adams）通过对天狼星的伴星的观测证实了谱线红移，这才使广义相对论的真实性得到了一个实践上的验证。爱因斯坦完全理解，"理论有存在的必要的理由乃在于它能把大量的个别观察联系起来，而理论的'真实性'也正在于此。"② 至于在化学、生物学、人类学等经验自然科学和各门社会科学中的定理和原理的真实性只有实践才能判定，就无须一一说到了。

（四）定义

以定义为论据是常见的。定义有语词定义和实质定义的区别。

语词定义是对语言符号的意义的规定，被定义的东西不是客观对象而是语词。它无非是说明我们用某一语词去指称某一对象，以便使人们了解我们的陈述，相当于给一个对象取名字。这种定义是约定的，无所谓真假，至多不过要求下定义的时候遵守日常用语或科学用语的习惯而已。我们把"圆"定义为与平面上一定点等距离的点的轨迹，就等于给具有如此这般特性的几何图形命名为"圆"，这就无所谓与客观对象是否符合，无所谓真假。如果有人不愿遵守

---

① ［美］爱因斯坦：《狭义与广义相对论浅说》，上海科技出版社 1979 年版，第 102 页。

② 同上。

这个约定，偏要把"圆"定义为别的什么，那么，只要他交代清楚，也不能说他的定义是假的；至于他在此后的议论中是否首尾一贯，不自相矛盾，那是另一个问题，与定义的真假无关。语词定义既然无所谓真假，当然也就无所谓以什么为标准来检验其真假的问题。

实质定义与此不同，被定义的东西是客观对象。实质定义是对事物的本质或本质属性的断定和陈述，是有真假之分的。与事物的本质或本质属性相符合的断定和陈述是真的，反之就是假的。那么，逻辑能否判定一个实质定义与它所反映的对象是否符合呢？不能，道理同前述的公理或定理的真假不能由逻辑判定一样。例如"国家是全民利益的代表"和"国家是阶级矛盾不可调和的产物"这两个定义哪一个符合国家这个客观事物的本质，从逻辑上是不能判定的，因为两者都符合逻辑；只有阶级社会中的实践才能回答这个问题。

可见，无论哪一类论据的真实性都不能由逻辑证明来确定。逻辑证明的第一个必要条件，它自身就不能保证，它怎么能成为检验真理的标准？

二

再看论证。

逻辑证明的另一个必要条件，是论证的每一个步骤都合乎演绎推理的规则，即遵守正确的推理形式。那么，正确的推理形式能不能成为检验真理的标准呢？回答也是否定的。

第一，推理的形式本身正确与否靠什么来检验？这就是一大问题。为什么我们恰恰把如此这般的推理形式看作"正确"的，而把另一些推理形式看作"不正确"的呢？推理形式的正确性靠什么来证明呢？如果用逻辑来证明，那么在一动手证明的时候就不可能不运用这些推理形式本身，就等于把待证明的东西当成已证明的东西，这本身就违反了逻辑。当然，在证明某种特定推理形式时可以设法避免运用它自身，而只用别的推理形式，但这时别的推理形式是否正确又还是没有证明。就推理形式的总体看，谁要想从逻辑上去证明推理形式的正确性，就无法避免由推理形式自己证明自己，而这也就等于什么也没有证明。可见，推理形式的正确性是不可能由逻辑来证明的，它只能被当作"当然如此"和"无需证明"的规则来采用。这种"当然如此"和"无需证明"，正是因为它已被亿万次的实践证明过了的缘故。例如，为什么我们在推论时都得遵守同一律呢？因为人类亿万次的实践证明了它。原始人在追捕一条野牛的时候，他们将发现这条野牛在整个追捕过程中始终是一条野牛，具有野牛的一切属性；他们只有始终认定它是一条野牛，采取捕野牛的特殊办法追捕它，才可能达到预期的目的。假如他们一方面认定那是一条野牛，另一方面又认定那不是一条野牛，而是一块石头或一棵树，试问他们将如何行动，他们的狩猎还要不要进行呢？可见，若不遵守"如果 X 是 A，那么 X 是 A"这样的推理形式，人们就无法行动，无法生活。这种推理形式的"正确性"就是这样经过无数次的实践反映到人的头脑中来，被无数次的实践所证明，而不是被推理形式自己证明的。列宁说得很精辟："人的实践经过亿万次的重复，在人的意识中以逻辑的式固定下来。这些式正是（而且只是）由于亿万次的重复才有着先入之见的巩固性和公理的性质。"[1]"人的实践活动必须亿万次地使人的意识去重复不同的逻辑的式，以便这些式能够获得公理的意义。"[2]

　　第二，即使把正确推理形式本身如何形成，如何证明的问题存而不论，仅就它形成以后的作用来说，它能不能充当检验真理的标准呢？也不能。正确的推理形式无非是指这样的推理形式：它可以被归结为一个蕴涵式，而这个蕴涵式又是一个重言式，即永真式。检查一种推理形式是否正确，就是看它的相当的蕴涵式是不是永真式。如果把前提和结论的关系归结为 $A \rightarrow B$ 的命题形式，而 $A \rightarrow B$

————————

　　[1]　列宁：《黑格尔〈逻辑学〉一书摘要》，《列宁全集》第55卷，人民出版社1990年版，第186页。

　　[2]　同上书，第160页。

又是永真式，则推理形式是正确的，否则是不正确的。永真式是什么意思呢？它是指这样的命题形式：无论把具有什么具体内容的名词（或命题）代入它的变项，也无论被代入的命题（如果不是名词而是命题的话）是真是假，得到的命题总是真的。例如"如果 P，那么 P"（$P \equiv P$），"不可能 P 并且非 P"（$\neg[P \wedge \neg P]$），"P 或者非 P"（$P \vee \neg P$），等等，就是常见的永真式。一个揭示了前提和结论的关系的蕴涵式是永真式，这表明了什么呢？表明了前提和结论的必然关系是不以前提和结论的具体内容及其真假为转移的。可见，正确的推理形式的实质和功能正在于也仅在于撇开了前提和结论的具体内容，不管前提和结论在事实上真不真，而单从思维的形式结构方面揭示命题间的必然关系。换句话说，推理形式所涉及的只是思维本身的形式结构问题，而不是前提或结论与客观对象是否符合即是否真理的问题。如果问：正确的推理形式能证明什么？回答只能是：能证明前提和结论在命题形式方面的关系，再没有别的。至于前提和结论是不是正确地反映了客观实际，是不是真理，它是不去"管"，也管不了的。

正确的推理形式所能证明的仅仅是逻辑上的蕴涵，即命题形式上的蕴涵，而不包括事实上的蕴涵。例如客观世界里的对象或事件之间的因果关系、函数关系等，是不能由推理形式来证明的。在这一点上，休谟说对了。要想从原因中"演绎"出结果来，是做不到的。同样，演绎也证明不了函数关系。例如，假定我们已知 A 物体的质量为 B 物体质量的两倍，又知道加在 A、B 两物上的力相等，我们也就可以断定 A 的加速度必为 B 的加速度之半。这个断定是不是从两个已知条件"演绎"出来的呢？很像是，其实不是。因为这两个已知条件与我们的断定之间在命题形式上并无必然联系，或者说，虽有必然联系，但只是物理的必然而非逻辑的必然。即使我们作出与此不同的断定，也并不违反逻辑。为什么我们认为只有这样的断定才是正确的呢？是因为我们依据了 F = ma 的经典力学公式。这并不是什么逻辑规则，而是力学公式；它反映的是力、质量、加速度这三个物理量之间的事实上的必然关系（函数关系），而不是三个概念之间的逻辑上的必然关系。这种事实上的必然关系的普遍性是不可能由逻辑推理来证明，而只能由亿万次的实践来证明的。

中国 20 世纪 50 年代讨论逻辑问题时有的同志主张把"正确性"和"真实性"加以区别，我认为这种意见是很对的，对我们当前的讨论仍有意义。卡尔纳普（R. Carnap）把"逻辑上有效"（L-valid）和"物理上有效"（P - valid）加以区别的说法也不无合理的成分。所谓"正确"或"逻辑上有效"相当于通常说的"合乎逻辑"，是指推理形式正确（前提蕴涵结论）；"真实性"或"物理上有效"，则相当于通常说的"合乎实际"，这才是指命题是真理。逻辑只能证明前者而不能证明后者。人们常常在说到逻辑证明的场合叫"证明"（proof），而在说到实践证明的场合则叫"证实"（verification）或"确证"（confirmation），这并不是无意义的咬文嚼字，而是为了表示两者在性质和功能上的区别。当然，问题不在于用语，"实践证明"并非不可以说，而在于"实践证明"和"逻辑证明"所解决的问题确实是不同的，不应该混为一谈。

或许有的同志会说：如果前提的真实性已被实践证明，不就可以推出结论的真实性吗？在这种情况下，结论的真实性不就是由正确的推理形式确定的吗？看来很像是这样，但实际上并不是这样。在这种情况下，结论的真实性本来就被蕴涵在前提之中，早就同前提一起被实践证明过了。推理的作用不过是把已被实践证明了的真实性揭示出来而已。打一个不完全恰当的比喻：一个进行了犯罪活动的人，他的犯罪性质在他作案完成的时候就已经在客观上确定了（即使当时没有任何人知道也一样），法庭宣判时所作的推论不过是依据他的作案事实把他的犯罪性质揭示出来而已。证明此人是罪犯的并不是逻辑推论，而是此人的犯罪活动的事实。

第三，正确的推理形式之不能检验真理，在前提为假的情况下显示得更清楚。从假前提出发，按照同样的正确推理形式，既可以推出假结论，也可以推出真结论（假前提不仅蕴涵假结论，也蕴涵真结论）。试看下面的两个推理：

（甲）　　所有的鸟都是植物　　　（假）

　　　　　所有的狗都是鸟　　　　（假）

　　　　　————————————

　　　　　所有的狗都是植物　　　　（假）

（乙）　　所有的鸟都是哺乳动物　　（假）

　　　　　所有的狗都是鸟　　　　（假）

　　　　　————————————

　　　　　所有的狗都是哺乳动物　　（真）

　　这两个推理的前提都假，在这一点上没有区别；推理形式都正确，而且是同一个推理形式（"所有的 M 是 P""所有的 S 是 M"，所以"所有的 S 是 P"），在这一点上也没有区别。可是得出的结论却一个假，一个真，截然相反。如果一个人根本没有生物学的知识，仅以推理形式为标准，能检验得出究竟哪一个结论是假的，哪一个结论是真的吗？显然不能。这就表明了正确的推理形式只能揭示前提和结论的逻辑蕴涵关系，而不能判定结论的真假。

三

　　有的同志说，上面这些道理至多不过说明逻辑不是检验真理的最终标准罢了，这一点我们并不反对。可是不管怎么说，如果前提真并且推理形式正确，则结论必真，这总是无可否认的吧，而这就是逻辑证明的威力所在。我们说逻辑证明也是检验真理的一种标准，也无非就是这个意思。这又有什么不对呢？

　　是的，逻辑证明作为演绎推理，有它的必然性、强制性。否认了这一点就等于否认了逻辑证明的存在权，连这个名词都该取消了。这当然很荒谬。可是，只要哪怕是极粗略地考察一下人类认识的历史，就不难发现这样的事实：尽管人们从自认为（而且公认为）千真万确的前提出发，极严格地遵循演绎推理的规则去进行推理，因而极自信地认为得出的结论必定为真，但实际的结果还是常常（虽然不是每

次如此）出乎意料地错误，使自己大吃一惊。这是为什么呢？是因为
实践已经超出了前提的有效范围。这并不表明演绎推理的规则不灵
了，而是表明原来被人们当作"千真万确"的前提并不是在任何范
围内都是千真万确的。那么，难道我们不可以对某种真前提的有效范
围一劳永逸地作一个完全正确的规定吗？可惜，这是做不到的。人们
的认识不可能超越具体的历史条件。任何时代的人们都只能根据当时
的实践所揭示、所证实的情况对某一真命题的有效范围作出规定——
这是应当和可能要求于人们的一切。这个规定与这个真命题的实际有
效范围是否一致呢？可能一致，也可能不一致。如果不一致，也并不
是在任何情况下都可以发现的。只有当实践的触角伸进了以前没有估
计到的新领域时，才可能发现原来的规定与实际情况不符。而在此之
前，人们还是可以心安理得地把某个真命题连同人们对它的有效范围
的规定一起当作"千真万确"的前提来进行推理，得出仿佛"万无一
失"的结论的。这正如在篮球场上奔跑的运动员如果事实上没有出
界，即使"忘记"了球场的界线也无关紧要一样。可是"界线"毕
竟客观存在，并不因为忘记了它而消失掉。如果不估计到它，运动员
闯出了"界线"之外的时候就会大吃一惊，觉得不可理解。列宁说：
"每一科学原理的真理的界限都是相对的，它随着知识的增加时而扩
张、时而缩小。"① 这里说的正是这种情况。例如，实践证实了经典
力学的公式是真命题。在什么范围内真呢？人们长期没有想到这个问
题（因为实践还没有提出这个问题），于是按照当时的认识水平对它
的有效范围作了一个规定，然后以它为前提进行推理。这种推理也许
进行过亿万次，每次的结论都没有超出经典力学公式的实际有效范
围，事实上都是真的，因而也就没有发现这里面还有什么问题。可
是，当实践的触角伸进了前所未知的微观现象和宏观高速（接近光
速）现象时，以经典力学的公式为前提推出的结论就不是真命题，这
就表明了经典力学的公式在这个领域里并不是真命题。只有在这个时
候人们才可能认识到经典力学公式的真理性的界限，才可能知道原先

_____

① 列宁：《唯物主义与经验批判主义》，《列宁全集》第 18 卷，人民出版社 1990 年
版，第 135 页。

对它的有效范围的规定超出了它的实际有效范围，因而以此为前提推出的结论并非在任何范围内都必然是真的。像这种由于推理的前提超出了实际有效范围而推出了错误结论，终于被新的实践所揭露、所修正的情况，在科学史以至整个认识史上是屡见不鲜的。可以说，没有这种"超出"和"修正"就没有科学的发展和认识的进步。试想，如果认定从经典力学公式合乎逻辑地推出的结论无论在什么范围里都无可怀疑的是真理，无须实践的检验，相对论和量子力学还有出世的权利吗？

有的同志反驳说：你这里说的实际上并不是由真前提合乎逻辑地推出的结论，而仅仅是由被误认为真而实际上假的前提合乎逻辑地推出的结论，这样的结论真不真当然不能由逻辑来判定。可是，如果我从被实践充分证实了的、确凿无疑的真前提出发来进行推理，那么我就可以仅仅根据推理形式正确这一点来断定结论的真，不需要再诉诸实践。如果还说要诉诸实践，那在理论上就是否认了演绎推理的必然性，在行动上就是迂腐可笑了。

我认为这种说法是似是而非的。如果不作脱离人类认识的实际历史进程的抽象议论，恐怕很难否认：在任何特定历史条件下被一切严谨的科学家、思想家当作前提来进行推论的命题，总是被当时的实践所充分证实，因而有理由被认为确凿无疑的命题。然而进一步发展了的实践往往会揭示出这样的情况：人们当时对这个或这些命题的有效范围的规定并不符合实际，因而包括有效范围的规定在内的整个命题并不是真命题。但是，我们在这个问题上只能是"事后诸葛亮"。我们只有在新的实践"教训"了我们之后才可能由结论的错误反推出前提的错误。我们今天之所以能傲然地说17世纪、18世纪、19世纪的物理学家进行推论的前提不过是被"误认"为真而实际上假的前提，那是因为我们生活在相对论和量子力学诞生之后，否则我们也不可避免地会这样"误认"的。不宁唯是，我们今天认为确凿无疑的命题，会不会被实践的进一步发展表明也是一种被"误认"为真的命题呢？我看，"后之视今，亦犹今之视昔"，我们这一代人也并没有绝对免除错误的专利权。可见，要想一劳永逸地找到连有效范围的规定都绝对不会错误的科学定律作为推论的前提，那只是违反认识规律的幻想。如果以为只有这样的命题才有资格充当推论的前提，我们就只有停止推论；而停止推论也就是停止思维，停止认识，科学的发展也就完结了。人类认识的实际进程完全不是这样的。人们总是以被当时的实践证实了的真命题为前提来进行推论，同时又估计到此时此地对这个或这些命题的有效范围的规定可能有错，因而并不迷信推论的结论；而当推论的结论与新的实践所揭示的事实发生矛盾的时候，不是用裁剪事实的办法来固守结论，而是以尊重事实的态度来修改结论，修改原先对前提的有效范围所作的不符合实际的规定。这是科学发展的必由之路。显然，在这里起着检验标准作用的正是不断发展着的实践，而不是逻辑推理。

还有一种诘难说：数学定理难道不是真理吗？它们不是由推导来证明并且仅仅是由推导来证明的吗？

数学的来源、对象和本质是很复杂的问题，直到今天也还在激烈争论。这些争论在这里不必赘述。这里需要指出的是：在什么意义上我们说数学定理是真理？我们认为，说数学定理是真理（truth），除了指它们与客观世界的量的关系或空间关系相符合以外，没有别的意义。那么，数学定理是不是正确地反映了这种客观的关系呢？这恰恰是推导所不能证明的。为什么？因为数学的原始论据是公理，推导所遵循的是逻辑规则。公理本身是否与客观现实符合，逻辑规则本身是否普遍有效，推导尚且不能证明，它又怎么能证明由公理推导出来的定理是否与客观现实符合呢？爱因斯坦说过："'真实'这一概念与纯几何学的论点是不相符的，因为'真实'一词我们在习惯上总是指与一个'实在的'客体相当的意思；然而几何学并不涉及其中所包含的观念与经验客体之间的关系，而只是涉及这些观念本身之间的逻辑联系。"① 又说："几何观念大体上对应于自然界中具有正确形状的客体，而这些客体无疑是产生这些观念的惟一渊源。"② 这些话是对的，不仅适用于几何学，而且原则上也适用于其他门类的数学。数学推导所证明的，只是数学概念之间的逻辑联系，公理和定理之间以及

---

① ［美］爱因斯坦：《狭义与广义相对论浅说》，上海科技出版社1979年版，第3页。
② 同上。

定理和定理之间的逻辑联系。至于这些概念、公理和定理与客观世界的客体（或关系）是否符合，即是否真理，数学推导是没有证明也不能证明的。只有把这些概念、公理、定理应用于各门经验科学，通过亿万次的实践，才能解决这个问题。

四

这样说来，逻辑证明对检验真理岂不是没有任何作用了吗？

不，并不是这样。我们说逻辑证明本身不是检验真理的标准，并不是说它在检验真理的过程中没有作用。相反，它的作用是巨大的，不可缺少的，而且是不可代替的。[①]

第一，结论的真实性虽然已被蕴涵在前提之中，在前提被实践证明的同时就已被实践证明，但前提与结论的蕴涵关系并不是可以一望而知的。当它还没有明晰化的时候，人们并不容易认识到这种关系的存在。即使知道了前提真，也未必就知道结论真。在欧氏几何中"平行线内错角相等"的命题蕴涵着"三角形三内角之和等于两直角"，但是如不经过一番推导，即使知道了前一命题的真，也未必知道后一命题的真。同样，即使知道了方程式 $x^2 - 7 + 12 = 0$ 正确地反映了某种客体间的关系，是真的，但是如不经过一番演算，也未必能一眼看出 $x = 3$ 或 $x = 4$ 是真的。像这样极简单的蕴涵关系尚且如此，复杂的蕴涵关系就更不用说了（有的蕴涵关系甚至需要经过若干亿次的推论才能揭示出来）。逻辑能够把前提和结论的蕴涵关系明晰地揭示出来，把虽然已被实践证实但还不为人们所知道的真理确切地陈述出来，这对于达到检验真理的目的来说就绝不是可有可无的。没有它的辅助，已被实践证实了的真理也往往不为人们所知道和确认。正如一个人的犯罪行为虽已发生，但如不经过调查核实并作出合乎逻辑的推论就不能确认此人是罪犯一样。

---

① 关于这个问题，作者在《实践怎样检验认识?》一文中论证了自己的观点，此文是作者1981年8月1日应教育部政治理论教育司之邀在全国政治理论课教师研习班作的报告。原载中国人民大学《辩证唯物主义原理》讲习班材料（9），收入武汉大学出版社2007年9月出版的《陶德麟文集》和2012年学习出版社出版的《学习理论文库·陶德麟自选集》。

　　这里顺便说道，有的同志认为逻辑证明根本不能提供任何新知识。此说未免失之偏颇，我未敢苟同。诚然，演绎推理（包括逻辑证明）的结论是被前提所蕴涵的，从这一点说，演绎推理确是同义反复（tautology）。但是，关于前提的知识并不等于关于结论的知识。演绎推理能把蕴涵在前提中的结论揭示出来，使人们知道前所未知的东西，这也就是提供了新知识。如果不能提供新知识，那就无异乎说只要承认了为数不多的几条公理就等于精通了某门演绎科学，一切演绎科学的著作就都成了废话集了。

　　第二，在如何组织实践的检验上，逻辑的辅助作用也不可缺少。如果我们要用实践来检验一个命题的真假，就不能不碰到这样的问题：用什么实践来检验？通过什么途径来检验？是直接检验这个命题还是通过检验别的命题来检验它？这就需要进行一番"设计"。要使"设计"能达到有效地检验命题的目的，除了借助于已有的经验知识以外，还少不了运用逻辑。即使检验最简单的经验命题，也必须如此。例如我们要检验"这只梨是甜的"这个命题真不真，是怎样检验的呢？当然，吃一口就是了。但是，我们怎么知道恰恰是用"吃"这种实践去检验这个命题，而不是用别的实践（例如把梨砸碎、把梨扔到水里等）去检验呢？这是因为我们从以往的实践经验知道了这样一种必然关系的存在："X 是甜的，当且仅当 X 被人吃并且人产生甜的味觉。"把这个关系式用于这只梨味的检验，就得到："如果我吃这只梨并且我尝到甜味（前件），那么这只梨是甜的（后件）。"于是我们的任务就变成了去检验"如果我吃这只梨并且我尝到甜味"这个前件是否真。而这个前件又是"我吃这只梨"和"我尝到甜味"这两个命题的合取；只有这两个命题都真，前件才真。于是我们的任务又变成了分别去检验这两个命题的真假。首先，我们用行动保证"我吃这只梨"是真的。然后，如果我的味觉没有毛病，因而可以确定"我尝到甜味"也是真的，那么"我吃这只梨并且我尝到甜味"就是真的。前件既然真，后件也必真。这样，"这只梨是甜的"的真实性就被证实了。像这样最简单的经验命题的检验尚且如此，复杂的就更是如此。如果要用实践来检验一个普遍命题的真假，其"设计"的复杂，需要调动的逻辑手段之多，就更不用说了。很显然，没有逻

辑的辅助，一个待检验的命题摆在我们面前，我们也会不知道用什么
实践、通过什么途径来检验它。

第三，在如何确定实践结果对检验真理的意义上，逻辑的辅助作
用也是显然的。实践的结果总是某种经验事实。这种经验事实说明了
什么呢？它是不是确实证实了我们想要证实的命题呢？要确定这一点，
一方面要检查我们的检验"设计"是否合乎逻辑，一方面还要对实
践结果进行逻辑的分析，也就是说，要仔细检查表述实践结果的命题
与待检验的命题之间是否确有逻辑联系，以及这种联系的意义如何。
常常有这样的情况：我们想用实践来证明命题 P，实践的结果 Q 所实
际证明的并不是 P 而是 P'，而我们却认为 P 已经由 Q 得证。这就弄错
了。这种错误，有时大科学家也不能免。巴斯德的著名实验本来并没
有证明生命在任何条件下都不能由无生命的东西产生，而他却误认为
证明了，就是一例。

总之，逻辑证明在检验真理过程中不是不起作用，而是起着不可
缺少的重大作用。这种作用必须予以充分估计。我想说明的只有一
点，就是：不管它的作用多么重大，就其性质来说也还是一种辅助作
用，它不是也不能是检验真理的标准，因为在确定认识与对象是否符
合这一点上，实际的"判决"者并不是逻辑，而是实践。我们说逻
辑证明不是检验真理的标准，其意义正在于此，也仅在于此。

参加1978年真理标准
讨论的前前后后[*]

陶德麟

今年是真理标准大讨论和党的十一届三中全会召开三十周年。三十年不过是历史的一瞬，然而这三十年改革开放实践引起的变化对我们祖国前途和民族命运具有决定意义。这一变化的发端就是真理标准大讨论。这场大讨论的历史是不能淡忘的。许多当事人已经发表了不少回忆文章，从不同的角度介绍了这场讨论。我只是参与这场讨论的普通一兵，同理论界的一批同志一起尽了一点微薄之力。十年前我在一次会议上介绍过一些亲身经历的情况①，但没有见诸文字。今年有两家报纸要就这次讨论的情况采访我，这才又一次引发了我的回忆。除了回答采访的问题外②，我想借此机会提供一些并非众所周知的情况，算是对其他文章的补充吧。

灾难·沉思·觉醒

我参加真理标准大讨论可以说是历史的安排，这与我的经历有关。

"文化大革命"前我是武汉大学哲学系的青年讲师，同时也是李

＊　此文原载《马克思主义哲学研究》2007年辑，湖北人民出版社2008年版。

①　指1998年5月14日在南京大学举行的全国高校纪念真理标准讨论二十周年学术研讨会。

②　见《楚天都市报》2008年1月9日T2—T3版《纪念改革开放30周年大型系列报道之一——凝思》，载《穿越丛林的响箭》一文。

达同志的科研助手。1961 年毛主席委托李达同志编著《马克思主义
哲学大纲》时，我被李达同志指定为主要执笔人，与其他几位青年教
师在李达同志指导下兢兢业业地工作，总想尽最大的努力完成好毛主
席委托的任务。可是，正当上卷送审稿完成的时候，"文化大革命"
突然爆发了。由于错综复杂的政治原因，李达同志竟被打成"武汉大
学三家村黑帮总头目"，遭到残酷批斗，两个多月就含冤去世了。他
领导的毛泽东思想研究室被打成"反毛泽东思想的黑窝"，他重新创
办的武大哲学系有 12 位教师被打成"黑帮分子"。我作为他的助手，
当然在劫难逃，年仅 35 岁就被打成了重要的"黑帮分子"，运动一开
始就被日夜批斗，勒令交代"罪行"，与武大的 180 多名"李达三家
村黑帮分子"一起被押送到武汉附近的东升公社接受监督劳动改造。
1967 年初，武大的部分师生对李达"三家村"案提出了质疑，发动
了翻案活动，我和哲学系的余志宏、李其驹、萧萐父、康宏逵几位干
部和教师也参加了为李达同志翻案的活动，随后就背上为"反革命"
翻案的罪名被打成了所谓"5·16 分子"，受到更残酷的打击，全家
老小都受到牵连，惨苦不堪。我在农村劳动改造了八年，坐过单身牢
房，干过各式各样摧残性的体力劳动，有几次险些丧命。直到 1974
年李达同志在毛主席和周总理干预下平反后，我才因病调回学校，被
安排在政治理论教研室给工人理论班讲课。但我在当时学校军工宣队
领导人心目中仍然是有严重问题的人，讲课不过是另一种监督改造的
形式，是不能表扬的。这种处境一直延续到粉碎"四人帮"以后两
年也没有得到根本改善。

　　在十年"文化大革命"的惨苦环境中我在想什么呢？起初我是被
打懵了，只觉得昏天黑地，看不到光明。我不服，但想不清楚到底是
怎么回事。我想，李达同志在那样艰难困苦的环境中为坚持马克思主
义战斗了几十年，他是"坏人"么？成千成万的老革命，成千成万
对祖国人民做出巨大贡献的各界人士，成千成万的善良的老百姓，都
是"坏人"么？我自己是"坏人"么？我无论如何也接受不了。在
人们高唱"全国山河一片红"的时候，我感受到的却是人民的苦难
和祖国的沉沦。我精神上的痛苦远远超过肉体上的痛苦。我被迫一边
劳动改造，一边学习当时权威理论家们宣传的"最高最活的马克思主

义"。但这种"马克思主义"却让我越学越无法理解。一方面讲"实事求是",一方面又大搞假材料,制造大批的冤案;一方面批英雄史观,一方面又狂热地鼓吹个人崇拜;一方面讲认识需要在实践中多次循环往复,认识过程中错误难免,一方面又说领袖能"洞察一切",领袖的话"句句是真理";一方面说"马克思主义并没有结束真理",一方面又说在我们这里已经到了"顶峰";一方面说生产力是社会发展的最终决定力量,一方面又猛批"唯生产力论",鼓吹精神万能论和上层建筑决定论;如此等等,不一而足。这些连健全常识都无法接受的谬论能叫做马克思主义么?我怀疑了,愤怒了,感到受了极大的欺骗,人们也正在受着欺骗。这样下去,不仅我个人"永世不得翻身",整个中国的前途也将不堪设想。我当时虽然不敢吭声,但心里却逐渐明白了:也许中国正在歧路上彷徨。我从迷惘和绝望中苏醒过来,朦胧地看到了希望,相信中国人民不会听任国家就此沉沦,中国的局面总有一天会改变。我在 1974 年偷偷写下的一首小诗可以代表当时的心情:

> 临歧自古易彷徨,我到歧前不自伤。心境长随天上月,如环如玦总清光。

1976 年 10 月粉碎了"四人帮",举国一片欢腾,我自然也兴奋了一阵,但很快就被打进闷葫芦里了。一则我自己的处境并没有实质性的改善,学校领导还是"文化大革命"中的原班人马,他们还是把我当作异类。二则过了不到四个月(1977 年 2 月 7 日),《人民日报》、《红旗》杂志和《解放军报》就发表了社论,宣布了著名的"两个凡是",等于说"文化大革命"并没有错,错的只是林彪、"四人帮"歪曲了"文化大革命"。"文化大革命"的运动是"结束"了,"文化大革命"的理论基础、路线方针还是不能触动,还要继续贯彻,乃至"文化大革命"造成的冤假错案也不能平反。可是,按"文化大革命"的老路走下去,中国还有希望实现周总理生前提出的四个现代化吗?中国还有光明的前途吗?我的心情郁闷依然,不能不进一步思考问题的症结究竟何在。

　　1977 年 9 月，中国社会科学院忽然给我发来了请柬，要我去北京参加纪念毛主席的《实践论》和《矛盾论》发表 40 周年的理论讨论会。我整整 11 年没有跟外界发生联系，以我的处境，收到这样的请柬自然非常惊喜。可是当时武大的领导不同意我去。经过抗争，他们因为毕竟拿不出站得住脚的理由，只好勉强同意，但特地派一位"可靠"的教师跟我"一道"去，这"意义"不说自明。

　　9 月 20 日，我到了阔别多年的首都，下午 2 时到《红旗》杂志隔壁的会场参加大会。我迟到了一天，会议已经开始。可是到会的师友们看到我来了都热烈地鼓掌欢迎，有的同志噙着热泪紧握我的手说："你受苦了！""想不到我们还能见面！"那种劫后重逢的感人场面是我终身不能忘记的。哲学界的许多知名人士都到会了，还有部队的同志、大庆油田的同志、新华社、各大报社、杂志社、出版社、北京市委宣传部、教育部的同志共 300 多人。军事科学院副院长郭化若同志在发言中特别讲到，他在延安的时候毛主席对他说过，李达同志的《社会学大纲》毛主席读了十遍，称赞这是中国人自己写的第一本马克思主义哲学教科书；李达同志的《经济学大纲》毛主席也读了三遍半，也准备读十遍。奉命"陪同"我去的那位教师后来也主动地对我说，他见到那种场面也非常感动，受到很大的教育。

　　会议期间，我与邢贲思、赵凤歧、陈筠泉、陈中立等同志交流了思想，看法完全一致。那时邓小平同志刚刚恢复党内外一切职务①，我们还不知道他在两个月前就尖锐地批评了"两个凡是"②，但我们对"两个凡是"的错误是有认识的。我们谈到，给全民族造成浩劫的"文化大革命"怎么竟然会在一个 10 亿人口的大国里形成骇人听闻的狂热，持续十年之久？为什么中央主要领导人现在还不觉悟？"文化大革命"的畸形的历史会不会重演？怎样才能防止重演？我们认为，造成"文化大革命"的原因虽然非常复杂，不止一端，一时也说不清楚，但有一点是清楚的，那就是"文化大革命"的一套"理论"

---

　　① 1977 年 7 月中共十届三中全会通过决议恢复邓小平同志党内外一切职务。

　　② 1977 年 5 月 24 日，邓小平同志在同中央两位同志谈话时批评了华国锋同志坚持的"两个凡是"（见《邓小平文选（一九七五——九八二）》，人民出版社 1983 年版，第 35 页）。

所起的误导作用。这套理论以超等"革命"的面貌把广大群众特别是毫无经验的青年学生的思想完全搞乱了，成了把人们引入迷途的符咒。不从根本上驳倒这套"理论"，就谈不上纠正"文化大革命"的错误，防止"文化大革命"的重演或变相重演。而这套错误"理论"的根子正在哲学，正如民主革命时期"左"右倾错误路线的根子在哲学一样。要驳倒"文化大革命"的错误理论，就必须从哲学入手。我们当时认为，影响最大的错误哲学观点有两个：一个观点是"五·一六通知"提出的在真理问题上无产阶级与资产阶级没有平等可言。按照这种观点，一个判断是不是真理，不看它是否符合实际，而看它是出自"无产阶级"之口还是出自"资产阶级"之口；而谁是无产阶级和资产阶级，又是由"中央文革小组"钦定的。这就根本取消了马克思主义关于真理的科学概念，可以由掌权者任意妄断了。另一个观点是检验真理的标准不是实践，而是领袖的"最高指示"。这就根本窜改了马克思主义关于真理标准的科学论断，实际上没有标准了。只要认可了这两个哲学观点，"文化大革命"的全部"理论"都可以顺理成章地炮制出来，甚至要炮制更荒谬的"理论"也毫无困难。所以，我们痛切地感到，只有下功夫驳倒这两个荒谬的哲学观点，摧毁"文化大革命"全套理论的哲学基础，才能从根本上挣脱"两个凡是"的枷锁。我也就是在那时打下了思想基础，下决心为祖国和人民的利益而斗争，再一次受到打击也在所不惜。但是，"两个凡是"是当时中央的最高领导人坚持的，几乎成了不可逾越的政治栅栏。谁想跨越这个栅栏，很可能又是"反革命"了。在那种气候下，要找到突破这一禁区的方法，真是谈何容易！

参加真理标准讨论会：登上破冰之船

1978 年 5 月 11 日，《光明日报》特约评论员的文章《实践是检验真理的唯一标准》发表了。我当时并不了解这篇文章的写作由来和背景，但我意识到这是在向"两个凡是"开炮了。我接触的教师在私下谈话中有的偷偷地表示赞成和高兴，有的表示反对，多数人则非常谨慎，三缄其口，讳莫如深；有消息灵通人士还说中央认为这篇文章是"砍旗"的"毒草"。后来北京的朋友们也传来各种各样的信息，说这篇文章引起了轩然大波，有热烈赞同的，也有愤怒指责的，指责的人当中有人说一看到这篇文章的标题就知道作者的"狼子野心"，认为作者应该被判刑。但无论如何，我感到这场期盼已久的斗争已经拉开序幕，再也捂不住了。

　　过了一个多月，1978 年 7 月 4 日，我收到中国社会科学院发给我的请柬，说 7 月 17—23 日在北京举行"理论与实践问题哲学讨论会"（这是当时为了避免受阻而用的一个比较含糊的名称，实际上就是真理标准讨论会），请我出席并准备论文，论文先打印 200 份。在请柬后面附了几句话，说在武汉大学只点名邀请了我一个人，另外给哲学系一个名额。当时中国社会科学院的领导已经知道当时武大领导的政治态度，也知道学校对我的压制，所以这份请柬是直接发给我个人的。当时我在政治理论教研室当教师，经过考虑，还是在 7 月 8 日把这份请柬给教研室陈主任看了，意思是告诉他有这么回事。陈主任说这事必须请示党委，要我等着，但就是不回信。我向教研室另一位负责人提出：如果党委不同意，就请告诉我是谁不同意，为什么不同意；再者，参加这个会是我的权利，无论党委同意不同意我都是要去的。后来他们托一位老教师向我"转达"党委的意见：（1）同意我去开会；（2）要我填一张表，由党委盖章；（3）我的论文写好后要经过党委"看一看"，党委同意后可以帮我打印。我说，中国社会科学院的请柬是发给我个人的，我不代表学校，没有必要填表，也无须党委盖章；我也没有论文，无须打印。但党委一直拖着不表态。社科院估计我肯定是受阻了，又特地在 7 月 10 日给我发来电报说："请准备专题发言。哲学问题讨论会秘书组。"这封电报是发给武大党委转我的，党委也就不好再正面阻挠，算是勉强同意了。我 14 日就去了北京，同去的还有武大哲学系的朱传棨老师，他在"文化大革命"中也是因为参加为李达同志翻案而挨整的。16 日我们到了开会的地点：北京左家庄朝阳区委党校。会场的条件很差，每间房里挤着住十几个人，大热天洗澡都不方便。到会的同志表情都有点神秘，相互交谈都非常谨慎。有位湖南的与会者悄悄对我说，他来的时候省委领导打了招呼，说中央对这个会的态度不明确，叫他不要发言，听听就是了。

　　当天晚上，哲学所的邢贲思同志找我去开了领导小组的会，参加的有哲学所的汝信、赵凤歧、陈筠泉、陈中立等同志，还有《光明日报》评论员文章《实践是检验真理的唯一标准》的最初作者、南京大学的胡福明同志（我们是第一次见面）。这个小会把这次讨论会的来历和主题点明了，分了六个组，胡福明同志和我在一个组，他是组长，我是副组长。第二天（17 日）先开全体大会，孙耕夫同志主持，社科院副院长邓立群同志作了一个很好的报告。下午分组讨论，空气就有点紧张了。有几位代表发言之后，忽然有位代表站起来很气愤地说："这是个什么会？想干什么？是举旗还是砍旗？我不参加了！"说完就悻悻而去。但讨论还是继续进行，并没有受影响。以后几天都是大会发言和小组讨论交叉进行，大会的会场变换了几次。大家发言的观点虽有差异，讨论的气氛还是正常的，没有剑拔弩张的争吵。这当中忽然传来了小道消息，说党中央不支持这个会，一位主要领导同志还大发脾气，空气又紧张了。但会议领导小组并没有受影响，继续坚持开会。我记得中央党校的吴江、《人民日报》的汪子嵩、《光明日报》的马沛文、南京大学的胡福明、社科院的邢贲思等同志的大会发言都是旗帜鲜明地坚持实践是检验真理的唯一标准的，有些同志也赞成实践标准，但有些保留和疑问。23 日下午，我作了大会发言，题目是《关于真理标准的几个问题》，陈述了三个问题：（1）"实践是检验真理的唯一标准"是马克思主义哲学的根本原理，在实践标准之外另立真理标准是理论上的倒退。林彪、"四人帮"在"文化大革命"中造成灾难的理论基础就是在真理标准问题上以"语录标准"和"权力标准"取代了实践标准。（2）理论不是检验真理的标准，正确的理论也要经过实践检验才能证明它的正确性。（3）回答几个诘难。23 日举行闭幕式，周扬、冯定、温济泽几位老同志发言后就散会了。我的大会发言受到了多数同志的肯定，同年《哲学研究》第 10 期发表了。但是由于当时的政治气候，发表时不得不把前两部分删去了。①

我参加这次讨论会后感受到的精神解放的喜悦是很难以言语形容的，仿佛从阴暗狭窄的囚笼里一下跨到了清明宽阔的原野。我当时写了一首《西江月》的词来抒发这种感情：

> 山外骄阳暗下，林间好月初悬。微风过处听鸣蝉，一派清光如鉴。　　回首人间颠倒，消磨多少华年。凭他沧海起狂澜，我自冰心一片。

我从北京回来后，日子并不好过。当时的学校领导对真理标准问题的态度还是暧昧的，实际上是抵制。他们要我去汇报，但对汇报的内容不表态，根本不提要我传达这次讨论会的事。1978 年提副教授也仍然没有我的份。李达同志生前受毛主席委托主编的《马克思主义哲学大纲》因"文化大革命"初期李达同志被迫害致死而未能出版，1978 年人民出版社派金春峰同志找我，委托我修订出版，他们也一再阻挠。② 但当时的省委书记陈丕显同志是支持这次讨论的。湖北省、武汉市有好几个单位请我去作报告，我讲了好几场。那时许多干部群众受"两个凡是"的影响很深，我讲的内容与他们在"文化大革命"中习惯了的一套大不相同，他们好像闻所未闻。虽然鼓掌的人不少，但面露惊讶之色的也大有人在。下面递了一些条子，有热烈赞同的，也有质疑的，质疑的中心问题就是毛泽东思想和毛主席的话是不是检验真理的标准，我只好耐心解释。有一次，一位主持报告会的同志在

---

①　这两部分的内容见《关于真理标准的几个问题》一文，载《陶德麟文集》，武汉大学出版社 2007 年版，第 140—150 页。此次收入本书的是当时发言的全文。

②　李达同志受毛主席委托主编的《马克思主义哲学大纲》上卷唯物辩证法部分完成于 1965 年冬，送毛主席和其他中央领导同志审阅，拟俟下卷唯物史观部分完成后一并出版。1966 年"文化大革命"开始，这本书被打成"黑书"，上卷送审稿和下卷未完稿抄家时被洗劫一空。1974 年李达同志平反后，原在武大哲学系资料室工作的刘善应同志把他偷藏的一本送审稿秘密地送给了我。1974 年人民出版社社长薛德震同志要我将此书修订出版。当时的武大领导说我有"问题"，不让我去修订，不同意在书中出现我的名字。人民出版社只好请我在家里修订了寄给他们。此书上卷在 1978 年 6 月以《唯物辩证法大纲》的书名出版，并注明了我根据李达同志生前的委托对原稿做了必要的修订。至于下卷唯物史观的部分书稿则始终找不到，只好付诸阙如。

我报告结束后好意地提醒我说，如果不把毛主席的话作为检验真理的标准，恐怕会犯错误。我只好对他说，实践是检验真理的唯一标准这句话本身就是毛主席的话，你看看《实践论》和《人的正确思想是从哪里来的?》就知道了。他还不放心。我当场拿出书来把原话找给他看了，他才高兴地说："原来这话真是毛主席说的，那没错，我放心了!"可见当时人们的迷醉到了什么程度，要回到正确观点有多么艰难! 后来各个省市自治区的负责人或先或后地表态支持实践是检验真理的唯一标准的观点，陈丕显书记又以湖北省委的名义请邢贲思、汪子嵩、马沛文三位同志到湖北来作报告，旗帜鲜明地宣传实践标准，空气才逐渐转变了。12 月 13 日，邓小平同志在中央工作会议闭幕会上讲话明确地肯定了真理标准讨论"很有必要，意义很大""从争论的情况看，越看越重要"，并指出这场争论"的确是个思想路线问题，是个政治问题，是个关系到党和国家的前途和命运的问题"。接着就是党的十一届三中全会的胜利召开。这才在政治上"乾坤定矣"，我们这些人再也不怕被扣"砍旗"的帽子了。十一届三中全会公报发表的当晚，我又情不自禁地写了一首《水调歌头》的词来表达我的心情：

　　　　一夜欢声动，袅袅上青天。嫦娥梦里惊问："底事闹纷喧?"我笑嫦娥贪睡，一觉醒来迟了，错过好机缘。月里方一宿，世上已千年。　　卿云烂，浓雾散，净尘寰。东方乍白，朝霞冉冉出天边。想见桃娇柳宠，一扫园林萧索，人面比花妍。翘首长空外，好信借风传!

发表毛泽东给李达的三封信：一个插曲

在参加真理标准讨论的期间，还有一个插曲，那就是发表毛主席给李达同志三封信的事。这三封信是毛主席在 20 世纪 50 年代李达同志撰写《〈实践论〉解说》、《〈矛盾论〉解说》和《胡适思想批判》的时候写给李达同志的，"文化大革命"被工作组连同毛主席亲笔修改的《〈实践论〉解说》手稿一起从李达同志家里抄去。1967 年有几位为李达翻案的干部和学生把这三封信和手稿送给了中共中央办公厅。1974 年李达同志平反后，中共中央办公厅把这三封信和手稿的复印件送给了李达同志的夫人石曼华同志，她又复印了一份给我。

毛主席在 1950 年 3 月 27 日的信里提道："实践论中将太平天国放在排外主义一起说不妥，出选集时拟加修改，此处暂仍照原。"在 1952 年 9 月 17 日的信里提道："矛盾论第四章第十段第三行'无论什么矛盾，也无论在什么时候，矛盾着的诸方面，其发展是不平衡的'，这里'无论在什么时候'八字应删，在选集第一卷第二版时，已将这八个字删去。你写解说时，请加注意为盼！"这就确凿地说明了毛主席本人从来不搞什么"凡是"，从来不认为他说的话"句句是真理"，一句也不能动；恰恰相反，他认为自己的论断也会有"不妥"和需要"修改"之处。这些信如能公开发表，对"两个凡是"将是一个多么有力的驳斥！于是我在真理标准讨论会结束的第二天就把这三封信送给了《人民日报》理论部和《哲学研究》编辑部。他们非常重视，说一定要想办法发表出来。但当时要办成这件事却非常困难。毛主席的信不经过党中央批准是不可能发表的。如果报上去，不能不经过汪东兴同志和华国锋同志，他们不批准怎么办？弄不好还会说你别有用心。于是这事拖了一个多月。

中国社会科学院党组经过精心研究，在 10 月 12 日以《哲学研究》编辑部的名义写了报告给中国社会科学院党组转呈华主席、党中央，报告说："今年七月，中国社会科学院哲学研究所、《哲学研究》编辑部在北京召开理论和实践问题讨论会时，前来参加会议的武汉大学哲学系教师、李达同志生前的助手陶德麟同志特将毛主席一九五一年三月二十七日、一九五二年九月十七日、一九五四年十二月二十八日复李达同志的三封信（影印复制品）送给了我们。""我们认为，如果把毛主席这三封信公开发表，对当前从理论上揭批林彪、'四人帮'，对哲学战线的工作，将是一个巨大的推动；对广大哲学工作者将是一个极大的鼓舞。考虑到这种情况，我们拟在十二月二十六日毛主席诞辰八十五周年的时候，在《哲学研究》第十二期发表毛主席的上述三封信影印手迹，并加编者按语，或另写专文一起刊出。以上报告当否，请批示。"中国社会科学院党组也在 17 日给华主席和党中央写了同样内容的报告。这两份报告没有首先送给汪东兴同志，而是送给了乌兰夫同志。乌兰夫同志在 11 月 10 日批示："拟同意。请汪副主席批示。"这"拟同意"三个字起了极为重要的作用。汪东兴同志在 11 月 12 日批示："请华主席、叶、邓、李副主席阅批。"华国锋主席和叶剑英、邓小平、李先念几位副主席接着也都画了圈。这件大事就算顺利地办成了。

11 月 18 日中国社会科学院哲学所的陈筠泉同志打电话给我，要我马上坐飞机来北京，商量配合发表三封信写文章的问题。我 22 日赶到北京，同中国社会科学院和《人民日报》的同志见面商谈，大家都特别兴奋。这时，有"凡是"倾向的某刊物①打听到了党中央批示的消息，也想知道批示和信的内容，打电话到中国社会科学院提出要在这家刊物首先发表，社会科学院领导没有同意。这家刊物又打听我在北京的住处，我也回避了。中国社会科学院和《人民日报》的同志为了防止这家刊物抢在《哲学研究》之前发表三封信，就连夜写了一条简短的消息，说经党中央批准，毛主席给李达同志的三封信将在《哲学研究》第 12 期发表。这条消息第二天就在《人民日报》头版显著位置刊出了。12 月 25 日，《哲学研究》第 12 期发表了这三封信，同时发表了编辑部的文章和我的文章（署名石曼华、陶德麟、李其驹、萧萐父）。全国各大报刊都发表了这"三封信"，还配有文章。这"三封信"使坚持"两个凡是"的人自己陷入了悖论，无疑是对"两个凡是"的有力批驳，造成了很大的影响。

真理标准讨论的深入发展：前路方遥

十一届三中全会高度评价真理标准大讨论对党和国家前途命运的巨大意义，从哲学上解决了真理标准问题，实现了思想路线的拨乱反正，回答了中国向何处去的问题，使改革开放成了定局。这是国家之幸，人民之幸，民族之幸。但拨乱反正的工作还得在一个一个问题上落实。在落实的过程中还是障碍重重，道路还很艰难。许多同志在抽

---

① 这家刊物当时处理谭震林同志的文章时特别删去了其中关于实践标准的一段话。

象的道理上也同意实践标准，赞成解放思想、实事求是，但一碰到具体问题就仍然在多年的僵化观念中走不出来，用不合实际的旧观念来裁剪现实。每前进一步都要克服重重阻力。理论界的一大批同志都在艰难的道路上为解决这类问题奋斗不止。我个人也尽了微薄之力。

1979 年，我针对当时的情况在《光明日报》上发表了两篇文章。一篇是讲不能把"百家争鸣"归结为"两家"争鸣；另一篇是讲不能用专政的办法解决精神世界的问题。这两篇文章都是在杨西光同志的大力支持和马沛文同志的具体组织下写成的。两文引起了强烈反响。有的同志来信表示热烈支持，说这两篇文章说出了他们想说而说不清楚的心里话，打中了问题的要害；也有人打电话到编辑部骂人，质问杨西光同志为什么要发表这样的文章。事情并不平静。此外，理论界还有一些同志，他们是坚决反对"两个凡是"，主张解放思想的，但他们对实践是检验真理的唯一标准的命题在学理上还有保留，认为在理论上还不是很严密。最有代表性的观点有两种：一种观点认为"唯一"的说法太绝对化，因为逻辑证明也是检验真理的标准；另一种观点认为实践只是检验真理的方法或手段，检验真理的标准应该是认识的对象而不是实践。我感到这两个问题如果不彻底解决，实践是检验真理的唯一标准的命题就还是没有真正从学理上站住脚。这个命题是马克思主义哲学的核心命题，也是解放思想、实事求是的学理根据，事关大局，绝不能有丝毫含混，否则还会留下后患。至于为什么逻辑证明和认识对象不是检验真理的标准，马克思主义经典著作里并没有作过专门的论证，靠引经据典是解决不了问题的，需要有独立的研究。我想我就在这两个问题上再作点努力吧。我认真地研究了这两个问题。1979 年我写成了《逻辑证明与真理标准》一文，首先在成都的一个研讨会上发表（我因母亲生病没有到会，是请其他同志宣读的）。后来我自己觉得论证还不够严密，又反复做了修改，直到1981 年才在《哲学研究》第一期发表。学术界对这篇文章反映很好。1982 年《中国哲学年鉴》作了专门介绍，指出："逻辑证明为什么不能作为检验真理的标准？这是真理标准讨论中遇到的一个问题。尽管有不少人就此发表了意见，但是论证充分、说服力强的文章却不多。而这篇文章恰恰在这方面具有鲜明的特色。"14 年之后，这篇文章在

1995 年获得了国家教委首届人文社会科学优秀成果一等奖。1981 年，我还在《江汉论坛》第五期发表了《认识的对象是检验真理的标准吗?》一文，以对话体的形式对认识对象不能成为检验真理的标准的道理做了比较细致的分析，也得到了学术界的认同。同年，我还在中国人民大学作了《实践怎样检验认识》的学术报告。1982 年又在中山大学作了《真理阶级性讨论中的一个方法论问题》的报告。那几年里，我在北京、上海、河南、四川、内蒙古、广东、海南、大连、山东等地作了 20 多场报告，都是围绕着马克思主义真理论这个中心进行的，都是为了强化真理标准讨论的成果。至于 20 世纪 80 年代以后的工作，这里就不提及了。

几点感受

时过境迁，今非昔比。30 年前的往事，在不少人看来也许是不值一提的"老皇历"，当时争论得不可开交的问题也不过是常识范围的东西，没有什么理论价值了。这话也有一方面的道理。今天我们的哲学研究比起那时来无论就视野的广阔、问题的多样、学者的数量和水平来看，都大大超过了那个时期，我们已经前进了很长一段路程。但我以为不能割断历史。今天和明天毕竟是昨天的继续和发展，在瞻前的同时不忘顾后，对瞻前是有好处的，只要不当"九斤老太太"就行。我虽然老之已至，自问尚无"九斤老太太"的情结，还总想学点新知，跟上大军，敲敲边鼓，不当绊脚石。30 年前的经历，使我多少有些感受，不妨一谈，算是野人献曝吧。

1. 哲学无疑是抽象程度最高的学问，是高悬在空中的范畴体系。但它的最深的根源还是人们的实际生活。归根到底，是实际生活的需要推动着哲学问题的提出和解决。这一点，在真理标准讨论中体现得最鲜明。我们党曾经经历过两次最大的危险：一次是民主革命时期错误路线的一度大泛滥，一次是"文化大革命"造成的浩劫。两次危险的根子都在哲学问题上，两次转危为安也靠哲学上的拨乱反正。前一次我没有亲身体验，后一次却是身历其境，有切肤之感。我坚信哲学不是自我封闭的精神运动，不是理性神坛的供品，而是与民族兴衰和人民祸福息息相关的。哲学家可以自以为不食人间烟火，但事实上天天都在人间生活，谈论的问题尽管可以上干云霄，还是摆不脱尘世的土壤，只不过谈法各有不同而已。但是，哲学与实际生活的关系，往往只在社会矛盾十分尖锐的时候才凸显出来，而在"平时"则隐而不显。这就造成了一种可能，在"平时"看不到哲学与实际生活的联系。我记得 20 世纪 80 年代我参加教育部组织的中国哲学家考察团到各地考察的时候，天津和广州有两位企业的负责人都心高气傲地大谈他们办企业的业绩，鄙薄哲学，嘲笑哲学讲的都是"空话"，他们干的才是"实事"。我问他们知道不知道真理标准讨论，他们轻蔑地说他们不管这些没有经济效益的事。我们耐心地解释了哲学与思想路线的关系，思想路线与具体方针政策的关系，指出如果不解决真理标准问题，就没有三中全会以来的路线，就没有改革开放，你们的企业就根本不能起步，还谈什么"经济效益"？这时他们才若有所悟，表示可以理解了。这说明哲学与实际生活的联系在"平时"确实容易被忽视。但正因为容易被忽视，就更加不可忽视。我以为在埋头研究抽象的哲学问题的时候经常想一想问题与实际生活的联系，想一想自己是在什么路上走，要走到哪里去，还是有好处的。如果只是自言自语，令人不知所云，真的把哲学变成空话，那就不值得花费气力了。

2. 哲学是精神世界的花朵，是理论形态的东西。它对实际生活起作用的方式全在于以理服人，别无他法。解决精神世界的问题，靠强制是完全无效的。要使哲学有说服力，就必须有严密的论证。当然首先要立其大者，但小处也要力求站稳。一个概念的疏忽，一个表述的失当，有时可以动摇全部论点的根基。例如，在真理标准讨论中，有的同志为了反驳"真理有阶级性"的说法，就去努力论证凡真理都没有阶级性，这就在逻辑上把自己置于两难的境地：或者断言马克思主义是真理而没有阶级性，或者断言马克思主义有阶级性而不是真理。我认为这里的问题是出在名词的歧义上。"真理"一词是西语"truth"的汉译，本来就有两种含义：一是"真的理论"，二是"理论的真"，两者不能等同，正如"方的桌子"与"桌子的方""红的桌子"与"桌子的红"不能等同一样。"文化大革命"理论家们鼓吹的"真理有阶级性",说的并不是"真的理论"有阶级性（如果真是这样，只要不是全称判断，倒并不错误了）而是"理论的真"有阶级性，也就是"真"有阶级性。这才是谬误的所在。"真"是指理论与对象的符合，是理论的一种属性；"阶级性"是指理论代表一定阶级的利益，是理论的另一种属性。说"真"有"阶级性"，就是说理论的一种属性具有理论的另一种属性，无异乎在谈论一张红色方桌时断言"桌子的方是红的"或"桌子的红是方的"，是不通的。这不是无意义的咬文嚼字，而是必要的概念辨析。在这个辨析的基础上指出"真有阶级性"的谬误，再来谈论它在实际生活中的危害性，就站稳脚跟了。1983 年我在中山大学的一次报告中讲过这个看法，① 不知妥否。当然，我说哲学只能以理服人，并不是说有理就必能服所有的人。有的人由于种种原因坚持偏见，不服真理，那也只好由他。但那是另一问题，说来话长，就不在这里讨论了。

2008 年 3 月 21 日　于珞珈山麓

---

① 《真理阶级性讨论中的一个方法论问题》，见陶德麟《中国当代哲学问题探索》，武汉大学出版社 1989 年版，第 163 页。

对马克思主义中国化研究中
两个问题的理解[*]

陶德麟

近年来，学术界对马克思主义中国化的研究出现了空前繁荣的局面，成果累累。有些见解上的差异也很自然，这对于通过切磋交流加深认识大有助益。我认为，有些问题涉及马克思主义中国化的理论基础，是一些前提性的问题。本文试图对其中两个问题提出个人的一些商榷意见，请大家指正。这两个问题是：马克思主义中国化的可能性问题；检验马克思主义中国化成败得失的标准问题。

一　马克思主义中国化的可能性问题

马克思主义中国化是一个进行了 80 多年还在继续进行的过程，是一个客观事实，现在提出马克思主义中国化的可能性问题是不是多余的呢？我认为并不多余，因为实际上有些论者并不承认马克思主义中国化的可能性，把这个问题明晰地提出来讨论还是必要的。

否定马克思主义中国化的可能性的论点可以大体归结为三种：一是认为中国人学到的"马克思主义"其实并不是"真正的"马克思主义；二是认为中国人即使面对着马克思主义的文本也不可能读懂；

━━━━━━━━

　＊ 此文原载《中国社会科学》2009 年第 1 期。《新华文摘》2009 年第 9 期（2009 年 5 月 5 日）全文转载。中国社会科学院内部学习刊物《学习与参阅》2009 年第 5 期（总第 270 期）全文刊登。中国人民大学书报资料中心《马克思列宁主义研究》2009 年第 4 期首篇全文转载。2009 年《中国哲学年鉴》作了介绍。2013 年获教育部第六届人文社会科学优秀学术成果一等奖。

三是认为即使中国人读懂了马克思主义的文本也不可能使马克思主义中国化。这三个论点是层层递进的。现在逐一辨析如下。

(一) 中国人学到的马克思主义是不是真正的马克思主义?

对这个问题作否定回答的论者首先作了一个预设:只有马克思本人亲笔写的论著才是真正的马克思主义,其他统统不算。他们对文本做了精细的研究,其意图和着力点都在于找出马克思与恩格斯的"根本分歧",证明恩格斯的理论与马克思的理论从来就不一致。例如,在哲学上马克思是"实践本体论",恩格斯是"物质本体论";马克思是"人本主义",恩格斯是"物本主义"。不宁唯是,就连马克思本人的论著也有时段之分,只有早期和晚期的论著才是真正的马克思主义。至于马克思的其他的后继者,例如列宁和斯大林,更与马克思主义无缘。在作了这个预设之后,他们就来考证中国人的马克思主义是从何处学来的。他们发现,中国人的马克思主义是"十月革命一声炮响"从苏俄"送"来的,早期的中国共产党人读的书籍无非是从苏俄介绍来的论著,充其量也只读过恩格斯、列宁和斯大林的几本书,加上苏俄理论家编写的转述马克思主义的书,马克思本人的书读得很少很少,连马克思的《1844年经济学哲学手稿》都还不知道。他们头脑里的马克思主义不仅少得可怜,而且是变形走样的"马克思主义",与"真正的"马克思主义相去甚远,实际上并不是马克思主义。他们不过是拿着被误解了的"马克思主义"来处理中国革命的一些实际问题,在这个过程中建立了一套自己的理论体系,然后把这个理论体系自称为马克思主义中国化的成果罢了。

我认为这些观点是不能成立的。

1. 把恩格斯的理论排除在马克思主义之外,我认为没有根据。马克思和恩格斯确实是通过不同的道路、经过不同的思想历程才成为合作者的;成为合作者以后他们也有各自的特点,各自的风格,研究的领域也各有侧重,任务也有必要的分工。他们的合作也是共同探索的过程,其中有理论内容上的切磋砥砺,有文字表述上的推敲润色,各人对自己的想法和表述也会经常有所变动。这些都是很自然的事。要从他们在不同情况下发表的论著中找出两人的差别,特别是从手稿文本中找出两人的差别，并不困难；甚至要找出马克思自己与自己的差别、恩格斯自己与自己的差别也不困难。我并不笼统地反对这种寻找差别的研究，因为这种研究对于更细致地了解马克思主义形成的思想历程是有价值的。但是，如果找出这种差别之后刻意做许多文章加以渲染，把这种差别说成马克思和恩格斯的"根本分歧"，否认恩格斯是马克思主义的创立者之一，断言恩格斯的理论不是马克思主义，只有马克思本人亲笔写的论著（而且又只限于早期和晚期）才是马克思主义，那就远离事实了。事实上，马克思和恩格斯自合作以来，在原则问题上是高度一致，没有分歧的。1844 年 9—11 月写的以批判鲍威尔兄弟为主题的《神圣家族》，1845 年 9 月至 1846 年夏写的《德意志意识形态》，1848 年写的《共产党宣言》，都是他们两人的合著。在这些著作的手稿上确能发现有增添删削之处，但这是在任何合作者的手稿上甚至在同一人的手稿上都常见的事，并不表明有什么"根本分歧"。说这样共同创作共同署名的著作不是两人共同思想的结晶，是说不过去的。1845 年马克思写的《关于费尔巴哈的提纲》是由恩格斯在 1888 年首次发表的，并认为是"包含着新世界观的天才萌芽的第一个文件"，恩格斯在发表这篇手稿时确实做了几处改动，但这种改动并不表明恩格斯与马克思有什么"根本分歧"。有人把《反杜林论》和《自然辩证法》当成恩格斯与马克思"分歧"的"铁证"。然而《反杜林论》的全部原稿是念给马克思听过的，而且经济学那一篇的第十章（《〈批判史〉论述》）还是马克思亲自写的。① 恩格斯指出，这部著作是"我对马克思和我所主张的辩证方法和共产主义世界观的比较连贯的阐述"②，这绝不是恩格斯的自我标榜。马克思本人在 1880 年为《社会主义从空想到科学的发展》（即《反杜林论》的一部分）法文版写的前言中就高度赞扬了《反杜林论》"在德国社会主义者中间获得了巨大的成功"③。哪里有什么"物质本体论"与"实践本体论"的"分歧""物本主义"与"人本主义"的"分

① 见《马克思恩格斯选集》第 3 卷，人民出版社 1995 年版，第 347 页。
② 同上。
③ 同上书，第 689 页。

歧"？在事关人类命运的严肃斗争中，在如此重大的理论问题上，如果马克思竟然赞同恩格斯发表歪曲自己思想的论著，还亲自参加写作，还给予高度评价，那就不可思议了。至于《自然辩证法》的写作，是恩格斯为了"确立辩证的同时又是唯物主义的自然观"而刻苦研究自然科学的结晶，是马克思主义哲学的不可缺少的组成部分。①这部著作虽然在马克思和恩格斯生前没有发表，但恩格斯在 1873 年写信向马克思详细谈过它的计划和基本构思，马克思从未提出过不同意见。② 在这里谈论恩格斯与马克思的"分歧"也没有根据。

2. 说列宁的理论不是马克思主义，这也是曲解。列宁在当时的新条件下提出的社会主义革命可以在一国首先胜利的理论，以及他在领导社会主义建设的几年中提出的许多设想，都是马克思在世时没有提出过的新论断，这是事实。但这些新论断正是他运用马克思主义的根本原理（特别是哲学原理）分析现实的结果，也是无可否认的事实。这与他的具体论断是否全部正确是两回事。马克思本人也有许多具体论断并不正确，但并不能由此得出结论说他在这些问题上没有运用自己的理论，或者他的理论不是马克思主义。有人认为列宁的哲学不是马克思主义哲学，而是旧唯物主义，其主要根据就是《唯物主义与经验批判主义》一书中坚持了认识论上的反映论。我认为应当指出几点；第一，反映论是一切唯物主义（庸俗唯物主义除外）在认识论上的起码的、共同的原则，是唯物主义区别于唯心主义的标志。马克思的认识论与旧唯物主义的分歧不在于是否承认反映论，而在于承认什么样的反映论。马克思说："观念的东西不外是移入人的头脑并在人的头脑中改造过的物质的东西而已。"③ "经济范畴不过是生产的社会关系的理论表现，即其抽象。"④ 这就是反映论，只不过马克思主义的反映论不是旧唯物主义的消极的、直观的、机械的反映论，而

---

① 见恩格斯《反杜林论》三个版本的序言二。《马克思恩格斯选集》第 3 卷，人民出版社 1995 年版，第 349 页。

② 见《1873 年恩格斯致马克思》，《马克思恩格斯选集》第 4 卷，人民出版社 1995 年版，第 614—616 页。

③ 《马克思恩格斯选集》第 2 卷，人民出版社 1995 年版，第 112 页。

④ 《马克思恩格斯选集》第 1 卷，人民出版社 1995 年版，第 141 页。

是以实践为基础的积极的、能动的、辩证的反映论而已。以为只要一讲反映论就是旧唯物主义，这恰恰是误解和曲解。第二，即使是旧唯物主义的反映论也不是一切皆错，它在坚持从物质到感觉到思维的认识路线这一根本出发点上毕竟比唯心主义的认识路线正确。列宁当时面对的是以对所谓"物理学的危机"的错误解释为借口的主观唯心主义思潮，是连"地球在人类出现以前就存在"和"人是用头脑思想的"都不承认的荒谬理论，这种理论动摇了一切唯物主义的起码的共同原则，在斯托雷平反动年代泛滥成灾，党内一些大知识分子也群起附和，危及党的生存。在那种情况下，列宁理所当然地要突出强调坚持唯物主义的基本路线，强调一切唯物主义的共同原则，有选择地借用一些旧唯物主义反对唯心主义的正确论断来驳斥唯心主义也是必要的。第三，就在这本书里，列宁也绝没有把马克思主义的反映论与旧唯物主义的反映论混为一谈，决没有轻视旧唯物主义的消极性、直观性、机械性的缺陷。恰恰相反，正是他突出地强调了辩证唯物主义与旧唯物主义的原则区别，划清了两者的界限，深刻地揭露了旧唯物主义由于不懂辩证法而在与唯心主义斗争中软弱无力，指出旧唯物主义的物质观必然无法抵挡唯心主义的进攻。也正是他强调了实践的观点是马克思主义认识论的首要的基本的观点，精辟地论述了绝对真理与相对真理的辩证关系、实践标准的绝对性与相对性的辩证关系等一系列重大问题，与旧唯物主义根本不可同日而语。第四，列宁在1895—1916年写的《哲学笔记》中又发展了自己的思想，那些充满辩证法的精彩分析和论断，例如关于辩证法、认识论和逻辑三者同一的思想，关于辩证法诸要素的思想，关于人的意识不仅反映世界而且创造世界的思想，关于"聪明的唯心主义"（指辩证的唯心主义）比"愚蠢的唯物主义"（指旧唯物主义）更接近于"聪明的唯物主义"（指辩证唯物主义）的思想，关于黑格尔《逻辑学》这部最唯心的著作中"唯心主义最少，唯物主义最多"的思想等，更是任何旧唯物主义不能望其项背的。这充分说明了列宁的哲学思想与马克思哲学思想一致而又有所发展，断言列宁的理论不是马克思主义是不能成立的。

3. 斯大林在理论上和实践上都有错误，对中国革命也作过某些不正确的干预，曾经助长过中国党内的"左"右倾错误，这是事实。但若以此为理由来证明中国人学不到真正的马克思主义，却不是公允之论。我这里只想指出两点：第一，无论列举斯大林多少错误，也说明不了他的理论根本不是马克思主义。人们指责最多的是他的《辩证唯物主义与历史唯物主义》一书（通常叫做斯大林的"小册子"），认为是马克思主义哲学的赝品，而且祸延中国达数十年之久，这不是事实。这本"小册子"是由十二章组成的《苏联共产党（布）历史简明教程》的第四章的第二节，它的任务是向党员简要介绍辩证唯物主义和历史唯物主义的基本观点，而不是全面系统地论述马克思主义哲学，也不可能把马克思主义哲学的丰富思想发挥得很充分。作为这种性质的"小册子"，虽有缺点错误，但并非一无是处，更不能说是马克思主义的赝品。这本"小册子"的缺点错误主要是有不少简单化绝对化的东西，辩证法的精神比较薄弱，其中也确有一些不符合马克思主义的东西。在斯大林个人崇拜时期，这本"小册子"在苏联确实被捧到了不适当的高度，被说成了马克思主义哲学的典范，对苏联哲学界产生了很大的束缚作用。但抓住这一点就断定斯大林的理论与马克思主义根本不相干，我认为并不符合实际。第二，更重要的是，中国人的马克思主义一开始就不是从斯大林那里学来的。李大钊陈独秀等人早在斯大林的"小册子"发表前 20 年就学习马克思主义了。1921 年 9 月中国共产党创办第一个人民出版社的时候，计划出版的书籍有《马克思全书》15 种，《列宁全书》14 种。一年之内实际出版了 15 种，包括《共产党宣言》、《哥达纲领批判》、《工钱劳动与资本》①、《国家与革命》等马克思列宁的原著和《〈资本论〉入门》等书，并无斯大林的著作。中国的唯物辩证法运动在 20 世纪 20 年代末 30 年代初就已经开始了，那时还没有斯大林的"小册子"。李达在 1929—1932 年翻译成中文出版的 4 本书②，其中有两本就并非来

---

① 即《雇佣劳动与资本》。

② 指德国塔尔海玛的《现代世界观》（1929 年 9 月出版），日本河上肇的《马克思主义之哲学的基础》（这是《马克思主义经济理论》一书的上篇，全书 1930 年 6 月出版），苏联卢波尔的《理论与实践的社会科学理论》（1930 年 10 月出版），苏联西洛可夫等的《辩证法唯物论教程》（1932 年 9 月出版）。

自苏联，来自苏联的两本的出版也早在斯大林的"小册子"之前，而且这些书都有各自的体系，与后来出版的斯大林的"小册子"的体系并不一样。至于这个时期中国人自己写的马克思主义哲学著作，如李达的《社会学大纲》①，艾思奇的《大众哲学》②，毛泽东的《辩证法唯物论提纲》——包括《实践论》和《矛盾论》③，也都发表在斯大林的"小册子"之前。以李达的《社会学大纲》为例，这本被毛泽东称为"中国人自己写的第一本马克思主义哲学教科书"的名著就反映了中国当时的马克思主义者对马克思恩格斯的原著已有相当系统的独立研究。这本书在第一篇第一章第二节《唯物辩证法的生成及发展》中论述马克思主义哲学的创立过程时，不仅分析了《论犹太人问题》、《黑格尔法哲学批判》、《英国工人阶级状况》、《神圣家族》、《关于费尔巴哈的提纲》、《德意志意识形态》等马克思和恩格斯的原著，还分析了1932年才首次在苏联出版的《1844年经济学哲学手稿》。这本书在斯大林的"小册子"发表前五年就印行了。怎么能说中国人的马克思主义哲学都是从斯大林那里学来的呢？即使在斯大林的"小册子"于1938年发表之后，它的体系对中国马克思主义哲学（包括教科书的编写）也没有产生特别重大的影响。事实上，除了20世纪50年代来中国的苏联专家在讲课时一度采用过这种体系外，中国学者写的马克思主义哲学教科书都没有按照这个体系。这是有书为证的。④ 还应该指出的是，对斯大林的这本"小册子"的缺点错误提出尖锐批评的正是中国的马克思主义者。毛泽东在1957年1月27日的讲话中就曾尖锐地批评了"斯大林有许多形而上学，并且教会许多人搞形而上学"。他说斯大林在《苏联共产党（布）历史简明教程》中讲事物的"联系"时没有说明联系就是对立的两个侧面的联系；讲事物的内在矛盾又只讲对立面的斗争而不讲对立面的统一和在一定条件下的互相转化。他还批评了苏联的《简明哲学词典》第

---

① 1935年作为北平大学的讲义印行，1937年由笔耕堂书店正式出版。

② 原名《哲学讲话》，1936年出版。

③ 1937年发表。

④ 例如艾思奇主编的《辩证唯物主义与历史唯物主义》，李达主编的《唯物辩证法大纲》，等等。

四版关于"同一性"的一条"就反映了斯大林的观点","是根本错误的"。"对立面的这种斗争和统一,斯大林就联系不起来。苏联一些人的思想就是形而上学,就是那么硬化,要么这样,要么那样,不承认对立统一。因此,在政治上犯错误。"① 那时中国的刊物还公开发表过普通青年学者批评斯大林哲学观点的文章②,可见中国理论界并没有把斯大林的观点奉为圭臬。说斯大林的理论对中国人掌握马克思主义有特别巨大而恶劣的影响,以致使中国人学不到真正的马克思主义,是并无事实根据的。

(二) 中国人能不能读懂马克思主义的文本?

有的论者更进一步,认为中国人即使读了马克思的原著也很难理解马克思主义。理由是,要理解马克思主义,首先就得读懂整个马克思主义的基础——马克思主义哲学。而马克思主义哲学是产生于西方"语境"的学问,是整个西方文化传统发展的产物。西方的文化背景、思维方式、语言习惯都与中国迥然不同,这是一个难以逾越的鸿沟。古希腊哲学就与中国哲学没有共同语言。中国人如果不把自己的思维方式和语言习惯改变得与西方人一模一样,就读不懂古希腊哲学,因而也读不懂全部西方哲学,当然也读不懂马克思主义哲学。中国人要读懂马克思主义哲学,就得首先把自己的思维方式、语言习惯彻底西方化,跨过这个鸿沟,否则即使把马克思的文本摆在面前也读不懂,自以为读懂了其实也是歪曲的,与文本的原意相去甚远。中国人要想跨越这个鸿沟,至少也要在书斋里磨上几十年,直到把自己的思维方式彻底西方化了,才有资格谈论马克思主义。几个急于为中国的救亡图存的实务忙得不可开交的人怎么可能做这件事? 不做这件事又怎么能掌握真正的马克思主义哲学? 不掌握真正的马克思主义哲学又怎能掌握真正的马克思主义? 不掌握真正的马克思主义又哪里谈得上使马克思主义中国化? 由此可见,所谓马克思主义中国化,不过是中国共产党人拿着被误解了的"马克思主义"在那里解决一些实际

---

① 见毛泽东 1957 年 1 月 27 日在省市自治区党委书记会议上的讲话。
② 见陶德麟《关于"矛盾同一性"的一点意见》,载《哲学研究》1956 年第 2 期。

问题，然后把这个过程叫作"马克思主义中国化"而已。于是结论不言而喻：马克思主义中国化其实是虚构的东西，至少到现在还没有这回事，将来即使可能，也是难于上青天的事。

　　这是从西方解释学的角度更彻底地否定马克思主义中国化的可能性的观点，很容易给人以貌似合理的满足，但实际上是似是而非的。不错，哲学与文化传统的关系无可否认，中西思维方式和语言习惯的差别也是事实。但也不必把这一点夸大到神乎其神的程度。既为哲学，无论"形而上"到什么程度，所论的总还是宇宙人生的大事，概括的总还是有普适性的内容，而不可能是一个文化圈里的秘传暗语，更不可能是哲学家私人的自言自语，否则算什么哲学？那些哲学家的书又是写给谁看的？语言习惯和思维方式当然有民族特征，确实需要一个沟通理解的过程。但各民族之间的生存条件和实践方式也并非毫无共同之处，由此形成的思维方式也不会绝对地扞格不入，不可通约。假如有一天真有"外星人"同我们打交道，我相信他们的逻辑与我们还是相通的。同在一个地球上的人，彼此的思想何至于就不可以互相沟通、互相理解？那鸿沟就真的巨大到几乎不可逾越？倘真如此，现在大家提倡的文化交流和对话等岂非痴人说梦？马克思主义哲学诚然是西方哲学传统的产物，它的思维方式和表述方式也确与中国传统哲学有许多歧异，但它的内容却是世界性的。它的基本原理和基本精神，它在哲学领域里取得的成果和造成的变革，是世界各民族有正常思维能力的人都可以理解的，并不因为中国人一解读就必然面目全非。印度与中国虽然都是东方国家，但文化的差异也并不小。然而产生于印度的佛教哲学从东汉传入中国以后至今将近两千年，在中国形成了许多有中国特色的流派，谁也不会说这些中国化了的佛教哲学就不成其为佛教哲学。佛教哲学如此，马克思主义哲学何独不然？不错，最早接受马克思主义哲学的一批中国人确实不是西方哲学的专家，他们的思维方式和语言习惯当然也与地道的西方人有所不同。但他们也绝非对西方文化一无所知的冬烘先生，而是相当熟悉西方文化的先进知识分子。他们对马克思主义哲学的理解和论述，在今天看来虽然简单一些，肤浅一些，常常有不全面、不深刻、不准确的毛病，对文本也确有一些误读之处，但这是马克思主义中国化的历史过程中不可避免的现象，是符合认识规律的正常现象。这与中国人原则上不可能读懂马克思主义是完全不同性质的两回事。何况马克思主义中国化并不止于起点，它一直在不停顿地发展着。在总结中国实践经验的过程中，在进一步研读马克思主义著作的过程中，中国人对整个马克思主义的理解、包括对马克思主义哲学的理解也在不断深化。说中国人从来没有读懂过马克思主义，并且不可能读懂马克思主义，是未免言之过甚了。

（三）中国人能不能使马克思主义中国化？

有的论者再进一步，认为中国人即使读懂了马克思主义，也不可能使马克思主义中国化。理由是，马克思主义本来就是西欧的社会条件和文化背景的产物，是离不开西方土壤的东西。一到中国就必定水土不服，变形走样，不成其为马克思主义了。如果一定要使马克思主义中国化，结果只能是"儒家化""封建化"，或者民粹主义化，实际上把马克思主义"化"为乌有，根本不是马克思主义了。

这种说法仍然是陈旧的"马克思主义不符合中国国情论"的另一种说法，在理论上站不住脚。马克思主义虽然产生于西欧，但它的视阈是整个人类历史和世界全局，而不仅是西欧。它不是地域性的理论，而是世界性的理论。马克思主义的根本原理并不只是对西欧情况的概括，而是对整个世界历史发展过程的概括。特别是它的世界观和方法论，是整个人类认识史的总计、总和与结论，对人类社会是有普适性的。中国的特殊性诚然在马克思主义的原典中找不到具体论述，正因为如此才需要中国化；但中国的特殊性并没有取消马克思主义原理的普适性，倒正是这种普适性的特殊表现和印证。正如桃、杏、梨、梅虽各有特殊性，但并没有取消水果的共同本质一样。我们并不否认马克思主义中国化发生失误的可能，事实上也发生过许多失误，其中有些失误既违背了马克思主义的根本原理也违背了中国的具体实际，今后也不能排除这种可能，但不能由此推出马克思主义根本不可能中国化的结论。

那么，马克思主义中国化会不会使马克思主义走样呢？那要看对"走样"这个词怎么理解。如果认为只有与马克思本人的著作不爽毫厘才算不"走样",那么"走样"的事实确实存在。但有两种不同性质的"走样":一种是从根本上背离马克思主义的根本原理,首先是背离它的世界观和方法论,并且朝着倒退方向的"走样"。这是不可取的,因为它是思维水平的降低。一种是坚持马克思主义的根本原理而又有所前进的"走样"。这是极大的好事。不允许这种意义的"走样",就等于禁止马克思主义随着实践的发展而发展,把马克思主义视为化石,变成教条。如果把这种"走样"也看成罪过,那么第一个难辞其咎的就是马克思本人。马克思的思想也是活的,也是随着实践的发展和他本人认识的发展而发展的,绝非一成不变。他的世界观和方法论本质上就是批判的、革命的,不仅批判别人,也经常自我批判,自己也常常"走样"。如果马克思今天还健在,他还会一字不差地复述一百多年前的每一句老话么?马克思自己可以根据实践和认识的发展做一些"走样"的事情,为什么他的后继者就不可以这样做呢?

黑格尔是肯定理论民族化的可能性的,并且特别重视民族化的意义。他在给 J. H. 沃斯的一封信里说得很精彩:"路德让圣经说德语,您让荷马说德语,这是对一个民族所作的最大贡献,因为,一个民族除非用自己的语言来习知那最优秀的东西,那么这东西就不会真正成为它的财富,它还将是野蛮的。""现在我想说,我也在力求教给哲学说德语。如果哲学一旦学会了说德语,那么那些平庸的思想就永远也难于在语言上貌似深奥了。"① 黑格尔说的"教给哲学说德语",让哲学"学会说德语",正是为了使那些并非产生于德国的哲学德国化,成为德国的财富。我想,黑格尔的这段话是很正确、很深刻的。它不仅适用于哲学,也适用于一切社会历史理论;不仅适用于德国,也适用于中国。马克思主义所以能成为中华民族的宝贵财富,正因为中国的马克思主义者"教给马克思主义说中国话","让马克思主义学会说中国话",也就是做了马克思主义中国化的工作。如果"让马克思主义说中国话"是根本不可能的事,那么"让圣经说德语"、

---

① 〔德〕黑格尔:《致 J. H. 沃斯的信》,见苗力田译编《黑格尔通信百封》,上海人民出版社 1981 年版,第 202 页。着重号是引者加的。

"让荷马说德语"也同样是徒劳之举，黑格尔就没有理由赞扬沃斯，黑格尔本人的全部工作也都毫无意义。这显然是非常荒谬的。

二 检验马克思主义中国化成败得失的标准问题

马克思主义中国化的成败得失以什么为标准来检验，这也是一个前提性的问题。在这个问题上的不同意见，主要表现在文本标准和实践标准的区别上。其实，这一分歧并不是现在才发生的问题，而是一直贯穿于马克思主义中国化的各个历史阶段的一个重大的原则问题，它经历了非常复杂而曲折的过程，与中国的前途命运息息相关。

我认为，离开了对历史经验的回顾和分析，抽象地争论这个问题是不易说清的。

不妨先大略回顾一下中国民主革命阶段的情况。

1840 年以后，中国在资本帝国主义的侵略宰割下面临着沦亡的惨祸，历史向中国人民提出了两大课题：一是救亡图存，二是民族复兴。先进的中国人以前仆后继可歌可泣的努力向西方寻找救国救民的方案，为的就是解决这两大课题。救亡图存是民族复兴的前提，尤其迫在眉睫。但是，80 年奋斗牺牲的历史表明，在西方曾经行之有效的种种资产阶级学说和理论都不能帮助中国人认清自己的处境，提供解放的道路，一一归于失败；直到俄国十月革命的胜利之后，中国人才找到马克思主义这个观察国家命运的有效工具，使中国革命的面貌焕然一新，中国共产党应运而生。中国共产党不是一个学术研究团体，更不是一个专务清谈的沙龙，而是一个有明确纲领的政党，是一个领导实际斗争的司令部。党的使命就是以马克思主义的理论为武器，在中国实现救亡图存和民族复兴两大任务。但是，中国的社会性质和民族特点与产生马克思主义的西欧不同，与已经取得革命胜利的俄国也不同，在马克思主义的原典中找不到解决中国问题的方案，俄国的成功经验也不能照样移植。中国共产党要运用马克思主义解决中国问题，就只能在马克思主义的普遍原理指导下考察中国的具体实际，把一般与特殊结合起来，创造出符合中国特点的理论和策略，以指导自己的行动，别无他途。这不是任何人的主观意图，而是历史决定的客观需要。这一客观需要就蕴含着马克思主义中国化的指向和内容。

　　中国共产党从成立之日起实际上就在做着马克思主义中国化的工作。但这并不等于一开始就对马克思主义中国化有明晰而深刻的认识，甚至在很长的时间里也还没有马克思主义中国化这个语词。建党前后的三次大论战只是原则上解决了必须和可能用马克思主义改造中国的问题。1920 年创办的《共产党月刊》号召"举行社会革命，建设劳工专政的国家"，介绍十月革命的成就和经验，报道国际共产主义运动的消息，号召探讨中国革命的问题。1921 年党的"一大"提出的纲领是"以无产阶级革命军队推翻资产阶级"，"采用无产阶级专政，以达到阶级斗争的目的——消灭阶级"，"废除资本私有制"，但对中国的具体实际认识得很少。在列宁领导的共产国际的帮助下，1922 年党的"二大"正确认识了中国的社会性质，明确了中国革命要分两步走，第一次提出了反帝反封建的纲领。1923 年党的"三大"决定全体共产党员以个人名义加入国民党，建立各民主阶级的统一战线。1925 年党的"四大"进一步规定了国共合作和工农联盟的方针。这些都表明党在马克思主义中国化道路上正在逐步深化认识，提高水平。但是，当时的党毕竟还是幼年的党，对马克思主义与中国实际两个方面都还知之不多，知之不深，对如何把两方面结合起来更缺乏经验。所以当 1927 年蒋介石叛变革命，形势骤然逆转之际，党对如何在严峻局面下把革命坚持下去就缺乏统一的正确认识和有效的行动方针，还存在着诸多的分歧和争论。党的"五大"也没有解决这个问题。斯大林领导的共产国际极力主张的城市武装暴动的办法并不符合中国国情，在实践中一再碰壁。毛泽东首先提出并实行的建立农村革命根据地和工农武装割据的道路本来是符合中国国情并且行之有效的道路，却因为没有马克思主义著作和共产国际指示的"文本"依据，竟被视为离经叛道的错误，毛泽东还因此受到打击和排斥。1928 年在莫斯科举行的党的"六大"基本正确地总结了大革命失败的教训，在中国社会性质和革命性质问题上又深化了一步，但对中国革命的具体特点、革命的中心问题、党的工作重心等关键问题仍然没有深刻地认识，并没有准确地掌握中国革命的规律；虽然由于事实的教训认可了毛泽东的做法，但也仅仅把它看作一时的策略，还是把依靠工人实行中心城市暴动作为夺取政权的最终方式。在这种思想的影响下，党的领导机关一再发生"左"倾错误，尤以共产国际支持的王明的错误为害最烈，使辛苦聚积起来的革命力量受到惨重的损失，几乎断送了中国革命。1935 年红军长征途中的遵义会议确立了毛泽东的军事指挥权，毛泽东也实际上主导了全党的决策，因而挽救了中国革命，但在组织上还并没有确立毛泽东在全党的领导地位。1937 年抗日战争爆发后党实行了联合国民党抗日的战略转变，开辟了新局面。1938 年共产国际举行"七大"时，共产国际的领导才认识到"不要机械地把一国的经验搬到别国去，不要用呆板格式和笼统公式去代替具体的马克思主义的分析"，"在解决一切问题时要根据每个国家的具体情况和特点，一般不要直接干涉各国共产党内部组织上的事宜"①，并对中国共产党有了新的看法，承认了毛泽东在全党的应有地位。在1938 年 9 月至 11 月党的六届六中全会上，确立了以毛泽东为首的政治局，由他代表中央作了《论新阶段》的报告。马克思主义中国化的概念，就是由毛泽东在这个报告中正式提出，并给予精辟阐释的。②他指出：

> 共产党员是国际主义的马克思主义者，但是马克思主义必须和我国的具体特点相结合并通过一定的民族形式才能实现。马克思列宁主义的伟大力量，就在于它是和各个国家具体的革命实践相联系的。对于中国共产党说来，就是要学会把马克思列宁主义的理论应用于中国的具体的环境。成为伟大中华民族的一部分而和这个民族血肉相连的共产党员，离开中国特点来谈马克思主义，只是抽象的空洞的马克思主义。因此，使马克思主义在中国

---

① 见《共产国际第七次代表大会决议》，莫斯科 1939 年版，第 4—5 页。

② 毛泽东在《解放》第 57 期发表《论新阶段》的报告时用的是"马克思主义中国化"的概念，这一概念得到了全党的认同，并出现在党的许多领导人的文章中。刘少奇在"七大"修改党章的报告中多次使用了这个概念，并把它解释为"马克思主义的普遍真理与中国革命的具体实践相结合"。但是，由于当时共产国际领导人仍然不认同这一概念，毛泽东在 1938 年出版《毛泽东选集》时把这一提法改成了"使马克思主义在中国具体化"。但实际上中国共产党对这一提法的理解与"马克思主义中国化"是没有区别的，与苏共和共产国际领导人的理解并不一样。

具体化，使之在其每一表现中带着必须有的中国的特性，即是说，按照中国的特点去应用它，成为全党亟待了解并亟须解决的问题。洋八股必须废止，空洞抽象的调头必须少唱，教条主义必须休息，而代之以新鲜活泼的、为中国老百姓所喜闻乐见的中国作风和中国气派。把国际主义的内容和民族形式分离起来，是一点也不懂国际主义的人们的做法，我们则要把二者紧密地结合起来。在这个问题上，我们队伍中存在着的一些严重的错误，是应该认真地克服的。

当前的运动的特点是什么？它有什么规律性？如何指导这个运动？这些都是实际的问题。直到今天，我们还没有懂得日本帝国主义的全部，也还没有懂得中国的全部。运动在发展中，又有新的东西在前头，新东西是层出不穷的。研究这个运动的全面及其发展，是我们要时刻注意的大课题。如果有人拒绝对这些作认真的研究，那他就不是一个马克思主义者。①

毛泽东对马克思主义中国化概念的科学含义的揭示，凝聚着中国共产党人和中国人民用鲜血换来的宝贵经验。经过整风运动，转化成了全党高度统一的认识。党的"七大"确认了马克思主义中国化的成果——毛泽东思想为全党的指导思想，很快就赢得了中国民主革命的胜利和新中国的诞生，中国人民救亡图存的历史任务经过109年的奋斗终于胜利完成。毛泽东思想的产生，标志着马克思主义中国化历程中的一次飞跃。实践证明，毛泽东思想就是马克思主义中国化的理论成果，即中国化的马克思主义。

在回顾这段历史的时候，我想至少应该得到这样的启示：

1. 马克思主义中国化这个概念本来就不是从书本研究中产生，而是从中国人民的解放斗争的实践中产生的。这个概念提出的历史背景和条件就决定了它的性质和内容，决定了它是一个标志实践目的、实践过程和实践结果的概念，同时也就逻辑地蕴含了它的检验方式和

① 《毛泽东选集》第2卷，人民出版社1991年版，第534页。着重点是本文作者加的。

检验标准。与版本学、校勘学、考据学、训诂学一类的问题不同，检验马克思主义中国化的成败得失不能用汉儒和清代朴学家注经的办法，以某个论断与某个文本是否符合为标准，而只能以实践的结果与实践方案的预期目的是否符合为标准。一句话，应当是实践标准，而不是文本标准。教条主义者与马克思主义者的分歧不在于是否重视文本，而在于对文本的意义和作用如何理解。教条主义者之所以为教条主义者，就因为他们崇奉的是唯文本主义或文本至上主义，以为文本就是无条件的真理，就是检验认识真理性的标准。他们的根本谬误在于不了解一切文本都是思想的记录，都是由概念判断推理组成的认识成果，都是第二性的东西，它们只能是客观实际的反映，只能来源于实践，它们的真理性也只有实践才能确证。马克思主义的经典文本也不例外。这些文本也是马克思主义经典作家根据他们掌握的实际情况、针对一定的问题作出的论断；这些论断本身的真理性也要经过实践的检验；经过实践证实的论断也还要由不断发展着的实践继续检验，根据检验的结果保持那些符合新的实际情况的东西，修正和更新那些已经不再符合新的实际情况的东西；在此时此地是真理的论断，在彼时彼地就未必是真理。马克思和恩格斯本人毕生对自己的论断不知作过多少订正，连《共产党宣言》这样的著作都多次以序言的形式作过订正，对革命形势的估计更是作过多次订正。列宁的社会主义一国首先胜利的理论就没有照搬马克思恩格斯的文本，但实践证明了它是真理。如果以文本作为检验真理的标准，就是以尚待检验的认识为标准，等于没有标准。

2. 文本标准与实践标准之争不仅是一个学理问题，更重要的还是一个关系中国人民前途命运的实际问题。中国的教条主义者如果只是在书斋里坐而论道，不问实事，他们怎么看也无关大局。问题在于他们恰恰是实践者，是从事中国革命活动并往往居于领导地位的指挥者，他们的错误就必定要造成灾难，这灾难又得由中国人民承担，这就关系到中国人民的前途和命运，非同小可了。马克思主义中国化的事业从起步到成熟，从历经挫折到终于成功，始终伴随着与教条主义的斗争，绝非偶然。中国的教条主义者奉为真理标准的文本有两种：一是马克思主义经典著作中的论断，二是共产国际的指示。在他们看来，一切都必须符合这两种文本才算正确，否则一概是错误的。毛泽东根据中国具体情况得出的结论即使明明在实践中达到了预期的目的，导致了胜利，也是"山沟里的马克思主义"、"狭隘经验论"；而他们的一套尽管在实践中碰得头破血流，把革命搞得倾家荡产，也是"百分之百的马克思主义"。这就是他们的逻辑。毛泽东是最早清晰地意识到这个问题的严重意义的。他在1930年写的《反对本本主义》中就一针见血地指出："以为上了书的就是对的，文化落后的中国农民至今还存在着这种心理。不谓共产党内讨论问题，也还有人开口闭口'拿本本来'。""我们说马克思主义是对的，绝不是因为马克思这个人是什么'先哲'，而是因为他的理论，在我们的实践中，在我们的斗争中，证明了是对的。""马克思主义的本本是要学习的，但是必须同我国的实际情况相结合。我们需要'本本'，但是一定要纠正脱离实际情况的本本主义。"① 他尖锐地批评了那种以为"党的第六次全国代表大会的'本本'保障了永久的胜利"的"空洞乐观"的观念，认为这是"思想路线"问题，这种本本主义"如不根本丢掉，将会给革命造成很大损失，也会害了这些同志自己"②。毛泽东的洞见不幸而言中，民主革命阶段最严重的教条主义错误就发生在此后的几年中，使革命一度危如累卵，直到受到实践的残酷惩罚之后才被迫转变。这种付出了高昂代价的惨痛教训一次一次地表明，马克思主义只能是行动的指南，决不能当成教条，绝不能把马克思主义的文本当成检验真理的标准。实践的结果最顽强，最无情，它绝不迁就任何文本。文本标准必定导致主观与客观相分裂、认识与实践相脱离。"盲人骑瞎马，夜半临深池"，照此办理是必定要陷于灭顶之灾的。

再回顾一下中国社会主义建设阶段的情况。

新中国的成立标志着党的第一大历史任务——救亡图存的胜利完成，第二大任务——民族复兴即建设社会主义的任务迅速提上了日程。这是一个伟大的历史转折。马克思主义中国化的内容完全不同了。毛泽东在新中国成立前夕和新中国成立初期极其清醒睿智地指出

---

① 《毛泽东选集》第1卷，人民出版社1991年版，第111—112页。

② 同上书，第115—116页。

了这一点。他在新中国成立前夕的七届二中全会的报告中，在《论人民民主专政》这篇著名论文中，都再三强调夺取全国胜利"只是万里长征走完了第一步""只是一出长剧的一个短小的序幕""革命以后的路程更长，工作更伟大，更艰苦""务必使同志们继续地保持谦虚、谨慎、不骄、不躁的作风，务必使同志们继续地保持艰苦奋斗的作风""学会我们原来不懂的东西。"①"我们熟悉的东西有些快要闲起来了，我们不熟悉的东西正在强迫我们去做。这就是困难。""我们必须克服困难，我们必须学会自己不懂的东西。我们必须向一切内行的人（不管什么人）学经济工作，拜他们做老师，恭恭敬敬地学，老老实实地学。不懂就是不懂，不要装懂。"② 这说明他看到了中国具体实际的内容与革命战争时期已经不同，要完成的任务也不同，马克思主义中国化的事业在社会主义建设的新阶段必须继续发展。他率领全党以万里长征的精神开始了新的探索。探索的头几年曾一度不得不移植苏联的经验，提出过"学习苏联"的口号，但很快就意识到苏联的做法有许多并不符合中国的实际情况，不能照搬。毛泽东领导党和人民走上了独立自主地探索中国社会主义建设规律的道路，也就是在社会主义建设阶段实现马克思主义中国化的道路，在这条道路上走了 27 年，其艰难曲折的程度至少不亚于民主革命阶段。一方面取得了伟大的成绩，积累了宝贵的经验，但也犯了长时间的全局性的错误，"文化大革命"标志着错误的顶端。党的十一届六中全会关于新中国成立以来若干历史问题的决议③对此作了全面的科学总结，这里无须详说了。

这些错误初看起来似乎与文本问题无关。谁都知道毛泽东历来最坚决地反对教条主义，最系统地倡导马克思主义的普遍真理与中国的具体实际相结合，最强调从实际出发。中国革命的胜利就是由此取得的。新中国成立以后他也一直强调这一原则，坚持独立自主地走自己

---

① 《毛泽东选集》第 4 卷，人民出版社 1991 年版，第 1438—1439 页。

② 同上书，第 1480—1481 页。

③ 《中国共产党中央委员会关于若干历史问题的决议（一九八一年六月二十七日中国共产党的十一届中央委员会第六次全体会议一致通过）》，见《三中全会以来——重要文献选编一》，人民出版社 1982 年出版，第 788—849 页。

的路。他是从来不搞文本崇拜，不把马克思主义的"本本"当作"圣经"，也不把苏联的一套当作碑帖去临摹的。他的中国特色可谓举世无双，很难说有教条主义之嫌。难道他也会犯教条主义的错误吗？但是，如果仔细回顾一下就可以发现，这27年中的失误还是与教条主义有绝大关系的。

1. 中国的社会主义建设离不开马克思主义普遍真理的指导，这毋庸置疑。但是，什么是马克思主义普遍真理？马克思主义论著中的哪些论断是普遍真理？普遍到什么程度？是否符合中国的实际情况？离开了具体实践的检验，是判定不了的。例如在什么是社会主义的问题上，马克思主义经典作家也确有一些一般性的论断，但他们并没有在实际的社会主义社会里生活过，并没有从事过社会主义社会建设的实践，这些论断是从他们对资本主义的分析中推论出来的，带有设想的性质。这些论断是不是普遍真理？适用不适用于中国？这本来是一个需要实践检验才能判定的问题。但是，毛泽东却把这些论断当成了不容置疑的普遍真理，不自觉地奉为教条了。他心目中的社会主义就是从经典作家的论断中推导出来的，其中就有不符合实际的成分，而他却把这一社会主义的概念当成了不可移易的模式，当然也当成了检验社会主义建设是否成功的标准。为了与这一概念相一致，他又在经典著作中引用了一些论断，还加上他自己的某些误读，一起作为"理论依据"，加以教条化。例如，认为商品交换中的等价交换原则应该作为"资产阶级权利"加以批判，甚至引申到八级工资制也应该批判；认为社会主义改造基本完成后小生产还会每日每时地大批地产生资本主义和资产阶级；认为党内的思想分歧都是阶级斗争的反映；夸大阶级斗争的范围、性质和作用，提出"年年讲，月月讲，天天讲"；把许多符合中国实际的意见都视为导致"资本主义复辟"的"修正主义"，等等。① 这些错误的教条主义性质是很明显的。

2. 更严重的是新的教条主义的产生和泛滥。实事求是地看，毛泽东对社会主义建设问题的许多论断，大部分并不是来自马克思主义经典著作的文本，而是他的发挥和创造。其中有非常正确深刻的思

---

① 参见《三中全会以来重要文献选编》，人民出版社1982年版，第818页。

想，也有非常严重的错误。由于多年形成的种种复杂原因，他的所有论断，包括错误的论断，也都逐步被视为无可怀疑的真理，并且是马克思主义在中国的新发展，在"文化大革命"中甚至被说成是"马克思主义的当代顶峰"，"最高最活的马克思主义"，"句句是真理"。这样，毛泽东的一切论断就都成了不容置喙的"最高指示"，成了新教条，凌驾于实践之上，成了检验真理的标准和判定方针政策是非得失的标准，而且是唯一标准。这种与最高权力相结合的新教条主义，彻底破坏了马克思主义的思想路线，切断了马克思主义与中国实际的应有的联系，堵塞了实事求是的大门，导致了主观与客观、认识与实践的分裂，造成了巨大的灾难。应该承认，即使在这种情况下，毛泽东也并没有公然在理论上提倡文本崇拜和教条主义，相反，他还一再强调人的正确思想只能从实践中来，思想的正确与否只能靠实践来检验；他仍然提倡实事求是、调查研究，严厉批评"形而上学猖獗，唯心主义横行"。他在具体问题的处理上也纠正过一些错误。他的悲剧就在于他没有意识到他自己的论断正在被人神化为教条，新的教条主义已经在全国造成了极其严重的恶果。他后来虽然有所觉察，批评过"顶峰论"和"一句顶一万句"的荒谬，但他并没有从根本上纠正新教条主义，反而在实际上容许了甚至助长了它的泛滥。这种错误使马克思主义中国化的事业受到了严重阻碍，陷入了背道而驰的险境。当然，邓小平说得很公允，造成这些错误的原因极其复杂，不能简单地把这些错误归结到毛泽东一个人身上。① 这个问题与本文要论述的问题无关，为避免枝蔓，此处不加分析。

在粉碎"四人帮"以后一段时间里，拨乱反正的主要障碍是"两个凡是"。邓小平一语中的："'两个凡是'的观点就是想原封不动地把毛泽东同志晚年的错误坚持下去。"② "两个凡是"就是"句句是真理"的翻版，就是新教条主义的继续，要害还是文本标准，也就是以毛泽东的论断为检验真理和判定是非得失的标准。只要还坚持这

---

① 《对起草〈关于建国以来若干历史问题的决议〉的意见》。《邓小平文选（一九七五——九八二年）》，人民出版社 1983 年版，第 260 页。

② 同上书，第 262 页。

个标准，真理和谬误就无法区分，"文化大革命"的错误就无法纠正，拨乱反正就寸步难行，社会主义现代化的事业就无从迈步，马克思主义中国化就无从谈起。1978 年的真理标准讨论之所以值得载入史册，是因为它摧毁了新教条主义的依据，恢复了党的实事求是的思想路线，从根本上为马克思主义中国化的事业扫除了障碍，重新开辟了道路。党的十一届三中全会以来的中国社会主义建设的空前伟大的成就，从邓小平理论、"三个代表"重要思想到科学发展观的中国特色社会主义理论体系的形成，就是发端于此。我们清晰地看到，在摆脱了文本标准的束缚之后，党中央是怎样用马克思主义的立场观点方法艰苦地探求中国的实际情况，在马克思主义中国化的道路上胜利前进的。邓小平的英明首先就在于他既坚持马克思主义的立场观点方法的指导而又不搞文本崇拜和文本标准，在新的条件下恢复和发扬了从实际出发的传统。他说："什么叫社会主义、什么叫马克思主义？我们过去对这个问题的认识不是完全清醒的。"① 他反复强调"问题是要把什么叫社会主义搞清楚，把怎么样建设和发展社会主义搞清楚"②。他只指出"贫穷不是社会主义，更不是共产主义"，③"社会主义的本质，是解放生产力，发展生产力，消灭剥削，消除两极分化，最终达到共同富裕"。④ 并不提出束缚人们手脚的具体模式。邓小平说的"摸着石头过河"，有人说是经验主义，其实正好是马克思主义的一种通俗形象的说法。"石头"就是指中国的实际情况，"摸"就是在实践中去探索研究，"过河"就是实现社会主义现代化建设的目标。这与民主革命时期毛泽东坚持的实事求是、有的放矢是一个意思，就是要以马克思主义的立场观点方法为指导去弄清中国的实际情况（包括中国所处的时代条件和国际环境），弄清中国社会主义建设必须遵循的规律，从而开辟中国特色社会主义的道路。像当年民主革命时期开辟农村包围城市的革命道路一样，这也就是在社会主义建设时期把马克思主义中国化的事业推向前进的工作。这 30 年的探索就是在做

---

① 《邓小平文选》第 3 卷，人民出版社 1993 年版，第 63 页。
② 同上书，第 369 页。
③ 同上。
④ 同上书，第 373 页。

这件工作。回顾30年的历程，我们可以清楚地看到探索道路的崎岖，几乎每走一步都有艰难的认识过程，都有"左"的和右的干扰，而这些干扰又都与实践标准和文本标准的分歧有关。有人指责新的方针政策和具体措施违背了马克思主义文本的这一说法那一说法，有人又鼓吹抛弃马克思主义而照搬西方资本主义理论，把这些理论的文本奉为教条。30年来的探索实践的过程就是不断地排除各种干扰的过程，其中排除文本主义的干扰就占了很大的比重。邓小平提出的"三个有利于"标准，就是针对文本主义的实践标准，就是针对中国的实际情况具体化了的实践标准。如果不按这个标准去检验方针政策和具体措施的是非得失，而按马克思主义论著的文本或者西方资本主义理论的文本去检验一切，我们就会重犯民主革命时期教条主义的错误，中国的社会主义现代化就将不知如何进行，中国特色社会主义理论体系就将永远无法产生，中国今天的大好局面就不可能出现，全面建设小康社会的宏伟目标就将成为泡影，马克思主义中国化也将成为纸上谈兵。我们说从邓小平理论到"三个代表"重要思想再到科学发展观的中国特色社会主义理论体系是马克思主义中国化历程中的又一次飞跃，是马克思主义中国化的新成果，并不是根据文本作出的判断，而是根据30年来实践的结果做出的判断。

实践的发展过程无止境，马克思主义中国化的过程无止境，实践的检验过程也无止境。中国特色社会主义理论体系是诸多命题组成的系统，命题的层次不一，实践检验的结果又有直接与间接、目前与长远、对这一方面的作用和对那一方面的作用之分，检验必然是非常复杂的动态过程，而不可能毕其功于一役。因此，这个理论体系必然是开放的而不是封闭的，必然会在不断发展的实践中与时俱进，日新又新。这是可以预期的。

本文提出异议的只是以文本为标准来检验马克思主义中国化的成败得失，而不是轻视文本研究意义和作用。文本研究不仅有其自身的学术意义，而且也是马克思主义中国化的不可缺少的组成部分。这至少有两方面的理由：第一，要做好马克思主义中国化的工作，就需要准确地把握马克思主义创始人和其他代表人物思想形成和发展的历程，把握马克思主义理论在全世界的发展历程，正确地总结马克思主义与各国实际结合的经验教训，作为在中国如何运用马克思主义的借鉴。中国是世界的一部分，马克思主义中国化是马克思主义在世界实践和发展的一部分。不了解这些涉及世界全局的问题也就不可能深刻地了解中国实际，而要如实地了解这些情况就有赖于对文本的正确把握。第二，要做好马克思主义中国化的工作，就需要准确地把握马克思主义经典作家在何时何地针对何种情况作出过何种论断，防止和避免对马克思主义著作的误读和误解。如我们在前面指出过的，在马克思主义中国化的历史过程中，由于对马克思主义著作的误解误读而导致的错误也屡见不鲜，造成的危害也不容轻视，这个教训也必须记取。因此，马克思主义著作文本的精确翻译和系统研究是一件必不可少的基础性的工作，今后还需要下大气力解读马克思主义的文本，以求尽可能全面准确地理解和把握原意。现在也比以往任何时候更有条件做好这件工作了。马克思主义的文本从来不是教条，只有在被人们当作教条对待的时候才会变成教条。文本研究并不必然导致教条主义。教条主义的产生不是文本研究之过，而是教条主义者对待文本的错误态度之过。在警惕和克服教条主义的前提下，对文本研究无论下多少工夫也只会有益而不会有害，一部分学者专做皓首穷经的工作也是很有意义的贡献。这与把文本当作检验马克思主义中国化的是非得失的标准是截然不同的两回事。我们只是反对以文本为标准来检验认识，剪裁实践，反对以文本为理由限制我们在实践中运用和发展马克思主义，而不是反对文本研究。

论辩证法与和谐问题[*]

陶德麟

和平和发展是现时代的主题,我国正在为构建社会主义和谐社会而奋斗。如何理解和谐的概念,如何理解和谐与辩证法的关系,很自然地成为热烈讨论的重要哲学问题之一。本文拟就几个有关问题提出一孔之见,就正于学术界同仁。

一

有的论者认为"传统的"唯物辩证法是以矛盾为中心的"矛盾哲学",它的思维方式是"矛盾的思维方式",已不能体现时代精神,必须代之以"和谐哲学"和"和谐的思维方式",并认为这才是辩证法的"当代形态"。有的论者还认为"传统的"唯物辩证法渊源于西方的辩证法,强调斗争;而和谐哲学则渊源于中国传统辩证法,强调和合,是更高级的东方智慧。我认为提出这种见解是出于对人类命运的关切,是想启迪人们重视建立人与自然、人与人之间的和谐关系,愿望极好。但这种见解在理论上是不能成立的。

这种见解是由反思一度流行的所谓"斗争哲学"发展而来的。众所周知,在"文化大革命"中确有把马克思主义哲学称为"斗争哲学"的事实,而且被视为权威解释。"斗争哲学"在理论上非常错误,在实践上为害甚烈。事实昭然,教训惨重。痛定思痛,对它拨乱

———————
* 此文原载《哲学研究》2009 年第 6 期。中国人民大学书报资料中心 2009 年 9 月 B1·月刊《哲学原理》全文转载。2013 年获湖北省人文社会科学优秀成果一等奖。

反正是理所当然和完全必要的。但"斗争哲学"究竟错在何处？应该如何拨乱反正？却是严肃的科学问题，只有实事求是地分析才能正确地吸取教训。我认为"斗争哲学"的错误主要有如下三点：

第一，对辩证法的理论内容做了片面的解释，肢解了辩证法的整体性，违背了辩证法的根本精神。辩证法本来是以对立统一规律为核心的没有片面性的发展学说。这种学说反映了一个事实：万事万物内部都具有互相对立、互相排斥的倾向或方面，而这两个方面又是互相依赖、互相联系的。"矛盾"这个名词所指称的就是事物内部的这种关系。"斗争"就是对立或排斥的同义词，同一（或统一）就是依赖或联系的同义词。古代和现代的辩证法思想有精粗深浅的区别，西方和东方的辩证法思想有表述形式的差异，但只要称得上是辩证法的思想，都是承认矛盾双方的斗争性和同一性不可分离的，否则就不成其为辩证法。在这个意义上把辩证法叫作"矛盾哲学"是合理的。"斗争哲学"与此不同，它把"斗争"说成矛盾双方关系的唯一内容，抹杀了或取消了矛盾双方的同一性。这就改变了"矛盾"概念的本来含义，无异乎取消了辩证法。

第二，对"斗争"概念的内涵也做了狭隘的解释。"斗争"（struggle）在辩证法中是一个有严格含义的哲学概念，指的是矛盾双方互相对立或排斥的性质，不能按照日常生活中不严格的理解望文生义地滥用。在哲学意义上，矛盾双方的"斗争"即互相对立或排斥的形式和内容都是无限多样的。而"斗争哲学"却把"斗争"等同于"对抗"（antagonism），甚至进一步曲解为"你死我活"的暴力对抗，抹杀了"斗争"形式和内容的丰富性和多样性。

第三，对"斗争"的结果也做了片面的解释。斗争与同一共同发挥作用的最终结果是矛盾的解决（至于又产生新的矛盾那是另一回事）。但矛盾的解决方式也是无限多样的。而"斗争哲学"把"斗争"的结果仅仅归结为一方"消灭"一方，一方"吃掉"一方。这明显地与事实不符。

因此，"斗争哲学"与"矛盾哲学"是根本不同的两种思想。"斗争哲学"不仅不是马克思主义的唯物辩证法，而且也不是任何意义上的辩证法。这与传统和现代、西方和东方没有关系。即使是最古老最"传统"的辩证法，无论是东方的还是西方的，都没有对矛盾作如此片面的理解。反对"斗争哲学"，首先就要正确理解辩证法即"矛盾哲学"的本来含义，维护辩证法之所以为辩证法的最本质的东西，在这个基础上才谈得上发展辩证法，创造辩证法的当代形态。如果连辩证法的本来含义都没有弄清楚，就去构建当代形态的辩证法，构建出来的就很难说是辩证法了。这些论者把"矛盾"与"和谐"说成互不相容的概念，认为讲"矛盾"就必然导致"斗争哲学"，必然破坏和谐；要和谐就只有不讲斗争，要不讲斗争就只有不讲矛盾，所以要反掉"斗争哲学"就必须连"矛盾哲学"也一起反掉，以"和谐哲学"代替"矛盾哲学"。我认为这是找错了应该反对的对象。这种"和谐哲学"当然也是一种哲学，但绝对不是辩证法的哲学，更说不上是唯物辩证法的"新形态"。

我认为"和谐哲学"这个名词并不是在任何意义上都不可以用，问题在于赋予它什么含义。如果"和谐哲学"指的是一种并不否认矛盾但以创造条件促进和谐为宗旨的哲学，那么这种"和谐哲学"还是可以成立的。不仅可以成立，而且在承认对立统一规律的前提下把如何促进和谐作为探讨的重点，也符合时代的要求，特别是符合我国建设社会主义和谐社会的要求。但对"和谐"概念的内涵应当给予恰当的界定。我在《马克思主义研究》2007 年第 6 期上对此曾作过一些陈述。和谐（harmony）这个词，无论作为某种理论体系中的概念，或者人们表达美好憧憬的语词，古今中外都早已出现，但解释各有不同。我认为有两类解释是不对的：一类解释是把和谐与矛盾看成互斥的概念，认为和谐就是无矛盾，有矛盾就不能和谐。这在理论上说不通。和谐这个概念本身就是以矛盾的存在为前提的。只要一说到和谐，就至少是指某物与他者之间的某种关系，就是有差异的事物之间（或同一事物内部有差异的方面之间）的某种关系。差异就是矛盾。不首先肯定矛盾的存在，就不知道是什么与什么和谐，和谐这个词就没有意义了。还有一类解释并不把和谐与矛盾看成互斥的概念，但认为凡属矛盾双方共处于统一体的状态都是和谐。这又把和谐的外延过于泛化了。实际上，任何矛盾只要还未消失，就共处在统一体中，即使是斗争非常激烈的对抗性矛盾也是这样。例如激烈交战的双方，也是共处在统一体中的，否则怎么打仗？如果把凡是矛盾双方处在统一体中的状态都一概叫作和谐，那就等于说无论什么矛盾都和谐，连打仗也算和谐，和谐的概念也就等同于"共处"的概念，没有独立的意义，也就没有提出这个概念的必要了。

我认为，和谐不是没有矛盾，也不是所有的矛盾都和谐。和谐这个词是专门用来指称矛盾双方相互关系的一种特殊状态的，这种状态的特点就在于矛盾双方的发展不仅不互相损害，而且还互相促进，即人们通常用"相辅相成"、"共生共荣"、"和实生物"、"互利双赢"之类的语词描绘的状态。

这种状态是可能出现的，事实上无论在自然界和社会生活中都已经出现过。以社会现象为例，在利益有共同点的基础上也可以出现局部的暂时的和谐状态，更不用说在人民利益根本一致的社会主义社会了。正因为如此，我们今天构建社会主义和谐社会才不是空想。① 但是也要看到，这种状态并不是在任何情况下都可以出现的：（1）这要看矛盾双方关系的内部性质如何。有些矛盾有达到和谐的客观可能性，但另一些矛盾的本性却决定了双方不可能和谐，对后一类矛盾讲和谐就没有意义。（2）还要看矛盾所处的外部条件如何。同样性质的矛盾，在某种外部条件下可以由不和谐转化为和谐，也可以由和谐转化为不和谐。（3）还要看处理矛盾的方法如何。同样性质的矛盾，处在同样外部条件下的矛盾，由于处理方法的不同，能否达到和谐的结果也会不同。不加分析地泛谈和谐，在理论上是混乱的，在实践上也是无益的。

这种"和谐哲学"否认斗争的观点在当前特别值得辨析。

首先，这种哲学把"斗争"概念的外延窄化了，与"斗争哲学"一样把斗争仅仅理解为对抗，用"你死我活"、"斩尽杀绝"、"消灭

---

① 最高典型的和谐社会应该是"每个人的自由发展是一切人的自由发展的条件"的共产主义社会，现在离这种和谐社会的实现还非常遥远。我们现在还处在社会主义初级阶段，要求构建的社会主义和谐社会还只能是相对意义上的和谐社会，即和谐状态占主导地位、和谐的范围和程度逐步扩大和提升的社会。但社会主义制度毕竟开始为逐步消除人际利益根本冲突的根源，形成社会成员根本利益的一致提供了客观基础，从而使构建社会主义和谐社会成为必要和可能。千里之行始于足下，我们现在把构建和谐社会的任务提上日程并付诸实践是完全必要的。

对方"、"两败俱伤"、"同归于尽"之类的语词加以描绘。这是没有根据的。作为哲学概念的斗争当然包括对抗，但绝不限于对抗。从社会现象看，不仅战争、杀戮、打击、灭绝一类的激烈对抗的行为是斗争，争议、讨论、谈判、协商、沟通、说服、劝谏、化解、妥协、让步乃至求同存异等从哲学意义上看也是不同形式的斗争。

其次，这种哲学把"和谐"概念的外延泛化了，似乎不管什么性质的事物之间都可以和谐。这也不符合事实。试问，当年我们进行反法西斯战争的时候，能同希特勒、墨索里尼、东条英机"共生共荣"么？今天我们进行社会主义建设的时候，能同图谋颠覆社会主义、图谋分裂祖国的敌对势力"互利双赢"么？能同腐败分子和其他犯罪分子"相辅相成"么？

再次，这种哲学把促进和谐的动力片面化了，只看到同一性的积极作用，而否认了斗争性的积极作用。似乎同一性与斗争性是两个各司其职的"部门"，同一性是专管"建设"、促进和谐的，斗争性是专管"破坏"、妨碍和谐的。要和谐就必须抛弃斗争，一斗争就必定破坏和谐。现在既然要搞建设、讲和谐，斗争性这个"部门"就应该"撤销"了。这也是不实之论。矛盾的同一性和斗争性本来就不可分离，没有无同一的斗争，也没有无斗争的同一。和谐的实现是同一和斗争共同起作用的结果。抽掉了斗争怎么可能实现和谐？我们现在要构建社会主义和谐社会，能不与阻碍和谐、破坏和谐的因素作斗争么？仅仅去年一年我们做了多少艰苦卓绝感天动地的斗争，没有这些斗争我们能有现在的局面么？在金融海啸造成的巨大困难面前，我们不是正在为战胜困难而斗争么？

无论这种否认斗争的观点的主观意图如何，客观上是站不住脚的。

毫无疑问，和谐是我们应该努力追求、精心构建的状态。但正因为要力图实现和谐，就不能不承认矛盾，分析矛盾，解决矛盾，不能不同时看到斗争和同一两个方面，努力创造实现和谐的现实条件。只讲斗争不讲同一当然不对，但只讲同一不讲斗争也同样不对。没有斗争，阻碍和谐的因素就无法消除，和谐就只是海市蜃楼。所以，我认为在反对"斗争哲学"的时候不能走向另一个极端，用"无斗争哲学"来代替"斗争哲学"。这与我们追求和谐的初衷并不一致。

唯物辩证法当然要随着时代的发展而发展，不停顿地丰富自己的内容，更新自己的形式。而且，时代不同，任务不同，辩证法强调的方面也必定有所不同。在这两层意义上构建唯物辩证法新形态的说法我是赞成的。但什么是唯物辩证法新形态？如何构建唯物辩证法的新形态？尽可以有各种各样的理解，各种各样的说法和做法，也不必急于取得共识。但在我看来，有一点还是应该坚持的，那就是不能抛弃辩证法最核心的东西，不能抛弃矛盾的概念，而矛盾的概念又必须包含同一和斗争。如果离开这一根本之点，那就不是辩证法的新形态，而是非辩证法了。

二

构建唯物辩证法新形态的思想资源极为广泛，应当涵盖世界文明的一切成果，其中中国传统哲学对我们在中国发展唯物辩证法的事业来说尤其重要。

在谈及构建唯物辩证法的新形态时，人们的目光往往倾注在唯物辩证法产生以后的实践和科学所提供的新材料、新思想上。把这一方面作为建构唯物辩证法当代形态的主要途径是正确的，也并无分歧。但是，唯物辩证法产生以前的思想是不是构建唯物辩证法当代形态的源泉，看法就未必一致。有的论者认为，马克思恩格斯在创造唯物辩证法的时候已经科学地总结了以往思想史上的一切积极成果，这些积极成果已经包蕴在唯物辩证法的理论内容之中，反复咀嚼这些老成果也不会给唯物辩证法增添实质上的新内容，对建构唯物辩证法的当代形态并无裨益。至于中国传统哲学更与马克思主义的唯物辩证法没有"血缘"关系，唯物辩证法的创立本来就没有吸取中国传统哲学的思想；况且中国传统哲学又是没有受过近代西方科学洗礼的朴素形态的东西，在理论层次上还没有达到近代西方哲学的水平，更远没有达到科学形态的唯物辩证法的水平，就更没有什么值得吸取的东西了。我们至多只能从中国传统哲学中摘取某些古老的命题来印证唯物辩证法的普适性，至于从中吸取什么重要思想以丰富和发展唯物辩证法则大可不必。我以为这种看法是欠妥的。

诚然，马克思的唯物辩证法总结的人类认识史主要是西方认识史，然而中国辩证法与西方辩证法反映的是同一世界的规律，除了各自的特殊性外还有普遍性，并非不相干的东西。在不同的民族、国度和不同的历史条件下，辩证法的形式有所不同，强调的方面有所不同，其中的每一方面又都有认识深浅的不同，发挥详略的差异，表述精粗的区别，但反映的都是同一世界的辩证规律。在把人类认识史看作整体的意义上，未尝不可以把中国传统辩证法也理解为唯物辩证法的来源。不仅在创立唯物辩证法的时候是来源，在今天发展唯物辩证法的时候也仍然是来源。主要有三点理由：

第一，中国传统辩证法是在中国这块巨大的东方沃土上生长起来的一朵奇葩，它经过中华民族历代哲人的艰苦探索，源远流长，积淀深厚，博大精深，确实代表了一种有远见卓识的东方智慧，在某些方面达到的高度为西方古代辩证法所不及，甚至也为西方近代形而上学所不及，它是中华民族为人类思想宝库作出的独特贡献，理应作为人类的共同财富，而不应置于马克思主义哲学的视野之外。这不是敝帚自珍，而是当仁不让。正因为中国传统哲学的许多独特的有价值的东西并未全部囊括到唯物辩证法中去，今天就更应该从中吸取智慧，使唯物辩证法的内容更丰富。如果我们只把视线集中于西方，轻视中国自己的宝贵传统，那就好比捧着金饭碗讨饭了。

第二，任何思想都是时代的产物，都带有时代的印记，受到时代的局限。但只要是有价值的思想，就必定包蕴着超越时代的内容。后世的人们从自己时代的视角来解读它们，就可能开掘出前所未见的新意义。重读过去也是创新的途径之一。马克思恩格斯是站在他们那个时代的高度概括前人的思想成果的，我们今天站在我们时代的高度重新概括他们概括过的或尚未概括过的东西，得到的都不限于已有的结论，还会有前所未知的新结论，从而丰富和发展唯物辩证法。忽视这一方面，就会丢失建构唯物辩证法当代形态的一个重要思想资源。我们今天对浩如烟海的中国传统典籍的掌握、挖掘和理解还远远不够，还有大量的宝藏没有进入我们的眼帘；以现代眼光对中国传统辩证法重新解读后，就可能发现蕴含其中而未被前人察知的当代意义。这种新的认识将同当代人类的新实践和科学的新发现一样，为唯物辩证法注入新的血液。

第三，在中国发展唯物辩证法，构建唯物辩证法的新形态，与马克思主义中国化是同一个过程，并且是马克思主义中国化的基础的一环。这对马克思主义在中国的命运，对中国思想文化的走向，对中华民族精神支柱的建立，都至关重要。唯物辩证法中国化的主要动力是中国人民根本利益的需要，主要源泉是中国革命建设实践的经验，这毋庸置疑。但是，要成功地实现唯物辩证法的中国化，创造中国化的唯物辩证法，离开了与中国传统哲学的结合也断然不可。这种结合不是外在的结合，而是与中国传统哲学中相对恒定的一贯精神的内在结合。80多年的中国革命建设史和中国思想发展史实际上已经回答了这个问题。只有中国化，才能为唯物辩证法提供别的民族所不能提供的内容，为世界作出独特的贡献；也只有中国化，唯物辩证法才能植根于中国土壤，成为中国人民自己的精神财富。要实现唯物辩证法的中国化，除了总结中国人民的实践，还必须吸取几千年中华民族积淀下来的传统文化的珍品，特别是辩证法的睿智。离开了对中国传统辩证法的吸取，唯物辩证法就很难在中国生根，成为中国人自己的哲学。我们要构建的唯物辩证法的新形态，应当是既有世界水平和时代内容，又有中国特色的。

三

从中国传统哲学中吸取构建唯物辩证法新形态的思想资源是一回事，把中国传统哲学作为当代的指导思想又是一回事。我是主张前者而反对后者的。

各民族的哲学都有自己的优长之处，也有自己的不足。我前面说到中国传统哲学中的辩证法在某些方面达到的高度为西方古代辩证法所不及，也为西方近代形而上学所不及，是说的某些方面，并不是一切方面。中国传统哲学毕竟是前资本主义时代的产物，确实没有经过近代科学的洗礼，细节上不如近代产生的西方哲学精密；也很少有像某些近现代西方哲学那样严密的体系和详细的论证。至于与马克思主义的唯物辩证法相比，它更是低一个层次。何况它并不都是精华，也有糟粕。就其现成形态而言，总体上还不能说它就是代表当代人类思维最高水平的哲学，就可以担当起当代中华民族指导思想的重任。能够担当这一重任的还是站在当代思维制高点的唯物辩证法，当然是中国化的唯物辩证法。如果中国传统哲学在近现代能够成为振兴中华民族的指导思想，1840 年以后"国粹不能保国"的悲惨历史就无法解释，中国先进分子努力向西方寻求救国救民的真理的可歌可泣的努力就成了无谓之举了。

而且，中国传统辩证法就其现成形态而言，也还不能原封不动地直接作为唯物辩证法的组成部分。这就需要首先对它作出当代的阐释，赋予它当代的意义，然后才能吸收到唯物辩证法的体系之中。我们既不能无视或低估中国传统辩证法的意义，也不能把它的意义人为地无限拔高，似乎它囊括了人类的一切最高智慧，在总体上比唯物辩证法的水平还高。

阐发与宣传和合哲学的学者是在抱着一腔济世情怀，寻求一种为当代人类化解冲突、避免毁灭的普世方剂。他们并不否认矛盾和冲突的存在，毋宁说，正是因为看到矛盾和冲突的存在才提出融和矛盾、超越矛盾、消弭危机的和合哲学。他们对中国传统哲学中的和合思想，主要是儒家的和合思想做了许多诠释和发挥，许多见解是很有价值的。但我对这种理论仍有原则的保留。我的质疑主要有以下几点：

第一，从理论上说，和合哲学虽然绝不否认矛盾的存在，但却假定了甚至断言了一切矛盾和冲突最后都可以融合。我以为这显然未能得实。事实上，矛盾和冲突发展的结果是无限多样的，除了融合之外，至少还有"一方消灭一方"、"新质因素逐渐积累旧质因素逐渐消亡"和"双方同归于尽"等多种多样的形式。无论在自然界和人类历史上都可以举出无数的例证。这不是因为自然界和人类出了什么差错，而是矛盾的性质不同、矛盾所处的条件不同和处理矛盾的方法不同使然，并非仅靠思想的力量所能左右的。只承认一种解决矛盾的形式，就无法解释大量存在的事实。张载说："有象斯有对，对必反其为；有反斯有仇，仇必和而解。"这后两句就大可商榷。如果是非对抗性的矛盾，"有反"就未必"有仇"；如果是对抗性的矛盾，不具备特殊的条件，"有仇"就未必能"和而解"，除非把"一方消灭一方"和"双方同归于尽"也算作"和而解"。但假如把"一方消灭一方"和"双方同归于尽"也算作"和而解",那就把"和"的意思泛化到了无边无际,提出这个概念就没有意义了。我在前面说过,"和"("和合""和谐"也一样)只是指矛盾双方共处的一种特殊状态,即矛盾双方不仅共处而且双方的发展都不仅不损害对方的发展,还有利于对方的发展。我一直不赞成把矛盾双方共处的状态一概叫作"和",因为任何矛盾,即使是双方斗争非常激烈的矛盾,只要还未消失,就必定共处在统一体中,否则还叫什么矛盾?对战的两军如果不共处在统一体中,双方都没有敌军,他们同谁在打仗?我也不赞成把矛盾双方相对平衡的状态一概叫作"和"。"和"当然是矛盾双方平衡的一种状态,但并非一切平衡状态都是"和"。平衡也有各种各样的具体情况。哪怕是"你死我活"的斗争,也会有"你吃不掉我,我也吃不掉你"的相持状态,这时矛盾双方的力量也是相对平衡的,但这不仅不能叫作"和",而且往往是斗争最惨烈的时候。如果这一类相持状态也可以叫作"和",那就可以说现在全世界的绝大多数领域都已经实现了"和",用不着我们劳神费力地去"构建"了。

第二,从实践上说,和合哲学描绘的究竟是人类憧憬的理想状态还是实际指导人类行为的普适原则?如果是实践的普适原则,在何种条件下能普适到什么范围和程度?也是需要辨析的。作为理想状态,和合无疑是极其美好而崇高的。"道并行而不悖"诚然非常理想,可是孟子把杨朱墨翟目为"无父无君"的"禽兽",宁可不避"好辩"之名也绝不让它们流行,却是事实。孟子之学与杨墨之学当时虽然也在"并行",但何尝"不悖"?马克思主义之道与法西斯主义之道又怎能"并行而不悖"?"万物并育而不相害"也是一幅动人的图景,但人类能与艾滋病毒"并育而不相害"么?"己欲立而立人,己欲达而达人","己所不欲,勿施于人"是何等崇高的境界,但千百年来也只能在没有根本利益冲突的群体中实行,而且完全彻底做到的人为数不多(所以才能成为典范而令人膜拜)。孔子也说:"修己以安百姓,尧舜其犹病诸!"他承认像尧舜这样的圣人也很难完全做到。在"富者田连阡陌,贫者无立锥之地","朱门酒肉臭,路有冻死骨"、"四海无闲田,农夫多饿死"、"可怜身上衣正单,心忧炭贱愿天寒"的古代,有多少人真正做到了己立立人,己达达人?

原因很简单，就是人类社会至今还确实存在着利益矛盾，有些利益矛盾还是对抗性的。诚然，当今世界面貌已经发生了巨大变化，和平与发展确已成为当代的主题。但这两个主题解决了没有呢？一个也没有解决。阶级、国家、民族、地区、宗教等的矛盾和冲突花样翻新，足以将人类自身毁灭无余。受利益驱使的敌意和杀机仍然占据着许多人的心灵，战争和暴力仍然层出不穷。世界范围的贫富悬殊还在扩大，世界至少有 30亿人生活在贫困之中，赤贫者不下 10 亿。最近由于资本的疯狂发展而引发的金融海啸正在折磨着各国人民。人类生存的自然环境既在改善也在恶化，发展中国家生存环境的恶化尤其严重。世界还远不是"和睦的大家庭"，"同一个世界"也并没有"同一个梦想"，倒是"同球异梦"的事实大量存在。如果也有某种平衡状态，那也不是"良知"启示的结果，而是各种力量制衡的结果，与我们希望的"和"并不是一回事。要逐步达到名副其实的"和"，还是要在唯物辩证法的指导下面对现实，遵循社会发展的客观规律，以科学的态度承认矛盾，分析矛盾，采取最可行最有效最明智的策略解决矛盾（化解也是解决矛盾的一种方式）。这需要若干代人的极其艰巨的努力，直到马克思和恩格斯预言的"每个人的自由发展是一切人的自由发展的条件"的时候，和合的理想才能完全变成现实。和合不是一厢情愿的事，我不相信当今世界上那些以掠夺和扩张为生存目的的利益集团和霸权主义者们会因为受到和合思想的启示而良心发现，改变"思维方式"，从全人类的根本利益出发，顾全大局，翻然悔悟，改弦更张，放弃私利而致力于天下为公，世界大同。我也不相信"己所不欲，勿施于人"真的会成为当今全人类实际上一体遵循的"金律"（golden rule）。倘真能如此，那就不仅是"半部《论语》治天下"，而且是"一句《论语》治全球"了。坦率地说，我不相信和合思想有那么大的神力。

　　但是，我并不认为和合思想没有价值。这是因为，被科学地阐释了的和合思想对当前我国建设社会主义和谐社会还是有启迪意义的；对世界上大多数人也有启示作用，有助于帮助大多数人意识到人类的根本利益，着眼于长远和未来，知道自己应该怎么做，也知道应该怎么遏制那些陷人类于毁灭的贪婪狂悖的行为。这比宣传"仇必仇到底"终究要明智得多，效果也要好得多。和合思想的当代价值正在于此。

刘纲纪教授

刘纲纪，汉族，1933 年 1 月生，贵州普定人，哲学家、美学家。1956 年毕业于北京大学哲学系时，应当时的武汉大学校长李达教授邀请到武大工作至今。1962 年任讲师，1978年任副教授，1982 年任教授，1988 年被人事部和国家教委批准为国家级有突出贡献的中青年专家。曾任武汉大学美学研究所所长，兼任中华美学学会副会长、湖北省美学学会会长。现任中华美学学会、国际易学联合会顾问、湖北省美学学会名誉会长、武汉大学哲学学院博士生导师。2006 年当选武汉大学人文社会科学资深教授，2008 年被中国美术家协会授予卓有成就的美术史论家称号，2010 年入选首届湖北省"荆楚社科名家"。

他长期从事马克思主义哲学、美学、中国美学史、中国书画史论、中国传统思想文化的研究。主要著作有《"六法"

初步研究》、《龚贤》、《美学对话》、《中国美学史》（第一、二卷）、《美学与哲学》、《艺术哲学》、《〈周易〉美学》、《书法美》、《德国美学在中国的传播与影响》、《传统文化、哲学与美学》10余部。他长期坚持主张马克思主义实践观美学，被美学界公认为马克思主义实践观美学的重要代表，产生了广泛的影响。其《艺术哲学》一书，是我国第一部以马克思主义实践观美学为指导的艺术哲学专著，构建了一个逻辑严密的艺术哲学体系。与李泽厚共同主编并执笔独立撰写的《中国美学史》，1984年、1987年先后出版第一、二卷，填补了我国自"五四"以来没有一部系统详细的中国美学史的缺憾，引起了学术界（包含中国台湾地区以及韩国、日本、德国）的普遍关注，获得了很高评价，被认为是中国美学的"开山之作"。《〈周易〉美学》被认为是对《周易》美学史研究的一大成果，获教育部人文社会科学研究优秀成果二等奖。他第一次将马克思主义美学应用于中国绘画基本理论"六法"及中国书法理论研究，产生了重大影响。他还参加了我国第一部马克思主义美学教材《美学概论》的编写和最后修改定稿出版工作。他为武汉大学美学学科的创建、发展并使该学科一直处于国内学术的最前沿作出了巨大的贡献。

刘纲纪教授的著作在海内外产生了持续广泛的影响力，其《中国美学史》是美学界引用率最高的著作之一。这部巨著仅中国台湾地区就有四个版本。其第一卷已由韩国学者权德周译为韩文出版。日本福冈大学甲斐胜二等学者也译了全书的序论部分，刊登在该校的学刊上。1999年，他应德国特里尔大学校长哈斯勒教授的邀请，以客座教授的身份到该校讲学。他的6万余字的《德国美学在中国的传播与影响》演讲稿被特里尔大学以德文出版，而且附录了一些他的书画作品。他还应海德堡大学东亚美术史系主任雷德侯教授的邀请，到该校讲学。2012 年，收录了 269 幅书画作品的《刘纲纪书画集》出版，与此同时，"中国学术名家刘纲纪书画作品展"也在湖北美术学院展览馆举行，展出的 150 多幅精美的作品引起了观赏者的浓厚兴趣，他被誉为是"思想家中的艺术家，艺术家中的思想家"。

实践本体论[*]

刘纲纪

哲学史上关于本体论有各种不同的说法。一般而言，本体论是关于存在的理论，目的在探求什么是存在的最普遍、最高的本质。

所谓最普遍、最高的本质也有种种不同说法，但其中最基本的问题是：第一，存在的本原问题，即世界从何产生形成，或什么是始初的、本源性的东西；第二，相对无限众多的现象，什么是存在的最一般的根据、实质。

唯心主义哲学曾对本体作了种种神秘的解释，但我们不能因此就取消本体论问题。哲学作为世界观，不能不回答存在的最普遍、最一般的本质是什么这个问题，而且这是只有哲学才能回答的问题。西方现代哲学一方面有一种拒斥本体论的倾向，另一方面又有一种把许多问题本体论化，从本体论来加以考察的倾向。这后一倾向说明，对许多问题要作出穷根究底的解决，不能离开本体论的研究。亚里士多德曾把本体论称为"第一哲学"，这不是没有原因的。

一 马克思主义哲学与本体论问题

在马克思转变为马克思主义者之后，他在《1844年经济学—哲学手稿》一书中曾两次使用了"本体论"这个术语。^① 此外不再见到马克思使用这个术语，但他多次讲到了在马克思主义哲学中有根本性

---

* 此文原载《武汉大学学报》（社会科学版）1988年第1期。

① 《马克思恩格斯全集》第42卷，人民出版社1979年版，第150页。

意义的"存在"和"社会存在"的概念，后一概念还是马克思所首创的。既然"存在"与"社会存在"是马克思主义哲学中的重要概念，那么马克思主义哲学就应当有关于存在的理论。这也就是马克思主义哲学的本体论。

恩格斯在《路德维希·费尔巴哈与德国古典哲学的终结》一书中谈到哲学的基本问题时，指出这一问题的实质是："什么是本原的，是精神，还是自然界？——这个问题以尖锐的形式针对着教会提了出来：世界是神创造的呢，还是从来就有的？"① 这个世界的本原是什么的问题，正是本体论的重要问题。由此可见，恩格斯所说的哲学基本问题，首先是一个本体论的问题，其次才是认识论的问题。

多年来，我们的马克思主义哲学研究十分重视认识论问题，甚至认为马克思主义哲学就是认识论，但十分忽视本体论问题，甚至认为本体论问题可以取消。这种看法是不对的。

从认识论来看，对思维的研究不可能离开对存在的研究，而对存在的研究正是本体论的问题。仅仅在思维的内部来研究思维，思维的发生、来源、意义、真假问题都是无法解决的。不要本体论的认识论可以称之为无根的认识论，但没有根是不行的。所以，坚决拒斥本体论的逻辑实证主义发展到蒯因，不得不重新提出本体论的问题（参见《从逻辑的观点看》一书）。后期维特根斯坦也显示了某种向本体论靠近的倾向。

如果我们离开认识论的范围而转向人的问题，那么人的存在问题，海德格尔所谓"存在的意义"问题，更是现代哲学不能回避的一个重大的本体论问题。就马克思主义的历史唯物主义来说，我认为目前我们所说的历史唯物主义的许多内容应划归马克思主义的社会学、政治学。从哲学的高度看，历史唯物主义实际就是马克思主义的历史哲学。它的基础不是别的，就是马克思主义关于人的存在的学说，即马克思主义关于人的本体论。离开了马克思主义关于人的本体的科学理论，就不可能有真正科学的、深刻的历史唯物主义理论。

对本体论问题的忽视导致了马克思主义哲学研究的贫乏化、简单

---

① 《马克思恩格斯选集》第 4 卷，人民出版社 1972 年版，第 220 页。

化、肤浅化。相反，对马克思主义哲学的本体论的深入研究，将会极大地加深我们对马克思主义哲学的理解，促进马克思主义哲学的概念、结构、体系的精确化、完善化，并摆脱相沿已久的，对马克思主义哲学的不少简单化的，甚至是错误的理解。

马克思主义哲学的本体论是在总结概括科学（包括自然科学和社会科学）的实际成就的基础上建立起来的，不是玄想的思辨，不带有历史上的本体论那种唯心神秘的性质。

二　自然本体论与人的本体论

本体论可区分为自然本体论与人的本体论。自然本体论所研究的是在人类出现之前即已存在的自然的本体。由于人本是自然的一部分，人的存在不能脱离自然，因此自然的存在对人的存在处于优先地位，自然本体论对人的本体论也处于优先地位，否认这一点就会堕入唯心主义（这是西方马克思主义常犯的一个错误）。但人又不仅仅是自然存在物，因此自然本体论不能代替人的本体论。

在中国哲学史上，自然本体论与人的本体论常常是合而为一的，这同中国哲学的"天人合一"观念分不开。西方古希腊哲学的本体论侧重于自然本体论，经过中世纪又同上帝创世说联系到一起，使上帝是否存在的问题成了一个同本体论密切相关的问题。西方近代哲学的本体论仍然在这个问题上纠缠不休，但它的重点显然已转到和自然科学的发展相关的认识论方面，使本体与现象的问题具有了十分明白的认识论意义。这在康德哲学中得到了典型的表现。西方现代哲学以叔本华、尼采为发端，经生命哲学到存在主义，抛开了西方近代哲学中和认识论密切相连的本体论，而把人的本体问题提到了最高的位置。不论是海德格尔的"基本本体论"，雅斯贝尔斯的"生存本体论"，萨特的"现象学的本体论"，其中心都是人的本体问题。就西方现代哲学的范围而论，突出地关注和研究人的本体问题，可以看作是存在主义的一个贡献。

但是，萨特声称要用存在主义的人的本体论来"补充"马克思主义，这是毫无根据的。马克思主义哲学一产生就把人的存在问题提到了最高的位置，指出无产阶级的解放"是从宣布人本身是人的最高本质这个理论出发的解放"①，并且提出了"现代的自我解放"即从资本主义的金钱统治下获得解放，尖锐地指出和从根本上科学地阐明了后来存在主义苦苦思索而终于不得其解的人的异化问题，号召"为反对人类自我异化的极端实际表现而奋斗"②，认为揭露人的自我异化是"为历史服务的哲学的迫切任务"③，等等。存在主义一再谈论的"存在与本质"问题，马克思在《1844 年经济学—哲学手稿》中也已提出，并指出它是只有共产主义才能解决的"历史之谜"④。由此可见，在现代哲学中占有重要地位的人的存在问题，马克思在 19 世纪40 年代初期已经提出，并指出了科学解决的途径。

马克思主义哲学并不忽视自然本体论问题，但它高度关注并作出了伟大贡献的是人的本体论问题。从马克思的著作中可以明显看出，马克思所注意加以解决的不是历史上的唯物主义，特别是 18 世纪法国唯物主义和费尔巴哈唯物主义已在根本上解决了的自然界的存在问题，而是过去一切唯物主义所未能解决的人的存在问题。虽然后来恩格斯在《反杜林论》和《自然辩证法》中对自然本体论的问题作了不少深刻的阐述，但就整个马克思主义哲学而言，它的突出的、主要的贡献仍然是在人的本体论方面。这个贡献的根本之点，在于第一次指出了人类的物质生产实践是人类全部历史产生、存在和发展的根基、本原，从而科学地解决了人的本体这个重大问题。

三　实践与本体

人是从自然发展而来的，没有自然就不会有人和人的历史。因此，马克思主义哲学关于人的本体问题的解决是建立在确认世界的本原是自然而不是精神这个唯物主义原则基础之上的。自然、感性是马克思主义哲学的第一个不可动摇的出发点。"历史本身是自然史的即

①　《马克思恩格斯全集》第 1 卷，人民出版社 1956 年版，第 467 页。
②　同上书，第 446 页。
③　同上书，第 453 页。
④　《马克思恩格斯全集》第 42 卷，人民出版社 1979 年版，第 120 页。

自然界成为人这一过程的一个现实部分。"① 这就是马克思对自然与历史的关系的看法，它对于理解整个马克思主义哲学的实质和结构具有极大的重要性。一方面是自然界（它先于人类而存在，不以人类的存在与否为转移）；另一方面是人类，而使"自然界成为人"，使人与自然达到统一的决定性的、根本的东西，就是人类的物质生产实践即劳动。

　　人和人类历史的存在不能脱离自然，但没有物质生产实践也不会有人和人类历史的存在。人只能存在于他和自然的统一之中，而造成这个统一，并决定着它的发展的东西就是以自然（包括外部自然和人自身的自然）为基础的人类的物质生产实践。物质生产是人类历史的发源地。因此，从本体论来看，人类历史的本原、始基就是以自然为基础的物质生产实践。在人类历史的范围内，马克思主义对"什么是本原的"这个本体论问题的回答是：不是精神（这是马克思主义区别于一切唯心主义的地方），也不仅仅是自然（这是马克思主义区别于费尔巴哈唯物主义的地方），而是以自然为基础的人类的物质生产实践。由此可见，从人类历史的产生（"自然界成为人"）和存在来看，马克思主义哲学所说的实践具有本体论的意义，而不只具有认识论的意义。确认实践具有本体论的意义，不把它看作是一个仅仅和认识论相关的范畴，对于正确深入地理解马克思主义哲学，研究它和发展它，是一个意义重大的问题。

　　人是自然的存在物，因此，一切企图使人的本体和自然相脱离的看法都是唯心主义的错误幻想。但人又不是像动物那样的自然存在物，如马克思所指出的："人是人的自然"（着重点原有，或译"人是属人的自然界"。——引者注）②，或"人化的"自然。③ 因此，人的本体不只是"自然"，而是"人的自然"。对人的本体的认识就是要说明这"人的自然"是如何产生形成的，它具有怎样的性质。

　　物质生产实践是"自然界成为人"的基础、动力，因此"人的

---

① 《马克思恩格斯全集》第 42 卷，人民出版社 1979 年版，第 128 页。
② 同上书，第 166 页。
③ 同上书，第 126 页。

自然”即人的本体的性质只能从物质生产实践中去找到说明。

第一，物质生产实践即劳动是人从自然取得物质生活资料以满足人的生存需要的活动，同时又是人有意识、有目的地改造自然的活动，因而是创造性的，能够支配自然，从自然取得自由的活动。这就是说，人类的劳动既是满足生存需要的活动，同时又是一种创造性的、自由的活动（对这一点的理解有着极大的重要性，参见拙著《艺术哲学》）。正因为这样，人类的劳动不会仅仅以满足肉体生存需要为最终目的，不是仅仅用以维持肉体生存的手段。它必然要超越肉体生存需要的满足，成为人的才能的全面自由发展的基础，推动人类从“必然王国”（满足肉体生存需要、维持和再生产人的生命的领域）进向“自由王国”（以人的才能的全面发展为目的本身的领域）。① 劳动的本质决定了人既是自然存在物，同时又是自由的自然存在物，而不是像动物那样，只能本能地、无意识地适应自然的不自由的自然存在物。自由是人的本体即“人的自然”的根本特性。但这自由是人类物质生产实践的产物，从而是生产力发展的产物，不是存在主义的唯心幻想的产物。“人们每次都不是在他们关于人的理想所容许和决定的范围之内，而是在现有的生产力所决定和容许的范围内取得自由的。”②

第二，人改造自然的物质生产实践不是单个人的活动，而是结成一定社会关系的人们协同进行的活动。只有通过社会，人才能改造自然，从自然取得自由。社会是人同自然相统一的必经的中介，是自然（包括外部的和人自身的自然）成为“人的自然”的不可脱离的根基。“自然界的人的本质只有对社会的人说来才是存在的”，“只有在社会中，人的自然的存在对他说来才是他的人的存在”，“社会是人同自然界的完成了的本质的统一”③。之所以如此，在根本上仍然是决定于劳动所本有的社会性。这里所说的“社会性”，不仅仅是指人生活于社会之中，而是指人类的存在和发展离不开人与人之间的相互

---

① 马克思：《资本论》第 3 卷，人民出版社 1975 年版，第 926—927 页。
② 马克思、恩格斯：《德意志意识形态》，人民出版社 1961 年版，第 497 页。
③ 《马克思恩格斯全集》第 42 卷，人民出版社 1979 年版，第 122 页。

依存与合作，"为我"与"为他"的统一。但由于劳动的异化，产生了个体与社会的分裂，于是人类就失去了他本有的"社会性"，而陷入了矛盾和对抗之中。只有当个体所结成的社会同个体的发展到达了统一的时候，人才能重新完全获得他的"社会性"，从而才不会失去他从自然取得的自由，他的存在才是真正自由的（从人的本体来看的共产主义理想的实质就在于此）。这是存在主义百思不得其解的一个重要问题，也就是海德格尔所说的"此在"（个体）与"共在"（社会）如何统一的问题。

从以上的分析可以看到，由物质生产实践所产生的人，既是自由的自然存在物，同时又是社会的存在物，两者不可分离。因此，自由和社会性是人的本体的两个内在地联结在一起的本质的规定性。同时，这种规定性又不是同人的自然的规定性相脱离的，而是内在于自然的规定性，渗透在自然的规定性之中的。这就是马克思所说的"人是人的自然"的真义所在，也就是人的本体的真义所在。

由于马克思主义哲学从物质生产实践出发解决了人类历史和人的本体问题，历来笼罩在本体论上的各种唯心神秘的幻想就可以从理论上消除了。马克思说："……因为在社会主义的人看来，整个所谓世界历史不外是人通过人的劳动而诞生的过程，是自然界对人说来的生成过程，所以，关于他通过自身而诞生、关于他的产生过程，他有直观的、无可辩驳的证明。因为人和自然界的实在性，即人对人说来作为自然界的存在以及自然界对人说来作为人的存在，已经变成实践的、可以通过感觉直观的，所以，关于某种异己的存在物、关于凌驾于自然界和人之上的存在物的问题，即包含着对自然界和人的非实在性的承认的问题，在实践上已经成为不可能的了。"① 这是人类全部思想史上一个空前伟大的飞跃。

人类历史和人的本体的秘密本来是包含在人类的劳动即物质生产实践之中的，但由于劳动的异化使劳动成了同人的存在相对立的东西，因此在异化的范围内活动的许多思想家就只知道从精神的活动中，从宗教、哲学、艺术中去找寻和说明人的本体，于是产生种种唯

---

① 《马克思恩格斯全集》第 42 卷，人民出版社 1979 年版，第 131 页。

心神秘的幻想和思辨（存在主义就是一个典型的例子）。分析和消除
这些唯心神秘的幻想和思辨是摆在当代马克思主义哲学面前的一个重
要任务。

四　人的本体与人的主体性

由于人的本体是由人类的实践所产生和决定的，所以从主体方面
看，人的本体就是人发挥他的实践的和精神的主体性去改造世界的产
物。这也就是说，人的本体不是什么同人的生活的实践创造无关的、
凌驾于人的生活的实践创造之上的神秘的存在。它存在于人的生活的
实践创造之中，它就是这种创造的产物。这种创造是没有止境的，因
此人的本体的存在和发展也是没有止境的。海德格尔把"在"和
"在者"相区分，认为"在"是一种未被最后规定的可能性，不过是
对上述情况的一种唯心神秘的说明。

但是，创造人的本体的人的主体性首先必须是一种实践的主体
性，而不是脱离实践的、幻想的、精神的主体性。人的主体性的发展
归根结底是被物质生产的发展，特别是被生产工具的制造和应用所决
定的。"对生产工具的一定总和的占有，也就是个人本身才能的一定
总和的发挥"①，"生产力的发展史"就是"个人本身力量的发展
史"②。就当代中国而论，致力于生产力的发展，也就是在根本上致
力于人的主体性的发展。发展生产力是历史向我们提出的最重要的课
题，这种发展是社会主义条件下人的本体的现实的基础。离开这个基
础去空谈人的本体和人的主体性是错误的。

没有人的生活的实践创造就没有人的本体，因此，我们应当充分
发挥人的实践的和精神的主体性，把人的本体在最丰富、全面、圆满
的形态上创造出来。马克思主义的人的本体论不同于海德格尔的悲观
的本体论。

---

① 马克思、恩格斯：《德意志意识形态》，人民出版社 1961 年版，第 66 页。
② 同上书，第 71 页。

五　三个世界

和人的存在相连的世界包含三个世界：第一是在人类之前和之外存在的自然界；第二是在自然的基础上，人通过实践为自己创造出来的对象世界；第三是以上述两个世界为基础的人的精神世界（它又以物态化的符号形式表现出来）。

必须避免一种简单粗陋的唯物主义对人所生活的世界的了解。上述第一和第二世界都是物质的世界，但人所生活的物质世界是人的实践创造出来的对象世界，不是与人的生活实践无关的物质世界。这个世界在人的意识之外存在着，但它又是人自身的对象化、现实化、客观化，因而是主体与客体、物质与精神、思维与存在的统一。这个道理，是马克思主义之外的一切唯物主义始终不能理解的，它看不到它所说的"物质世界"同人的"对象世界"的差别。因此，它把人所生活的物质世界了解为一个同人的活动无关，外在于人，并预定地、宿命地决定着人的生活的物质世界（这实际是一种拜物主义）。唯心主义坚决反对这种看法，但它对人与自身的对象世界的关系的理解是神秘化了的。海德格尔说，"此在"（个体存在）在世界之中不是如水在杯中，课桌在课堂之中，"此在"与世界处于混沌未分的统一。这不过是对人与他的对象世界、主体与客体的统一的一种唯心神秘的表达。海德格尔企图以此来消灭主体与客体的差别，否认客观物质世界的存在，这是错误的。因为主体与客体既是有区别的，但两者又在统一中存在着。

世界如何成为人的对象世界，既决定于人在实践上改造、支配世界的程度和方式，又决定于在此基础上主体的各种能力的发展。主体各种能力的发展同时也就是他的对象世界的丰富和扩展。主体的能力和主体的对象世界两者是互相对应的，因此，和主体的心理结构相连的各种能力的发展是很重要的，但这种发展一刻也不能脱离实践（首先是物质生产实践）。

六　人的本体意识

人的本体意识是对人的存在的意义和价值的意识。这种意识的特征在于它是对自由与必然、个体与社会的矛盾统一的精神体验与反思，其核心是感性的个体如何从他的必然的、社会的存在中达到自由。由于感性的个体的自由的实现不能脱离必然、社会，所以人的本体意识是超越了个体的肉体生存的。即使在死亡中，人也能体验到他作为本体的存在的巨大意义与价值。人的本体存在对个体的肉体生存需要的超越，剥削阶级统治的社会中个体的感性存在和他的普遍的社会性存在的脱节、分裂和矛盾，是唯心主义认为本体界超越现象界的重要原因。尼采所谓在"酒神精神"中与"本体界"合一，海德格尔所谓"此在"处于"在"的"澄明"中，雅斯贝尔斯所谓"边缘状态"，人本主义心理学所谓"高峰体验"，都是对人的本体意识的唯心幻想的解释。

人的本体意识既表现在人对他自身的存在的体验中，也表现在艺术、宗教、哲学等意识形态中。艺术是处在对个体感性存在的直接体验中的本体意识，宗教是对虚幻状态中的人的本体意识，哲学是对人的本体的抽象思考。在宗教和哲学中，人对他的本体的意识比在艺术中要更为深邃、明确。但只有在艺术中，人才能在他的现实的感性存在中达到对他的本体的意义与价值的直接意识。因为艺术既消除了宗教虚幻的超世间性，又消除了哲学的抽象性。

人的本体意识虽然可以用哲学的抽象概念表现出来，但存在于感性个体当下生活中的直接的本体意识却不是抽象的概念所能完全把握和穷尽的，所以，海德格尔说"在"不可定义，维特根斯坦说"不可言说"，都有一定的道理。中国古代道家认为"道"不可名状，也与此类似。这种对本体的不可言说的精神体验是通向审美和艺术的。艺术即是对不可言说的东西的言说。此外，不可言说不等于对这种不可言说的现象不能作出科学的说明。换句话说，不可言说又是可以言说的，即能够对之作出科学的说明的。这是哲学、心理学和语言学（包括语言哲学）的一个重要课题。

唤起和培育人的本体意识，是使人超越动物性冲动的支配，摆脱日常生存需要的局限和束缚，达到对人的存在的尊严和价值的意识的重要途径。在这个方面，艺术担负着十分重要的任务。

七　实践本体与真

实践的活动只有当它符合于客观世界的规律时才能得到成功，否则就会遭到失败。正是实践中无数次的成功和失败，使人意识到他所采取的活动的方式方法同对象之间存在着某种不以人的意愿为转移的客观的东西（《老子》："辅万物之自然而不敢为"），于是产生了对"真"的意识。

实践的活动之所以能和客观世界规律相符合，是因为作为实践主体的人，他的本体存在原来就和自然存在不能分离。他既是自然界的一部分，那么他的活动就能够和自然的规律相符合。正是这一点为人类思维的客观正确性提供了根本的保证。我们知道，动物在它生存所及的范围之内，它的活动是同自然规律相符合的，只不过没有自觉的意识罢了。人则把这种符合变成了自觉的活动，并且把反复取得了成功的实践活动所显示出来的自然的因果联系在语言、思维的形式中固定下来。显然，正是由于作为自然存在物的人同时又是自觉的、社会的存在物，他的需要，从而他的目的已远远超出与自然合为一体的动物的需要，所以人常常犯错误，而动物在它的正常的自然状态下，一般是不会犯"错误"的。但人的需要虽然远远超出了动物的需要，终究又是作为自然存在物的人的需要，这需要（包括各种社会需要）是不能违背自然规律的。所以，人总能在一次又一次的尝试中找到能取得成功的实践活动的方式方法，从而不断扩展他对客观规律的认识。人类思维的客观的正确性不是由什么"先验的"意识来保证的，而是由人自身和他的生存不能脱离自然这一点来保证的。实践之所以能成为检验真理的标准，就因为实践的活动是人这个自然存在物的活动，因而是能与自然的规律相符合的。人的实践活动"是对象性的、自然存在物的活动"①，因此它具有验证那支配着人的实践活动的主观意识是否与自然规律相符合的力量。对于不能脱离自然，而是在自然的基础上建立起来的社会的规律来说，也同样是如此。因为社会不过是使人的自然潜能获得超越动物的发展的客观必然的形式。由此可见，认识论上的重大问题不能仅仅在认识论的范围内获得解决，而必须求之于本体论。这对于认识论的发展来说是一个十分重要的问题。

对"真"的把握不是目的本身，它最终是为了人的发展，为了人的本体的现实的生成和丰富。因此，"真"的达到也就是对人自身的肯定。西方现代科学哲学的某些理论把科学当成科学自身的目的，是资本主义社会下科学与人的发展相分裂的表现，是被异化了的人的科学观。

八　实践本体与善

实践总是为达到某个目的而进行的实践。正是从实践及其结果是否符合目的的意识中产生了"善"的意识。由于目的的达到和人的需要的满足相关，又由于人只能在社会关系中去求得需要的满足，所以"善"包含着多层的含义：第一，它泛指某种功利需要的满足；第二，它指某一社会阶级集团的普遍利益的实现；第三，它指整个人类社会生存和发展的利益的实现。道德上的善恶观念是从后两者产生出来的。最根本的善，是整个人类社会的生存和发展。某一社会阶级集团所说的"善"，只有当它与这种"善"相一致时，才有可以辩护的历史的理由，否则就会遭到历史的否定。人类永远不会为保护某一社会阶级集团的利益而牺牲整个人类社会的生存和发展。此外，任何"善"不论看起来如何与实际的利益需要的满足无关，从历史的发展来看，最终仍然是为了一定的利益需要的满足。同任何利益需要的满足无关的"善"，是没有也不可能有的。

提升到了伦理道德的"善"，是人的本体的社会性的集中强烈的表现，是个体利益与社会利益、眼前利益与长远利益的矛盾统一的表

① 《马克思恩格斯全集》第42卷，人民出版社1979年版，第167页。

现。因此，这种"善"超越了个体的、有限的生存需要，而成为对人的本体的社会性的充分肯定。但是，如果"善"不包含与整个人类社会的存在发展相一致的无数个体利益的实现，这种"善"就会成为"伪善"。人类社会不断向上的存在和发展，是衡量"善"与不"善"的最后标尺。因此，只有科学地认识了人类社会发展规律的马克思主义才能找到衡量"善"与不"善"的客观的、历史的标准，摆脱伦理学上的相对主义和超历史的、抽象的善恶对立。

九　实践本体与美

"真"的问题的产生，是由于人的本体的存在不能违背物质世界的客观规律。"善"的问题的产生，是由于人的本体的存在不能脱离人与人之间的社会关系。不论"真"或"善"都是一种客观普遍必然的东西，不以个体的特殊性，即不以个体的意愿、好恶为转移。这就是说，"真"之为"真"，"善"之为"善"，并不是由特定个体主观上的好恶决定的。但是，现实地存在着的每一个人又都是一个特殊的个体，他的存在具有存在主义所强调指出了的不可重复性、不可代替性、单一性、此时性，等等。这是一些只强调人的普遍的社会性的马克思主义者经常忽视了的，而马克思早就明确地指出和肯定了它。马克思说："人们——不是抽象概念，而是作为现实的、活生生的、特殊的个人。"① 一方面，人的本体存在离不开客观普遍必然的"真"和"善"；另一方面，现实的人却又是一些特殊的个体。而且这些个体作为不同于动物的人，不只要满足肉体生存的需要，还要超越这种需要，去求得自身个性才能的自由发展（也就是从"必然王国"进向"自由王国"，这是由前述人的劳动的本质及其发展所决定的）。即使在满足肉体生存需要的范围之内，人也要尽可能使这种需要的满足配得上人的自由和尊严，以区别于动物的需要的满足。于是，在"真"和"善"的问题之外，又产生了一个问题：作为个体的人怎样才能在不脱离"真"和"善"的前提之下，使自身超出肉体生存需

---

① 《马克思恩格斯全集》第42卷，人民出版社1979年版，第25页。

要满足的个性才能得到自由的发展？这个问题就是"美"的问题。

　　个体超出肉体生存需要满足的个性才能的自由发展，就是"美"所在的领域（参见拙著《艺术哲学》）。由于这种发展不能脱离"真"和"善"，因此，"美"只能是"真"和"善"同个体的个性才能的自由发展的统一。这种统一表现在"真"的达到和"善"的实现上，同时就是个体的个性才能的自由发展；反过来说，个体的个性才能的自由发展，同时就是"真"的达到和"善"的实现。就"真"来说，对客观必然规律的把握直接表现为个体的个性才能的自由发展。就"善"来说，人的普遍的社会性的实现同样直接表现为个体的个性才能的自由发展。总之，不论"真"的达到和"善"的实现都不是外在于个体的个性才能的自由发展，和它相对立的东西，而是和它内在地、不可分地、直接地统一在一起的东西。这就是"美"。

　　这种统一不是存在主义所说的虚幻的、神秘的、非理性的精神活动的结果，它最终是为人类的物质生产实践所决定的，是生产力的发展所取得的历史成果。前已指出，"生产力的历史"即是"个人本身力量的发展史"，因此只有在生产力的发展和由它所决定的社会关系（首先是生产关系）同个人本身力量的发展相一致的情况下，上述的统一亦即"美"才能产生。但所谓统一是一个曲折复杂的历史过程，并且是一个无限的过程。在生产力的发展和个人力量的发展相对立的情况下，由于生产力的发展所取得的历史成果仍然表现了人征服自然的伟大创造才能，亦即表现了人的自由，所以它虽然是对直接的生产者的个性才能的自由发展的否定，但从整个人类历史的发展来看，仍然具有"美"的价值（如奴隶劳动所建立的埃及的金字塔就是这样）。就由生产力所决定的社会关系而言，当它同个人力量的发展相对立的时候，它自然是对"美"的否定。但它不能消灭人的个性才能的自由发展的要求，也不能否定人只有在他们所结成的社会关系中才能求得个体的个性才能的自由发展这个历史的、必然的真理。因此，就是在这种情况下，人也不会放弃对"美"的追求，他会起来反抗这种社会关系，建立新的社会关系，以求得个体的个性才能的自由发展。"美"在人类生活的实践本体之中有其不可剥夺、消灭的根基，存在主义的悲观论调是没有根据的。但在由少数剥削阶级统治的漫长的历史里，特别是在个体与社会尖锐对抗的资本主义社会里，"美"在许多情况下存在于现实中被异化了的人的彼岸，显得是同人的现实存在不同的另一个虚幻的东西，或者是同人的生活的现实的创造无关的某种"物自体"，因而产生了关于"美"的种种神秘的幻想。只有在马克思主义的实践本体论的基础上，在迈向社会主义、共产主义的历史过程中，围绕着"美"的神秘的迷雾才能揭开和最后归于消失。

"美"包含了"真"和"善"，但又超越了"真"和"善"。因为在"美"之中，"真"和"善"已同现实的、感性的个体的个性才能的自由发展直接地统一起来了。"真""善"都不再带有对个体的外在的强制性。人既是社会的人，同时他作为社会的人又是一个区别于其他人的特定的个体，而且他只有作为一个特定的个体才是社会的人，因此，直接和个体的感性存在相连的"美"，深刻地触及了人的本体的存在。正是在对"美"的感受体验中，人直观到和深切地意识到他作为个体的个性才能的自由发展同客观规律（"真"）和人的社会性（"善"）相统一的可贵性、绝对必要性和永恒的合理性。所以，对"美"的意识，是对人的本体意识的一种十分重要的形式。

关于马克思论美[*]

刘纲纪

深入研究马克思对美的问题的看法，对发展我们的美学科学有着极为重要的意义。最近，蔡仪同志的《马克思究竟怎样论美》（载《美学论丛》第 1 期）一文，是一篇认真研究马克思怎样论美的文章，在我国美学界这样的文章还不多。但是，我在学习研究了这篇文章之后，感到蔡仪同志对马克思观点的解释是不正确的或不完全正确的。为了探求真理，我想坦率地把自己的看法写出来，就教于蔡仪同志以及关心这一问题的其他同志。

一　关于"自然界的人化"和"人的对象化"

马克思所提出的"自然界的人化"和"人的对象化"，我认为是马克思论美的基础。蔡仪同志则不是这么看，他对这一问题论述的中心思想，就是不同意从"自然界的人化"和"人的对象化"出发去探求美的本质。他还举出马克思有关金银的美的论述为例，以证明马克思本人也并不是用"自然界的人化"和"人的对象化"来解释美的本质的。下面就逐一地分析一下蔡仪同志的看法。

第一，蔡仪同志认为"自然界的人化"和"人的对象化"的说法在马克思的《1844 年经济学—哲学手稿》一书中找不到"明确的出处"。

我认为出处还是找得到的，只要不过分地拘泥于文字的表达方

* 此文原载《哲学研究》1980 年第 10 期。

式。马克思没有说过"自然界的人化",但他说过"人化的自然界",这是一件事情的两种不同的说法。前者是从过程来说的,后者是从结果来说的。如果没有"自然界的人化",当然也就不会有"人化的自然界"。马克思是否说过"人的对象化"呢?说过的,见于该书批判黑格尔哲学的部分。马克思在批判黑格尔对感性意识的唯心的理解时说:"感性意识不是抽象感性的意识,而是人的感性的意识;宗教、财富等不过是人的对象化的异化的现实,是客体化的人的本质力量的异化的现实。"① 退一步说,即使马克思没有说过"人的对象化",但他多次说过的"人的本质的对象化","他(指人)自身的对象化"、"对象化了的人"等,同"人的对象化"在实质上是一样的意思。所以,我认为"出处"的问题,重要的是看精神实质,而不是看文字的表达方式。

第二,蔡仪同志认为,"马克思是在'私有制的扬弃是一切人的感觉和属性的完全的解放'的前提下,说到'人类化了的自然界'和'对象化了的人'这种话的。也就是说,他不是说的从来一般人的生产劳动"。在蔡仪同志看来,"人类化了的自然界"和"对象化了的人"(也就是"自然界的人化"和"人的对象化")的说法只适用于私有制消灭了的社会下的生产劳动,不具有适用于一切生产劳动的普遍意义,因为马克思自己就指出了私有制下的劳动是异化劳动。

这种看法是不对的。其所以不对,是由于没有弄清楚马克思是在怎样的意义上说劳动是人的对象化,又是在怎样的意义上说私有制下的劳动是人的异化。我认为,当马克思说劳动是人的对象化的时候,他是从人与自然的关系来看劳动的。从人与自然的关系来看,劳动都是人改造自然以满足人的物质生活和精神生活需要的活动,因而都是人的对象化的活动。这是普遍的,适用于一切社会(包括私有制社会)的。但当马克思谈到私有制下的劳动时,他又指出这种劳动是异化劳动。这时,马克思是从人和他的劳动以及劳动产品的关系来看劳动的。在私有制下,由于劳动者失去对自己的劳动和劳动产品的支配权,劳动和劳动产品成了同劳动者相敌对的东西。但是当马克思说私

---

① 《马克思恩格斯全集》第 42 卷,人民出版社 1979 年版,第 162 页。

有制下的劳动是人的异化时，他并未否定私有制下的劳动从人与自然的关系来看也同样是人的对象化。他不但没有否认这一点，而且还充分地肯定和论证了这一点，因为这正是马克思揭露劳动异化的前提。只有肯定了从人与自然的关系上看，劳动本来是人的对象化，才能有力地揭露和批判私有制把劳动变成了人的异化。如果从人与自然的关系上看，劳动本来就是人的异化，那就不存在什么批判异化劳动的问题。不论私有制下的或消灭了私有制的社会下的劳动都是人的对象化，所不同的是前者是在异化的形式下存在着，后者则消除了异化。我认为只有这样来理解，才符合马克思的原意。

第三，蔡仪同志不但否认人的对象化以及与之相联系的自然的人化具有适用于一切社会的生产劳动的普遍的意义，而且他还否认这是马克思论美的根本的出发点。他所提出的理由主要是有关自然美的解释问题。他认为像"山陵川泽、草木鸟兽，甚至春风秋月、虹彩霞光"这些自然物，绝对不能说"因为'人化'了才可能成为审美对象"。特别重要的是，他还举出马克思有关金银的美的论述为例，认为"按马克思原话的意思，所谓金银的审美属性，很明显地就是指的金银作为自然矿物的'天然的光芒'色彩"。他由此断定马克思"认为自然界事物的美就在于自然界事物本身"，同什么"自然的人化"和"人的对象化"毫无关系。

在应用"自然的人化"和"人的对象化"去说明美的本质时，特别是说明自然美的本质时如何正确地理解和具体化，是一个还需要深入研究的问题。我在这里只想证明：就马克思的有关言论来看，他的确是从"自然的人化"和"人的对象化"去说明美的本质（包括自然美的本质）的。

第一，马克思说过："劳动创造了美。"[①] 这在美学史上，是一个标志着美学的重大变革的命题。如果我们同意这一命题，那么要认清美的本质，就必须研究劳动的本质。而劳动的本质正在于它是人改造自然以满足人的物质生活和精神生活需要的活动，也就是"自然的人化"和"人的对象化"。所以，主张"劳动创造了美"的马克思无疑

①　《马克思恩格斯全集》第42卷，人民出版社1979年版，第93页。

是以"自然的人化"和"人的对象化",作为他对美的本质的认识的基础的。

第二,马克思说:"只是由于人的本质的客观地展开的丰富性,主体的、人的感性的丰富性,如有音乐感的耳朵、能感受形式美的眼睛,总之,那些能成为人的享受的感觉,即确证自己是人的本质力量的感觉,才一部分发展起来,一部分产生出来。因为,不仅五官感觉,而且所谓精神感觉、实践感觉(意志、爱等),一句话,人的感觉、感觉的人性,都只是由于它的对象的存在,由于人化的自然界,才产生出来的。"① 这里,马克思清楚地指出"有音乐感的耳朵、能感受形式美的眼睛",即人的审美感觉,是由于"人的本质的客观地展开的丰富性",由于"人化的自然界"才产生出来的。马克思在这里虽只提到了美感,未直接涉及美,但既然美感是由人的本质力量的对象化、自然界的人化所产生的,那么所谓美,就必然同人的本质力量的对象化和自然界的人化有关。另外,我们还要注意马克思在这里提到了"形式美",其中就涉及了后来马克思对金银的美的论述问题。因为金银的美,如马克思所指出的,同它们的光和色有密切关系,而光和色的美在美学上正是属于形式美。马克思既然认为形式美感产生于人的本质力量的对象化和自然的人化,那和金银的美相联系的光和色的美自然也是从人的本质力量的对象化和自然的人化而来的。当然,马克思在讲到金银的光和色的美时并未提到什么人的本质力量的对象化和自然的人化,而只讲到了金银的光和色的美同金银的自然属性的关系。但我以为马克思在论到金银的光和色的美时肯定它和金银的自然属性相关,绝不等于说他认为金银的美就在金银的自然属性。因为在马克思看来,美不仅仅是自然,而是"人化的自然"。至于运用"人化的自然"的思想去说明自然美的现象时常常要碰到的一些似乎是讲不通的困难(如某一自然现象如何"人化"之类),我认为只要从人类历史发展的过程去加以具体的分析,把自然作为一个整体来看待,并具体考察它与人类生活的关系,不作孤立的、机械

---

① 《马克思恩格斯全集》第 42 卷,人民出版社 1979 年版,第 126 页。

的、狭隘的理解，都是完全可以解决的。①

第三，马克思在《1844 年经济学—哲学手稿》中提出了"人也按照美的规律来建造（或译造形）"的重要思想，而这一思想是在马克思把人的生产和动物的生产加以全面的比较时提出来的。他认为人之所以能"按照美的规律来建造"，是由于"动物只是按照它所属的那个种的尺度和需要来建造，而人却懂得按照任何一个种的尺度来进行生产，并且懂得怎样处处都把内在的尺度运用到对象上去"②。他的这些话，实际就是对他所说的"劳动创造了美"这一重要命题的进一步说明，其基础仍然是自然的人化和人的对象化。这一点将在后面再加以说明。

总体来说，蔡仪同志对马克思所提出的"自然的人化"和"人的对象化"思想的理解是有问题的。特别是他完全否定了这一思想对马克思美学的极其重要的意义，这更是不符合马克思的原意的。

二　关于实践观点问题

"自然的人化"和"人的对象化"的思想是马克思对美的看法的根本。而"自然的人化"和"人的对象化"在马克思看来是人改造世界的实践活动的结果，不是观念的、精神的活动的结果。这是马克思区别于也讲"自然的人化"和"人的对象化"的唯心主义者黑格尔的根本之点。所以，马克思的美学，完全可以称为"实践观点的美学"。对此，蔡仪同志是很不以为然的。他批判了"所谓实践观点的美学"，这里我不想去说这种批判是否完全正确，只想指出，即使有人对马克思的实践观点的美学作了不正确的解释，甚至故意曲解，但不能因此就否认马克思的美学是实践观点的美学，问题只在于如何正确地加以理解。在我看来，如果说有人对马克思的实践观点作了不正确理解的话，那么，蔡仪同志对马克思的实践观点的解释，也没有抓

---

① 如金银的光和色对人成为美是和整个大自然的光和色与人类生活的密切关系分不开的。对此完全可以作出实证科学的说明。——作者补注

② 《马克思恩格斯全集》第 42 卷，人民出版社 1979 年版，第 97 页。

住其中最本质的东西，基本上还是站在直观唯物主义的立场来看实践的。我作出这样的论断，有下面的一些理由。

第一，蔡仪同志在论述马克思的实践观点时引用了马克思在《关于费尔巴哈的提纲》中所说的这段话："从前的一切唯物主义——包括费尔巴哈的唯物主义——的主要缺点是：对事物、现实、感性，只是从客体的或者直观的形式去理解，而不是把它们当作人的感性活动，当作实践去理解，不是从主观方面去理解。"[①] 这段话对了解马克思的唯物主义同直观唯物主义的区别很重要，对了解马克思的美学观点也很重要。蔡仪同志正确指出了这是马克思"对旧唯物主义的批判"的"中心之点"，但他对这个"中心之点"却还没有作出符合马克思意思的正确说明。如他说"所谓'事物、现实、感性'，根本说的就是实际社会活动"，这就不确切。因为自然界的事物不能说"就是实际社会活动"，社会中的事物也不能统统说成都是"社会活动"。实际上，马克思说旧唯物主义对事物、现实、感性只从直观的形式去理解，而不是当作实践去理解，指的是旧唯物主义不懂得人所生活的周围世界（包括自然和社会两者），他和他的感官所接触的自然界及人类社会生活中各种事物的关系，都是人改造世界的实践活动的结果和产物，人对它们的感性直观不可能离开人改造世界的实践活动。这个道理，马克思在《德意志意识形态》一书中批判费尔巴哈时讲得十分清楚。马克思说："他（指费尔巴哈）没有看到，他周围的感性世界绝不是某种开天辟地以来就直接存在的、始终如一的东西，而是工业和社会状况的产物，是历史的产物，是世世代代活动的结果，其中每一代都立足于前一代所达到的基础上，继续发展前一代的工业和交往，并随着需要的改变而改变它的社会制度。甚至连最简单的'感性确定性'的对象也只是由于社会发展、由于工业和商业交往才提供给他的。大家知道，樱桃树和几乎所有的果树一样，只是在数世纪以前由于商业才移植到我们这个地区。由此可见，樱桃树只是由于一定的社会在一定时期的这种活动才为费尔巴哈的'感性确定性'所感

---

① 《马克思恩格斯全集》第 3 卷，人民出版社 1960 年版，第 3 页。

知。"① 马克思又指出："这种活动、这种连续不断的感性劳动和创造、这种生产，正是整个现存的感性世界的基础，它哪怕只中断一年，费尔巴哈就会看到，不仅在自然界将发生巨大的变化，而且整个人类世界以及他自己的直观能力，甚至他本身的存在也会很快就没有了。"② 马克思的这些话，是他在《关于费尔巴哈的提纲》中对直观唯物主义批判的最好的注解。而蔡仪同志的解释却没有触及马克思思想的真正的实质，只笼统地说到马克思的思想"就是强调实践对认识的决定作用，强调革命的实践对历史发展的决定作用"。像这样仅仅在认识的范围内来观察实践，只把实践看作是认识的一个条件（尽管在蔡仪同志看来是最重要的条件），而看不到实践首先是人改造世界的活动，表明蔡仪同志的看法和马克思以前的旧唯物主义者的看法大体一样。实际上，由于实践是人改造世界的活动，所以它才能成为认识的基础和检验真理的标准。而马克思以前的旧唯物主义者，虽然也可以在一定的范围和程度上承认认识离不开实践，但由于他们不懂得实践是人改造世界的活动，因而也就不懂得人所生活的感性世界是人的实践所创造出来并不断在改造着的世界。所以，他们对于事物、现实、感性，就只能从客体的或直观的形式去理解，而不能当作实践去理解；对实践在认识中的地位和作用，也始终不能作出科学的解决。

　　第二，蔡仪同志在讲到马克思的实践观点时还特别指出"认识论上的实践观点，并不规定认识的内容或认识的成果必须是'人化的'云云"。他又指出，"真正的"实践观点并不讲什么"自然界的人化"，并且把讲"自然界的人化"一律说成是主张"物我不分、主客同一"。这些说法，也表明蔡仪同志对实践的理解还是站在直观唯物主义的立场上的。马克思的实践观点虽然并不规定认识的内容或认识的成果必须是"人化的"，但实践既然是人改造世界的活动，当着人把那原来同人的要求相对立的自然改造成了同人的要求相一致的自然时，这难道不就是把自然"人化"了吗？所谓"自然的人化"，归根结底，无非就是指人对自然的征服和支配。如果否认我们今天生活于

---

① 《马克思恩格斯选集》第 1 卷，人民出版社 1995 年版，第 76 页。
② 同上书，第 77 页。

其中的自然是人类实践活动所改造了的自然，即"人化"了的自然，那么这种所谓真正的实践观点恰恰是马克思所批判了的，不把事物、现实、感性当作实践来理解的直观唯物主义的看法。此外，马克思所理解的自然的人化，很明白的是人在实践中改造了存在于人的意识之外的自然的结果，不是单纯的意识、精神活动的结果，因此它和什么"物我不分、主客同一"之类的唯心主义论调是完全不同的。从马克思的实践观点看来，这并没有什么难于理解的地方。

第三，蔡仪同志说："劳动实践对人的审美能力的影响，这当然是谁也不会否认的。"他又说："劳动使人具有一般的认识能力，也包括使人具有审美的能力，这是不成问题的。"这些话清楚地表明蔡仪同志在美学上对实践观点的承认和肯定，仅仅限制在审美能力的产生和形成的范围内。换句话说，他只承认审美能力的发展同实践有关，而不承认审美的对象是人类的劳动实践所创造出来的。这种看法，显然同马克思的"劳动创造了美"的提法不一致，同时也表明蔡仪同志对实践观点的了解还未脱出直观唯物主义的范围。一般来说，直观唯物主义在认识论上不把事物、现实、感性当作实践来理解，即当作人的实践活动的结果和产物来理解；同样，在美学上，它也不把审美的对象（事物、现实、感性）当作实践来理解，即当作人的实践活动的结果和产物来理解。这也就是说，它对于审美的对象或客体，是仅仅从直观的形式去理解的。这正是直观唯物主义美学的重要特征。①

第四，蔡仪同志说："按马克思在《提纲》中所说的实践观点，虽然可以认为是对直观唯物主义的根本区别之点，却不能说，也是对唯物主义的根本区别之点。"这个看法是对的。问题在于，在肯定一般唯物主义与唯心主义的根本区别（即对物质与精神、存在与思维何者为第一性的不同解决）的前提下，对于我们来说，最重要的还是要看到马克思的唯物主义同直观唯物主义的根本区别，而不要忽视这种区别，更不要否认和取消这种区别。从蔡仪同志过去到最近所发表的

① 苏联所讲的马克思主义美学也是这样，只承认审美能力的产生与实践有关，不承认审美对象是人类实践改造了世界的产物。——作者补注

美学观点来看，他处处强调了唯物主义和唯心主义的根本区别，但对马克思的唯物主义和直观唯物主义的根本区别却忽视了，甚至还没有看出这种根本区别。我认为，这正是蔡仪同志的美学观点的根本缺陷所在。

三　关于美的规律

前面说到马克思在《1844 年经济学—哲学手稿》中曾经明确地提到"美的规律"的问题。蔡仪同志在他的文章中用相当多的篇幅论及这个问题，但他的论述我以为也是离开了马克思的原意的。

蔡仪同志引出了马克思论及"美的规律"的原话，但略去了在此之前马克思把人的生产和动物的生产相比较的许多话。根据最近的新译本，蔡仪同志引用的话是："动物只是按照它所属的那个种的尺度和需要来建造，而人却懂得按照任何一个种的尺度来进行生产，并且懂得怎样处处都把内在的尺度运用到对象上去；因此，人也按照美的规律来建造。"[①] 在引了这段话之后，蔡仪同志指出"'美的规律'显然是和'物种的尺度'与'内在的尺度'有关系的"。接着他就分析了什么是"尺度"以及什么是"内在的尺度"。他认为"所谓'尺度'，就它的原意说，本来是测定事物的标准；而在这里，若用普通的话来说，相当于'标志'、'特征'或'本质'"。在讲到什么是"内在尺度"时，他认为"'物种的尺度'和'内在的尺度'，无论从语义上看或从实际上看，并不是说的完全不同的两回事"。所谓"内在的尺度"，指的就是"物种的内在的特征"。在作了这些分析，断定了"尺度"即事物的本质特征，"内在尺度"即物种的内在的本质特征之后，蔡仪同志最后作出结论："事物的美显然和事物的物种本质特征、物种的普遍性是有关系的。这是所谓美的规律的一个方面。"

上述对马克思话的分析，是蔡仪同志对马克思所说的"美的规律"的看法最为重要之处。他后来的关于"美的规律"的说明，都

---

① 《马克思恩格斯全集》第 42 卷，人民出版社 1979 年版，第 97 页。

是以这里的分析作为前提的。

　　首先，我认为蔡仪同志把"尺度"解释为"测定事物的标准"，虽然狭窄了一点，但基本上是正确的。问题在于，接着他就笔锋一转，未加任何论证，就断定"尺度"即是事物的"本质特征"，这就很值得商榷了。在我看来，马克思所使用的"尺度"这一概念，来源于黑格尔的《逻辑学》，它指的是事物的质与量的统一。所以，在尺度中，"已经包含本质的观念"①。但是，尺度又不等于本质，因为尺度不是单纯的质本身，它是表现着质，或和质相统一的量。当我们运用某一尺度去衡量事物时，尺度即成为我们所运用的一种标准。但不论在任何情况下，尺度虽和事物的本质相关，却不等于事物的本质。在上面所引马克思的话中使用的"尺度"这个概念，就它本有的意义来说，只能理解为同质结合在一起的量。但是，在有形可见的事物上，由于尺度同事物的形式结构大小相关，所以尺度也可理解为和事物的样式、形式有关的东西。我们按某一样式、形式去造成一个事物，也即是按某一特定的尺度去造成一个事物。②

　　其次，蔡仪同志把马克思所说的"内在的尺度"理解为物种的内在的本质特征，在我看来也是不正确的。这里抛开前面已说过的如何理解尺度的含义不谈，我认为马克思所说的物种的尺度和内在的尺度绝不是一个东西。前者指的是动物所属的物种的尺度，后者指的则是和动物不同的人自身所要求的尺度。之所以称之为"内在的尺度"，就因为它不是外在的物种所具有的尺度，而是人根据他的目的、需要所提出的尺度。如果说这内在的尺度是物种自身所具有的尺度，那么马克思就绝不会说什么"把内在的尺度运用到对象上去"这样的话。因为这里所说的对象即是人所改造的属于某一物种的自然物，既然内在尺度已经是这属于某一物种的自然物本身

---

　　① ［德］黑格尔：《逻辑学》上册，商务印书馆1976年版，第357页。

　　② 在西方美学史上，自古希腊开始，"尺度"与"美"就有密切的关系。18世纪德国美学家温克尔所著《古代艺术史》和莱辛所著《拉奥孔》又特别强调了"美的规律"与"尺度"的关系。马克思在柏林大学学习期间曾读了这两本书，并作了摘录。——作者补注（见马克思《给父亲的信》，《马克思恩格斯全集》第40卷，人民出版社1982年版，第14页。）

内在地具有的尺度，人又何必还要把它运用到对象上去呢？人类的一切生产劳动，都是要把自然物改造成为合乎人的目的和需要的东西，而这个改造的过程，也就是马克思所说的"把内在的尺度运用到对象上去"。这是只有人才能做到，而为一切动物所做不到的。

　　为了进一步证明我上述的观点是符合于马克思的原意的，我想引证一下马克思在别的经济学著作中所说过的一些话。在《经济学手稿》（1861—1863 年）中，马克思说过："在劳动过程中，劳动材料获得形式，获得一定的属性，创造这些属性是整个劳动过程的目的，并且作为内在目的决定劳动本身的特殊方式和方法。"① 这里所说的作为劳动过程的"内在目的"，显然是同人加到对象上去的"内在的尺度"相关的东西。这目的决定着人按怎样的尺度去改造劳动材料，赋予它怎样的形式。目的是内在的目的，它所决定的尺度自然也是内在的尺度。在《政治经济学批判》（1857—1858 年草稿）中，马克思在讲到把原料变为产品以及产品的形式同原料的形式的区别的时候，又曾说过这样的话："桌子的形式对于木头来说是外在的，轴的形式对于铁来说是外在的。"还说："桌子的形式对于木头来说则是偶然的，不是它的实体的内在形式。"② 这些话更为清楚地说明了马克思所说的"内在的尺度"是什么意思。在人把木头改造成为桌子的时候，他是按照桌子的形式所要求的尺度去改造木头。这尺度不是木头自身所具有的尺度，因为木头按其自身的尺度并不是桌子。所以，对于木头来说，桌子之为桌子的尺度并非它所内在地具有的，不是它的内在的尺度。这尺度是人按他的劳动的目的和需要提出来的，是人把它加到木头上去的。由此看来，蔡仪同志把马克思所说的"内在的尺度"说成是物种的内在的尺度，是不对的。就木头与桌子这个例子来看，木头自身所具有的尺度是物种的尺度，而桌子所具有的尺度则是由人所提出来的并被人运用到木头上去的尺度，即内在的尺度。两者是不能混同的。

----

① 《马克思恩格斯全集》第 47 卷，人民出版社 1979 年版，第 69 页。
② 《马克思恩格斯全集》第 46 卷上册，人民出版社 1979 年版，第 330 页。

　　弄清了马克思所说的"尺度"不等于事物的"本质特征""内在尺度"不等于"物种的内在的本质特征",那么蔡仪同志由此推论出来的关于美的规律、美的本质的看法,显然就是不符合马克思的原意的了。因此,我在这里就不想再去分析蔡仪同志如何从美和物种的本质特征相关这个前提出发,最后得出"美的规律就是典型的规律","就是事物以非常突出的现象充分表现了事物的本质"这些结论了。

　　立足于科学的实践观点的基础上,从自然的人化和人的对象化中去探求美的本质的马克思,会把美的规律建立在物种的本质特征的基础之上吗?会脱离人类对自然的实践改造,仅从自然物种的本质特征中去寻找美的根源吗?我认为是不会的。由于篇幅的限制,这里我不想从正面来详论马克思所说的"美的规律"的真实的含义究竟是什么,只想概略地指出以下几点:第一,马克思是从人的生产与动物的生产的本质区别出发去探求美的规律的,也就是从人类所特有的改造世界的实践活动出发去探求美的规律的。第二,马克思是从人类历史发展的广阔的视野来观察美的规律的。他所说的美的规律,指的是从根本上决定着一切美的现象的本质的规律,不同于我们一般所理解的使某一事物成为美的那些较为具体的规律。第三,马克思所谓的美的规律,就他所讲到的物质生产劳动的范围来看,即就人对自然的改造的范围来看,是物种的自然尺度同人所提出的内在尺度这两者的统一。这个统一,从哲学上看,也就是客观的自然的必然性同人的自由的统一。表现在人对社会的改造上,则是社会发展的客观的必然性同人的自由的统一。所以,从哲学的最高的概括来看,美的最根本、最普遍的规律,即是必然与自由的统一。而且这个统一,是在人的生活实践中获得了完全感性具体的实现的,是从完全感性具体的对象上表现出来,并为我们所感知的。第四,马克思所说的美的规律同他所说的"人的本质的对象化"在根本上是一致的。因为按照马克思的观点,人的本质,从根本上看就是人区别于动物的本质,这本质就在于人能够支配他所生活的周围世界,从周围世界取得自由;所以马克思所说的"人的本质的对象化"即是人的自由的对象化,也就是现实的感性具体的对象所具

有的必然性同人的自由两者的统一。这个统一，是一切美之为美的
本质所在，因而也就是美的最根本、最普遍的规律。一切使某一事
物成为美的具体规律，都不过是这种统一的具体的表现形态。①

1980 年 7 月 15 日于武昌

---

① 关于这个问题，请参看本书《美——从必然到自由的飞跃》一文。

孔子思想的世界意义[*]

刘纲纪

不论人们对孔子采取怎样的态度，孔子是人类历史上少数产生了世界性影响的思想家之一，这个事实是无法加以否认的。

为什么孔子的思想能够产生世界性的影响？为什么在两千多年后的今天，仍有许多人关注着孔子的思想？这是一个复杂的问题，本文拟对此作一些粗略的说明。

一

一个思想家的思想如果产生了世界性的影响，那一定是因为他的思想提出了具有世界性意义的问题，并对之作出了深刻的、具有某种重大价值的解决。

我曾经在一些论及中国哲学和美学的文章、著作中指出过，包括儒家在内的中国哲学，始终鲜明地抓住了两个重大的问题：一个是人与自然的关系问题，这在中国哲学中表现为"天道"与"人道"的关系问题，即一般所谓天人关系问题；另一个是人与人的关系问题，即与"天道"不能分离的"人道"问题。中国的儒、道、禅三家都对这两个问题提出了重要的、深刻的见解，其中又以儒家的影响为最大。中国古代哲学的一大特点和一大优点，我以为就在于它认为在人与自然、人与社会之间并不存在一条不可超越的鸿沟，两者是能够统

  * 此文原载《孔子诞辰 2540 周年纪念与学术讨论会论文集》，上海三联书店 1992 年版。

一、应该统一和必须统一的。中国古代哲学的种种探讨，归结到一点，就是要找寻实现此种统一的根据、道路和方法。较之于常常把人与自然、人与社会对立起来的西方哲学，中国哲学在肯定这种统一和寻求这种统一上所作的贡献是巨大的，在今天仍然具有不可忽视的重大意义，需要进行深入细致的研究，因为人只能存在于与自然和社会的统一之中。不论在人与自然和社会之间存在着多么巨大、深刻、尖锐的矛盾，如果人不能克服这种矛盾，完全陷入与自然和社会的分裂、对抗之中，那么人类就会灭亡。当西方社会的发展日益显出人与自然、个体与社会的分裂和对抗的时候，中国古代哲学孜孜不倦地寻求人与自然、个体与社会统一的思想将会越来越受到重视。

老子和孔子是中国古代哲学的两个最重要的奠基人。就孔子而论，他的思想中最具重要性的东西，就是极其鲜明地提出了人的社会性问题，即个体的存在与社会的统一问题，以及和它相关的个体存在的意义与价值的实现问题。

人从何而来，向何而去？人的存在的意义与价值在什么地方？这些问题的解决一刻也不能脱离这样一个基本的事实：人不只是自然的存在物，他同时是社会的存在物。或者说，他是社会的自然存在物。自19世纪以来，在西方思想家中，对这一点作出了最深刻的阐明的，不是别人，就是经常遭到种种曲解和攻击的马克思。马克思说："人并不是抽象的栖息在世界以外的东西。人就是人的世界，就是国家、社会。"① 他又说："如果在考察家庭、市民社会、国家等时把人的存在的这些社会形式看作人的本质的实现，看作人的本质的客体化，那么家庭等就是主体内部所固有的质。人永远是这一切社会组织的本质，但是这些组织也表现为人的现实普遍性，因而也就是一切人所共有的。"② 只要我们愿意面对事实，我们就会看到人只能在与他人的社会关系中，在通过这种关系而实现的相互依存和合作中去求取生存，创造历史，并取得自己作为人的终极的意义与价值。人总是存在于民族（在最初是氏族）、家庭、社会、国家之中，而不可能存在于

---

① 《马克思恩格斯全集》第1卷，人民出版社1956年版，第452页。
② 同上书，第293页。

其他某个虚无缥缈的地方。民族（氏族）、家庭、国家等都是人的存在的社会形式，是人的本质得以实现的客观必然的形式。脱离这些社会形式，就不会有人的存在和人的本质。当然，我们知道，在不少情况下，这些社会形式成了人的存在和本质的否定，同人的存在和本质处于不能相容的矛盾、冲突之中。但绝不能由此得出结论说，人的存在和本质可以脱离民族（氏族）、家庭、国家，而只能说，那与人的存在和本质相冲突的民族（氏族）、家庭、国家应当在实践上加以改造，使之适应人的存在和本质的发展。20世纪以来存在主义哲学的一大谬误，就在于它鼓吹脱离社会去追求一种个体的绝对自由。虽然它对个体与社会的分裂和矛盾的揭露经常是机智、深刻的，它对个体感性存在的意义、价值的高扬也是深刻的，但它企图去追求一种超社会的个人自由，却只能说是十足的幻想。不论存在主义者的理论如何玄妙，也不论他们如何痛恶和诅咒社会，人的存在和本质只能在社会中求得实现，这终究是一个不以他们的幻想为转移的事实。也正因为这样，存在主义种种神秘的思辨与幻想在风行一时之后，很快就遭到了人们的厌弃。每一个生活在现实的社会中的人都有足够的经验，能够对存在主义的幻想所具有的真正价值作出合理的判断。

人的存在和本质的实现是一个具有永恒的世界性意义的问题。两千多年前产生的孔子的思想之所以在今天仍然吸引着许多人，就因为在古代的思想家之中，孔子最为鲜明地把人的存在和本质的实现放置在人的社会性的基础之上。他紧紧地把握住人的存在和本质的这个最重要的根基，把它提到了最高的地位，并给予了至今仍有深刻意义和重大价值的解决。当然，孔子的思想是丰富的、多方面的，不能只局限于人的社会性问题。但这个问题的提出和解决是孔子全部思想的根基，其他思想是由此生发出来的。如果孔子没有鲜明地提出人的社会性这个根本问题并给予具有重大价值的解决，那么孔子的思想就不可能产生至今仍然存在的世界性影响。黑格尔在他的《哲学史讲演录》中曾认为孔子不过零碎地讲了一些关于人生的经验、格言，因而对孔子思想作了很低的评价。黑格尔没有认识到，在孔子的那些看来是零碎的言论中，包含了对人的社会性这个具有长远的世界性意义的问题的深刻解决。在中国历史上，儒家的影响之所以超过了道家，也在于儒家始终现实地面对人的社会性这个无法回避的根本问题，并提出了一套有其无法否认的重要意义的理论。从世界范围来看，古希腊、印度的思想家也曾注意到了人的社会性问题。但是，唯有孔子才把这个问题提到了最高的位置，并给予了一种为古希腊、印度的思想家难以相比的独特而深刻的解决。

二

　　我们知道，在孔子的思想中，有两个重要的东西：一个是"礼"，另一个是"仁"。"礼"包含了自远古以来对人的行为的各种社会性的规范。就其本质而言，"礼"不是别的东西，它就是人的存在和活动的社会性的形式。人的不同于动物的社会本质，正是通过"礼"而获得实现和客观化的。因此，"礼"成为"主体内部所固有的质"，没有"礼"就不成其为人。这是孔子在《论语》中一再强调地指出了的。孔子对"礼"的极大的重视和强调，首先应从充分肯定和确立人的社会性这一点上去理解，方能深刻把握其历史的真谛。如果我们对"礼"的起源和发展作一番文化人类学的考察，那就可以更清楚看出它与人的社会性的密切联系。这样一种对"礼"的考察，是一个尚待去努力完成的课题。它对于了解孔子及整个儒家的思想，都是十分重要的。

　　孔子不但讲"礼"，还极为重视"仁"。在他看来，"礼"是人的社会性的外部形式，"仁"则是人的社会性的内在根基。他在《论语·八佾》中说："人而不仁如礼何？"失去了"仁"的"礼"是没有意义、价值的，它会成为一种空洞的，甚至是虚伪的形式。孔子最大的贡献不在对"礼"的形式、规范的具体研究和说明，而在对"礼"的内在生命——"仁"的阐扬。通过"仁"，孔子极为明快、直截而又深刻地抓住了人的社会性的内在根基。

　　关于"仁"的含义，孔子研究者有不同的看法。通观《论语》中关于"仁"的全部言论，它的核心是"爱人"①。这是大多数人承

---

　　① 《论语·颜渊》。

认的看法，本文同意此种看法。但孔子所说的"爱人"，绝不只是对人表示某种怜悯、同情而已。它是基于对"人"与"我"的统一的肯定而产生的一种对他人生存与发展的真诚关切与帮助，也就是《雍也》中所说的"己欲立而立人，己欲达而达人"。"仁"不只是表现在对待父母、兄弟、朋友上，还要由此而推及于国家、天下，做到"泛爱众而亲仁"①"博施于民而能济众"②。在孔子看来，这是比表现在"孝弟"之中的"仁"更高的境界。如能真正达到此种境界，就不仅仅是"仁"，而且达于"圣"了。③

孔子的"仁"的思想，表面看来不过是主张人应当"爱人"而已。在古今中外的伦理道德学说中，鼓吹人与人应当相爱的理论不是已有了许许多多么？孔子的"仁"的思想又有何特殊之处和世界性的影响可言呢？这里，需要深入分析孔子"仁"的思想的历史根基及其所包含的长远深刻的意义。

我在一些文章和著作中已经反复地讲到过，中西文化区别产生的一个重要的、有决定性意义的历史根源，在于西方古希腊社会进入奴隶制文明社会之后，彻底地清除了原始氏族社会的制度、风习、思想。中国则相反，原始氏族社会的制度、风习、思想被大量地保存了下来。从原始氏族社会到奴隶制的文明社会这一巨大的历史转变，给中国古代的思想家留下了极深的印象，对中国古代思想的发展产生了十分深刻的影响。究竟是原始氏族社会，还是新起的奴隶制文明社会更合理、更优越？这成为当时许多思想家所关注的重大问题。老子是原始氏族社会的赞美者，奴隶制文明社会的批判者，他认为文明的产生带来了种种罪恶和黑暗的现象。相反，孔子是奴隶制文明社会的肯定者、赞美者。在《八佾》中，孔子说："周监于二代，郁郁乎文哉！吾从周。"这鲜明地表现了他对上述巨大历史转折所持的态度。但是，孔子虽然不像老子那样肯定、赞美原始氏族社会，他的思想仍然深受原始氏族社会的影响。孔子的仁爱思想不可能是突然产生出来

---

① 《论语·学而》。

② 《论语·雍也》。

③ 同上。

的，追溯其历史的渊源，它植根于原始氏族社会所特有的那种纯真质朴的博爱观念之中。孔子的理想是：既要坚决维护奴隶制的君君、臣臣、父父、子子的等级关系，同时又要使这种统治与服从的关系仍然充分地保持着原始氏族社会所特有的那种博爱精神。在这一点上，孔子和老子一样地反对伴随文明社会而来的各种虚伪、丑恶、残忍、黑暗的现象，只不过他是站在肯定文明社会的合理性这一前提下来反对的，与老子由此而否定文明社会，主张回到氏族社会或以氏族社会的方式来治理文明社会的看法不同。

孔子提出了"仁"的思想，他是从什么地方出发，以什么为根据而提出这个思想的呢？我以为不是基于某种抽象的对人的生命的关怀，而是基于远古氏族社会即已存在的博爱观念。这种观念是同人与人之间的氏族血缘关系紧密相连的，而孔子也正是由此出发提出了他的"仁"的思想。《学而》篇中说："其为人也孝弟，而好犯上者鲜矣；不好犯上，而好作乱者未之有也。君子务本，本立而道生。孝弟也者，其为仁之本与！"这里，和亲子之间的血缘关系相联系的爱被看作是"仁"的根本，充分说明了孔子的"仁"的思想同原始氏族社会的联系，同时也说明孔子的"仁"的思想是有其久远深厚的历史根基的。孔子又认为这种爱可以而且必须推而及于整个国家、天下，把"博施于民而能济众"看作是以血缘关系为基础的亲子之爱、兄弟之爱的扩大，这同样是来自氏族社会的观念。正因为孔子的"仁"的思想有其久远深厚的历史根基，所以它完全不同于那种基于某种个人幻想或浅薄的善良愿望的爱的说教，而带有极为感人的真诚性、质朴性（这充分表现在《论语》全书中）。和种种浅薄的，甚而是虚伪的爱的说教相比，孔子的"仁"的思想始终闪烁着早期人类社会那种真诚质朴的精神，胜过后世一切徒有其表的、关于爱的花言巧语。孔子早就说过："巧言令色，鲜矣仁。"[①] 这和老子所说的"美言不信"[②] 一样，表现了对一切虚伪的极大憎恶。

孔子把仁爱建立在亲子血缘关系的基础之上，但如果把这种关系

---

① 《论语·学而》。
② 《老子》第81章。

仅仅看作一种自然生理的关系，是不会产生仁爱的观念的。对此，《论语》提出了十分深刻的思想。《为政》篇中说："今之孝者是谓能养，至于犬马皆能有养。不敬，何以别乎？"人类的亲子血缘关系虽然无疑同人类自然生命和种的延续、繁衍分不开，但它又超出了自然生命、种的延续和繁衍，而产生出一种社会性的感情，并由之而形成人类行为的道德规范。这正是人"养"父母不同于"养"犬马的社会性情感的表现。《论语》虽然未对此作出理论上的充分论证，但它深刻地揭示了这一事实。在《阳货》篇中，孔子又激烈地批评了宰我反对三年之丧的礼制，指出："予（宰我）之不仁也！子生三年然后免于父母之怀。夫三年之丧，天下之通丧也。予也有三年之爱于其父母乎？"这里问题的关键不在三年之丧时间的长短，而在孔子主张三年之丧所表现出来的那种对于父母的真挚的悼念之情，并且认为是否有此种感情，正是"仁"与"不仁"的重要表现。这和主张孝不只在"能养"一样，它所强调的也正是人类所特有的、超生物的社会性感情。作为生活在人类社会早期的思想家，孔子的伟大之处就在于他从这种感情中看出了人不同于动物的社会性。因此，孔子的仁爱思想也就不同于各种肤浅的爱的说教，而具有超出了孔子时代的、永恒的、世界性的意义。不论过去、现在和未来，人类只要还作为与动物不同的人而存在着，就不能没有基于人的社会性的互爱。虽然这种爱在过去、现在以至未来，都曾经遭到并且将会继续遭到种种的践踏、凌辱与摧残，但人类只要还想作为人而生存下去，他就不可能完全没有这种爱。这正是孔子思想强大的生命力所在。

现代新儒家的一些学者常说，儒家的心性之学是儒家思想最重要的精华所在。① 然而，它何以是精华呢？在我看来，最重要的就是它从人类的情感心理这一层面上深刻地触及和阐明了人的社会性。人的社会性可以而且必然表现在种种方面，但就主体而论，这种社会性的实现是与人区别于动物的情感心理不能分离的。只有当人的社会性在每一感性个体的情感心理上获得了充分的或较充分的确认，这种社会性的实现才会有充分的或较充分的保证，并且才能将人类的存在提升

---

① 见牟宗三等人的著作。

到一个较高的、接近于理想的、完美的境界。这一点，又恰恰是西方自古希腊以来的思想所常常忽视的。

　　如前所说，古希腊社会在进入奴隶制文明社会之后，彻底地清除了原始氏族社会的制度、风习、思想。它斩断了人与人之间的氏族血缘的纽带，把人与人之间的关系变为基于个人的财产、利益，由政治、法律所规定的公民之间的关系。因此，在古希腊的观念中，直接与政治、法律相连的"公正"的观念占有最重要的地位，而人与人之间的互爱则只具有从属于"公正"的次要的意义。在亚里士多德看来，人是政治的动物。中国古代则不同，在这里原始氏族社会的制度、风习、思想还大量保存着，由氏族社会延续下来的血缘关系仍是联系着人们的重要纽带。因之，基于这种关系的人与人之间的互爱就具有了无比重要的意义，并且成了政治、法律不能违反的根基。在中国古代哲人的眼里，人不是亚里士多德所说的政治的动物，而是天然具有互爱之心的伦理的动物。一切政治、法律的设施如果脱离了这一点，都将是无意义的、错误的，所以孔子及其后的儒家总是把政治与"仁"联系起来，以实行"仁政"为自己的理想。我们可以说，西方是从政治、法律的层面去看人的社会性的，这种社会性表现为各个独立的个人利益通过政治、法律而得到被认为是"公正"的满足。个人之间的互爱，他们作为社会性的存在所必然具有的情感心理方面被放在政治、法律之下，不可能超越政治、法律，更不可能被视为政治、法律必须与之相适应的根基。这是西方思想与中国古代思想的一个重大区别。当然，我们也知道，西方自中世纪以来，基督教也大力提倡对人的爱。但这种爱，不是孔子所说的基于亲子血缘关系，并由之产生出来的一种现实的社会性情感，而是基于对创造了人和世界的上帝的爱，基于对死后能得到上帝的宽恕和进入天堂的向往。因之，这种爱虽然在许多情况下也能表现出不应否定的真诚性，甚至是伟大与崇高的，但它同时又常常伴随着人的自我屈辱和为上帝而牺牲。这在孔子的思想中是没有的，因为对于孔子来说，爱是建立在由氏族血缘关系产生的社会性情感的基础之上，并且是以对"人"与"我"的统一的现实的肯定为前提的。这一点下面还要再谈。现在需要说明的是，即使在大力提倡爱的基督教之中，作为人的存在的情感心理根基的东西并不是孔子所说的现实的人都必然和应当具有的社会性情感，而是人对自身行为的罪恶感（所谓"原罪"）和对上帝的敬畏、向往和崇拜。而且自西方脱出中世纪之后，这种爱在政治、法律的面前仍只具有从属的意义，而不是比政治、法律更根本、更重要的东西。

究竟应当如何来估价中国与西方对人的社会性认识的差别呢？这里，我认为下述几点是值得加以考虑的。其中也牵涉孔子及整个儒家思想在现代可能具有的意义问题。

第一，政治、法律当然是人的社会性表现的十分重要的方面，但政治、法律归根结底是与国家相联的，因而与民族（氏族）、家庭一样，是人的存在的社会形式，不能脱离、违背、否定人的存在与本质，而必须与之一致、符合、统一。只要我们承认政治、法律在根本上是人的存在的社会形式，那么较之于政治、法律，孔子所说的仁爱，亦即人的社会性情感就是更重要、更根本的东西。一种理想的政治、法律应当是符合"仁"的，而不是"不仁"的。如果某种政治、法律与人的社会性情感相敌对，践踏、破坏、毁灭人的社会性情感，那么这种政治、法律终究是要垮台、灭亡的。历史上各种专制暴政以及希特勒法西斯主义的灭亡就是明证。

第二，西方自古希腊以来，把政治、法律看作是人的社会性的最重要的表现，但它所说的人，实际上是以私人利益、私人权利和利己主义需要为基础的人。可是，国家却又要把这种基于私人利益、利己主义的权利提升为超越私人利益、利己主义的绝对"公正"的政治、法律。这样，人就被二重化为公人和私人，抽象的公民、法人和现实的利己主义的个人。这种二重化，始终是西方世界至今仍无法加以解决的一个巨大而深刻的矛盾。国家本应是人的存在的社会形式，但在西方自古希腊开始发展起来的政治国家中，人的社会性的实现却成了与真实的个人的社会性相矛盾的、虚幻的东西。虽然在这种政治国家中，个人看来是很自由的，但这种自由是作为孤立的、封闭在自身单子里的人的自由。它不是建立在人与人结合起来的基础之上，而是建立在人与人分离的基础之上。人的孤立化，人与人之间真实的社会性联系的沦丧，利己主义的泛滥，在今天的西方资本主义社会中，是一个随处可见的、无法否认的事实。由此带来了人的社会性情感的严重失落，存在主义哲学的出现及风行一时，就是这种严重的失落在哲学上的一种抽象思辨的反映。在一定意义上，可以说存在主义是人的社会性情感失落的一曲哀歌。在这种情况下，把人的社会性情感提到首要地位，视之为人的存在的根本的孔子思想及整个儒家思想，就有了不可忽视的重要意义。儒家的心性之学之所以十分值得注意，就因为它包含着对人的社会性情感的相当细致、深入的探讨和研究。而社会性情感心理的找寻、建构和塑造，正是当代社会所面临的一个十分重要的问题。因此，孔子及整个儒家思想在现代仍有其用武之地，它完全可能在当代人类解决社会性情感心理的建构和塑造中发挥自己的重要作用。这种作用的存在不能看作是单纯由主张弘扬儒学的人们一厢情愿地决定的，而是儒学本身的特点及当代社会的现实情况所决定的。所以，不论人们对儒学采取何种态度，要根本否认和取消儒学在现代所具有的作用，这是做不到的。当然，儒学要真正发挥这种作用，只有当它把儒学关于人的社会性情感心理建构的理论同当代人的发展所面临的问题，以及当代有关人的情感心理的理论结合起来，这才有实际的可能。因此，对当代西方的理论采取拒斥态度，单纯强调儒学自身的独特性，这是不利于儒学的发展的。

第三，在探求人的社会性情感心理方面，孔子及整个儒家思想确乎卓有贡献，但孔子及整个儒家思想认为只要确立了人的社会性情感心理，人的存在以至国家天下的一切问题均可得到根本的解决，这种看法是需要重新加以检讨的。就其历史的渊源来看，它实际上是由中国古代氏族社会而来的一种观念。在古代氏族社会中，人与人之间尚不存在任何利益上的分裂和对抗，凌驾于个人和社会之上的政治实体——国家尚未产生，当然也没有什么强制性的法律存在。对于这样一个社会来说，基于氏族血缘关系的人与人之间的真诚互爱，的确是使社会团结为一个共同体，保持自身存在的最重要的东西，其作用远超过后世的政治、法律。然而，在人类进入奴隶制文明社会之后，由于人与人之间产生了利益上的分裂和对抗，这种人与人之间的真诚互爱也就随之遭到破坏（道家对此有着十分深刻的理解）。正因为这样，孔子的仁道在孔子生活的时代就已无法实行，这是孔子一再深深地发出浩叹的。尽管如此,由于中国在长时期内是一个以宗族血缘关系为基础的社会,在这个基础之上自然经济占着绝对统治的地位,商品的生产和交换极不发达,所以人与人之间的利益虽然已发生了分裂和对抗,仍远远不能打破以宗族血缘关系为基础的情感纽带。大力维护和发展这种天然的情感关系,仍然是中国社会保持其自身存在的根本。这就是孔子及整个儒家思想在中国历史上始终保持其强大影响和居于主导地位的根本原因,也是孔子及其后的儒家始终把建构仁爱这一情感心理视为治国平天下的根基的重要原因。时至今日,资本主义商品经济的发展已彻底打破一切宗族血缘关系及与之相连的自然经济,人已经成为脱离一切血缘的和狭隘封闭的地方性联系,具有独立的个人利益和个人权利的人。在这基础上,又产生了近现代的民主与法治,同时科学也已成为整个社会一刻也不能缺少的东西。在这种情况下,认为孔子及儒家所主张的建构仁爱这一情感心理仍然可以用来从根本上解决现代社会的问题,无疑是脱离时代的一种错误想法。但这又绝不是如西方的一些学者所说的,儒家思想早已寿终正寝了。不,它仍然可以发挥它的作用。这是因为不论资本主义社会如何把人变成了相互分离的利己主义的个人,人类社会要存在和发展下去,仍然不能不肯定人的社会性,不能没有人与人之间的互爱,不能抛弃孔子及儒家所一再申说,并且作了深刻探讨的仁爱这一社会性情感根基。在我看来,孔子及整个儒家思想中包含着可以有助于现代科学、民主、法治的某些思想,但要直接从儒家思想中生发出现代的科学、民主、法治的思想,这是不可能的。因为儒家对君主制和等级制的坚决维护以及把一切知识最终归结为从属于伦理道德感情的东西,从根本上阻塞了它通向现代科学、民主、法治的道路。但是,在充分地肯定人的社会性,建构人的社会性情感这个方面,孔子及儒家的思想仍大有可为。因为在这个方面,孔子及儒家思想所涉及的不只是维护等级制度的问题,同时还深刻地触及了具有普遍永恒意义的,人的社会性如何在个体的情感和行为中获得实现的问题。我们固然不能主观幻想地认为这个问题的解决即是现代社会问题的根本解决,但这个问题的重新提出和解决,可以对现代社会中人欲横流的利己主义起一种缓解的作用,可以唤起人对自身的社会性的深刻思考和肯定,可以借助于对一种崇高的道德理想的弘扬来对抗那泯灭了人的社会性的种种残暴黑暗的思想行为。在具有儒学传统的东方国家中，上述这种作用能够产生，我想是一个不能否认的事实。问题只在于不要使儒学的消极方面成为对现代化的阻力。就超出东方的世界范围而论，我们不必设想西方人会积极地认同和赞美儒家思想，但儒家思想对人的社会性的充分肯定和对建构人的社会性情感心理的深刻探讨，是西方的任何思想也无从加以否定的。作为人类的一种重要的思想理论遗产，它的意义是不可磨灭的。正是在这一点上，我认为孔子的思想具有世界性的意义，这种意义是由孔子的思想本身所具有的意义来决定的，不取决于孔子的思想在西方是否流行和得到多少人的赞同。更何况儒学的现代研究者们还可以深入地探讨儒学与现代社会的联系及其可能产生的作用。在这方面有大量的工作等待我们去做。不论看起来西方思想和儒学之间存在着多么大的距离，由于西方思想也不能逃脱人的社会性及其情感心理的建构这个关系到人类存在的根本问题，这就从根本上保证了现代儒学同西方思想进行对话的地位，并且保证了现代儒学具有对人类思想作出自身贡献的可能性。那作为今天西方社会存在的根基的科学、民主、法治，难道能够脱离人的社会性及其情感心理的建构这个根本问题吗？如果它的存在和发展导致了对人的社会性及其情感心理的否定和毁灭，它还能存在和发展下去吗？就它本身而言，难道它就没有需要深入检讨的种种问题，而已经达于人类至善之境了吗？

三

孔子关于"仁"的思想的又一方面的重大意义，在于孔子对个体存在的终极意义与价值问题作出了与世界上其他思想体系不同的深刻解决。这也是孔子的思想能产生世界性影响的一个重要原因。

自古及今，各种不同的哲学和宗教不断在讯问：个体存在的终极意义与价值究竟在哪里？对此问题的回答不能离开人是什么的问题。只有基于对人是什么这一问题的符合历史实际的认识，我们才能找到对个体存在的终极意义与价值的回答，这种回答也才不会是虚幻的，而是现实的。在这个问题上，孔子思想的巨大意义，在于它始终立足于现实的人的社会性去找寻个体存在的终极意义与价值。

在孔子看来，"仁"是人之所以为人的本质。这就是说，基于亲子血缘关系而又超越这种关系的人与人之间的真诚互爱和求得人与我相统一的共同发展，是人之所以为人的本质所在。如前所说，这一切正是人的超生物的社会性表现。孔子当然不可能使用"社会性"这样的概念，但他关于"仁"的种种论述，在我们今天看来，不是别的东西，正是人的社会性的表现。而且孔子还曾多次使用了"群"这个概念，并对"群"的问题给予了极大的重视。在孔子看来，人是一个不同于动物的群体，人只能生活于人的群体之中，所以他说"鸟兽不可与同群"①。孔子又认为这个由人结成的群体应当真诚地互爱和求取人与我相统一的共同发展，所以他说"君子矜而不争，群而不党"②。在论到诗的时候，孔子又认为诗"可以群"，赋予了诗以唤起人们以"仁"为本质特征的"群"的情感，从而团结群体，促进个人与群体协调发展的作用。③ 孔子的"群"的观念素朴地表现了在中国古代条件下，孔子对人的社会性的认识。而"仁"则是这种社会性在人的情感心理上的集中表现。

既然人只能生存于社会、群体之中，他作为个体的发展不可能脱离社会、群体的发展，那么个体应当从何处去寻求他的存在的终极的意义与价值呢？孔子的回答是很明白的，那就是从人的社会性的实现中去寻求，亦即从个体对"仁"的履行、实践中去寻求。在孔子看来，"不仁"即非人，只有行"仁"才是人，因此个体存在的终极意义与价值就在于行"仁"。孔子又在"仁"之外提出了"圣"的境界，但这个"圣"，如前已指出的，是"博施于民而能济众"的意思，它是"仁"的最高表现和发展。

孔子从"仁"的实现中去找寻个体存在的意义与价值，这种意义与价值究竟意味着什么呢？通观《论语》，我们可以看到，它绝非个

---

① 《论语·微子》。
② 《论语·卫灵公》。
③ 《论语·阳货》。

人的功利欲望、权势地位的满足，而是因行"仁"而产生出来的一种情感上的欢乐和满足。"乐"（音 lè）在孔子的思想中是一个十分重要的概念。孔子以行"仁"为个体所能有的最大的快乐，因行"仁"而体验到这种快乐，获得这种快乐，这也就达到了人生最高的境界，同时也就是个体存在的终极意义与价值的实现。所以，从本质上看，在孔子的思想中，个体存在的终极意义与价值的实现，就是个体因自觉到自己完满地实现了人的社会性（"仁"）而达到的一种精神上的自我肯定，一种没有什么东西再能与之相比的最大的欢乐。这是了解孔子对个体存在的终极意义与价值实现的看法时必须予以充分注意的。

　　前面我们已经讲到，孔子批评宰我反对三年之丧的礼制是"不仁"的表现。而孔子的这种批评，始终是立足于人的社会性情感的。孔子一再诘问宰我对他自己的思想行为是否感到"安"，并说"女安则为之"。在孔子看来，人只有实行"仁"才能使自己的心灵得到平静、愉悦和满足，也才能使自己作为个体存在的终极意义与价值得到肯定。当然，孔子是十分重视治国平天下的，所以他绝不否认君子出仕为官，不否认治国平天下所必需的事功。但孔子又十分明确地指出，一个在治国平天下的事功上有所表现的人不见得就可以称为"仁"。《公冶长》篇中说："孟武伯问：'子路仁乎？'曰：'不知也。'又问。子曰：'由也，千乘之国，可使治其赋也，不知其仁也。''求也何如？'子曰：'求也，千室之邑，百乘之家，可使为之宰也，不知其仁也。'"至于违背仁义而获取富贵，更是孔子所深恶的。它绝不是个体存在的终极意义与价值的实现，不会带来孔子所说的"乐"。相反，在这种情况下，只有安于贫贱，视富贵如浮云，才有真正的"乐"。即使"饭疏食，饮水，曲肱而枕之，乐亦在其中矣"①。更进一步，孔子又提出"志士仁人，无求生以害仁，有杀身以成仁"②。"仁"高于个体生命的存在。当"仁"的实现需要牺牲个体生命的时候，那么这种牺牲同时也就是个体对其自身存在的终极意

---

① 《论语·述而》。
② 《论语·卫灵公》。

义与价值的肯定。在《里仁》篇中，孔子说："君子去仁，恶乎成名？君子无终食之间违仁，造次必于是，颠沛必于是。"这是孔子对"仁"与个体存在的意义与价值的实现的关系最为明确的说明。君子"恶乎成名"之"名"，并不是一般的名声，当然更不是欺世盗名之"名"，而是君子作为人对自身存在的意义与价值的最高肯定。

如前所说，孔子的这些思想曾被黑格尔认为不过是一些人生的经验之谈，属于常识范围的东西。在现代的一些功利主义者看来，它无疑又是一种无意义的、十分可笑的幻想。然而，从古至今，有谁能否认人的存在的社会性？又有谁能否认由这种社会性而产生出来的人与人之间的互爱？如果这一点是不能否认的，如果人类不论经历了或将经历多少黑暗丑恶的现象，终不会使其社会性完全泯灭而进入动物状态，那么孔子思想的合理性与深刻性就是否认不了的。孔子把"仁"的实现看作是个体存在的意义与价值的最高肯定，十分鲜明地表现了源于氏族社会的、人类早期道德精神的伟大与崇高，至今仍然令人赞叹！反观今天的西方社会，如前已指出，人的社会性情感心理本体的失落已发展到了很严重的程度。而这种失落必然会带来人的精神的空虚，使人在最好的物质生活条件下仍然感到自己是一个孤独的生物。前面我们讲到过《论语》认为"孝"不只是"能养"，还要有对于父母的敬爱。如果只有"能养"而失去了敬爱，那么不论是怎样优厚的"养"，都弥补不了精神上的孤独与空虚。

孔子从"仁"的实现去追求个体存在的意义与价值的实现，因此他把这种实现看作是每一个人都能具有的社会性的情感要求，在每天的日常生活中就能得以实现，而不是出于对上帝的敬畏崇拜，不需要上帝的存在来作出保证，也不是只有在超世间的彼岸世界才能获得实现。孔子所说的行"仁"是基于人的社会性的完全现实的活动，是每一个人只要愿意努力去做就能做到的。《述而》篇中说："仁远乎哉，我欲仁，斯仁至矣。"孔子不在"仁"的实现，亦即人的社会性的实现之外去追求个体存在的意义与价值的实现，因此他把这种实现看作是人生日常的努力，而去除了在这个问题上的一切神秘的、宗教的东西。这是有着重要的理论意义的。因为人既然是社会的存在物，个体的发展既然不能脱离社会，那么人怎么能够超越他的社会性去追求个体存在的意义与价值呢？个体存在的终极的意义与价值难道不正是表现在他作为个体对社会、对人这个族类的生存和发展所具有的意义与价值么？这里并不是要否定个体之为个体有他自身的种种需要，他必须满足这些需要，并使自身得到发展。但是，如果个体对于社会，对于不会因他的死去而停止存在的人这个族类的生存和发展无所贡献，那么个体即使最好地满足了他自身的需求，他的存在在人类历史发展的长河中又有何意义可言呢？这里所说的贡献并不意味着必须建立某种丰功伟绩，而只是说个体应在其存在中实现其作为人的社会性。当孔子与他的弟子各言其志，他的弟子问到他的志向是什么时，孔子回答说："老者安之，朋友信之，少者怀之。"① 显然，这样一个人并不是什么了不得的建立了丰功伟绩的人。但在孔子看来，他正是一个"仁人"，一个实现了他作为个体存在的意义与价值的人。在事实上，我们在生活中可以看到不少这样的人，他们虽然没有建立什么丰功伟绩，但在同他人的相处中却表现了人的社会性的真纯与崇高，因而是永远值得我们怀念和赞美的人。就事功说，他们并不伟大；就人格说，他们却是伟大的。相反，如前已指出的，孔子认为那些在事功上有重要表现的人，不一定就是可以称之为"仁"的。

在个体存在的意义与价值如何实现的问题上，孔子所提出的思想至今仍有重大的价值。但是，它也存在着为孔子及其后的儒家所无法解决的重大问题。人是社会的存在物，但人作为个体又是具有感性生命与欲求的存在物。他不仅要在人的社会性的实现中去肯定自身，而且还要求他作为个体的感性生命也同时得到肯定。孔子虽然也十分重视个体的感性生命（这表现在他的不少言论中，兹从略），但他最终仍认为个体生命的全部意义与价值就在于为"仁"的实现而献出自己的一切。因此，不仅身处贫贱是不足为虑而可以安然忍受的，就是献出生命也在所不惜。孔子一方面认为"仁"是每一个愿意努力实行的人都可以做到的；另一方面他又一再指出"仁"的实现十分艰难。这不仅因为要使每一个人时时都做到不违"仁"是很不容易的，而且还因为志士仁人常常会受到种种不公正的待遇以致打击、迫害。

① 《论语·公冶长》。

孔子看到了这一点，而他的最终解决办法是"无求生以害仁，有杀身以成仁"，主张以生命殉仁而毫无怨言，也就是他所说的"求仁而得仁又何怨"①。孔子的上述看法，使"仁"的实现成为凌驾于个体的感性生命之上，要求个体必须随时为之作出牺牲，从而会导致对作为感性存在的个体生命的轻视以致否定。道家对此进行了猛烈的批判，指出儒家所说的仁义成了个体生命的桎梏。它使个体为之牺牲一切，失去了人生的欢乐，直至以生命去殉它（见《庄子》一书的有关篇章）。道家的这种批判是深刻的，因为在孔子的思想中确实包含着难以解决的矛盾。一方面，个体为行"仁"而牺牲自己的一切表现了人类道德的伟大崇高，并且在不少情况下确有其历史的必然性与合理性（为了人类历史的前进，若干个体的牺牲不可避免）；另一方面，个体为行"仁"而否定自身作为感性生命所应有的一切欢乐，或视之为完全不足轻重的东西，这又是很不合理的。显然，问题的解决就在于要使"仁"的实现与个体对其感性生命的肯定两者一致起来。但是，这种一致在迄今的整个世界历史中尚不可能真正达到。一致经常是有限的，并且显得是一种难得的幸运和例外，更多的、大量的情况是不一致的。正因为这样，道家只能用"和光同尘"、遁世逍遥来解决这种不一致，佛教、基督教则诉之于涅槃、上帝。究竟人类何时才能真正达到这两者的一致呢？我认为马克思所提出的社会主义、共产主义的理论为达到这种一致，即人的社会性的实现和人作为个体感性存在的肯定两者的一致指出了道路，尽管这是一条艰巨、漫长的道路。② 因此，展望历史，孔子思想中所包含的矛盾只有在社会主义、共产主义下才能得到解决，从而孔子思想中一切合理的、有永恒的世界意义的东西也只有在这个社会中才能得到充分的发扬光大。有中国特色的社会主义无疑将批判地继承发扬孔子思想中一切合理的东西，

---

① 《论语·述而》。

② 马克思的社会主义、共产主义理论长期以来遭到各种误解、曲解和攻击并常常被断言为永远不可能实现的乌托邦。实际上，这一理论最终所要解决的问题，就是要在社会生产力大发展的基础上，使人作为个体感性存在的发展与人的社会性的实现统一起来，亦即使人获得现实的而非空想的，全面自由的发展。在今天，这正是人类所面临的，需要在物质生产的不断发展中去求得解决的最根本的问题。

而为建立一个比资本主义社会更合理、更优越的社会作出自己的贡献。此外，我想在此附带指出，包含孔子思想在内的中国古代思想中优秀的东西都渊源于尚未产生阶级、等级分裂对抗的中国原始氏族社会，中国古代思想家常常把这个远古的社会视为人类应有的理想社会。因此，在中国古代思想传统中，包含着有利于中国人接受马克思的社会主义的思想因素，这是一个值得深入研究的问题。

批评与答复：再谈我对
马克思主义哲学的理解[*]

刘纲纪

我很感谢山口勇先生译介了我的哲学论文《对马克思主义哲学中唯物主义问题的重新考察》，之后又对我进行访问，并发表了访问录。访问录发表后，我读到了山口勇先生以及岛崎隆先生对我的观点的质疑和批评。山口勇先生把访问录寄给了中国的一些哲学家征求意见，于是又使我能够看到来自中国哲学家的各种批评意见。我决定写一篇文章来回答所有这些批评意见。这种回答的目的绝不是单纯对我自己的观点进行辩护，而是通过不同观点的对话来共同探讨和振兴马克思主义哲学。但以怎样的方式进行回答呢？最初我想列举出各位先生的质疑与批评，逐一加以回答。但后来感到这种做法会使所要讨论的问题的实质、主旨淹没在对一个一个问题的回答中，并且会使文章变得冗长乏味。因此，我决定把各位先生所提的问题综合为几个重大的理论问题，在正面阐述我对这些问题的看法的同时来回答各位先生提出的问题。有些较次要的，或我认为其看法显然不对的问题，就略而不谈了。例如，认为马克思主义哲学的物质概念的"宗旨"是为了批判商品拜物教，这种简单化的狭隘的看法显然是不对的。

一 物质概念问题

我们先来讨论物质概念问题。这对正确理解马克思主义哲学是一

---

* 此文原载日本《唯物论研究季报》1997 年第 59、61 号，山口勇译，收入时题目稍改。

个非常重要的问题。我认为苏联哲学的整个体系的建立所存在的问题,一个是脱离了马克思所说物质生产实践这一根基,另一个就是对物质概念作了错误的理解,这两个方面的问题又是相互联系在一起的。

李德顺先生比较集中地批评了我对物质概念的看法。他的意思是说,我未能正确了解列宁的物质定义,因而产生了错误。他没有看到,列宁的物质定义恰恰是我难以同意的。我所做的努力,就是恢复马克思、恩格斯对物质的看法,放弃列宁的物质定义。我把过去马克思主义哲学对物质的看法分为三个层次;其中第一、第二层的看法是马克思、恩格斯的看法,我认为是正确的;第三层的看法是列宁的看法,我认为是不正确的。不改正列宁对物质的看法就无法正确理解马克思主义哲学的理论体系,并坚持和发展它。但我主张改正列宁的物质定义,绝不是否认列宁对马克思主义哲学和无产阶级革命的伟大贡献,也不是说他的物质定义毫无意义、价值。我认为列宁的失误是在他把为认识对象所下的正确定义和物质的定义混而为一了。这种混淆又被斯大林予以强化,从而造成了理论上的混乱,并直接影响到对马克思主义哲学体系的正确理解与阐释。

马克思、恩格斯对"物质"这个词的含义的理解同西方哲学史上一切唯物主义者的理解是一致的。他们都认为物质与自然界不能分离,这个词的含义指的就是构成自然界的各种物质的东西,亦即全部自然科学所研究的物质。恩格斯说:"我们所面对着的自然界形成一个体系,即各种物体相互联系的总体,而我们在这里所说的物体,是指所有的物质存在,从星球到原子,甚至直到以太粒子……"(《自然辩证法》)马克思、恩格斯在两层意义上使用物质这个词。一是在讲到哲学上物质与精神的关系时使用;二是在讲到物质生产、经济学问题时使用。两者都是指自然界的物质,或用马克思在《资本论》中多次使用的术语来说,指的就是"自然物质",只不过在后一情况下,已同生产劳动联系在一起了。

李德顺先生认为我说马克思的物质概念指的是"自然物质","缺乏足够的根据"。其实,根据很多很多,随处可见。不仅马克思是这样看的,恩格斯也是这样看的。在这个问题上,恩格斯与马克思是完全一致的。这里不可能全部引述有关的材料，只能作一简略的说明。

在谈到物质与精神的关系这一问题时，马克思在《1844年经济学—哲学手稿》中已经指出："思维本身的要素，思想的生命表现的要素，即语言，是感性的自然界。"这里所说的"感性的自然界"即是指由物质所构成的自然界，马克思的意思是说语言作为思维的要素是与自然物质分不开的。在《德意志意识形态》中，马克思更为明确地指出了这一点："'精神'从一开始就很倒霉，注定要受物质的'纠缠'，物质在这里表现为震动着的空气层、声音，简言之，即语言。"由此可见，马克思所说的与"精神"不同的"物质"不是别的，它指的就是感性物质的自然界、自然物质。恩格斯所说的物质也是如此，它与自然界不能分离。所以，恩格斯认为唯物主义是与承认自然界是感性物质的存在，承认人是自然界的产物，自然界是人的生存的基础分不开的。他在《费尔巴哈与德国古典哲学的终结》一书中说："唯物主义把自然界看作唯一现实的东西。"费尔巴哈的《基督教的本质》一书的出版"直截了当地使唯物主义重新登上王座"，这是因为它批判了黑格尔把自然界看作精神的产物的唯心主义，指出"自然界是不依赖任何哲学而存在的；它是我们人类即自然界的产物本身赖以生长的基础"。在说明费尔巴哈的唯物主义，指出精神是物质的最高产物时，恩格斯所说产生精神的"物质"不是指别的任何东西，而是指"物质的、肉体的器官即人脑"。人脑当然是生理学、医学所研究的自然物质的东西。在《反杜林论》和《自然辩证法》两书中，恩格斯所讲的"物质"也明显的是指自然物质。

在谈到和经济学相关的"物质生产"时，马克思、恩格斯所说的物质同样明白无误的是指自然物质。因为马克思、恩格斯所说的"物质生产"，指的就是人通过劳动去改变自然物质的形态，使之符合人的需要，它是一刻也不能离开物质的自然界的。马克思在《资本论》第一卷中说："人在生产中只能像自然本身那样发挥作用，就是说，只能改变物质的形态。"在论到劳动过程时，他又指出："一边是人及其劳动，另一边是自然及其物质。"劳动不是别的，它就是"人和自然之间的物质变换"；劳动产品则是"自然物质和劳动两种要素的结合",不能脱离自然物质而存在。

由于自然界与人类社会是相互联系而又相互区别的,因此属于自然物质的事物与属于人类社会的事物也是相互联系而又相互区别的,既不能否认它们的联系,也不能否认它们的区别,这对于正确理解物质概念甚为重要。概而言之,这种联系与区别大致有三种情况。第一,有些社会事物的存在直接依赖于自然物质,但这个事物本身的性质仍属于社会事物。如上述的语言就是这样。第二,有些事物是通过人类社会的活动才产生出来的,并具有社会的意义、价值,但它本身仍是一个由自然物质所构成的东西,如物质生产的各种产品。第三,有些社会事物的存在不能脱离自然物质和物质生产,但它本身不是由自然物质构成的,不能把它看作是一个自然物质的东西,如人与人的社会关系、国家制度,马克思作过深刻分析的与商品的使用价值不同的商品的交换价值,等等。这些东西无疑都是客观存在着的,但不能把它们看作是有体积、重量、硬度、颜色、气味等物质的东西。它们是社会历史的产物,不是自然界的产物,也不是人所改变了的自然物质形态的东西。根据以上对马克思、恩格斯的物质概念的分析,我认为山口勇先生提出的"主体的(社会的)物质"的概念是含混不清的,李德顺先生根据列宁的物质定义而提出的"自然物质"与"社会物质"的划分是不能成立的。如果我们承认在哲学史上和在马克思、恩格斯那里物质这一概念与自然界不可分,只能指自然物质,那么所谓"主体的(社会的)物质"是什么意思呢?它只能是指主体的(社会的)自然物质存在。就人本是自然的一部分来说,这种说法可以讲通,但措词不太好、不准确。如按马克思在《1844年经济学—哲学手稿》中的表述来说,就是"人是人的自然"的意思。如果"主体的(社会的)物质"指的是人的劳动产品或人所改造了的物质的自然界,那么这个说法也是很不准确的。如上所说,劳动产品是人的劳动生产出来的并能满足人的需要,但它本身仍是一个由自然物质构成的东西。所以,只能说它是一个对主体具有人的、社会的意义的东西,或由社会的人所占有了的自然物质,而不能称为"主体的(社会的)物质"。因为这种说法会导致把自然物质的东西和社会的东西混淆起来。一个自然物质的东西可以是由人产生并具有社会的意义、价值的东西，但它本身仍是自然物质的东西，两者不能混淆。如马克思在《资本论》第一卷中所说："用木头做桌子，木头的形状就改变了。可是桌子还是木头，还是一个普通的可感觉的物。"马克思所讲的"人化的自然"也是如此。自然通过人的劳动而人化了，即成为人借以满足人的需要和发展人的才能的自然，但自然还是自然物质的东西（尽管物质形态有了改变），没有成为"主体的（社会的）物质"，而只是成为对主体、社会有意义的物质，打上了人的劳动的印记的物质。如果这时自然竟然成了一种不再是自然物质的东西，它就不可能满足作为自然一部分的人的需要。这样，自然的人化就失去了意义。马克思在物质概念上、在唯物主义哲学上的贡献，绝不在提出"主体的（社会的）物质"这样一种含混的概念，而在既充分肯定过去一切唯物主义所主张的物质的自然界是人的存在的基础这一正确思想同时，又提出人生活于其中的自然界是人的物质生产实践改变了的自然界，是物质生产实践的产物、结果。这也就是马克思在《关于费尔巴哈的提纲》中所说的"把感性理解为实践活动的唯物主义"，这是马克思所实现的人类哲学史上最伟大的革命的根本所在。至于在把物质理解为物质的自然界、自然物质这一点上，马克思和过去的唯物主义者是没有也不可能有什么差别的。因为，不首先肯定物质的自然界存在，不把物质的自然界看作是人类存在的基础，不立足于这个基础，马克思的实践观点就不可能是正确的、唯物主义的。正因为这样，我才认为正确理解马克思的物质概念是正确理解马克思主义哲学的一个重要问题。明白了"主体的（社会的）物质"这一概念何以是不恰当的，那么李德顺先生所说的"社会物质"这一概念不能成立也就很清楚了。马克思、恩格斯从未使用过"社会物质"这样的概念，而只使用"社会存在"这个概念。因为根据他们的物质概念，社会性的事物虽然是客观的存在，但却不是一个自然物质的东西，因此不能称为"社会物质"。有时他们也使用"物质关系"这一概念，但这只是指人们在物质生产中发生的关系（生产关系），以区别于其他的关系，而绝不是说这种关系是一种自然物质的东西。正因为这样，马克思在分析商品的本质时指出，商品的使用价值是同商品的自然物质属性分不开的，决定于物的自然属性；而商品的交换价值却是人与人的社会关系的体现，并只有在一个社会过程中才能实现，同商品的自然物质属性无关。所以，马克思嘲笑了那些企图从珍珠、金刚石的自然属性中去找寻交换价值的资产阶级经济学家。

在分析了马克思、恩格斯的物质概念之后，列宁的物质定义的失误之处就不难理解了。列宁把物质定义为"客观实在"，并且说这是"物质"所具有的"唯一特性"。这个定义其实只能看作是对人们的认识对象的定义。作为认识对象的定义，它是正确的，因为人们的认识对象，不论其为何种对象，都是在人们意识之外的"客观实在"。所以，列宁的这个定义，作为认识对象的定义来看，仍有其不能否认的意义与价值。问题在于列宁忽视了在哲学史上和在马克思、恩格斯的哲学中，物质这个词都是同自然界相连的，指的就是自然物质。因此，物质概念不能混同于"客观实在"这个概念。对于一切唯物主义者来说，物质当然毫无疑问都是"客观实在"。但由于物质指的仅仅是自然物质，因此就不能说一切"客观实在"都是物质。如上所说，人与人的社会关系是"客观实在"的东西，但不能说它是一种有体积、重量、硬度等物质的东西。总之，凡物质必定是"客观实在"，但"客观实在"的东西并不都是物质。由于列宁将两者混同起来，离开了马克思、恩格斯的物质概念，于是在对马克思主义哲学的了解上就造成了种种问题。

第一，不把物质理解为物质的自然界中的物质，其结果就会使马克思主义哲学脱离确认物质的自然界是人产生、存在和发展的基础这个根本性的前提，而用抽象的"客观实在"这个概念取代物质的自然界，导致脱离物质的自然界去观察、解决人及与人相关的种种问题，即导致人与自然界的分离，至少也是导致对人与自然界的不可分离的联系的忽视。当然，有人会说，列宁所讲的"客观实在"是包含了自然界和人的社会存在两者在内的。但问题是列宁的物质定义所指的只是这两者共同具有的"客观实在性"，而不是自然界与人的具体的存在。

第二，这样一种定义，就其对自然界而言，它将本来是具有各种具体的、丰富多彩的属性的自然界，马克思、恩格斯高度重视的"感性的自然界"完全抽象化、空洞化了。因为在列宁看来，物质所具有的"唯一特性"就是"客观实在",此外再无别的特性。但如此抽象化之后,又怎样用物质的概念来说明具体的丰富多样的世界呢?于是列宁、斯大林及苏联时期的哲学家就说世界上的各种具体事物都不过是"物质"亦即"客观实在"的具体的运动形态。这样一来,"物质"亦即"客观实在"这个抽象就成了凌驾于一切具体事物之上的"本质"、"共相",具体事物则成了它的现象、个别,这就使马克思主义哲学的物质概念成了和柏拉图所说的"理式"、黑格尔所说的客观的"理念"相类似的东西。

第三,由于世界上的一切具体事物,包括人类社会的一切活动,都被看作不过是抽象的"物质"——"客观实在"的运动形态,这样人的主体性就被取消了。马克思早就指出过的"主体是人,客体是自然"(见马克思的《政治经济学批判导言》)这一完全正确的思想就给否定了。不仅如此,斯大林和他手下的哲学家还引用了马克思、恩格斯《神圣家族》一书中"物质是一切变化的主体"这句话来证明主体是物质而不是人,完全不管这句话是马克思、恩格斯对历史上机械唯物主义者霍布斯的观点的复述,并不是马克思、恩格斯的观点。马克思、恩格斯一再指出人类史是由有意识、有目的的人自己创造出来的,这是人类史不同于自然史的根本之点。他们怎么可能把人类历史的运动看作像自然物质运动那样的东西呢?马克思在《资本论》中说"社会经济形态的发展是一个自然历史过程",这也丝毫不意味着对人的主体性的否定。这个问题后面再谈。

在物质概念的问题上,我所达到的结论是:放弃列宁的物质定义,回到马克思、恩格斯的物质概念。所谓回到马克思、恩格斯的物质概念,这就是说,首先,从物质的自然界出发去说明我们所生活的世界,确认我们所生活的世界是感性物质的自然界,而不是抽象的"客观实在",也不是"客观实在"这一抽象的概念、共相的具体化身。其次,确认我们所生活的物质的自然界是人类物质生产实践改变自然界的产物、结果,不是费尔巴哈所说的那种亘古以来就存在的、和人类实践无关的自然界。最后,确认人类社会虽然和自然界一样也是在我们意识之外的"客观实在",但既不能把它与自然物质的东西混为一谈,又要看到它的存在不能脱离物质的自然界和物质生产实践对自然界的改变,并且是为物质生产实践的发展所决定的。没有物质的自然界和人类改变自然界的物质生产实践,就不会有人类社会这个"客观实在"。仅仅宣称人类社会和自然界都是"客观实在",丝毫也不能说明人类社会是怎样的"客观实在"。为了说明这个"客观实在",也必须回到马克思、恩格斯的物质概念,从物质的自然界和人类物质生产实践对自然界的改变去加以说明。

二　哲学基本问题

现在,我们再来讨论一下和物质概念紧密相关的,马克思主义哲学所说的哲学基本问题。在这儿,同样有许多需要加以分析、澄清的问题。

恩格斯在《费尔巴哈与德国古典哲学的终结》一书中,把"什么是本原的,是精神还是自然界"看作哲学的"基本问题"或"最高问题",这是正确的、深刻的,是恩格斯对马克思主义哲学的一个重要贡献。因为恩格斯抓住了世界的本原、始基这个根本性的问题,即亚里士多德的"第一哲学"所要回答的本体论问题。这是任何较为彻底的哲学都不能不回答的问题,而且对这个问题的回答从根本上决定着对其他问题的回答。唯物主义的根本思想就是确认"自然界是本原的"。这一点在今天仍有重要意义。否认各门自然科学所研究的物质的自然界是人类存在的"本原",这是一切唯心神秘的思想产生的哲学根源。但是,恩格斯的这一正确思想既受到了后来列宁、斯大林的不正确的解释,同时它本身也存在着不容忽视的缺点。

问题首先出在未能正确理解恩格斯思想的实质,其次出在物质的定义上。这两方面自然又是相互联系着的。

恩格斯所提出的哲学基本问题本来是世界的本原是什么的问题,即本体论的问题,而列宁、斯大林以及斯大林手下的哲学家却把它变成了一个和认识论混淆在一起的物质与精神的关系问题,最后归结为这样一个简单的命题:物质产生、决定精神,精神反映物质,并不断地宣称物质是第一性的、精神是第二性的,认为这就是马克思主义哲学唯物主义的根本。不能认为这些说法是完全错误的,但的确存在着简单化的毛病。与此同时，"物质"又被定义为"客观实在"，不再是指马克思、恩格斯所说的物质的自然界。于是，马克思主义哲学的一系列问题就陷入了似是而非的混乱之中。直到今天，要澄清这些混乱，恢复马克思主义哲学的本来面貌还是一件很费力的事。

第一，在"物质决定精神，精神反映物质"这种说法中，前一句话讲的是本体论问题，后一句话讲的是认识论问题，两者是相互联系的，但应分别处理，而不能混在一起，把恩格斯所说的哲学基本问题即本体论问题化为认识论上的物质与精神的关系问题。

第二，在"物质决定精神"这句话中，"物质"一词必须理解为马克思、恩格斯所说的"物质的自然界"，而不能理解为"客观实在"。精神之所以是由物质产生的，就因为物质的自然界是人类产生和存在的基础，只有从物质的自然界出发才能说明精神的产生。将"物质"定义为"客观实在"，就掩盖以至否定了恩格斯所说的"自然界是本原的"这一极为重要的思想，在本体论上脱离了马克思主义哲学。如我在上面已指出的，列宁的物质定义实际是对认识对象的定义，但他错误地把认识对象的"客观实在性"和"物质"这一概念混同起来了，同时也就把本体论问题和认识论问题混同起来了。在认识论的意义上，我们无疑必须承认我们的认识对象是"客观实在"。但这个认识论意义上的"客观实在"不能看作是本体论意义上的"物质"。本体论意义上的"物质"只能指物质的自然界。列宁、斯大林只重视从认识论意义上来理解自然界，把自然界抽象为"客观实在"，同时人和人类社会也变成了抽象的"客观实在"，既脱离了人的生存不能脱离的感性物质的自然界，同时又失去了人的主体性。这是一种十分轻视自然界和人与自然界的联系的哲学，因此它也是一种轻视人类的物质生产实践的哲学，它五体投地崇拜的只是抽象的"客观实在"。

第三，把"物质"理解为"客观实在"，并应用它去说明世界的本体，必然要产生种种问题。首先，如我已指出过的，这个"物质"实际包含自然界和社会存在两个东西，因此会导致二元论。其次，如果说"物质"不是指这两个东西，而是指它们共同具有的抽象的"客观实在性"，那就会陷入客观唯心主义。最后，恩格斯说过，世界的统一性在于它的物质性,而不在世界是存在着的。把"物质"理解为"客观实在",就会认为世界的统一性在于世界的"客观实在性",这恰好是恩格斯所否定的看法。

第四,马克思、恩格斯从来都只认为物质的自然界是本原(因为人类社会是从自然界发展而来的),而没有说过"物质是第一性的,精神是第二性的"这样的话。马克思、恩格斯既无情地批判了精神产生、统治世界的唯心主义哲学,同时又充分重视精神的作用、意义与价值。如恩格斯在《自然辩证法》一书中,把"思维着的精神"称作是"地球上的最美的花朵"。所谓第一性、第二性的说法,是列宁从费尔巴哈那里借用过来的。我同意岛崎隆先生的看法,第一性、第二性"是因果上的规定与被规定的问题,而并不是价值上的高低关系问题"。但为什么一定要用"第一性"、"第二性"这样的词来加以表达呢? 我不知道在日本或其他国家的语言中第一性、第二性的意思如何,但至少在中国语言里,第一性的东西即意味着是最重要的,第二性的东西则是次要的,或与第一性的东西相比是不太重要的。因此,这种表达法会导致对精神的意义与作用的轻视。从事实来看,在长时期中,人的精神世界的种种复杂问题没有得到马克思主义哲学的关注、重视与研究,极大地削弱了马克思主义哲学的影响。今天,我认为马克思主义哲学非常需要研究、建立、发展自己的以物质生产实践为基础的精神哲学、人生哲学。

第五,与上述问题相关,物质与精神的差别不断被强调,物质与精神的关系被规定为决定与被决定的关系,而完全忽视了两者的统一,或只把这种统一理解为精神正确反映了物质,即只理解为认识论上的统一,而不是理解为在整个社会生活中自然与精神、物质生活与精神生活的丰富多彩的统一。马克思则不同,它不是仅仅从认识论的意义上来理解人的感觉、思维,而认为感觉、思维是人对对象世界的占有,是人在对象世界中对自身的肯定,"创造着具有丰富的全面而深刻的感觉的人"是共产主义社会的一个重要的本质特征(见《1844 年经济学—哲学手稿》)。他还指出,"思维和存在虽有区别,但同时彼此又处于统一之中"(同上书)。这些思想在长时期内似乎被遗忘了。在中国,毛泽东由于深受中国传统哲学的影响,比较重视物质与精神的统一，提出了"物质变精神，精神变物质"的说法。但他忽视了这种统一是建立在物质生产的基础之上，并为物质生产发展的程度所制约的，因而陷入了精神决定论、阶级斗争决定论亦即政治意志决定论中。邓小平纠正了他的错误，回到了彻底的历史唯物主义，同时又提出物质文明与精神文明要两手抓、两手都要硬的思想，不是简单地讲物质决定精神。

第六，过去，当我批评物质决定精神的简单化的毛病时，有人提醒我忘了苏联哲学还说了另一句话，精神反作用于物质。其实，这是我在大学时代向苏联专家学哲学时早就记得烂熟了的。这种物质决定精神、精神反作用于物质的说法，是牛顿机械力学的作用与反作用的原理在哲学上的套用。实际上，精神与物质之所以能相互作用，就是因为它们既是相互区别的，又是相互依存、相互渗透的。例如，每个人的存在，既不只是肉体（物质），也不只是精神；不是肉体（物质）在一边，精神在另一边，而是肉体（物质）与精神的相互渗透与统一。只有承认这种统一，并在马克思主义哲学所说的物质生产基础上来说明这种统一，才能达到对物质与精神的关系的正确了解，并解决现代西方哲学所关注的心物、主客的二元对立问题。

以上，我讲了苏联哲学对恩格斯所说的哲学基本问题的不正确了解所产生的问题。下面，再来谈一下恩格斯本身的思想所存在的问题。

恩格斯指出唯物主义对"什么是本原的，是精神，还是自然界"这个哲学基本问题的回答是"认为自然界是本原的"，这完全正确，而且十分重要。唯物主义之为唯物主义就在于肯定"自然界是本原的"。但这还只是马克思的唯物主义和过去一切唯物主义的共同点，而不是区别点。区别点是马克思在充分肯定自然界是本原的前提下，提出了人所生活的感性物质的自然界以及人自身作为感性自然的存在，是人类物质生产实践改变了自然（包括客体和主体的自然）的结果和产物。这也就是马克思在《关于费尔巴哈的提纲》中所说"把感性理解为实践活动"的真义所在，也是马克思的唯物主义的根本所在。马克思的这个根本思想在《1844年经济学—哲学手稿》中已开始形成，以后又在从《德意志意识形态》到《资本论》一系列著作中得到了阐明。岛崎隆先生说:"如果用现实世界的精神因素与物质因素相互作用判定唯物主义还是唯心主义时,把解决哲学基本问题的实践概念拿出来的话,只会招来混乱,因为,实践既可以从唯物主义方面来解释,也可以从唯心主义方面来解释。"不错,在提出实践的概念之前,首先必须解决区分唯物主义与唯心主义的哲学基本问题,不先肯定"自然界是本原的",就不可能有马克思的唯物的实践概念。但这又只是一个叙述的方法、程序问题,恩格斯完全可以在论述了哲学基本问题之后,对马克思所说"把感性理解为实践活动"这一重要思想作出阐发,将马克思的唯物主义和过去的唯物主义加以区分。但恩格斯没有这样做,这不能不说是一个重大的缺陷。恩格斯在讲了"什么是本原的"这个哲学基本问题之后,又提出"思维与存在的同一性问题",即人们的思维能否正确地反映存在的问题,作为哲学基本问题的"另一个方面",同时又没有论述两者的区别与联系何在,于是就造成了本体论问题与认识论问题的混淆不清,这对后来列宁、斯大林的哲学产生了很大的影响。在论述"思维与存在的同一性"时,恩格斯讲到了"实践,即实验和工业",但只把它看作检验认识的真理性的标准,并且局限于自然科学的领域,没有指出物质生产实践是人类生存和人类历史的根基,从而是决定人类精神、人类对客观世界的一切认识的根基。马克思认为物质生产实践决定人类精神的发展,社会存在决定社会意识这一根本思想没有得到阐明,它对解决认识论问题的根本性的重大意义当然也没有得到阐明。这样,恩格斯在这里所讲的认识论,除了主张实践是检验真理的标准和主张将唯物辩证法应用于认识论之外,基本上仍是旧唯物主义的认识论。它把认识看作能思维的主体与存在之间所发生的一种关系,存在作用于能思维的主体的感官、大脑,感官、大脑则对存在作出反应。它忽视了认识同人类物质生产实践的联系,忽视了正是物质生产实践决定着人们的认识所面临的对象是怎样的对象,什么样的对象落入他们的视野之中,以及他们怎样去认识这些对象。认识仅仅被看作是由作用于人的感官、大脑的物质对象所决定的东西,而不是由人类改造物质世界的生产实践活动所决定的东西。恩格斯的认识论后来为列宁所继承,在某些方面旧唯物主义色彩更为强化并由于认识论与本体论的混湉而在物质概念的定义上发生了失误。列宁晚年的《哲学笔记》有许多不同于他早年所写的《唯物主义与经验批判主义》一书的新思想，更接近于马克思的思想，但《哲学笔记》完全不为斯大林所重视。末了，还需要指出，恩格斯所说的"思维与存在的同一性"，是仅就人对存在的认识而言的，不涉及思维如何转化为物质存在的问题，即马克思作过许多论述的人的本质的对象化、人的对象世界的创造、自然的人化等问题。这样一种仅仅停留在认识上的"思维与存在的同一性"，不是马克思最终所要达到的同一性。这种思想导致将马克思主义哲学认识论化，把解决认识论问题看作是马克思主义哲学的中心，而忽略了马克思主义哲学所包含的多方面的丰富深刻的内容，特别是忽略了物质生产实践是决定人类认识发展的基础，由此又使认识论本身的内容简单化、贫乏化。

三　关于"实践本体论"

我所主张的"实践本体论"不是别的，就是对马克思所说"把感性理解为实践活动"这一极其重要的思想的一种理解和阐发。马克思的这一思想，直接来说，是他批判地考察费尔巴哈哲学的产物，是针对费尔巴哈的唯物主义而提出的。马克思说："费尔巴哈不满意抽象的思维而诉诸感性的直观；但是他把感性不是看作实践的、人类感性的活动。"这种"直观的唯物主义，即不是把感性理解为实践活动的唯物主义"（引文均见《关于费尔巴哈的提纲》）。这里的"感性"一词，在费尔巴哈哲学中，指的就是诉之于人的感官的物质的自然界。费尔巴哈认为，它是唯一真实的东西，是世界的本原、始基，也就是本体。但在费尔巴哈的眼里，这个感性物质的自然界是亘古以来就存在着的，它既非黑格尔所说的精神的产物，也非人类的活动的产物，虽然人类的活动处处要依赖于它。和费尔巴哈不同，马克思通过研究哲学（其中最重要的又是黑格尔哲学，特别是黑格尔关于劳动的思想）和政治经济学（政治经济学的研究对马克思哲学思想的形成产生了非常重要的作用），认识到了从客体方面看，人所生活的物质的自然界是人在劳动、物质生产中所改变、创造出来的自然界，已不是先于人类历史而存在的那个自然界；从主体方面看，人本来是自然的产物，是自然的一部分，是自然存在物，他是通过劳动、物质生产才从单纯的自然存在物变为人的自然存在物。所以，费尔巴哈所说的"感性"亦即物质的自然，不论从客体或主体方面看，都是人的劳动、生产实践的产物和结果。马克思的这一思想在《1844 年经济学—哲学手稿》中已经形成，并得到了深刻的论证。但这时青年的马克思还处在对费尔巴哈的某种崇拜之中，如后来恩格斯所指出的那样，自视为属于"费尔巴哈派"（见《费尔巴哈与德国古典哲学的终结》一书）。因此，马克思往往把他自己发现的新思想归之于对费尔巴哈本有的思想的阐明，并常常用费尔巴哈的概念、术语来表达他自己的思想。到了写作《关于费尔巴哈的提纲》的时候，马克思才把他在《1844 年经济学—哲学手稿》中所提出和阐明的思想，概括为"把感性理解为实践活动"这样一句话，并直接与费尔巴哈的哲学明确区分开来。由于马克思从客体和主体两方面指出了与人的存在相关的感性的物质的自然界是人的劳动、生产实践的产物和结果，这样，包含费尔巴哈在内的一切唯物主义者所主张的自然界是本原、本体这一思想就发生了重大变化，即本体不再仅仅是自然界，而是人类改变自然界的物质生产实践活动。这就把实践引入了本体论，使全部哲学史发生了一个根本性的伟大的变化，其意义绝不是康德自以为他在哲学上完成了的"哥白尼式的革命"所能相比的。

以上我讲了我主张"实践本体论"的由来与根据，下面我来回答各位先生提出的问题。这些问题提得很好，对我进一步思考"实践本体论"的问题很有帮助。

我在大学时代的老师肖前先生说："我曾明确表示不同意实践本体论的提法，其最突出的缺陷在没有确定实践本身的性质，究竟是物质性活动，还是精神性活动？"的确，这是一个非常重要的关键性的问题。如果实践是精神性活动，那么实践本体论就是唯心论。此外，这个问题不仅关系到对整个马克思主义哲学的理解，同时也关系到如何解决西方现当代哲学讲得很多的心物、主客二元对立的问题。

首先，我要指出我所说的"实践本体论"的"实践"一词，指的是马克思所说的物质生产实践，不是其他任何意义上的实践。在过去的马克思主义哲学中，"实践"一词的含义被理解得十分广泛，不仅指物质生产，也指阶级斗争、科学实验，甚至指人们日常生活中的各种活动（如吃梨子、打乒乓球等）。毛泽东曾把实践定义为"变主观的东西为客观的东西"或"主观见之于客观"的活动，这是对人类实践活动的特征的一个深刻的说明，但这样一来，实践的含义就包罗了人类的一切活动，而失去了它在马克思主义哲学中应有的规定性。虽然毛泽东在《实践论》中很正确地指出"人类的生产活动是最基本的实践活动，是决定其他一切活动的东西"，但这一思想尚未得到充分阐明，还没有把马克思所讲的实践规定为物质生产实践，即决定人类生存和发展的物质性的活动。人类的活动只要不仅仅是观念中的活动，当然都是"主观见之于客观"的活动，但绝不都是马克思所说的决定人类生存和发展的物质生产活动。所以，不能把吃梨子、打乒乓球之类的活动与马克思所说的物质生产活动等量齐观，也称之为"实践"。马克思的贡献就在于它将物质生产活动同人类其他的一切活动区分开来，指出它是决定人类生存和发展的客观物质的活动。因此，对马克思所说的"实践"一词只能从这个意义上来理解，其他意义上的理解都必然要引起概念上的混乱和错误。过去的苏联哲学和毛泽东的哲学都是从认识论的角度来理解实践的，而认识又被看作仅仅由认识的对象即列宁所说的"客观实在"决定的，而不是在根本上由物质生产实践决定的，因此实践就被理解为和人类的认识相关的一切实际活动，比如恩格斯所说的吃布丁、毛泽东所说的吃梨子。我并不否认日常生活中的这一切实际活动与认识相关，但从根本上决定人类认识发展的并不是这些活动，而是马克思所说的物质生产活动。把日常生活中的各种实际活动都称为"实践"，并认为它们是决定人类认识的东西，这就脱离了马克思的观点，并且必然会导致对马克思所说的实践的简单化、庸俗化的理解，不能正确认识马克思所讲的实践在哲学上的深刻含义，也不能认识实践是客观物质的活动。因此，在回答肖前先生所说实践"究竟是物质性活动，还是精神性活动"之前，必须首先确定马克思所说的实践指的是物质生产实践。这是马克思对实践含义的本质性的规定。

在确定了实践是指物质生产实践之后，实践不是精神性活动而是物质性活动的问题就可以得到解决了。马克思在《关于费尔巴哈的提纲》中已经指出,实践是"人的感性活动",是"真正现实的、感性的活动",是"客观的（gegenständliche）活动"。这已经十分明确地指出了实践是物质性活动。因为这里反复使用的"感性"一词是费尔巴哈哲学经常应用的术语,这个术语在费尔巴哈哲学中的含义就等于真实的、实在的、现实的、物质的、客观的。费尔巴哈说:"真理性、现实性、感性的意义是相同的。只有一个感性的实体,才是一个真正的、现实的实体。"他又说:"在思维以外存在的东西就是物质,就是实在的基质……这个非思维,这个有别于思维的东西到底是什么呢? 就是感性事物。"（均见《未来哲学原理》）但是,尽管马克思已明确指出实践是物质性的、客观的活动,人们（包括我自己）却在长时期中感到有一个很难解决的问题:实践是人的有意识、有目的的活动,这是马克思自己也多次指出了的。既然如此,怎么能说实践是物质性的、客观的活动呢? 这种想法,显然包含着一个不言自明的前提:一种活动如果是物质性的活动,它就不能是人的有意识、有目的的活动。反过来说,如果是人的有意识、有目的的活动,那就不可能是物质性的活动。这是长期以来存在的根深蒂固的想法,它把心（精神）与物（物质）、主体与客体看作是绝对对立的。如果说双方能达到统一,那也不是双方各自保持其自身而达到的统一,而是一方吃掉另一方,即宣称物质产生、决定精神,或精神产生、决定物质。如果从回答我们在前面说过的什么是世界的本原这个问题来说,当然只能有这样两种可能的回答。但不论哪一种回答,物质与精神的关系仍然是一种决定与被决定的关系,一个处在另一个之外,接受着来自另一个的决定作用。但是,这种说法不可避免地要碰到两个它难以解决的问题。第一,物质与精神既然是性质不同的两个东西,它们如何能通过一个决定另一个而达到统一呢? 仅拿认识论的问题来说,我们的精神如何能达到那在精神之外的物质世界,并与之一致呢? 这就是康德一生都在思考的巨大问题,也是康德哲学的深刻性及其影响长期不衰的原因所在。黑格尔批判了康德哲学,但只是用一种神秘思辨的方法解决了这个问题,尽管其中包含了后来给马克思以深刻启示的东西。费尔巴哈批判黑格尔而重新回到了唯物主义的感觉论,但同样解绝不了这个问题，而且看不到黑格尔哲学中合理的、深刻的东西，比黑格尔肤浅得多。第二，在每一个人以及人类社会的存在中，物质与精神、主体与客体是处在统一之中的。尽管从本原的意义上，我们承认物质先于精神、物质产生精神，但精神一旦产生，它就与物质处在统一之中。虽然两者之间会发生矛盾，但我们不能设想没有两者的统一还会有人和人类社会的存在。如果说从解决本原问题来说，物质与精神的二元对立和确定其中哪一个是决定性的东西，是必要的和合理的；那么，从人和人类社会的现实存在来说，仍然坚持这种二元对立，就是错误的了。因为人和人类社会只能存在于物质与精神的统一之中。

怎样来解决上述的问题呢？正是在这里，马克思实现和展开了一个伟大的哲学革命。

抽象地说，要解决上述问题，就不能停留在本原的问题上，而必须从本原问题进到人类自身的存在问题，并且必须证明人类生存的活动既是有意识、有目的的，同时又是物质的、客观的。这也就是说，人类活动的有意识、有目的这一与自然物的活动不同的特性，并没有造成对人类活动是物质的、客观的活动的否定；相反，两者是完全一致的，有意识、有目的的活动本身同时就是物质的、客观的活动。这样，千古以来的哲学之谜，即心物、主客的二元对立问题，就在唯物主义的基础上（即肯定物质的自然界是人类世界的本原）获得了解决。这个解决，就包含在马克思对构成人类全部活动和人类生存基础的物质生产活动的深刻阐明之中。人类的物质生产活动正是上述的这样一种活动，它既不会因为是有意识、有目的的活动而成为唯心主义者所说的观念的、精神的活动，也不会因为是物质的、客观的活动而成为马克思以前的唯物主义者所说的与人的意识、目的毫无关系和不能相容的活动。人类生存的物质活动的特性，解决心物、主客二元对立的现实基础，第一次被马克思发现了。可是，环顾 20 世纪以来的西方哲学界，至今仍为这个二元对立的问题的解决而大伤脑筋，百思不得其解。而号称是马克思主义的哲学，却常常停留在旧唯物主义的水平上，未能充分阐明马克思的实践观点的提出所包含的伟大的哲学革命。

马克思是如何阐明他的实践观点的呢？要而言之，有以下三点。

第一，人类的物质生产劳动虽然是有意识、有目的的活动，但绝不是头脑中的观念的活动，而是实际改变自然物质的形态使之符合人的目的的活动。而目的来自人作为自然存在物的肉体生存需要，满足此需要的东西又只能是人类在他生存的周围自然界中所能得到的物质的东西，因此两者都是为自然界所决定的物质的、客观的东西。正因为这样，物质生产劳动虽然是有意识、有目的的活动，但同时又正是物质的、客观的活动，是马克思所说的人与自然之间的物质变换活动。如果因为它是有意识、有目的的活动，而否认它是物质性的、客观的活动，这是不对的，是传统的心物二元对立的错误观念在作怪。

第二，如马克思所指出的，"任何生产力都是一种既得的力量，以往的活动的产物"，人"不能自由选择自己的生产力"，也不能"自由选择"他们进行生产的"社会形式"（见马克思《致巴·瓦·安年柯夫》），因此人类的物质生产活动既是有意识、有目的的活动，同时又是不以人们的意志为转移的客观物质的活动。所以马克思指出，"人们在自己生活的社会生产中发生一定的、必然的、不以他们的意志为转移的关系"，又指出物质生产的变化是"可以用自然科学的精确性指明"的（见《政治经济学批判序言》）。因此，在马克思看来，"社会经济形态的发展是一个自然历史过程"（《〈资本论〉第一版序言》）。山口勇先生曾问到我对马克思这一观点的看法。我是完全赞同这一看法的。只要我们确认自由是对必然的认识与支配，确认人类真正自由的发展是以物质生产力的发展为基础的，那么马克思对物质生产的不以人们意志为转移的发展规律的揭示，不仅不是对人的自由的否定，而且恰好为我们指出了通向自由的现实的道路。

第三，物质生产既是人的有意识、有目的的活动，同时又正是物质的、客观的活动这一思想，是建立在马克思对人的存在的唯物主义的认识之上的。马克思在《1844年经济学—哲学手稿》中已经指出人是自然存在物，同时又是有自觉意识的存在物。由于后者，人满足自己作为自然存在物的需要的活动必然是不同于动物的自由自觉的活动。但正因为人同时又是自然存在物，所以他的自由自觉活动必然是能与自然相一致的活动，是一种对象性的、客观物质的活动。"它所以能创造或设定对象，只是因为它本身是被对象所设定的，因为它本来就是自然界。……它的对象性的产物仅仅证实了它的对象性活动，证实了它的活动是对象性的自然存在物的活动。"恩格斯在《反杜林论》和《自然辩证法》中，也曾对人与自然的这种统一性作过深刻的论述。

只要把实践理解为物质生产实践，即理解为人与自然之间的物质变换，那么实践是物质性活动而非精神性活动就可以得到充分科学的说明。实际上，当我们肯定马克思主义哲学是历史唯物主义的时候，就已肯定了马克思所说决定人类历史发展的物质生产活动是物质性的活动了。如果它不是物质性活动而是精神性活动，马克思的历史唯物主义就无法成立，就不会有历史唯物主义。但在中国哲学界，很久以来就存在着实践是否是物质性活动的疑问。只要不漫无边际地去应用"实践"这个概念，而把它理解为马克思所说的物质生产活动，这个疑问就可以消除。例如，如果把吃梨子、打乒乓球也看作是马克思所说的"实践"，那么要说它们是不以人的意志为转移的物质的活动，这是说不通的。但如果"实践"指的是人类的物质生产活动，问题就迎刃而解了。

我关于实践是不是物质性活动这一问题的回答就到此为止。下面我想转而谈一下由山口勇先生和岛崎隆先生提出的问题。

我在论述我所主张的"实践本体论"时，曾指出这是就人类社会生活而言的，即认为物质生产实践是人类社会生活的本原、始基。如果要问包含自然和社会两者在内的世界的本体是什么，我的回答是物质的自然界。这是因为人类社会是从自然界发展而来的，如果否认物质的自然界是本原的东西，那就脱离了唯物主义。而且，按我的理解来看，马克思以实践（物质生产）为人类社会的本原、始基，是以充分肯定自然界是本原为前提的，一刻也不能脱离这个前提。所以，我认为自然物质本体论是实践本体论的前提，实践本体论是自然物质本体论的合乎历史和逻辑的发展。对于这个看法，山口勇先生认为是我陷入了二元论的表现。他说："如果实践本体论不能说明世界本体的话，贯穿世界和人类社会全体的'本体'是什么呢？刘的哲学不成了物质本体论和实践本体论的二元论了吗？"他的这个看法许多先生深表赞同,认为抓住了我的理论的问题的"要害"。其实,这个问题应当说是不难解决的。因为我主张的物质本体论和实践本体论是就不同的范围和层次而言的。在包含自然和社会两者在内的世界本体是什么这一范围内,我主张物质本体论;在只涉及人类社会生活的范围内,我主张实践本体论。对于本体问题,是可以而且应当分范围、分层次去加以解决的。如就社会存在与社会意识的关系这一范围来看,社会存在就是本体,所以卢卡奇提出社会存在本体论(这问题后面还要再谈)。我主张两个本体论既然是就不同的范围、层次而言的,在每一层次范围内我又主张只有一个本体,而且我还论述了从物质本体论到实践本体论的内在必然性和两者的统一性,这显然不能说是二元论。只有我在同一范围、层次内主张有两个本体,以及认为自然物质本体论与实践本体论是互不相关、截然对立的,这才能称之为二元论。山口勇先生的意思似乎是说,不应分范围、层次来说明本体,实践本体论如果彻底的话,就应把实践看作是"贯穿世界和人类社会全体的'本体'"。但我认为这是不可能的、错误的,因为没有人类的出现就不会有实践,而人类是从自然界发展而来的。我们如果要坚持唯物主义,当问题指的是包含自然和社会两者在内的世界的本体是什么时,就不能不坚持物质的自然界是本体。但自然物质本体论又必须发展到实践本体论,因为当问题指的是人类社会的本体是什么时,就不能说自然物质是本体,而必须说人改变自然界的物质生产实践是本体。我认为这就是对马克思主义哲学的本体论的完整的理解。这一理解,是同马克思所讲的从自然史到人类史的历史发展相一致的。实践本体论必须以自然物质本体论为前提,自然物质本体论必须发展到实践本体论。马克思主义哲学的本体论是自然物质本体论与实践本体论两者的统一。因此,对于我来说,不存在李德顺先生所说的"'物质本体论'与'实践本体论'之间的对立",当然也不存在"物质与实践的'二元论'"。

岛崎隆先生在评论我对马克思主义哲学的理解时说,"从总体上来看,刘先生的观点与'实践哲学'很相似",接着他又讲到我的看法有二元论的问题。这一问题上面已经答复,这里我想要说的是我的观点与"实践哲学"的关系。我主张"实践本体论"是为了从本体论的角度来说明马克思主义哲学的实质特征，去除苏联哲学对马克思主义哲学的错误理解，并企图由此对海德格尔（Heiddegger）等人的本体论予以批判的考察，在现代哲学的背景下发挥马克思主义哲学本体论的深刻内容，以影响和推动现代哲学的发展，提高马克思主义哲学在现代哲学中的地位。就中国而论，这也和对邓小平的哲学及中国特色社会主义的哲学基础的探讨有关。但我一向不同意把马克思主义哲学规定为"实践哲学"，因为实践虽然在马克思主义哲学中具有根本性的重要地位，但马克思主义哲学所探讨的问题绝不仅仅限于实践，而包含了人类社会生活和精神世界中的种种哲学问题。我还在《马克思主义哲学的本体论》一文中批判了南斯拉夫的"实践哲学"，指出它否认物质生产决定人类社会历史的发展是根本错误的。这种"实践哲学"实质上是一种唯意志论。我也不同意我的朋友李泽厚先生主张的"主体性的实践哲学"或"人类学本体论"。我提出"实践本体论"的主张，在相当程度上就是为了表明我在本体论问题和在对马克思哲学的理解上与他不同的看法。李先生不同于南斯拉夫的"实践派"，因为他多次强调物质生产的重要性，但他对实践的理解又存在着不少问题（这里无法详论）。他否认黑格尔对马克思哲学形成的重大影响，也是我难以同意的。他的哲学富于启发性，对推动哲学的探讨产生了不小的影响。但整个而论，他现在的哲学似乎是马克思、康德、存在主义、儒家哲学的一种混合。他的《批判哲学的批判——康德哲学述评》一书中的观点我认为基本上是马克思主义的，但此书之后的看法却产生了问题。

四　关于"以物质的自然界为基础的实践的人本主义"

在《对马克思主义哲学中唯物主义问题的重新考察》一文中，我企图对马克思的哲学作出一个我认为是符合他的思想特征的概括，于是提出了"以物质的自然界为基础的实践的人本主义"这一看法。这一看法是以下述三点为根据的：第一，马克思认为物质的自然界是人类产生和存在的前提和基础。第二，马克思认为人类改变自然界的物质生产实践是自然（包含客体的和主体的自然）向人生成的根基，也是决定人类全部社会生活发展的基础。第三，马克思的哲学以及他的政治经济学和科学社会主义的最终目的是为了解决人的全面自由发展问题，即消除资本主义所造成的异化，实现共产主义。因此，马克思的哲学是以解决人的问题为根本目的的，在这个意义上是人本主义的。

山口勇先生对我提出的第一条和第四条疑问涉及我的这个看法。首先，我一点不否定《德意志意识形态》一书中"实践唯物主义即共产主义"的说法，也一点不否认唯物辩证法以及无产阶级的自我解放，因为我所说的马克思的"以物质的自然界为基础的实践的人本主义"是以解决人的全面自由发展为根本目的的，也就是以实现共产主义为根本目的的。对于马克思来说，人的问题的解决和共产主义的实现不能分离，无产阶级的自我解放与人类解放不能分离。此外，岛崎隆先生认为我否认马克思是唯物主义者，这是误解。我所说的人本主义是"以物质的自然界为基础的实践的人本主义"，因此也就是马克思唯物主义的实践的人本主义。虽然我的概括在字面上没有出现"唯物主义"这个词，但马克思的唯物主义的实质已明确地包含在其中。

下面来看看俞吾金先生对我的批评。他说："实践活动本身就包含对象（物的世界）在内，所以，刘关于'以物质的自然界为基础的实践的人本主义'这个说法本身就是矛盾的，诚如先生（指山口勇先生）所言，它必然导致二元论。"关于二元论问题，前面已经作答，这里只讲我的说法在概念上是否矛盾。我完全懂得实践活动不能离开实践的对象（物的世界）这个普通常识，但何以要在"实践"一词之前加上"以物质的自然界为基础"这个修饰语呢？这是因为马克思的实践观区别于一切唯心主义实践观的一个根本点，就在于马克思认为人类实践是以物质的自然界为前提、基础的，是人类实际改变自然界的物质性活动，不是脱离物质自然界的精神活动。所以，马克思在《德意志意识形态》中讲到他的历史观与唯心主义历史观的区别时说，他的历史观的特征"不是从观念出发来解释实践，而是从物质实践出发来解释观念的东西"。这里，马克思使用了"物质实践"这个词。按俞先生的看法，这是否也表明马克思不懂得"实践活动本身就包含对象（物的世界）在内"？是否也是"本身就是矛盾的"？"必然导致二元论"？

　　俞先生又说："刘主张'哲学应以人为中心，而反对以物质为中心'，他忘记了人和物的关系，马克思学说的核心是扬弃私有财产（特定生产方式中的物），目的正是通过人和物的关系的改变来改变人与人之间的关系，这正是马克思人本主义的独特之处。"我并没有忘记人和物的关系，因为我所说的马克思的人本主义是"以物质的自然界为基础的实践人本主义"。既然是"以物质的自然界为基础的"，又是"实践的"（指物质生产实践）人本主义，怎么会"忘记了人和物的关系"呢？难道自然界不是物，实践能脱离物吗？我知道人不能脱离物，但问题是过去的苏联哲学把物亦即抽象的"客观实在"看成是高高地凌驾于人之上的东西，人及人的活动也被看作是"物质运动"的一种表现，人的主体性被消解。所以问题不在人不能脱离物，而在是人为了物，甚至化为物，还是物为了人，成为人的物，使人与物的关系成为马克思所说的"一种对象性的人的关系"（《1844 年经济学—哲学手稿》）。因此主张"以人为中心，而反对以物质为中心"，决不意味着否定人和物质的关系，不要物。从唯物主义来说，不是人为了唯物主义，而是唯物主义为了人。脱离人、否定人的唯物主义，最后必然走向唯心主义。马克思主张从物质的自然界出发，同时也就是从作为自然界的一部分的人出发，但还要加上人改变自然界的物质生产实践。俞先生所说"扬弃私有财产""通过人和物的关系的改变来改变人与人之间的关系"，都是由物质生产的发展决定的，不能脱离物质生产的发展而改变。所以，马克思的人本主义既是"以物质的自然界为基础的"，又是"实践的"，这才是对马克思的人本主义的完整理解，也才是"马克思人本主义的独特之处"所在。费尔巴哈的人本主义也大讲人和物（自然界）的关系。但他不知道这种关系是由人的物质生产实践所决定的，因而是随着物质生产的变化而变化的。所以，费尔巴哈找不到改变人和物的关系的现实道路，陷入了唯心主义。

五　关于卢卡奇的"社会存在本体论"

在各位先生对我的批评中,俞吾金先生的批评很不客气,缺乏学者之间应有的礼貌与相互尊重,似乎他是中国的一个什么了不得的哲学家。也许,这是为了讨好、迎合山口勇先生对我的批评所致?下面,我就来领教一下他在卢卡奇的"社会存在本体论"问题上对我的批评。他说:"刘既不懂 Lukàcs 早年的自然观(即自然是社会范畴),也不懂 Lukàcs 晚年的自然观(即在自然本体论基础上建立社会存在本体论),刘把 Lukàcs 之社会存在本体论和实践论对立起来是很可笑的,因为 Lukàcs 认为社会存在的最基本内容就是实践,尤其是把目的性和因果性统一起来的生产劳动。"

我的回答如下:

1. 俞不懂(或者是不愿懂)正因为我知道卢卡奇早年的自然观以自然为社会范畴,所以我才讲到卢卡奇是反对自然辩证法的,否则,卢卡奇何以会反对自然辩证法?卢卡奇的这种反对在我看来不只是关系到自然界有没有辩证法的问题,而且还关系到是否确认物质自然界是人类产生和存在的前提和基础这个更为重要的问题。卢卡奇把辩证法的实质、核心规定为主体与客体相互作用,但又把它限制在社会的范围内,认为与自然无关,这是非常错误的。马克思在分析人类的物质生产时早已明确地指出"主体是人,客体是自然",并指出这对一切社会形态都是适用的(《政治经济学批判导言》),而卢卡奇却认为主客体的相互作用只与社会有关,这就把自然排除在社会之外,否认了作为主体的人对作为客体的自然的作用(物质生产)是人类社会生存的基础。此外,这个为主体所作用的自然也仍然是自然,决没有因此就不再是自然,而变成了单纯社会的范畴。

2. 我也知道,卢卡奇在晚期放弃了他早年在《历史和阶级意识》一书中的观点,转而承认自然本体论是社会存在本体论的前提。我认为这是一个重要的进步。我还知道,卢卡奇在论述社会存在本体论时把劳动放到了重要的地位,但他始终不认为劳动(物质生产实践)是人类社会的本体。俞先生说"刘把 Lukàs 之社会存在本体论和实践论对立起来是很可笑的"，但真正可笑的是俞先生没有看清我不满于卢卡奇的地方并不是他没有讲实践，而是他没有把实践看作本体。在他看来，本体是社会存在。他之所以十分重视对劳动的分析，只是为了说明社会存在的特殊性即目的论设定是由何产生的，亦即为了说明无目的论设定的无机和有机的自然存在怎样成了以目的论设定为根本特征的社会存在。不论劳动在卢卡奇那里如何重要，它仍然只是俞先生所指出的"社会存在的最基本内容"，并没有被看作是人类社会的本体。我指出这样一个事实，说明我主张的实践本体论与卢卡奇的社会存在本体论的区别，这有什么可笑的？

答复了俞先生的批评之后，我想再来简略地评论一下卢卡奇的社会存在本体论，进一步说明一下它与我主张的实践本体论的区别。

首先，卢卡奇既然给了劳动以十分重要的地位，为什么他不认为劳动亦即物质生产实践是本体呢？我认为这既是因为他尚未理解马克思所说"把感性理解为实践活动"这句话所包含的深刻的本体论意义，同时也因为他还受到传统的本体论的束缚，不是从本原的意义上理解本体（参见我的《马克思主义哲学的本体》一文），而认为本体必须是一种实体性的存在物，不能是实践的活动，因此，他就抓住马克思使用的"社会存在"这个概念来做文章，以建立他的"社会存在本体论"。至于劳动，那只是与社会存在这一本体的产生密切相连的一个重要范畴，并不是本体。虽然他在分析劳动时，也间或把劳动与本体联系起来，但都是在特定的意义上说的，并没有认为它是整个人类社会的本体。

其次，到目前为止，卢卡奇的《关于社会存在的本体论》一书是对马克思主义哲学的本体论所作的最为详细的研究，包含着不少有深度的、创造性的见解；但也有不少抽象烦琐的、不确切、不正确的东西。其中一个重要的问题是对他讲得最多的所谓"目的论设定"的解释。他认为"目的论设定"是"人类每一社会实践的本体论基础"（《关于社会存在的本体论》上卷，中译本第 11 页），并反复说明"每一实践都以目的论设定为基础"（同上书，第 48 页）。在这里，目的论设定不是实践的产物，反而成了"每一社会实践的本体论基础"。这就是说，目的论设定具有"本体论地位"（同上书，第 25

页)。这是一种把实际存在的关系弄颠倒了的错误看法。事实上本体是实践,目的论设定是由实践所产生的。虽然从表面看来,人要进行实践,首先要有目的设定,但这个目的最终只能由实践而来。拿卢卡奇讲得最多的劳动来说,它当然是一种有目的的活动,但此目的从何而来?它来自人与自然的物质变换。一方面,作为主体的人有各种需要要求得到满足,这需要是人作为自然存在物为维持其肉体生命的存在而不能不满足的需要,因而是客观物质的需要;另一方面,这需要只能由客观存在于人之外的某种自然物质来加以满足,不能用观念来满足。因此,人与自然的物质变换,是一种客观物质的现象。所谓目的论设定,不外是人对他与自然之间的物质变换的自觉意识,即意识到他自身的物质需要和那存在于他之外的、能满足他的需要的自然物质对象,从而通过他的劳动,在一种符合人的目的的形式上去占有自然物质。但人对这一切的意识都是基于他与自然进行物质变换的客观实际需要,没有这种需要就不会有什么目的论的设定。因此,处在本体论地位的不是目的论设定,而是人与自然进行物质变换的客观必要性。当人类劳动还处于马克思所说的"最初的动物式的本能的劳动形式"时(见《资本论》第1卷),这种与自然的物质变换就已经存在,只不过还没有被自觉意识到。而人类最后之所以能自觉意识到,又是最初的本能式劳动无数次重复的结果,是在漫长的劳动中人的感官、大脑获得了发展,人终于摆脱了最初的本能式的劳动的结果。所以,从人类劳动的发展来看,目的论设定或卢卡奇所说从"自在"到"自为",只能是劳动本身发展的结果。脱离人与自然的物质变换和人类劳动漫长的发展去讲目的论设定,赋予它以本体论的地位,这是不符合事实的、唯心的。就是在人类明确意识到劳动的目的之后,如我在前面已指出过的,人类的物质生产活动也仍然既是人的有意识、有目的的活动,同时又是不以人的意志为转移的客观物质的活动。马克思的历史观之所以是唯物主义的,就是建立在这个根本点上的。如果认为具有"本体论地位"的不是物质生产实践,而是"目的论设定",那么唯物史观的存在就成了问题。

一切抽象、烦琐、貌似高深的分析推论都无法否认这样一个事实:物质生产实践是人类全部社会生活的根基、本原、本体。马克思所说的社会存在是他所说的物质生产实践的产物、结果。马克思本人对此作了一次又一次的说明。这个社会存在的根本特征并不是卢卡奇所说的"目的论设定",马克思的贡献也绝不在指出人类社会生活是有意识、有目的的。在马克思之前已有许许多多人指出了这一点,指出这一点并不需要什么了不得的智慧。马克思的贡献是在指出物质生产实践决定着人类整个的社会生活、政治生活和精神生活的发展,又指出这个物质生产实践既有卢卡奇所说的"目的论设定",又不以人们主观的意愿、目的、意志为转移。从卢卡奇所说的"自然存在"到"社会存在"的转变并不是通过他所谓的"目的论设定"来实现的,而是通过由自然所产生的人类的物质生产实践来实现的。人类劳动在此的作用并不是由它给自然存在引入了"目的论设定",而是由它使人与自然的物质变换从最初的不自觉的活动变为自觉的活动,这才产生了"目的论的设定"。但在变为自觉的活动之后,人类整个物质生产劳动的发展仍然又是不以人的意识为转移的客观物质活动。如果只孤立地分析某一劳动产品的生产,那自然可以说它是由"目的论设定"所决定的,但把物质生产的发展作为社会整体的历史过程来看,情况就不是这样。卢卡奇把自然物质本体论看作是他的社会存在本体论的前史,较之于他早年把自然与社会对立起来是一个进步。但他以"目的论设定"为自然本体论向社会存在本体论转变的中心环节,却仍然包含有唯心主义的错误。只有把物质生产实践看作是人类社会的本体,同时又把自然物质本体论看作是实践本体的前提,才能正确理解和把握马克思主义哲学的本体论。

美:从必然到自由的飞跃[*]

刘纲纪

    美是在人类改造世界的实践基础上，从必然到自由的飞跃所取得的历史成果。从人类历史发展的观点来看，对美的本质的分析，我认为就是对人类如何从必然王国跃进到自由王国的分析。恩格斯说："最初的、从动物界分离出来的人，在一切本质方面是和动物本身一样不自由的；但是文化上的每一个进步，都是迈向自由的一步。"[①]恩格斯在这里所说的文化上的进步，无疑应当包含人类所特有的美的创造与欣赏在内。从下面的分析我们可以看出，美是人在他的生活实践创造中取得的自由的感性具体的表现。而人类审美与艺术活动的终极目的，就是要不断促进人类从必然王国向自由王国的飞跃。

一　马克思主义哲学对必然与自由的一般看法

    必然与自由的关系问题，是哲学上一个有着多方面的重要意义的问题。在谈到这个问题时，我们必须首先把马克思主义哲学所说的自由同唯心主义哲学所说的自由严格地区分开来。

    马克思主义哲学认为，真正的自由是人类对客观必然性的认识和实际的支配。这种自由的取得只能是人类改造世界的实践活动的产物。自由不是离开必然性而独立，而是在实践活动中对客观必然性的支配，也就是掌握和利用客观的必然性，使之为人的目的服务。历来

---

    * 此文原载《美学与哲学》，湖北人民出版社 1986 年版。

    ① 《马克思恩格斯选集》第 3 卷，人民出版社 1972 年版，第 154 页。

的唯心主义哲学在这个问题上的一大错误，就是把必然与自由互不相容地对立起来，幻想超越客观的必然性去取得自由。虽然历史上也有个别的唯心主义者，如黑格尔，认识到了必然与自由的辩证关系，但黑格尔还仅仅只在精神、意识的范围内来看问题。他所谓的自由还仅仅是对必然性的认识，只是"自我意识"发展的一个环节，不是人在实践活动中改造了世界，实际地支配了必然性的结果。因此，黑格尔所说的自由还只是精神上的自由，不是现实的实际的自由。而且他所说的必然性，也不是马克思主义哲学所说的客观的物质世界的必然性，即客观事物所具有的规律性，而是"绝对精神"运动发展的必然性，是一种被黑格尔所神秘化了的必然性。

在人类全部哲学史上，只有马克思主义哲学才第一次科学地、简捷而明快地解决了必然与自由的关系问题。恩格斯指出："自由不在于幻想中摆脱自然规律而独立，而在于认识这些规律，从而能够有计划地使自然规律为一定的目的服务。这无论对外部自然界的规律，或对支配人本身的肉体存在和精神存在的规律来说，都是一样的。……因此，自由是在于根据对自然界的必然性的认识来支配我们自己和外部自然界；因此它必然是历史发展的产物。"[①] 对马克思主义哲学的这个基本观点，毛泽东同志曾作了进一步的深刻的阐明。他说："必然王国之变为自由王国，是必须经过认识与改造两个过程的。欧洲的旧哲学，已经懂得'自由是必然的认识'这个真理。马克思的贡献，不是否认这个真理，而是在承认这个真理之后补充了它的不足，加上了根据对必然的认识而'改造世界'这个真理。'自由是必然的认识'——这是旧哲学的命题。'自由是必然的认识和世界的改造'——这是马克思主义的命题。"[②]

马克思主义哲学是站在人类对客观物质世界的实践改造的基础上来认识必然与自由的关系问题的，因此它始终把人的自由的实现看作是一个历史的过程，从来不脱离一定的历史条件去抽象地谈论人的自由。在马克思主义哲学看来，自由永远是历史具体的、有条件的，没

---

① 《马克思恩格斯选集》第 3 卷，人民出版社 1972 年版，第 153—154 页。
② 《自由是必然的认识和世界的改造》，见 1983 年 12 月 25 日《人民日报》。

有什么超历史的、无条件的自由。马克思主义哲学对必然与自由关系的认识，是同马克思主义的历史唯物主义不能分离的。这是在自由问题上，马克思主义哲学同一切追求所谓绝对自由的唯心主义哲学的又一个重大差别。

自由作为一个哲学范畴来看，不应当同一般所说的政治自由、贸易自由、恋爱自由等完全混为一谈。因为这一类的自由只是说人们在一定的条件下有作出自由选择或决定的权利，并不意味着这种自由就必定是人对客观必然性的认识和实际的支配。例如，资本主义社会下的政治自由，在不少情况下是一种虚假的形式上的自由，并不是人对客观必然性的认识和实际支配。这种自由经常使人成为不可预测的偶然性的奴隶。如马克思、恩格斯曾经深刻指出过的那样，"这种在一定条件下无阻碍地享用偶然性的权利，迄今一直称为个人自由"①。实际上，这恰恰是极大的不自由。因为在这种情况下，个人根本不可能认识和控制周围世界的必然性，必然性对于人来说成了一种盲目的、捉弄人的、不可知的力量。西方现代哲学中许多悲观主义的论调，都是由此而来的。

二　劳动与人的自由

以上，我们一般地概述了马克思主义哲学对必然与自由的关系的看法，这是我们由之出发的根本理论前提。下面，我们分析一下人类是如何支配外在的必然性而取得自由的，以及这种自由如何对人表现成为美。我们的分析必须从劳动开始，因为正是劳动把人和动物从本质上区分开来，也正是劳动使人能够支配他周围世界的必然性，从周围世界取得自由。

劳动是人取得他的生存所必需的物质生活资料的活动，但它不是动物的那种本能地、无意识地适应自然的活动，而是有意识、有目的地改造自然的活动，因此是一种能够支配自然的必然性，从自然取得自由的活动。恩格斯说："动物仅仅利用外部自然界，单纯地以自己

---

① 《马克思恩格斯全集》第3卷，人民出版社1960年版，第85页。

的存在来使自然界改变；而人则通过他所作出的改变来使自然界为自己的目的服务，来支配自然界。这便是人同其他动物的最后的本质的区别，而造成这一区别的还是劳动。"① 这就是说，由于人能够进行劳动，因此人能够支配自然界，从自然取得自由。由此可见，能否从自然取得自由，这是由劳动所决定的人与动物的本质区别所在。关于劳动是人的自由的活动，是人与动物的本质区别，这个观点马克思、恩格斯曾作过多次论述，这是马克思主义关于人的本质的一个极为重要的论断。有人认为，马克思主义的这个论断把自由说成是人所固有的本质，因而是一种"先验的假定"。这个看法是错误的。因为马克思主义说人和动物相比，他的本质在于自由，这是从对人的劳动的本质的分析所得出的结论，是一个客观存在的历史事实，根本不同于唯心主义哲学脱离事实先验地假定自由是人的本质。如果我们承认人与动物的本质区别在于人能够进行劳动，同时又承认人的劳动能够支配自然的必然性，从自然取得自由，那就必然要承认人和动物相比，其本质在于自由。这是承认历史的事实，丝毫不是什么"先验的假定"。所以，不要害怕承认自由是人的本质，不要以为承认这一点就陷入了先验唯心主义。如果这样想，看来好像很激进、很革命，其实是把马克思主义简单化了，也根本不可能真正战胜先验唯心主义。问题并不在于是否承认自由是人的本质，而在于从什么样的出发点和基础上来承认。马克思主义承认自由是人的本质，首先是以对必然与自由的关系的辩证唯物主义的解决为其理论前提的，也就是以肯定自由是对必然的认识和实际支配为前提的；其次是依据对人与动物的本质区别——劳动的分析而得出来的。日常的事实告诉我们，一个三岁小孩，他在自然面前的活动也要比动物的活动自由得多。古代的奴隶被奴隶主当作牛马来驱使，但奴隶改造自然的劳动仍然是一种自由自觉的活动，不同于牛马的那种本能的、无意识的活动。而且奴隶社会的全部文明，就是建立在奴隶改造、支配自然的劳动基础之上的。人类劳动的本质决定了他在自然面前是不同于动物的自由的存在物。这个基本事实是不能否认的。如果否认这一点，认为人在自然面前是不能

---

① 《马克思恩格斯选集》第 3 卷，人民出版社 1972 年版，第 517 页。

取得自由的，不自由是人所固有的本质，这看来好像同先验的唯心主义划清了界限，实际上完全违背了历史的事实，取消了人与动物的本质区别，在理论上和实践上都必然要得出一系列荒谬的，甚至是反动的结论。从马克思主义的观点看来，如果认为不自由是人的本质，那么说人类历史是一个不断从必然王国到自由王国的飞跃过程，就是毫无根据、不可思议的，人类争取自由的一切斗争也都是毫无意义的了。至于人的自由的本质同人的社会关系两者之间的联系，我们将在下面再加以论述。

由于人的劳动既是满足生存需要的活动，同时又是能够支配自然的必然性，从自然取得自由的活动，所以，人的劳动及其产品对于人就产生了双重的意义。一方面，它满足了人的某种生存需要；另一方面，作为人创造性地改造和支配自然的活动来看，即作为人的自由的活动来看，它又会在满足人的生存需要之外，引起一种和生存需要的满足不同的精神上的愉快。因为人要在劳动中达到自己的目的，使自然为人的目的服务，从自然取得自由，并不是一件简单容易的事。它要求人必须发挥出自己创造的智慧、才能和力量去克服种种困难。特别是在人类发展的早期，情况更是如此。正因为这样，当人在劳动中达到了自己的目的，他就不仅满足了自己的某种物质需要，而且会因为看到自己终于战胜了自然而产生出一种欢乐感，一种和物质需要的满足所带来的生理愉快不同的精神愉快。在最初，这两种愉快自然是混而为一的，但它们之间已有质的区别。这种精神愉快就是从劳动中产生的最初的美感，它来源于人对自然的支配，产生于人对他在劳动的过程及其产品上所表现出来的自由的直观。而那体现了人支配自然的智慧、才能和力量，也就是体现了人的自由的劳动过程及其产品，就是人在他的语言中称为"美"的东西。这一点，在我们今天的劳动产品中，也可以很清楚地看到。例如，长江大桥作为人民劳动的产品，一方面满足了人民的物质生活需要，另一方面又表现了人民改造社会和自然，使天堑变通途的伟大智慧和力量，因此它那飞架南北的雄姿就对我们具有了美的意义。人类的生活和人类所生活的周围世界之所以会对人发生美的意义，就其终极的最后的根源来看，是由于人类维持他的生存的活动既是一种满足物质需要的活动，同时又是一种

能动地支配自然的自由的活动。如果人类维持他的生存的活动，是像
动物那样一种本能的、无意识的活动，只能适应自然而不能支配自
然，那么人类就不可能从他的生活和他所生活的周围世界中发现什么
"美"。这个基本的并不难了解的事实，对于认识美的本质有着十分
重要的意义。

　　人类劳动的本质特征决定了人类满足物质生存需要的活动能够表
现为人类支配自然的自由的活动，因而从单纯满足物质生存需要的劳
动中产生了美。但是，正因为人类劳动是一种能够支配自然的自由的
活动，人类改造自然的能力是无限的，所以人类对自由的追求决不会
停留在物质生存需要满足的范围之内。它必然要超出这个范围，走上
一条无尽漫长的以人类自身才能的多方面发展为目的的道路。这首先
是生产力的提高，使人类在满足物质生存需要之外有了剩余的产品，
从而使人类在从事满足物质生存需要的必要劳动时间之外，有了从事
其他活动的自由时间，也就是有了使人的才能在社会生活的各个方面
获得发展的时间。对于这一点，马克思、恩格斯都曾作过多次深刻的
论述。他们指出，人类文化的发展，归根结底是取决于人类在进行维
持肉体生存的必要劳动之外，有多少用于其他活动的时间。尽管在最
初这种自由时间，经常是为不劳动的剥削阶级所独占的，但超出物质
生存需要的满足去求得人类生活的多方面的发展，这仍然是人类历史
的一个巨大进步。如果人类所追求的目的仅仅局限在物质生存需要的
满足上，以这种满足为人类生存的终极的目的，那么不论这种满足是
多么好，人类在实际上还没有脱出动物状态，没有达到人所应有的真
正的自由。正因为这样，马克思认为，当人的活动还处在满足生存需
要的范围内，那么人类就还处在必然王国之内。但这又不是说在这个
范围内人还没有自由，而是说在这个范围内，人类的活动还是"由必
需和外在目的"所"规定"的。也就是还没有摆脱维持肉体存在这
一自然需要的束缚，进到"真正的自由王国"，即以人类能力的发展
为目的本身的王国。与此同时，马克思又指出"这个自由王国只有建
立在必然王国的基础上，才能繁荣起来"，也就是只有在人类为满足

肉体生存需要而进行的物质生产劳动的基础上才能发展起来。① 由此我们可以看出,人类自由的发展,最初是在满足肉体生存需要的范围内,以后又以此为基础而超出了物质生存需要的满足。于是,人类所追求的"美"也随之越出了物质生产劳动的范围,扩大到了和物质生产劳动并无直接关系的社会生活的各个方面。这就是说,"美"作为人的自由的感性具体的表现,最初是同满足生存需要的物质生产劳动不可分地结合在一起的,以后却超越了物质生产劳动,不再直接同物质生产劳动结合在一起了。虽然在这时物质生产劳动的发展仍然最终决定着人的自由的发展,从而决定着"美"的发展,但这种"美"已经走入了一个无限广阔的世界,不再局限于物质生产劳动的范围了。这是美的发展史上的一个重大进步,尽管这个进步在剥削阶级统治的社会中又是以美和劳动的分裂为代价的。

　　这个超越了物质生产劳动的美的领域究竟是怎样的呢? 要回答这个问题,我们就必须分别对人与人之间的社会关系和人与自然的关系两者同人的自由的实现的关系作出分析。

三　社会关系与人的自由

　　人类的劳动不是孤立的个人的行动。人只有结成一定的社会关系共同活动,才能改造自然,满足自己的生存需要,并从自然取得自由。马克思说:人在生产中不仅仅同自然界发生关系。他们如果不以一定的方式结合起来共同活动和互相交换其活动,便不能进行生产,"为了进行生产,人们相互之间便发生一定的联系和关系;只有在这些社会联系和社会关系的范围内,才会有他们对自然界的影响,才会有生产"②。马克思又说:"一切生产都是个人在一定社会形式中并借这种社会形式而进行的对自然的占有。"③ 因此,人的自由的实现离不开人类改造自然的物质生产劳动,同时也离不开人们在物质生产劳

---

① 参看《马克思恩格斯全集》第 25 卷,人民出版社 1974 年版,第 927 页。
② 《马克思恩格斯选集》第 1 卷,人民出版社 1995 年版,第 344 页。
③ 《马克思恩格斯全集》第 46 卷上册,人民出版社 1979 年版,第 24 页。

动中所结成的社会关系。正因为这样，马克思在《关于费尔巴哈的提纲》中指出："人的本质不是单个人所固有的抽象物，在其现实性上，它是一切社会关系的总和。"①

人们常常把马克思关于人的本质的这个十分重要的著名论断，和马克思认为人同动物相比，其本质在于自由这个论断互不相容地对立起来，并且认为只有前一论断才是马克思关于人的本质的科学定义。这种看法，我认为是错误的。马克思的这两个论断不是互不相容的，而是完全一致的。因为人较之于动物之所以是自由的，是由于人能进行物质生产劳动，而物质生产劳动又只有在一定的社会关系中才能进行，这样人的自由的本质就同社会关系不可分地联结起来了。马克思说人的本质在其现实性上是一切社会关系的总和，这是说我们不能脱离一定的社会关系去观察人的本质，并不是说任何社会关系都符合人所应有的、不同于动物的自由的本质。例如，资本主义社会关系的总和使工人成为靠出卖劳动力为生的被剥削者，我们能不能说这就是工人作为人所应当具有的本质呢？显然不能。实际上，资本主义社会关系的总和是对工人作为人所应当具有的自由的本质的否定，所以工人要起来推翻这种社会关系的总和，把它加以改造。正因为这样，马克思在指出人的本质在其现实性上是一切社会关系的总和之后，接着就指出费尔巴哈的错误在于他"没有对这种现实的本质进行批判"②，而只看到孤立的抽象的个人。这里所谓对现实的本质进行批判，就是要揭露那由社会关系的总和所决定的现实的人的本质同人在一定历史条件下所应当具有的、不同于动物的自由本质的矛盾，进而改造那否定着人的自由本质的社会关系。如果简单地认为任何一种社会关系的总和所决定的本质都是人所应当具有的本质，那就否定了用革命手段去改造社会关系的必要性，陷入了安然忍受一切的宿命论。这是和马克思主义根本不能相容的。

由此可见，马克思主义对于人的本质的认识是这样的：首先，它指出由于人能够进行物质生产劳动，支配客观的自然的必然性，因此

① 《马克思恩格斯选集》第 1 卷，人民出版社 1995 年版，第 56 页。
② 同上。

人和动物相比，其本质在于自由；其次，它指出由于人只有结成一定的社会关系才能进行生产劳动，所以人的自由的本质的实现同社会关系不能分离。但现实的社会关系所决定的人的本质在剥削阶级统治的社会里常常是和人的自由的本质相矛盾的，因此必须批判这种社会关系，并通过革命去改造它。

马克思主义的上述根本观点说明人的自由永远是历史的具体的东西，它不可能超越现实的人所生活的一定的社会关系。在这里，马克思主义同资产阶级唯心主义的根本对立并不在是否承认自由是人的本质，而在是否从一定的社会关系出发去历史具体地考察人的自由本质，是否把人的自由本质的实现看作是为一定的社会关系所决定的东西。资产阶级唯心主义的根本错误在于它否认人的自由的实现不能脱离一定的社会关系，从抽象的孤立的个人出发去追求一种不受历史条件制约的所谓绝对的个人自由。这当然只能是一种幻想，并且起着维护资产阶级社会关系的作用。

从历史上看，人的自由永远只能在一定的社会关系中得到实现。马克思说："……人不是抽象的蛰居于世界的存在物。人就是人的世界，就是国家，社会。"① 在原始的氏族社会，每一个成员的自由都离不开整个氏族的存在和发展。氏族的灭亡就意味着个人的灭亡。古代各氏族间的战争在我们现在看来是十分野蛮和残酷的，但同时也表现了各个氏族成员以氏族的存在为自己的生命，为保卫氏族的存在而毫无畏惧地献身的精神。在氏族社会解体之后，出现了阶级和国家，这时个人的存在和发展同样离不开他所属的阶级和国家的存在和发展。而且随着分工的出现，生产力的发展，人的社会关系日益复杂化，并且日益脱离直接的物质生产而独立起来，个人的自由的实现更是处处依赖于他所处的社会关系。维护这种社会关系，遵循和实行这种社会关系所提出的各种要求，具有了比保持个体的生存更加无比崇高的意义。反映在思想上，就出现了中国古代儒家对所谓"义"与"利"的区分和在两者不可得兼的情况下"舍生而取义"的道德观念。这时个体对自身的自由的追求明显越出了生存需要的满足，而把

---

① 《马克思恩格斯选集》第 1 卷，人民出版社 1995 年版，第 1 页。

维护那在他看来是唯一能使他的自由得到肯定的社会关系放到了最高的位置，并为此而不惜牺牲自己的生命。个体明确地意识到了他自身是社会性的存在，社会性是他自己的本质，他的真正的自由离不开他与别人的社会关系。这种对个体与社会的关系的明确意识，一方面被剥削阶级利用来加强它的统治，另一方面又无疑是人类发展史上一个重大的进步。与此同时，美作为人的自由的表现，开始同道德上的善密切地联系起来了。美不再只是人在他的物质生活需要的满足中所体验到的自由，而且是人在他的复杂的、多方面的社会关系中所体验到的自由。这自由不是表现在物质需要的满足中，而是表现在人与人的社会关系中，即表现在个人与社会的高度统一中。在这种统一中，个人把某种社会要求的实现看作是比他自身的生命更宝贵的东西。这种要求的实现，不是他不得不服从的东西，而是他完全自觉地用自己的全部生命去求其实现的东西，是对他作为人的自由的最高的肯定。个人与社会的这种高度的统一，当它感性具体地表现出来的时候，就会引起人们的赞美，不但是善的，而且是美的了。在古今中外一切为社会进步发展而献身的人物的生活和斗争中，我们都可以清楚地感受到这种美。就是在日常普通的生活中，一种合乎道德的行为，当它表现为个体发自内心的行动，不带有丝毫的勉强和个人私利上的考虑，那么对这种行动的感性具体的直观，也会引起我们一种不同于单纯的道德评价的美感。

美通过人的社会性，摆脱生存需要的束缚而与人的道德上的善相联系，这是我们认识美的本质的一个极为重要的方面。从这个方面看，美是人的社会性的完满实现。这种社会性是植根于人的劳动的社会性的，是由个人只有在社会中才能取得自由这一基本的事实所决定的。马克思说："人是最名副其实的政治动物，不仅是一种合群的动物，而且是只有在社会中才能独立的动物。"[1] 他又说："只有在集体中，个人才能获得全面发展其才能的手段，也就是说，只有在集体中才可能有个人自由。"[2] 因此，美作为人的自由的表现，同人的社会

---

[1]　《马克思恩格斯全集》第 46 卷上册，人民出版社 1979 年版，第 21 页。
[2]　《马克思恩格斯全集》第 3 卷，人民出版社 1960 年版，第 84 页。

性分不开。不仅如此，美还是人的社会性的高度完满的表现，比一般所说的善，处在更高的位置。因为在美的境界中，个人充分自觉地和完全感性具体地意识到了自己作为个体的存在与社会的不可分的统一。

四　自然界与人的自由

人是从狭义的动物分化而来的，因此人本来是自然界的一部分，他的生活一刻也离不开自然。对于人与自然的统一性，费尔巴哈曾有深刻的认识。他说："印度人只是作为印度的太阳、印度的空气、印度的水、印度的动物和植物的产物，才是印度人，并且已经成为印度人。"① 从人与自然的关系来看，只有当人类的生活同自然的规律相一致的情况下，才会有人的自由。但人类生活同自然规律的一致，不同于动物对自然规律的无意识的适应，它是人类在实践中认识自然规律，并按照自然规律有意识、有目的地改造了自然的结果。这也就是说，人类能动地改造和支配自然的实践活动（首先是物质生产活动），是人与自然的统一的基础，也是人从自然取得自由的基础。对于这一点，包括费尔巴哈在内的马克思主义以前的唯物主义者是始终无法认识的。他们在最好的情况下也只懂得人类的生活离不开自然界，不懂得人所生活的自然界是人在他的实践中改造了的，并不断在改造着的自然界，而不是在人类产生之前的那个未经人类改造的自然界。因此，在美学上他们也不懂得自然是通过人对它的实践改造才对人成为美的。他们把美设想为一种根本同人类实践无关的、亘古不变的自然属性，认为在人类产生之前美就已经存在，这是一种美学上的拜物教。实际上，所谓自然美是人类在漫长的实践中改造了自然的产物，是人的自由在人所改造和支配了的自然界中的表现。

人对自然的改造是一个极其复杂的多方面的过程，并且是随着生产力的发展而发展的。因此，不应当孤立地静止地去观察人对自然的改造，把人对自然的改造狭隘地理解为人对某一个自然物的形态的改

---

① 《费尔巴哈哲学著作选集》上卷，商务印书馆1962年版，第597页。

变。实际上，大自然是一个整体，并且是作为一个整体同人类多方面的生活发生关系的。人对自然的改造，既包含对个别自然物形态的改变，也包含在不改变自然物形态的情况下，对自然物的属性和规律的广泛认识和利用。如果人对自然的改造仅仅局限在对个别自然物形态的直接改变上，那么他同自然所发生的关系就还是狭隘有限的，带有动物的性质。因为一切动物生活的特点，正在于动物只在一个狭隘有限的范围内，同和它生存有关的个别自然物发生关系。人类却不同，他是在一个极其广阔的范围内同整个自然发生关系。他对自然的改造绝不仅仅限于改变个别自然物的形态，而是要占有和支配整个自然。从哲学上说，所谓人与自然的关系，绝不是仅仅指人和个别自然物发生的关系，而是指人同整个自然界的关系。

对于人来说，自然首先是人类的生活资料和生产资料，是他的物质生产劳动的对象和手段。因此，自然物的属性、规律、形式等，首先是由于它同人类的劳动和生活需要发生了关系才开始对人产生了美的意义。这样一种自然物的美，是作为人类的劳动产品来看的美，也就是我们在第二节中所说的同人类的生存需要的满足相联系的美。那被人类所征服和支配了的自然物，由于它的被征服被支配是人类克服了巨大困难的创造性活动的结果，是人类能够战胜自然的智慧、才能和力量的见证，也就是人类能够从自然取得自由的见证，这才对人类产生了美的意义。例如，原始狩猎民族所猎获的动物的皮毛花纹色彩之所以产生了美的意义，就是由此而来的（见普列汉诺夫的有关论述）。所以，自然物的种种属性、规律、形式对人成为美的，其最初的根源是在人类改造自然的物质生产劳动。但这种作为劳动产品来看的自然物的美，还不是一般所说的自然美。美学上所谓的自然美，已不是作为劳动产品来看的自然物的美，而是越出了物质生产劳动的范围，同人类生活发生了多方面关系的自然界的美。这种美已经同满足生存需要的物质生产劳动无关，但从根本上看，它是在物质生产劳动的基础上发展起来的，并且是随着人类改造自然的物质生产力的发展而发展的。自然美产生和发展的历史和以物质生产劳动为基础的人与自然的关系的发展史不能分离。只有在物质生产劳动基础之上，具体地考察了人与自然的关系的发展史，我们才能透彻地了解自然美产生和发展的历史。

　　自然界越出满足人类生存需要的范围而对人成为单纯的审美对象，经历了漫长的历史过程。概括地说，自然界只有在它不再仅仅是满足人类生存需要的对象，而成为在生存需要的满足之外使人的自由获得实现的对象，这时它才能成为单纯的审美对象。而要做到这一点，又必须具备下述一些基本的条件。

　　第一，随着生产力的发展，劳动分工的不断扩大，人类需要的日益提高和多样化，人同自然的关系不再局限在某个狭隘的方面，整个自然界同人类生活发生了越来越广泛的关系，成为同人类多方面的社会生活发生了密切联系的对象，或者借用黑格尔的说法，成为人类能够安居的"家"。这时自然界才有可能成为单纯的审美对象。例如，在人类还只知道进行狩猎活动，而且人类的全部生活除狩猎之外几乎再没有其他内容的时候，这时自然界对于人来说就还只是或主要是进行狩猎的对象和场所，而自然界对人类所具有的美的意义也就只能限于和人类的狩猎活动相关的范围。但人类的劳动并不只停留在狩猎上，在狩猎之外人类又学会了农业、手工业、冶金、航海、商业等，因此人类对自然的认识和支配也随之不断扩大。自然对于人来说，不再只是他所从事的某一种劳动的对象和场所，而成为他的日益多样化的劳动的对象和场所，从而日益成为他的生活所全面地占有的对象。在这个历史的发展过程中，自然对于人也相应地具有了越来越多方面的美的意义，并且随着人类社会生活领域的扩大而逐步地超出了物质生产劳动的范围。

　　第二，这种对物质生产劳动的超出，首先是同人类劳动的社会性的发展分不开的。我们已经说过，人类对自然的改造不是孤立的个人的活动，而是结成一定社会关系的人们共同进行的活动。人类劳动越是复杂，越是具有相互不能分离的社会性，人类对自然的改造就越是具有超出个人生存需要满足的社会意义，而和道德上的善相联系，因此自然的美也相应地和道德上的善相联系，不再只是同生存需要的满足相联系。这时所谓的自然美就是一种脱离了生存需要的满足，不是仅仅作为劳动的对象和产品来看的美了。例如，人类对他赖以生存的土地的占有和开发，不但是世世代代辛勤劳动，战胜了各种困难的结果，而且常常还要用生命去保卫。原始氏族之间所爆发的残酷的战争就已经说明了这一点。正因为这样，人类对自然的支配和占有，在生存需要的满足之外产生了一种社会的精神的意义，自然与人之间也产生了一种精神上、情感上的关系。我们一般所说的乡土感情、民族感情、爱国感情最能清楚地说明这一点。在这种感情中，家乡的一草一木对我们都具有极深厚的感情上的意义，成了同我们的生命和自由不可分离的无比珍贵的东西。自然界的一切，因为同支配和占有它的人的社会性的情感相联系而成了美的对象。这也就是说，自然成了社会性的人赖以实现他们的自由的对象，他们的全部生活和情感已经同他们在长期艰苦的斗争中所占有和开发的自然不可分地联结在一起了。这是自然对人成为美的一个极为重要的原因。

第三，随着物质生产的发展，人类在物质生活需要之外产生了精神生活需要。这种精神生活需要不同于物质生活需要，但它的满足同样离不开自然界。人的劳动的社会性的发展，使自然对人产生了精神上、情感上的意义，因此人不仅要使自然同人的物质生活需要相协调，而且还要使它同人的精神生活需要相协调。例如，人对他所居住的自然环境，不但要使它便于生活，只要有可能，还要使它同人的精神上的要求相协调。建筑中对自然环境的选择，中国园林艺术的创造，都明显地考虑到了精神的因素，要使外在的自然显示出人的内在的精神和理想，造成一种和人的心境、情调相一致的环境。人类的精神需要的产生及其实现和自然所发生的多方面的联系，使得自然在广大的范围内对人具有了美的意义，并且和单纯的物质需要的满足分离开来了。研究人类精神需要的满足同自然的关系，是研究自然美的一个重要方面。

第四，在人类对自然的漫长改造过程中，自然不仅对人发生了精神上、情感上的意义，而且整个自然界在人的眼里逐渐变为一个合规律而又合目的的对象，一个似乎是由某种神奇的力量所创造出来的"作品"。因此，自然界虽然并不是由任何有意识、有目的力量创造出来的，而人类却把它看成是一个有意识、有目的地产生出来的创造物，对大自然的和谐、壮观、神奇发出了不断的赞美。例如，中国古代的庄子早就发出了"雕琢万物而不为巧"的赞叹，似乎大自然是由一个伟大的艺术家所创造出来的作品。这种情况常常被解释为不过是人的联想的产物，以证明自然美是由人的主观意识创造出来的。而另一些自认为是唯物主义者的人们，则用这种现象来证明自然美是天生的，同人类改造自然的实践活动毫无关系。实际上，自然在人看来之所以显得是一个合规律而又合目的的对象，那样地巧妙而不可思议，仍然是人在实践上认识和支配了自然的结果。人类对自然的支配，不论在任何情况下都只能是对自然规律的掌握和运用，使自然规律发生作用的结果刚好与人的目的相一致。如恩格斯指出："……我们必须时时记住：我们统治自然界，绝不象征服者统治异民族一样，绝不象站在自然界以外的人一样，——相反地，我们连同我们的肉、血和头脑都是属于自然界，存在于自然界的；我们对自然界的整个统治，是在于我们比其他一切动物强，能够认识和正确运用自然规律。"① 人对自然界的统治只在于人能够正确认识和运用自然规律，使之为人的目的服务，因此，当自然规律为人所正确认识和运用之后，它对于人来说就从"自在的必然性转化成为我的必然性"，自然规律在人看来也就成了一种不是盲目的，而是合目的地发生作用的东西了。例如，当人认识了四季的变化规律同农作物生长的关系，并能够运用它去培植农作物以后，这时四季的变化规律对于人来说就具有了合目的性。人类对自然规律的正确认识和运用越是广泛、深入，自然规律的作用越是同人的目的相一致，自然界对于人来说也就越是成为一个合规律而又合目的的存在物，由此就产生了对大自然神奇、巧妙的赞美。这种赞美是以人对自然规律和人的目的的协调一致的认识为前提的，是人能够在广大的范围内正确认识和运用自然规律的产物。俗语有所谓"巧夺天工"的说法，它说明"人工"是以"天工"为依据的，也就是以对自然规律的作用及其必然产生的结果的认识为依据的。人类认识到一定的自然规律发生作用必然会产生一定的结果，于是人类就能利用各种自然规律，使它发生作用的结果刚好是人的目的的实现。正是由于人能够"巧夺天工"，巧妙地使自然规律的作用和人的目的实现相一致，人才会感到自然物的生成是合规律而又

---

① 《马克思恩格斯选集》第 3 卷，人民出版社 1972 年版，第 518 页。

合目的的，从而对"天工"发出了赞美。这种赞美，实质上是对人与自然的统一性的赞美，是对自然规律同人的目的的协调一致的赞美，它只能是人在改造自然的漫长实践中认识、利用和支配了自然规律的结果。假如人还不能正确地认识和运用自然规律，自然规律对于人来说还是一种不可知的、盲目地发生作用的力量，人类就决不会把自然看作是一种合规律而又合目的地产生出来的创造物，对大自然的神奇巧妙发出赞美，而只能把大自然当作一种可怕的神秘的力量来加以崇拜。古人在赞叹自然美时，有所谓"天开图画"的说法，实质上还是人开图画。因为只有当自然经过人的实践改造，成为人所认识和支配了的东西，并且同人的社会性的情感和精神生活发生了关系，人才能感受到自然中的景色是美的或不美的，有画意或没有画意的。人在自然中所发现的一切美，归根结底只能是人在漫长的实践中认识和支配了自然的产物。

以上我们从几个基本的方面分析了自然对人成为美的条件和原因。所有这些分析，归结到一点，就是经过人类长期的实践改造，自然同人类的物质生活和精神生活联为一体，成了人的自由的实现不可须臾离开的东西，也就是成了马克思所说的"人化"了的东西。所谓对自然美的欣赏，不外是人在他所认识和支配了自然界中直观他从自然所取得的自由。这一点非常明显地表现在人在欣赏自然美时总是把自然现象同人的生活相联系，把自然看作是具有人的情感和精神意义的东西。中国古代美学所谓的"情景交融"，简明而深刻地揭示了自然美欣赏所具有的这种特征，说明作为审美对象来看的自然是体现了人的情感、精神、理想的自然。这种现象的发生本来是人在改造自然的漫长过程中同自然发生了多方面情感关系的结果，是自然成了人的内在的精神自由赖以实现的对象和环境的结果，但单个的人在欣赏自然美时是不会想到这些的。他只限于直观和享受那由人类世世代代改造自然所取得的成果，而完全不去想一想他所欣赏的自然是怎样在人类历史发展的漫长过程中成为美的。因为这一过程对于单个的人来说早已过去了，消失了，看不到了。由于只看到结果而看不到结果由之产生的历史的过程，于是单个的人就认为自然的美是天生的，或是由主体的意识赋予自然的，根本同人类认识支配自然的历史过程毫无关系。孤立静止地、脱离人与自然的关系的历史发展去看自然美，这是在自然美问题上一切错误理论产生的一个重要原因。直到现在还有人这样提出问题：既然你们认为美的自然是"人化了的自然"，那就请你们"化"一"化"给我看看。他把"自然的人化"看作是某一个人所表演的魔术，而不懂得它是人类全部历史漫长而复杂的发展过程的结果。这种形而上学、超历史看问题的方法，是永远也不可能达到对自然美的正确了解的。

五　美学意义上的自由的诸特征

通过以上的一系列分析，我们已经约略地可以看出，美作为人的自由的表现，是以马克思主义哲学对必然与自由的关系的解决为其理论前提的，但美学意义上的自由又不同于一般哲学意义上的自由。认识两者的联系与区别，对于认识美的本质是一个十分重要的问题。现在我们就来概略地考察一下美学意义上的自由的三个基本特征。

第一，美学意义上的自由已经越出了物质生活需要满足的范围。

哲学上所说的自由包括人类生活的一切领域。美学上所说的自由是以人类物质生活需要的满足为基础的，但又已经越出了物质生活需要满足的领域。这就是说，仅仅从物质生活需要的满足来看的自由，不属于美的领域，不能表现为美。例如，当一个人很饿而又没有东西可吃的时候，这时他受着自然生理需要的必然性的支配和压迫，陷入了不自由。当他吃饱了以后，他就解除了这种压迫，取得了自由。但这种自由在一般情况下只能带来一种由于生理需要的满足所引起的快感，不会产生美感，也不可能成为美的对象。只有当饮食超越了单纯填饱肚子的需求之后，才会有对"美味"的追求。再如，当一个人为了某种正义的事业而进行绝食斗争的时候，他虽然在生理上陷入了极大的不自由，但在精神上却是自由的，并且能够引起我们一种崇高的美感，成为美的对象。由此可见，美学意义上的自由具有超出物质生活需要满足的特征。就是许多既能满足人的物质生活需要，又具有美的价值的事物，它们的美也绝不是仅仅来自需要的满足，而是来自这满足需要的事物的取得，显示了人改造世界，支配客观必然性的智慧和才能。如我们在前面已经提到的长江大桥的美就是这样。它的美同长江大桥满足了人民的物质生活需要分不开，但并非仅仅来自需要的满足，而是来自长江大桥的建成显示了人民改造世界的智慧和力量。一切满足人的物质生活需要的东西，如果仅仅满足需要，不能显示出人改造世界的智慧、才能、力量等，那就只具有实用的价值，不具有审美的价值。之所以如此，又是同下面我们就要讲到的审美意义上的自由的第二和第三特征密切相关的。

第二，美学意义上的自由是对客观必然性的一种创造性的掌握和支配。

任何自由都只能是对客观必然性的掌握和支配。但只有当人对客观必然性的掌握和支配表现为人的一种创造性的活动时，人对客观必然性的掌握和支配才能表现为美。如果人对客观必然性的掌握和支配还停留在按照客观必然性所规定的程序进行机械的操作和活动的水平上，见不出人的创造性，那么这种操作或活动虽然能使人控制客观的必然性，取得自由，但却不能成为美。这就是说，美学意义上的自由不是一般地说符合或遵循必然性而已，它已经表现为一种既符合于客观必然性，又不受客观必然性所束缚的创造性的活动。而且这里所说的创造性，是和不同的个人的个性相联系的东西，是个人所特有的独创性的表现。这一点，在人对各种劳动技能的掌握上可以清楚地看到。例如，一个人如果没有掌握纺织这种劳动的技能，即这种劳动的规律性，那么他在纺织劳动中就不会有自由。但同样是对纺织劳动技能的掌握，可以是机械的、不熟练的，或虽然熟练却缺乏创造性的，也可以是高度熟练而又富于创造性的。就对客观必然性的支配来说，应当说在这两种情况下人都取得了自由，但只有后一种情况下的自由才能引起我们美的感受。俗语有所谓"熟能生巧"的说法，人对劳动技能的掌握只有当它不但"熟"而且"巧"的时候，才会使我们觉得美。例如，庄子笔下所描写的"庖丁解牛"之所以是美的，就因为庖丁解牛的技能已达到了一种出神入化的境界，显示了人支配客观必然性的高度的创造性。如中国古代美学和德国古典美学已经指出的那样，美处处具有一种符合客观必然性但又不受客观必然性束缚的特点，它显得是合规律而无规律，无规律而合规律的。日常的审美经验告诉我们，一切引起我们美感的感性物质形式都普遍地具有这样一个特征：它既是合规律的，同时又不是机械呆板地合规律的，而是具有丰富多样的变化的。许多美学家把这称为"多样统一"，并且认为事物的形式只有符合"多样统一"的要求才能成为美。之所以如此，就因为只有在既有统一性又有多样性的情况下，事物才显得既是符合规律的，又不受机械的规律所束缚，这样才能体现美学意义上的自由的要求。缺乏合规律性不能有美，因为在这种情况下不可能有自由。只有机械呆板的合规律性也不能有美，因为在这种情况下自由还没有表现为人对客观必然规律的创造性的支配。不论是对自然规律还是社会规律的支配，只有当它表现为人的创造性的活动，和个体所特有的独创性的发挥不可分地结合在一起的时候，才会成为美的。"创造"在美学上是一个需要深入研究的重要范畴。在没有"创造"存在的地方，在只有"规矩"而没有"巧"存在的地方，是不会有美的。

第三，美学意义上的自由是个人与社会的高度统一的实现。

我们在前面已经说过，人只有在一定的社会关系中才能取得自由，企图超越一定的社会关系去追求个人自由永远只能是唯心主义的幻想。人只能生活在一定的社会关系中，因此人的自由的实现同人的相互依存的社会性不能分离。如果我的自由的实现即是对他人的自由的否定，反过来说，他人的自由的实现即是对我个人自由的否定，那么我和他人就处在对抗之中，双方都不可能有真正的自由。只有当我和他人的社会关系既是对我的自由的肯定，同时也是对他人的自由的肯定（反过来说也是一样），我才能有真正的自由。正是在这个意义上，马克思指出："人的本质是人的真正社会联系，所以人在积极实现自己本质的过程中创造、生产人的社会联系、社会本质，而社会本质不是一种同单个人相对立的抽象的一般的力量，而是每一个单个人的本质，是他自己的活动，他自己的生活，他自己的享受，他自己的财富。"① 只有在这样一种社会联系中，人的真正自由才可能得到实现，社会关系才不会成为和人的自由相对立并否定着人的自由的力量。但是，这样一种自由的实现是一个极为漫长的历史过程。在存在

---

① 《马克思恩格斯全集》第 42 卷，人民出版社 1979 年版，第 24 页。

着阶级对抗的社会中，人在他的相互依存的社会性中去实现自己的自由总是就一定的社会关系的范围而言的，并且只有在一种符合社会发展要求的社会关系中才是可能的。而且，只要阶级的对抗还存在，这种自由的实现就总是有局限性的、片面的，以对抗为条件的。尽管如此，凡是有自由存在的地方，总是人在一定社会关系的范围内，使自己和他人的自由都同时得到肯定的地方，也就是个人与社会达到了统一的地方（统一的方面、程度等因历史条件的不同而不同）。这种统一要求个人必须履行他对别人和社会应尽的职责，而个人对这种职责的履行可以是被动的、勉强的、不得不然的，也可以是积极主动的，把社会要求的实现看作是自己的天职、使命，把他人的自由的实现看作是自己的自由的实现，充满着创造的精神和牺牲的精神。前一种情况虽然使个人不至于因为违背社会的要求而陷入不自由的状态，但还只是一般地符合于社会的要求而已，不能引起我们的美感。只有后一种情况才能引起我们的美感。因为在这种情况下，我们看到，人高度自觉地意识到他的真正的自由只能存在于他与别人相互依存的社会性中，并且不怕一切艰难困苦去求得这种真正自由的实现，因此就会引起一种和我们肉体生存需要或个人私利的满足所带来的愉快不同的精神愉快，即审美的愉快。例如，真诚的爱情和友谊在人们看来是美的，成为古今中外文艺作品不断歌颂的对象，就因为它是人的相互依存的社会性的完满表现。从中我们充分地感受到了人的真正自由同我们与他人的社会关系不可分的联系，感受到在这种社会关系中，我们和他人的自由、幸福都同时得到了完全感性现实的、完满的肯定。再如，人的真正自由的实现离不开人赖以生存的阶级、民族、国家，特别是在阶级、民族、国家的存亡同我们与他人的存亡不可分地联系在一起的时候，这时我们更会强烈地感到人的相互依存的社会性，感到这种社会性是和我们的自由的实现一刻也不能分离的东西，从而对我们的阶级、民族、国家，对我们为维护它而进行的斗争，以及在这一斗争中我们与他人的生死与共的关系，产生出一种强烈的崇高的美感。这在古今描写剧烈的社会斗争，特别是描写正义的、革命的战争的作品中，可以最清楚地看到。所有这一切都说明了美是人在他的相互依存的社会性中获得了实现的自由，美学意义上的自由是个人与社会的高度统一的表现。在这里，个人完全感性具体地认识和体验到，他与别人相互依存的社会性的本质，即是他个人的真正自由的本质，两者不是互相对立和外在的东西。因此，社会要求的实现，对于个人来说不再是一种不得不勉强地服从的东西，一种不得不尽的职责、义务，而完全成了他的高度自由自觉的活动。

以上，我们分析了美学意义上自由的三个基本特征，其中最重要的又是上述的第三个特征。因为第一个特征，即对于物质生活需要的超出，在根本上是为人的相互依存的社会性所决定的。第二个特征，即人对客观必然性的支配表现为人的一种创造性的活动，虽然对了解美学意义上的自由有很重要的关系，但这种创造性的活动只有当它同第三个特征相联系，即和人类生活的相互依存的社会性相联系，具有重要的社会内容的时候，才可能成为美的。例如，体育运动中的许多技巧都是人对必然性的一种创造性的支配的表现，因而具有美的因素，但由于缺乏深刻的社会内容，还不是严格意义上的审美对象，不是艺术作品，不同于表现社会生活内容的舞蹈艺术。从广大的范围来看，和人的自由不可分离的人的相互依存的社会性是一切美所具有的内容，而人对客观必然性的创造性的支配，则是使这种内容获得实现的形式。日常的审美经验告诉我们，凡是我们称为美的东西，总是表现出人的社会性情感的东西。在这种情感中，没有个人的私利打算，个人与社会达到了高度的统一。如我们上面提到的真诚的爱情、友谊，对阶级、民族、国家的爱等，就是这样的一种社会性的感情。这种感情，既直接地表现在人与人的社会关系中，也较为间接地表现在人与自然的关系中。不论具体情况如何，凡是有美存在的地方，就是有这种社会性的感情存在，并获得了感性具体实现的地方。离开了人的社会性，所谓人的自由，所谓美，是不可思议的。我们说美是人的自由的表现，也就是说美是个人与社会的高度统一的表现，是动物所没有的人的社会性的高度完满的表现。审美与艺术活动在人类生活中所具有的最为重要的意义，就是要使人从美的欣赏与创造中直接地感受和体验到个人的自由同他人的自由、个人的发展同社会的发展的密不可分的联系，把个人的自由的实现同社会发展向个人所提出的要求的实现内在地统一起来。通过审美与艺术的活动，发展和丰富人的社会性的情感，使社会的发展向个人提出的要求对个人说来不是一种外在的、强制的要求，而成为个人的完全自由自觉的活动。总之，审美与艺术的最主要的作用，从根本上看，不外就是要促使人类把对客观必然性（包括自然的必然性和社会的必然性）的掌握变为人的一种高度自由的活动，不断推动人类历史从必然王国向自由王国飞跃。

六　共产主义社会的实现与美的发展

人类从必然向自由的飞跃经历了一个十分漫长而复杂的历史过程，因此美的发展也经历了一个漫长而复杂的历史过程。对于美的本质的考察不能脱离对人类历史发展的考察。

在原始氏族社会，虽然还没有阶级对立的存在，但由于生产力发展水平很低，人对自然的支配能力也很低，人与人之间的社会关系和氏族血缘关系直接地联系在一起，整个社会生活的内容是贫乏的，所以人从客观世界所取得的自由是很有限的，在人类生活中美也是很有限的。虽然原始艺术由于它强烈地表现了人类在野蛮时代同自然的搏斗，企图取得对自然支配的种种冲动、幻想和努力，至今对我们还仍然有着特殊的美的意义和价值，但它经常是同神秘的自然崇拜、巫术迷信结合在一起的。在这种原始艺术的美之中，人类对必然性还没有清楚确定的认识，还不能把必然性和人的自由内在地有机地结合起来。必然性对于人来说，是人类企图加以征服的东西，但又是一种神秘的不可知的东西。因此，我们可以说，原始艺术的美是在一种神秘幻想的形式下表现出来的必然与自由的统一。它特殊的美的价值不在必然性与自由的合乎理性的统一和结合，而在人既处在神秘的必然性的支配之下，但又企图摆脱它的支配的那种原始的冲动和努力。

在人类脱离原始氏族社会进入文明社会之后，生产力有了巨大的发展，人类支配自然的能力空前提高。但与此同时又出现了阶级的对抗，产生了一个阶级对另一个阶级的剥削。如恩格斯所指出的："由于文明时代的基础是一个阶级对另一个阶级的剥削，所以它的全部发展都是在经常的矛盾中进行的。生产的每一进步，同时也就是被压迫阶级即大多数人的生活状况的一个退步。对一些人是好事的，对另一些人必然是坏事，一个阶级的任何新的解放，必然是对另一个阶级的新的压迫。"① 这一基本的事实注定了在剥削阶级社会中，人类自由的实现和发展，总是以绝大多数人的自由的牺牲为代价的。这是了解剥削阶级社会中美的一个关键性问题。尽管在剥削阶级统治漫长的历史时代中，人类也在不断地向着自由前进，产生了许许多多美的艺术珍品，但人类自由的取得始终是充满着矛盾性、二重性的，美的取得也是充满着矛盾性、二重性的。

　　奴隶社会、封建社会和资本主义社会是剥削阶级统治社会的三大形态。但如马克思、恩格斯多次指出过的，其中前两个形态有一个不同于资本主义社会的共同特点，那就是它们的物质生产活动和全部社会生活都是以人身依赖为特征的。尽管在奴隶社会和封建社会，这种人身依赖的程度和形式有所不同。因此，人的自由只有在这种依赖关系及与之直接相连的等级制所能容许的范围内才能得到实现。社会生产力也因为受到这种依赖关系的局限只能在狭窄的范围内得到发展，基本的劳动方式是简单协作和世代相传的小手工业。在这种情况下，虽然人类对客观必然性的认识和支配的能力较之于原始社会已大为提高，但这种支配经常要残酷地牺牲大量的人力，人被当作牛马来驱使。因此，这种对必然性的支配虽然已不是原始社会中那种在神秘荒诞的幻想形式下的支配，但却是一种在必然性对于人占据压倒优势的情况下所取得的支配，是人类用他大量的血和肉去和自然作殊死斗争的结果。所以，它产生出来的美，一方面显示了人类力量的崇高和伟大，另一方面又会使人产生一种压抑感，有时甚至显得恐怖和神秘。如中国奴隶制时代的某些青铜器，埃及的金字塔，欧洲中世纪的某些建筑就是这样。在社会生活的各个方面，由于和人身依赖关系直接相连的等级制是神圣不可侵犯的东西，个人只有在全力维护和绝对服从于它的情况下，才可望取得自由。因此，那种能够给人以自由的东西，对个人来说，是凌驾于他之上的一种具有无限威力的东西。这又使得在这一历史时期人类所能取得的自由——美，鲜明地带有严肃、崇高、威严的性质。当然，在以人身依赖关系为基础的等级制发展到

① 《马克思恩格斯选集》第4卷，人民出版社1972年版，第173页。

把人的最起码的自由也剥夺干净了的时候，人民就会起来推翻它，创造一种新的自由的生活，新的美。但只要社会的发展还未能越出封建社会的范围，以人身依赖为基础的等级制是消灭不了的。

除上述的以严肃、崇高、威严为其特征的美之外，在古希腊奴隶社会以及我国后期奴隶社会和封建社会中，我们还会看到一种必然与自由达到了高度协调的美。它以比例的匀称合度，形式的优美动人，情感的和悦宁静为特征，处处显得是人对客观必然性的一种轻松自如、得心应手的支配，完全不同于上述那种显示了人对客观必然性支配的沉重和艰苦，带有强烈崇高色彩的美。这就是欧洲 18 世纪至 19 世纪后期温克尔曼、黑格尔高度推崇的所谓古典的美。在把客观必然性同人的自由内在有机地、恰到好处地统一起来这一点上，这种美确实达到了很高的成就。但是，这种美是以生产力在狭隘范围内的发展为基础，以无数劳动者的牺牲为条件，专供少数统治者欣赏的，因此它在不少情况下脱离了现实的人类改造世界的艰巨斗争，缺乏重大深刻的、丰富的社会内容。就连对古希腊艺术的古典美赞不绝口的黑格尔也看到了"如果和东方人想象中的华美壮丽宏大相比，和埃及的建筑、东方诸国的宏富相比，希腊人的清妙作品（美丽的神、雕像、庙宇）以及他们的严肃作品（制度与事迹），可能都像是一些渺小的儿童游戏"①。马克思称赞古希腊艺术由于表现了人类儿童时代的天真而具有永恒的魅力，但同时他又指出企图回到那个儿童时代去是可笑的。② 他还指出，人类在他的早期发展阶段，之所以显得比较全面，也就是比较和谐，是由于他们的生活是简单的，还没有造成自己丰富的关系。马克思认为，"留恋那种原始的丰富，是可笑的"③。在历史发生的次序上，前述具有强烈崇高色彩的美先于这里所说的古典的美。后者有比前者更优胜的地方，但也有不及前者的地方。

资本主义社会的产生打破了封建社会的人身依赖及与之相连的等级制度，第一次把个人的独立自由提到了最高的位置。如果说在封建

---

① ［德］黑格尔：《哲学史讲演录》第 1 卷，三联书店 1956 年版，第 161 页。
② 见《马克思恩格斯全集》第 46 卷上册，人民出版社 1979 年版，第 49 页。
③ 同上书，第 109 页。

社会下，人的自由的实现是同人身依赖关系的保持分不开的，或者说这种人身依赖关系本身即是人的自由在当时能够得以实现的条件，那么在资本主义社会里，人的自由的实现却是以打破人身依赖关系为条件的。这是历史的一个重大进步。因为它使人的自由发展，第一次摆脱了各种似乎是天然决定的、神圣不可侵犯的、统治与服从关系的束缚，获得了广泛的可能性。但是，在另一方面，这种自由发展又是建立在资本主义商品生产基础上的，人的劳动力本身也完全成了商品。所谓人的自由和独立，实际上是说每一个人作为商品的所有者是自由和独立的，至于每一个人所持有商品是否能卖出去，他在同别人所进行的商品交换中是发财还是破产，这完全取决于人所不能控制的商品生产的发展。人与人之间的关系变成了商品的买者与卖者的关系，从而变成了物与物之间的关系，变成了金钱关系。每一个人都企图在商品交换中获取最大的利益，把对方作为实现自己的目的的手段，而不管这会给对方带来什么灾难。而且这样做被看作是每一个人的自由的权利，因为它不是基于什么等级的特权，也不是出于什么对他人的恶意，而是基于商品交换的原则。由此可见，在资本主义社会里的所谓个人自由，实质上使人成了不能为人所控制的商品生产的奴隶，人的自由的实现处处依赖于他们所生产的物——商品的交换。如马克思所深刻指出的那样，这种自由或独立性，是"以物的依赖性为基础的人的独立性"①。这就是资本主义社会里自由的深刻矛盾所在。当资本主义社会还处于和封建等级特权作斗争，并推动着生产力飞跃发展的上升时期，这时它对封建等级特权的反抗挑战，对提高劳动生产力的狂热追求，具有肯定人的自由和人的力量的重大进步意义。它既打碎了对神圣不可侵犯的等级制的崇拜，也打碎了对自然的崇拜，因此它所追求的美也抛弃了上述奴隶社会、封建社会的美所特有的那种充满等级制的威严的崇高。资产阶级社会的美，自然也有它的崇高，但不是拜倒在神圣的等级制下的崇高，而恰恰是在蔑视神圣的等级制并和它作斗争中所表现出来的崇高。在对自然的征服上，也不再是那种单纯由无数的人力的使用和牺牲所表现出来的崇高，而是借助于科学的

① 《马克思恩格斯全集》第46卷上册，人民出版社1979年版，第104页。

力量大规模地支配自然所表现出来的崇高。如马克思、恩格斯在《共产党宣言》中指出，资产阶级"第一次证明了，人的活动能够取得什么样的成就。它创造了完全不同于埃及金字塔、罗马水道和哥特式教堂的奇迹"①。就是资产阶级"文艺复兴时期"所产生的那些极为优美的作品，也并不就是古希腊艺术的古典美的重现。因为不论它是如何理想化，它所描绘的仍然是世俗的活人，对现实的人生充满着热爱、追求和尽情享受的欢乐，没有古希腊艺术所常见的那种似乎对外在事物无动于衷的所谓"静穆"的风味。和奴隶社会、封建社会的美相比，资本主义社会上升时期的美是人类冲破了等级特权的束缚和掌握了科学技术的巨大力量之后对客观必然性的支配的产物。因此，它表现为人类的一种合乎理性和科学的，辛勤的实践创造的产物。它可以是崇高的，但不带有或很少带有神秘色彩。它也可以是优美的，但不是缺乏内容的儿童游戏。对于人来说，必然性既不是凌驾于人之上的有无限威力的东西，也不是游戏似的就可以支配的东西。对必然性的支配是人在他每天的完全实际的活动中不断努力创造的结果，没有或极少有神秘幻想的意味，因此美也处处成为同人类日常的现实生活联系在一起的东西，囊括了看来是平凡的人类日常生活的各个领域。美的这种充分的人间化、现实化，甚至可以说是平凡化，恰恰是资本主义社会的产生在美的发展上所引起的具有重大意义的变化，是人类美的发展史上第二个重要转折（第一个转折是从原始社会到阶级社会）。但是，由于资本主义社会是建立在商品生产基础上的，人的自由实际上是个人作为商品所有者的自由，所以资本主义的商品生产越是向前发展，人也就越是受到表现为物与物的关系的商品交换的支配。商品价值的最一般的体现者——货币成了人所追求的最高目的，而人类生活的一切活动却成了只不过是达到这个目的的手段。因为我只能依靠货币去实现我的一切要求，有了货币我就有了一切，没有货币我就什么也没有。货币所代表的物的价值成了决定人的价值的东西，人与人之间的一切关系归根结底要用货币来衡量。我可以为你提供最热诚周到的服务，但在这种服务的后面我所考虑的却是能否得到

---

① 《马克思恩格斯选集》第 1 卷，人民出版社 1972 年版，第 254 页。

相应的报酬。我为你提供这种服务,并非因为我对你有什么特殊的好感,而是因为我可以得到一笔可观的报酬。金钱成了决定人与人之间关系最重要的东西,于是人与人之间的关系不论在表面上看来是如何热情,在实质上却是冷酷无情的。为了追求金钱,每一个人都牺牲了自己个性的自由发展,把自己变为达到他人目的的手段。每一个人和另一个人的最本质的联系,仅仅在于为了取得货币而互相成为对方的目的和手段。在这种情况下,人一方面同他人处在普遍的社会联系之中,另一方面人又感到自己是孤独的。社会的财富随着资本的竞争和科学技术惊人的发展而飞速地增长着,但对于个人来说财富的增长并不是与个人的个性的全面发展相一致的东西,而恰恰是对立的东西。因为对于个人来说,财富的占有意味着货币的占有,而货币的占有意味着使自己成为达到他人的目的的手段。资产阶级的先驱们在反封建的斗争中曾经狂热鼓吹过的个性解放、个性自由,在资本主义社会的发展过程中一天天被货币的无孔不入的力量所奴役和粉碎。人类在支配自然方面取得了过去无法设想的成就,但在社会生活中却被一种无形的、巨大的、盲目的必然性所支配。于是,自 20 世纪以来,在西方资本主义世界中就产生了种种企图脱离社会去追求自由——美的思潮。极端个人主义、反理性主义、色情主义、宗教神秘主义等的表现被看作是自由的实现,看作是美。所谓"现代派"的艺术就是在这种历史条件下产生出来的,它异常鲜明强烈地表现了资本主义社会里个人与社会的深刻的分裂,表现了在资本的强大力量的压制下,个人的孤独、绝望、愤懑,痛苦的抽搐和疯狂的挣扎……从这一类五花八门的艺术里,我们活生生地看到了这样一种景象:个人处在那为他所不能控制的盲目的必然性的支配之下,被它痛苦地折磨着;他企图摆脱这种必然性的支配,却又找不到出路,看不到前途,于是就陷入了各种荒诞神秘的幻想之中,直至把兽性的本能的发泄看作是一种解放。这同我们前面所说的原始人处在自然的必然性的压迫下,企图支配它而又无力支配的情况有类似之处。也正因为这样,现代派的艺术看起来好像回到了原始艺术,同时原始艺术也被一些现代派的艺术家给以高度的评价(自然是从资产阶级的美学观点所作出的评价)。作为资产阶级在它上升时期鼓吹的个人自由的没落和破产的表现,现代派艺术从反面向我们说明，只有在一个物质生产力的发展为人类所支配，并成为人类全面发展的手段的社会中，才会有现代意义上的真实的个人自由，也才会有建立在生产力的高度发展基础之上的，为过去任何时代所不可能设想的真正的美。这样一个社会，不是别的社会，就是马克思、恩格斯所科学地论证了的社会主义、共产主义社会。

共产主义社会和资本主义社会的根本区别之点，在于它消灭了资产阶级及其对生产资料的占有，把生产资料转归全社会所有。这一变革丝毫没有抛弃资本主义社会在生产力的发展上所取得的巨大成果，而只是使它成为联合起来社会的人所支配和占有的东西。这看来好像不过是生产资料的所有制的变化，但这种变化却引起了人类历史的划时代的伟大变化。如恩格斯所指出，这一变化消除了产品对生产者的统治，社会的盲目的必然性对人的统治，"人终于成为自己的社会结合的主人，从而也就成为自然界的主人，成为自己本身的主人——自由的人"①。这是人类"从必然王国进入自由王国的飞跃"②。这一变化必然要引起美的根本变化。这种变化，就其主要的方面来看，可以指出以下几点：

1. 由于劳动不再是为剥削者而进行的劳动，同时由于物质生产力的高度发展，劳动条件的极大改善，劳动本身将越来越直接地带有美的创造的性质，并成为人的生活的第一需要。马克思所说的"劳动创造了美"将成为生活中随处可见的现实，在一切剥削阶级统治的社会中所存在的美与劳动的分裂和对立将一去不复返。

2. 由于消灭了剥削阶级的统治，从而在根本上消灭了个人与社会的分裂与对抗，人类真正成了马克思所说的"社会化的人类"，不是在相互的分裂和对抗中，而是在相互的联合和合作中去实现自己的自由。社会的发展和个人自由的实现达到了完全的一致，因此美作为人的自由的实现同时就是人的社会的本质的完满实现，美与善达到了高度的统一。

3. 由于人类在生产力高度发展的基础上支配了自然和社会的必

---

① 《马克思恩格斯选集》第 3 卷，人民出版社 1972 年版，第 443 页。
② 同上书，第 441 页。

然性,而且这种支配越来越成为对客观规律的一种充分自觉能动的运用和控制,在广度和深度上都在不断发展着,美将表现为人类生活的发展和客观规律的高度协调一致。美的创造将同现代大工业的发展、科学发现的创造性运用越来越密切地结合起来,马克思所说的"把工业看成人的本质力量的公开的展示"将成为活生生的现实。这种借助于现代科学技术所实现的人的生活与客观规律的高度协调,是古代以农业和手工业为基础的协调所不能比拟的,它为人类的美的发展开辟了无限广阔的前景。自古以来,由于科学的发展是有限的、缓慢的,同时也由于这种发展总是局限于用来为少数统治阶级生产物质财富,所以科学本来是人类借以认识和支配客观必然性的最有力的武器,但它同人类生活的美的创造却显得是互相分离或漠不相关的。共产主义社会既然使科学回到了人民手中,并把它极为广泛地运用于人民的日常生活,因此科学和美的创造将完全地结合起来。过去人类单纯依靠手的灵巧所创造出来的一切美的东西,虽然将保持着它们的历史的价值,但同人类借助于现代科学技术所创造出来的美相比,便会黯然失色。正如在避雷针面前,希腊神话中掌管雷电的朱庇特已失去了他的神圣的位置一样,在现代科学技术的面前,奴隶社会、封建社会中的手工业者的熟练又算得了什么呢?

4. 随着生产力的提高,必要劳动时间的缩短和自由时间的增多,美的创造和欣赏将成为人类社会生活的一个极为重要的内容,并直接成为全面发展人的个性的主要手段。在人类历史上,生产力的每一次发展所创造出来的自由时间是很有限的,并且都被少数统治阶级所独占了。只有在共产主义社会里,生产力的发展才能创造出日益增多的自由时间,并且使这种自由时间归全社会所占有。这是美与艺术的繁荣最重要的保证,是人类从必然王国向自由王国飞跃的根本条件。

我国已进入社会主义社会,这个社会是共产主义社会的初级阶段。因此,我国社会主义四化建设越是向前发展,社会主义制度越是完善,上述关于共产主义社会的美所具有的几个基本特征也将日益清楚地显示出来。当前,从审美教育的角度来看,我国社会主义的审美教育包含着多方面的内容,但我以为其中最重要的是这样两个方面:第一,树立马克思所说的"劳动创造了美"的观点。这是共产主义的审美观区别于过去一切剥削阶级的审美观的根本之点。美不是从天上掉下来的东西，也不是人脑主观自生的东西，它归根结底是由劳动创造出来的。我们今天社会主义社会中的美，当然更是这样。毛泽东同志指出："社会主义制度的建立为我们开辟了一条达到理想境界的道路，而理想境界的实现还要靠我们的辛勤劳动。"① 这是千真万确的真理。我们决不否认生活的享受，但如果脱离社会主义下的劳动创造去讲美，把美归结为不需要用劳动去创造的单纯的生活享受，那就有可能导致腐化堕落，把美混同于各种低级庸俗的官能享乐。第二，就是要通过美的创造与欣赏使广大社会成员不但在理智上，而且在情感上，认识社会主义社会的发展同个人自由的发展的深刻一致性，看到离开社会主义社会的发展就不可能有个人的真正自由的发展，从而把为社会主义、共产主义而奋斗变成个人情感深处的自觉信念和行动，而不是空洞的口号或出于外在强制的行为。要在社会主义的审美教育中达到上述两个重要的目的，从一般的美学理论来看，就要从理论上讲清楚美是人在改造世界的实践创造中支配客观必然，取得自由的表现。但是，当我们把美与人的自由相联系时，常常会招来不少的误解。特别是在用"左"的褊狭的眼光看问题的情况下，就会不加分析地认为这是提倡不要纪律，宣传资产阶级个人主义等。实际上，我们所说的自由是马克思主义所说的对客观必然性的支配，也就是毛泽东同志所说的对必然的认识和世界的改造，绝不是资产阶级唯心主义者所说的那种否认必然性、不要必然性的"自由"，也不是那种只讲对必然性的认识，不讲对世界的改造的"自由"。也许有人会认为，为了使美学联系实际，直接为建设社会主义精神文明服务，何必去研究什么是美这种玄虚的问题，只要指出"为共产主义而奋斗就是美"，不就解决问题了吗？是的，这个说法并不错，但它不能成为美的定义，不能解释许多复杂的美的现象。而且，既然肯定这种说法是对的，那就必须回答：为什么为共产主义而奋斗就是美？我认为，这个问题只能从美是人在改造世界的实践创造中支配了必然，取得了自由的历史成果这个基本事实中去找到回答。共产主义社会之所以是人

---

① 《毛泽东著作选读》（甲种本，下册），人民出版社 1986 年版，第 478 页。

类历史上最美好的社会，是因为只有在这个社会中，人类才在真正的意义上实现了从必然王国向自由王国的飞跃。共产主义是自由的王国之所在，因此也是美的王国之所在。我认为，这是从对人类历史的科学分析中所得出的真理。

跋　语

武汉大学哲学学院有着光荣、悠久的历史传统，是国内最有影响的哲学院系之一。其前身为武昌高等师范学校教育哲学系，创建于1922年。1952年全国高校院系调整时并入北京大学哲学系。1956年由李达老校长主持重建哲学系。前30年在此任教的著名学者有：余家菊、陈剑脩、屠孝宲、方东美、范寿康、熊十力、高翰、朱光潜、张颐、万卓恒、程乃颐、洪谦、金克木、黄子通、王凤岗、汪奠基、周辅成、石峻、江天骥、陈修斋、张世英等。改革开放以后，武汉大学哲学系适应当代中国社会改革开放的需要，又形成了一个新的哲学传统，这个新的哲学思想传统，以马克思主义思想为主导，以中国特色的社会主义现代文化建设为目标，形成了以马克思主义哲学、中国哲学、西方哲学为主干，以美学、宗教学、伦理学、科学技术哲学、逻辑学等八个二级学科为基础的哲学学科群，另外还发展出了一个新一级学科——心理学。

这本论文集从六位社科名家的诸多哲学论文中各自精选出5篇，共30篇论文，命名为《珞珈哲学读本》，目的是希望我们的硕士生、博士生能首先认真学习、研究此30篇哲学论文，然后再深入了解他们更多的论文与著作，从而对改革开放后的珞珈哲学的基本精神有一个比较明确的了解。然后由此上溯到更早的珞珈哲学传统，从而对珞珈哲学的自身特征有一个基本的认识。

学术界与文化界，往往有贵远而贱近的心理（当然有时也有贵近而贱远的心理）。编辑此哲学读本的初衷是：想让我们的硕、博士生能首先从自己身边的哲学思想出发，树立珞珈哲学的自信，然后了解更远地方的哲学思想。

从此《读本》中，我们有诸多引以为自豪的哲学思想，陈修斋先生的"哲学无定论"，江天骥先生对"文化相对主义"的分析、辩护与限定，萧萐父先生对中国哲学启蒙坎坷道路的揭示，杨祖陶先生对德国古典哲学内在发展脉络的描述，陶德麟先生对实践是检验真理唯一标准的论证以及对逻辑证明的作用与局限性的分析，刘纲纪先生对马克思主义实践美学与实践本体论的论证，都无疑构成了当代中国哲学的有机组成部分，而且放在当代世界哲学的诸宏论之中，这些观点亦具有极高的哲学创新价值。相信我们的硕、博士生们能从这本《珞珈哲学读本》读出更多的当代中国哲学新意来，进而增强哲学创新的自信心，也能更进一步地思考当代中国哲学研究究竟如何展开的大问题。

全球化时代里各民族国家的哲学家们，其实也类似中国春秋战国时代的诸子，我们要立足于中国社会现实，大胆吸收现代世界各民族人文与科学文化的新成就，自觉而又勇敢地参与这一世界范围内的新诸子"百家争鸣"，以平等心究观百家思想，创造出属于中国、也属于世界的新哲学思想。

我们的前辈已经给我们奠定了一个很高的思想起点。在这个思想起点上，我们应当走得更高、更远。

最后，感谢为本《读本》的编辑、出版作出各自贡献的诸位。首先得感谢作者、作者的家属或弟子们选出的代表性文章，使得本《读本》保证了上乘的学术与思想品质。其次感谢为本《读本》重新做了精心校对、注释补注的无名英雄们。再次要感谢科研秘书禹燕民女士。也感谢刘湘平博士为《读本》所做的最后校对工作。

需要说明的是，该《读本》中有些文章的注释是重新补正的，故与发表时间并不一致。

本《读本》虽然由我来负责编辑，但要感谢哲学学院新一届党政班子全体成员，没有他们的支持、理解与同意，这个《读本》是不可能问世的。如果本《读本》中还有其他不尽如人意的地方，由我个人负责。

吴根友

癸巳年仲夏于珞珈山南麓